BASTEI
LÜBBE

Von Dieter Breuers sind bei Bastei Lübbe Taschenbücher außerdem lieferbar:

12624 Ritter, Mönch und Bauersleut
64172 Sterben für Jerusalem
64202 Die Kölner und ihr Dom

Über den Autor:

Dieter Breuers, Jahrgang 1935, war viele Jahre Chefredakteur der *Kölnischen Rundschau/Bonner Rundschau.* Bei dem studierten Historiker, Germanisten und Amerikanisten wird das europäische Mittelalter so farbenprächtig und lebendig wie sonst nirgends: geschrieben mit profundem Wissen und journalistischer Feder. Dieter Breuers lebt als freier Schriftsteller in Köln.

Dieter Breuers

Die glühende KRONE

DIE STAUFER
und ihre Zeit

BASTEI
LÜBBE

BASTEI LÜBBE TASCHENBUCH
Band 64205

1. Auflage: März 2005

Überarbeitete Taschenbuchausgabe der im Gustav Lübbe Verlag
erschienenen Hardcoverausgabe

Bastei Lübbe Taschenbücher und Gustav Lübbe Verlag
sind Imprints der Verlagsgruppe Lübbe

Textredaktion: Werner Wahls, Köln
Register: Barbara Lauer, Bonn
Karten, Stammtafel: Reinhard Borner, Hückeswagen
Umschlaggestaltung: Bianca Sebastian
nach einem Entwurf von JahnDesign Thomas Jahn, Erpel/Rhein,
unter Verwendung eines Fotos der Bridgeman Art Library,
London (»Die Konferenz von Akkon und die Belagerung
von Damaskus während des 2. Kreuzzugs«.
Abbildung aus der *History* des William von Tyros, um 1280.
Histoire d'Outre-mer. Bibliothèque Municipale de Lyon,
Frankreich, Ms 828 f.189r, BAL 53372)
Satz: Bosbach Kommunikation & Design GmbH, Köln
Druck und Verarbeitung: Ebner & Spiegel, Ulm
Printed in Germany
ISBN 3-404-64205-8

Sie finden uns im Internet unter
www.luebbe.de

Der Preis dieses Bandes versteht sich einschließlich
der gesetzlichen Mehrwertsteuer.

INHALT

1. KAPITEL
EIN SCHATZ AUS BURGUND
(1156)

Sie ist wirklich reizend, dachte der junge Ritter und starrte mit geradezu unhöflicher Neugierde zu dem jungen Mädchen hinüber, das an der Seite des Kaisers am Kopfende des Nebentisches saß. Außerordentlich reizend, aber auch arg jung. Auf 15 Jahre allenfalls schätzte Bodo von Wolfach sie, wahrscheinlich war sie jünger. Jedenfalls zu jung für die Liebe, und dennoch trug sie schon eine Krone.

Das rotblonde Haar war zu Zöpfen geflochten und fiel auf ihre schmalen Schultern. Ihre Augen waren hell und ihre Hände auffallend klein. Bodo ließ kein Auge von ihr, während er einen abgenagten Knochen diskret zwischen seine Füße fallen ließ und sich das Fett mit dem Ärmel von den Lippen wischte.

Es war mehr als ungewöhnlich, dass der Truchsess einem jungen Ritter bei einem Festmahl einen Platz so nahe am Tisch des Kaisers zugewiesen hatte. Er verdankte die große Ehre auch nur dem Umstand, dass er sich in Begleitung eines gewissen Rainalds von Dassel befand, von dem getuschelt wurde, er sei der kommende Kanzler, zu dessen engster Umgebung Bodo seit einigen Monaten zählte.

Zwischen den Füßen des jungen Ritters häufte sich bereits eine stattliche Ansammlung von Knochen. Er schöpfte mit dem silbernen Becher leidlich kaltes Bier aus dem Zinneimer, der auf der Mitte des Tisches stand, nahm einen großen Schluck und griff nach einem weiteren Hüftknochen, als sich Rainald von Dassel zu ihm neigte und ihm ins Ohr raunte: »Genug gegessen und getrunken. Es schickt sich nicht, bei Hofe unmäßig zu saufen und zu fressen. Hattet Ihr denn kein ordentliches *petit mangir*?«

Und auf den fragenden Blick Bodos hin erläuterte er: »Das bedeutet *Frühstück* und ist Französisch. Ihr solltet wenigstens ein paar Brocken davon verstehen und auch selbst *parlieren*. Das ist *chic* im Augenblick, und die Dame Beatrix da vorn wird uns noch mehr davon nahe bringen.«

Daran zweifelte Bodo nicht, der erneut – diesmal aber verstohlener – zu der blonden Braut hinübersah, die sich mit natürlichem Selbstbewusstsein mit ihrem Bräutigam unterhielt, der nicht nur Kaiser, sondern auch sehr viel älter war als sie; im Grunde hätte er sogar ihr Vater sein können.

Man erzählte sich Wunderdinge über die junge Prinzessin von Burgund. Angeblich konnte sie nicht nur lesen und schreiben, sondern auch reiten und fechten und beherrschte darüber hinaus neben den französischen Dialekten auch Latein, Deutsch und Italienisch. Heute Morgen hatte sie der Kaiser in zweiter Ehe zur Frau genommen.

Bislang hatte Bodo den Staufer nicht beneidet, denn er – Kaiser Friedrich I., von den Italienern *barba rossa* genannt, der Rotbart, mächtigster Herrscher des Abendlandes – kannte die Liebe anscheinend noch nicht. Nicht einmal von Liebeleien tuschelte man bei Hofe.

Gewiss: Er war verheiratet gewesen, und Bodo hatte die höchst anrüchige Geschichte aus nächster Nähe miterlebt, denn Adelheid von Vohburg, oder auch Adela, wie man sie rief, war eine entfernte Verwandte derer von Wolfach, und er selbst hatte damals zunächst als Knappe, später als Ritter zu dem Gefolge gehört, das zu ihrem Schutz bestellt war.

Damals war Friedrich noch Herzog von Schwaben, und der im Grunde einzige Reiz der nicht gerade blutjungen Tochter eines eher unbedeutenden Markgrafen bestand für ihn wohl darin, dass sie ein durchaus ansehnliches Erbe in die Ehe einbrachte. Danach geschah wohl nicht mehr sehr viel zwischen den beiden. Jedenfalls war ihr Bund nicht mit Kindern gesegnet, und 1152 kam es zum endgültigen Affront, als Friedrich bei seiner Königskrönung in Aachen auf die Anwesenheit seiner Frau verzichtete.

Die Frage war nur: warum?

Heimlich wurde getuschelt, die Königin habe Ehebruch begangen, was Bodo für unwahrscheinlich hielt, denn eine Königin kann sich unter den Augen des ganzen Hofes nur schwerlich einen Liebhaber leisten. Außerdem wurde diese Unterstellung niemals öffentlich geäußert, weil ein Fehltritt der Gemahlin den König selbst bloßgestellt hätte.

Sehr viel wahrscheinlicher war – und das zumindest konnte der ganze Hof bezeugen –, dass Friedrich seiner Frau höchst selten seine Aufwartung machte und zum Schluss nur noch nach einer Möglichkeit suchte, sie endlich loszuwerden. Was aber bekanntlich ziemlich schwierig war, denn die Kirche nahm es seit einiger Zeit in diesen Dingen sehr genau.

Ein Mönch, mit dem sich Bodo über Adela unterhalten hatte, konnte dem Ritter erklären, warum selbst Unfruchtbarkeit einer Königin kein Grund sei, sie zu verstoßen, denn Gott allein wisse, warum sie keine Kinder bekomme. Liegt es an ihr oder vielleicht sogar – hier hatte der Mönch die Stimme gesenkt – am König? Vielleicht meide er ja auch das gemeinsame Lager, oder der Himmel selbst wolle nicht, dass sich seine Familie fortpflanze und die Krone weitervererbt werde. Menschen dürften deshalb eine Ehe niemals auflösen, sofern sie erst einmal rechtmäßig geschlossen worden sei.

Aber war sie es denn?

Ebenso gescheite wie skrupellose Männer in der Umgebung Friedrichs schafften Beweise herbei, dass ebendies nicht der Fall gewesen sei, und trugen als Grund allzu nahe familiäre Bindungen zwischen den Eheleuten vor. Adelas Ururgroßmutter nämlich, und das ließ sich aus Urkunden belegen, war die Schwester von Friedrichs Ururgroßvater, was eine Verwandtschaft sechsten Grades bedeutete, womit – zumindest nach dem Urteil willfähriger Theologen – die Ehe von Anfang an null und nichtig gewesen war. Was aber die Unfruchtbarkeit Adelas anging: Sie hatte später einen von seiner Herkunft her weit unter ihr stehenden Hofbeamten geheiratet und war im Augenblick angeblich schwanger.

Sagte zumindest der Hofklatsch.

Nun gut, die Trennung von Adela lag an die drei Jahre zurück, und jetzt wurde ein zweites Mal Hochzeit gefeiert. Aber warum mit einem Kind?

Rainald würde es wohl wissen, aber als sich der Ritter seinem Nachbarn zuwandte, erhob sich der Kaiser, um den Saal zu verlassen, die Musiker erzeugten mit ihren Instrumenten einen Höllenlärm, und Bodo nutzte die allgemeine Aufbruchstimmung, seinen silbernen Becher noch einmal mit Bier zu füllen. Die meisten Gäste tranken zwar nach Art der vornehmen Leute Wein, aber was da kredenzt wurde, war entweder mit Honig versetzt oder mit Pfeffer gewürzt. Bei einer Kaiserhochzeit hätte man eigentlich einen wirklich guten Tropfen erwarten dürfen, doch dieser süße Wein schmeckte abscheulich und der gepfefferte verstärkte lediglich den Durst, den das mit zahlreichen Gewürzen angereicherte Fleisch ohnehin verursacht hatte. Da war ihm ein zumindest halbwegs kühles Bier allemal lieber.

Kaum hatte er seinen Becher geleert, als er ihm von einem Pagen abgenommen wurde, der zusammen mit etlichen anderen das teure Tafelsilber einsammelte, um keinen der Gäste in Versuchung zu führen. Bodo folgte den anderen hinaus in die Hitze des Junitages, und zusammen mit Rainald von Dassel ging er durch die staubigen Straßen Würzburgs zum Festplatz, wo auf der Tribüne für sie Plätze direkt hinter dem Kaiser reserviert worden waren. Auf dem Weg dorthin konnte Bodo endlich seine Frage loswerden, die ihn während der letzten halben Stunde beschäftigt hatte:

»Warum hat sich der Kaiser bloß dieses Kind ausgesucht? Diese kleine Prinzessin aus Burgund? Hätte er sich denn keine andere Frau nehmen können, zum Beispiel die Tochter eines anderen Kaisers oder zumindest die eines Königs?«

Rainald sah ihn belustigt an. »Wollte er ja auch. Leider gibt es nur noch einen einzigen anderen Kaiser, und der sitzt in Konstantinopel.«

»Wo?«

»In Richtung Jerusalem. Ist auch gleich«, sagte Rainald, der keinerlei Lust verspürte, Nachhilfe in Erdkunde zu erteilen. »Aber die Antwort von dort war ziemlich hochnäsig, und Derartiges muss sich Friedrich nicht bieten lassen. Dann hörte er von der kleinen Beatrix, und als er sie erst gesehen hatte, da war es um ihn geschehen. Er hat sich verliebt.«

»Aber warum eine Braut aus Burgund?«, fragte Bodo, »warum nicht aus Frankreich oder aus England?«

Rainald lächelte nachsichtig. »Habt Ihr die Landkarte des Reiches so in etwa im Kopf?«, fragte er den Ritter.

»Nein«, gab Bodo zu.

»Aber Ihr wisst, dass ganz im Süden des Reiches Italien liegt?«

»Ja.«

»Und dazwischen liegt ein Gebirge. Ein sehr hohes Gebirge.«

»Die Alpen«, sagte Bodo. Er hatte davon gehört. »Es muss ein ziemlich hohes Gebirge sein, höher noch als der Schwarzwald.«

»Ja«, sagte Rainald, »sehr viel höher. So hoch, dass selbst im Sommer dort oben noch Schnee liegt.«

Bodo sah ihn verständnislos an.

»Über dieses Gebirge und durch den ewigen Schnee führen schmale und steile Pfade, und wer nach Italien will – und das will ein Kaiser hin und wieder –, der muss diese Berge auf diesen so genannten Pässen überqueren.«

Rainald sah Bodo an und wartete so lange, bis er spürte, dass der Ritter begriffen hatte.

»Wenn aber ein solcher Pass durch ein Gebiet führt, dessen Herrscher dem Kaiser gegenüber – nun, drücken wir es vorsichtig aus – unfreundlich gesonnen ist, dann hat der Kaiser ein Problem, denn ein derartiger Bergpfad lässt sich mit einer Hand voll Männer blockieren. Begriffen?«

Bodo nickte.

»Nun liegen einige dieser Pässe auf burgundischem Gebiet, und wenn Friedrich besagtes Burgund durch die Heirat mit Beatrix seinem Herrschaftsbereich einverleibt, besitzt er automatisch die Kontrolle über diese Pässe und wird nie mehr Schwierigkeiten haben, nach Italien zu ziehen oder – wichtiger noch – mit einem möglicherweise geschwächten Heer zurück nach Deutschland zu gelangen. Versteht Ihr jetzt, warum diese kleine Beatrix für Friedrich wertvoller ist als irgendeine Prinzessin aus dem fernen England?«

»Ja, sicher«, sagte Bodo.

Noch immer erschien es ihm geradezu unwirklich, dass er – der Sohn eines Edelfreien aus dem Schwäbischen – der Hochzeit des Kaisers beiwohnen durfte. Und nicht nur das: Er würde auf der Ehrentribüne direkt hinter dem Kaiserpaar sitzen. Unvorstellbar, dass er eines Tages würde zurückkehren müssen, um das väterliche Erbe anzutreten, zurück in die verschlafene Landschaft, zu Leibeigenen und Hörigen, zu Ziegen und Kühen.

Es tat noch immer weh, wenn er an Hildegard dachte, seine Frau, die vor Jahren bei der Geburt ihrer Tochter gestorben war. Auch das Kind hatte nur wenige Tage gelebt. Damals hatte er den elterlichen Hof verlassen und Friedrich – damals noch Herzog von Schwaben – seine Dienste angeboten. Dort traf er auch Otto wieder, einen entfernten Cousin und Bannerträger Friedrichs, bei dessen Vater er als Knappe gedient und auch die Schwertleite empfangen hatte.

Ottos Vater war Pfalzgraf und somit ein mit Gerichtsfunktion ausgestatteter hochrangiger Gefolgsmann des Königs in Bayern. Cousin Otto war rund zehn Jahre älter als Bodo und ein Raufbold, wie er im Buche stand.

Inzwischen waren sie an der Tribüne angekommen und nahmen die ihnen zugewiesenen Plätze ein. Die Reihen füllten sich rasch. Man sah unter anderen die Herzöge von Schwaben, Sachsen und Oberlothringen mit ihrem Gefolge, die Äbte von Corvey, Fulda und der Reichenau, zahlreiche Bischöfe und Grafen, und sogar Herzog Wladislaw von Böhmen und Bischof Daniel von Prag waren angereist.

Im Gegensatz zu Rainald kannte Bodo kaum einen der Gäste. Otto stieß zu ihnen, der Bannerträger des Kaisers, und Hermann, der Bischof von Konstanz. Er hatte eine wichtige Rolle bei den Verhandlungen mit Rom gespielt, als es um die Annullierung von Friedrichs erster Ehe ging.

»Na«, sagte er fröhlich, »haben wir das nicht fein gedeichselt?«

»Aber sicher doch«, sagte Rainald. »Hat ja auch Arbeit genug gekostet, diese Verwandtschaft nachzuweisen.«

»Vorsichtshalber hättet Ihr auch die Verwandtschaft zwischen dem Kaiser und der Prinzessin überprüfen müssen«, feixte Otto.

»Und wer sagt Euch, dass ich das nicht getan habe?«

»Im Ernst«, flüsterte der Bischof. »Ihr habt tatsächlich?«

Rainald nickte.

»Und mit welchem Ergebnis?«, drängte der Bischof.

Rainald sah die drei Männer an. Er wusste, dass er auf ihre Diskretion zählen konnte. Er machte ihnen ein Zeichen, und sie steckten die Köpfe eng zusammen.

»Verwandtschaft sechsten Grades«, flüsterte Rainald.

Otto und Hermann prusteten los. Nur Bodo schwieg verwirrt. Derselbe Verwandtschaftsgrad wie zwischen Friedrich und Adela? Aber deren Ehe war doch ungültig gewesen. Ungläubig starrte er Rainald an, aber der legte nur den Finger auf die Lippen und zeigte nach vorn.

Das Kaiserpaar traf ein. Die vier Männer verbeugten sich tief, als Friedrich und Beatrix auf sie zukamen. »Ein paar meiner Treuesten«, sagte der Kaiser und stellte sie Beatrix vor. »Das ist Otto, mein Bannerträger, diesen jungen Mann« – er nickte in Bodos Richtung – »kenne ich leider nicht.«

»Das ist Bodo von Wolfach«, half Otto aus, »er dient Euch seit Jahren und war auch in Rom dabei.«

»Oh«, sagte der Kaiser lächelnd, »verzeiht mein schlechtes Gedächtnis.«

Bodo senkte verlegen den Kopf.

»Und dies hier«, fuhr Friedrich – an Beatrix gewandt – fort, »ist Hermann, der Bischof von Konstanz. Er verdient Euren Dank, denn ohne ihn würdet Ihr hier nicht stehen.«

Beatrix blickte fragend zu ihm auf.

»Er hat den Papst davon überzeugt, dass ich noch nie verheiratet war.«

Beatrix sah dem Bischof lange in die Augen: »Habt Dank. Ich werde Euch nie vergessen. Ebenso wenig wie diesen Herrn hier«, und dabei lachte sie Rainald von Dassel an. Der lächelte zurück. Er hatte die junge Braut auf dem Rückweg von Worms begleitet, wo sie noch vor der Hochzeit zur Königin gekrönt und sofort – gegen jede Regel – als Kaiserin bezeichnet worden war. Da Rainald sowohl den provenzalischen als auch den Dialekt des französischen Nordens beherrschte, war er ihr ein ebenso willkommener wie auch angenehmer Gesellschafter gewesen.

Friedrich und Beatrix nahmen in zwei Faltstühlen Platz, und die Parade begann. Bodo sah dicht vor sich die langen rotblonden Zöpfe der Braut, den Goldreif um ihren schlanken Hals, und er konnte des Kaisers offenkundige Verliebtheit durchaus verstehen. Was aber mochte die Braut für Friedrich empfinden? Was mag sie gedacht haben, als sie erstmals von Friedrichs Absichten erfuhr?

Sicherlich Dankbarkeit. Denn ihr Onkel, der Graf von Macon, hatte die Erbin von Burgund nach dem Tod ihres Vaters kurzerhand eingesperrt, angeblich sogar in einem Turm. Vermutlich hatte er gehofft, er könne das Erbe selbst antreten, aber schließlich musste er dem sanften Druck des Kaisers nachgeben, und Beatrix würde in Friedrich folglich ihren Retter sehen. Aber konnte sie ihn auch lieben?

Bodo konnte sich gut vorstellen, wie man dem Mädchen ihren zukünftigen Bräutigam beschrieben haben mag. Solche Schilderungen hatten wenig mit der Wirklichkeit zu tun, aber sie klangen wenigstens gut. Beispielsweise so: *Seine Gestalt ist herrlich gebaut, seine Augen blicken scharf und durchdringend, die Nase ist schön geformt und der Bart rötlich, die Haut hell und der Mund klein. Die Zähne sind weiß und gerade, die Schultern breit und kräftig, die Waden sind stark, und seine Stimme ertönt klar.* Und so weiter.

Na, in etwa stimmt das auch, dachte Bodo, obwohl sich die Braut ihren Zukünftigen vielleicht doch etwas größer vorgestellt hatte, und das mit der Stimme wäre wohl auch etwas übertrieben, denn sie ist eher hoch als klar. Außerdem sprach er den gleichen Dialekt wie Bodo selbst – völlig anders beispielsweise als Rainald, der von irgendwo aus dem Norden stammte.

Unterhalb der Tribüne begann der Vorbeimarsch. Zuerst kamen die Trompeter, die jede weitere Unterhaltung unmöglich machten, Würzburger Mädchen streuten Blumen auf die Straße, bevor die ersten berittenen Abteilungen auftauchten. Es folgten Trommler und Pfeifer, dann Delegationen aus Konstantinopel, aus Ungarn und Dänemark. Auf einem riesigen

Wagen rollte ein Festzelt vorbei, das Hochzeitsgeschenk des Königs von England. Dann wieder leichte Reiter, Armbrustschützen und Lanzenträger, schließlich die Streicher mit Fiedeln und Geigen.

Dann verschlug es Bodo den Atem: In Fünferreihen trabten gepanzerte Ritter heran. Die Topfhelme, deren Visiere geschlossen waren, glänzten und die Kettenhemden der Reiter nicht minder. Bunte Wimpel flatterten an langen Lanzen, und die schmalen Schilde waren mit bunten Wappen verziert.

Es war die Mitgift der Braut.

Fünftausend Ritter hatte die kleine Prinzessin in die Ehe eingebracht, und wenn es natürlich nicht alle 5000 waren, die da durch Würzburg ritten: Etliche Dutzend waren es schon, die von den begeisterten Zuschauern mit Blumen überschüttet wurden. Auch die Damen auf der Tribüne schwenkten ihre Tücher, während die Herren aufstanden und höflich grüßend die Hand hoben.

Ein ganzes Land und dazu noch 5000 Ritter, dachte Bodo und sah fast neidisch zu, wie das junge Mädchen seine Hand in die des Kaisers schob. Rainald folgte seinem Blick und wandte sich ihm zu.

»Gefällt sie Euch?«, fragte er leise.

»Aber ja. Sie ist ein Schatz«, flüsterte Bodo zurück.

»Ja«, bestätigte Rainald, »in jeder Hinsicht.«

ZEITRAFFER

1122 (?)	Friedrich I. (Barbarossa) wird geboren.
1153	Rom annulliert seine Ehe mit Adelheid von Vohburg.
1156	Friedrich I. heiratet die noch nicht 16-jährige Beatrix von Burgund.

2. KAPITEL
DIE FEINEN FAMILIEN

Die Versuchung liegt nahe, sich über die Naivität und die Unwissenheit des jungen Bodo von Wolfach lustig zu machen. Er wusste allenfalls, dass Italien irgendwo im Süden liegt, verglich die Alpen mit dem Schwarzwald und hatte nicht den Schimmer einer Ahnung, wo Jerusalem oder Konstantinopel (das heutige Istanbul) liegen könnten.

Aber sind wir heute so viel gescheiter?

Zu Beginn der Fünfzigerjahre, als Zigtausende junger Amerikaner in Korea kämpften, hat man in einer Umfrage US-Bürgern eine Weltkarte vorgelegt, in der lediglich die Umrisse von Kontinenten und Staaten eingezeichnet waren, dagegen keinerlei Beschriftungen. Geradezu unglaublich, wo überall auf der Welt die Amerikaner Korea vermuteten. Zugegeben: In Fernost häuften sich die Kreuzchen ein wenig, aber im Grunde war das Ergebnis erschütternd. Noch Anfang des 21. Jahrhunderts wussten etwa die Hälfte aller jugendlichen Amerikaner nicht, gegen wen die USA im Zweiten Weltkrieg gekämpft hatten und wer ihre Verbündeten gewesen waren.

Im Gegensatz zu heute, wo jeder jederzeit in einen Atlas oder ein Lexikon schauen kann, wo uns die Zeitungen und das Fernsehen mit Landkarten nachgerade zuschütten, war der Wissensstand im Mittelalter unglaublich bescheiden. Gebildet, wenn auch höchst einseitig, waren allenfalls die Mönche und im wirklich pragmatischen Sinn lediglich die Ministerialen bei Hofe, die man – übertragen auf die heutige Zeit – am ehesten mit Diplomaten oder hohen Beamten im Bundeskanzleramt vergleichen könnte.

Überfordert waren selbst Adlige, als sich zu Beginn der Staufer-Ära ein gesellschaftlicher Wandel anbahnte. Seit uralter Zeit war das Reich in Stammesherzogtümer aufgeteilt, und es war selbstverständlich, dass in Sachsen ein (Nieder-)Sachse regierte, in Schwaben ein Schwabe und in Bayern naturgemäß ein Bayer. Und die dort ansässigen Herrschergeschlechter nannte man nach den in den Familien vorherrschenden Vornamen: die Ottonen beispielsweise nach Otto dem Großen.

Nun muss man sich allerdings von der Vorstellung lösen, dass alle diese Stämme »reinrassig« gewesen wären. Schon während der Völkerwanderung sind sie – von den Niedersachsen einmal abgesehen – allesamt derartig durchmischt worden, dass das einzig allen Gemeinsame nicht das Blut, sondern bestenfalls der Dialekt war, der sich in den jeweiligen Siedlungsgebieten herausgebildet oder durchgesetzt hatte.

Ein besonders gutes Beispiel dafür, was es mit einem so genannten Stamm auf sich hat, liefern die Franken. Woher sie eigentlich kamen, weiß niemand so recht. Ursprünglich wohl aus dem Gebiet, das wir heute als Flandern, die Niederlande und den Niederrhein kennen. Die Frage, ob sie zunächst nach Osten gewandert sind, um dann wiederum vom Rechtsrheinischen aus die sich auflösenden linksrheinischen römischen Provinzen zu erobern, mögen Wissenschaftler klären. Uns genügt es zu wissen, dass dieser anfangs völlig unbedeutende Stamm durch Zulauf zahlloser versprengter Sippen von Sugambrern und Brukterern, Chatten und Batavern und vielen, vielen anderen in relativ kurzer Zeit zu einem Völkergemisch mit einer beispiellosen Energie verschmolz, das ein paar Jahrhunderte später Europa bis hinunter nach Spanien beherrschen sollte.

Die Franken bildeten eine außerordentlich schlagkräftige Gruppe von Eroberern, aber ein Stamm im Sinne von »Menschen gleichen Blutes« – das waren sie sicherlich nicht. Und eine gemeinsame Sprache besaßen sie auch nicht. Die Westfranken sprachen Latein, das im Lauf der Jahrhunderte zu Französisch wurde, und die Ostfranken sprachen eben nicht das vornehme Römisch, sondern verständigten sich untereinander schlicht »volkstümlich« oder – wie das damals hieß – »Thiudisk«, woraus das Wort »Deutsch« entstand.

Nicht ganz so kunterbunt gemischt waren die Alemannen, zu denen auch unsere Schwaben gehören, die ihren Namen vom Stamm der Sueben ableiten. Natürlich konnte es nicht ausbleiben, dass jeder Stamm, der zur Zeit der Völkerwanderung unterwegs war, mehr oder weniger freiwillig mit anderen Stämmen in Berührung kam und folglich mit fremdem Blut angereichert wurde, was ja bekanntlich nur von Vorteil sein kann und weitaus gesünder ist als dauerhafte Inzucht.

Bei den Bayern sind sich die Wissenschaftler nicht ganz einig, woher sie denn gekommen sind, aber vermutlich wanderten sie aus dem Gebiet der Böhmen ein, und von der alten Bezeichnung *boiahemum* stammt wohl auch ihr heutiger Name ab.

Zumindest haben wir nun die vier großen Stämme kennen gelernt, die für einige Jahrhunderte die Säulen des Reiches bilden sollten: Franken, Sachsen, Schwaben und Bayern. Sie bildeten zugleich (neben Lothringen) die großen Herzogtümer, und zu den Herzögen und den geistlichen Fürsten gesellten sich zahlreiche Landgrafen, Markgrafen und Pfalzgrafen, aber wenn es auch anfangs Königsrecht war, die Reichslehen nach eigenem Gutdünken zu verleihen, wäre es doch töricht gewesen, den Bayern einen Franken oder den Schwaben einen Sachsen vor die Nase zu setzen.

Aber genau diese simple Überlegung schien von heute auf morgen keine Rolle mehr zu spielen. Wichtig waren nun nicht mehr die Stämme. Wichtig wurden mit einem Mal die feinen Familien.

Und derer gab es genug.

Zum einen die Staufer selbst. Der erste, der uns aus Urkunden bekannt ist, war ein Graf gegen Ende des 10. Jahrhunderts und hörte nach altem Brauch wie alle Erstgeborenen der Familie auf den Namen Friedrich. Von seinem Sohn wissen wir, dass er nicht nur Pfalzgraf war, sondern zusätzlich auch Riesgraf, also Herrscher über jenes Ries zwischen Fränkischer und Schwäbischer Alb, das vor rund 15 Millionen Jahren durch einen Meteoriteneinschlag entstanden ist.

Endgültig ins Rampenlicht der Geschichte trat die Familie dann mit jenem Friedrich von Büren, der die Gräfin Hildegard von Egisheim heiratete, eine Nichte von Papst Leo IX. (1049–1054) und – wichtiger noch – eine lothringische Herzogstochter, die durch ihr stattliches Erbe im Elsass den Besitz der Staufer weiter anwachsen ließ. Das Bild dieser Hildegard, die im Übrigen in Schlettstadt das Kloster St. Fides gründete und dort auch begraben wurde, ist uns auf wundersame Weise erhalten geblieben.

Möglicherweise ist sie einer ansteckenden Krankheit zum Opfer gefallen. Jedenfalls hat man ihre Leiche mit einem Gemisch aus Kalk und Mörtel übergossen, das später versteinerte. Als man 1894 auf ihr Grab stieß, war der Kalk wie zu einer Totenmaske erstarrt; durch sie verfügen wir über das einzige reale Bild eines mittelalterlichen Menschen.

Der Sohn der beiden wurde als erster Staufer Herzog von Schwaben, und dessen Sohn wiederum wollte gar König werden, konnte sich aber nicht durchsetzen, weil er einäugig war, denn Verstümmelungen und Missbildungen schlossen nach damaliger Auffassung die Bekleidung eines hohen Amtes aus. Immerhin: Er heiratete die Welfin Judith und zeugte mit ihr jenen Friedrich, der später als Friedrich I. (Barbarossa) Kaiser werden sollte. In seinen Adern floss auf diese Weise staufisches und welfisches Blut.

Wer aber waren die Welfen?

Wir müssen es kurz machen, und Interessierte sollten deshalb den Stammbaum der Staufer und Welfen studieren, den sie in diesem Buch finden. Das Geschlecht der Welfen reichte zurück bis in die Zeit der Karolinger. Die Familie stammte wie die der Staufer aus Schwaben, aber dann starb der Mannesstamm aus, und die letzte Welfin heiratete nach Italien in die Familie derer von Este ein. Die aber stammten aus Padua, und deshalb brauchen wir uns nicht zu wundern, dass die späteren Welfen nicht blond waren wie die Staufer, sondern dunkel wie Italiener.

Und noch etwas unterschied diese beiden mächtigen Familien: Im ewigen Streit zwischen Papsttum und Kaiser haben die Anhänger der Staufer stets zum Kaiser gestanden, die Anhänger der Welfen dagegen immer auf päpstlicher Seite gekämpft. Irgendwann finden wir die Welfen dann als Herzöge von Bayern wieder, und als dann im Norden noch das Herzogtum Sachsen frei wurde, fiel es durch Heirat und Erbe ebenfalls an die Welfen. Ab 1137 war Barbarossas Onkel mütterlicherseits, Herzog Heinrich der Stolze, was nach Tradition und Recht damals völlig unmöglich war: Herrscher über zwei Stammesherzogtümer. Über Bayern und Sachsen.

Das konnte ja nicht gut gehen.

Wie sollte es auch. Ein Geschlecht, beheimatet in Schwaben, aus Lothringen an den Bodensee verpflanzt, auf dem Umweg über Italien neu belebt, in Bayern eingesickert und sich krakenhaft nach Norddeutschland ausdehnend – würden sich die direkten Nachbarn das bieten lassen?

Schließlich gab es noch andere bedeutende Familien im Reich: die Zähringer beispielsweise im Südwesten Deutschlands mit Ländereien bis tief hinein in die heutige Schweiz und mit Ansprüchen auf Burgund, zu dem damals auch noch Savoyen und die Provence bis hin nach Arles gehörte.

Im Nordosten herrschten neben den Wettinern in Meißen und in der Lausitz vor allem die Askanier in der Mark Brandenburg. Dem berühmtesten, wenn auch nicht erfolgreichsten Mitglied dieses Geschlechtes werden wir noch begegnen: Albrecht mit dem Beinamen »der Bär«.

Und noch eine Familie verdient Erwähnung. Seit 976 waren die Babenberger Markgrafen in der Ostmark. Zu den bekanntesten Mitgliedern der Sippe zählte Otto, der nicht nur Bischof von Freising war, sondern auch der Hofchronist Barbarossas. Und dann gab es da noch jenen Pfalzgrafen und späteren Herzog von Österreich Heinrich, der seine Sätze stets mit der Floskel »Ja, so mir Gott helfe« zu beenden pflegte, was ihm später bei den Historikern den Beinamen »Jasomirgott« eintrug. Das hatte zumindest den Vorteil, dass er sich unverwechselbar aus der Schar der unzähligen Heinriche hervorhob.

Nun waren sich diese Familien untereinander natürlich allesamt nicht grün, was weiter nicht erstaunlich ist. Neid schmiedet nicht gerade zusammen. Leider standen sie aber auch nicht in Treue fest hinter ihrem Herrscher. Im Gegenteil. Schon im nächsten Kapitel werden wir sehen, welch jämmerliches Heer ihm seine Herzöge zur Verfügung stellten, als er zum Zug nach Rom aufbrechen wollte.

Also vergrößerte Friedrich I. – Schwabe, der er war – mit großem Fleiß seinen anfangs eher bescheidenen Besitz und damit auch seine finanziellen Einkünfte. Bald entstand eine staufische Landschaft, die einen Schwerpunkt im Dreieck zwischen Mainz, Basel und Nürnberg besaß und einen zweiten zwischen Merseburg im Norden und Eger im Süden. Friedrich baute die Königspfalzen aus, um die alsbald Siedlungen entstanden, die er ebenso förderte wie die Weiterentwicklung der Städte und den Ausbau der wichtigsten Handelsstraßen, denn das Reich war groß.

Erinnern wir uns: Die deutschen Herrscher sahen sich in der Nachfolge der (west-)römischen Kaiser, aber während Karl der Große noch Anspruch auf Spanien erhoben hatte, teilten sich seine Enkel das Erbe, und so entstand – stark vereinfacht – im Westen das so genannte Neustrien, das spätere Frankreich. Dann ein mittleres Reich, das von Süditalien über die heutige Schweiz und Elsass-Lothringen bis in die Niederlande reichte. Es wurde neben der Kaiserwürde dem ältesten Enkel Karls, Lothar, zugesprochen und hieß nach ihm Lotharingien. Letztlich das Ostreich, aus dem sich später Deutschland entwickeln sollte.

Während Frankreich außen vor blieb, wuchsen Lotharingien und der Osten zu einem Reich zusammen. Zu ihm gehörten neben den deutschen Kernlanden im Westen die Niederlande, Ostbelgien, Elsass-Lothringen, Burgund (mit Teilen der Provence) und die Schweiz. Im Norden verlief die Grenze südlich von Schleswig, und im Osten gehörten Pommern, Schlesien, Böhmen und Mähren dazu; ferner Österreich, die Steiermark, Kärnten und die Mark Krain, die sich gegenüber von Venedig befand.

Schwieriger stellte sich die Lage in Italien dar. Zwar erhoben die Stauferkaiser Anspruch auf den ganzen Stiefel. Andererseits dachten weder die stolzen Städte in der Lombardei noch der Papst mit seinem zentral gelegenen Kirchenstaat und schon gar nicht die Normannen im Süden daran, die Vorherrschaft der Staufer oder gar deren Anspruch auf die normannische Krone anzuerkennen.

Zwischenfrage: Was haben Nordleute – denn nichts anderes bedeutet ja schließlich der Name Nor(d)mannen – überhaupt auf Sizilien zu suchen? Waren sie nicht, aus Norwegen kommend, mit ihren berüchtigten Drachenbooten Jahrzehnte hindurch der Schrecken aller Länder an der Atlantikküste? Hatten sie nicht Paris belagert, Köln erobert und sogar Aachen und Trier verwüstet?

Das ist alles richtig, aber 911, als sie erfolglos Chartres bestürmten, brachte ihnen ein königliches Ersatzheer und der draufgängerische Bischof der Stadt eine unerwartete Niederlage bei. Man schrieb den Sieg des Kirchenfürsten übrigens der Tatsache zu, dass er das höchst unkriegerische Hemd der Gottesmutter an seiner Lanze befestigt hatte. Hemd hin – Hemd her: Die Männer aus dem Norden mussten verhandeln, gaben sich indes zufrieden, als ihnen der französische König Karl Siedlungsland in der Normandie anbot. Einzige Bedingung: Sie mussten sich zum Christentum bekehren und Lehnsleute des Königs werden.

Allerdings gehörte zu diesem Zeremoniell, dass der Empfänger des Lehens seinem Herrn die Füße küsst, was der Anführer der Normannen jedoch partout nicht wollte. Schließlich konnte er einen seiner Unterführer dazu überreden, diesen Unterwerfungsakt an seiner Stelle zu vollziehen, aber besagter Gefolgsmann war über diese Zumutung derart wütend, dass er Karl, der den wenig schmeichelhaften Beinamen »der Einfältige« trug, bei dieser Zeremonie vom Thron gerissen haben soll.

Von da an gaben die Normannen erst einmal Ruhe, und ganz Europa atmete auf. Gut 150 Jahre später allerdings erwachte in ihnen erneut der Drang nach Eroberungen, und so fiel ihr Herzog Wilhelm 1066 in das der normannischen Küste gegenüberliegende England ein und unterwarf die dort wohnenden Angeln und Sachsen. Von da an stellten die inzwischen französisch sprechenden Normannen über Generationen hinweg die Oberschicht auf der Insel, was man der englischen Sprache bis heute anmerkt.

So heißt das Schwein, das der Bauer mästet, auf gut Englisch *pig*. Kommt es jedoch im Schloss (oder heute im Restaurant) auf den Tisch, nennt man es plötzlich auf Französisch *porc.* Das Kalb auf der Weide heißt – dem Deutschen ähnlich – *calw.* Wird es jedoch zum Ragout verarbeitet oder als Braten serviert, nennt man es plötzlich *veal.*

Aber auch sonst existieren in England dem Deutschen ähnliche Worte und solche lateinischer oder altfranzösischer Herkunft nach wie vor nebeneinander. Freiheit heißt sowohl *freedom* als auch *liberty* (französisch: *liberté*), das Schlafzimmer sowohl *bedroom* als auch *dormitory* (lateinisch: *dormitorium*). Und zu guter Letzt: Der von den braven Angeln und Sachsen in Robin-Hood-Filmen so sehnlichst zurückerwartete Richard Löwenherz war natürlich normannischer Herkunft und dachte nicht daran, sich *Heart of Lion* zu nennen. Für seine Männer war er selbstredend *Cœur de Lion.*

Doch zurück zu Sizilien. Was die Normannen in ihren wilden Jahren in der Nordsee, waren die Sarazenen damals im Mittelmeer: gewissenlose und blutrünstige Piraten. 1016 belagerten sie die Stadt Salerno in Kampanien, das sich damals wie weite Teile Süditaliens in langobardischer Hand befand. Die Lage war verzweifelt, als sich bei Herzog Guaimar 40 blonde Hünen meldeten, die höflich anfragten, ob er ihrer Hilfe bedürfe. Sie befänden sich auf der Rückreise von einer Pilgerfahrt ins Heilige Land, und es wäre nicht mehr als natürlich, dass sie jedem Christenmenschen zu Hilfe eilten, der von Ungläubigen bedrängt werde. Leider trügen sie nur ihre Schwerter bei sich, aber wenn der Herzog sie etwas besser ausrüsten könnte …

Der Herzog tat nichts lieber als das, und als die 40 wilden Gesellen einen Ausfall wagten, waren die Sarazenen von ihrem Anblick derart entsetzt, dass sie Hals über Kopf die Flucht ergriffen. Man ist versucht, die Geschichte ins Reich der Legenden zu verweisen, aber sie ist derart gut bezeugt, dass man sie als Tatsache hinnehmen muss.

Mit allen ihren Folgen.

Die 40 Recken zogen reich beschenkt von dannen, und

als sie zu Hause – also in der Normandie – ankamen, weckten ihre sicherlich mit viel Fantasie ausgeschmückten Erzählungen, vor allem aber die stolz präsentierten Geschenke die Abenteuerlust der daheim Gebliebenen. So dauerte es nicht allzu lange, bis sich ein gewisser Tankred d'Hauteville mit seinen zwölf Söhnen und der gesamten Sippe aufmachte, um sich bei den Langobarden als Söldner zu verdingen.

Diese machten nun die Erfahrung, die 1000 Jahre zuvor auch schon die Römer gemacht hatten: Die angeworbenen Söldner – damals waren es germanische Hilfstruppen gewesen – hatten plötzlich das Sagen, und so verloren die Langobarden, zwar nicht über Nacht, aber innerhalb weniger Jahrzehnte, die Herrschaft über ihre Territorien in Süditalien, wo die Krieger aus der Normandie, zu denen immer mehr Männer aus der Heimat stießen, alsbald ihr eigenes Königreich errichteten.

Dass diese kampferprobten Haudegen nicht einzusehen vermochten, dass ausgerechnet sie, die soeben die Langobarden vertrieben hatten, sich nun einem Kaiser aus dem fernen Norden unterwerfen sollten, ist leicht einsehbar.

Und noch einer war nicht bereit, sich unterzuordnen, wenn auch aus anderen Gründen, und das war der Papst. Nicht ein bestimmter Papst, sondern das Papsttum als solches. Die Päpste verwalteten seit dem Zusammenbruch des Weströmischen Reiches unter der Aufsicht Ostroms (Byzanz mit der Hauptstadt Konstantinopel, dem heutigen Istanbul) sowohl Ravenna als auch Rom, das so genannte »Dukat«.

Ständig angegriffen von den Langobarden in Nord- und Süditalien, denen dieser lästige Querriegel überhaupt nicht passte, hatten die Päpste im 8. Jahrhundert immer wieder die fränkischen Könige, also die Vorgänger Karls des Großen, angefleht, ihnen zu Hilfe zu eilen. Die Franken indes zögerten, weil sie keinerlei Lust verspürten, es sich mit den Langobarden zu verderben. Immerhin hatten diese ihnen

732 in der mörderischen Schlacht bei Tours und Poitiers gegen die Araber beigestanden.

Erst Pippin der Jüngere, der Vater Karls des Großen, gab dem Drängen Stephans II. nach, schlug die Langobarden und schenkte dem Papst daraufhin jenes Land, auf dem dann der Kirchenstaat entstehen sollte und dessen Grenzen sich ständig veränderten. Niemand schien sich daran zu stören, dass Pippin nicht berechtigt war, byzantinisches Hoheitsgebiet zu verschenken. Und der Papst setzte noch einen drauf, indem er eine Urkunde fälschen ließ, derzufolge bereits Kaiser Konstantin im 4. Jahrhundert den Päpsten das ganze weströmische Reich geschenkt habe!

Nun also standen dem Kaiser bereits zwei starke Mächte gegenüber, und den Päpsten ging es keineswegs nur um die Unabhängigkeit des Kirchenstaates. Es ging um sehr viel mehr, aber davon später.

Zu den erklärten Feinden des Reiches gehörten zu allem Überfluss auch noch die blühenden Städte der Lombardei, allen voran Mailand, und letztendlich konnte sich der Kaiser – wie schon erwähnt – nicht einmal der vollen Unterstützung seiner Herzöge sicher sein. Richtig verlassen konnte er sich auf keinen von ihnen.

Schon gar nicht auf die Welfen.

An deren Spitze stand 1138 der oben bereits erwähnte Heinrich der Stolze, Herzog von Bayern und Sachsen, Schwiegersohn des im Jahr zuvor gestorbenen Kaisers Lothar III., von dem er noch mit der Toskana belehnt worden war. Zweifellos der mächtigste Mann im Reich. Selbstverständlich auch der nächste König.

Eben nicht.

Mächtige Männer haben auch viele Feinde. Und die fanden sich zusammen, kungelten hier und klüngelten dort, und plötzlich war ein gewisser Konrad gewählt, der Bruder des unglückseligen Friedrich Einaug, und der konnte sich als

Konrad III. tatsächlich durchsetzen, obwohl seine Herrschaft ebenso unspektakulär verlief wie die seines Vorgängers Lothar. Berichtet werden sollte jedoch über den Auftritt eines unscheinbaren Mannes an Weihnachten 1146 im Dom zu Speyer und dessen katastrophale Folgen.

Der spindeldürre Mensch auf der Kanzel war 1091 als drittes von sieben Kindern in der Nähe von Dijon geboren worden, und seine Eltern waren nicht nur adlig, sondern auch einigermaßen wohlhabend. So konnten sie es sich leisten, den Knaben in eine Klosterschule zu schicken, was zur Folge hatte, dass der junge Mann mit 22 Jahren in das Reformkloster von Cîteaux eintrat. Von dort wurde er 1115 zusammen mit einigen anderen Mönchen ausgesandt, das Kloster Clairvaux im französischen Departement Aube (im Süden der Champagne) zu gründen.

Als dessen Abt gewann er bald einen schier unglaublichen Einfluss auf das Mönchtum seiner Zeit, das er als Zisterzienser immer wieder zu Reformen aufrief, aber auch die Christenheit als solche versuchte er wachzurütteln, wobei ihm zu Hilfe kam, dass 1145 mit Eugen III. einer seiner Schüler zum Papst gewählt wurde. Ebendiesen Papst erreichte dann die Nachricht, dass Edessa, der nördlichste der vier Kreuzfahrerstaaten, 1144 in die Hände der Sarazenen gefallen und Jerusalem direkt bedroht sei.

Eugen III. wandte sich an den französischen König und rief ihn zum Kreuzzug auf, aber der und seine Vasallen wiesen ihm die kalte Schulter, sodass sich der Papst Hilfe suchend an besagten Bernhard wandte, und der reagierte sofort. Auf einem Hoftag zu Vézelay, wo neben dem französischen Adel eine ungeheure Menge Volkes zusammengeströmt war, berauschten sich die Leute an seinen leidenschaftlichen Worten, und angesichts dieser Begeisterung wollten sich auch die Großen des Landes nicht länger verweigern. Feierlich versprachen sie dem König, ihn auf seinem Kreuzzug zu begleiten.

Bernhard indes – mit dem Erreichten nicht zufrieden – zog weiter durch die Lande und hämmerte seinen Zuhörern, wo immer er sie traf, ein, wie wichtig es für jeden Einzelnen sei, das Kreuz zu nehmen: »Du tapferer Ritter, du Mann des Krieges, jetzt hast du eine Fehde ohne Gefahr, wo der Sieg Ruhm bringt, aber selbst der Tod noch Gewinn ist. Sieh zu, dass er dir nicht entgeht!« Und so predigte er den Räubern und den Meineidigen, den Kaufleuten und den Handwerkern, den Totschlägern und dem Gesindel: Rettung und Erlösung bringt allein die Pilgerfahrt ins Heilige Land!

Und die Menschen folgten ihm nahezu blind. Er war ein Demagoge im ursprünglichen Sinn des Wortes. Ein Volksführer. Vielleicht auch ein Verführer des Volkes, wenn man zumindest einen Teil seiner Aktivitäten kritisch betrachtet. Es blieb nämlich nicht aus, dass sein Wirken andere dazu verleitete, dem ohnehin aufgeputschten Volk nahe zu legen, den Tod Christi an seinen vermeintlichen Mördern zu rächen: den Juden.

Besonders unrühmlich tat sich dabei ausgerechnet ein gewisser Rudolf hervor, Zisterzienser wie Bernhard, der ohne Erlaubnis sein Kloster verlassen hatte. In Köln – um nur zwei Beispiele für die schrecklichen Folgen seiner Hetztiraden zu nennen – wurde der Jude Simon aus Trier, genannt »der Fromme«, der soeben aus England heimkam, umgebracht, weil er sich nicht taufen lassen wollte. Außerdem eine gewisse Minna aus Speyer, die vor ihrer Ermordung grauenhaft gefoltert wurde. Schließlich wies der Kölner Erzbischof Arnold den Juden die Wolkenburg bei Königswinter zu, wo sie gegen Übergriffe geschützt waren.

Schlimmer noch ging es in Mainz zu. Erzbischof Heinrich, der Kanzler des Reiches, nahm verfolgte Juden in sein Haus auf, aber aufgeputschte Bürger brachen bei ihm ein und ermordeten die Asylsuchenden vor seinen Augen. Verzweifelt rief der Erzbischof den Abt von Clairvaux zu Hilfe, der sofort an den Rhein eilte und den Pogromen ein Ende bereitete.

Da er sich nun ohnehin auf Reichsgebiet befand, nutzte Bernhard die Gelegenheit, auch dem deutschen König ins Gewissen zu reden und ihn zur Teilnahme am Kreuzzug zu bewegen. Ein erstes Mal hatte er es in Frankfurt versucht, wo er mit Konrad zusammengetroffen war, aber der König hatte energisch abgewunken. Daheim war genug zu tun, denn noch immer herrschte kein Frieden im Land, und auch der Papst stand einer Pilgerreise Konrads nach Jerusalem skeptisch gegenüber. Ihm wäre es sehr viel lieber gewesen, der König hätte ihm die Rückkehr nach Rom ermöglicht, denn Eugen saß – wie viele Päpste vor und nach ihm – wieder einmal im Exil, weil die Römer ihn aus der Stadt vertrieben hatten.

Konrad jedenfalls hatte sich von Bernhard nicht überreden lassen, aber dieser gab so schnell nicht auf. Immerhin hatte der König ihm versprochen, alles noch einmal zu überdenken und seine Entscheidung auf dem Hoftag zu fällen, der zu Weihnachten 1146 in Speyer stattfinden sollte, wo sich viele seiner Gefolgsleute und die meisten Bischöfe einfanden.

Und natürlich Bernhard.

Zweimal predigte er während der Feiertage im Dom, und zweimal gelang es ihm nicht, den Sinn des Königs zu wandeln, bis er am Fest des heiligen Johannes, am 27. Dezember, den König in Gegenwart aller seiner Männer direkt anging. Er erinnerte Konrad daran, dass auch ein Herrscher nur ein sündiger Mensch sei und dass folglich auch auf ihn der Tag des Gerichtes warte. Dann aber werde Gott ihn fragen: »Oh, Mann, habe ich nicht alles für dich getan, was nur möglich war? Habe ich dir nicht nur Gesundheit und Weisheit geschenkt, sondern auch Macht und Reichtum verliehen? Ich habe dich zum Herrscher gemacht, aber du, Mensch, was hast du für mich getan?«

Da begann nicht nur der König zu weinen, sondern auch die ihn umstehenden weltlichen und kirchlichen Fürsten konnten ihre Tränen nicht zurückhalten, und als dann Konrad ergriffen gelobte, dem Ruf Gottes zu folgen und das Kreuz zu nehmen, da schworen auch seine Gefolgsleute, mit ihm ins Heilige Land zu ziehen.

Um es kurz zu machen: Das Unternehmen wurde ein Fiasko. 18 000 Kreuzfahrer verloren dabei ihr Leben, ohne auch nur das Geringste erreicht zu haben. Unter den wenigen Überlebenden befand sich auch Konrads damals 25-jähriger Neffe Friedrich.

Er trug einen rötlich schimmernden Bart.

Über seine Kindheit wissen wir nichts. Wohl aber über seine Familie, die keineswegs einem bescheidenen Landadel entstammte, wie häufig geglaubt wird. Vielleicht deshalb, weil die Burg Hohenstaufen bei Göppingen auf der Schwäbischen Alb bzw. das, was von ihr übrig geblieben ist, einigermaßen mickerig wirkt. Aber alle Burgen aus dem 12. Jahrhundert waren mickerig, und wer auf eine richtige Bilderbuch-Burg stößt, darf sicher sein, dass sie erst im 15. oder 16. Jahrhundert gebaut worden ist oder doch zumindest zu diesem Zeitpunkt ihr heutiges Gesicht erhalten hat.

Die Burg Hohenstaufen jedenfalls zählte zu den besten Adressen im Reich, und ihre Besitzer gehörten zum absoluten Hochadel. Die Staufer waren verwandt und versippt mit den anderen großen Familien des Reiches, aber selbst wenn Vater Einaug seinerzeit König geworden und unser Friedrich bereits als Kronprinz geboren worden wäre, hätten wir schwerlich mehr über seine Geburt und seine Kindheit erfahren.

Was wir über seine Jugend wissen, ist lediglich dies: Der junge Rotbart kämpft in den Wirren nach der Wahl seines Onkels Konrad zeitweilig auf der Seite der welfischen Rebellen; vielleicht um sich selbst, aber auch Vater Einaug gegenüber zu beweisen, was zu leisten er imstande ist, wenn man ihn nur richtig fordert. Schließlich kehrt er jedoch – reifer geworden – in den Schoß der Familie zurück, aber Konturen nimmt er für die Nachwelt erst an, als er an der Seite seines Onkels Konrad 1149 von dem gescheiterten Kreuzzug zurückkehrt, nur um zu erfahren, dass sein Vater zwei Jahre zuvor gestorben und er nun an seiner Stelle Herzog von Schwaben ist.

Drei Jahre später, am 15. Februar des Jahres 1152, starb auch König Konrad nach langer schwerer Krankheit in Bamberg. An seinem Totenbett standen lediglich der Fürstbischof von Bamberg und der Herzog von Schwaben. Und diese beiden erklärten später ihren einigermaßen verblüfften Standesgenossen, es sei der ausdrückliche Wunsch des Verblichenen, dass nicht sein sechsjähriger Sohn, sondern sein Neffe, der rotbärtige Herzog Friedrich III. von Schwaben, fortan die Krone tragen solle.

Was natürlich Zweifler auf den Plan rief.

Hatten Fürstbischof und Herzog etwa ein Komplott geschmiedet, und war es vielleicht gar nicht der Wille des Verstorbenen gewesen, das eigene Kind zu übergehen? Dafür spricht wenig. Anzunehmen ist vielmehr, dass Konrad, der nie die volle Anerkennung aller seiner Untertanen gefunden hatte, sehr wohl einsah, dass dem Reich in dieser Situation nichts hätte mehr schaden können als ein Kind auf dem Thron. Zumal in diesem Fall automatisch der Mainzer Erzbischof Vormund und Regentschaft erhalten und den Kronprinzen wahrscheinlich im päpstlichen Sinne beeinflussen würde, ohne die Interessen des Reiches zu berücksichtigen.

Auch die Tatsache, dass der Herzog von Schwaben als Einziger der Mächtigen ans Krankenbett des Sterbenden gerufen worden war, legt den Schluss nahe, dass der sterbende König tatsächlich Friedrich zu seinem Nachfolger bestimmt hat. Nicht zuletzt wohl deshalb, weil Friedrich zwar Staufer war wie er selbst, andererseits von einer welfischen Mutter geboren worden war. Lag hier die Chance, die zerstrittenen Sippen zu versöhnen? Zumindest der Hofberichterstatter Otto von Freising sah es so und nannte Friedrich »einen Verwandten beiderlei Blutes, wie ein Eckstein, der die auseinander fallenden Wände von neuem verbinden könnte«.

Jedenfalls hieß es für Friedrich, rasch zu handeln. Innerhalb kürzester Zeit suchte er die wichtigsten Fürsten auf, um sich ihrer Sympathie zu versichern, und bereits drei Wochen nach Konrads Tod traf man sich in Frankfurt zur Wahl des neuen Königs. Vorsichtshalber hatte Friedrich 3000 Bewaffnete mitgebracht, aber zu einer richtigen Wahl kam es gar nicht erst. Irgendwann, während der Erzbischof von Mainz noch versuchte, ein ordentliches Verfahren zustande zu bringen, hoben die schwäbischen Ritter ihren Herzog auf den Schild und jubelten ihm als König zu.

Die anderen Anwesenden riefen nun ebenfalls »Es lebe König Friedrich«, lediglich der tief enttäuschte Erzbischof verweigerte sich und hielt an seiner Verschwörungsthese fest. Fünf Tage später fand die feierliche Krönung statt, und zwar vorgenommen vom richtigen Mann am richtigen Ort: Arnold II., Erzbischof von Köln, salbte Friedrich im Dom zu Aachen, und der König nahm auf jenem alten Thron Platz, der noch heute an derselben Stelle steht wie vor 1000 Jahren.

Und noch eine Geschichte muss unbedingt erzählt werden, weil sie uns mehr als viele andere Überlieferungen über den Charakter des jungen Königs und seine Auffassung von der Würde des Amtes verrät. Als Friedrich nach der Krönung den Dom verließ, warf sich ihm ein schwäbischer Adliger zu Füßen, der von ihm Vergebung für ein früher begangenes Vergehen erflehte und um Begnadigung bat.

Doch anstatt ihm anlässlich dieses Festtages Nachlass seiner Strafe zu gewähren, entgegnete der König kühl, er habe ihn ja nicht aus einer Laune heraus bestraft, sondern wegen einer Gesetzesübertretung, und deshalb gebe es keinerlei Anlass zur Begnadigung, nur weil er soeben zum König gekrönt worden sei. So dachte er halt, der junge Staufer, und liebend gerne hätten wir gewusst, wer ihn so erzogen hat. Vater Einaug etwa? Oder Mutter Judith? Ein Mönch aus Lorch vielleicht? Oder gar ein Waffenmeister vom Typ des alten Hildebrand?

Wir wissen es nicht. Und das ist schade.

ZEITRAFFER

1085	Herzog Friedrich I. von Schwaben lässt die Burg Hohenstaufen errichten.
1122	Sein Enkel Friedrich (Barbarossa) wird geboren.
1138	Die Fürsten wählen Friedrichs Onkel Konrad zum König.
1146	Bernhard von Clairvaux ruft in Speyer zum Kreuzzug auf.
1147	Friedrich zieht mit Konrad III. ins Heilige Land.
1152	Konrad III. stirbt in Bamberg. Friedrich wird zum König gewählt.

3. KAPITEL
DIE VERONESER KLAUSE
(1155)

Sanft schwingen die Leichen der zwölf Männer im Nachmittagswind. Gleichgültig betrachtet Bodo von Wolfach das makabre Schauspiel. Um keinen von ihnen ist es schade, denkt er, um keinen der zwölf. Auch nicht um den Dreizehnten, dem man soeben den Strick um den Hals legt. Nicht einmal um den Vierzehnten, der jetzt den Henker spielt; spielen muss, so hat es der Kaiser befohlen, denn er war ein Komplize der anderen und ist nur deshalb begnadigt worden, weil er angeblich kein Lombarde ist, sondern ein Franzose, den man zu diesem Bubenstreich verführt hat.

Bodo spuckt den Halm in die Klamm, in der sich tief unten neben dem schmalen Pfad die Etsch ihren Weg durch die Felsen sucht. Endlich baumelt auch der Dreizehnte, und gleich wird man die leblosen Körper abnehmen und sie neben die Erschlagenen und die Leichen derjenigen legen, die glaubten, sich durch einen verzweifelten Sprung vom hohen Felsen retten zu können.

Ritter aus Verona sind sie angeblich gewesen. Ritter! Was immer sie von Geburt aus gewesen sein mögen, gehandelt jedenfalls haben sie wie Wegelagerer der übelsten Sorte. Was soll ritterlich daran sein, einem Kaiser den Weg zu verstellen, um ihn zu erpressen? Strauchdiebe waren sie allesamt, und Strauchdiebe knüpft man auf.

Manchmal macht man auch Schlimmeres mit ihnen.

Bodo steht auf und reckt sich. Gleich wird der Befehl zum Aufsitzen kommen. Er wird neben seinem Freund Otto reiten, dem Bannerträger des Kaisers und Sohn des Pfalzgrafen Otto von Wittelsbach. Anfangs hatte er sich gegen diese Ehre gesträubt, aber inzwischen nimmt er sie so hin, wie sie gemeint war: nicht nur als Freundschaftsbeweis, sondern auch als große Auszeichnung.

Vor einem halben Jahr noch war er nichts weiter als ein junger Ritter in den Diensten seines Grafen. Zusammen mit dessen Söhnen war er zum Lechfeld südlich von Augsburg geritten, wohin König Friedrich seinen Heerbann einberufen hatte. Die weite Schotterebene war – so wenigstens hatte es der Pfalzgraf seinen Leuten erklärt – geheiligter Boden, denn hier hatte 200 Jahre zuvor ein Kaiser, der ebenfalls Otto hieß, nämlich Otto I., das Heer der Ungarn besiegt. Bodo kannte das Feld sehr gut, denn es lag nicht weit von der Burg des Grafen entfernt, die dieser kürzlich nordöstlich von Augsburg gebaut und »Wittelsbach« getauft hatte. Früher hieß das Geschlecht des Grafen »von Scheyern«, aber nun nannte es sich nach der neuen Burg, und dieser Name gefiel auch Bodo sehr viel besser als der alte.

Er erinnert sich gut daran, wie fasziniert er gewesen war, als das königliche Aufgebot auf dem Lechfeld eingetroffen war. Derart viele Menschen auf einem Haufen hatte Bodo noch nie in seinem Leben gesehen. Unglaublich groß erschien ihm die Zahl der Ritter, Knappen und Kriegsknechte, und noch immer stießen neue dazu.

»Etwas wenig«, hatte der Graf geknurrt, aber Bodo hatte nicht verstanden, was es an einem derartigen Aufgebot auszusetzen gab. Der Pfalzgraf hatte es auch nicht für notwendig erachtet, ihm gegenüber zu erklären, dass knapp 2000 Ritter eine Schande seien, wenn der König seine Gefolgsleute aufruft, ihn auf seinem Zug nach Rom zu begleiten.

Jeder mochte ja seine Gründe haben, daheim zu bleiben, aber wenn der oberste aller Lehnsherren rief, hatten private oder politische Interessen hintan zu stehen. Gut, dies war nicht der Tag des Gerichts, aber der junge König, da war sich der Pfalzgraf sicher, würde diese Brüskierung nicht auf sich beruhen lassen.

Den jungen Ritter interessierten die politischen Ränke nicht. Wenn der Pfalzgraf seine Dienste nicht brauchte, wanderte er durch die Gassen des Lagers, lauschte den verschiedenen Dialekten, bestaunte die zahllosen Banner und bewunderte die Prunkzelte des Königs und der Herzöge. Wenn er – was zuweilen vorkam – von einem Betrunkenen angepöbelt wurde, ließ er sich nicht herausfordern. Angst hatte er zwar nicht vor einer Auseinandersetzung, aber der König ließ jeden Tag aufs Neue durch Herolde verkünden, dass ein jeder, der im Lager eine Schlägerei anzettelte, seine rechte Hand verlieren werde.

Etliche der heißblütigen Ritter oder Kriegsknechte glaubten, dieses Gebot nicht ernst nehmen zu müssen, aber als eines kühlen Oktobermorgens in der Mitte des Lagers eine Lanze eingerammt wurde, auf die eine blutige Hand gespießt war, begriffen auch die Letzten, dass der König seine Gebote niemals als leere Drohung verstanden wissen wollte; er meinte, was er sagte!

Schließlich brach das Heer auf und zog über den Brenner nach Süden. Es war bereits Dezember, als in der Nähe einer Stadt namens Piacenza auf einem großen Feld das Lager aufgeschlagen wurde. In seiner Mitte stellte man einen großen Mast auf und hängte daran den Schild des Königs. Nun wurden alle Adligen und Lehnsleute aufgefordert, sich bei ihm zur Nachtwache zu melden. So sollte festgestellt werden, wer dem Aufruf zum Heerzug gefolgt war und wer nicht.

Einem unerfahrenen jungen Mann musste das Verfahren völlig unverständlich erscheinen, denn inzwischen wusste ja jedermann, wer daheim geblieben und dem König die Gefolgschaft verweigert hatte, aber so schien es alter Brauch. Tatsächlich wurden jetzt sowohl dem Erzbischof Hartvich von Bremen als auch dem Bischof Ulrich von Halberstadt die ihnen verliehenen Lehen entzogen, was für einiges Aufsehen unter den Rittern sorgte. Aber Pfalzgraf Otto war der Meinung, das sei völlig richtig; und wenn der das sagte, dann war es auch so.

Wenigstens für Bodo, der seinem Herrn blind vertraute.

Aber der Pfalzgraf war keineswegs der Mann, der sich leutselig mit seinen Männern unterhielt, und deshalb begriff Bodo auch nicht, warum es anscheinend notwendig war, einige kleinere Städte und Burgen, die am Weg lagen, zu erobern. Immerhin: Die Bewohner von Chieri hatten ihre Stadt in Panik verlassen, und in dem Ort befand sich derart viel Proviant, dass man sich ein paar Tage lang den Bauch so richtig voll schlagen konnte.

Im Februar 1155 schließlich stand man vor Tortona, einer hoch aufragenden Bergfeste am Apennin-Gebirge. Eigentlich uneinnehmbar, zumal den Verteidigern noch 100 Ritter und 200 Bogenschützen aus Mailand zu Hilfe geeilt waren. Belagerungstürme wurden gebaut, von den Verteidigern jedoch mithilfe von Katapulten zerstört; unterirdische Minen wurden vorangetrieben, um die Mauern zum Einstürzen zu bringen, aber die wackeren Leute aus Tortona gruben Gegenminen, und die Männer des Königs erstickten kläglich, als sie unter Tage verschüttet wurden.

Friedrich kannte kein Erbarmen. Überläufer und Gefangene ließ er aufknüpfen, und die Galgen standen nahe genug an der Stadtmauer, dass jeder der Verteidiger sehen konnte, welches Schicksal auch ihn erwartete. Und der Wald der Galgen wuchs und wuchs.

Dabei wäre alles so einfach gewesen, denn die Verteidiger mussten ihr Trinkwasser aus einem Brunnen holen, der vor den Mauern lag. Er wurde zwar von königlichen Kriegsknechten bewacht, aber immer wieder gelang es Leuten aus der Stadt, in tollkühnen Ausfällen bis zu der Quelle vorzudringen. Scheinbar war noch niemand auf die Idee gekommen, diesen Brunnen zu vergiften.

Natürlich war dieser Gedanke den Männern des Königs schon lange gekommen, aber es galt nicht als ritterlich, Brunnen zu vergiften. Ritterlich war lediglich der Kampf, aber genau der schien in diesem Fall nicht zu gewinnen zu sein. So jedenfalls nicht, dachte ein gewisser Albert, ein Hüne von einem Mann, der dem Grafen als Reitknecht diente, und irgendwann machte er sich tollkühn auf, die Festung im Alleingang zu erobern.

Nur mit einem Schild und einem Kurzschwert ausgerüstet, kletterte er die Felsen unterhalb der Stadtmauern nach oben, indem er sich – sofern erforderlich – mit einem kleinen Beil Stufen in die porösen Steine hackte. Atemlos sahen die Belagerer von unten zu, wie er alle Geschosse, die von oben auf ihn herunterprasselten, mit dem Schild abwehrte und es tatsächlich schaffte, den hoch gelegenen Mauerring zu erreichen. Einen mailändischen Ritter, der ihn von oben angriff, schlug er noch nieder, bis er sich letztlich wieder an den Abstieg machen musste und schließlich wohlbehalten unten anlangte.

Er saß in seinem kleinen Zelt und kühlte sich mit einem nassen Tuch die erlittenen Blessuren, als ein Herold von außen rief: »Albert, komm heraus. Der König will dich sehen!«

Dem Reitknecht war gerade nicht sonderlich nach Späßen zumute, und deshalb rief er zurück: »Ich habe keine Zeit, der Herr Papst ist zu Besuch!«

Aber der Herold spaßte keineswegs. Albert war zum König befohlen, und als er – leicht hinkend – vor dem Prunkzelt anlangte, schlug ihm das Herz bis zum Hals. Im Inneren stand der König, neben ihm der Pfalzgraf. Albert kniete nieder und senkte den Kopf.

»Steh auf, tapferer Mann«, hörte er den König sagen, und als er sich erhob, sah er, dass der König einen wertvollen Gürtel in den Händen hielt. »Wer so tapfer ist und allen anderen ein Beispiel gibt, soll nicht länger Knecht sein. Es ist mein Wunsch, dich zum Ritter zu machen.«

Verwirrt sah Albert den König an, dann seinen Herrn, der lächelte. Noch nie hatte Otto ihn angelächelt. Und jetzt lächelte er.

Alberts Blick wanderte zu dem kostbaren Gürtel. Es entstand ein längeres Schweigen.

Schließlich sank Albert wieder auf die Knie. Er wagte es nicht, den König anzusehen, weil er dessen Zorn fürchtete. Dann sagte er leise: »Ich danke Euch, ich danke Euch sehr, aber ich bin kein Ritter, und ich kann auch kein Ritter werden. Ich bin der Knecht meines Herrn; so bin ich geboren, und so soll es auch weiterhin sein.«

Wie er dann aus dem Prunkzelt des Königs herausgekommen ist und wer ihn in sein armseliges Zelt zurückgebracht hat, daran konnte sich Albert am nächsten Morgen nicht mehr erinnern. Als Bodo nach ihm sah, fand er neben Alberts Strohsack einen großen Weinkrug, der am Abend voll gewesen und jetzt leer war.

Trotz der Heldentat des braven Albert dauerte die Belagerung an, bis sich der König eines Tages zu der Ansicht durchrang, dass man Ritterlichkeit auch übertreiben kann, und Anweisung gab, ein paar verwesende Leichen in den umkämpften Brunnen zu werfen. Danach dauerte es nur noch ein paar Tage, bis kurz nach Ostern die Verteidiger endlich aufgaben. Zuvor waren ein paar Kleriker und Mönche aus der Stadt geflohen und hatten den König um Gnade angefleht. Schließlich seien sie Diener des Herrn und hätten mit der ganzen Sache nichts zu tun, aber der König hatte sie zurückgeschickt. Niemand sollte an seiner Härte zweifeln, wenn sie ihm angebracht und gerecht erschien.

Als die Stadt endlich kapitulierte, durften die Einwohner bei ihrem Abzug mitnehmen, was immer sie zu tragen vermochten. Aber nach zwei Monaten Hunger ist man nicht mehr sonderlich bei Kräften, und es blieb genug zurück für die plündernden Soldaten, die den Befehl erhielten, die Stadt anschließend niederzubrennen.

Dann ging es endlich weiter nach Pavia, wo sich Friedrich die eiserne Krone der Langobarden – wer auch immer sie gewesen sein mögen – aufsetzte, und dann nach Bologna. Solche Städte hatte Bodo noch nie in seinem Leben gesehen, und als ihm der geschorene Cölestin aus dem Gefolge des Pfalzgrafen erklärte, bald schon werde man in Rom sein, und das sei noch etliche Dutzend mal größer als Augsburg, hielt der Ritter den Mönch für einen dummen Schwätzer, zumal dieser zugeben musste, noch nicht einmal selbst in der Stadt der Apostel Petrus und Paulus gewesen zu sein. Das mit der Größe wollte er von frommen Pilgern gehört haben.

Immerhin hatte Cölestin ihm erklärt, warum der König diese beschwerliche und nicht gerade ungefährliche Reise in den Süden überhaupt unternommen hatte. Die deutschen Könige stünden nämlich über allen anderen Herrschern, weil sie die direkten Nachfolger der römischen Kaiser seien. Und deshalb müsse auch jeder deutsche König nach seiner Krönung möglichst rasch nach Rom ziehen, um sich dort vom Papst zum Kaiser salben zu lassen. Das hätten schon Karl der Große und fast alle folgenden Könige so gemacht. Der Vorgänger des jetzigen Königs Konrad nicht, der sei einfach zu schwach gewesen und hätte sich nicht getraut, ein paar Jahre von daheim wegzubleiben.

Nun, da man sich Rom nähere, sagte der Mönch, seien alle sehr gespannt, ob sich der Papst mit dem König vertragen werde, denn das sei keineswegs gewiss. Dieser Papst nämlich sei ein Engländer, was schon ungewöhnlich genug sei, aber zudem käme er mit den Italienern im Allgemeinen und den Römern im Besonderen nicht sonderlich gut aus. Arrogant soll er sein und hochnäsig, dieser Nikolaus Breakspear, der sich jetzt Hadrian IV. nennt, aber sich noch nicht einmal die Mühe gemacht hat, die Sprache seiner römischen Untertanen zu erlernen.

Da konnte es ja nicht ausbleiben, meinte Cölestin, dass es zu ernsthaften Auseinandersetzungen zwischen dem Papst und den Einwohnern von Rom kam, zumal diese anscheinend von einem merkwürdigen Heiligen aufgestachelt wurden, sich gegen den Machtanspruch der Kirche zur Wehr zu setzen. Arnold von Brescia nannte sich dieser hochgelehrte Mann, der unter anderem in Paris studiert hatte und dort mit dem berühmten Bernhard von Clairvaux aneinander geraten war. Jetzt predigte er in Rom und ermahnte die Kirche, sich aus der Politik zurückzuziehen und sich wieder in Armut und Demut dem Gebet zuzuwenden.

Das passte zwar den Römern, aber weniger den Päpsten, und als sich der Senat von Rom gegen Hadrian erhob, verhängte dieser den Kirchenbann über die ganze Stadt, was zur Folge hatte, dass weder Taufen noch Beerdigungen stattfinden konnten, weder Beichten gehört noch kommuniziert werden durfte. Das war nicht nur schrecklich für diejenigen, die ohne die Sakramente starben, sondern ganz allgemein auch eine Katastrophe für eine Stadt, die fast ausschließlich von den aus aller Welt anreisenden Pilgern lebte.

Schließlich wurde besagter Arnold aus Rom vertrieben. Er floh aufs Land, wurde jedoch bald aufgestöbert und an den König ausgeliefert, der ihn wiederum dem Stadtpräfekten von Rom übergab. Dieser ließ ihn schließlich aufhängen, seine Leiche verbrennen und die Asche in den Tiber streuen, sodass es kein Grab gab, wohin seine Verehrer hätten pilgern können.

Bodo leistete dem Mönch im Stillen Abbitte. Dieser Cölestin schien doch eine ganze Menge zu wissen, und vielleicht stimmte das sogar, was er über die Größe Roms gesagt hatte. Obwohl: Eine Stadt, die so viel größer war als Augsburg, war ja nun wirklich schwer vorstellbar.

Das Heer lagerte bei Sutri, zwei Tagesritte nordwestlich von Rom, als der Papst, der mehr oder weniger aus Rom geflohen war, mit etlichen Kardinälen im Gefolge eintraf. Die Sorge im päpstlichen Lager war groß. Kam der König als Freund oder als Eroberer? Nach Tortona musste man ja wohl mit allem rechnen. Etwa 20 Schritt vor dem Zelt des Königs zügelte Hadrian sein Pferd und wartete, der König ebenfalls. So warteten sie etwa fünf Minuten; die Deutschen voller Stolz, die Päpstlichen voller Furcht, bis plötzlich einige der Kardinäle ihre Pferde herumwarfen und in panischer Angst davongaloppierten. Ein paar Männer aus der Umgebung des Königs spendeten Beifall, der sich verstärkte, als nun der Papst sich mit einiger Mühe aus dem Sattel hievte und in einem Sessel Platz nahm, der für ihn bereitgestellt worden war.

Jetzt trat der König zu ihm und küsste ihm den Fuß, was Bodo sehr erstaunte, denn er hätte eher erwartet, dass der Papst dem König zu Füßen fiele. Dann stand der König auf und wollte Hadrian umarmen, aber der wies ihn zurück, was vom Gefolge des Königs mit empörtem Gemurmel quittiert wurde. Der König kehrte in sein Zelt zurück, während der Papst sich mit seinen Begleitern beriet. Den ganzen Tag über und bis tief in die Nacht.

Am nächsten Tag trafen sich König und Papst an einem nahe gelegenen kleinen See, und Bodo hat nie erfahren, was da eigentlich passiert war. Auch was eine Delegation des Senats begehrte, die kurz darauf den König aufgesucht hatte, wurde nur im engsten Kreis besprochen. Bodo hatte nur sagen hören, Friedrich sei anschließend einigermaßen schlecht gelaunt gewesen und die Römer seien mit zornroten Gesichtern heimgekehrt. Sonderlich neugierig war Bodo nicht gewesen.

Sein Freund Cölestin würde es ihm schon erklären.

Dennoch schien zumindest nach außen hin zwischen Papst und König jetzt alles in Ordnung. Am folgenden Samstag wurde Friedrich feierlich zum Kaiser gekrönt, und zwar, erklärte Cölestin, in einem besonderen Teil Roms, dort, wo die Peterskirche stand, in der so genannten Leostadt, die am Abend zuvor vorsichtshalber von papsttreuen Truppen besetzt worden war, um sie notfalls gegen die Römer zu verteidigen und die Sicherheit von Papst und König während der Krönungsfeierlichkeiten zu garantieren.

Bodo war enttäuscht, denn er hätte so gerne das große, das eigentliche Rom gesehen, aber der Mönch tröstete ihn und sagte, die alte Römerstadt sei ohnehin nur ein einziger Trümmerhaufen. Außerdem sei es viel zu gefährlich, die Stadt zu betreten, weil die Römer dem König grollten. Statt sich mit dem Volk und dem Senat zu verbünden, halte er zu Hadrian, und der sei schließlich ihr Todfeind. Wenn sich Bodo jedoch unbedingt von der Größe der Stadt überzeugen wolle, dann könne er ja eine Wanderung um die Mauer unternehmen. Wofür man allerdings einen ganzen Tag benötige, und er – Cölestin – bezweifle, dass der Pfalzgraf ihm dafür Urlaub gewähren werde.

Bodo fand indessen auch die Leostadt mit ihren gewaltigen Mauern und der großartigen Peterskirche außerordentlich beeindruckend. Als der König in der nahe gelegenen Kirche Santa Maria in Turri feierlich versprach, dass er zukünftig Schutzherr und Verteidiger der römischen Kirche in allen ihren Angelegenheiten sein werde, dann Rüstung und Waffen ablegte, um sich in den Krönungsmantel zu hüllen, stiegen dem jungen Mann tatsächlich Tränen der Rührung in die Augen.

Dann zog die Prozession wieder hinüber in die Peterskirche, wo Hadrian den König am Grab des Apostelfürsten zum Kaiser salbte. Während der anschließenden Messe übergab er ihm feierlich Schwert, Zepter und Krone, und als der Papst nun Friedrich seinen Segen spendete, da erbebte die Kirche vom Jubelgeschrei der Ritter. Nach dem Gottesdienst zog der Kaiser mit seinem Gefolge gut gelaunt zurück ins Lager außerhalb der Stadt. Kaum jedoch hatte man sich zum Festmahl niedergelassen, jagte ein berittener Bote auf schaumbedecktem Pferd heran und schrie, die Römer würden die Leostadt angreifen.

Fluchend griffen die Ritter zu den Waffen, warfen sich ihrerseits auf die Pferde und preschten in die Stadt zurück. Tatsächlich hatte der römische Senat erst jetzt von der Krönung erfahren, fühlte sich düpiert und hatte das Volk aufgestachelt, sich für die Schande zu rächen.

In der Leostadt waren nur wenige Kleriker mit ein paar Kriegsknechten zurückgeblieben, um den Papst zu schützen. Als nun die Ritter eintrafen, hatte der Pöbel bereits einige Männer erschlagen und einen Kardinal schwer misshandelt. Wo war der Papst? Niemand wusste, ob er sich in der Engelsburg hatte in Sicherheit bringen können.

Immer mehr bewaffnete Römer strömten über die Tiberbrücke, und die kleine Schar der Ritter um den Kaiser geriet in Bedrängnis, bis schließlich der junge Herzog von Sachsen, Heinrich, den sie »den Löwen« nannten, mit seinen Rittern in einer waghalsigen Attacke die Römer von der Flanke her angriff und die Wende brachte.

Dennoch dauerten die Kämpfe bis in die Nacht hinein, und Bodo, der in vorderster Linie gestanden hatte, hörte später, dass angeblich an die 1000 Römer erschlagen worden seien. Was in seinen Augen nur recht und billig war. Einen Kaiser überfällt man nicht, und einen Papst schon gar nicht. So wenigstens hatte er damals gedacht, aber inzwischen war ihm klar, dass man sich auf derart Selbstverständliches in Italien besser nicht verlassen sollte.

Nach seiner Krönung in Rom wurde der Kaiser von seinen Gefolgsleuten beschworen, so schnell wie möglich heimzukehren. Schließlich hatte der Zug nach Rom sein Ziel erreicht, und mochte der Papst noch so sehr drängen, man möge ihm doch gegen die Normannen in Süditalien zur Seite stehen: Ohne Heer konnte ihm der Kaiser nicht helfen, denn das Heer stand kurz vor der Meuterei.

Also entließ Friedrich seinen Heerbann, und die Herzöge und Grafen zogen mit ihren Rittern auf verschiedenen Wegen gen Norden. Der Kaiser selbst überquerte den Apennin, hielt einen Hoftag bei Verona ab und wollte dann über Trient, Bozen, Brixen und den Brenner heimkehren.

Wie alle anderen deutschen Herrscher, die vor ihm nach Rom gezogen waren, hielt er sich an die Abmachung, dass sein Heer, um Plünderungen von vornherein auszuschließen, nicht mitten durch Verona ziehen, sondern etwas oberhalb der Stadt die Etsch überqueren sollte. Die dazu notwendige Brücke über den Fluss wurde, ebenfalls traditionsgemäß, von den Städtern gebaut.

Aber Italiener schienen sich weder an Traditionen noch an Verträge zu halten. Die Veroneser hatten zwar eine einigermaßen wacklige Brücke errichtet, die sich aber als Falle erwies. Die Taue, mit der man sie am Ufer befestigt hatte, waren zu schwach. Außerdem hatte man oberhalb der Brücke flussaufwärts zahllose Baumstämme aufgetürmt, die man ins Wasser rollen wollte, sobald ein Teil des Heeres die Etsch überquert haben würde. Dann wollte man über den Rest herfallen und ihn vernichten.

Der Plan indes ging nicht auf, denn die Brücke hielt den flussabwärts treibenden Stämmen stand, sodass das ganze kaiserliche Heer sicher ans andere Ufer gelangte. Sie zerbrach erst in dem Augenblick, als die enttäuschten Veroneser selbst die Etsch überqueren wollten, um Friedrichs Heer in den Rücken zu fallen.

Bodo betrachtet die Leichen der Gehenkten, mit deren Abnahme man soeben begonnen hat. Verräter allesamt. Er hätte ihnen einen schwereren Tod gewünscht. Verdient hätten sie ihn allemal. Um ein Haar hätten sie schließlich auch ihn umgebracht.

Kurz hinter der Brücke waren sie an einen Engpass gekommen, den man die Veroneser Klause nennt oder auch die Klause von Volargha. Dort wird der Weg sehr schmal und führt unterhalb eines steil aufragenden Felsens vorbei, der von einer Burg gekrönt ist, die den Weg für jedermann sperren kann. Diese Burg nun war von Veronesern besetzt, die von einem gewissen Alberich befehligt wurden. Dieser Strauchdieb – Ritter hin oder her – wagte es, den Kaiser wissen zu lassen, dass hier nur durchkomme, wer sein Pferd und seinen Panzer ausliefere, und Friedrich selbst müsse sich darüber hinaus noch mit einer größeren Summe den Durchgang erkaufen.

Friedrich schäumte vor Wut und ließ besagtem Alberich durch zwei Ritter aus Verona, die sich in seiner Begleitung befanden, ausrichten, dass ein Kaiser niemals Straßenräubern Tribut zahlen werde, aber die Veroneser lachten nur höhnisch und riefen von oben herab, dann könne er hier unten verhungern oder verfaulen.

Zum Schein ließ der Kaiser daraufhin unterhalb der Klause ein Lager aufschlagen, als wolle er sich auf eine Belagerung einrichten, ließ aber seine Krieger unter Waffen und besprach sich mit den Rittern aus Verona. Die wiesen auf einen Felsen, der zwar sehr viel schroffer war als der Fels mit dem Räubernest, dafür aber höher lag. »Wir glauben zwar nicht, dass deine Männer da hochkommen, aber wenn sie es schaffen, fällt die Burg.«

Der Kaiser sah sich unter seinem Gefolge um. »Wagt es jemand?«

Die Heerführer schauten zweifelnd nach oben. Das war kaum noch ein Fels; das war eher eine Nadelspitze. »Allenfalls mit Leitern ersteigbar«, sagte Berthold von Zähringen, »doch Leitern haben wir nicht mehr dabei.«

»Aber Lanzen«, sagte Alberts Herr.

Alle sahen Otto von Wittelsbach an. Ritt in dessen Gefolge nicht jener Reitknecht, der sich vor Tortona durch seine Tollkühnheit ausgezeichnet hatte?

Und die zu beweisen, bekam Albert auch jetzt Gelegenheit. Otto, der Bannerträger, brach mit 200 Mann auf, verirrte sich mit seinen Leuten ein paarmal, obwohl sie von den ortskundigen Rittern aus Verona begleitet wurden, und fand endlich den Fuß des steilen Felsens. Otto suchte seine Männer sorgsam aus. Neben Albert durften ihm nur die absolut Schwindelfreien folgen.

Zusammen mit drei Rittern – darunter auch Bodo – und fünf Kriegsknechten machten sich Otto und der Reitknecht bei einbrechender Dunkelheit an den Aufstieg. Die Männer hackten Stufen in den Fels, banden Lanzen mit zerrissenen Kleidern zu Sprossen aneinander, hoben die Gefährten an den schwierigsten Stellen auf ihre Schultern, und nach acht Stunden elendiger Schufterei, als die ersten Strahlen der aufgehenden Sonne auf den Felsen fielen, entrollte Otto hoch oben das kaiserliche Banner.

Als die Räuber sahen, dass sie nun zugleich von oben und unten angegriffen werden konnten, verfielen sie in Panik. Viele versuchten, sich mit einem Sprung nach unten zu retten, aber wer immer das wagte, dessen Körper zerschmetterte auf den zackigen Felsen, und außer den 14 Männern, die gefangen genommen wurden, fanden alle bei der Erstürmung des Räubernestes den Tod.

Bodo erhebt sich, als der Befehl zum Sammeln kommt.

Der enge Pfad, der sich zwischen der Etsch und dem Räubernest hindurchschlängelt, ist nun noch enger geworden. Rechts und links des Weges hat man die Leichen der Gehenkten aufgestapelt. Bis Schneelawinen sie irgendwann im Winter in die Etsch spülen werden, sollen sie – allen des Weges Kommenden zur Mahnung – am Ort ihrer Freveltat vermodern.

Bodo denkt, dass es wohl lange dauern wird, bis sich Verona noch einmal traut, einem Kaiser den Weg zu verstellen.

ZEITRAFFER

1154	Friedrich bricht zum ersten Italienzug auf.
1155	Friedrich wird in Rom zum Kaiser gekrönt. Auf dem Heimweg kommt es in der Veroneser Klause zum Überfall.

4. KAPITEL
VON SCHAFEN, OCHSEN UND HUNDEN

Da haben wir also soeben eine Menge Leute kennen gelernt: zunächst den König, der sich auf dem Weg nach Rom befand, um sich dort zum Kaiser krönen zu lassen; dann den Heiligen Vater persönlich mitsamt seinen Kardinälen, Herzöge, Grafen und Ritter, einen Mönch und einen Kriegsknecht, vermutlich Sohn eines hörigen Bauern.

Sie alle befinden sich – vom Papst einmal abgesehen – im Heer des Königs, aber das ist auch das Einzige, was sie miteinander verbindet. Sie kommen aus den unterschiedlichsten Ständen und Schichten der mittelalterlichen Gesellschaft, die man – stark vereinfacht – folgendermaßen unterteilen kann: Die einen beten, die anderen kämpfen.

Der Rest arbeitet.

Nun gilt es zunächst einmal festzuhalten, dass besagter Rest mehr als 90 Prozent der damaligen Bevölkerung darstellte. Und obwohl dem weitaus größten Teil der freien und unfreien Bauern keinerlei aufrührerisches Gedankengut eigen war, hielt es die hohe Geistlichkeit doch für notwendig zu erklären, warum eine exklusive Minderheit ziemlich reich und der große Rest einigermaßen mittellos war. Um nicht zu sagen: bettelarm.

Natürlich war den Klerikern bewusst, dass sie der biederen Landbevölkerung nicht mit theologischen Thesen kommen durften. Die hätte ja niemand verstanden. Deshalb griffen die

Geistlichen zu handfesten Gleichnissen aus dem bäuerlichen Alltag, und wenn die von ihnen angeführten Beispiele einem Großstadtmenschen des 21. Jahrhunderts auch reichlich weit hergeholt scheinen – auf den mittelalterlichen Menschen werden sie ihren Eindruck nicht verfehlt haben.

Das wusste beispielsweise auch Eadmer, Kaplan des berühmten Kirchenlehrers und Erzbischofs Anselm von Canterbury. Er erklärte die damalige Drei-Klassen-Gesellschaft dem Landvolk folgendermaßen: Drei Stände gibt es, und sie gleichen Schafen, Ochsen und Hunden. Die Schafe sind bekanntermaßen dazu geschaffen, Milch und Wolle zu spenden, während es Aufgabe der Ochsen ist, dabei zu helfen, die Erde zu pflügen; die Hunde schließlich beschützen sowohl Schafe wie Ochsen.

Übertragen bedeutet das: Die Geistlichen und die Mönche wurden berufen, auf dass sie voller Sanftmut – wie Schafe eben – die Menschen mit der Milch der Verkündigung tränken und ihnen durch die Wolle des guten Beispiels eine glühende Liebe zu Gott einflößen. Die Bauern hingegen hat der Allmächtige in seiner Weisheit bestellt, damit sie – wie Ochsen halt – sich selbst und die anderen beiden Stände ernähren. Die Hunde schließlich haben die Aufgabe, mögliche Feinde – Wölfe zum Beispiel – abzuschrecken und sowohl Schafe wie Ochsen im Ernstfall zu verteidigen.

Sollte die tumbe Landbevölkerung noch immer nicht begreifen, dass es ihr Schicksal war, arm zu sein und zu bleiben, griffen die Prediger notfalls auf Adam und Eva zurück. Denn wenn auch die Geistlichkeit und der Adel sich im Alltag gegenseitig misstrauisch beäugten, so stand doch für beide fest, dass sich an der Abschottung gegenüber den nützlichen »Ochsen« nichts ändern dürfe. Also erzählte man denen die folgende erbauliche Geschichte:

Eva murrte gegenüber Gottvater, dass ihre Nachkommenschaft ihr Leben auf höchst unterschiedliche Weise friste, und meinte, die Gnade des Herrn sollte gleichermaßen über alle ihre Kinder ausgeschüttet werden. »Das verstehst du nicht«, erklärte ihr daraufhin der Herr. »Wenn sie alle Fürsten und Herren wären, wer sollte Korn anbauen, mähen, dreschen und backen? Wer sollte schmieden oder weben, zimmern oder bauen? Jeder soll seinen Stand vertreten, dass einer den anderen erhalte und alle ernährt werden wie am Leib die Glieder.«

Da entschuldigte sich Eva, dass sie so gedankenlos dahergeschwätzt habe, aber selbst die sonst so gescheite Hildegard von Bingen fühlte sich veranlasst, noch einen draufzusetzen: »Wer steckt sein gesamtes Viehzeug in ein und denselben Stall? Die Rinder und Esel, die Schafe und Böcke? Da käme alles übel durcheinander, und es würde eine böse Sittenverwilderung einreißen. Man würde sich in gegenseitigem Hass zerfleischen, wenn der höhere Stand zum niederen herabgewürdigt und jener zum höheren aufsteigen würde.«

Ein anderer Prediger verglich die einzelnen Stände mit einer Kathedrale, wobei die Bauern das Fundament und den Boden bildeten, aus dem die beiden anderen Stände als Säulen und Gewölbe emporwuchsen. Ein im Grunde verräterisches Gleichnis: die Bauern als Fußboden, auf dem man gedankenlos herumtrampeln konnte.

Das stete Trommelfeuer der Prediger hatte schließlich (ungewollt) zur Folge, dass sich ein gewisser bäuerlicher Stolz heranbildete, und nirgendwo ist das anschaulicher dargestellt worden als in dem satirischen Versepos vom »Meier Helmbrecht«, dem Sohn eines Bauern, der sein trübseliges Dasein eines Tages satt hat und beschließt, dass er nicht länger Brei anstelle von Fleisch essen und endlich Wein trinken will statt des herkömmlichen Brunnenwassers. Vergebens warnt ihn der Vater: »Wenn du meinem Rat folgst, wird es dir nutzen und dich ehren. Noch niemals hat Erfolg gehabt, der gegen die Ordnung seines Standes verstößt!« Doch die Mahnung stößt auf taube Ohren. Helmbrecht lässt sich das Haar nach adliger Art lang wachsen, kauft sich teure Kleider und zieht los, ein Ritter zu werden.

Leider langt es jedoch nur zum Anführer einer Räuberbande, die arme Bauern ausplündert, bis man sie eines Tages ergreift. Alle werden hingerichtet, nur Helmbrecht nicht, dem man einen Fuß und eine Hand abhackt und mit ausgestochenen Augen zu seinem Vater zurückschickt. Der jedoch verstößt den Verstümmelten, der mehr sein wollte als seine Ahnen.

Dass Helmbrecht dann auch noch von einem der Bauern, die er zuvor zusammen mit seiner Bande ausgeraubt hatte, an einem Baum aufgeknüpft wird, ist die eindeutige Warnung an alle, die aus dem Stand ausbrechen wollen, in den sie hineingeboren worden sind. Das Wort »Stand« – das sollten wir uns stets vor Augen halten, wenn wir die Entwicklung betrachten – kommt vom Lateinischen *stare*, was »Stehen, Stillstand« bedeutet und nicht dynamische Bewegung und Entwicklung. Wer sich aber seinem Stand entsprechend benahm, verhielt sich *anständig*.

Es wird Zeit, sich zumindest kurz anzuschauen, wie sich diese drei Stände herausgebildet haben. In vorchristlicher Zeit gab es auf dem Gebiet, das sich heute Deutschland nennt, nichts Vergleichbares. Auch in den ersten nachchristlichen Jahrhunderten spielte die Geistlichkeit – sofern überhaupt schon vorhanden – überhaupt keine Rolle, und ein Hochadel existierte auch nicht. Es gab lediglich freie und unfreie Menschen, einige bedeutende und viele weniger bedeutende Familien.

Städte existierten nur als römische Siedlungen und können an dieser Stelle vorerst vernachlässigt werden. Die Menschen lebten auf großen Höfen und in kleinen Dörfern. Anführer brauchte man allenfalls im Kriegsfall. Dann versammelte man sich zum Thing, wählte zumeist aus den alten und angesehenen Familien einen erfahrenen Kämpfer, einen *Herzog*, den man nach dem *Heerzug* wieder nach Hause entließ.

Das war's dann.

Erst im Lauf der Jahrhunderte entwickelte sich aus den bedeutenderen Familien eine Art Adel, und manchmal – zum Beispiel bei den Sachsen – wurde er auch von oben herab eingesetzt. In diesem Fall nämlich brauchten die neuen karolingischen Herrscher ihnen ergebene Gaugrafen, die die stets von neuem aufmüpfigen (niedersächsischen) Heiden im Auge behalten und gegebenenfalls bändigen sollten.

Auch hier war der Krieg wieder einmal der Vater aller Dinge – oder sagen wir: der meisten. Während zunächst alle Männer im tauglichen Alter zum Kriegsdienst einberufen wurden und logischerweise mit solchen Waffen erschienen, die gerade zur Hand waren, änderte sich das rapide, als die Grenzen des karolingischen Reiches extrem weit nach Westen und Osten ausgedehnt wurden. Von da an war mit einem Mann, der zu einem schlichten Kittel einen runden Strohhut trug und ansonsten eine Keule oder eine angespitzte Holzstange mitbrachte, wenig anzufangen.

Jetzt waren Berufssoldaten gefragt. Aber Pferde und Ausrüstung waren teuer, sodass man schon zwölf Hufen als Eigenbesitz oder Lehen haben musste, um dem König als Panzerreiter in den Krieg folgen zu können. Freie Männer, die nur drei oder vier Hufen ihr Eigen nannten, stellten die leichte Reiterei. Nun kann man sich unter einer Hufe heute nichts mehr vorstellen; außerdem schwankten die Maßangaben im Lauf der Zeit. Deshalb: Zwölf Hufen bedeuteten eine Fläche in der Größe von rund 14 oder 15 großen Fußballfeldern.

Das war schon etwas, aber da gab es ja auch noch die vielen Kleinbauern, denen vielleicht gerade einmal ein halbes Fußballfeld zur Bewirtschaftung blieb. Sie konnten sich weder Helm noch Schwert leisten und waren als Kämpfer völlig unnütz. Hier sehen wir also bereits die Entwicklung verschiedener Stände: Die einen zogen aus, um zu kämpfen, die anderen blieben daheim, um zu ackern.

Und zwar nicht nur auf dem eigenen Boden. Schließlich musste ja auch der Boden derjenigen bestellt werden, die sich an der Front befanden, und so wurden im Lauf der Jahrhunderte aus den Reitern Ritter und aus den anfangs noch freien Kleinbauern Unfreie und Hörige, die sich dem Schutz der Krieger anvertrauten und so automatisch mehr und mehr in deren Abhängigkeit gerieten. Letztlich ermöglichten die Bauern durch ihrer Hände Arbeit die Existenz einer geistlichen und adligen Oberschicht, ohne an deren Kultur, Wissen und Wohlstand auch nur im Geringsten teilzuhaben.

Kaum jedoch haben wir uns an die Existenz dieser drei Stände gewöhnt, taucht ein anderes Phänomen auf: die Stadt. Und schon stimmen die bisherigen gesellschaftlichen Einteilungen nicht mehr, denn was fängt man nun mit den Bürgern an? Wo können sie auf der gesellschaftlichen Skala angesiedelt werden, ohne dass sie vom Status her der Geistlichkeit oder gar dem Adel gefährlich werden?

Der sehr populäre Prediger Berthold von Regensburg wusste Rat und verglich die menschliche Gesellschaft mit der himmlischen Hierarchie, und ebenso wie dort drei Engelchöre ganz oben stehen, so sollen – behauptete er zumindest – auch hienieden drei Gruppen von Menschen durch Gottes Willen über allen anderen stehen.

Die erste Gruppe bilden naturgemäß der Klerus mit dem Papst an der Spitze, die zweite die Mönche, die merkwürdigerweise einer eigenen Gruppe zugeteilt werden, und die dritte wird von den weltlichen Richtern besetzt, also mit dem König, den Herzögen und den Grafen. Wobei sich die ersten beiden Gruppen um das Seelenheil der Menschen zu kümmern haben, während die Mitglieder der dritten Gruppe vor allem die Hilflosen schützen sollten. Vornehmlich die Witwen und Waisen.

Da Berthold jedoch – kirchlicher Tradition gemäß – von neun himmlischen Chören ausgeht, müssen auch auf Erden weitere sechs Gruppen existieren, die der Prediger in folgender Reihenfolge einstuft (und jetzt tauchen erstmals die Städter auf): Die vierte Gruppe bilden alle diejenigen Handwerker, die Schuhe und Kleider herstellen. Erst in Gruppe fünf folgen die Goldschmiede und alle Handwerker, die mit eisernen Werkzeugen umgehen, also die Grobschmiede, die Steinmetze und die Zimmerleute. Es folgen die Kaufleute, von denen etliche vor allem durch den aufblühenden Fernhandel inzwischen sehr viel reicher geworden sind als die Handwerker von nebenan.

In Gruppe sieben tauchen die kleinen Händler auf und die Verkäufer von Nahrungsmitteln und Getränken, in Gruppe acht die Bauern und als Letztes die Ärzte. Wohl deshalb, weil damals die meisten von ihnen als Scharlatane oder Kurpfuscher galten und es wohl auch gewesen sind.

Außer Konkurrenz schließlich gab es laut Berthold noch eine zehnte Gruppe, aber ebenso wie der zehnte Chor der Engel sich – angeführt von Satan – von Gott abgewandt hatte und in die ewige Finsternis verstoßen worden war, sammelten sich nun auch in der zehnten Gruppe alle diejenigen, die wie die gefallenen Engel unrettbar verloren schienen: die Unehrlichen, das fahrende Volk, die Gaukler und die Schausteller.

Fast alle Menschen – so scheint es wenigstens – sind in diesem Schema untergebracht, und dennoch fehlt eine Gruppe. Vielleicht deshalb, weil sie nur relativ kurz existiert hat. Umso größer war ihre Bedeutung und ihr unbestreitbarer Einfluss auf die Politik und die ritterlich-höfische Kultur. Die Rede ist von den Ministerialen.

Das lateinische Wort *ministerialis* bedeutet zunächst nichts anderes als Diener. Und folgerichtig waren es anfangs fast ausschließlich Unfreie, die in den Dienst eines Fürsten traten, um sich dort als Fachleute unentbehrlich zu machen. Erinnern wir uns: Mönche waren nur sehr einseitig gebildet, Ritter überhaupt nicht. Welche Chance für kluge Seiteneinsteiger!

Sie machten sich nützlich als – wie wir sagen würden – hohe Verwaltungsbeamte, Richter, Militärexperten oder Klostervögte, und wenn sich auch zweit- oder drittgeborene Söhne aus dem niederen Adel als Ministeriale bewarben: Die härteren Ellenbogen besaßen gemeinhin die Unfreien, denn sie erwartete neben großzügigem Lohn vor allem die Entlassung aus der Leibeigenschaft.

Und zusätzlich ein paar hübsche Lehen.

Schon bald wurden die Ministerialen, unter denen sich auch etliche als Minnesänger auszeichneten, *miles* genannt, die lateinische Bezeichnung für Ritter. Ausgerechnet in der Zeit Friedrich Barbarossas, als der Adel begann, keine Aufsteiger mehr zu dulden, gelang es der Kaste der Ministerialen, sozusagen durchs Hintertürchen doch noch in den Adel aufgenommen zu werden.

Profitiert haben sie dabei sicherlich von dem Phänomen, dass im 13. Jahrhundert gerade in Deutschland zahlreiche alte Adelsfamilien ausstarben und Platz machten für qualifizierte Neureiche. Man nimmt sogar an, dass der Adel um das Jahr 1300 herum zu fast 80 Prozent aus ehemaligen Ministerialen bestand. Zum Hochadel allerdings zählten sie nie. Dennoch: Sie sickerten seit dem 11. Jahrhundert in den Adel ein und verschwanden nach dem Ende der Staufer als Berufsgruppe fast über Nacht aus der Geschichte.

Aber keineswegs, ohne Spuren zu hinterlassen. Da es zum Aufgabenbereich zahlreicher Ministerialen gehörte, Kontakte zu den Nachbarländern zu pflegen, besonders zum nahe gelegenen Frankreich, blieb es nicht aus, dass sie jene Kultur verinnerlichten, die dort bereits ausgeprägt war. Und nicht nur das. Sie machten sich die jenseits des Rheins seit längerem idealisierten ritterlichen Vorstellungen zu Eigen, und die berühmten Hoftage der Jahre 1184 und 1188 waren letztlich eine Selbstdarstellung kaiserlicher Macht, erdacht und organisiert von ehrgeizigen Ministerialen, die eine genaue Vorstellung davon hatten, wie höfische Art zu demonstrieren war.

Und bei Beatrix, der gebildeten Prinzessin aus Burgund und Frau des Kaisers, fanden sie dabei nicht nur Sympathie, sondern auch tatkräftige Unterstützung.

So klar die verschiedenen Gesellschaftsschichten voneinander abgegrenzt waren – ein einheitliches Bild gaben allenfalls die Mönche ab. Und die Sklaven. Sie werden gerne totgeschwiegen, aber es gab sie, sehr zum Unwillen des Vatikans, bis ins späte Mittelalter hinein, und zumeist wurden sie von Feldzügen gen Osten mitgebracht.

Der Adel hingegen bildete mit der Zeit einen kaum überschaubaren Stand, in dem sich neben dem König, den bedeutenden Herzögen, Mark- und Pfalzgrafen auch diverse andere Grafen, Edelfreie und Emporkömmlinge tummelten, die einst als unfreie Ministeriale angefangen hatten, sowie edle und weniger edle Ritter. Erst gegen Ende der Stauferzeit hatten sich die vornehmen Familien endgültig eingerichtet und nach unten hin abgeschottet.

Ähnlich unübersichtlich war die Situation bei der Geistlichkeit. Neben den Mönchen gab es die Vertreter des hohen Klerus, der eher weltlich und manchmal allzu menschlich agierte. Die bedeutenden Kirchenfürsten waren ja zugleich mächtige Herrscher und in den weitaus meisten Fällen mehr Politiker als Diener Gottes. Die Erzbischöfe und einige Äbte waren derart mächtig, dass sie dem König mindestens ebenso viele Truppen zur Verfügung stellen konnten wie die weltlichen Fürsten. Außerdem waren sie weitaus zuverlässiger als so mancher Herzog.

Seelenhirten konnte man sie im Grunde überhaupt nicht nennen. Rainald von Dassel beispielsweise war Barbarossas Kanzler und schon ziemlich lange Erzbischof von Köln, bevor er dann doch noch zum Priester geweiht wurde.

Bis zur Reformation sollte sich an dieser Amtsauffassung der Kirchenfürsten nichts grundlegend ändern. Diether von Isenburg beispielsweise, Erzbischof von Mainz und Gründer der dortigen Universität, lebte von 1412 bis 1482. Er bemühte sich zwar um eine strenge Kirchenzucht, las aber nur ein einziges Mal in seinem Leben eine Messe.

Bei seiner Bischofsweihe.

Ändern sollte sich bis zur Reformation auch nichts an der Tatsache, dass der niedere Klerus ein in jeder Hinsicht armseliges Dasein fristete. Da sich der hohe Klerus – wie wir gesehen haben – in keiner Weise um die Seelen seiner Schäfchen kümmerte und da sich andererseits die Benediktinermönche hinter den Mauern ihrer Klöster nur der Arbeit und dem Gebet widmeten, lag die Verkündigung des Glaubens ausschließlich bei den Pfarrern und den Leutepriestern.

Die indes waren so gut wie überhaupt nicht (aus-)gebildet. Wer auch hätte sich darum kümmern sollen? Den Bischöfen waren sie anscheinend gleichgültig, und auf den berühmten Klosterschulen von St. Gallen oder Hildesheim, Fulda oder Lorsch hatten sie mit Sicherheit nicht studiert. Aber wo keine Schule ist, gibt es auch so gut wie keine Prüfung.

Nicht »ungebildet« sollten sie sein, darüber war man sich in den Kreisen des höheren Klerus zwar einig. Wenn aber doch einmal so eine Art von Examen durchgeführt wurde, war man zufrieden, wenn der Kandidat das Paternoster (auf Latein, versteht sich) und das Credo aufsagen konnte, und noch schöner war es, wenn er auch verstand, was er da betete.

Dass nahezu alle diese Priester verheiratet waren oder doch zumindest eine Geliebte hatten, verstieß zwar gegen das Kirchenrecht, doch man sah, solange es irgend möglich war, darüber hinweg. Schlimm genug, dass sie bettelarm waren; sollten sie da auch noch keusch leben?

Eingesetzt wurden sie zumeist von demjenigen Adligen, der die Kirche und damit auch die Gemeinde gegründet hatte. Allerdings wurde so gut wie kein Gehalt bezahlt, sodass sich die Priester ihre verschiedenen Dienstleistungen, sei es nun Taufe oder Eheschließung, Firmung oder auch die Vertreibung böser Geister, von den Gläubigen entlohnen ließen. Von Gläubigen wohlgemerkt, die häufig genug selbst am Hungertuch nagten.

Von einer Unterrichtung in Glaubensdingen konnte unter diesen Umständen keine Rede sein, und so blieb das gemeine Volk in Religionsfragen völlig ungebildet. Den einzigen Anschauungsunterricht, den es erhielt, vermittelten die Fresken in den bunt ausgemalten Kirchen, die das Leben Jesu und seiner Heiligen darstellten, oder die Figuren im Tympanon über dem Portal der Dome, wo man Gott als den Weltenrichter zur Stunde des Jüngsten Gerichtes begaffen konnte.

Das änderte sich erst, als zu Beginn des 13. Jahrhunderts innerhalb weniger Jahrzehnte drei neue Orden gegründet wurden: die Franziskaner, die Dominikaner und die Augustiner. Im Gegensatz zu den Benediktinern, den Prämonstratensern und den Zisterziensern, die ihren Nachwuchs fast ausschließlich aus adligen Familien rekrutierten, kam der Nachwuchs der neuen Bettelorden eher aus bäuerlichen Gegenden und aus Bürgerfamilien.

Jetzt endlich mischten sich theologisch und auch rhetorisch einigermaßen ausgebildete Priester unter die Leute. Die armen Leutepriester sollte es zwar noch lange geben, doch im Gegensatz zu ihnen waren die Bettelmönche wirklich in der Lage, das Wort Gottes zu verkünden. Und vor allem die Nachfolger des heiligen Franz von Assisi lebten in ihren geflickten Kutten dem hohen Klerus die wahre Nachfolge Christi vor.

Wenden wir uns nun kurz den Menschen auf dem Land zu, dem weitaus größten Teil der damaligen Bevölkerung. Ihre Situation lässt sich nur in einer einzigen Hinsicht mit der des Adels vergleichen: Sie war höchst unübersichtlich. Abgesehen von dem edelfreien (Groß-)Grundbesitzer, der schon nahe beim Adel angesiedelt war, setzte sich der Rest der Landbevölkerung aus mehr oder weniger Abhängigen, Hörigen, Unfreien und natürlich auch Sklaven zusammen. Wir wissen sehr wenig über ihre Rechte und Pflichten, ihre Sitten und Traditionen, ihre Familien und ihren persönlichen Besitz. Und das Wenige, was wir von ihnen wissen, taucht eher zufällig in irgendwelchen Klosterarchiven oder Abrechnungen auf, die zuweilen recht witzige Details enthalten.

Da sich die niederen Schichten mit Höhenmaßen und Gewichten noch nicht recht auskannten, wurde ihnen vom Grundherrn die Sache auf simple und manchmal auch auf höchst derbe Weise erklärt. Da wird zum Beispiel von einem Hörigen verlangt, er habe einen Hahn abzuliefern, der in der Lage sei, auf den dreieinhalb Fuß hohen Stuhl des Fronherrn zu springen. Sei er dazu nicht in der Lage, müsse der Bauer ihn wieder mitnehmen und so lange füttern, bis er diese Höhe schaffe.

Und die Mönche vom Kloster Sponheim in Schwaben machen den Töchtern der hörigen Bauern klar, dass sie nur dann die Erlaubnis zur Eheschließung erhielten, wenn sie der Abtei einen Kupferkessel stifteten, der – wörtlich – so groß sei »wie ihr Hinterteil«! Ersparen wir uns die Frage, wie das im Zweifelsfall festgestellt worden ist.

Skurrile Details wie diese dürfen nicht über das harte Dasein der Unfreien hinwegtäuschen. Ein Leibeigener – setzen wir voraus, dass er einem Kloster gehörte – musste sich mit seiner Familie schon hart ins Zeug legen, um über die Runden zu kommen. Er selbst besaß zwar sein eigenes kleines Stück Land, dessen spärliche Erträge er für sich behalten durfte, aber er hatte auch zusammen mit anderen Unfreien das Land des Klosters zu beackern, das Vieh zu beaufsichtigen und die Zäune instand zu halten.

Vor allem hatte er Naturalien abzuliefern; ein paar Hammel beispielsweise pro Jahr, ein Dutzend Hühner und ein halbes Hundert Eier. Außerdem mussten Kienspan-Fackeln hergestellt werden, Holzschindeln, auch Brennholz oder Holzräder, und all das musste zu dem häufig weit entfernt liegenden Kloster geschafft werden, mit mageren Ochsen und einem klapprigen Wagen, über die damals üblichen Wege.

Das mochte schon mal ein paar Tage dauern, und dennoch: Aus heutiger Sicht gesehen, hätte es einem Leibeigenen sehr viel schlechter gehen können. Betrachten wir nur die Situation, die zu den Bauernaufständen in Deutschland geführt hat, oder denken wir an die schrecklichen Zustände, unter denen die Landbevölkerung noch im zaristischen Russland zu leiden hatte. Demgegenüber hatte unser mittelalterlicher Leibeigener zwar etliche Verpflichtungen, und er durfte den Klosterbesitz auch nicht ohne Erlaubnis verlassen, aber ansonsten hatte er alle Rechte.

Beispielsweise durfte er mit Einwilligung des Klosters, die im Normalfall jedoch stets erteilt wurde, heiraten und eine Familie gründen. Er durfte den ihm gehörenden Boden weitervererben, und somit unterschied er sich in wichtigen Punkten von den damaligen und auch den heutigen Sklaven, die es ja in gewissen Teilen der Welt leider Gottes noch immer gibt.

Vor allem genoss er den Schutz eines Mächtigen, und so ist es nicht verwunderlich, dass auch der eine oder andere Freie, der mit seinem kleinen Gehöft am Rand des Existenzminimums vegetierte und dem jede Missernte oder Ausplünderung seitens durchziehender Soldateska den Garaus machen konnte, das Handtuch warf und sich in die Abhängigkeit und unter den Schutz eines Größeren begab.

Andererseits gab es auch genügend Leibeigene, die ihre Zukunft in den aufblühenden Städten sahen und sich deshalb im Sinne des Wortes *aus dem Staub* machten, um sich hinter die festen Mauern einer Siedlung zu flüchten. Wem es gelang, sich ein ganzes Jahr plus einen Tag dort aufzuhalten, ohne dass sein bisheriger Herr ihn dort aufspürte und Anspruch auf ihn erhob, war – gemäß dem Wort »Stadtluft macht frei« – seine Leibeigenschaft los und konnte es nun als Bürger mit viel Tüchtigkeit und einigem Glück zu etwas Besserem bringen.

Ganz so einfach war das nicht, wie wir noch sehen werden, aber stellen wir zunächst die Frage: Woher kamen sie denn auf einmal, all die vielen Ansiedlungen, wo doch die meisten Menschen auf kleinen Gehöften lebten? Ein paar große Städte – und da konnte man schon nicht mehr von Ansiedlungen sprechen – gab es ja schließlich schon zu Römerzeiten: Trier und Köln, Mainz und Augsburg, um nur einige zu nennen. Zu Beginn waren sie reine Militärlager, aus denen sich später zum Teil prächtige Städte entwickelten, mit Foren und Theatern, Arenen und Tempeln. Als ihre Befestigungen aber während der Völkerwanderung dem Ansturm der nach Westen drängenden Stämme nicht mehr gewachsen waren, flohen die Römer mit Kind und Kegel: Auch viele längst romanisierte Familien Westeuropas hatten wenig Neigung, sich abmetzeln zu lassen, und setzten sich gemeinsam mit ihren Freunden Richtung Süden und Westen ab.

Die verlassenen Städte wurden von den germanischen Eroberern, den Franken beispielsweise, ausgeplündert, verwüstet und – wieder verlassen.

Germanen fühlten sich nicht wohl hinter Mauern; außerdem mochten sie die großen Flüsse nicht. Zum einen waren sie extrem wasserscheu, zum anderen waren sie (noch) keine Kaufleute, die auf schnelle Verkehrswege angewiesen sind. Das aber waren die Mosel und der Rhein, und ebendarum und natürlich aus militärischen Gründen waren die alten Römerstädte genau dort angelegt worden.

Jahrhunderte später erst entwickelten sich aus diesen Ruinenstädten blühende Metropolen, und Köln war die größte und bedeutendste von ihnen. Aber das waren ja nun Ausnahmen, und sie lagen allesamt im äußersten Westen. Was aber war mit den anderen Städten, die an Orten entstanden, wo zu römischer Zeit nicht einmal ein heiliger Baum oder eine andere Kultstätte existiert hatte?

Es gab verschiedene Gründe, an bestimmten Orten Städte zu gründen. Dies geschah häufig an Stellen, die zunächst besonders geeignet für den Bau einer Burg (oder eines Stifts) zu sein schienen. Schöne Beispiele dafür finden wir beispielsweise in Limburg an der Lahn oder in Quedlinburg. Gründungen auf steilem Fels waren besonders beliebt, und wenn sich dieser Fels auch noch an der Kreuzung großer Handelswege finden ließ – umso besser.

Die frühen Burgen und Klöster waren räumlich viel zu beschränkt, um – abgesehen vom Belagerungsfall – auch nur alle notwendigen Knechte und Mägde, Ritter, Kriegsknechte und Handwerker in ihren Mauern zu beherbergen. Folglich siedelte man sie und ihre zuweilen großen Familien im Schatten des Burgberges an, was eine Zeit lang ganz gut ging. Aber die Zahl der Handwerker und Dienstmannen stieg. Kaufleute ließen sich nieder, und mit ihnen kamen die jüdischen Geldverleiher, die Wirte und die Bader mit den bereitwilligen Damen, die ihre Gäste vom Staub der Straße säuberten. Unter anderem.

So wuchs die kleine Siedlung langsam vom Berg hinunter auf den Fluss zu, den eine wichtige Brücke überquerte, die es ebenfalls zu schützen galt, ein Markt wurde gegründet, der bald florierte – schließlich lag er an einer bedeutenden Handelsstraße –, und bald ersuchte der Burgherr oder der Abt beim Kaiser um die Erteilung des Stadtrechtes nach.

Natürlich liegen die Ursprünge der mittelalterlichen Städte nicht immer auf einem steilen Felsen. Manchmal war es auch die günstige Lage an einer Fernstraße, an einem Fluss, auch am Meer oder über Stellen, an denen man Erz gefunden hatte oder auf Salzlager gestoßen war.

Wichtig ist, dass jede Stadt von irgendwem gegründet worden ist; zumeist natürlich von demjenigen, dem der betreffende Grund und Boden gehörte. Und der hatte sich dabei natürlich etwas gedacht. Zuweilen waren strategische Aspekte für die Wahl des Ortes ausschlaggebend, hauptsächlich aber wirtschaftliche. In die Städte floss Geld, viel Geld sogar, und je enger die Leute aufeinander wohnten, umso leichter konnte man die Steuern eintreiben.

Und damit die Bürger – inzwischen nannten sie sich so – nicht aufmüpfig wurden, setzte der Gründer, sei es nun ein Herzog oder ein Erzbischof, einen Vogt in diese inzwischen ummauerten Siedlungen. Er war Aufseher und Zuträger seines Herrn, Verwalter, Richter und Vollzugsbeamter.

Solange es gut ging.

Aber wenn wir nun schon im Zeitraffer durch die Jahrhunderte marschieren und dabei etliche Vereinfachungen in Kauf nehmen: Jeder weiß, dass es auf Dauer nicht gut gehen konnte. Die Bürger in den Städten, allen voran die Kaufleute, die ihr Geld mit dem Fernhandel verdienten, muckten schon sehr bald auf. Mit ihnen die alten Familien und die Handwerker, und alle erkannten mit der Zeit, dass sie durchaus in der Lage waren, die selbst errichteten Mauern sehr viel besser zu bewachen als der Graf mit seiner Hand voll Ritter und Kriegsknechte.

Wozu also sollten sie dann mit ihren Abgaben seinen Schutz erkaufen, den sie längst für überflüssig hielten!

Bald schon loderten Revolte und Aufruhr in vielen Städten. Zahlreiche Aufstände wurden blutig niedergeschlagen, denn Adel und Klerus standen hier zusammen, aber in manchen Städten gelang es, den Vogt aus der Stadt zu jagen. Das höchste Ziel der Bürger und des von ihnen bestellten Rates war, sich in einem Streit zwischen Kaiser und Stadtherrn auf die Seite des Kaisers zu schlagen, zusammen mit ihm den verhassten Steuereintreiber zu besiegen und sich als Dankeschön die Reichsunmittelbarkeit zu erbitten. Das heißt, dass sie nun nur noch dem Kaiser untertan waren, und der ließ sie gemeinhin einigermaßen in Ruhe.

Natürlich müsste hier noch auf die Gilden und Zünfte eingegangen werden, die Gründung der Hanse oder die Rolle der Frau, die sie in der mittelalterlichen Stadt spielte. Man müsste von den Häusern und den Straßen erzählen, den Bettlern und den Huren, von den Stiften und den Beginen. Ich denke jedoch, trotz des Schnelldurchlaufs haben wir nun in etwa ein Bild der damaligen Gesellschaft vor Augen, über die selbst Historiker noch immer zu wenig wissen. Der Grund ist einfach: Die damaligen Chronisten – zumeist hinter Klostermauern lebend – interessierten sich herzlich wenig für das Alltagsleben von braven Bauern und biederen Bürgern.

Über andere dagegen haben sie sich die Finger wund geschrieben; vor allem über einen, was indes kein Wunder war, besaß er doch ein Jahrzehnt lang das Ohr des Kaisers: Kanzler Rainald von Dassel.

5. KAPITEL
DAS KOMPLOTT
(1157)

Ein leichter Ostwind trieb die braunen Blätter der Bäume über den Uferweg hinab in den Doubs. Der Fluss umschloss die Stadt von drei Seiten, und im Südosten schützte sie ein hoch aufragender Fels. Doch an diesem Herbsttag des Jahres 1157 bedurfte Besançon seines Schutzes nicht. Die Stadt hatte sich festlich hergerichtet für ihre Besucher: den Kaiser persönlich, den gesamten Hof, sämtliche Reichsfürsten und sogar Vertreter aus Venedig und dem fernen Apulien. Barbarossa hatte zum ersten Hoftag auf burgundischem Boden geladen.

Die beiden Männer schlenderten den Fluss entlang und genossen die Wärme des Spätnachmittags. Bald würde die Sonne untergehen, und Rainald von Dassel war der Meinung, es müsse nicht unbedingt jedermann sehen, wie sie das Quartier betraten, in dem sein Freund Otto von Wittelsbach abgestiegen war.

Bodo von Wolfach, inzwischen 27 Jahre alt, war längst nicht mehr der naive junge Ritter, als den ihn Rainald kennen gelernt hatte. Im Lauf der Jahre war er zum Freund und engen Vertrauten des Kanzlers geworden, und vielleicht würde er sogar schon bald mit ihm verwandt sein.

Wenn auch nur entfernt.

Rainald hatte ihm von einem Cousin erzählt, einem nicht sonderlich bedeutenden Grafen am Rhein, aber immerhin von altem Adel, und vor allem: Er suchte einen Mann für seine erst sechsjährige einzige Tochter. Er selbst nämlich kränkelte und wollte verhindern, dass die Kleine in ein Kloster fliehen müsste, falls er plötzlich sterben sollte. Eine Verlobung würde fürs Erste reichen. Das Reizvolle an der Sache: Es bestand begründete Aussicht, dass er später einmal nicht nur den Besitz, sondern auch den Titel des Grafen erben würde.

Bertha hieß die junge Dame. Man würde sehen.

Dies aber war nicht der Tag, um über Heiratsabsichten zu diskutieren. Irgendetwas lag in der Luft, und Bodo konnte seine Neugierde nicht länger verbergen. »Wie war's denn?«, fragte er mit etwas zu gleichgültig klingender Stimme.

Rainald schaute ihn belustigt an. »Solltest du zufällig von unseren beiden Freunden aus Rom sprechen?«

»Ja. Weshalb tauchen sie hier plötzlich auf?«

Rainald wurde ernst. »Sagt dir der Vertrag von Konstanz etwas, der vor vier Jahren geschlossen worden ist?«

»Nein. Was steht da drin?«

»Im Wesentlichen, dass Friedrich dem Papst gegen die Normannen, die immer wieder den Kirchenstaat bedrohen, in Süditalien zur Seite steht. Dafür versprach der Papst, Friedrich zum Kaiser zu krönen.«

»Und?«

»Du warst doch dabei, als Friedrich gekrönt wurde.«

Bodo nickte.

»Und?«, fragte Rainald. »Ist der Kaiser anschließend gegen die Normannen gezogen?«

»Nein«, gab Bodo zu. »Das Heer war zu erschöpft damals, und die Fürsten wollten nach Hause.«

»Richtig«, sagte Rainald »und jetzt hat der Papst einen Vertrag mit den Normannen und damit automatisch gegen Friedrich geschlossen. Wir wissen es zwar schon seit ein paar Wochen, aber irgendwann muss es ja auch offiziell eingestanden werden. Und das war heute der Fall.«

»Ist das alles?«

»Nicht ganz. Der Kaiser hat die beiden Kardinäle heute in Privataudienz empfangen. Es ging höflich, aber einigermaßen frostig zu. Sie übergaben ein Schreiben seiner Heiligkeit dem Kaiser, der es mir übergab, damit ich es morgen den Fürsten vorlese. Auf Deutsch natürlich, damit es auch alle richtig verstehen.«

»Und warum gehen wir dann heimlich zu Otto?«

Rainald lächelte. »Das wirst du schon sehen.«

Inzwischen war es fast dunkel geworden. Sie verließen den Uferweg, stiegen in die engen Gassen hoch und gingen nun schneller, um im letzten Licht anzukommen. Es war kein Vergnügen, sich bei völliger Finsternis durch den Abfall vorwärts zu tasten, der sich in den Straßen türmte.

Der bayrische Pfalzgraf empfing sie in der Wohnstube des Goldschmieds, der ihm den oberen Teil seines Hauses für ein paar Tage zur Verfügung gestellt hatte und so lange mit seiner Familie zu seiner Schwester gezogen war. Was ihm Otto zusätzlich entgalt, aber Otto und Rainald mussten sicher sein, dass sie allein im Haus waren.

Es gab sogar einen Faltstuhl, den Otto dem Kanzler anbot, während er einen großen Krug Wein holte, daraus drei Becher füllte und sie auf eine Bank stellte. Dann hockten er und Bodo sich auf zwei Schemel und sahen Rainald erwartungsvoll an.

»Ihr wisst«, sagte dieser, nachdem er den beiden zugetrunken hatte, »dass da diese beiden Kardinäle eingetroffen sind und schöne Grüße von Mister Breakspear ausgerichtet haben.«

»Wer zum Teufel ist Mister Breakspear?«, fragte Otto.

»Unser geliebter Papst«, sagte Rainald lächelnd, »hieß so, bevor er sich Hadrian IV. nannte. Aber für mich ist und bleibt er Mister Breakspear oder Herr Splitterspeer.«

»Von mir aus«, knurrte Otto, »aber was wollten sie wirklich?«

»Zunächst wollen sie, dass sich der Kaiser um die Befreiung dieses Erzbischofs Eskil von Lund bemüht. Burgundische Banditen haben ihn freundlicherweise auf seiner Rückreise von Rom überfallen, gefangen gesetzt und wollen ein Lösegeld erpressen.«

»Freundlicherweise?«, fragte Bodo irritiert.

»Nun ja«, erklärte Rainald, »besagter Eskil will sich zum Oberkirchenfürsten von Schweden, Norwegen und Dänemark aufschwingen und hat sich diesbezüglich den Segen aus Rom geholt. Aber für die Missionierung im Norden ist nun mal seit jeher die Diözese Hamburg-Bremen zuständig, und die hat man ganz einfach übergangen, vom Kaiser ganz zu schweigen. Warum also sollte Friedrich einen aufsässigen Erzbischof befreien, der hinter seinem Rücken Verträge mit dem Papst aushandelt?«

Der Pfalzgraf stieß nach: »Aber deshalb allein schickt der Papst doch nicht zwei Kardinäle hierher – oder?«

»Genau das denke ich auch«, sagte Rainald. »Vor rund 100 Jahren gab es schon einmal einen großen Zweikampf zwischen Kaisertum und Kirche. Damals gewann der Papst, und Heinrich IV. musste sich in Canossa unterwerfen; nicht zuletzt deshalb, weil weder seine weltlichen noch die kirchlichen Fürsten geschlossen hinter ihm standen. Inzwischen hat sich der Kaiser wieder stärker gegen Rom durchsetzen können, aber nun fürchte ich, dass die Boten den Auftrag haben, Zwietracht im Reich zu stiften.«

»Und woraus schließt du das?«, fragte Bodo.

»Zunächst aus der Anrede, mit der die Herren unseren Herrn und Kaiser heute begrüßt haben. Sie begannen nämlich« – und dabei blickte Rainald seine Freunde bedeutungsvoll an – »mit der Anrede: ›Es grüßt Euch unser heiligster Vater, Papst Hadrian, und die Gesamtheit der Kardinäle der

Heiligen Römischen Kirche, jener als Euer Vater, diese als Eure Brüder.‹«

»Eine Unverschämtheit!«, rief Otto, und Bodo pflichtete ihm bei: »Wie kommen sie dazu, den Papst als Vater des Kaisers zu bezeichnen und sich selbst als seine Brüder!«

»Eben«, sagte Rainald und fügte hinzu: »Ich vermute, dass sie auch morgen so beginnen werden, und wenn einige aus der Gefolgschaft so reagieren würden wie Ihr jetzt...« Er vollendete den Satz nicht, aber die Freunde hatten schon richtig verstanden.

»Doch das wäre nur der Anfang. Die wahre Auffassung über das Verhältnis zwischen Papst und Kaiser offenbart Mister Breakspear in seinem Schreiben, das ich hier bei mir trage«, sagte der Kanzler und zog ein Pergament aus seinem Ärmel. »Hört zu!«

Er entrollte das Dokument, beugte sich hinunter zu einem der flackernden Talglichter auf der Bank und las zunächst schweigend, um dann aufzublicken.

»Zunächst beklagt er die Untätigkeit des Kaisers in Sachen Eskil, um dann fortzufahren, dass er, Hadrian, Friedrich gegenüber doch wirklich gutwillig gewesen sei, und er hätte ihm neben der Kaiserwürde auch noch andere Lehen übertragen...«

Weiter kam er nicht. Otto war aufgesprungen. Sein Schemel fiel polternd um. »Was?«, schrie er. »Was hat der Papst unserem Kaiser übertragen? Ein Lehen?«

Rainald lachte laut los. »Setz dich wieder hin, mein Freund. Hier steht, dass er ihm viele *beneficien* übertragen hat. Das darf man doch wohl als *Lehen* übersetzen – oder?«

»Eher eigentlich als *Wohltat*«, warf Bodo zögerlich ein.

»Richtig«, gab Rainald zu, »aber ich werde es als *Lehen* vortragen, und es kann ja wohl kaum eine größere Beleidigung für den Kaiser darstellen, als wenn ihn der Papst als seinen Lehnsmann und damit ihm Unterstellten anredet. Ich würde es deshalb sehr begrüßen, wenn du, Otto, dich an dieser Stelle morgen zumindest derart wütend aufführen würdest wie gerade eben – versprochen?«

Er hielt Otto die Hand hin, der – noch immer erregt – knurrend einschlug.

»So also soll das laufen«, sagte Bodo staunend.

»So ähnlich zumindest«, sagte Rainald lachend, leerte seinen Becher und hielt ihn dem Pfalzgrafen auffordernd hin.

Es war nicht der letzte, der an diesem Abend geleert werden sollte.

Die mit Fresken geschmückten Wände der Kapelle strahlten Kälte aus. Draußen über dem Fluss waberten Nebelschwaden, und die Fürsten hatten bereits vor dem Frühstück ihre Sandalen vorsorglich in den Truhen verstaut und gegen warme Pelzstiefel getauscht. Jetzt hüllten sie sich schweigend in ihre schweren Mäntel und betrachteten misstrauisch die beiden Männer, von denen sie wenig Gutes erwarteten.

Der Kanzler der Heiligen Römischen Kirche, Kardinalpriester Roland von San Marco, und der Kardinalpriester Bernhard von San Clemente erwiderten die Blicke anfangs mit kühler Höflichkeit, mit zunehmender Zeit allerdings mit unverhohlenem Unwillen.

Der Kaiser ließ sie warten.

Und das war Rainalds Schuld. Friedrich hatte erwartet, dass sein Kanzler ihn abholen würde, aber der wollte bewusst nicht unter vier Augen mit dem Kaiser über den Inhalt des päpstlichen Schreibens sprechen. Deshalb wartete er zusammen mit den anderen in der Kapelle, in der Friedrich mit einer Viertelstunde Verspätung erschien. An seiner Seite ein breitschultriger schwarzhaariger Hüne, des Kaisers Bannerträger Otto von Wittelsbach.

Friedrich grüßte die Anwesenden mit einem kurzen Kopfnicken und warf Rainald einen bösen Blick zu, den dieser ausdruckslos erwiderte. »Sag uns, was der Heilige Vater uns zu sagen hat«, wandte sich der Kaiser barsch an den Kanzler. Rainald verneigte sich leicht, entrollte das Pergament und begann zu lesen:

»›Es grüßt Euch unser heiligster Vater, Papst Hadrian, und die Gesamtheit der Kardinäle der Heiligen Römischen Kirche, jener als Euer Vater, diese als Eure Brüder …‹«

»Unverschämtheit!«, rief Bodo, über seine Kühnheit selbst erschrocken.

»Sehr richtig!«, rief ein anderer.

»Frechheit!«

»Wieso ist der Papst der Vater des Kaisers?«

»Und die Kardinäle wollen sich auf eine Stufe mit ihm stellen?«

»Nicht zu fassen!«

Friedrich hob die Hand und gebot Schweigen, aber es dauerte einige Zeit, bis sich die Fürsten beruhigt hatten.

»Weiter«, sagte der Kaiser und sah seinen Kanzler stirnrunzelnd an.

Rainald wartete noch einen Augenblick, bevor er fortfuhr:

»›Bischof Hadrian, Knecht der Knechte Gottes, seinem geliebten Sohn Friedrich …‹«

Wieder kam Unruhe auf, die der Kaiser jedoch mit einer Handbewegung erstickte.

»›… Gruß und apostolischen Segen. Wir erinnern uns daran, vor wenigen Tagen an Eure kaiserliche Majestät ein Schreiben gerichtet zu haben, in dem wir jene schreckliche, fluchwürdige Tat, jenes sühneheischende Verbrechen, das in unserer Zeit geschehen, in Deutschland aber, so glauben wir, noch niemals begangen worden ist, deiner Hoheit ins Gedächtnis zurückgerufen haben, und sind äußerst erstaunt darüber, dass du ein so schändliches und furchtbares Verbrechen bisher ohne die verdiente Strafe hast hingehen lassen.‹«

Alle Anwesenden wussten, dass von Eskils Gefangennahme die Rede war, aber jedermann wusste auch, warum der Kaiser bislang keinen Finger gerührt hatte, und viele der Fürsten vermochten nur mühsam eine gewisse Schadenfreude zu verbergen. Kaum jemand war geneigt, Rainalds Übersetzung des päpstlichen Lamentos weiter zu lauschen, als der Kanzler plötzlich eine etwas unangebrachte Pause einlegte, als müsse er seine Worte an dieser Passage genau überdenken. Dann fuhr er fort und sah dem Kaiser dabei fest in die Augen:

»›Wir bereuen es jedoch nicht, die Wünsche deines Herzens in allen Teilen erfüllt zu haben, sondern, wenn deine Hoheit noch größere Lehen aus unserer Hand empfangen hätte …‹«

Weiter kam der Kanzler nicht. Mit einem Wutschrei kam Otto von Wittelsbach hinter dem Kaiser hervor, riss sein langes Schwert von der Seite und schwang es hoch über seinem Kopf, indem er auf die beiden Gesandten zustürzte. Geistesgegenwärtig fiel ihm Friedrich von hinten in den Arm, riss ihn zurück und stellte sich schützend zwischen seinen anscheinend rasenden Bannerträger und die beiden Kardinäle.

Auch andere Fürsten hatten ihre Schwerter gezogen und umringten drohend die römischen Gesandten.

»Zurück!« Friedrich schob den Hünen mit beiden Händen gewaltsam von den Römern fort. »Zurück, sage ich!«

»Er hat den Kaiser als Lehnsmann des Papstes bezeichnet«, tobte Otto, »und dafür wird er sterben!«

»Tod den Römern!«, erscholl es von allen Seiten.

Des ungeachtet schrie Kardinal Roland über die Schulter des Kaisers dem Pfalzgrafen ins Gesicht: »Von wem hat dein Herr denn das Kaisertum, wenn nicht vom Herrn Papst?!«

Da stürmten auch die deutschen Bischöfe fäusteschwingend auf die römischen Kardinalpriester zu, aber es gelang dem Kaiser, sie aus der Kapelle zu ziehen und draußen seiner Leibwache anzuvertrauen. Noch unter der Tür stehend, rief er seinen rasenden Fürsten zu, er werde die beiden sofort des Landes verweisen und unter Begleitung nach Rom zurückschicken, aber niemand werde ihnen auch nur ein Haar krümmen, solange er der Kaiser sei.

Es dauerte eine ganze Weile, bis in der Kapelle wieder halbwegs Ruhe einkehrte und die Fürsten sich damit begnügten, dem bayrischen Pfalzgrafen beifällig auf die Schulter zu klopfen. Die Wut auf die unglaublich arroganten Römer indes saß nun zu tief, als dass man sie einfach hätte abschütteln können. Sie alle – das stand wohl für jedermann fest – würden hinter Friedrich stehen, was immer der Papst auch verkünden mochte. Das schworen sie sich mit noch immer zornroten Gesichtern und feierlich erhobenen Fingern. Nur einer stand still im Hintergrund und lächelte fein.

Des Reiches Kanzler, Rainald von Dassel.

ZEITRAFFER

1156	Rainald von Dassel wird Reichskanzler.
1157	Auf dem Hoftag in Besançon provoziert der Kanzler zwei päpstliche Gesandte.
1158	Papst Hadrian IV. erklärt, er habe mit dem Wort *beneficium* nicht ein »Lehen«, sondern eine »Wohltat« gemeint.

6. KAPITEL
ITALIENISCHE TRAGÖDIEN
(1158–1168)

Rainald von Dassel mochte ja ein Schlitzohr sein, und gerade eben haben wir gelesen, wie er mit einem recht abenteuerlichen Schachzug die oft zerstrittenen und zögerlichen Fürsten des Reiches dazu brachte, sich geschlossen gegen Rom und bedingungslos hinter den Kaiser zu stellen. Doch Intrigant hin – Scharfmacher her, Rainald kannte nur ein einziges Ziel: die Stärkung des Reiches und damit zugleich die des Kaisers. Ihm war er treu; buchstäblich bis in den Tod, und er war es wohl auch, der den Kaiser dazu veranlasste, ein zweites Mal nach Italien zu ziehen.

Das erschien ihm wichtig, denn Italien gehörte ebenso zum Reich wie Böhmen und Burgund, nur: Die Italiener sahen das anders. Zu lange schon hatten Friedrichs Vorgänger die Zügel schleifen lassen, und besonders in Norditalien, in der Lombardei, hatte längst eine Entwicklung eingesetzt, die man zwischen Rhein und Elbe nur noch nicht zur Kenntnis genommen hatte.

In Deutschland wurden nach wie vor Land und Leute, Städte und Zölle, Wälder und Klöster als Lehen vergeben. Und die Empfänger besagter Lehen lebten vom Ertrag, den diese einbrachten. Hauptsächlich also von Naturalien, von Tieren und Getreide, von Honig und Holz; und natürlich auch von ihren Hörigen und derer Hände Arbeit.

In Italien jedoch, vor allem im alten Kernland der Lango-

Italien zur Zeit
der Staufer

barden, der Lombardei, gab es keine königstreuen Vasallen mehr. Dort herrschten allein die reich gewordenen Städte, und dort wurde weder mit Heu noch mit Hühnern bezahlt. Dort regierte das Geld, und Städte wie Mailand, Piacenza, Verona oder Lodi versuchten sich gegenseitig auszustechen. Als Friedrich zum ersten Mal anrückte, um Gefolgschaft anzumahnen, bequemte sich Mailand immerhin, dem Kaiser Geld anzubieten, um sich so von weiteren Verpflichtungen freizukaufen, aber das war es denn auch.

Friedrichs Heer war damals viel zu schwach, um eine so stark befestigte Stadt wie Mailand einzunehmen. Außerdem hatte er es eilig, zur Krönung nach Rom zu kommen. Immerhin hatte er – wie wir gelesen haben – damals Tortona zerstört, um ein Zeichen zu setzen, aber nun, im Jahr 1158, war er entschlossen, seine Ansprüche in ganz Norditalien durchzusetzen.

Mit einem mächtigen Heer zog er über die Alpen, und auf diese Kunde hin wurde es den Mailändern dann doch mulmig. Sie schickten Friedrich Boten entgegen, um Verhandlungen aufzunehmen, aber der Kaiser wies sie ab, traf im Juli vor den kaum zu bezwingenden Festungsanlagen der Stadt ein und riegelte sie von jeglichem Nachschub ab.

Als sich innerhalb der Mauern der Hunger bemerkbar machte, versuchten es die Mailänder ein zweites Mal, aber die Antwort lautete lediglich: bedingungslose Übergabe. Im September war es dann so weit. Die Stadt kapitulierte, musste eine ungeheure Summe Buße zahlen, der Errichtung einer kaiserlichen Pfalz zustimmen, und alle Regalien – also alle Einkünfte aus Zöllen, Münz- und Marktrechten – waren an den Kaiser abzuführen. Ferner hatte die Stadt Geiseln zu stellen und sich zu verpflichten, die von ihr zerstörten Orte Lodi und Como wieder aufzubauen.

Um das Maß der Demütigung voll zu machen, mussten die Konsuln und die vornehmsten Bürger der Stadt sich barfüßig und mit einem um den Hals gebundenen Schwert dem Kaiser zu Füßen werfen.

Nach der Ausschaltung Mailands lud Friedrich zu einem Hoftag auf den Ronkalischen Feldern bei Piacenza ein. Es war ihm daran gelegen, endgültig Rechtssicherheit zu schaffen, und abgesehen von der Tatsache, dass er sich davon gewaltige Einkünfte versprach – er meinte es auch ehrlich.

Er konnte und wollte sich nicht damit abfinden, dass sich die italienischen Städte in den Jahrhunderten zwischen dem Zusammenbruch des römischen Imperiums und seiner Regierungszeit aus der Abhängigkeit von ihren einstigen Fürsten gelöst und sich allein aufgrund ihres Reichtums selbstständig gemacht hatten.

Als ob es keine höhere Autorität gäbe.

Andererseits muss man auch den Standpunkt der lombardischen Städte verstehen. Was der Kaiser da verlangte, war ja in ihren Augen keineswegs die Wiederherstellung althergebrachter und nur lange vernachlässigter Sitten. Für sie war das, was Friedrich erwartete, etwas völlig Neues und – zumindest in ihren Augen – schreiendes Unrecht.

Die Gefahr, die daraus erwachsen mochte, erkannte man natürlich auch im engsten Beraterkreis des Kaisers. Um nun den Anschein zu vermeiden, er würde altes oder geltendes Recht brechen, berief Friedrich aus Bologna vier der bedeutendsten Juristen der Zeit zu sich und bat um ihr Urteil. Die Gelehrten kamen zu dem Schluss, dass sich Friedrich, sofern er sich in der Tradition des einstigen römischen Imperiums fühlte, durchaus Recht habe, wenn er sich als Herr über alle italienischen Städte und Lande sah.

Andererseits wussten sie, dass die von Friedrich angestrebte Neuregelung der Abgaben den sicheren Untergang der lombardischen Städte bedeuten würde, die sich ja keines Unrechts bewusst waren, sondern im Verlauf der Jahrhunderte allein durch Fleiß und Können das Joch der früher

Herrschenden abgeschüttelt hatten. Also baten die vier Juristen den Kaiser, vorsichtshalber auch Richter aus 14 der betroffenen Städte zur Beratung zuziehen zu dürfen, was Friedrich auch bewilligte.

Erstaunlicherweise bestätigten aber auch diese vornehmen Bürger, dass der Kaiser durchaus das Recht habe, alle Abgaben an sich zu ziehen, sofern eine Stadt nicht urkundlich nachweisen könne, dass sie von einem der Vorgänger Friedrichs gewisse Rechte zugestanden bekommen habe. Natürlich erinnerten sich alle lombardischen Städte an die demütigende Niederlage Mailands und gaben wohl ausschließlich deshalb klein bei.

Vermutlich hofften sie auch, dass Friedrich nur auf einem formellen Akt bestehen würde, um ihnen dann ihre traditionell gewachsenen Ansprüche zu bestätigen. Friedrich indes – nunmehr gestützt durch ein zumindest nach außen hin neutrales Gutachten – zog alle Rechte der Städte ersatzlos ein, was für ihn die Einnahme von 30 000 Pfund Silber bedeutete. Eine ungeheure Summe und in etwa das Viereinhalbfache dessen, was alle deutschen Städte zusammen pro Jahr an den Kaiser zu zahlen hatten.

Darüber hinaus mussten die lombardischen Städte innerhalb ihrer Mauern einen Kaiserpalast errichten und einen kaiserlichen Oberaufseher – genannt *podestà* – akzeptieren, der den Aufpasser spielen sollte. Rainald, des Kaisers rechte Hand, wurde zugleich zum Erzkanzler in Italien ernannt.

All das wurde zähneknirschend akzeptiert und feierlich beschworen. Im Grunde jedoch wurde allen Betroffenen schon sehr bald klar, dass sie mit dieser Situation nicht würden leben und überleben können. Zumal sich die deutschen Aufseher aufführten wie Kolonialherren übelster Sorte.

Aufruhr lag in der Luft.

Rainald von Dassel, dem der Stimmungsumschwung nicht verborgen geblieben war, ritt mit Otto von Wittelsbach und kleiner Gefolgschaft nach Mailand, um die dortigen Konsuln zur Rede zu stellen. Hatten sie dem Kaiser nicht Treue geschworen? Doch, das hätten sie, antworteten die Mailänder. Aber sie hätten halt nicht geschworen, den Schwur auch zu halten.

So viel Dreistigkeit verschlug selbst einem Rainald von Dassel die Sprache. Gleichviel: Seine Ankunft löste endgültig den Aufstand in der Stadt aus, und die Konsuln konnten den Kanzler nur mit Mühe in einer Herberge unterbringen. Rainalds Gefährten machten sich bei Nacht und Nebel davon, während der Kanzler, der nicht sofort fliehen konnte, bis zum nächsten Morgen ausharrte und dann, verkleidet und gedemütigt, aus der Stadt ritt.

Damit war Mailands Schicksal besiegelt.

Unterdessen verschärfte sich das seit Besançon ohnehin gespannte Verhältnis zwischen Papst und Kaiser weiter. Friedrich hatte Rom gegenüber erklärt, wenn er denn ein *beneficium* erhalten habe, dann von Gott, aber mit Sicherheit nicht vom Papst, und Hadrian hatte auch eingelenkt. Dennoch: Rom stachelte die lombardischen Städte weiter gegen Friedrich auf. Wie groß der Hass Hadrians gegenüber dem Kaiser war, bezeugt ein Brief, den er an die Erzbischöfe von Mainz, Köln und Trier schrieb.

Darin heißt es: »Dank sei Gott, der Euch sicherlich die Einsicht gibt, dass zwischen uns und dem Kaiser keine Gemeinschaft sein kann. Diese von ihm herbeigeführte Spaltung wird jedoch auf sein Haupt zurückfallen, und er gleicht dem Drachen, welcher mitten durch den Himmel fliegen und den dritten Teil der Sterne am Schwanze nach sich ziehen wollte, aber in den Abgrund stürzte und seinen Nachfolgern nur diese Lehre hinterließ: Wer sich selbst erhöht, wird erniedrigt werden. So trachtet dieser Fuchs – der auch Euer Hammer ist –, den Weinberg des Herrn zu zerstören. So vergisst dieser aus ungerechtem Geschlecht und nichtsnutzigem

Samen Entsprossene, dieser verbrecherische Sohn alle Dankbarkeit und Gottesfurcht …«

Und so ging es seitenlang weiter.

Wahrlich kein Brief, aus dem christliche Nächstenliebe spricht, sondern ein politisches Pamphlet, zumal Friedrich – bei allem, was man ihm vielleicht vorwerfen mag – ein frommer Mensch gewesen ist, und aus »nichtsnutzigem Samen entsprossen« war er schon gar nicht.

Hadrian jedenfalls hatte den mit ihm verbündeten lombardischen Städten versprochen, den Kaiser in absehbarer Zeit mit dem Kirchenbann zu belegen, aber zumindest das hat der himmlische Richter verhindert, indem er den Papst am 1. September 1159 zu sich befahl.

Oder wohin auch immer.

Nachdem sich nun herausstellte, dass eine Stadt nach der anderen dem Kaiser den Gehorsam verweigerte, wollte Friedrich ein Exempel statuieren. Der kleine Ort Crema bot sich an, zumal das benachbarte Cremona dem Kaiser 15 000 Mark Silber bot, wenn er die mit Mailand verbündete und verhasste Stadt zerstöre.

Crema – zwar stark befestigt, aber doch nur ein kleiner Ort – schien eine leichte Beute. Dennoch wurde seine Belagerung zu einer der blutigsten und grausamsten Episoden der staufischen Epoche. Mailand hatte noch Zeit genug gefunden, die kleine Stadt mit Proviant zu versorgen und ihre Verteidigung mit Hilfstruppen zu verstärken. Nun lag die stärkste damals vorstellbare Kriegsmacht vor ihren Mauern; dennoch sangen die Einwohner Spottlieder von den Wällen und begleiteten die gigantischen Belagerungsvorbereitungen mit höhnischen Zurufen.

Die Grausamkeit auf beiden Seiten war unvorstellbar. Die Deutschen hängten rings um ihren vor die Mauern geschobenen Belagerungsturm Käfige, in denen Geiseln aus Crema saßen, auf dass der Turm nicht mit Brandpfeilen beschossen werde. Die Cremasken indes scherten sich nicht darum, erschossen die eigenen Bürger und zerstückelten aus Rache gefangene Deutsche auf den Stadtmauern bei lebendigem Leibe.

Der Kaiser und sein Bannerträger Otto von Wittelsbach kämpften in der ersten Reihe, aber es dauerte sieben lange Monate, bis sich der Ort schließlich ergab. Die Bewohner durften abziehen mit allem, was sie auf ihren Schultern tragen konnten. Dann wurde die Stadt zur Plünderung freigegeben und anschließend dem Erdboden gleich gemacht.

Jetzt wartete Mailand.

Zunächst aber galt es, einen neuen Papst zu wählen. Friedrich hielt sich betont zurück. Zwar gab es einen Kandidaten namens Octavian aus vornehmem Geschlecht, der dem Staufer sehr zugetan war, aber er hatte keine Chance gegen jenen Roland, den wir bereits in Besançon kennen gelernt haben und der den Kaiser mindestens ebenso sehr hasste wie einst Hadrian.

Es gibt verschiedene Versionen, wie diese merkwürdige Papstwahl vor sich ging. Am glaubhaftesten ist folgender Ablauf: Die Abstimmung erfolgte in der Sakristei des Petersdoms. Roland erhielt sehr viel mehr Stimmen als Octavian. Allerdings konnte die notwendige Einstimmigkeit nicht erzielt werden. Rolands Anhänger, nervös geworden, schrien, man solle endlich den Papstmantel holen.

Unterdessen wartete das Volk draußen ungeduldig auf das Ergebnis der Wahl, als man plötzlich einen Freund Rolands mit dem Purpurmantel in die Sakristei eilen sah. Schon hofften die Leute, jetzt erscheine der neue Papst, als aus der Sakristei lautes Geschrei zu hören war. Da stürmten sie den kleinen Raum, wo sich ihnen ein bizarrer Anblick bot: Die Kardinäle balgten sich um den Purpurmantel und zerrten so lange daran, bis er in Fetzen ging.

Plötzlich erscholl der Ruf »Octavian soll Papst sein«. Die

Sakristei wimmelte plötzlich von Bewaffneten, die von des Kaisers Bannerträger Otto von Wittelsbach angeführt wurden. Roland ergriff die Flucht, während die Anhänger Octavians ihrem Kandidaten rasch einen anderen Mantel über die Schultern warfen. Leider verkehrt herum, sodass sich Octavian verzweifelt bemühte, die Quasten, die sich unten am Mantel befanden, über den Schultern zusammenzubinden. Die Leute schütteten sich aus vor Lachen, aber schließlich jubelten sie Octavian zu.

So komisch das Schauspiel auf die Augenzeugen gewirkt haben mag: Es war der Auftakt zu einem verhängnisvollen Schisma. Friedrich, im Bemühen, Klarheit zu schaffen, berief ein Konzil nach Pavia ein, aber Roland, der sich jetzt Alexander III. nannte, fühlte sich als rechtmäßig gewählter Papst und erklärte, kein Kaiser habe die Macht, ein Konzil einzuberufen, und schon gar nicht sei er befugt, über einen rechtmäßig gewählten Papst zu befinden.

Friedrich bestand jedoch darauf, zog sich aber zurück, um die Kardinäle mit ihrer Urteilsfindung allein zu lassen. Die befanden letztlich, dass Roland zwar mehr Stimmen bekommen habe, Octavian aber als Erster inthronisiert worden sei. Das sei entscheidend.

Also holte man selbigen aus einem Kloster. Er nannte sich fortan Viktor IV. und bannte (selbstverständlich) seinen Konkurrenten Roland/Alexander und alle seine Anhänger. Aber glücklich werden sollte Friedrich mit ihm nicht, zumal sich im Lauf der kommenden Jahre nicht nur die Kirchen von England, Frankreich und Spanien, sondern auch die Patriarchen von Jerusalem und Antiochien hinter Alexander III. stellten.

Verbitterung herrschte in Europa über die Sturheit der Deutschen, und Johannes von Salisbury zürnte: »Wer hat denn die Deutschen zu Richtern über die Nationen bestellt? Wer hat diesen plumpen und wilden Menschen das Recht gegeben, nach Willkür einen Herrn über die Häupter der Menschenkinder zu setzen?«

Ob die Deutschen damals wilder und plumper gewesen sind als die Engländer, sei dahingestellt. Aber anders als jene glaubte Friedrich, dass er als gesalbter Kaiser in der Tradition des Römischen Reiches stand und daher nicht nur das Recht, sondern auch die Pflicht besaß, die Geschicke ganz Europas zu lenken.

Und Rainald von Dassel unterstützte ihn dabei bedingungslos; und zwar so kompromisslos, dass er unter Hintanstellung jeglicher Diplomatie die anderen Herrscher Europas bei Gelegenheit als *reguli* bezeichnete, als Kleinkönige. Dass diese Art von Anmaßung weder ihm noch seinem Kaiser Sympathien einbrachte, muss wohl nicht weiter betont werden.

Immerhin, die Gelegenheit war günstig: Papst Hadrian war tot und Roland/Alexander (noch) ohne Macht. Rainald von Dassel, der die Schmach, die ihm in Mailand widerfahren war, niemals vergessen sollte, drängte den Kaiser, die unbotmäßige Stadt für immer auszuschalten.

Die Belagerung begann im Sommer 1161 damit, dass Friedrich die Umgebung Mailands verwüsten ließ. Die Felder wurden verbrannt, die Obstbäume gefällt, das Vieh weggetrieben, die Weinstöcke herausgerissen. Der Kaiser hatte nicht die Absicht, die Stadt zu erstürmen. Er wollte sie aushungern.

Dabei ging es nicht weniger grausam zu als vordem bei Crema. Wer versuchte, Lebensmittel in die Stadt zu schmuggeln, verlor die rechte Hand. Wer aus der Stadt auszubrechen versuchte, wurde gehenkt, und einmal ließ sich Friedrich zu einer noch entsetzlicheren Tat hinreißen: Fünf Adligen, die versucht hatten, heimlich aus Mailand zu entkommen, wurden die Augen ausgestochen. Einem sechsten schnitt man die Nase ab und ließ ihm ein Auge, auf dass er die fünf anderen in die Stadt zurückführe, um dort Panik und Entsetzen zu verbreiten.

Eine Zeit lang schien es, als könne sich Mailand noch eine Weile halten, aber dann brannten – sei es durch einen unglückseligen Zufall, sei es durch einen Sabotageakt – die Hauptmagazine der Stadt ab, und nun war die Stadt endgültig verloren. Mehrere Unterwerfungsangebote wurden von Rainald schroff zurückgewiesen. Ihm ging es ganz offensichtlich nicht um die Eroberung der Stadt, sondern um ihre Demütigung.

Die Mailänder Konsuln, die das sehr wohl begriffen und zudem wussten, dass der Kanzler in der Umgebung des Kaisers durchaus nicht unumstritten war, wandten sich in ihrer Verzweiflung an Konrad, den Pfalzgrafen bei Rhein und Halbbruder des Kaisers, sowie an den Herzog von Böhmen und den Landgrafen von Thüringen und verabredeten ein Geheimtreffen, um einen Verhandlungsfrieden zu erreichen.

Dem argwöhnischen Rainald entging das nicht, und er fing mit seinen Rittern die Gesandtschaft ab. Das aber war von den Mauern herab beobachtet worden, worauf die Mailänder einen Ausfall machten und den Kanzler in arge Bedrängnis brachten. Der Kaiser forderte seine Fürsten auf, ihm zu Hilfe zu eilen, aber die oben erwähnten drei verweigerten glatt den Gehorsam, sodass Friedrich persönlich seinem Kanzler mit 150 Panzerreitern zu Hilfe kommen musste. Er kämpfte in vorderster Linie und wurde leicht verletzt, sein Pferd sogar getötet, aber es gelang ihm, Rainald herauszuhauen.

Die drei Fürsten begründeten ihre Befehlsverweigerung damit, dass der Kanzler ihre Ehre verletzt habe, als er die von ihnen gegebene Zusage freien Geleits gebrochen habe, und beschuldigten ihn, sich nur von seinen Hassgefühlen leiten zu lassen. Rainald hingegen behauptete einigermaßen unglaubhaft, dass er von freiem Geleit nichts gewusst habe, und bezichtigte seinerseits die Fürsten, hinter dem Rücken des Kaisers ihre eigene Politik zu betreiben.

Der Kaiser aber stellte sich, wie fast immer, vor seinen Kanzler.

Im März 1162 ergab sich die Stadt auf Gnade und Ungnade. Sogar die Sieger waren erschüttert, als die Vornehmsten der Stadt sich dem Kaiser zu Füßen warfen, die Schwerter um den Nacken gebunden, und dem Kaiser ihren eisenbeschlagenen Fahnenwagen übergaben. Dieser *carroccio,* an dessen Mast ein Bild des heiligen Ambrosius befestigt war, des Schutzheiligen der Stadt, war das Symbol der Mailänder Freiheit. Nun wurde der Mast gesenkt, und der Kaiser riss das daran befestigte Banner ab.

Indem er sich abwandte, wie der Chronist schreibt.

Drei Wochen später mussten alle Einwohner Mailand verlassen und durften nur mitnehmen, was sie selbst tragen konnten. Dann wurde die Stadt zur Plünderung ihren Todfeinden überlassen, den Soldaten aus Cremona und Pavia, aus Lodi und Como. Die Mauern wurden geschleift, die Türme abgerissen, die Häuser angesteckt. Die Mailänder hingegen wurden in vier verschiedenen Ortschaften angesiedelt und durften ihre zerstörte Stadt nicht mehr betreten.

Die deutschen Ritter haben sich an der Plünderung angeblich nicht beteiligt. Dennoch: In einer Kirche muss einer von ihnen drei Sarkophage entdeckt und gerettet haben, in denen der Legende nach die sterblichen Überreste der Heiligen Drei Könige aufbewahrt wurden. Rainald, der ja nicht nur Kanzler des Reiches, sondern auch Erzbischof von Köln war, brachte sie als seinen Anteil an der Beute in die Domstadt.

Und als besonders kostbares Reliquiar für ebendiese Gebeine wurde der neue gotische Kölner Dom errichtet.

Mailand war gefallen, und nun unterwarfen sich auch die anderen aufständischen Städte der Lombardei. Der Kaiser hätte triumphieren können, wäre da nicht das noch immer bestehende Schisma gewesen. Hier Alexander III., der inzwischen von fast allen Nachbarn Deutschlands als rechtmäßiger Papst anerkannt wurde, dort der unglückselige Viktor IV., der nicht einmal alle deutschen Kirchenfürsten hinter sich wusste. Doch Viktor starb plötzlich im April 1164, womit sich das Problem von allein gelöst hätte, wenn – ja, wenn nicht Rainald von Dassel gewesen wäre.

Er entschied, ohne den Kaiser auch nur zu informieren, geschweige denn zu fragen, dass Alexander III. keineswegs anerkannt werden könne, und ließ von ein paar zufällig anwesenden Bischöfen und Kardinälen einen Vetter Viktors zum neuen Papst wählen, der sich fortan Paschalis III. nannte.

Rainalds Gegner bei Hofe tobten vor Wut, und auch der Zorn Friedrichs auf seinen Kanzler, den er einen Betrüger und Verräter nannte, war nicht gespielt. Doch Rainald von Dassel, zum Rapport zitiert, trat furchtlos auf. Auch der Kaiser hätte nicht klüger handeln können als er selbst. Schließlich sei Rom eine Stadt, die zum Reich gehöre und der dort amtierende Bischof – gemeint war der Papst – folglich nichts anderes als ein deutscher Erzbischof.

Im Übrigen: Wolle der Kaiser etwa mit einem erklärten Feind, der Alexander ja nun offenkundig war, seine Politik in Italien durchsetzen? Wenn Friedrich das anders sehe, könne er sich einen anderen Kanzler suchen. Er, Rainald, müsse sich ohnehin langsam um seine Erzdiözese Köln kümmern.

Und wieder einmal gab der Kaiser nach, obwohl sich die Spaltung der Kirche dadurch noch weiter verschärfte. Auf einer Versammlung in Würzburg schworen alle Anwesenden, Alexander III. niemals anzuerkennen, obwohl dieser inzwischen bereits die Mehrheit der deutschen Bischöfe hinter sich gebracht hatte. Trotzdem entschloss sich der Kaiser zu einem Zug nach Rom, um Alexander von dort zu vertreiben und Paschalis auf den päpstlichen Thron zu setzen.

Nachdem die deutschen Ritter trotz großer Überlegenheit des Feindes vor Rom einen glanzvollen Sieg errungen hatten – Rainald hatte einmal mehr, in vorderster Linie kämpfend, sein Leben riskiert –, öffneten Verräter den Deutschen die Tore der heiligen Stadt. Alexander floh als Mönch verkleidet auf einem Boot tiberabwärts, Paschalis wurde inthronisiert und krönte Friedrich und Beatrix ein zweites Mal zu Kaiser und Kaiserin.

Damit schien alles entschieden.

Aber es war August. Über Rom brütete eine Hitzewelle. Dann kam ein Gewitter, die Zelte standen im Wasser, und aus den Sümpfen rings um die Stadt stiegen Milliarden von Mücken in die Luft. Eine Pestilenz brach im Lager der Deutschen aus. Niemand weiß genau, um welche Krankheit es sich gehandelt hat. Malaria, wie es immer heißt, kann es nicht gewesen sein, denn die Infizierten starben binnen weniger Stunden.

Der Seuche fielen Bischöfe und Grafen zum Opfer, Ritter und Fürsten, Reitknechte und Herzöge. Friedrich ließ in fliegender Hast die Zelte abbrechen, um in der Kühle der Berge Schutz zu suchen. Vergeblich. Unter den Sterbenden befand sich auch des Kaisers Kanzler Rainald von Dassel, gerade mal um die 47 Jahre alt.

Ein Gottesurteil?

Viele Menschen – vor allem natürlich die Feinde des Kaisers – sahen es so. Fünfzehn Jahre lang hatte er um die Lombardei gekämpft. Alles vergebens. Die Städte erhoben sich von neuem, und niemand kam Friedrich zu Hilfe. Verkleidet und mit fünf Getreuen, die ihm noch verblieben waren, floh Friedrich über die Alpen zurück nach Deutschland.

Einer hätte ihn retten können. Aber er war nicht gekommen: der stolze Welfe Heinrich der Löwe, Herzog von Sachsen und Bayern.

ZEITRAFFER

1158 Friedrich zieht ein zweites Mal nach Italien. Mailand unterwirft sich.

1160 Crema kapituliert. Nach dem Tod Hadrians IV. Doppelwahl von Alexander III. und Viktor IV.

1162 Mailand wird erobert und zerstört.

1164 Rainald von Dassel lässt nach dem Tod Viktors IV. eigenmächtig Paschalis III. zum Gegenpapst wählen.

1167 Eroberung Roms. Während Alexander III. flieht, wird Friedrich von Paschalis III. erneut zum Kaiser gekrönt. Im kaiserlichen Lager bricht eine verheerende Seuche aus, der auch Rainald von Dassel zum Opfer fällt.

1168 Der Kaiser flieht verkleidet nach Deutschland zurück.

7. KAPITEL
REICHE KINDER – ARME KINDER

Adalbert sah aus dem Erker des kleinen Saals in den nicht minder kleinen Hof hinunter, wo die Kinder spielten. Ihr wildes Geschrei hallte über das unregelmäßige Pflaster und stieg dann die weiß gekalkten Außenwände des winzigen Palas bis zu ihm hoch. Der kleine Konrad jagte – ein Steckenpferd zwischen die dünnen Schenkel gepresst – seine Schwester Gisela, die kreischend hinter dem Brunnen Deckung suchte, während fünf andere Kinder den Jungen anfeuerten, der drohend ein Holzschwert über seinem Kopf schwang.

Wieder schrie jemand, aber diesmal war es ein anderer Schrei als das Gekreische der Kinder. Er kam von links, aus den schmalen Fensterluken der Kemenate. Adalbert bekreuzigte sich. »Gott steh ihr bei«, murmelte er. Bertha, die Gräfin von Wolfach, lag in den Wehen. Ihr drittes Kind. Dabei war sie allenfalls 18 Jahre alt.

Sonderlich ungewöhnlich war das nicht. Leider. Erst kürzlich war ein Troubadour zu Gast auf der Burg und hatte berichtet, die Schwiegertochter eines Edelmanns, bei dem er kürzlich zu Gast gewesen sei, habe gerademal 16 Lenze gezählt und sei schon dreifache Mutter. Adalbert hegte so seine Zweifel, ob man Kinder schwängern dürfe.

Aber was hieß schon Kinder?

Kinder waren diese schmutzigen kleinen Wesen, die dort unten über den Burghof tollten. Sie zählten noch nicht viel, und deshalb sah man auch nirgends Abbildungen von ihnen. Adalbert wusste das, denn er war viel herumgekommen in der Welt und kannte nicht nur die kleine Kirche unten im Dorf. Er war auch schon in den großen Kathedralen am Rhein gewesen, aber er hatte noch nie das Bild eines Kindes gesehen.

O ja, natürlich, da gab es schon die Muttergottes mit dem Jesuskind, aber wenn er es recht bedachte, sah Jesus stets aus wie Vater Joseph, nur etwas kleiner. Und er erinnerte sich auch gut an eine Darstellung, wie Jesus – inzwischen erwachsen – die Kindlein zu sich bringen ließ. Kindlein? Kleine Männer waren das, denen nur ein halber Körpermeter und der Bart fehlten. Oder die Familie des Hiob! Lauter alte Leute, die lediglich vergessen hatten zu wachsen.

Kinder zählten eben nicht.

Nicht einmal die des Grafen Bodo, geschweige denn die seiner Knechte und Hörigen. Adalbert kannte sich aus bei den Armen. Er war Leutepriester und hoffte, dass man ihm die Pfarrei, zu der vier Dörfer gehörten, geben würde, sobald der alte Pfarrer, der – wie man hinter vorgehaltener Hand erzählte – schon seit Tagen im Sterben lag, endlich das Zeitliche segnete. Unter anderem deshalb hatte ihn der Graf heute zu sich kommen lassen, aber jetzt war er erst einmal auf die Jagd gegangen, und es scherte ihn wenig, dass seine Frau in den Wehen lag, und noch weniger, dass ein armer Priester auf ihn wartete.

Adalbert war in einem kleinen Dorf in der Nähe von Mainz zur Welt gekommen. Sein Vater war Schuhmacher und hatte die Werkstatt seinem Ältesten hinterlassen. Adalbert dagegen war ebenso wie seine drei Schwestern mit sieben Jahren aus dem Haus geschickt worden. Während die Mädchen bei anderen Familien als Magd arbeiteten, hatte der Vater Adalbert zu einem Hufschmied in die Lehre gegeben. Der hatte den kleinen Kerl so lange geprügelt, bis der Junge ausriss und sich für die nächsten Jahre fahrendem Volk anschloss, wobei er einige Kunststückchen lernte. Und das Stehlen.

Immerhin: Er wurde nie erwischt und endete deshalb auch nicht wie viele Gleichaltrige am Galgen.

Eines Tages fragte ihn ein Domherr, den er um eine kleine Gabe angebettelt hatte, streng, ob er sich nicht schäme, auf Kosten anderer zu leben. »Wer sich schämt, bekommt nichts«, hatte Adalbert schlagfertig geantwortet, und der Kleriker fand Gefallen an dem kecken Kerlchen und sorgte dafür, dass Adalbert in die Domschule aufgenommen wurde, wo er zwar alles Mögliche lernte, aber nichts richtig.

Immerhin eignete er sich so viel Latein an, dass er das Credo, das Paternoster und das Ave Maria nicht nur auswendig hersagen konnte, sondern sogar ihren Sinn verstand. Zudem konnte er ein paar Psalmen singen, und das reichte für die niederen Weihen. Man überreichte ihm eine – natürlich auf Latein geschriebene – Urkunde, und von nun an trug er eine Kutte und nannte sich Priester.

So zog er über Land, lebte von Almosen und davon, dass er hier eine Messe für einen Verstorbenen las, dort einem verurteilten Übeltäter die Beichte abnahm oder einem Sterbenden die letzte Ölung spendete. Gegen eine kleine Gabe, versteht sich.

In einem besonders harten Winter hatte er an eine Klosterpforte geklopft, dieses Mal nicht nur einer heißen Suppe wegen. Er hatte sich tatsächlich entschlossen, Mönch zu werden. Am nächsten Tag jedoch war der Wunsch bereits wieder verflogen. Während der Abendmahlzeit war den Novizen aus den Erinnerungen eines Abtes an seine Erziehung vorgelesen worden. Auf Lateinisch natürlich, und Adalbert hatte so gut wie nichts verstanden, aber er hatte sie sich später von einem jungen Mönch übersetzen lassen, mit Erlaubnis des Priors übrigens, denn Mönche dürfen nicht einfach drauflosreden. Es war von einem Sprachlehrer die Rede, in dessen

Obhut man das damals noch kleine Kind gegeben hatte. Die wichtigsten Passagen aus dessen Erinnerungen konnte Adalbert selbst heute noch auswendig – als so schrecklich hatte er sie empfunden:

Er erzog mich, seinen Zögling, so züchtig und bewahrte mich vor allem Übermut, der in diesen jungen Jahren überzuschäumen pflegt, so gewissenhaft, dass ich an gemeinsamen Spielen überhaupt nicht teilnehmen und ohne seine Begleitung nicht ausgehen durfte. Außer Haus durfte ich nichts essen und ohne seine Erlaubnis von niemandem Geschenke annehmen; in allem wurde von mir größte Beherrschung erwartet, und es schien mir, als wolle er mich nicht nur zum Kleriker, sondern sogleich zum Mönch erziehen.

Meine Altersgenossen tollten übermütig herum. Ihre Eltern ließen die Zügel locker, damit sie ihren kindlichen Neigungen nachgehen konnten, während ich hingegen an solchen Spielen durch strengste Befehle gehindert wurde. Zudem musste ich ständig ein geistliches Gewand tragen und betrachtete die spielenden Kinder mit derart trüben Augen, als sei ich bereits ein ergrauter Gelehrter.

Sogar an Sonntagen und an den Hochfesten der Heiligen hatte ich meine Übungen zu absolvieren; keinen Tag, kaum einmal eine Stunde Freiheit ließ er mir; immerzu wurde ich zum Studieren genötigt, denn als meine Eltern diesen Lehrer damals für mich ins Haus holten, hatte er feierlich zusichern müssen, keine anderen Schüler neben mir zu unterrichten, um seine ganze Anstrengung auf mich konzentrieren zu können.

Nun hätte man glauben sollen, dass mein Geist auf das Vorzüglichste geschult sein müsse, aber diese Hoffnung trog, denn vom Briefeschreiben und vom Verseschmieden verstand er so gut wie überhaupt nichts. Dafür wurde ich täglich von ihm wüst beschimpft und mit einem Hagel von Ohrfeigen bedacht. So versuchte er, mich etwas zu lehren, was nicht einmal er selbst verstand.

Fast sechs Jahre verbrachte ich mit diesem Lehrer in einem sinnlosen geistigen Zweikampf, aber es ist reichlich wenig dabei herausgekommen. Auf der anderen Seite – was Sitte und Anstand angeht –

haben seine Bemühungen bei mir großen Erfolg gezeitigt. Er lehrte mich gewissenhaft und liebevoll Keuschheit, Bescheidenheit und guten Geschmack.

An jenem Abend hatte Adalbert beschlossen, dass er sich einer derart »liebevollen« Erziehung nicht unterziehen würde. Wenn schon ein angehender Kleriker solches zu erdulden hatte – was alles würde man ihm antun, um aus ihm einen keuschen Benediktiner zu machen!

Hinzu kam, dass besagter Mönch, der ihm die Vorlesung übersetzt hatte, Adalbert gegenüber bekannte, selbst ein *puer oblatus* zu sein, ein Gott dargebrachtes Kind, was eine freundliche Umschreibung dafür war, dass ihn seine Mutter kurz nach der Geburt vor die Klosterpforte gelegt hatte.

Bis zu seinem siebenten Lebensjahr war er – wie jedes Kind – als solches betrachtet und von den Mönchen entsprechend behandelt worden. Dann hatte der Ernst des Lebens begonnen. Noch immer gab es Klöster, die nach wie vor strikt das Gebot des heiligen Benedikt befolgten, wonach ein Mönch sein Leben ausschließlich mit Gebet und Arbeit zu verbringen hatte. In derartigen Klöstern galt dieses Gebot auch für siebenjährige Kinder.

Zugegeben: Man gewährte ihnen kleine Erleichterungen. Sie brauchten nicht an allen endlosen Morgengebeten und Vespern teilzunehmen, auch das Fasten wurde ihnen teilweise erlassen. Andererseits wuchsen sie völlig isoliert auf, durften mit den anderen Findelkindern weder sprechen noch sie berühren; geprügelt wurden sie ebenfalls, und zwar gnadenlos. Verglichen damit war Adalberts ziemlich chaotische Kindheit nahezu ein Paradies gewesen. Jedenfalls bedankte er sich höflich bei dem jungen Mönch und machte sich am anderen Tag in der Frühe davon.

Achtzehn Jahre alt war Adalbert damals gewesen, und die Lesung vom Abend zuvor hatte ihn allzu sehr an die Prügel erinnert, die ihm sein Lehrherr damals verpasst hatte. Schließlich wusste alle Welt, wie stark ein Schmied ist. Seine Ohrfeigen hatten Adalbert jedes Mal quer durch den kleinen Schuppen geschleudert, in dem Amboss und Esse seines Lehrherrn standen. Gewiss, nicht nur die Handwerker schlugen ihre Lehrlinge; Mütter prügelten nichtsnutzige Kinder, Lehrer züchtigten selbst bei kleinsten Fehlern ihre Schüler mit der allgegenwärtigen Rute, Mönche peitschten sündige Mitbrüder aus, und selbst Graf Bodo schlug die Gräfin.

Was im Übrigen sein Recht war. Wenn er es nicht übertrieb.

Im Augenblick schrie sie aus anderen Gründen, während ihr Mann noch immer auf der Jagd war.

Die Hitze des Nachmittags brütete über dem Burghof. Da unten jagte der kleine Konrad mit seinem Holzpferdchen unermüdlich die anderen Kinder. Er wusste nicht, dass er in zwei Wochen, am Fest der Heiligen Peter und Paul, Geburtstag hatte und dann vier Jahre alt werden würde. Dann blieben ihm nur noch drei Jahre, bis man ihn an den Hof seines Onkels schicken würde, den er noch nie gesehen hatte. Vielleicht würde sich sogar der Pfalzgraf seiner annehmen.

Niemand würde den Kleinen begleiten. Er würde seine Eltern mindestens zehn Jahre lang nicht sehen, was er jedoch verwinden wird. Seinen Vater fürchtete er ohnehin, und seine Mutter, die ihn kurz nach der Geburt der Amme Fidelis übergeben und ihn danach nie mehr in ihren Armen gewiegt hatte, war ihm recht gleichgültig. Aber an der dicken Fidelis hing er sehr, und natürlich an seinem Schwesterchen.

Ein paar Wochen lang würde er sich wohl allabendlich in den Schlaf weinen, vielleicht auch noch länger, es sei denn, er fände rasch einen Freund unter den anderen Pagen, mit denen zusammen er nun den Männern am Hof des Pfalzgrafen bei Tisch aufwarten wird. Wahrscheinlich wird man ihn einem jungen und unverheirateten Ritter zuteilen, und er wird dessen Kleider in Ordnung halten, ihm beim Aus- und

Anziehen helfen, heißes Wasser für ein Bad beschaffen oder die Waffen putzen. Es ist halt keine Schande – das wird er als Erstes lernen –, der Diener eines Ritters zu sein.

Aber er wird auch anderes lernen; sehr viel sogar. Zunächst Lesen und Schreiben; zwar wohl kaum perfekt, aber wenn er Charakter hat, wird er diese Künste auch später als Erwachsener pflegen. Das Gleiche gilt für Fremdsprachen. Latein ist Pflicht und die einzige Sprache, mit der sich Adlige, Kleriker und Kaufleute mit Standesgenossen aus Italien oder Böhmen, Dänemark oder England verständigen können. Der Pfalzgraf bei Rhein wird vermutlich auch Wert auf Französisch legen, denn so spricht man in den Ländern westlich von Lothringen.

Ein angehender Knappe und erst recht ein Ritter sollte jedoch auch andere Künste beherrschen, Backgammon beispielsweise und das Schachspiel, ferner Singen, Tanzen und das Schmieden von Versen. Schließlich sollte er wissen, wie man sich bei Tisch zu benehmen hat, aber auch eine Menge darüber, welche Eigenschaften einen Ritter auszeichnen.

Über dieses Thema wird sich vermutlich der Hofkaplan verbreiten. Er wird den Siebenjährigen erklären, dass sie nicht geizig sein dürfen und nicht maßlos beim Essen und Trinken; sie sollen sich nicht vorlaut geben, sondern bescheiden, sie sollen nicht hartherzig sein, sondern Barmherzigkeit üben, nicht lügen und sich nicht fleischlich vergehen. Vor allem diesen letzten Punkt werden die Kinder zwar nicht verstehen, aber sie werden brav alles nachplappern, und irgendwann wird es ihnen zum Hals herauskommen. Spätestens, wenn sie mit etwa 12 oder 14 Jahren zu Knappen ernannt werden.

Jetzt, da ihr Körper langsam kräftig genug ist, Waffen zu tragen, lernen sie Schwimmen, Bogenschießen und natürlich Reiten. Dann galoppieren sie mit einer Lanze auf die Strohpuppe zu, die sich – sofern sie richtig getroffen wird –

um ihre eigene Achse dreht und einen unachtsamen Reiter vom Pferd werfen kann. Sie lernen den Umgang mit dem schweren Schild und das Kämpfen mit der Keule. Ein Schwert zu führen ist ihnen allerdings noch verwehrt. Diese Ehre steht nur Rittern zu. Andererseits begleiten sie den Ritter in den Krieg, führen sein Schlachtross und werden sogar mit durchaus gefährlichen oder vertraulichen Unternehmungen beauftragt. Heiraten allerdings dürfen sie nicht. Die Ehre verbietet es einer Frau von Adel, sich zu einem Knappen zu legen.

Endlich, Konrad wird inzwischen an die 20 Lenze zählen, wird der Pfalzgraf in Absprache mit dem Adligen, unter dem der Knabe gedient hat, feststellen, dass er würdig ist, ein wahrer Ritter zu werden. Adalbert weiß nicht genau, wie es dabei zugehen wird, denn es gibt kein festes Ritual und schon gar nicht eine Liturgie. Das hängt vom jeweiligen Dienstherrn ab und dessen Umfeld.

Auf manchen Burgen ist die so genannte Schwertleite nichts anderes als die lärmende Feststellung, dass aus dem Knappen nun ein richtiger Kerl geworden ist. Sein Dienstherr schenkt ihm, sofern er begütert ist, was man ja keineswegs von allen Adligen behaupten kann, die erforderlichen Waffen, vor allem natürlich ein Schwert. Ansonsten veranstaltet man ein ordentliches Mahl, bei dem nach Herzenslust geschmaust und vor allem getrunken wird; ein rechtes Männerfest mit viel Schenkel- und Schulterklopfen.

Zuweilen jedoch – und Adalbert vermutete, dass es auch am Hof von Konrads Onkel so sein wird – weilt ein Abt oder ein Bischof unter den Gästen, und dann wird die Angelegenheit fast so feierlich wie eine Krönungsmesse.

Der Knappe muss die Nacht vor der Schwertleite mit Beten und Fasten verbringen, es folgt ein Reinigungsbad nebst Beichte, und dann überreicht man ihm mit vielen Ermahnungen seine Waffen und zuletzt das Schwert, wobei es neuerdings Sitte geworden zu sein scheint, dem Knappen dabei leicht auf die Schulter zu schlagen; eine symbolische Geste, die besagt, dass dies der letzte Schlag ist, den er ohne Gegenwehr empfangen soll.

Im Normalfall tut das der Dienstherr, aber der Klerus drängelt sich in letzter Zeit immer mehr vor. Adalbert hat schon sagen hören, dass es Bischöfe gibt, die persönlich junge Ritter mit dem Schwert umgürtet haben, andere haben gefordert, das Schwert müsse nach der Feier auf den Altar gelegt werden als Beweis dafür, dass der Ritter von nun an und für immer treu zur Kirche stehen werde.

Adalbert persönlich hielt davon nichts. Ein Ritter war weder dem Papst noch einem seiner Bischöfe verpflichtet, sondern nur seinem Lehnsherrn. Mochte ja sein, dass es dem Klerus gefallen würde, einen Keil zwischen Herrscher und Gefolgsleute treiben zu können. Schließlich hatte es ja häufig genug erbitterten Streit zwischen Papst und Kaiser gegeben; und wie würde sich im Zweifelsfall wohl ein Ritter verhalten, der sein Schwert nicht von seinem Dienstherrn erhalten hätte, sondern von einem Pfaffen?

Adalbert lächelte. Als Leutepriester war er ja eigentlich selbst ein Pfaffe, wenn auch nicht so richtig. Immerhin las er Messen und nahm die Beichte ab, taufte Kinder und erteilte Eheleuten seinen Segen. Dass die Ehe ein Sakrament sein sollte, wie neuerdings behauptet wurde, mochte er nicht glauben. Was hatte die Kirche damit zu tun, wenn zwei Väter sich dahingehend einigten, ihre Kinder miteinander zu vermählen?

Lieben können sich die Kinder schließlich nicht, weil sie sich noch nie zuvor gesehen haben. Gleichwohl werden sie versuchen müssen, irgendwie miteinander auszukommen, weil sie von nun an untrennbar miteinander verbunden sind. Sich gegenseitig zu respektieren – das ist schwer genug, wenn man sich nicht liebt. Und die Kirche, dachte Adalbert, soll den Bund segnen und für die beiden beten. Das half vielleicht, aber damit sollte es auch gut sein.

Wo nur der Graf blieb? Adalbert spähte in Richtung der Ausläufer der Eifel jenseits des Dorfes. Aber noch immer war dort drüben nicht jene Staubwolke zu sehen, die Reiter verursachen, die über einen trockenen Feldweg reiten. Was die Sache mit der Pfarrei anging, war er sich halbwegs sicher, dass der Graf ihn als Pfarrer einsetzen würde. Sonst war ja niemand zur Hand, der kurzfristig das Amt übernehmen könnte.

Aber der Leutepriester hoffte darüber hinaus, dass er den Grafen davon überzeugen konnte, ihn als Lehrer für die Gräfin und deren Töchterchen anzustellen. Das würde den Grafen lediglich ein winziges Sümmchen kosten. Adalbert könnte ein paar Heller zusätzlich gut brauchen, aber er wäre auch mit ein paar Hühnern oder vielleicht einem Schaf zufrieden.

Vor etlichen Tagen bereits hatte er den Grafen gefragt, ob er ihm, wo er doch seine Güter selbst verwalte, nicht ein bisschen Rechnen beibringen dürfe, aber da hatte er eine Abfuhr erhalten, denn der Graf meinte, seine zugegeben bescheidenen Rechenkünste reichten sehr wohl aus.

Immerhin hatte er zugelassen, dass Adalbert ihn fragte, ob er denn folgende Aufgabe lösen könne: Wenn ein Vater seinen Söhnen elf Pferde schenkt mit der Auflage, dass sein Ältester die Hälfte der Tiere bekomme, sein Zweitgeborener ein Viertel und der Jüngste ein Sechstel: Wie viele Pferde bekommt dann ein jeder?

Der Graf hatte kurz nachgedacht und dann barsch erklärt, diese Aufgabe sei nicht zu lösen, denn man könne ja noch nicht einmal elf durch zwei teilen.

»Das dachten die Söhne auch«, sagte Adalbert, »und deshalb fragten sie einen Leutepriester um Rat. Dieser nahm seinen Gaul, stellte ihn zu den anderen Tieren, und nun waren es zwölf. Er gab dem ältesten Sohn sechs, also die Hälfte, dem Zweitältesten ein Viertel der Tiere, also drei, und dem

Jüngsten ein Sechstel von zwölf, also zwei. Stieg sodann auf seinen Gaul und ritt davon.«

Der Graf hatte finster die Stirn gerunzelt, einen Augenblick nachgegrübelt und dann böse geknurrt: »Das hat nichts mit Rechnen zu tun, das ist Zauberei!« Und das war's dann. Immerhin hatte er versprochen, sich die Sache mit dem Unterricht für die Gräfin noch einmal zu überlegen, und ihn für heute auf die Burg bestellt. Adalbert unterdrückte ein Gähnen. Das konnte noch ein langer Tag werden.

Unten im Hof hatte Konrad es aufgegeben, seine Schwester und die anderen fünf Kinder zu jagen, die zu Anna, der Köchin, gehörten, deren Mann sich um die Pferde des Grafen kümmerte. Anna war eine dralle, gutmütige Frau und schien immer schwanger zu sein. Auch die Kinder des Grafen tollten durch ihre kleine Kate, die sich am äußersten Hofende in den Schatten der Mauer duckte.

Aus ihr schleppten die Mädchen jetzt ein winziges Puppenhaus und die dazu gehörigen Tonfigürchen heraus, während die Jungen mit einem Ball spielten, den Annas Mann aus alten Lumpen und ein paar Lederriemen zusammengebastelt hatte. Aber in irgendeinem Winkel der Kate gab es auch noch einen hölzernen Reifen, einen Kreisel, den man mit einer kleinen Peitsche antreiben konnte, sogar aus Tierknochen geschnitzte Würfel, denn nicht nur die Erwachsenen spielten leidenschaftlich gern um irgendwelche Einsätze.

Kinder lernen schnell.

Erwachsene anscheinend nicht. Anna war schon wieder schwanger, im Gegensatz zu der Amme, die zwar auch schon seit vier Jahren verheiratet war, aber erst ein einziges Kind hatte. Das liegt am Stillen, glaubten die Leute. Solange man stillt, wird man nicht schwanger. Bei der Amme könnte es tatsächlich daran liegen. Erst Konrad, dann sein Schwesterchen, und heute kam schon wieder jemand zur Welt, den sie an ihre Brust legen würde. Der Leutepriester wusste nicht, ob Stillen vor unerwünschter Schwangerschaft schützt, aber er wusste – wie jedermann – von etlichen Verhütungsmitteln, obwohl er davon eigentlich gar nichts gehört haben dürfte. Aber schließlich war er lange genug mit fahrendem Volk unterwegs gewesen, und dort kannte man sich aus. Als Priester durfte er seine persönliche Meinung über Schwangerschaftsverhütung natürlich nicht äußern, aber merkwürdig waren die Lehren der Kirche schon. Wenn nämlich ein Ehepaar zusammenkommt, dabei Lust empfindet, die Zeugung eines Kindes aber wie auch immer zu verhindern sucht, so bricht es die Ehe.

Das verstehe, wer will.

Oder warum erhält eine männliche Leibesfrucht am 40. Tag ihrer Zeugung eine Seele, eine weibliche jedoch erst am 80. Tag? Und warum begeht man einen Mord, wenn die angeblich getötete Frucht noch gar nicht lebt?

Adalbert war im Augenblick nicht persönlich betroffen, auch wenn er mit einer jungen Magd zusammenlebte, die er für immer bei sich behalten wollte, sofern ihm der Graf die Pfarrei anvertraute. Natürlich dürfen Priester nicht heiraten, aber wo kein Kläger ist … Der Graf jedenfalls hatte nichts dagegen. Es sei besser, hatte er Adalbert bedeutet, wenn er nur eine Frau beschlafe, als dass alle Väter in der Gegend um die Unschuld ihrer Töchter bangen müssten.

Es gab verschiedene Methoden, eine ungewollte Schwangerschaft zu verhindern, nicht nur die von der Kirche als einzige Möglichkeit bezeichnete Enthaltsamkeit. Die Unterbrechung des Aktes galt zwar als schwere Sünde, war aber dennoch weit verbreitet. Ebenso wie die Kenntnis davon, dass ein kleiner Löffel geriebenen Kerbelsamens, vermischt mit einem Schluck Met und unmittelbar nach der körperlichen Liebe eingenommen, eine Schwangerschaft so gut wie ausschließt.

Außerdem glaubte man allgemein, dass die monatliche Unreinheit der Frau unter anderem dazu diente, böse Säfte auszuscheiden, die sonst den Körper nachhaltig schädigen könnten. Nun konnte besagte monatliche Erscheinung ja aus allen möglichen Gründen ausbleiben. Wenn man es daher recht bedachte, so konnte es ja nicht verboten sein, diesen reinigenden Prozess mithilfe verschiedener Getränke, auf deren Herstellung sich die so genannten weisen Frauen verstanden, künstlich auszulösen.

Oder?

Das war immer noch besser, als ein Kind nach dem anderen in die Welt zu setzen und nicht zu wissen, wie man dann neun oder zwölf Kinder ernähren sollte. Manche Leute ahnten ja gar nicht, wie arm andere waren. Die Adligen erzählten ihren Kindern Geschichten von Feen und Elfen. Und von den Zwergen, die im Berg arbeiten. Zwerge! Adalbert wurde immer zornig, wenn er von solchen Geschichten hörte. Als ob nicht jeder hier wüsste, dass es keine Zwerge in den Bergwerken gab. Kleine Kinder waren es, die von halb verhungerten Eltern unter Tage geschickt wurden, weil der Vater nicht mehr wusste, wie er sonst die Familie durch den Winter bringen sollte.

Und wenn dann wieder ein Kind geboren wurde, gingen die verzweifelten Mütter hin und legten das Neugeborene vor die Tür eines Klosters, und das war noch das kleinere Übel. Es gab genügend Frauen, die ihr Neugeborenes im Schlaf erdrückten. Versehentlich sozusagen. Und niemand fand sich, der sie dafür zur Rechenschaft zog. So etwas passierte ganz einfach hin und wieder.

Adalbert horchte zur Kemenate hinüber. Die Gräfin hatte plötzlich aufgehört zu schreien.

Jetzt greinte dort ein Säugling.

8. KAPITEL
DIE THRONFOLGER

Das Kind, das die junge Gräfin von Wolfach soeben unter Schmerzen zur Welt gebracht hatte, war ein Junge. Vermutlich würde er in späteren Jahren in den geistlichen Stand eintreten. Graf und damit Nachfolger seines Vaters Bodo dagegen würde sein Bruder Konrad werden; einfach deshalb, weil er der erstgeborene Sohn war. Er musste zwar noch vom kaiserlichen Hof im Amt bestätigt werden, doch das war zumeist reine Formsache. Was indes die nahe liegende Frage aufwirft: Wie wurde man eigentlich König?

Wie bei den Grafen von Wolfach? Indem man als erster Sohn geboren wird? Fast sieht es so aus. Nach dem Aussterben der Karolinger regierten die sächsischen Ottonen, dann die fränkischen Salier und schließlich die schwäbischen Staufer. Und fast immer folgte – sofern vorhanden – der älteste Sohn dem Vater im Amt. Also eine Erbmonarchie?

Mit Sicherheit keine klassische, denn in jedem Fall mussten die Großen des Reiches den erstgeborenen Sohn des Königs wählen und als Thronfolger bestätigen. Die Abstammung spielte also eine große Rolle, aber sie war nicht allein entscheidend. Der Wille, mitzuentscheiden, war bei den adligen Familien des Reiches nach wie vor vorhanden. Schließlich war das Wahlrecht sehr viel älter als das Geblütsrecht.

Versetzen wir uns zurück in die Zeit der alten Germanen, die ja – wie wir wissen – keine Könige kannten. Im Kriegsfall wählten die freien Männer einen aus ihrer Mitte, den sie dann bezeichnenderweise Herzog nannten, damit er das Heer führe. Bei dieser Wahl galt nicht das heutige System des *one man – one vote*, dass also jeder nur eine Stimme besitzt, unabhängig von Geld oder Ansehen. Bei den Germanen wurden die Stimmen gewogen. Es war demnach durchaus möglich, dass die Stimme eines Edlings aus vornehmer Familie oder die eines erfahrenen Greises mehr Gewicht besaß als die eines freien Bauern. An diesen Brauch werden wir uns später noch einmal erinnern.

War der Krieg vorbei und die Männer aus der Schlacht zurück, kehrte der Herzog – je nach Ausgang des Unternehmens – mit Ruhm oder mit Schande bedeckt zurück in seinen Clan. Vielleicht würde man ihn beim nächsten Mal wieder wählen, vielleicht auch nicht. Herzog war er jedenfalls für den Augenblick nicht mehr.

Mit der Zeit jedoch beobachteten die Germanen, die während der Völkerwanderung weit nach Westen vordrangen, dass es in ihren Reihen ganz offenkundig einige Familien gab, die über einen längeren Zeitraum hinweg besonders erfolgreich waren. Anscheinend standen ihnen die Götter zur Seite. In Dänemark glaubten die Menschen noch im 10. Jahrhundert, dass die Königsfamilie Abkömmlinge der Asen seien, der nordischen Götterfamilie. Und selbst der fromme Widukind von Corvey erzählt über die Sachsen, sie stammten von einem gewissen Hathagat ab. Dass dies ein Name für den heidnischen Gott Odin war, verschweigt er allerdings. Kaum anzunehmen, dass der gebildete Mönch es nicht gewusst haben sollte.

Die Götter nun bedachten ihre Schützlinge mit dem *Heil*, und trotz des Schindluders, das mit diesem Wort getrieben worden ist, müssen wir uns einen Augenblick damit beschäftigen, denn es ist über 1000 Jahre älter, als es das so genannte Tausendjährige Reich war.

Heil ist eine im Sinne des Wortes *heilige* Begnadung, die ja auch in der Bezeichnung *Heiland* für den Gottessohn anklingt. Das Heil des Königs steht derart hoch über der bloßen Macht, dass ein Putschversuch gegen den Herrscher einer Art Gotteslästerung gleichkam.

Dazu ein Beispiel: In der Schlacht von Tours und Poitiers (732) besiegt ein gewisser Karl, genannt »der Hammer«, die von Spanien eingedrungenen Araber und stoppt deren Vormarsch nach Zentraleuropa. Besagter Karl Martell war ein so genannter Hausmeier (lat.: *majordomus*) der Merowinger; wir würden ihn vielleicht Präsident oder Hauptgeschäftsführer nennen. Karl starb mit 51 Jahren und wurde in St. Denis bei Paris, der Grabstätte aller Merowinger, wie ein König bestattet. Aber trotz aller Machtfülle: Er war eben nicht der König.

Sein Sohn Pippin, Vater Karls des Großen, war nicht weniger mächtig als Karl Martell. Er hätte den letzten der Merowingerherrscher, Childerich III., leicht stürzen können. Der König mit seinen lang herabwallenden blonden Haaren, die er sich – wie alle seine Vorgänger – angeblich nie schneiden ließ, war nur noch ein Popanz, und dennoch schreckte der Machtmensch Pippin davor zurück, sich selbst die Krone aufzusetzen. Das Königsheil war halt bei Childerich und nicht bei ihm.

Schließlich sandte er den Bischof von Würzburg und den Abt von St. Denis nach Rom, die dort die Lage im Reich und den armseligen Geisteszustand von Childerich beschreiben und die entscheidende Frage stellen sollten: Welchen Sinn es habe, einem König zu dienen, der seiner Aufgabe auch nicht im Entferntesten gewachsen war.

Papst Zacharias, permanent von den Langobarden in Nord- und Süditalien bedrängt, wusste sehr wohl, dass er im Notfall von dem schwächlichen Childerich keine Unterstützung erwarten konnte; sehr wohl aber von einem mächtigen

Herrscher namens Pippin. Deshalb antwortete er höchst egoistisch, dass derjenige im Frankenreich König sein solle, der auch die Macht besitze.

Und das fehlende Königsheil?

Das wurde jetzt durch die feierliche Salbung Pippins ersetzt, und zwar besorgte die der heilige Bonifatius höchstpersönlich als Gesandter des Papstes. Von Geburt aus stand Pippin die Krone zwar nicht zu, aber durch die Salbung galt er fortan als Auserwählter Gottes.

Bonifatius übrigens widmete sich von diesem Zeitpunkt an ausschließlich der Missionsarbeit, während man dem armen Childerich Bart und Haupthaar abschnitt und ihn hinter Klostermauern verschwinden ließ.

Am Beispiel Ottos III. (980–1002) ist eindrucksvoll zu sehen, wie die Wahl eines Thronerben und dessen feierliche Krönung verliefen. Im Frühjahr 983 hielt Kaiser Otto II. einen glanzvollen Hoftag in Verona ab, zu dem sich fast alle Vasallen des Reiches einfanden. Der Kaiser, begleitet von seiner Mutter Adelheid und seiner Frau Theophanu, wollte seinen erst zweijährigen Sohn zu seinem Nachfolger wählen lassen.

Hier stellt sich natürlich die Frage, ob die Vasallen überhaupt die Möglichkeit besaßen, nein zu sagen, wenn der Kaiser bereits seine Vorstellungen geäußert hatte. Natürlich war dies keine Wahl im heutigen Sinn. Vorausgegangen waren sehr vertrauliche Beratungen, von denen nichts an die Öffentlichkeit drang. Es war gute Tradition, dass sich dabei auch Gegner der beabsichtigten Regelung zu Wort melden durften, ohne dass es ihnen im Nachhinein zum Schaden gereicht hätte.

Aber es hätte auch schon sehr gravierender Gegenargumente bedurft, um gegen die Wahl des kleinen Prinzen zu stimmen. Vergessen wir nicht: Auf ihm und seiner Familie ruhte das Königsheil, und wenn sich die Fürsten und Erzbischöfe auch das Recht vorbehielten, gegebenenfalls anders zu entscheiden, so überwog doch bei allen der Respekt vor bewusstem Heil. Die Einstimmigkeit bei der Wahl bewies nach damaliger Auffassung zudem, dass die Nachfolge des kleinen Otto eindeutig Gottes Wille war.

Die Abstimmung war also keine Wahl im heutigen Sinne, sondern eine Akklamation, eine Zustimmungsbekundung. Als man das kleine Kind den versammelten Fürsten und ihrem Gefolge zeigte, brachen diese in einen »tausendstimmigen Heilruf« aus, und mag es uns eingedenk späterer Nürnberger Parteitage dabei auch kalt den Rücken hinunterlaufen: Damals verstand man unter Heil eben noch etwas Göttliches.

Weihnachten 983 in Aachen. Ein dreijähriges Kind wird zum König gekrönt, was einige Schwierigkeiten insofern mit sich bringt, als das Ritual im Grunde doch für einen erwachsenen Mann ersonnen worden ist. Im Vorhof der Pfalzkapelle huldigen die Großen des Reiches noch einmal dem kleinen Otto. Anschließend führen ihn die Erzbischöfe von Mainz und Ravenna feierlich in den Zentralbau des Aachener Doms und zum Thron Karls des Großen. Dann werfen sich die Kleriker – und natürlich auch der Dreijährige – mit dem Gesicht zu Boden und bleiben so liegen, bis eine endlose Litanei gebetet worden ist. Anschließend muss der Knirps noch versichern, dass er die Kirche, ihre Priester und alle Gläubigen beschützen wird.

Das alles hat Tradition; dennoch muss es für ein Kind eine unglaubliche Strapaze sein. Aber darauf nimmt niemand Rücksicht. Es muss sich abschließend von den einfachen Leuten, die geduldig gewartet haben, huldigen lassen, und erst dann beginnt die eigentliche Zeremonie.

Die beiden Erzbischöfe salben Otto am Kopf, an der Brust, den Schulterblättern und den Oberarmen, rufen die Dreieinigkeit an, und nun ist der kleine Prinz tatsächlich

König. Man kann dem Kind nicht das schwere Schwert umbinden und auch nicht die Krone aufsetzen, Zepter und Stab wären viel zu schwer und der Krönungsmantel naturgemäß zu groß.

Man belässt es bei symbolischen Handlungen, und das hübsche dunkelhaarige Kind – Mutter Theophanu ist Griechin – spielt die ihm einstudierte Rolle mit der ihm angeborenen Intelligenz. Weder er noch die ihn umringenden Fürsten wissen zu diesem Zeitpunkt, dass der dreijährige Prinz von Stund an bereits ihr Herrscher ist.

Denn im fernen Rom ist knapp drei Wochen zuvor am 7. Dezember Otto II. gestorben, aber diese Nachricht ist in Aachen noch nicht eingetroffen.

Ein Wort vielleicht zu den Reichskleinodien: Wichtigstes Requisit des Schatzes, der heute in Wien aufbewahrt wird, war die legendenumwobene Heilige Lanze, die der Vater Ottos des Großen einst einem Burgunderkönig abgepresst hatte. Mal hieß es, es sei die Lanze, mit der ein römischer Soldat Christi Seite durchbohrt habe, ein anderes Mal, sie enthalte einen Nagel des Kreuzes. Tatsächlich weist sie an ihrer Spitze einen Nagel auf, stammt aber wohl erst aus dem 7. Jahrhundert.

Trotzdem: Sie war den Herrschern des Mittelalters wichtiger als selbst die Krone. Der Glaube an ihre Heiligkeit war so tief verwurzelt, dass Otto der Große mit ihr 955 in die berühmte Schlacht auf dem Lechfeld zog, wo die Ungarn entscheidend geschlagen wurden. Und der reliquienbesessene Kaiser Karl IV. ließ noch im 14. Jahrhundert ein Stück des Nagels herausbrechen und die beschädigte Stelle anschließend sorgfältig verhüllen.

Die achteckige Reichskrone wurde vermutlich auf der Reichenau für die Kaiserkrönung Ottos des Großen aus Gold und Emailleplatten gefertigt und mit rund 150 Perlen und Halbedelsteinen besetzt. Kreuz und Bügel stammen aus späterer Zeit. Der reine Materialwert liegt bei 250 000 Euro, was nicht sonderlich viel ist. Die russische Zarenkrone beispielsweise wird auf etwa 35 bis 50 Millionen Euro geschätzt.

Ebenfalls von der Reichenau stammt vermutlich das Reichsschwert. Seine goldene Scheide ist mit den Medaillons von 14 Herrschern verziert. Während der Krönungszüge wurde es dem Herrscher vorangetragen. Zu den Krönungsinsignien gehörten ferner der Reichsapfel, eine mit Goldblech umkleidete Harzkugel. Angeblich – so wurde der Apfel später gedeutet – sollte er die Weltkugel darstellen, was aber ziemlich unwahrscheinlich ist, da sich die Menschen die Erde damals noch als Scheibe vorstellten.

Der Reichsapfel, gekrönt von einem kleinen Kreuz, wurde im 12. Jahrhundert wahrscheinlich in Köln geschaffen, woher auch das Reichskreuz stammt. 77 Zentimeter hoch, diente es als Reliquiar, unter anderem für die Spitze der Heiligen Lanze. Letztendlich gehörten zu den Krönungsinsignien unter anderem noch das Reichsevangeliar und verschiedene Gewänder aus dem Krönungsornat.

Anfangs führten die Könige die Krönungsinsignien als Heilbringer noch mit sich. Unter den Saliern kamen sie dann auf die Burg Trifels in der Pfalz. Rudolf von Habsburg brachte sie auf die Kyburg in der Schweiz, dann wanderten sie eine Zeit lang umher, bis sie Anfang des 15. Jahrhunderts nach Nürnberg kamen, wo sie bis zur Französischen Revolution verblieben. Als Napoleons Truppen auf die Stadt zumarschierten, wurde der Schatz heimlich nach Regensburg und später nach Wien geschafft. Von dort holte Hitler die Reichsinsignien vorübergehend noch einmal nach Nürnberg, aber seit dem Ende des Zweiten Weltkrieges befinden sie sich wieder in der Schatzkammer der Wiener Hofburg.

Die sichere Aufbewahrung der Reichsinsignien war insofern für jede Dynastie wichtig, weil nur der als wahrer König angesehen wurde, der rechtmäßig gewählt, vom richtigen Mann (dem Erzbischof von Köln) am richtigen Ort (im Aachener Kaiserdom) gesalbt worden war und sich im Besitz der Reichskleinodien befand.

Rechtmäßig gewählt – das konnte, wie bei Otto III. geschehen – beispielsweise einhellige Zustimmung bedeuten. Aber das war nicht immer so. Schon gar nicht, wenn der letzte König der Familie kinderlos gestorben war. Dann wurde gerungen, gefeilscht und zuweilen auch gekämpft. Zudem: Die deutschen Adligen, stets germanischer Tradition eingedenk, wollten zwar einen König, der sie vertrat und den sie auch ehren konnten. Aber er sollte sie nach Möglichkeit in Ruhe lassen. Vor allem aber sollte er sich als großzügig erweisen.

Um es vornehm auszudrücken.

Die Kandidaten ritten deshalb vor der Wahl durch die Lande, versprachen dies und jenes, nur um sich die Stimme des jeweiligen Fürsten zu sichern, und dabei litt natürlich bei den umworbenen Landesherren das Ansehen der Monarchie.

Für die Existenz des Reiches wäre – das zeigt sich am Beispiel Frankreichs und Polens sehr deutlich – eine reine Erbmonarchie günstiger gewesen: Polen, im Mittelalter ein durchaus mächtiges und stabiles Land, das von den Dynastien der Piasten und Jagiellonen regiert wurde, schwenkte später zu einer reinen Wahlmonarchie über und ging durch die dadurch geförderte Korruption des Adels schließlich unter.

Frankreich dagegen, ein Land, das lange Zeit völlig unbedeutend war und teilweise von England gedemütigt wurde, nahm seinen Aufschwung, als sich die Kapetinger und die Bourbonen gegen die Territorialfürsten durchsetzen und eine absolute Erbmonarchie einführen konnten, die erst mit der Französischen Revolution ihr Ende fand. Einen Fleckenteppich wie in Deutschland hat es in Frankreich nie gegeben.

Doch kommen wir zurück zu den alten Germanen, wo ja – wie oben geschildert – manche Stimmen mehr wogen als andere. In diese Richtung entwickelte sich das Wahlrecht nun auch in Deutschland. Wenn die bedeutendsten weltlichen und kirchlichen Fürsten ihre Entscheidung getroffen hatten, stand der Ausgang der Wahl im Grunde schon fest, und aus der gängigen Praxis wurde allmählich geltendes Recht.

Die Inhaber der vier alten Erzämter – Truchsess, Kämmerer, Schenk und Marschall – wurden ebenso wie die drei Erzbischöfe des Reiches dazu bestimmt, stellvertretend für alle anderen Fürsten den König zu wählen. Es handelte sich um den Pfalzgrafen bei Rhein, den König von Böhmen, den Herzog von Sachsen und den Markgrafen von Brandenburg sowie die Erzbischöfe von Mainz, Köln und Trier. Seit 1220 nannte man sie *electores* – Kurfürsten.

Und warum haben sie nie eine Frau zur Königin gewählt?

Es gab sie doch – wenn auch in späterer Zeit: Elisabeth I. oder Katharina die Große. Auch in Deutschland gab es starke Persönlichkeiten: Adelheid beispielsweise, die Mutter Ottos II., oder dessen Frau, die hochintelligente Griechin Theophanu, oder Beatrix, die gebildete Prinzessin aus Burgund. Sie besaßen Talent und Bildung, Durchsetzungsvermögen und Energie, was sie in Vertretung ihres Mannes oder als Regentin für ihr unmündiges Kind oft genug bewiesen hatten. Eines allerdings konnten sie nicht: In voller Rüstung an der Spitze ihres Heeres in die Schlacht reiten.

Aber genau das erwartete man vom König.

Das Leben als Königin war auch so anstrengend genug. Unmittelbar nach der Wahl musste der neue König von seinem Reich Besitz ergreifen, zumindest von den deutschen Territorien. Nehmen wir nur ein einziges Beispiel. Den Umritt des ersten Saliers Konrad II. vom September 1024 bis zum Juli 1025. Innerhalb von nur zehn Monaten legte er (zu Pferd!) folgende Strecke zurück:

Basel – Straßburg – Speyer – Worms – Trebur – Kamba – Mainz – Ingelheim – Köln – Aachen – Lüttich – Nimwegen – Vreden – Dortmund – Neuhaus – Minden – Paderborn – Corvey – Hildesheim – Goslar – Gandersheim – Halberstadt – Quedlinburg – Magdeburg – Merseburg – Grona – Wallhausen – Fulda – Augsburg – Regensburg – Beratzhausen – Schwarzenbruck – Mögelsdorf – Bamberg – Würzburg – Trebur – Konstanz – Zürich – Basel.

Das waren – nach heutigem Straßennetz berechnet – immerhin an die 2700 Kilometer, und das bei den damaligen Wegen! Von Straßen konnte man beim besten Willen noch nicht sprechen. Übernachtet wurde in den Königspfalzen, wo der zuständige Majordomus dafür zu sorgen hatte, dass Lager, Ställe und Scheunen stets gut gefüllt waren, außerdem in Klöstern; seltener in den wenigen reichsfreien Städten und nur ausnahmsweise einmal bei einem Vasallen.

Strapaziöse Etappen waren das, und von manchem Ritter wird berichtet, dass er zum Schluss nur noch in den Steigbügeln hat stehen können, weil er sich durch und durch wund gesessen hatte. Und die Königin ritt natürlich mit. Im Damensattel. Bei Wind und Wetter.

Und wenn sie dann ihr Ziel erreicht hatten, war der Tag noch lange nicht zu Ende, denn häufig waren auch die Kinder dabei, die ihre Mutter in Anspruch nahmen. Außerdem zog der gesamte Hof mit dem Königspaar, und neben den Repräsentationspflichten an der Seite ihres Mannes gehörte zu den Aufgaben der Königin beispielsweise die Aufsicht über das Gesinde. Auch die Zusammenstellung des Speiseplans wird sie nicht allein dem jeweiligen Gastgeber überlassen haben, der ohnehin drei Kreuze schlug, wenn der Hof weiterzog.

Warum?

Weil der Hof wie ein Heuschreckenschwarm eingefallen war und buchstäblich alles kahl gegessen hatte. Wie viele Menschen zum Hof zählten, wissen wir nicht genau. Ihre Zahl wird auch von Mal zu Mal erheblich geschwankt haben. Aber es werden wohl immer ein paar Tausend gewesen sein. Das wenigstens lässt sich dem immensen Bedarf an Lebensmitteln entnehmen, die zur Verfügung stehen mussten.

Ein sächsischer Chronist beschrieb um die Mitte des 12. Jahrhunderts den Tagesbedarf des Hofes: 1000 Schweine und Schafe, zehn Fuder Wein (mehr als 10 000 Liter), zehn Fuder Bier, 1000 Malter Getreide, acht Rinder und dazu noch große Mengen an Fischen, Hühnern, Eiern und Gemüse.

Bei aller Liebe – wir wollen es keiner Königin übel nehmen, wenn sie hin und wieder herzlich froh war, wenn der Herr Gemahl allein loszog und sie endlich einmal ein paar Monate daheim in der warmen Kemenate einer Königspfalz bleiben durfte.

9. KAPITEL
DIE DEMÜTIGUNG
(1176/77)

Es war nun schon das fünfte Mal, dass Bodo die Alpen Richtung Süden überquert hatte, dieses Mal über den Lukmanier-Pass, weil sie sich mit dem Kaiser in Como treffen wollten. Mit zehn Rittern, 15 Mann Fußvolk und etlichen Kriegsknechten hatte er sich dem Aufgebot des Erzbischofs Philipp von Köln angeschlossen, zahlreiche Fürsten waren mit ihrem Gefolge zu ihnen gestoßen.

Tausend Ritter und ebenso viel Fußvolk – das klingt einigermaßen beeindruckend, doch angesichts der Tatsache, dass es sich um das Aufgebot von immerhin neun Kirchenfürsten sowie sieben Herzögen und Grafen handelte, war es doch ein eher kläglicher Haufen, der am Comer See vom Kaiser erwartet wurde. Aber Friedrich ließ sich seinen Unmut nicht anmerken, sondern setzte sich sofort an die Spitze des kleinen Heers.

Nun ritten sie durch die weite Ebene nordwestlich von Mailand zwischen den Flüssen Ticino und Olana nach Süden in der Hoffnung, unbehelligt nach Pavia zu gelangen, wo die restlichen kaiserlichen Truppen standen. Dort würden sie sich eventuell auch mit dem Heer des Erzbischofs Christian von Mainz vereinigen, der von Süden heranzog.

Friedrich bildete mit 300 Rittern die Vorhut. Sie waren in Eile und schonten ihre Pferde nicht. Alles hing davon ab, dass es ihnen gelang, unbemerkt Mailand zu passieren, das in unglaublich kurzer Zeit wieder aufgebaut worden war und mehr denn je zu den Todfeinden des Reiches gehörte. Auch Bodo von Wolfach gehörte zur Vorhut. Ganz vorn ritt der Kaiser mit hellem Mantel und vergoldetem Topfhelm. Neben ihm sah man seinen Bannerträger, aber es war nicht mehr Otto von Wittelsbach. Dieser ging bereits auf die sechzig zu und hatte mit fortschreitendem Alter etwas von seinem hitzigen Temperament verloren.

Es war Ende Mai; die Sonne stand zwar bereits tief, aber die Männer schwitzten trotzdem in ihren Kettenhemden, und Bodo fragte sich nicht zum ersten Mal, was er hier eigentlich zu suchen hatte. Er hatte Bertha tatsächlich geheiratet, die Cousine Rainald von Dassels, und es noch keine Sekunde lang bereut.

Sie hatte ihm drei Kinder geboren, Konrad, der bald 17 wurde, dann Gisela und Burkhard, inzwischen 15 und 13 Jahre alt. Berthas Eltern waren schon lange tot. Nun herrschte Bodo über die kleine Grafschaft am Rhein, und seine – zugegeben – winzige Burg stand mitten in einem kleinen Ort, der umgeben war von Weinbergen. Was, zum Teufel, hatte ihn nur geritten, sich auf diese gefahrvolle Reise zu begeben?

Eine törichte Frage, denn er wusste ja die Antwort: Er war ein Vasall Friedrichs, und wenn der Lehnsherr rief, hatte der Lehnsmann zu kommen. So einfach war das, wenigstens für Bodo. Von den Fürsten dachten nicht alle so. Zum Beispiel der Welfe Heinrich, der dem Kaiser einen Korb gegeben hatte. Als Bodo den Erzbischof danach fragte, hatte der nur verächtlich ausgespuckt. Aber er war wohl voreingenommen, weil er schon lange mit dem Welfen verfeindet war.

Sie waren soeben einen sanften Hügel hochgeritten, als ihn laute Rufe aus seinen Gedanken rissen. Auf der Ebene vor ihnen, nur wenige hundert Meter entfernt, galoppierte unter einer Staubwolke die lombardische Kavallerie auf sie zu. Weiter unten hatte sich das mailändische Fußvolk um seinen mit Eisen beschlagenen Fahnenwagen, den *carroccio*, geschart. Es war unschwer zu erkennen, dass die feindliche Reiterei zahlenmäßig zumindest doppelt so stark war wie die deutsche Vorhut.

»Wir sollten auf das Hauptheer warten«, schoss es Bodo durch den Kopf, aber der Kaiser machte nicht einmal Anstalten, sich mit einem der dicht hinter ihm reitenden Fürsten zu beraten. Mit einer weit ausladenden Geste erteilte er den Befehl zum Ausschwärmen und gab seinem Pferd die Sporen. Und die Ritter zögerten keinen Augenblick, ihm zu folgen, setzten sich im vollen Galopp die Helme auf, die bei den meisten am Sattelknauf gehangen hatten, legten die Lanzen ein und preschten über das Feld den Hang hinunter.

Wie eine Walze aus Eisen kamen die 300 Panzerreiter über den Feind. Lanzen splitterten, Schwerter und Streitäxte krachten auf Helme, Schilde prallten aneinander, und das angstvolle Wiehern der Pferde übertönte die Schreie der Verwundeten, die zwischen die Hufe der Schlachtrösser gestürzt waren.

Nach kurzem Kampf gaben die Lombarden auf, warfen die Pferde herum und preschten auf das nahe gelegene Mailand zu, um hinter dessen Mauern Schutz zu suchen. Die deutschen Ritter jagten sie wie Wölfe eine Schafherde, aber plötzlich teilten sich die lombardischen Reiter, schwenkten nach links und rechts, und auf einmal sahen sich die Deutschen dem mailändischen Fußvolk gegenüber, das sich entschlossen um ihren Fahnenwagen geschart hatte.

Na wenn schon! Eben nur Fußvolk, und die Ritter machten Anstalten, den Feind einfach niederzureiten, als sich aus den Reihen der Mailänder ein Wald von zwei Meter langen Lanzen erhob. Vielen Rittern, die in gestrecktem Galopp daherkamen, gelang es nicht, ihre schweren Schlachtrösser rechtzeitig zum Stehen zu bringen, und sie ritten mitten hinein ins Verderben.

Die Lanzen bohrten sich in Brust oder Bauch der Pferde, brachten sie zu Fall, und die Tiere begruben die Reiter unter sich, die grausam abgeschlachtet wurden. Die anderen Ritter, die nicht in die Falle gegangen waren, umkreisten ratlos den Lanzenwald. Das war nicht ihre Art zu kämpfen. Das hatten sie nicht gelernt.

Außerdem wurden ihre Pferde langsam müde.

Und dann kam plötzlich die lombardische Reiterei mit frischen Pferden aus der Stadt zurück und fiel den Rittern in den Rücken. Eingekreist zwischen den mörderischen Lanzen und der immer noch zahlenmäßig weit überlegenen feindlichen Kavallerie, gerieten die Deutschen in Panik.

Die Dämmerung brach herein, und plötzlich war das Reichsbanner verschwunden. Und dann sah man auch den goldenen Helm des Kaisers nicht mehr. Der Bannerträger tot, der Kaiser wahrscheinlich auch, vielleicht auch nur verwundet und gefangen – da blieb nur noch die Flucht und die Hoffnung, sich irgendwie zum Hauptheer oder nach Pavia durchzuschlagen.

Es dauerte eine Weile, bis es dem humpelnden Mann im schmutzigen blauen Kittel gelang, die Wache am Tor der kaiserlichen Pfalz in Pavia davon zu überzeugen, dass er kein lombardischer Bauer, sondern Graf Bodo von Wolfach war. Erst als ein Ritter hinzukam, der ihn von früher kannte, ließ man ihn ein und brachte ihn zu einem Innenhof, wo auch andere Verwundete von Mägden gepflegt wurden.

Bodo hatte viel Blut verloren, nachdem eine Lanze seinen linken Oberarm durchbohrt hatte. Im Schutz der Dunkelheit war er entkommen, aber er wusste zugleich, dass er sich mit Pferd und Rüstung niemals nach Pavia würde durchschlagen können. Überall in der Gegend würde jetzt vermutlich Jagd auf versprengte deutsche Ritter gemacht.

Die Nacht hatte er in einer kleinen Kapelle inmitten von Weinbergen verbracht und Rüstung und Waffen hinter dem Altar versteckt. Vielleicht blieben sie hier eine Weile unentdeckt, und er konnte sie irgendwann einmal zurückholen. Nur seinen Dolch hatte er behalten und am nächsten Morgen wie ein Straßenräuber einem Bauern aufgelauert. Der trug nun des Grafen teures Untergewand, während Bodo den Bauernkittel angezogen und seine langen blonden Haare unter dem schmutzigen Strohhut verborgen hatte. Zwei Tage und eine Nacht hatte er gebraucht, um Pavia zu erreichen, und wenn man ihn ansprach, hatte er lallend den Taubstummen gespielt.

Auf dem Verbandsplatz in der Pfalz war er ohnmächtig geworden. Als er wieder zu sich kam, war seine Wunde verbunden, aber seine Versuche, Näheres über den Verbleib seiner Gefährten zu erfahren, scheiterten. Vom Hof aus sah man die Kaiserin am Fenster der Kemenate stehen. Sie trug Trauerkleidung.

»Was ist mit dem Kaiser?«, fragte er die Magd, die ihn wusch. Sie sah ihn aus verweinten Augen an und hob hilflos die Schultern.

Am Abend brachte der Ritter, der ihn am Tor identifiziert hatte, einen Krug Wein und hockte sich zu ihm.

»Keine Nachricht vom Kaiser?« Der Ritter schüttelte den Kopf.

»Und der Erzbischof von Köln?«

»Vermisst.«

»Bin ich denn der Einzige, der entkommen ist?«

»Nein, es konnten sich mehr retten, als wir zunächst gedacht hatten. Aber auch nur deshalb, weil es so plötzlich Nacht geworden war. Das Schlimme ist nur, dass niemand weiß, was mit dem Kaiser geworden ist.«

»Wir alle sind schuld«, sagte Bodo bitter. »Wir haben ihn im Stich gelassen.«

»Unsinn! Wenn einer schuld ist, dann dieser Welfe Heinrich, den sie den Löwen nennen. Er hat ihm die Gefolgschaft verweigert.«

»Ich habe davon gehört«, sagte Bodo, »wart Ihr dabei?«

»Nein, aber ich habe mit einigen gesprochen, die anwesend waren, allerdings wird auch viel dummes Zeug erzählt.«

»Wie war es denn nun?«, fragte Bodo.

»Getroffen haben sich die beiden in Chiavenna, nördlich vom Comer See. Der Kaiser hat diesen Herzog eindringlich beschworen, ihm Truppen nach Italien zu schicken, aber Heinrich hat kühl geantwortet, er zähle inzwischen 46 Jahre und sei somit zu alt für den Krieg. Außerdem habe er mit seinen Herzogtümern Sachsen und Bayern genug am Hals, er könne keine Ritter entbehren.«

»Aber es geht doch um das Reich«, warf Bodo ein.

»Das Reich sei ihm egal, hat Heinrich gesagt, und nachdem alles Bitten nichts half, hat sich der Kaiser vor den Herzog gekniet und ihn geradezu um Hilfe angefleht.«

»Unglaublich. Friedrich ist vor einem Lehnsmann niedergekniet?«

»So viel scheint festzustehen. Aber nun gibt es drei Variationen in den Erzählungen. Zunächst die unglaublichste: Als der Kaiser kniete, sei ihm die Krone vom Kopf gefallen, und daraufhin habe der Truchsess des Herzogs zu Heinrich gesagt, da ihm jetzt die Krone zu Füßen gefallen sei, werde sie wohl bald auch auf seinem Haupt sitzen.«

»Das hätte er nie zu sagen gewagt!«

»So sehe ich das auch. Die Kaiserin – Version zwei – habe zum Kaiser gesagt, er solle doch aufstehen, denn Gott werde ihm eines Tages beistehen, wenn er sich an diesen Hochmut des Herzogs erinnere.«

»Klingt schon glaubhafter.«

»Vielleicht hat sie's gesagt, gedacht hat sie's sicherlich. Tatsache ist aber wohl, dass Heinrich den Kaiser erschrocken gebeten hat, er möge doch aufstehen. Auch hat er Friedrich Geld angeboten, aber auf keinen Fall Truppen. Als sich der Kaiser mit Geld nicht zufrieden geben wollte, hat der Herzog versucht, ihn zu erpressen: Wenn Friedrich ihm Goslar mit seinen Silberminen zurückgebe, die er ihm jüngst entzogen habe, könne man sich vielleicht einigen.«

»Und wie hat Friedrich reagiert?«

»Kalt. Der Welfe hatte den Bogen überspannt. Sie trennten sich im Zorn.«

»Das wird der Kaiser ihm nie vergessen«, sagte Bodo nachdenklich.

»Bestimmt nicht – wenn er denn noch leben sollte.«

Mitten in der Nacht wurde Bodo durch lautes Lärmen geweckt. Knechte liefen mit Fackeln umher, Waffen klirrten, Pferde wieherten. Mägde huschten durch die Höfe, und eine kam zu ihm und flüsterte ihm ins Ohr: »Der Kaiser ist zurück«, und schon war sie wieder weg.

Bodo schloss erleichtert die Augen und sprach ein Dankgebet. Am nächsten Morgen war es ruhig in der Pfalz. Zu ruhig eigentlich angesichts der wundersamen Errettung und Heimkehr des Herrschers.

Den ganzen Tag über lag bleierne Stille über dem Hof. Als die Magd am Nachmittag kam, um nach seiner Wunde zu sehen, fragte er sie, was man über den Verbleib des Kaisers während der letzten Tage wisse.

»Nichts«, flüsterte sie. »Es heißt, dass der Kaiser nicht einmal mit seiner Frau darüber spreche. Er schweigt ganz einfach. Ich habe nur gehört, wie Beatrix zu einer Freundin sagte, er sei ein anderer Mensch geworden.«

Es war das Atemberaubendste, was Bodo je gesehen hatte: Es war kein richtiges Schiff; eher ein goldstarrendes Schnitzwerk, das, von sanften Ruderschlägen getrieben, auf San Marco zuglitt: die Barke des Dogen von Venedig, der *bucintoro*. An Bord der Doge selbst: die Mächtigsten und Reichsten der Lagunenstadt – und Kaiser Friedrich, den man soeben vom Lido abgeholt hatte. Dort, in der St.-Nikolaus-Kirche, war der Kaiser zuvor von drei Kardinälen feierlich aus dem Kirchenbann gelöst worden. Nun erschien er, um sich Papst Alexander III. zu Füßen zu werfen. Es war der 24. Juli des Jahres 1177 und 14 Monate nach der verheerenden Niederlage des Kaisers bei Mailand.

Der *bucintoro* kam nicht allein. Zahllose andere Barken begleiteten ihn, mit Fahnen und Kreuzen, mit Brokat und Seide geschmückt, bemannt mit Adligen in silbernen und goldenen Rüstungen, die dem einst verhassten Rotbart das Ehrengeleit gaben. Aus Räucherschalen stiegen betörende Düfte hoch, und Mädchen streuten Blumen ins Wasser, während sich die festlich geschmückten Schiffe dem Anlegesteg näherten.

Es waren nur wenige Schritte bis zur Vorhalle von San Marco, wo der Papst den Kaiser erwartete. Aus dem aufbrausenden Legaten, der sich in Besançon mit Friedrich überworfen hatte und diesen seitdem als »Hammer der Gottlosen« bezeichnet hatte, war ein nachdenklicher und kränkelnder Greis geworden. Gerührt sah er auf den Kaiser hinab, der vor ihm auf dem Boden lag und ihm die Füße küsste. Er versuchte, ihm aufzuhelfen, aber dafür war er schon zu schwach, und einen Augenblick sah es so aus, als würden sich die ehemaligen Todfeinde etwas zuflüstern.

Dann begannen die Glocken zu läuten, Te Deum laudamus sangen Priester und Volk, Fürsten und Ritter gemeinsam, und die zahllosen Menschen auf dem Platz vor dem Dom, in den Fenstern und auf den Dächern der umstehenden Häuser jubelten dem Papst und dem Kaiser zu.

Unter den vielen Fürsten, die nach dem feierlichen Akt den Dom verließen, befand sich auch Erzbischof Philipp von Köln, der in der erwähnten Schlacht in Gefangenschaft geraten, bald darauf jedoch wieder freigelassen worden war. Bodo drängte sich an seine Seite.

»Ist das nicht ein Wunder? Vor gut einem Jahr haben wir uns noch gegenseitig die Köpfe eingeschlagen, und nun fallen wir uns alle in die Arme, als sei nie etwas geschehen! Hätte das alles nicht vermieden werden können, wenn …«

»Ja, wenn«, unterbrach ihn der Erzbischof trocken. »Wenn Kanzler Rainald nicht so hitzköpfig gewesen wäre. Wenn sich die beiden Päpste einem Schiedsgericht gestellt oder einer Neuwahl zugestimmt hätten. Wenn Mailand nicht so stolz und Friedrich nicht so stur gewesen wäre. Doch was nutzt das Nachkarten. In allen Fragen ist ein Kompromiss gefunden worden, das Schisma ist beendet und der Kaiser unangefochten Herrscher über das Reich. Viel Blut ist umsonst geflossen. Auch das Eure«, schloss der Erzbischof und deutete auf Bodos verbundenen Arm.

Bodo wehrte ab. »Nur eine leichte Verletzung, aber ich habe darüber nachgedacht, mit welcher Begründung der Welfe Heinrich dem Kaiser die Gefolgschaft verweigert hat.«

»Mit welcher?«

»Er sei 46 Jahre und damit zu alt für den Krieg. In dieser Hinsicht könnte er sogar Recht haben. Ich zähle nämlich ebenfalls 46 Jahre.«

»Und wer hindert Euch, jetzt heimzukehren?«, lächelte der Erzbischof.

Bodo nickte. Genau das würde er tun. Nur eine Frage hatte er noch: »Konntet Ihr verstehen, was der Kaiser und Alexander miteinander geflüstert haben? Ihr standet doch direkt daneben.«

Der Erzbischof überlegte einen Augenblick. Durfte er es verraten? Aber ja doch. Warum eigentlich nicht.

»Als er sich kniete, flüsterte Friedrich dem Papst zu: ›Das tue ich für Petrus, nicht für dich!‹«

»Und was hat Alexander geantwortet?«

»Aber ich bin doch Petrus!«

ZEITRAFFER

1129	Heinrich der Löwe wird geboren.
1154	Heinrich der Löwe bekommt neben dem Herzogtum Sachsen auch Bayern zugesprochen (endgültig 1156).
1168	Heinrich der Löwe heiratet Mathilde, Tochter König Heinrichs II. von England.
1176	Heinrich der Löwe demütigt den Kaiser. Friedrich I. wird bei Mailand schwer geschlagen.
1177	Kaiser und Papst Alexander III. söhnen sich in Venedig aus.

10. KAPITEL
LÖWENJAGD

Im Süden herrschte Frieden. Im Norden nicht. Dort herrschte der Welfe Heinrich der Löwe, Herzog von Sachsen und Bayern, Vetter des Kaisers. Ein Egozentriker, wenn auch ein begabter. Ein Despot ohne Freunde. Er legte keinen Wert darauf, geliebt zu werden. Es reichte ihm, wenn man ihn fürchtete.

Sein Vater, Heinrich der Stolze, hatte dereinst gehofft, König zu werden, war aber am Widerstand der anderen Fürsten gescheitert, die ihn ohnehin als zu mächtig empfanden. Zwei Herzogtümer in einer Hand – das hatte es noch nie gegeben. Als er dann König Konrad III. auch noch die Anerkennung verweigerte, wurde er geächtet und ging beider Herzogtümer verlustig. Sein kleiner Sohn – der Sitte nach ebenfalls auf den Namen Heinrich getauft – war damals erst neun Jahre alt. Das Herzogtum Sachsen ging an den verdienten Askanier Albrecht der Bär, das bayrische an des Königs Halbbruder Leopold aus dem Haus der Babenberger.

Als der Welfe Heinrich 13 Jahre alt wurde, nahm man den Askaniern das Herzogtum Sachsen wieder ab und übertrug es – was sicherlich rechtmäßig war – wieder den Welfen, besser gesagt, dem Kind Heinrich. Aus Knaben aber werden bekanntlich Männer, und als Heinrich 18 Jahre alt wurde, forderte er auch das Herzogtum Bayern für sich, das schließlich ebenfalls seinem Vater gehört hatte.

Dort regierte inzwischen der Bruder des verstorbenen Leopold, ebenfalls Heinrich mit Namen. Dankenswerterweise für die Nachwelt hatte er – wie bereits erwähnt – die Marotte, wichtige Ausführungen stets mit dem Zusatz »Ja, so mir Gott helfe« zu beenden, weshalb ihm zwar nicht seine Zeitgenossen, aber die Historiker später den Beinamen »Jasomirgott« verliehen, wodurch man ihn leicht von den anderen Heinrichen seiner Epoche unterscheiden kann.

Diesen Jasomirgott also wollte der 18-jährige Welfe aus Bayern verjagen, wobei er keinerlei Rücksicht darauf nahm, dass seine Mutter inzwischen ausgerechnet diesen Mann geheiratet hatte und also gemeinsam mit ihm vertrieben worden wäre.

Erst Friedrich Barbarossa fand die salomonische Lösung. Er setzte zwar den Welfen als Herzog von Bayern ein, spaltete aber aus diesem Terrain die ehemalige Ostmark ab, die seit dem Ende des 10. Jahrhunderts bereits *Ostarichi* genannt wurde, erhob sie zu einem nahezu unabhängigen Territorium und setzte den zunächst zögernden Heinrich Jasomirgott dort als Herzog ein.

Die Geburtsstunde Österreichs.

Heinrich der Löwe besaß aber nicht nur zwei Herzogtümer. Kaiser Friedrich verlieh ihm zusätzlich das Recht, in Oldenburg, Mecklenburg und Ratzeburg Bischöfe seiner Wahl einzusetzen und darüber hinaus in jenen Bistümern, die in den noch heidnischen Landschaften zwischen dem Deutschen Reich und dem bereits missionierten Polen geschaffen werden sollten. Dieses riesige Gebiet musste allerdings erst einmal erobert werden.

Das war schon mehrfach versucht worden, und Otto der Große hatte Magdeburg mit ebendiesem Ziel gegründet. Da sich aber die christlichen Ritter – wie damals allgemein üblich – außerordentlich unchristlich gegenüber den besiegten Völkern aufgeführt hatten, waren alle Eroberungen in den großen Slawenaufständen von 983 und 1066 wieder verloren gegangen.

Diesmal war es anders. Dem »Löwen« ging es nicht vordringlich um Unterjochung oder gar völlige Vernichtung der jenseits der Elbe siedelnden Wenden. Nicht dass er auf seinen Eroberungszügen sonderlich zimperlich vorging, aber er wollte sein Territorium nach Osten erweitern, und verwüstetes Land ist wertlos. Zudem: Es ist leichter, über Christenmenschen zu herrschen als über immer wieder zum Aufstand neigende Heiden. Deshalb – und nur deshalb – betrieb Heinrich die Missionierung; eine Aufgabe, die ihm Vetter Friedrich bereitwillig anvertraute, da er selbst sich auf die Interessen des Reiches in Italien konzentrieren wollte.

Wie rasch die einheimischen Slawen mit den deutschen »Einwanderern«, die Heinrich aus dem Rheinland und aus Westfalen, aus Brabant und Friesland anwarb, zusammenfanden, beweist die Tatsache, dass bereits im 12. Jahrhundert der erste Adlige aus dem Stamm der an der unteren Elbe siedelnden Obodriten als Herzog von Mecklenburg in den Reichsfürstenstand aufstieg.

Als Heinrich Herzog von Sachsen wurde, war die Ostgrenze seines Gebietes und damit zugleich die des Reiches durch drei Ostmarken gesichert:

- im Norden das Gebiet zwischen Bremen und Lübeck unter dem Grafen Adolf von Schaumburg, der einst Vormund des unmündigen »Löwen« gewesen war,
- in der Mitte die Mark Brandenburg unter Albrecht dem Bär,
- im Süden die Mark Meißen unter den Herren von Wettin.

Wenn einer von ihnen Zeugnis hätte ablegen können von der Rücksichtslosigkeit, mit der der erst 15-jährige, nach damaligem Recht jedoch volljährige Herzog mit seinen Untertanen umsprang, dann war es gewiss sein Vormund Adolf von Schaumburg. 1143 hatte er an der Stelle einer alten Slawenfestung eine neue Burg und südlich davon eine Kaufmannssiedlung mit Hafen angelegt. Der neue Ort lag an der Trave, nur wenig oberhalb des alten slawischen Städtchens Liubice, und wurde Lübeck genannt.

Die Stadt blühte rasch auf, was den Neid des Herzogs erweckte, der zunächst versuchte, den Schaumburgern die Hälfte der Einkünfte abzunehmen, die der Lübecker Markt abwarf. Noch lieber hätte Heinrich dem Grafen den ganzen Ort abgekauft und damit auch die gesamten Einnahmen kassiert.

Auf dem Lübecker Markt nämlich wurde nicht zuletzt das Salz aus der ebenfalls dem Grafen gehörenden Saline Oldesloe verkauft, während das aus der Lüneburger Saline stammende Salz des Herzogs in dessen Stadt Bardowick keineswegs reißenden Absatz fand. Schließlich ließ Heinrich die Saline Oldesloe zuschütten, entzog der Stadt seines ehemaligen Vormunds das Marktrecht, und zu allem Überfluss wurde der Ort durch ein Großfeuer fast völlig eingeäschert.

Resigniert verkaufte Adolf von Schaumburg die Stadt 1159 an Heinrich, der sie wieder aufbauen ließ und binnen kürzester Zeit zum zentralen Umschlagplatz des gesamten Ostseehandels machte. Kein Wunder, dass die Bürger der aufblühenden und schon bald sehr reichen Stadt ihrem Herzog am längsten die Treue hielten. Doch davon später mehr.

Die Lübecker zählten zu den ganz wenigen Menschen im Herzogtum Sachsen, die von der durch nichts und niemanden zu bremsenden Angriffslust des Herzogs profitierten. Die anderen zitterten vor Angst, denn mit der Zeit wurde offenkundig, dass es dem »Löwen« einzig und allein auf Vergrößerung seiner Macht ankam. Und seines Besitzes natürlich.

Dafür ging er notfalls über Leichen.

Und der Kaiser deckte den welfischen Cousin, so gut es eben ging. Nicht nur, weil Friedrich selbst Sohn einer welfischen Mutter war. Heinrich garantierte Ruhe im Reich (wenn auch nicht in seinem Herzogtum!). Keiner der anderen Fürsten wagte aufzumucken, wenn der Kaiser einmal wieder für ein paar Jahre in Italien weilte, denn da gab es schließlich noch immer seinen Vetter, der reicher und mächtiger war als Friedrich selbst.

Heinrich, in zweiter Ehe mit einer Tochter des englischen Königs Heinrich II. verheiratet, mag vielleicht sogar eine Zeit lang geglaubt haben, er könne der Nachfolger des kaiserlichen Cousins werden. Aber als Beatrix nach vieljähriger Ehe endlich zwei Söhne zur Welt brachte und später noch weitere Kinder, war das Thema Thronfolge für Heinrich abgehakt. Er konzentrierte sich fortan auf den Ausbau seiner Macht im Norden und Osten des Reiches, und zwar so erfolgreich, dass er in den skandinavischen Nachbarländern bereits als eigentlicher Beherrscher des Reiches angesehen wurde; viele Wenden verehrten ihn sogar als Gottheit.

Immer wieder brachten die von Heinrich unterdrückten, enteigneten oder anderweitig schikanierten Adligen ihre Klagen beim Kaiser vor, und mit der gleichen Regelmäßigkeit schlug sich Friedrich auf die Seite seines welfischen Vetters, sodass sich mit der Zeit Resignation ausbreitete.

Wenn da nicht Rainald von Dassel gewesen wäre. Es ging ihm wider die Natur, zuschauen zu müssen, wie sich da im hohen Norden jemand mächtiger gebärdete, als ihm zustand; wie ein Herzog einen Kaiser düpierte und ausgerechnet einen so gerecht denkenden Menschen wie Friedrich zwang, wider besseres Wissen unrechtes Tun zu beschönigen, zu rechtfertigen und damit letztlich zu unterstützen.

Obwohl persönlich nicht tangiert, ermunterte er den Widerstand einer Gruppe von Fürsten, an deren Spitze Albrecht der Bär stand, dem man das Herzogtum Sachsen abgenommen hatte, sowie Erzbischof Wichmann von Magdeburg und der Landgraf von Thüringen. Während der Kaiser in Italien weilte, fiel das Heer der Verbündeten in Sachsen ein, und es kam zu schweren Verwüstungen.

Friedrich, von seinem vierten Italienzug zurück, rief im Mai 1168 einen Hoftag nach Würzburg ein, wo Heinrich einmal mehr Recht bekam. Schließlich war er der Angegriffene gewesen, und in den Augen Friedrichs trugen die Fürsten die Schuld daran, dass weder sie noch der Sachsenherzog durch ihre Zwistigkeiten in der Lage gewesen waren, ihm Streitkräfte über die Alpen zu schicken.

Als Gegenleistung für die kaiserliche Unterstützung musste Heinrich allerdings die Stadt Goslar mitsamt ihren Silberminen herausrücken, die ihm Friedrich einst versprochen hatte, als er vor seiner Wahl zum König durch die Lande geritten war und bei den Fürsten um Unterstützung geworben hatte.

Wir erinnern uns: Es war ebendiese Stadt, die Heinrich bei seinem Erpressungsversuch in Chiavenna von Friedrich zurückforderte, als dieser ihn auf Knien um Hilfe anflehte. Und Chiavenna war mit Sicherheit der Wendepunkt in den Beziehungen zwischen den beiden so ungleichen Vettern.

Zur Nagelprobe kam es jedoch erst, nachdem Friedrich seinen Frieden mit Papst Alexander III. geschlossen hatte. Im Friedensvertrag stand unter anderem, dass der »so genannte Bischof Gero von Halberstadt« abgesetzt und der »wahre Bischof Udalrich« eingesetzt werden solle.

Tatsächlich hatte der Kaiser dem »Löwen« seinerzeit zugestanden, er dürfe sich die Bischöfe in seinem Herzogtum selbst aussuchen, was dieser auch getan hatte. Nun plötzlich mischte sich Rom – offensichtlich ja wohl mit Zustimmung Friedrichs – ein. Dabei stand im Friedensvertrag ganz klar, dass die Kurie dies nur bei Bischofsbesetzungen *außerhalb* des Reiches dürfe.

Ein glatter Affront also, und das bedeutete Krieg, denn Heinrich griff sofort Udalrich in Halberstadt an, dem Philipp, der Kölner Erzbischof und Nachfolger Rainalds von Dassel, zu Hilfe kam. Er lag schon lange in Fehde mit Heinrich, dessen Herzogtum an Gebiete des Kölner Erzstifts grenzte. Da schritt der Kaiser ein, befahl einen Waffenstillstand und berief die Streithähne zu einem Fürstengerichtstag nach Worms ein.

Zu dem Heinrich der Löwe nicht erschien.

Er kam auch nicht zu einem neuen Termin in Magdeburg, und da er sich gegen die schweren Beschuldigungen, die gegen ihn vorgebracht wurden, nicht wehrte, mussten sie als richtig unterstellt werden. Also wurde über ihn die Reichsacht verhängt, die der Tradition nach jedoch erst nach einem Jahr und einem Tag wirksam werden würde.

Von den Fürsten hatte Heinrich wohl kein anderes Urteil erwartet. Nachdenklich scheint ihn eher gestimmt zu haben, dass auch der Kaiser das Urteil unterzeichnet hatte, mit dem er bislang doch alle Unannehmlichkeiten von Vetter zu Vetter hatte regeln können. Er suchte um ein Gespräch nach, aber als ihm Friedrich eine Geldbuße von 5000 Mark Silber abforderte, schien das dem reichsten Mann des Reiches dann doch zu hoch, und man schied im Zorn voneinander.

Auch zu einem dritten und letzten Verhandlungstermin im sächsischen Keyna erschien der »Löwe« nicht, sodass nun zu einem Hoftag nach Würzburg geladen wurde, wo das endgültige Urteil gesprochen werden sollte. Dagegen erhob Heinrich Einspruch mit der Begründung, er sei in Ravensburg geboren, deshalb sei nicht die Fürstenversammlung für ihn zuständig, sondern ein schwäbisches Stammesgericht. Das sei altgermanisches Recht.

Der Kaiser, der jeden nur vorstellbaren Formfehler ausschließen wollte, zögerte, und dieses Zögern nutzte Heinrich, um noch einmal sein hässlichstes Gesicht zu zeigen. Er brannte Halberstadt nieder und warf den greisen Erzbischof Udalrich in ein Verlies. Nun musste Friedrich handeln.

Er behauptete kurzerhand, die Autorität des Kaisers stehe über jedem anderen weltlichen Gesetz, und er scheute auch vor keinem dramatischen Effekt zurück: Er gewann einen erprobten Ritter von uraltem Adel, der sich zum Zweikampf anbot, um auch den Willen des Allerhöchsten in dieser Sache zu beweisen. Allerdings meldete sich von sächsischer Seite kein Gegner, sodass der Schaukampf ausfiel, aber auch so war das Gottesurteil gefallen.

Und nicht nur das: Der Kaiser hatte beschlossen, dass es ein Ende haben müsse mit der Allgewalt der Herzöge. Deshalb wurde über Heinrich den Löwen die Acht ausgesprochen, und seine Herzogtümer wurden aufgeteilt. Erzbischof Philipp erhielt das Herzogtum über Westfalen und Engern, Sachsen ging an Bernhard von Anhalt, Bayern hingegen wurde in ein bayrisches und ein steirisches Gebiet unterteilt.

Der Anfang vom großen Fleckenteppich, in den das Reich in den kommenden Jahrhunderten zerfallen sollte.

Ende April 1180 begann der Krieg. Ein waghalsiges Unternehmen seitens des Kaisers, denn wenn auch die Fürsten nahezu geschlossen hinter ihm standen: Das Territorium des »Löwen« reichte fast vom Rhein bis tief hinein nach Mecklenburg-Vorpommern, von Schleswig-Holstein bis Thüringen, und er besaß zahllose befestigte Städte und Burgen. Wo sollte Friedrich mit seinem keineswegs homogenen Heer anfangen?

Und noch eine Gefahr drohte: Heinrich hatte seinen Schwiegervater, den englischen König Heinrich II., aufgefordert, die Gunst der Stunde zu nutzen und gemeinsam mit dem französischen König in den Westen des Reiches einzufallen und sich dort reiche Beute, womöglich sogar neues Land zu holen. Der junge Philipp schien nicht einmal abgeneigt, aber dann überzeugte ihn sein Onkel, dass es eines Königs nicht würdig sei, einen anderen zu überfallen, der ihm nie etwas zuleide getan habe, und Friedrich hatte eine Sorge weniger.

Dennoch: Zunächst erwies sich Heinrich als der rücksichtslose und gefährliche Gegner, als den ihn seine Feinde kannten, und er unternahm auch sein Möglichstes, den dänischen König auf seine Seite zu ziehen. Aber der weigerte sich, dem »Löwen« zu helfen, solange der nicht alle geraubten kirchlichen Besitztümer zurückgebe. Was natürlich auch Halberstadt betraf. Heinrich brach die Gespräche ab.

Und dann machte er einen entscheidenden Fehler: Dem Sohn des Grafen von Schaumburg, dem er seinerzeit Lübeck weggenommen hatte, wollte er die Beute abfordern, die dieser in einem Gefecht gemacht hatte. Der junge Graf, eingedenk der schnöden Behandlung, die seinem Vater widerfahren war, weigerte sich und lief nach einem hitzigen Disput mit dem Herzog zu den Kaiserlichen über.

Das wirkte wie ein Signal. Ein Vasall nach dem anderen fiel von Heinrich ab, und der erkannte – zu spät –, dass man eine Herrschaft nicht ausschließlich mit Gewalt und Terror aufrechterhalten kann. Alle Überläufer wurden von Friedrich gnädig aufgenommen und in ihrem Amt bestätigt. Dann setzte der Kaiser eine letzte Frist: Wer sich bis zum November nicht unterworfen habe, solle geächtet werden und Ämter und Besitz verlieren.

Dann entließ Friedrich sein Heer und feierte Weihnachten in Erfurt.

Mitten im Winter, viel früher als üblich, begann Heinrich, den Widerstand zu organisieren. Aber eine Hiobsbotschaft jagte die andere. Nicht nur, dass der junge Graf Adolf von Schaumburg das Weserland verwüstete – angeblich trachtete ihm auch der Graf von Ratzeburg nach dem Leben. Obwohl der seine Unschuld beteuerte, wurde er zusammen mit seinem Sohn ins Verlies geworfen.

Dann brach Heinrich auf, um die Stadt zu erobern, was jedoch misslang. Also zerrte er den Grafen und seinen Sohn aus dem Kerker und versprach ihnen die Freiheit, wenn sie die Ratzeburger zur Übergabe bewegen könnten. Was den beiden auch gelang. Unmittelbar danach jedoch machten sie sich davon und liefen zu Friedrich über.

Kaum aber hatte der siegreiche Herzog die befestigte Stadt wieder verlassen, als sich hinter ihm für immer die Tore schlossen. Was eine Katastrophe war; Ratzeburg nämlich beherrschte alle wichtigen Straßen Richtung Elbe und war einer der zentralen Verteidigungspunkte. Von nun an herrschte Panik, denn Friedrich hatte mit einem riesigen Heer in Eilmärschen die fast unzugängliche Lüneburger Heide durchquert und stieß Richtung Lübeck vor.

Schnell war die Stadt von allen Seiten eingekreist. Nur von See her wurde sie versorgt, und diesen Nachschub konnte Friedrich auch nicht unterbinden, da er keine Flotte besaß. Also wandte er sich an den Dänenkönig Waldemar, der allerdings als Gegenleistung seine beiden Töchter mit den ältesten Söhnen des Kaisers verheiraten wollte.

Es gab ein langes Palaver, aber endlich erschien die Flotte der Dänen in der Travemündung, und damit war das Schicksal Lübecks eigentlich entschieden. Doch die Bürger der Stadt, die ihrem Herzog so unendlich viel zu verdanken hatten, brachten es nicht über sich, an ihm Verrat zu üben. So schickten sie denn Gesandte an den Kaiser, die diesem versicherten, dass man ja nichts gegen ihn persönlich habe, aber sie würden doch gerne die Erlaubnis ihres bisherigen Herrn einholen, die Stadt zu übergeben. Sollte Friedrich diese Bitte abschlagen, seien sie allerdings bereit, bis zum Tode für Heinrich zu kämpfen.

Friedrich, ganz Ritter seiner Zeit, brachte Verständnis auf für das Dilemma der Lübecker Bürger, und – merkwürdig genug – genau das tat auch der bereits resignierende Heinrich. Er gestattete die Übergabe der Stadt, aber deren Bürger waren pfiffig genug, sich vom Kaiser die Gnade zu erbitten, für alle Zeit nur noch ihm unterstellt zu sein. Lübeck – ab sofort eine reichsfreie Stadt. Mehr konnte man aus einer solchen Situation kaum herausschlagen.

Der Welfe war am Ende. Drei Monate nach dem Fall Lübecks 1181 erschien er in Erfurt. Als Geächteter und vogelfrei. Im Grunde hätte ihn jeder erschlagen dürfen, aber so lief das nicht ab im 12. Jahrhundert. Gesenkten Hauptes schritt Heinrich auf den Kaiser zu, warf sich vor ihm zu Boden, fasste nach Friedrichs Füßen und bat um Gnade.

»Tränenüberströmt«, wie die Chronisten berichten, hob ihn der Kaiser auf und gab ihm den Friedenskuss.

Wie das? Warum weinte Friedrich? Angst und Schrecken hatte der »Löwe« Jahrzehnte hindurch verbreitet, den Kaiser in Chiavenna gedemütigt, hundertfach das Gesetz gebrochen – und nun zeigte sich der Kaiser in aller Öffentlichkeit tränenüberströmt? Wieso?

Weil das Protokoll es so verlangte. Es war üblich, bereits im Vorfeld abzusprechen, wie die Szene ablaufen sollte. Wer sich wann wie wem zu Füßen zu werfen hatte, wie lange der Siegreiche stumm und grimmig auf den Besiegten hinabsehen durfte, ob er ihn selbst aufhob oder ihn allein aufstehen ließ, ob man sich nur schlicht oder halt »unter Tränen« umarmte.

Reine Liebe war es sicher nicht, was Friedrich mit seinem Vetter verband. Dennoch fiel die wahrscheinlich ebenfalls vorher ausgehandelte Bestrafung einigermaßen milde aus: Die Acht wurde aufgehoben, Heinrich verlor die Herzogtümer, durfte aber Braunschweig und Lüneburg als seinen persönlichen Besitz behalten und musste für drei Jahre ins Exil.

Er ging mit seiner Familie an den Hof seines Schwiegervaters in die Normandie, die damals noch englisch war. Später, als Friedrich sich auf einem Kreuzzug befand, kehrte er zurück, um sich nicht nur seine beiden Herzogtümer zurückzuholen, sondern auch, um doch noch die Krone zu erobern. Aber er scheiterte kläglich.

Fazit seines Lebens: Der große Egozentriker hat, obwohl das ganz sicher nicht sein Ziel war, allein durch seine Kolonisationspolitik im Osten sehr viel mehr für das Reich getan als Friedrich, der sich – bei allem Bemühen – in seinen italienischen Kriegen viel zu sehr verzettelt hat.

Heinrich, durch einen Sturz vom Pferd halb gelähmt, starb 1195 an einem Schlaganfall.

ZEITRAFFER

1178	Gegen Heinrich den Löwen wird ein Verfahren eröffnet.
1179	Der Herzog wird geächtet.
1180	Heinrich der Löwe verliert beide Herzogtümer.
1181	Der Herzog geht ins Exil in die damals englische Normandie.
1195	Heinrich der Löwe stirbt.

11. KAPITEL
RITTER UND GLÜCKSRITTER
(1184)

Ein solches Spektakel hatte Konrad in seinen jungen Jahren noch nicht erlebt, und er war sich sicher, dass er es auch kein zweites Mal erleben würde. Mochte er noch so alt werden. Davon war auch sein Onkel Berthold überzeugt, auf dessen Burg im Schwäbischen Konrad erzogen worden war, der den Knappen mit zum Hoffest nach Mainz genommen hatte.

Aber selbst der Kaiser – und der war schließlich schon in Rom gewesen – hatte in seinem wahrlich langen Leben noch nie eine derartige Prachtentfaltung gesehen, wie seine rund 40 000 Gäste sie jetzt darboten.

Von überall her waren sie gekommen, aus Böhmen und Brabant, aus Italien und Spanien, aus Österreich und Ungarn, aus Frankreich und der Steiermark. Fürsten und Grafen, Äbte und Erzbischöfe versuchten einander mit Prunk und Pomp zu übertreffen, und sowohl die Chronisten als auch die Minnesänger sollten später kaum die passenden Worte finden und griffen zurück auf Vergleiche mit Alexander dem Großen, dem trojanischen Helden Aeneas oder dem legendären König Artus.

Der 62-jährige Kaiser übergab am Pfingstfest des Jahres 1184 in Mainz seinen beiden Söhnen Heinrich und Friedrich das Schwert und erhob sie damit in den Ritterstand.

Am Rheinufer war eine riesige Stadt aus Zelten errichtet

worden, dazu eine hölzerne Kaiserpfalz und – ebenfalls aus Holz – eine große Kirche. In einiger Entfernung hatte sich auch Heinrich der Löwe mit seinem Gefolge niedergelassen, der aus dem Exil in der Normandie angereist war in der Hoffnung, der Kaiser werde ihn anlässlich der Schwertleite seiner Söhne begnadigen. Er hätte den Vetter besser kennen sollen. Friedrich nahm seine Anwesenheit überhaupt nicht zur Kenntnis.

Konrad und sein Onkel Berthold standen in der gaffenden Menge am Wege, als sich die beiden Kaisersöhne zusammen mit einer großen Schar gleichaltriger Knappen zur Kirche begaben, wo ihnen der Kaiser persönlich die Waffen übergab: Sporen und Schild, Rüstung und Panzerhemd, Handschuhe und zuletzt das Schwert.

Berthold und sein Neffe warteten das Ende der feierlichen Zeremonie nicht ab, sondern eilten hinaus zum Turnierplatz, der außerhalb der Zeltstadt angelegt worden war. Mit einigem Glück fanden sie noch zwei Plätze auf einer der großen Tribünen, und Konrad fieberte vor Aufregung.

Er kannte bislang nur die Knappenspiele und die wilden Zweikämpfe, die sein Onkel während der Wintermonate auf der Burg veranstalten ließ. Sonst – so hatte er gemeint – würden seine Leute einrosten. Die Männer lieferten sich Fuß an Fuß ungestüme und häufig auch sehr blutige Auseinandersetzungen und droschen mit den schweren Beidhändern, zuweilen auch mit Keulen oder Morgensternen aufeinander ein.

Die Knappen hingegen ritten auf ihren kleinen Pferden gegen hölzerne Figuren an, die sich ihnen mit weit ausgebreiteten Armen entgegenstellten. Die Jungen mussten mit der Spitze der Lanze den kleinen Schild treffen, der den Puppen an die Hand gebunden war. Wenn man ihn voll traf, wirbelte die Holzfigur um die eigene Achse und holte den Reiter garantiert vom Pferd, wenn er nicht schnell genug unter dem hölzernen Schlagarm hindurchtauchte.

Am Ende solcher Tage gab es für die Mägde manche Schramme zu behandeln, und man hatte Glück, wenn es dabei geblieben war. Aber was waren derartige blutige Raufereien in einem unebenen und engen Burghof, verglichen mit einem glanzvollen Stechen unter den Augen des Kaisers; was war das jämmerliche Anreiten gegen sich wild drehende Holzpuppen gegenüber dem prachtvollen Einzug der Kämpfer in einen geschmückten Turnierring!

Und erst die Zuschauer! Zu Hause waren es die Mägde, der Schmied und ein paar Stallknechte, wenn man von des Onkels Frau absah, die dieses aufeinander Eindreschen zutiefst verabscheute und dennoch die einzige Dame von Adel war, die zumindest hin und wieder zusammen mit ihren heranwachsenden Töchtern und nur ihrem Ehemann zuliebe dem Ganzen einen halbwegs festlichen Rahmen zu verleihen geruhte.

Kümmerlich war es trotz allem.

Und jetzt dies. Soeben betrat das Kaiserpaar die Tribüne, verneigte sich kurz nach allen Seiten und ließ sich dann in prächtig geschnitzten Faltstühlen nieder. Und Konrad, obwohl weitab von der kaiserlichen Tribüne, fühlte sich auf geheimnisvolle Weise zugehörig.

Das machte ihn stolz.

»Irgendwann«, sagte er versonnen zu seinem Onkel, indem er zusah, wie sich auf der gegenüberliegenden Seite die ersten Ritter auf das Stechen vorbereiteten, »irgendwann werde auch ich an einem solchen Turnier teilnehmen.«

Berthold sah ihn belustigt von der Seite an. »Gewiss«, sagte er, »irgendwann. Zum Beispiel wenn du genügend Mittel hast, dir ein paar gute Rösser zuzulegen und eine oder zwei Rüstungen. Und vor allem, wenn du nachweisen kannst oder wenn zumindest jedermann weiß, dass du aus alter edelfreier Familie stammst.«

»Aber du weißt es doch«, sagte Konrad empört.

»Es nutzt herzlich wenig, dass ich es weiß«, widersprach ihm der Onkel. »Jeder im Reich muss es wissen oder zumindest nachprüfen können. Drei Generationen hindurch muss deine Familie nachweislich von Adel sein, wenn du hier antreten willst, wobei die Betonung auf *nachweislich* liegt. Und du musst es schriftlich haben; sonst weisen die Herolde dich ab.« Und als Konrad schwieg, fuhr der Onkel fort: »Wie willst du das anstellen, wo deine Familie noch nicht einmal ein Wappen hat?«

Konrad schwieg noch immer. Er war wütend. Zumal der Onkel Recht hatte. Er wusste zwar von seinem Vater, dass dessen Familie seit undenkbaren Jahren edelfrei war; außerdem hatte Bodo von Wolfach schließlich eine Grafentochter geheiratet und später den Grafen beerbt. Aber er war zu früh gestorben. Vor genau zwei Jahren übrigens, kurz nachdem er aus Italien zurückgekehrt war. Um den Nachweis seiner Abstammung hatte er sich nie gekümmert. Er war Gefolgsmann des Kaisers und Freund Rainalds von Dassel. Reichte das nicht?

Berthold legte Konrad die Hand auf die Schulter. »Pass auf, Junge«, sagte er, »zweierlei ist zu tun. Zum einen kümmerst du dich – wenn deine Zeit bei mir um ist – zuerst einmal um deine Vorfahren. Sie sind schließlich getauft worden. Vermutlich von einem Leutepriester oder in einem Kloster. Trag die entsprechenden Urkunden zusammen, auch wenn es aufwändig erscheinen mag. Geh auf die Suche nach deinen Großeltern und Urgroßeltern. Sie werden ja kaum aus dem Land der Wikinger gekommen sein und mit Sicherheit nicht aus dem Osten. Sie werden irgendwo aus dem Schwäbischen stammen und haben wahrscheinlich genug Nachfahren in die Welt gesetzt, bei denen du dich nach deinen Ahnen erkundigen kannst.«

Berthold sah den Neffen nachsichtig an. »Mach kein solches Gesicht. Es ist notwendig, und noch etwas ist wichtig:

Ich werde dich gleich mit dem Wappenkundigen des Hofes zusammenbringen. Der soll dich beraten, denn jedes alte Geschlecht muss heutzutage ein Wappen haben, unter anderem deshalb, damit man einen Ritter anhand des Wappens auf seinem Schild identifizieren kann. Wie sonst soll man einen Mann erkennen, der sein Visier heruntergeklappt hat. Der Herold wird dich beraten, und du wirst gut daran tun, seinem Rat zu folgen.«

Ahnenforschung! Herumreiten und die Leute ausfragen! An Klostertüren anklopfen und armen Leutepriestern auf den Geist gehen! Konrad dachte mit Grauen an den zu treibenden Aufwand und wusste zugleich, dass kein Weg daran vorbeiführen würde. Wenn er sich nicht mit dem schlichten Dasein zufrieden geben wollte, das seinem Vater anscheinend gereicht hatte, dann musste er etwas unternehmen. Und er würde es tun.

Wenn auch mit knirschenden Zähnen.

Der lang gezogene dumpfe Ton, den ein junger Mann in buntem Kostüm einem Horn entlockte, brachte die Unterhaltung auf den Tribünen zum Verstummen. Ein ähnlich gekleideter älterer Mann trat vor, schwenkte seine Kappe, verneigte sich tief vor Friedrich und rief: »Ich bitte den Kaiser, das Turnier zu eröffnen!«

Friedrich erhob sich und streckte den Arm aus. Wieder erklang das Horn, und der Herold rief: »Zum ersten Stechen reiten gegeneinander Ritter Fulko von Haunstein und Ritter Bertram von Ehrenfels, wir haben Wappen und Herkunft geprüft, ebenso die Pferde und Waffen. Es gibt keine Beanstandungen.«

Die Ritter trabten an und zügelten vor der Kaiserloge die Pferde. Ihre Ausrüstung unterschied sich wesentlich von der normalen des kämpfenden Ritters. Über dem Kettenhemd trugen sie einen zusätzlichen eisernen Brustschutz, der auch Hals und Kinn bedeckte. An dem üblichen Topfhelm war ein nach unten klappbares Visier befestigt, das noch offen stand, sodass man die Gesichter der Männer sehen konnte. Die schweren Lanzen, die sie jetzt senkrecht trugen und beim Stechen waagerecht halten würden, waren an den Spitzen mit kleinen Kronen versehen, die ein Eindringen in den Körper des Gegners verhindern sollten.

»Siehst du die Stelle dicht unterhalb des Kinns?«, raunte Berthold Konrad zu. »Der beste Stoß ist, der genau diese Stelle trifft. Das wirft einen jeden aus dem Sattel. Oder aber man trifft den Schild, aber nicht genau in der Mitte, wo sich der Buckel befindet, sondern dort, wo die Nägel auf den innen befestigten Handgriff hinweisen. Dort ist der Schild geschwächt, und mit einigem Glück kann man den Gegner sogar an der Hand verletzen.«

»Und wann wird man zum Sieger erklärt?«, fragte Konrad, der bislang nur die rauen Regeln auf des Onkels Burghof gewöhnt war.

»Wenn man den Gegner aus dem Sattel wirft. Aber auch dann, wenn man den Schild des Gegners so genau und heftig trifft, dass die eigene Lanze dabei zersplittert.«

»Und wenn beide Lanzen brechen?«

»Dann gibt es zunächst keinen Sieger. Die Kontrahenten können sich neue Lanzen holen und wieder gegeneinander reiten, oder aber sie einigen sich auf einen unentschiedenen Ausgang des Kampfes. Das hängt nur von den beiden ab. Wenn beide zustimmen, ist der Kampf für sie beendet.«

»Und wie wird der Sieger belohnt? Geht es nur um die Ehre?«, fragte Konrad.

»Im Normalfall schon«, sagte Berthold. »Es ist ritterlich, sich mit dem Beifall der Damen und der Anerkennung der Zuschauer zu begnügen, die man durch einen Sieg erringt.«

Konrad sah ihn neugierig an. »Und was ist, wenn es nicht normal zugeht, wie du das ausdrückst?«

»Dazu wird es hoffentlich nicht kommen«, antwortete der

Onkel knapp. Noch ehe Konrad nachfragen konnte, hörte man bereits das Donnern der Hufe, als die beiden Ritter aufeinander zupreschten, voneinander getrennt nur durch die etwa einen Meter hohe Holzbarriere. Ein prachtvoller Anblick. Wegfliegende Soden aus der feuchten Grasnarbe, die von einem heftigen Gewitter in der vergangenen Nacht aufgeweicht war, die kleinen weißen Wolken, die stoßweise aus den aufgeblähten Nüstern der Pferde kamen, die fast in den Steigbügeln stehenden Ritter und die golden schimmernden Krönchen auf den langen Lanzen, die mit mörderischer Präzision auf den Hals des Gegners gerichtet waren.

Dann der schreckliche Zusammenprall, gefolgt von einem vielstimmigen Aufschrei, als der Ritter von Haunstein rückwärts aus dem Sattel flog, schwer auf die Holzbarriere aufschlug und wie tot liegen blieb. Sein Gegner, der sehr wohl gespürt hatte, wie schwer er den anderen getroffen hatte, musste bis zum Ende der Schranken weiterreiten, weil er erst dort wenden konnte, warf dann jedoch sein Pferd herum und trabte bis zu der Stelle zurück, wo der Ritter Fulko noch immer regungslos am Boden lag.

Noch bevor zwei Knechte mit einer Trage herbeigeeilt waren, um den Schwerverletzten in das Zelt des Medicus zu tragen, war Bertram von Ehrenfels aus dem Sattel geglitten, kniete neben dem anscheinend Bewusstlosen und löste Helm und Visier. Ein paar Minuten lang bemühte er sich um seinen Gegner. Dann schickte er die Knechte mit ihrer Trage fort, half seinem Gegner hoch und bugsierte ihn nicht ohne Schwierigkeiten auf sein eigenes Pferd, mit dem er den noch immer Benommenen unter dem Beifall des Publikums aus der Kampfbahn führte.

»So soll es sein«, sagte Berthold zu seinem Neffen, als Bertram kurze Zeit später vor die Kaisertribüne ritt und sich von einer der Damen einen Kranz auf die gesenkte Lanze stecken ließ. »Das ist ritterlich gehandelt, und das ist ritterlicher Lohn.«

Konrad schien das Ende des Kampfes weder ritterlich noch männlich, aber das behielt er für sich. Wieder erscholl das Horn, und der Herold trat vor die Tribüne. »Heinrich von Neuerburg fordert wen auch immer zum Zweikampf heraus. Wer ist bereit, eine Lanze mit ihm zu brechen?«

Aufgeregtes Raunen auf der Tribüne.

»Was ist daran so merkwürdig?«, erkundigte sich Konrad.

»Zumeist verabreden die Ritter vor einem Turnier wie diesem untereinander, wer gegen wen antritt. Aber es gibt auch stets ein paar junge Ritter, die sich besonders hervortun wollen, und meist ist eine der Damen auf den Tribünen der Grund dafür. Jedenfalls fordern sie jedermann heraus, und häufig treffen sie dann auf den Falschen.«

Konrad sah verständnislos drein, denn mehr als vom Pferd fallen konnte man doch schließlich nicht.

Etliche Minuten verstrichen, und während Heinrich von Neuerburg auf seinem Pferd ungeduldig auf der einen Seite des Platzes hielt, wiederholte der Herold noch einmal seine Herausforderung.

Das Gemurmel begann auf der äußersten linken Seite der Haupttribüne, schwoll langsam an, und als es schließlich die Damentribüne erreichte, hinter der Berthold und Konrad saßen, war es schon fast zum Geschrei geworden.

Jetzt sahen ihn alle. Schon das Pferd war eine Sensation. Ein riesiger Rappe, ausladend, aber hoch gewachsen, schwer und doch graziös, tänzelnd, aber nicht nervös. Ein Bild von einem Schlachtross. Darauf ein Hüne, das Visier geschlossen, die Lanze gesenkt. So ritt er auf den älteren Herold zu und reichte ihm lässig ein paar Urkunden. Dann wandte er sich ab und trabte auf den Kampfplatz zu.

»Gott steh uns bei«, murmelte Berthold. »Jetzt ist es also doch passiert.«

Der Herold studierte die Urkunden des Unbekannten sorgfältig, rollte sie dann zusammen und trat vor die kaiserliche Loge. »Der Ritter möchte unerkannt bleiben. Ihr wisst, dass ich in einem solchen Fall zu absolutem Stillschweigen verpflichtet bin. Ich bestätige jedoch seine adlige Herkunft. Dem Zweikampf steht nichts im Wege.«

Keine Hand rührte sich zum Beifall.

Der Fremde ritt in die Schranken, und auch Heinrich von Neuerburg schloss das Visier. Niemand konnte ihm ins Gesicht schauen, niemand ihm ansehen, wie er sich nun fühlte, doch ahnte es jedermann auf den Tribünen, sogar Konrad, obwohl bar jeglicher Turniererfahrung. Gegen diesen Fremden hatte wohl niemand eine Chance, schon gar nicht ein so unerfahrener Mann, wie es der törichte Heinrich von Neuerburg anscheinend war.

Zwanzig Sekunden später trug man den schwer verletzten jungen Mann auf der Trage in das Zelt des Medicus, und 20 Minuten später sah man den fremden Ritter davonreiten. Die Rüstung, den Schild und die Waffen des unglückseligen Heinrich hatte er auf dessen Schlachtross geworfen, das er am Zügel hinter sich herzog.

Das war sein Recht. Guter Brauch war es nicht.

»Kein Ritter, sondern ein Glücksritter«, sagte Berthold und spuckte verächtlich aus.

»Und der Verlierer?«, fragte Konrad. »Was macht dieser arme Teufel jetzt?«

»Ich hoffe, er lernt daraus«, sagte Berthold. »Nein, im Ernst: Er wird zum Juden gehen. Bei jedem Turnier wirst du das Zelt eines Juden finden, und hier wird es deren Dutzende geben, wo man sich Geld leihen kann. Für Rüstung und Schwert, für Pferd und Schild. Hast du überhaupt eine Ahnung, wie viel das alles kostet?«

Konrad wusste es nicht.

»So viel wie 20 Ochsen! Nur damit du weißt, wie hoch sich dieser blöde Einfaltspinsel nun verschulden muss.«

Am späten Nachmittag war es still geworden im Zelt des Herolds. Gregor von Sentheim saß, umgeben von Stapeln aufgerollter Pergamente, in einem Faltstuhl, der zerbrechlich wirkte unter dem Gewicht des beleibten Mannes, der sich unwillig nach dem Eintretenden umwandte.

»Gott grüße Euch«, sagte Konrad höflich.

Der Herold knurrte seinerseits einen flüchtigen Gruß. »Was führt Euch zu mir, Herr Ritter? Das Turnier geht bereits zu Ende. Ihr wollt Euch doch nicht zu dieser späten Stunde noch anmelden?«

»Aber nein. Verzeiht mir, dass ich Euch mit einem persönlichen Problem belästige, doch der Kaiser selber hat mir den Rat gegeben, mich an Euch zu wenden, da ihr der gebildetste Herold im ganzen Reich seid«, log Konrad schamlos.

Gregors mürrisches Gesicht wurde um etliches freundlicher. »Ich kann Euch keinen Platz anbieten, junger Herr. Aber sagt mir, wie ich Euch helfen kann.«

»Dies ist das erste Turnier, das ich erlebt habe, und meine Freunde sagen, dass ich ein Wappen brauche. Dass ich daheim Bestätigung meiner vornehmen Herkunft beschaffen muss, ist mir schon klar, aber damit habe ich noch lange kein Wappen. Ratet mir, was zu tun ist. Darf sich jeder sein Wappen selber ausdenken und dann zu einem Schilderer gehen und es sich malen lassen?«

»Im Prinzip schon«, sagte Gregor, »aber es gilt einige Regeln zu beachten. Zum Beispiel bei den Farben. Silber und Gold sind gestattet, auch Blau, Rot, Schwarz und Grün, keinesfalls aber Gelb. Auch dürfen Farben nicht gemischt werden; deshalb darf man weder ein Braun zusammenrühren noch ein Violett. Letztendlich darf man nur Gold auf Silber auftragen oder umgekehrt. Niemals aber Rot auf Silber oder Gold auf Grün. Und um es ganz genau zu sagen: Schwarz darf nur auf Silber oder Gold aufgetragen werden, niemals indes auf Rot oder Grün.«

»Hat das einen besonderen Sinn?«, fragte Konrad.

»Wahrscheinlich, aber ich kenne ihn nicht«, sagte der alte Mann. »Das war schon so, als ich selber noch als Page einem Herold diente.«

»Und die Form des Wappens? Ich nehme an, sie richtet sich grundsätzlich nach dem Schild?«

»Ihr sagt es, aber es gibt Schilde, die sind unten rund, andere laufen spitz zu. Ein Wappen kann beide Formen haben. Außerdem kann es in zwei oder noch mehr Flächen aufgeteilt und natürlich auch mit Symbolen verziert werden.«

»Beispielsweise?«

»Durch einen schrägen Balken etwa, der quer über das ganze Wappen läuft. Damit schmücken sich die unehelichen Söhne von Königen und Herzögen. Schließlich ist es keine Schande, als Bastard geboren zu werden. Man kann aber auch eine Krone nehmen, oder ein anderes Symbol, eine Flamme zum Beispiel oder eine bestimmte Pflanze oder ein Tier.«

»Auch einen Drachen?«, fragte Konrad.

Gregor wiegte den Kopf, um ihn dann zweifelnd zu schütteln. »Eher nicht«, sagte er schließlich. »Bedenkt, wofür ein Wappen in erster Linie geschaffen worden ist. Es soll ja nicht nur den Schild zieren, sondern auch die kleinen Eisenfähnlein am Helm. Das heißt, dass Euer Wappen stark verkleinert werden muss. Ich denke, dass ein so kompliziertes Gebilde wie ein Feuer spuckendes Ungeheuer mit langem schuppigen Schwanz auf so kleinem Raum nicht mehr erkennbar sein wird.«

Konrad war enttäuscht, musste dem Herold jedoch Recht geben. Aber was sonst? Ein schlichter viergeteilter Schild in Blau und Rot oder etwas ähnlich Fantasieloses war nicht das, was seinen Vorstellungen entsprach.

»Darf ich nach Eurem Namen fragen«, sagte der alte Mann in seine Überlegungen hinein.

»Oh, verzeiht, ich hatte mich nicht vorgestellt«, entschuldigte sich Konrad. »Mein Name ist Konrad von Wolfach, und meine Familie gehört seit Menschengedenken zu den Edelfreien im Herzogtum Schwaben.«

»Und warum nehmt ihr dann keinen Wolf in Euer Wappen?«

Natürlich. Das war's! Ein Wolf! Sein Wappen würde den Kopf eines schwarzen Wolfs auf silbernem Grund zeigen, von vorn und mit gefletschten Zähnen. Der müsste auch auf den Fähnlein am Helm noch gut zu erkennen sein.

Erleichtert und für seine Verhältnisse geradezu überschwänglich bedankte er sich bei Gregor von Sentheim und ließ beim Hinausgehen auf einem Pergamentstapel diskret ein paar Münzen zurück.

Herolde erwarten das, hatte ihm Onkel Berthold gesagt.

Sie ritten schweigend nach Süden. In der Morgendämmerung waren sie aufgebrochen, als das Lager noch schlief. Nach dem Turnier war reichlich Wein geflossen, aber Konrad und Berthold hatten sich früh zurückgezogen. Der Onkel hatte noch in Mainz zu tun und einen älteren Benediktinermönch namens Waleran aufgetan, der ebenfalls ins Schwäbische zurückwollte und Konrad begleitete.

Es war kalt. Nebelschwaden krochen über die Wiesen, und im grauen Bart des Mönchs glitzerten kleine Perlen. Der Pfad war sumpfig, die Pferde traten vorsichtig auf, und die Männer verzichteten darauf, sie anzutreiben. Irgendwann drehte sich Konrad um: »Sprichst du nicht mit mir?«

»Die Regel des heiligen Benedikt verbietet unnötiges Geschwätz.«

»Ich will mit dir ja nicht über das Wetter reden«, sagte Konrad unwirsch. »Aber ich spüre doch, dass etwas nicht stimmt mit dir.«

Der Mönch blieb stumm.

»Also frage ich dich geradeheraus: Hat es etwas mit dem gestrigen Turnier zu tun?«

Waleran hielt sein Pferd an und sah Konrad direkt ins Gesicht: »Ja. Eigentlich seid Ihr jetzt alle exkommuniziert. Der Kaiser, die Damen des Hofes, die Ritter und selbst die Pferdeknechte. Seid ihr Euch dessen bewusst?«

»Wie bitte? Exkommuniziert? Ausgeschlossen von den Sakramenten? Nur weil wir bei einem Turnier zugeschaut haben? Was soll denn daran sündhaft sein oder sogar eine Todsünde?«

»Eine ganze Menge«, sagte der Mönch. »Zum Beispiel der Hochmut, mit dem sich die Teilnehmer auf ihren Pferden vor den Tribünen tummeln und mit ihrem Mut und ihrem Können prahlen.«

»Eine eher lässliche Sünde«, meinte Konrad.

»Zum Zweiten der Neid, den die schwachen und unterlegenen Teilnehmer gegenüber den Siegern hegen.«

»Muss doch jeder verstehen«, warf Konrad ein.

»Zum Dritten die Todsünden Hass und Zorn. Wer gegen jemanden anreitet oder auf jemanden einschlägt mit dem Ziel, ihn zu bezwingen und eventuell sogar umzubringen, muss von Hass erfüllt sein, und Hass wird auch der Geschlagene empfinden.«

»Ein Ritterleben besteht nun einmal aus Kampf«, verteidigte sich der junge Mann.

»Es gibt keine Sondergesetze für Ritter«, sagte Waleran unbeeindruckt, »denn vor Gott sind sogar Hörige und Kaiser gleich, und deshalb besteht die vierte Todsünde in der Habgier, die sich darin äußert, dass ein Ritter den besiegten Gegner seiner Rüstung, seiner Waffen und seines Pferdes beraubt.«

»Da gebe ich dir ausnahmsweise Recht«, sagte Konrad. »Genau das ist gestern passiert, aber ich meine, dass dies eher ein Verstoß gegen die ritterliche Ehre war als eine Todsünde.«

»Ihr verwechselt unehrenhaftes Verhalten mit sündigem Handeln«, tadelte Waleran. »Vergesst nicht, dass nicht nur der beraubte Ritter, sondern auch dessen Familie Not leiden muss, damit der Geschlagene sich neue Waffen und ein neues Pferd beschaffen kann, und wenn Ihr ernsthaft darüber nachdenkt, werdet Ihr auch begreifen, dass letztlich die hörigen Bauern des Ritters darunter leiden müssen, weil man von ihnen noch mehr Abgaben eintreiben wird, als das ohnehin geschieht. Glaubt ihr, das sei gottgefällig?«

Und da Konrad schwieg, fuhr der Mönch fort: »Eine weitere Todsünde ist die Schlemmerei. Sie hat doch gestern nach dem Turnier ebenfalls stattgefunden – oder?«

»Nun ja«, gab Konrad zu, »aber wenn jede Schlemmerei …«

»Jede Schlemmerei ist eine Todsünde«, antwortete Waleran, um nach einer kleinen Pause fortzufahren: »Sagt wenigstens das Gesetz. Aber ich könnte noch auf die offen zur Schau getragene Sinnlichkeit der Frauen verweisen und auf vieles andere mehr, aber ich denke, Ihr habt auch so begriffen.«

»Aber wenn die Kirche das so streng sieht«, wunderte sich Konrad, »warum greift sie dann nicht durch und exkommuniziert Veranstalter und Teilnehmer der Turniere?«

»Ihr solltet einen Diener Gottes nicht mit derartigen Fragen in Verlegenheit bringen«, antwortete der Mönch lächelnd. »Vielleicht hat Rom Angst, dass es dann keine Ritter mehr gibt, die sich zur Verteidigung des Heiligen Grabes bereit finden. Exkommunizierte kann man schlecht nach Jerusalem schicken.«

»Deine Ehrlichkeit gefällt mir«, lachte Konrad, »aber bist du sicher, dass dies – wenigstens theoretisch – die Lehre der Kirche ist?«

»Jedenfalls hat sie Turniere schon häufig verboten und vielen, die daran teilgenommen haben, ein christliches Begräbnis verweigert.«

»Und warum das nun wieder?«, fragte Konrad.

»Weil sie der Meinung ist, dass die Teilnahme an einem Turnier einem Selbstmord gleichzusetzen ist.«

»Aber das ist doch Unfug!«, rief Konrad ärgerlich.

»Wirklich?«, fragte Waleran. »Hat nicht ein gewisser Heinrich von Neuerburg am gestrigen Nachmittag jedermann zum Zweikampf herausgefordert, ohne zu wissen, wer dann tatsächlich gegen ihn antreten würde?«

»Was willst du damit sagen?«, fragte Konrad misstrauisch. »Ja, in der Tat. Der Schwachkopf hat seine Prahlerei inzwischen bestimmt bitter bereut.«

»Hat er nicht«, antwortete Waleran. »Er konnte weder die Sünde seines Hochmuts noch irgendetwas anderes mehr bereuen. Er starb, ohne das Bewusstsein wiedererlangt zu haben.«

12. KAPITEL
HOHE MINNE – NIEDERE LUST

Einen Schatz in jeder Hinsicht hatte Rainald von Dassel des Kaisers junge Gemahlin anlässlich der Hochzeitsfeierlichkeiten in Würzburg genannt. Dieser Satz war nicht nur zweideutig: Er war sogar dreideutig. Als Ehefrau und Geliebte war Beatrix für Friedrich – das sollte der Verlauf dieser Ehe zeigen – tatsächlich ein Schatz im positivsten Sinne des Wortes. Zweitens mehrte sie durch ihr Erbe des Kaisers Besitz, Macht und Ansehen. Drittens jedoch, und dafür können wir ihr eigentlich gar nicht dankbar genug sein, bescherte sie diesem Deutschland, das damals doch noch arg im Barbarischen verwurzelt war, einen ersten kulturellen Höhepunkt, und manche behaupten sogar, dass sie die Liebe mitgebracht hat.

Wieso? Haben sich die Menschen vorher etwa nicht geliebt?

Natürlich haben sie. Viele zumindest. Und doch hat sich in diesem 12. Jahrhundert eine erstaunliche Wandlung vollzogen. Ehen wurden von den Familien über die Köpfe der jungen Leute hinweg arrangiert und bis in die Details ausgehandelt. Das jedoch war nicht nur typisch für das Mittelalter. Ähnliches gab es bereits in der Antike und war noch bis tief in die Neuzeit hinein die Regel. Hier und da sollen Ehen selbst heute noch auf dieser Basis geschlossen werden; zumal wenn viel Geld oder Prestige im Spiel ist.

Der Sinn der Ehe im Mittelalter bestand ausschließlich darin, entweder den Besitz zu mehren, sich fortzupflanzen oder (vor allem bei Mädchen) soziale Sicherheit zu garantieren. Stellte sich zwischen den beiden Jungvermählten später Zuneigung oder gar Liebe ein, umso besser. Bedingung war das keineswegs. Stark gefördert wurde diese lieblose Art des Zusammenseins zweier Menschen nicht zuletzt durch die Kirche, die jede Art von Sexualität seit den Tagen des Apostels Paulus mit höchstem Argwohn betrachtete.

Lust war Sünde. Punkt.

Nun hatte aber, und daran führte auch für Theologen kein Weg vorbei, Gott selbst den Menschen befohlen, dass sie fruchtbar sein und sich vermehren sollten. Dies aber ist ohne Lust nun einmal nicht möglich, sodass Augustinus (354–430 n. Chr.) eine geradezu abenteuerliche These aufstellte. Der wohl größte Kirchenlehrer, für den selbst ein einfacher Tanz einem Kreis glich, dessen Mittelpunkt der Teufel darstellte, behauptete doch glatt, im Paradies hätten Adam und Eva noch ohne Lust miteinander Umgang gehabt, erst ihr Fehltritt habe die »böse Lust« in die Welt gesetzt.

Nun bestehe aber der Auftrag Gottes weiter, weshalb man den Menschen leider den Vollzug des Aktes gestatten müsse, allerdings mit der hohen Auflage, dass dies nur in ehelicher Gemeinschaft erfolge und ausschließlich zum Zweck der Zeugung. Ausnahme: Ist die Frau – sei es, weil sie schwanger ist, sei es, weil sie über ein gewisses Alter hinaus ist – nicht fruchtbar, darf sie sich auch dann ihrem Mann hingeben, wenn sie nur auf diese Weise verhindern kann, dass er die Ehe bricht. Lust indes darf sie auch dann nicht empfinden.

Aber auch das Macho-Gehabe der Männer wurde von kirchlichen Thesen wacker gestützt. Schon Paulus hat ja nicht nur gefordert, dass die Frauen in der Gemeinde gefälligst den Mund zu halten hätten. Er hat es auch begründet: »Die Frauen sollen ihren Männern untergeordnet sein wie Gott, dem Herrn, denn der Mann ist das Haupt der Frau.«

Augustinus wusste auch, dass es die natürliche Ordnung ist, dass die Frauen den Männern dienen, und selbst so ein gescheiter Kopf wie Thomas von Aquin glaubte zu wissen, dass aus dem männlichen Sperma nur Jungen entstehen können. Wenn trotzdem Mädchen geboren werden, so ist das ein Irrtum der Natur, wenn beispielsweise das Gebärmutterblut defekt war oder feuchte Winde geweht haben!

Folgerichtig behandelten die meisten Männer ihre Frauen wie Wesen, die allenfalls zum Kochen und zum Gebären gut sind. Und um ihre Wut an ihnen auszulassen. Im Nibelungenlied erzählt Kriemhild ganz ungezwungen, wie Held Siegfried sie behandelt hat, nachdem sie die Königin Brunhild beleidigt hatte: »Ouch hat er so zerblouwen, darumbe minen Lip.« Er hat sie also ordentlich verprügelt. Und Szenen dieser Art werden in zahlreichen Epen höchst drastisch geschildert.

Zum Beispiel im Parzival. Da wird eine Herzogin am Hof des Königs Artus wegen einer Nichtigkeit bestraft, und das geht so: »Da packte der Seneschall Keie Frau Cunneware de Lalant an ihrem lockigen Haar. Er wickelte ihre schönen langen Zöpfe um seine Faust und hielt sie so fest. Dann ließ er seinen Stock auf ihren Rücken herabsausen, bis von dem Stock nichts mehr übrig war, und es ging ihr durch Kleid und Haut.« Und die edlen Herren standen dabei, und niemand schritt ein.

Auch nicht, als ein Graf die schöne Enite heiraten wollte, da ihr Mann anscheinend tot war. Da sie sich weigerte, sich zum Hochzeitsmahl niederzulassen, schlug er sie mit der Faust ins Gesicht, sodass sie heftig blutete, und sagte: »Ihr esst jetzt, böse Haut!« Immerhin ließen sich jetzt einige Ritter dazu herbei, den Grafen zu tadeln, aber der fuhr sie an, sie sollten sich da gefälligst heraushalten. Sie sei jetzt seine

Frau, und er könne mit ihr machen, was immer er wolle. »Damit brachte er alle zum Schweigen.«

So weit die damals gängige Praxis, aber mit Beatrix wird – zumindest theoretisch – alles anders.

Sie hatte sie in ihrer Heimat kennen gelernt, doch es gab sie auch im äußersten Süden Frankreichs, im Languedoc und in der Provence: die Troubadoure. In Nordfrankreich nannte man diese höchst gemischte Zunft aus Söldnern, Dienstmännern und Glücksrittern, die mit ihren Liedern von Burg zu Burg zogen, auch die *Trouvers*, was aber kaum mit dem französischen *trouver* (= finden) zusammenhängt. Vermutlich stammt das Wort vom arabischen *tarraba* ab, was musizieren oder singen bedeutet. Jedenfalls besangen diese Troubadoure die Liebe, und zwar nicht irgendeine, sondern eine ganz bestimmte Art von Liebe: die Minne.

Was ist das? Selbstlose Liebe oder geile Lust? Scheue Verehrung oder praller Sex? Demütige Anbetung oder draufgängerisches Anmachen? Von allem ein bisschen, aber beginnen wir mit dem, was unter hoher Minne verstanden wurde.

Da allgemein angenommen wird, dass die Idealvorstellung der Minne von der Marienverehrung angeregt und beeinflusst wurde, gilt als oberstes Gebot für den Verehrer die Keuschheit. Ein Ritter, der sich in den Dienst einer gesellschaftlich meist über ihm stehenden Frau begab, durfte – wir bleiben zunächst bei der Idealvorstellung – keinen anderen Lohn erwarten, als dass ihn die Dame allenfalls insofern erhört, als sie ihm ein kleines Zeichen ihrer Huld gewährt, ein Tuch vielleicht, vielleicht aber auch nur ein nachsichtiges Lächeln.

Mehr nicht.

Manchmal umwarb der Ritter seine Angebetete ganz unverhohlen, zuweilen aber machten er und die von ihm verehrte (stets verheiratete) Frau auch ein süßes Geheimnis daraus. Häufig war es ein harmloses Spiel nach festen Regeln, gelegentlich jedoch kam es zu wunderlichen oder auch tragischen Exzessen. Im Normalfall diente der Ritter der »edlen frouwe«, indem er ihr seine Siege in Turnieren oder seine Tapferkeit im Kampf widmete oder ihr Liebeslieder schrieb. Doch es gab auch jenen, der sich die wulstige Unterlippe abschneiden ließ, um der Dame seines Herzens besser zu gefallen, oder den leicht verrückten Ulrich von Liechtenstein, der sich (beim damaligen Stand der Chirurgie!) seine Hasenscharte operieren ließ, über die sich die von ihm Angebetete stets lustig zu machen pflegte. Schließlich säbelte er sich sogar noch einen Finger ab, den er der kühlen Dame als Zeichen blinder Ergebenheit schickte.

Schon hier ist ersichtlich, dass die hohe Minne ausschließlich bei Hofe möglich war, denn zum einen verfügte lediglich der Adel über die dafür notwendige Freizeit, zum anderen war auch ein gerütteltes Maß an Bildung erforderlich, das zumindest die bei Hofe tätigen Ministerialen vorweisen konnten. Schließlich bedarf es nicht nur einer entsprechenden Begabung, sondern auch eines gewissen handwerklichen Könnens, um Liebeslieder zu dichten, und die uns überlieferte Lyrik ist von beträchtlichem Niveau.

Außerdem weist sie zwei Besonderheiten auf: Sie ist auf Deutsch geschrieben, genauer: auf Mittelhochdeutsch, was dazumal allerdings niemand sprach. Die Schwaben sprachen Schwäbisch und die Sachsen Sächsisch. Mittelhochdeutsch war die Kunstsprache der Dichter. Und die dichteten erstmals in Reimen, was vorher niemand getan hatte. Auch der Endreim gehörte nämlich zum Erbe, das Beatrix mitsamt ihren Troubadouren mitgebracht hatte.

Noch etwas anderes ist auf die Ehe zwischen Kaiser Friedrich und der burgundischen Prinzessin zurückzuführen: Es wurde Mode am Hof, französische Lehnworte zu benutzen. So wie unsere Großeltern es als chic empfanden, anstelle von

Bürgersteig *Trottoir* zu sagen und aus dem Regenschirm hochvornehm einen *Parapluie* zu machen, so nannte man den Wohntrakt einer Burg plötzlich Palas (vom französischen *palais*), und auch Wörter, von denen wir das niemals ahnen würden, stammen aus dem Französischen und sind damals in die deutsche Sprache aufgenommen worden. Preis *(prix)* zum Beispiel oder tanzen *(danser)*.

Witzigerweise wurde es damals auch Mode, die aus dem Flämischen stammende und heute noch in Norddeutschland gebräuchliche Verkleinerungsendung »ken« *(manneken pis)* oder mittelhochdeutsch »kin« zu verwenden. Am staufischen, also schwäbischen Hof hieß ein kleines Kind plötzlich Kindekin.

Aber man warf nicht nur aus Eitelkeit mit Fremdworten um sich. Besonders die Ministerialen am Hof waren sehr gebildet, und vom Kanzler des Reiches, Christian von Buch, dem späteren Erzbischof von Mainz, wurde sogar gesagt, dass er fließend Lateinisch, Romanisch, Französisch, Griechisch, Apulisch, Lombardisch und Flämisch gesprochen habe.

Es wurde schon einiges erwartet »bei Hofe«, und unter einem solchen Hof war nicht nur der des Kaisers gemeint. Hof, von dem übrigens unser heutiges Wort »höflich« abstammt, hielten auch die deutschen Fürsten, und bei einigen ging es noch vornehmer zu als bei Kaisers, was insofern nicht erstaunen kann, als der Kaiser mit seinem gesamten Hof schließlich ständig umherzog und kaum jemals länger als ein paar Wochen in einer seiner Pfalzen weilte. Dann ging es schon wieder weiter, während die Fürsten ihre ständigen Familiensitze besaßen und dort ihre ganze Pracht entfalten konnten.

Wer sich ständig oder auch nur vorübergehend bei Hofe aufhalten wollte, musste natürlich lernen, sich höfisch zu benehmen, was einigen Rittern sicherlich einigermaßen schwer gefallen ist. Das ging schon los, wenn man sich zum Essen niedersetzte. Mit einem großen Stab dirigierte der Truchsess die einzelnen Gäste zu ihren Plätzen, die sich normalerweise rechts und links von einem langen Tisch befanden, an dessen oberem Ende der Gastgeber Platz nahm.

Auf die Einhaltung der rechten Sitzordnung wurde derart großer Wert gelegt, dass es häufig darüber zum Streit kam, und ein besonderer ist aus dem Jahr 1298 überliefert, als die Fürsten nach Nürnberg gekommen waren, um dem neuen König Albrecht I. zu huldigen. Da bestand der Erzbischof von Köln darauf, nach alter Sitte zur Rechten des Herrschers zu sitzen, worauf aber auch der Erzbischof von Mainz Anspruch erhob, sich vordrängelte und einfach dort Platz nahm. Daraufhin forderte ihn der Kölner zum Zweikampf auf, der aber dann doch nicht stattfand. Immerhin zeigt der Vorfall, wie ernst es allen Beteiligten war, wenn solche zeremoniellen Fragen anstanden.

Die Dichter erfanden dann der Einfachheit halber den runden Tisch, um den sich die Ritter scharten, ohne dass einer von ihnen benachteiligt war, aber diesen runden Tisch gab es ausschließlich in der Sage, und zwar am Hof des berühmten Königs Artus.

Saß man endlich auf dem richtigen Platz, vergaß man tunlichst die Ess- und Trinksitten von daheim. Man hatte abgenagte Knochen nicht zurück in die Schüssel zu legen und sich nicht in das Tischtuch zu schnäuzen. Auch durfte man nicht mit den Fingern in den Senf greifen oder ein so großes Stück Brot in den Mund stecken, dass die beiden Enden rechts und links heraushingen. Und vor allem sollte man frische Kleider anziehen, bevor man sich zum Essen niederließ, auf dass die allgegenwärtigen Läuse nicht über das Tischtuch krabbelten.

Apropos Kleider: Sowohl die Damen als auch die Herren begannen sich plötzlich höfisch zu kleiden. Die langen, eher sackartigen Gewänder, die sich bislang bei Mann und Frau kaum voneinander unterschieden hatten, kamen über Nacht aus der Mode, nun wurden die Kleider auf den Leib geschnitten und betonten die Körperformen. Die Taille entstand.

Das Oberteil mit langen Ärmeln wurde häufig an der Seite geschnürt, während sich der weite Rock in vielen Falten bauschte. Die Schleppen wurden extrem lang und fegten hinter den Damen den Boden. Junge Mädchen flochten sich Kränze ins Haar oder trugen Reife, während verheiratete Frauen das so genannte Gebende trugen, eine steife Kopfhaube, die sowohl die Stirn als auch das Kinn bedeckte und vor allem ein Doppelkinn gnädig verbarg.

Auch die Herren trugen nun taillierte Gewänder, die oben eng anlagen, während die Röcke geschlitzt waren, sodass man gemeinhin ihre Waden sah und hin und wieder etwas mehr. Bald tauchten auch die ersten engen Hosen auf, die allerdings ebenfalls geschlitzt waren. Das Haupthaar trug man lang und mittels der neumodischen Brennschere gelockt. Den Bart hingegen schnitt man zumeist ab und rasierte sich sorgfältig, was bis dahin ausschließlich die Mönche getan hatten.

Die engen Oberteile der Damen und der Aufwand, der mit den kostbarsten Stoffen in allen nur denkbaren Farben getrieben wurde, rief natürlich auch die Kritiker auf den Plan. Vor allem die Geistlichkeit. Der Franziskanerprediger Berthold von Regensburg wetterte an die Adresse der Damen gewandt: »Es genügt Euch nicht, dass Euch der allmächtige Gott unter den Kleidern die Wahl ließ, ob ihr sie braun oder rot wollt, blau, weiß, grün, gelb oder schwarz. Vielmehr treibt Eure große Eitelkeit Euch dazu, die Stoffe in Stücke zu zerschneiden; hier das Rote in das Weiße zu setzen und dort das Gelbe in das Grüne. Das eine gefaltet, das andere glatt, das eine bunt gescheckt, das andere braun in zwei verschiedenen Tönen!«

Vor allem mit der Farbe Gelb hatten die Kleriker ein Problem, denn Farben besaßen im Mittelalter einen außerordentlich hohen Symbolgehalt. So wurde das Rot, das bis dahin als die königliche Farbe schlechthin betrachtet worden war, langsam durch das lange – warum auch immer – verfemte Blau ersetzt. Gelb dagegen war nicht nur die Farbe der Schandhüte, die zu tragen immer wieder die Juden gezwungen wurden; Gelb war vor allem die Farbe der Huren und, wiederum symbolisch, die der erfüllten Liebe.

Das allein reichte bereits aus, sie zu verteufeln.

Bunt und teuer mussten die Kleider sein, und schnell waren sie wieder passé. Die Damen verschenkten sie an ihre Mägde und die Herren an die Troubadoure, die Spielleute und die Minnesänger. Die nämlich hatten ein Problem: Sie waren zumeist arm wie Kirchenmäuse. Walther von der Vogelweide, der wohl bekannteste unter ihnen, wusste manches Lied davon zu singen. Er gehörte auch zu denen, die nicht nur die Freuden der hohen Minne priesen, sondern auch von der höchst irdischen Lust sangen.

Ähnlich wie sein Kollege Heinrich von Mohrungen, der ganz konkret wird, wenn er die Frau klagen lässt:

Owe, dass er so dicke sich
bi mir erseen hat.
Als er endahte mich
So wollte er sunder wat
Mich armen schouwen bloz.
Es war ein wunder groz,
daz in des nie verdroz.

(»O weh, dass er sich so satt / an mir gesehen hat. / Er nahm die Decke weg, / er wollt' mich ohne was / in meiner Nacktheit sehen. / Es war ein großes Wunder, / dass er das nie leid wurde.«)

Zu den Pragmatikern unter den Minnesängern gehörte zweifellos auch Hartmann von Aue, der das ausspricht, was viele Ritter damals gedacht haben mögen:

Mancher begrüßt mich so
(und das freut mich überhaupt nicht):
»Hartmann, komm, lass uns
adelige Frauen anschauen gehen.«
Er soll mich doch zufrieden lassen
Und allein zu den Damen laufen.
Bei Damen traue ich mich kaum mehr
auszurichten, als dass ich verdrossen vor ihnen stehe.
Bei Damen kenne ich nur eines:
Ich verhalte mich ihnen gegenüber so wie sie zu mir.
Denn ich kann mir sehr viel besser
die Zeit mit Frauen niederen Standes vertreiben.
Wohin ich auch komme, gibt es viele davon:
Dort finde ich eine, die mich haben will.
Die mache ich dann auch zu meiner Liebsten.
Was nützt mir ein so hoch gestecktes Ziel.
Dummerweise habe ich einmal zu einer Dame gesagt:
»Hohe Frau, ich habe mein ganzes Trachten
darauf gerichtet, Eure Liebe zu gewinnen.«
Da hat sie mich verächtlich angesehen.
Darum will ich jetzt, das sage ich Euch,
nur noch Frauen ansprechen, die mir gefallen.

Häufig ist auch von Wächtern und Aufpassern die Rede, die einigermaßen gefürchtet werden und notfalls bestochen werden müssen, damit sie diskret wegsehen und vor allem die Liebenden vor Sonnenaufgang wecken, bevor man sie ertappt.

Ulrich von Liechtenstein (der mit der Hasenscharte) hat zumindest einmal schlechte Erfahrung mit einem dieser Wächter gemacht, denn er klagte:

Es gibt keine adligen Wächter. Deshalb taugt es überhaupt nichts, einem von ihnen etwas anzuvertrauen, was man lieber verbergen möchte. Die Unterschicht kann nichts für sich behalten, und deshalb sollte man ihr nichts anvertrauen. Der Adel versteht sehr wohl zu schweigen, und deshalb darf er Geheimnisse wissen.

Hübsch ist auch dieses Lied, in dem die Frau ihren Geliebten in den Schlaf wiegt und zugleich den Wächter beschimpft:

Fluch über dich und dein Singen, Wächter!
Schlafe, Freund! Es wäre sehr schön,
wenn du wach wärst,
aber dich zu wecken fällt mir schwer.
Schlafe, Freund!
Wächter, dir habe ich nur Gutes getan,
und das wird mir nie gedankt.
Du verlangst nach dem Tag,
und damit verjagst du
viel Liebesglück aus meinem Herzen.
Schlafe, Freund!

Da kann es sich ja schwerlich um keusche Liebe gehandelt haben, und es wäre ja auch ganz erstaunlich gewesen, wenn sich die Frauen jener Adligen, die sich für etliche Monate verabschiedeten, um mit dem Kaiser nach Italien zu ziehen, oder sich gar für ein paar Jahre auf den Kreuzzug begaben, in jeder Hinsicht enthalten hätten.

Die Sache mit dem Keuschheitsgürtel dürfen wir im Übrigen ebenso vergessen wie das immer wieder zitierte *Ius primae noctis*, also das Recht der ersten Nacht, die der Lehnsherr angeblich mit der Braut seiner Hörigen verbringen durfte. Es gibt kaum einen nachweisbaren Fall, und einen Keuschheitsgürtel hätte jeder seiner Herrin ergebene Schmied bei

Bedarf geöffnet und anschließend auch wieder in seinen alten Zustand zurückversetzt.

Aber es gab in dieser künstlerisch außerordentlich fruchtbaren Zeit ja nicht nur die Minnesänger, die sowohl die hohe Minne als auch die niedere Lust feierten. Es gab ja auch die Dichter großer Epen, die wir zumindest dem Namen nach alle kennen: das Nibelungenlied, den Parzival, die Erzählungen um die Tafelrunde von König Artus oder die Geschichte von Tristan und Isolde.

Im Grunde gab es drei verschiedene Formen höfischer Epik, die allesamt aus Frankreich kamen: die Heldenepik, die Geschichten und Sagen aus vergangener Zeit zum Thema hatte (beispielsweise das Rolandlied); in Verse gebrachte Romane über antike Stoffe, in deren Mittelpunkt etwa der große Alexander oder der aus Troja entkommene Aeneas standen, und schließlich die höfischen Romane über legendäre Gestalten aus keltischer Zeit.

Die Vorlagen kamen meist aus Frankreich und zuweilen auf dem Umweg über Flandern nach Deutschland. Den deutschen Dichtern haben mit hoher Wahrscheinlichkeit lateinische oder französische Bücher vorgelegen, die sie entweder selbst übersetzten, sofern sie dazu in der Lage waren, oder sich haben übersetzen lassen, wobei feststeht, dass einige von ihnen weder lesen noch schreiben konnten.

Analphabeten als Dichter – schwer vorstellbar, aber Tatsache.

Allen Epen war gemeinsam, dass die darin geschilderten Helden dem staufischen Ritter als Vorbild dienen sollten, was voraussetzte, dass alle Figuren – sei es Alexander der Große, sei es der legendäre Artus – als Zeitgenossen dargestellt wurden. Sie alle bemühten sich zwar, dem Idealbild des Ritters zu entsprechen, verstießen jedoch immer wieder gegen das wichtigste aller Gebote, nämlich jeden Exzess zu meiden und alles in Maßen zu tun. Durch Unmäßigkeit und Unbeherrschtheit –

sei es in der Liebe oder im Hass, bei Speise oder Trank – verloren sie ihre Ehre und mussten deshalb hinaus in die Welt, um durch zahlreiche Abenteuer dieselbe wiederherzustellen.

Das klingt sehr naiv, war es im Grunde auch, aber bei Hofe konnte man diesen Geschichten stundenlang lauschen, wobei viel Geduld tatsächlich notwendig war, sowohl für den Sänger als auch für die Zuhörer. Wenn man davon ausgeht, dass der Vortrag von 1000 Versen etwa eine Stunde in Anspruch genommen hat, würde ein einziges Buch aus dem Parzival runde eineinhalb Stunden gedauert haben. Allerdings umfasst der gesamte Parzival 16 Bücher, was einer Vortragsdauer von 24 Stunden entspricht, und damit kann man einen Hof schon zwei Wochen lang allabendlich unterhalten.

Nun wurden die Epen natürlich nicht ausschließlich vorgetragen oder gesungen. So gebildet war man inzwischen schon, dass die meisten Höflinge, vor allem die Damen, solche Epen auch selbst lesen konnten. Voraussetzung war allerdings, dass das Werk bereits vorlag. Da zur damaligen Zeit jedoch der Buchdruck noch nicht erfunden worden war und jedes Buch mit der Hand geschrieben werden musste, waren solche Bücher extrem kostspielig und selbst an Fürstenhöfen nur relativ selten anzutreffen.

Fazit nahezu aller Minnedichtung ist: Nur die Dame, besser gesagt die adlige Herrin, ist es, die den Mann zu großen Taten anspornt, und die Allmacht der solchermaßen idealisierten Frauen beweist auch die Tatsache, dass das noch heute als »königlich« bezeichnete Schachspiel in jenen Jahrzehnten einen entscheidenden Wandel erfährt: Nicht länger nämlich ist es der Großwesir, der dem König zur Seite steht, sondern auf einmal wird die Dame zur alles beherrschenden Figur.

Und das ist sie sogar in jenem Epos, das ansonsten so völlig aus der Art schlägt: im Nibelungenlied. Auch hier stehen im Mittelpunkt zwei Frauen, Brunhild und Kriemhild, deren Rivalität letztendlich zum grausigen Blutbad führt. Abgesehen vom Werben Siegfrieds um Kriemhild, der unerschütterlichen Treue des finsteren Hagen gegenüber seinem Lehnsherrn Gunther und dem Edelmut Rüdigers von Bechelaren, triumphieren in diesem schauerlichen Drama um den Untergang der Burgunder nicht die ritterlichen Idealvorstellungen. Zwar wird nach außen hin höfische Lebensart in allen nur denkbaren Facetten geschildert, aber in der Geschichte selbst feiern Hass und Neid, Gier und Rache wahre Triumphe. Es ist wohl das einzige große Werk aus höfischer Zeit, das dem lauschenden Publikum keine Idealgestalten vor Augen führt, und Tun und Denken der Hauptpersonen konnten und wollten die vortragenden Sänger wohl kaum zur Nachahmung empfehlen.

Während dieser Zeit sind auch wunderbare Sakralbauten entstanden: die Dome in Speyer, Worms, Bamberg und Mainz, das Straßburger Münster, die Abteikirche Maria Laach. Allein in Köln gibt es noch heute einen Kranz von zwölf romanischen Kirchen, die zum Schönsten gehören, was im 12. und 13. Jahrhundert gebaut worden ist.

Nur: Während die Kirchen durch ihren sakralen Charakter die Jahrhunderte hindurch geschützt blieben, kann man das von anderen Bauten nicht sagen. So verfielen zahlreiche Klosterkirchen, nachdem während der Französischen Revolution und in der napoleonischen Zeit alle Klöster aufgelöst worden waren. Viele von ihnen – das traurigste Beispiel ist die einst größte Kirche der Welt im französischen Cluny – wurden als Steinbruch verkauft und abgerissen.

Den Profanbauten ging es kaum anders. Burgen wurden erobert und zerstört, Rathäuser fielen Feuersbrünsten zum Opfer. Von den herrlichen Kaiserpfalzen sind nur Reste übrig geblieben, doch die erhaltenen Säulen, Fresken und Fenster beweisen, auf welch hohem Niveau die Architektur der höfischen Zeit angesiedelt war. Man denke nur an die wunderschönen Kapitelle und reich geschmückten Portale oder die Reliquienschreine, allen voran jener Schrein, der im Kölner Dom der Legende nach die Gebeine der Heiligen Drei Könige birgt und um 1230 vollendet wurde.

Und noch etwas erfindet die höfische Zeit: das Denkmal, das bis dahin in Deutschland unbekannt war. Großplastiken wurden geschaffen, teils als Grabplatten, aber auch frei stehend, zum Beispiel der Braunschweiger Löwe oder der Bamberger Reiter, von dem man immer noch nicht hundertprozentig weiß, welchen deutschen König er denn nun darstellen soll. Möglicherweise Philipp von Schwaben, den Sohn Friedrich Barbarossas, der nach dem Tod seines Bruders Heinrich VI. König wurde.

Während indes alle anderen Künste sich sanft von der Romanik zur Gotik hin entwickeln, bricht die so genannte höfische Zeit nahezu abrupt ab. Als erstes Glanzlicht darf zweifellos das Mainzer Hoffest im Jahr 1184 bezeichnet werden, und mit dem Hoftag in Mainz (1235) unter Barbarossas Enkel Friedrich II. wird ein letzter Höhepunkt erreicht. Mit dem Aussterben der Staufer 1268 geht auch die Zeit der großen Fürstenhöfe zunächst einmal zu Ende.

Es gab keine Mäzene mehr, die Dichter und Sänger hätten fördern können oder wollen, und so zog sich zumindest diese Art Kunst zurück in die Klöster, aus der sie einst gekommen war, um später, gegen Ende des 14. Jahrhunderts, ihren Weg in die Häuser der immer wohlhabender werdenden Bürger zu finden.

Der Rittersmann indes, dem 100 Jahre lang erzählt worden war, wie glanzvoll und großzügig es bei rechten Adligen zuzugehen hat, fand sich plötzlich ernüchtert auf dem Boden der Tatsachen wieder, denn mit dem Rittertum ging es rapide bergab, und aus dem Chevalier, dem Kavalier, der er doch eigentlich hätte sein sollen, wurde erneut ein ziemlich barbarischer Raufbold, wie es die meisten waren, bevor die kleine Beatrix so etwas wie Zivilisation nach Deutschland brachte.

13. KAPITEL
DER TOD IM SALEPH
(1190)

Der Gestank war in der Tat kaum noch zu ertragen. Konrad von Wolfach, Anführer des kleinen Trupps, gab seinen Leuten zu verstehen, die Pferde mit dem zweirädrigen Karren, auf dem ein dunkles Holzfass schaukelte, ein paar Meter beiseite zu führen oder doch zumindest aus dem Wind. Einen solchen Geruch konnte man niemandem zumuten, schon gar nicht Bohemund, dem Fürsten von Antiochia, der sich bereits auf dem Weg befand, um die Männer des Herzogs Friedrich von Schwaben mit ihrer entsetzlichen Fracht am St.-Pauls-Tor im Norden der Stadt in Empfang zu nehmen. Konrad und seine Männer gehörten zu dem, was vom Kreuzfahrerheer des Kaisers übrig geblieben war.

Und das in der Tonne waren die Überreste des Kaisers.

Angefangen hatte alles vor zwei Jahren. Nachdem Saladin die im Heiligen Land lebenden Kreuzfahrer vernichtend geschlagen und Jerusalem erobert hatte, schwor Kaiser Friedrich, den sie in Italien den »Rotbart« nennen, die heiligen Stätten zu befreien. Koste es, was es wolle.

Im Mai 1189 waren sie von Regensburg aus aufgebrochen. Mit einem riesigen Heerbann. Die Mönche, die zu den Schreibern im Gefolge Friedrichs gehörten, behaupteten später, es seien an die 100 000 Männer gewesen, aber – Konrad verzog verächtlich den Mund – was verstehen Mönche schon vom Krieg. Immerhin, es war ein gewaltiges Heer und jedes Mal ein prächtiges Schauspiel, wenn abends das Prunkzelt des Kaisers aufgeschlagen wurde, das Königin Margarete, die Frau König Bélas von Ungarn, Friedrich geschenkt hatte und das auf einem Karren transportiert wurde, vor den man acht Pferde spannen musste, um ihn überhaupt vom Fleck zu bekommen.

Der Kaiser wurde nicht nur von neun Bischöfen, drei Markgrafen und rund 30 deutschen Grafen begleitet, sondern auch von seinem Sohn, Herzog Friedrich von Schwaben, zu dessen Männern auch Konrad, der junge Graf von Wolfach, gehörte, der jetzt die Ehre hat, den Kaiser auf seinem letzten Gang zu begleiten.

Anfangs ging alles glatt vonstatten, aber kaum vor Konstantinopel angekommen, begann der Ärger. Er beginnt angeblich immer vor Konstantinopel. Das wenigstens behaupten die Mönche, die zudem wissen wollen, dass es dort schon auf dem allerersten Kreuzzug besagten Ärger gegeben hat. Auch diesmal haben sich die hohen Herren beider Seiten monatelang in den Haaren gelegen, und fast hätten die Kreuzfahrer sogar die Stadt belagert, aber im letzten Moment wurde ein offener Konflikt abgewendet, sodass es im Frühjahr des folgenden Jahres dann endlich weiterging.

Allerdings ab sofort durch Feindesland. Genau ein Jahr nach dem Aufbruch aus Regensburg stand das Heer der Christen an der Grenze zum Seldschukenreich des Sultans Kilidsch Arslan II., der im Vorfeld feierlich versichert hatte, einem friedlichen Durchmarsch des Christenheeres stünde nichts im Wege. Friedrich, der ohnehin auf strengste Disziplin im Heer achtete (Huren wurden mit ihrem Galan durch das Lager gepeitscht, Streithanseln die rechte Hand abgehackt), garantierte größtmögliche Ordnung, und los ging's. Tatsächlich regte sich kein Widerstand.

Aber auch sonst nichts.

Es gab weder Menschen noch Vieh, die Felder waren unbebaut, für Baumfrüchte war es noch zu früh, und der zugesagte Proviant lag auch nirgends bereit. Da aß man schließlich, was man in solchen Fällen immer isst: Brot aus dem Mehl von Eicheln, Pferdeäpfel und Gras, Wurzeln und Blätter und hin und wieder eine Ratte oder eine Schlange. Nach und nach wurden die Pferde geschlachtet, und die Männer schleppten sich in ihren schweren Rüstungen durch die Hitze des Frühsommers, bis sie endlich nach unsäglichen Strapazen und schweren Gefechten halb verhungert die Stadt Philomelium erreichten.

Aber auch diese Stadt war leer. Kilidsch Arslan II. hatte alle Vorräte nach dem etwa zwei Tagesmärschen entfernten Konya schaffen lassen, das etwa die Größe Kölns hatte, der damals größten deutschen Stadt. So kam Pfingsten. Der Bischof von Würzburg las die Festmesse, und als Festschmaus gab es gekochte und in kleine Streifen geschnittene Pferdehäute.

Obwohl sich beim Heer nur noch 600 kampffähige Ritter befanden, überstand es die Nahkämpfe mit den immer wieder anreitenden Heiden, die offensichtlich von Qutb ed-Din, dem Sohn des verräterischen Sultans, angeführt wurden. Irgendwann standen sie schließlich vor Konya, dessen Bewohner die Stadt nicht verlassen hatten. Hinter den hohen und mächtigen Mauern mussten sich alle Reichtümer der Gegend häufen. Und wichtiger noch: alle Lebensmittel!

Konrad konnte sich nur noch dunkel daran erinnern, wie sie es geschafft hatten, aber des Kaisers Sohn Friedrich und seine Männer brachen in erbitterten Nahkämpfen jeden Widerstand; der verräterische Sultan, der sich in seine Stadtburg geflüchtet hatte, musste alle seine Vorräte herausrücken und darüber hinaus zehn Emire und zehn Barone als Geiseln stellen. Ihm selbst geschah nichts, was für den Edelmut des Kaisers sprach.

Was sollte ihn nun noch aufhalten? Das Heer war nach

einigen Ruhetagen bestens verproviantiert, der Pferdebestand aufgefüllt, der Sultan eingeschüchtert, und selbst Saladin, übrigens der Schwiegervater des Schurken Qutb ed-Din, schien – wie man später erfuhr – beeindruckt. Zwischen Friedrich und Jerusalem lagen jetzt nur noch das christliche Armenien und ein paar Städte, die sich in der Hand von Kreuzfahrern befanden. Tarsus zum Beispiel oder Antiochia, Tyros oder Akkon.

Und ein kleiner Fluss namens Saleph.

Pferdegetrappel riss Konrad aus seinen Gedanken. Seine Leute, die abgesattelt und sich im hohen Gras ausgestreckt hatten, kamen auf die Füße. Ein Trupp bunt gekleideter Männer sprengte aus dem Stadttor. Seldschuken, schoss es Konrad durch den Kopf, aber die Haare der Männer waren blond und ihre Pferde größer als die der Heiden. Normannen sind's, dämmerte es Konrad, der schon von den wilden Gesellen gehört hatte, die sich in kürzester Zeit an die Sitten und Gebräuche der von ihnen eroberten Länder anpassten.

Ihr Anführer sprang aus dem Sattel; ein stattlicher Mann, aber weit über die vierzig hinaus. »Ich bin Bohemund«, sagte er mit unverkennbarem Akzent. »Und wer seid Ihr?«

Konrad verneigte sich leicht. »Graf Konrad von Wolfach und ich bringen Euch die Grüße meines Herrn, des Herzogs Friedrich von Schwaben. Wir mussten ihn krank in Kilikien zurücklassen, denn das hier ist eilig.« Konrad zeigte auf den Karren mit dem Fass, und Bohemund verzog angewidert das Gesicht.

»Was um Himmels willen ist denn das?«, fragte er angeekelt. »Doch nicht etwa…«

»Doch«, sagt Konrad. »Nichts hat sich der Kaiser so sehr gewünscht, wie nach Jerusalem zu kommen. Deshalb haben wir seinen Leichnam nach alter Gewohnheit in Essig eingelegt, aber die Hitze ist wohl zu groß. Sein Herz und die Eingeweide haben wir bereits in Tarsus gelassen und beigesetzt, aber nun geht es wohl gar nicht mehr weiter.«

»Und wer führt jetzt das Heer?«

»Des Kaisers Sohn, Herzog Friedrich von Schwaben, aber es ist nur noch ein sehr kleines Heer. Der Herzog ist krank; deshalb hat er mich vorausgeschickt.«

Der Fürst sah ihn scharf an. »Wann genau ist der Kaiser gestorben?«

»Am 20. Juni«, sagte Konrad.

Die Mönche hatten das Datum genau festgehalten, denn Todestage waren wichtiger als Geburtstage. Mit dem Todestag – hieß es – begann für einen Christenmenschen das eigentliche, das wichtige Leben. Geburtstage dagegen merkte man sich allenfalls, wenn man sie mit Festtagen in Verbindung bringen konnte, also am Tag nach Christi Himmelfahrt oder zwei Tage vor dem Fest der Heiligen Petrus und Paulus. Gebildete Leute merkten sich vielleicht auch den Monat, weil er für astrologische Vorhersagen wichtig sein könnte.

Aber das Geburtsjahr blieb – wenn überhaupt – nur im Gedächtnis der Eltern, wenn das Jahr aus anderen Gründen des Erinnerns wert war. So sagte man, dass jemand im Jahr der großen Hungersnot geboren worden sei oder im Jahr, als die Dorfkirche abbrannte. Jedenfalls zählte das einfache Volk die Jahre nicht im Zusammenhang mit der Geburt des Herrn. Zahlen jenseits der Tausend waren ohnehin unvorstellbar.

Bohemund wandte sich um und rief nach dem Hofkaplan. Ein junger Mönch löste sich aus dem Gefolge des Normannen. »Ekkehard«, sagte der Fürst, »begleite die Männer und ihre kostbare Last ans Flussufer. Du weißt, was zu tun ist. Und bringt alles außer den Gebeinen in einem Gefäß in die Kathedrale des heiligen Petrus.«

Und zu Konrad gewandt, fuhr er fort: »Wir werden seinen Leichnam kochen, auf diese Art das Fleisch von den Knochen lösen und es hier bestatten. Nehmt Ihr die Gebeine mit Euch und bringt sie nach Tyros. Von dort könnt Ihr ein Schiff nach Jerusalem nehmen, auf dass der letzte Wunsch unseres Herrn erfüllt werde.«

Bohemund legte den Arm um die Schulter des jungen Mannes. »Und nun erzählt mir, was wirklich geschehen ist. Bislang sind hier nur Gerüchte angekommen. Ein Kaiser kann doch nicht in einem Bach ertrinken.«

»Es war wohl eher ein Fluss«, sagte Konrad. »Selber dabei gewesen bin auch ich nicht, aber ich habe mit denjenigen gesprochen, die ihn aus dem Wasser gezogen haben. Aber da war er schon tot.«

»Aber wie ist es dazu gekommen?«, drängte Bohemund ungeduldig. Konrad fühlte sich unbehaglich, aber er war seit dem frühen Morgen im Sattel gewesen, kam fast um vor Hunger, und noch schlimmer war der Durst. Es war jetzt nicht die Stunde für herkömmliche Umgangsformen.

»Habt Ihr einen Schluck Wasser?«, platzte er heraus.

Eine Stunde später saß er gewaschen – von einer nubischen Sklavin übrigens – mit Bohemund in dessen Palast und ruhte in einem Pfuhl weicher und wohlduftender Kissen. Sein Becher wurde ständig mit kühlem Wein nachgefüllt, und über dem Wein hatte er das Essen vergessen. Bohemund hatte sich lachend dafür entschuldigt, dass seine Neugier ihn die selbstverständlichsten Formen normannischer Gastfreundschaft hatte vergessen lassen, und hörte nun versunken Konrads Bericht über die letzten Minuten des Kaisers zu.

»Es war noch in den kilikischen Bergen, nahe der Stadt Seleukia, wo ein Flüsschen sich auf zum Teil recht abenteuerliche Weise einen Weg durch steile Felsen sucht. Aber ein schmaler Steg an seinem Ufer entlang schien immer noch weniger mühsam zu sein als jener Schwindel erregende Ziegenpfad, der über die Bergkuppe führt. Also nahm der Kaiser mit kleinem Gefolge diese Abkürzung.

Doch obwohl man an diesem Tag bereits armenische Reiter gesichtet hatte und folglich sicher sein durfte, befreundetes Terrain erreicht zu haben, hatten die meisten Krieger – und auch Friedrich – vorsichtshalber ihre Rüstungen anbehalten, weil auch jetzt noch jederzeit mit dem Überfall von Räuberbanden zu rechnen war.

In solchen Rüstungen jedoch herrscht an einem Junitag eine Gluthitze, wie ja wohl auch Bohemund wusste. Jedenfalls war der alte Mann – schließlich ging er auf die siebzig zu, und sein roter Bart war inzwischen fast weiß – durch den reißenden Bach geritten und hatte sich erst am anderen Ufer die schwere Rüstung ausgezogen.

Manche glauben, das Pferd habe gescheut, und er sei dabei ins Wasser gefallen, wobei ihn die Rüstung nach unten gezogen habe, aber das stimmt nicht. Er ist ohne Rüstung ins Wasser gestiegen, um sich darin abzukühlen, denn das Wasser des Saleph ist eiskalt. Währenddessen haben seine Begleiter eine Mahlzeit zubereitet. Als der Kaiser zurückkam, hat er mit großem Appetit gegessen. Und wohl auch getrunken«, wie Konrad leicht zögernd nachschickte.

Bohemund nickte. Warum auch hätte er nichts trinken sollen.

»Dann wollte der Kaiser noch einmal ins Wasser. Er schwamm gut im Gegensatz zu den Heiden, die allesamt ziemlich wasserscheu sind. Seine Gefährten rieten ihm ab, hielten ihm vor, er sei nicht mehr der Jüngste, außerdem durch die Strapazen der letzten Wochen geschwächt, und nach dem Essen sollte man sowieso nicht ins Wasser, wie jeder halbwegs gebildete Mönch wisse …«

Konrad stockte.

»Und?«, fragte Bohemund.

Konrad zuckte die Achseln. »Habt Ihr schon einmal einen Kaiser erlebt, der sich in solchen Dingen etwas sagen lässt?«

»Ich habe überhaupt noch nie einen Kaiser erlebt«, sagte Bohemund trocken. »Trotzdem, was weiter?«

»Er sprang hinein und ging unter. Man sah noch einmal seine Hände auftauchen, dann war er weg. Fünfzig Schritte weiter hat man ihn aus dem Wasser gezogen. Ertrunken kann er nicht sein. Vermutlich hat ganz einfach sein Herz versagt.«

»Da seht Ihr's«, sagte Bohemund, der dem Wein in ebenso reichlichem Maße zugesprochen hatte wie sein Gast, und erhob sich leicht schwankend von seinem Lager. »Zuweilen soll man selbst auf Mönche hören.«

»Ach, diese Mönche!« Konrad schüttelte den Kopf. »Sie sagen, der Kaiser sei einen schlechten Tod gestorben, weil er seit Tagen nicht gebeichtet und kommuniziert habe. Aber welche Sünde hätte er denn in den kilikischen Bergen begehen sollen!«

Trunken starrte Konrad den Fürsten an. »Was weiß ich«, gab dieser achselzuckend zurück. »Man kann ja auch im Schlaf sündigen – oder?«

»In die Hölle hat der Satan ihn wohl nicht schleppen dürfen; dafür war er ein zu gerechter Herr«, meinte Konrad, »aber die Mönche sind sicher, dass er bis zum Tag des Gerichts in einem Feuer sitzen wird. Wartet, genau, in einem Fegefeuer, so haben sie es genannt. Habt Ihr schon einmal von diesem Fegefeuer gehört?«

Bohemund schüttelte den Kopf. »Nie«, sagte er entschieden. »Aber ich habe in meiner Schlafkammer einen großen Christopherus an die Wand malen lassen, denn wer morgens den heiligen Christopherus gesehen hat, kann an diesem Tag ohne jede Furcht vor der Hölle sterben.«

»Wie tröstlich«, wollte Konrad noch sagen, aber da war er auch schon eingeschlafen, und während sein leises Schnarchen den Raum füllte, wurde 1000 Schritt weiter unter dem Hauptaltar der Kathedrale von Mönchen beigesetzt, was von Friedrich Barbarossa übrig geblieben war.

ZEITRAFFER

1187	Sultan Saladin erobert Jerusalem.
1189	Friedrich Barbarossa bricht zum Kreuzzug auf.
1190	Der Kaiser ertrinkt im Saleph.
1191	Auch sein Sohn Friedrich, Herzog von Schwaben, stirbt im Heiligen Land.

14. KAPITEL
ZU VIERT IN EINEM BETT

Jan schreckt hoch. Er hat tief und traumlos geschlafen. Irgendetwas drückt auf seine Blase. Er schiebt es weg. Ein haariges Männerbein. Es ist stockdunkel im Raum, der erfüllt ist mit Schnarchen, Schmatzen, Ächzen und dem rasselnden Atmen eines Lungenkranken.

Verdammt. Jan hat sich am Abend zuvor beim Wein bewusst zurückgehalten, weil er es vermeiden wollte, in der Nacht rauszumüssen. Vergebens. Er weiß, dass er nicht mehr wird einschlafen können, wenn er sich jetzt nicht erleichtert. Nackt, wie er ist, steigt er über seinen murrenden Nachbarn hinweg aus dem breiten Bett, das er sich nicht nur mit diesem, sondern mit noch zwei weiteren Männern teilt.

Es ist eiskalt im Zimmer. Einen Kamin gibt es nicht, und selbst wenn einer vorhanden wäre, würde man ihn nicht durchgehend brennen lassen. Offenes Feuer während der Nacht ist verboten; ebenso unbeaufsichtigte Kerzen oder Talglichter. Jan tastet sich durch den Raum, vorbei an dem anderen Bett, in dem die Frauen seiner Bettnachbarn schlafen. Ebenso nackt und aneinander gekuschelt wie ihre Männer.

Jan ist jetzt hellwach. Er hat sich die Örtlichkeiten vor dem Schlafengehen genau eingeprägt. Deshalb weiß er, wo sich die Tür befindet und dass er draußen nach links gehen muss, durch die Tür zum Hof. Dort kann er sich erleichtern.

Irgendwohin. So halten es selbst der Wirt und seine Frau. Die Gänse und die Schweine tun's ja auch.

Leider liegt draußen Schnee, und als Jan sich zurücktastet durch den Flur und hinein in die Schlafstube, sind seine Zehen bereits froststarr. Er greift nach dem Ledersack, der ihm als Kopfkissen dient und in dem er nicht nur seine Kleider, sondern auch sein Bargeld aufbewahrt. Erleichtert stellt er fest, dass er nach wie vor verschlossen ist. Der raffinierte Knoten, den ihn ein Seiler gelehrt hat, ist so schnell nicht zu lösen. Schon gar nicht im Finstern.

Sein Nachbar zur Linken brummt wütend, als sich Jan an seinen Rücken anschmiegt und mit seinen eiskalten Füßen nach den warmen des Nebenmanns tastet. Während er versucht, wieder einzuschlafen, denkt Jan nicht ohne Vergnügen an den gestrigen Nachmittag. Es war sehr angenehm gewesen beim Bader in der Schwalbengasse. Es zahlt sich immer aus, wenn man als Reisender in einer fremden Stadt bei einem Landsmann Quartier bezieht.

In Köln ist es für Kaufleute wie ihn, der aus Holland kommt, nicht sonderlich schwer. Hier im Friesenviertel hat er gleich ein Gasthaus gefunden, und wenn es auch nicht zu den besten gehört – es zählt auch nicht zu den teuersten. Immerhin war im Hof ein abschließbarer Stall, in dem er sein Maultier und den zweirädrigen Karren mit seiner Ware sicher hatte unterbringen können, was von unschätzbarem Vorteil war.

Beim Bader, der ihm vom Wirt empfohlen worden war, hatte ihn ein dralles Mädchen in einen Badezuber gesetzt, gründlich gewaschen und ihm vor allem die Läuse aus dem Haar gekämmt. Später ist er ihr in eine kleine Kammer gefolgt, wobei er ihr feierlich versichern musste, dass er nicht verehelicht sei. Wahrscheinlich rührte ihre Vorsicht daher, dass der Rat wieder einmal eine Frau aus der Stadt hat jagen lassen, die es mit Geistlichen oder verheirateten Männern getrieben hatte.

Jan gräbt sich tiefer in den aufgeschütteten und getrockneten Farn. Er ist ihm lieber als die Strohsäcke, deren Inhalt nur selten gewechselt wird und deshalb zumeist vor Ungeziefer wimmelt. Er presst sich dicht an den heißen Rücken seines Nachbarn. Und der lässt es sich gefallen. Es ist gemütlich warm unter der schweren Decke.

Bei unsereinem, der selbstverständlich ein eigenes Bett für sich beansprucht, könnte der Verdacht keimen, die soeben geschilderte Episode würde sich – besonders in Köln! – in einem gewissen Milieu abspielen, aber Homosexualität galt damals natürlich als schwere Sünde und war strengstens verboten.

Bemerkenswerterweise wurde sie aber nach Möglichkeit stillschweigend unter den Teppich gekehrt. In vielen Gesetzbüchern der Zeit taucht das Vergehen der Sodomie, wie die Homosexualität damals genannt wurde, nicht einmal auf. Höchst bezeichnend verlief noch gegen Ende des 15. Jahrhunderts eine Affäre in Köln, als ein Pastor von St. Aposteln den Rat dahingehend informierte, dass ihm eines seiner Pfarrkinder eine homosexuelle Beziehung ausgerechnet mit einem Ratsangehörigen gebeichtet habe.

Ein reicher Ratsherr sei der Partner gewesen, verheiratet und Vater mehrerer Kinder, der Pferde besaß und häufig durch die Stadt reite. Aber er sei nicht der Einzige, der »sulchen Oeveldait« schuldig geworden sei. Da gebe es noch weitere Personen, angeblich sogar an die 200, die sich auf ähnliche Weise verlustieren würden.

Nun wäre ja dieser Ratsherr von seinen Kollegen sehr schnell zu identifizieren gewesen – wahrscheinlich hatte man das auch längst getan –, aber diesen Skandal wollte man sich ersparen. Der Rat setzte zwar zum Schein einen Untersuchungsausschuss ein, aber führende Theologen äußerten die Ansicht, wenn der Skandal erst öffentlich diskutiert würde, könnten junge Männer erst recht auf abwegige Gedanken kommen, und deshalb kam man zu dem Schluss, dass man die ganze Geschichte »umb gotz willen verswege«.

Aber das nur in Klammern.

Also: Weder Jan noch seine Bettgefährten waren homosexuell. So schlief man halt: splitterfasernackt, denn der Schlafanzug kam erst sehr viel später aus China nach Europa, und weil es in normalen Herbergen keine ordentlichen Matratzen, geschweige denn ein mit Daunen gefülltes Oberbett gab, schmiegte man sich unter den Wolldecken möglichst eng aneinander.

Zuweilen auch Männer und Frauen gemeinsam.

Wo es die Größe des Raumes erlaubte, zwei Betten aufzustellen, und wo Frauen und Männer der Schicklichkeit wegen in verschiedenen Betten schliefen, konnte es natürlich zu komischen oder auch peinlichen Verwechslungen kommen. Wenn nämlich, wie oben geschildert, jemand des Nachts auf den Hof musste, konnte er anschließend – beabsichtigt oder nicht – in der Dunkelheit durchaus unter die falsche Decke schlüpfen. Was dann geschah, war Gegenstand unzähliger Witze und Schwänke.

Nun liegt die Vermutung nahe, dass diese Art, sich zu betten, allenfalls bei den unteren Klassen Sitte war, aber weit gefehlt: Eine zauberhafte Skulptur in der Kathedrale im burgundischen Autun zeigt die drei aneinander gekuschelten Heiligen Drei Könige unter nur einer Decke, die ein Engel fürsorglich über sie ausbreitet. Auch der Adel fand also nichts dabei, und es gab sogar Benimmregeln, nach denen der tiefer gestellte Bettgenosse den standesmäßig über ihm Stehenden gefälligst zu fragen hatte, welche Seite im Bett ihm genehm sei.

In den engen Kemenaten – das Wort ist vom lateinischen *camina* = Kamin abgeleitet – der kleinen Burgen der Stauferzeit ging es ähnlich spartanisch zu. Die ganze Familie schlief in ein und demselben Raum, auch der fahrende Ritter, der zu Gast weilte. Häufig genug war kein Platz für ein weiteres Bett, sodass er zu den Eheleuten unter die Decke schlüpfen musste.

Und wenn wir uns heute auf einer Reise durch unser Nachbarland mit dem berühmt-berüchtigten französischen Bett abfinden müssen, dann wissen wir jetzt wenigstens, wo es seinen Ursprung hat.

Wer sich heutzutage auf Reisen begibt, hat ausreichend Gelegenheit, sich gründlich vorzubereiten. Er kann telefonisch oder via Internet seine Hotels reservieren, sich von diversen Verkehrsclubs Informationspakete schicken lassen und sich einen Reiseführer kaufen. Von Fahrplänen, Hotelprospekten oder Landkarten aber konnte der Mensch im 13. Jahrhundert nicht einmal träumen.

Es gab keine Landkarten, folglich auch keine Entfernungsangaben, lediglich Erfahrungsberichte von weit gereisten Mitmenschen, die ebenso vage wie unzuverlässig waren. Wegweiser waren unbekannt, sodass man sich von Ort zu Ort weiterfragen musste. Manchmal, in den riesigen Urwäldern, die es trotz zahlreicher Rodungen noch immer gab, hätte man vielleicht auch einen Kompass gebraucht; den gab es zwar schon, er fand sich aber nur bei reicheren Leuten – und bei aufgeklärten. Aber wer war das schon damals? Die meisten Menschen hielten das Ding mit der Nadel für Satansspuk und Teufelswerk.

Wenn schon die Orientierung fehlte – die Ausrüstung musste in jedem Fall stimmen, und die richtete sich natürlich danach, wann die Reise angetreten werden sollte. Das hing von verschiedenen Kriterien ab. Soldaten wurden abkommandiert, Kaufleute mussten bestimmte Termine einhalten, während Pilger sich ausschließlich nach der günstigsten Jahreszeit richten konnten. Das war nicht unbedingt der Sommer.

Im Gegensatz zu heute kannte der Mensch des Mittelalters kaum eine Reise, die lediglich zum Vergnügen unternommen wurde. Ein Kaufmann beispielsweise, der seine Waren mit Pferd und Wagen in eine andere, vielleicht weit entfernte Stadt bringen wollte, tat gut daran, angesichts seiner Konkurrenten möglichst schon im März dort zu erscheinen, weil er dann allein auf dem Markt und der zu erzielende Preis besonders günstig war. Vergessen wir nicht, dass viele Orte in harten Wintern monatelang von der Außenwelt abgeschnitten waren und die Menschen dort sehnlichst auf den Kaufmann und seine neue Ware warteten.

Andererseits: In den ersten Frühjahrsmonaten schmolz der Schnee; die Straßen waren versumpft. Außerdem brauchten die Pferde des Kaufmanns Futter. Da er sie unterwegs nicht weiden lassen konnte, weil noch kein frisches Gras wuchs, musste er Futter mitnehmen oder unterwegs kaufen, wobei man ihn vermutlich gehörig abkassierte. War es da nicht besser, erst im Mai zu reisen, wenn die Wege besser und die Tage länger waren?

Wer nicht wie unser Kaufmann auf Termine angewiesen war, reiste natürlich im Sommer – sollte man meinen. Aber das hing weitgehend davon ab, wohin man wollte. Im August durch Florenz zu laufen ist nicht gerade ein Vergnügen, von den Gefahren abgesehen, die von Milliarden ausschwärmender Mücken ausgehen, wenn Gegenden versumpft sind. Wir erinnern uns, dass Friedrich Barbarossa im Sommer 1167 vor Rom fast sein gesamtes Heer verlor.

Und dabei war es erst Ende Juni.

Angenehmer war es im Herbst. Zwar wurden die Tage bereits wieder kürzer, aber noch immer konnte man – so man keine Herberge fand – notfalls unter freiem Himmel schlafen. Die Wege waren jetzt trocken, und die Pferde hatten noch immer Futter. Aber man musste sich beeilen, denn der Winter stand vor der Tür; dann wurden die Straßen oft unpassierbar. Jeder, der sich einen zunächst versumpften und später überfrorenen Waldweg vor Augen hält, weiß warum.

Aber es gab auch Menschen, die von der bitteren Kälte profitierten: Die Kaufleute im Osten zum Beispiel, die nun mit ihren Schlitten über die zugefrorenen Flüsse und Sümpfe fahren konnten, manchmal aber auch Räuber oder Soldaten. Der Düsseldorfer Stadtteil Gerresheim war einst ein selbstständiger Ort, dessen Mittelpunkt ein adliges Damenstift aus karolingischer Zeit bildete. Stift und Stadt waren reich, aber trotzdem bauten sie ihren Wehrwall nur im Halbkreis, weil der Ort im Osten durch einen ausgedehnten Sumpf geschützt schien.

Im Jahr 919 indes entdeckte ein Trupp marodierender Ungarn, die damals ganz Deutschland unsicher machten, den von Wald umgebenen kleinen Ort. Es war Winter und bitterkalt, sodass die Ungarn über den zugefrorenen Sumpf ungehindert eindringen und Stift und Ort niederbrennen konnten.

Zehn Jahre später kam dem deutschen König Heinrich I. ein ähnlicher Zufall zu Hilfe, als er mit seinem Heer auf die Slawenburg Brennabor vorrückte. Deren Verteidiger wähnten sich, da von verschlammten Niederungen umgeben, ebenfalls sicher. Aber wie in Gerresheim war auch hier der Sumpf zugefroren, und Heinrich hatte leichtes Spiel.

Zurück zu unserem Kaufmann. War erst einmal die Entscheidung gefallen, wann die Reise angetreten werden sollte, lud er seine Waren auf und sah nach, ob er alles Notwendige zusammenhatte: das Messer und den Holzlöffel, einen Wasserschlauch, der nicht so sperrig ist wie ein Fässchen, einen Flintstein, um ein Feuer zu machen, wenn man einmal keine Herberge fand und im Freien übernachten musste, den Hut, einen wetterfesten Mantel und ein paar Ersatzsandalen.

Noch einmal schlafen, in die Kirche gehen, eine Kerze vor der Muttergottes aufstellen, um eine gute Reise und eine glückliche Heimkehr beten. Dann konnte es losgehen. Die Richtung kannte man ja. Aber das war auch schon alles.

Um das mittelalterliche Straßennetz – wenn man es denn so nennen will – zu begreifen, müssen wir zunächst darüber nachdenken, wie die Straßen überhaupt entstanden sind. Angefangen hat alles ganz sicher mit Trampelpfaden, die nicht anders aussahen als heutzutage ein Wildwechsel. Die Menschen haben in der ursprünglichen Wildnis der Landschaft den schnellsten und bequemsten Weg gesucht, zum Fluss oder den Berg hoch, zum Brunnen oder zum Haus des Nachbarn.

Der Fortschritt vom Trampelpfad zum geplanten Weg ist eine der frühesten Kulturleistungen der Menschheit. Die Wege passten sich der Landschaft an, folgten Flussläufen, überwanden Bergsättel, wichen Mooren und Sümpfen aus, verbanden gezielt verschiedene Städte oder vereinigten sich mit anderen Pfaden. Nie führten sie direkt am Flussufer entlang, wie ja auch neue Orte nur selten dort gegründet wurden. Zu häufig stiegen die noch unregulierten Wasserläufe über die Ufer und hätten Wege und Ortschaften überschwemmt. Höhenwege dagegen waren beliebt; sie ermöglichten auch eine bessere Orientierung als Pfade im Tal oder auf halber Höhe.

Feste und gepflasterte Straßen haben nur die Römer im Westen und Süden Deutschlands gebaut. Aber behauene Steine waren wertvoll, und nach dem Abzug der Legionen nahmen sich die Menschen der Region das willkommene Baumaterial, und zurück blieben lediglich die schnurgeraden Trassen, die sich alsbald wieder in morastige Sümpfe verwandelten.

Eigentlich – streng dem Gesetz nach – waren die Anrainer der Fernstraßen verpflichtet, sie zu pflegen, aber daran bestand nicht das geringste Interesse. Zum einen zogen auf breiten und ausgebauten Straßen nicht nur Kaufleute und

Pilger, sondern vor allem auch Heere, die bekanntlich das Land *verheeren*. Niemand baute deshalb seinen Gutshof direkt an einer Fernstraße, sondern tunlichst ein Stückchen entfernt und möglichst hinter einem Wäldchen versteckt.

Zum anderen führten die Fernstraßen meist über flaches unbewaldetes Terrain, das zumeist landwirtschaftlich genutzt wurde. Innerhalb einer kurzen Regenperiode verwandelten sich die Wege in tiefen Morast, in dem die Pferde kaum noch vorankamen und jeder Karren stecken blieb. Die Folge war, dass sich die Gespanne einen neuen Weg suchten, parallel zu dem versumpften, wodurch die neue Trasse zwangsläufig über die bestellten Äcker der Bauern führte. Das löste natürlich große Verbitterung aus, und das bisschen Trinkgeld, das sie erhielten, wenn sie mit ihren Ochsen einmal mehr einen stecken gebliebenen Wagen herauszogen, wog den Verlust nicht auf.

Da mag es schon vorgekommen sein, dass erboste Hörige einen Kaufmann überfielen, weil dieser rücksichtslos über ihren Acker gefahren war, wie das Leben unterwegs überhaupt risikoreich war. Seit jeher galt die Straße – im Gegensatz zu Haus und Hof – als gefährlicher Aufenthaltsort. Stadt und Heim waren geschützt, und bezeichnenderweise galt die Störung dieses Friedens, der Hausfriedensbruch, als schlimmstes Verbrechen. Die Nichtsesshaften, die Umherziehenden, die Vaganten und die Spielleute galten als ehrlos und wurden mit größter Feindseligkeit behandelt.

Mit Misstrauen wurde eigentlich jeder betrachtet, der sich da draußen herumtrieb. Selbst der Kaufmann auf dem Weg nach Mainz und der Pilger, der nach Santiago de Compostela wollte. Fremde waren es. Wer weiß, ob ihre Tracht nicht Tarnung war.

Doch diese Fremden suchten Obdach, da sie nicht wussten, wann sie die nächste Herberge finden würden, wo sie für die Nacht Unterschlupf erhalten konnten. Näherten sie sich einer Stadt, gab es kein Problem, auch nicht in relativ dicht besiedelten Gebieten wie im Großraum Frankfurt–Mainz. Wer aber durch Niedersachsen zog oder durch den Bayerischen Wald, war häufig gezwungen, sich zum Schlafen unter seinen Wagen zu legen.

Wenn er denn einen Wagen besaß. Weitaus die meisten Menschen, die damals unterwegs waren, gingen zu Fuß oder ritten. Auf den oben geschilderten Wegen war das Fahren in einem Wagen eine Strapaze sondergleichen. Selbst dann, wenn man die Sitzfläche gut mit Stroh ausgepolstert hatte; ganz abgesehen davon, dass allein das Reiten als männlich galt. Aber selbst die Damen zogen es vor zu reiten; wenn sie besonders vornehm waren, ließen sie sich in einer Sänfte transportieren, die entweder zwischen zwei Pferde gehängt oder von Bediensteten getragen wurde.

Neben den Gasthäusern, die nur in Orten anzutreffen waren, gab es gottlob noch die Klöster, in denen die Mönche nach der Regel des heiligen Benedikt von Nursia lebten, der seinen Brüdern eingeschärft hatte, einen jeden, der an die Klosterpforte klopfe, so zu empfangen, als sei es Jesus selbst. Und an diese Regel hielten sich die Mönche.

Zumeist wenigstens.

In der Abtei der heiligen Fides in Conques (in der französischen Auvergne) gab es – was höchst ungewöhnlich war – für den Abt und dessen vornehme Gäste eine eigene Küche, während weniger vornehme Reisende und natürlich die Bettler anderweitig verpflegt wurden. Verstehen kann man das ja, aber das mit Jesus hat Benedikt sicher anders gemeint.

Immer wieder versperrten den Reisenden Flüsse den Weg; kleine und reißende, breite und ruhig dahinströmende. Allen gemeinsam war, dass sie schwer zu überwinden waren. Viele waren zwar mittels einer Furt zu durchqueren – siehe Ortsnamen wie Frankfurt oder Schweinfurt –, andere jedoch waren dafür zu tief oder zu wild. Fährleute waren wichtig, aber ziemlich selten, da man damals kaum davon leben konnte, ein paar Pilger über den Fluss zu setzen. Wenn es Brücken gab, lagen sie weit auseinander, bestanden fast alle aus Holz und waren häufig baufällig.

Der Benediktinermönch Richer erinnert sich an einen Ritt von Reims nach Chartres und an die Brücke, die bei Meaux östlich von Paris die Marne überspannte. Sie schien nur aus Löchern zu bestehen. Richer wurde von einem einheimischen Führer begleitet, der der Brücke ebenfalls misstraute und am Ufer vergeblich nach einem Kahn suchte. Schließlich trieb er lose Bretter auf, die er, zusammen mit seinem Schild, über die einzelnen Löcher legte und auf diese Weise Pferde und Mönch mit sehr viel Glück ans andere Ufer bugsierte.

Steinbrücken, wie sie einst die Römer in Trier über die Mosel gebaut hatten, gab es zunächst nicht. Große Heere wurden mittels Schiffsbrücken über die Flüsse geschafft. Nach und nach entstanden dann doch die ersten Steinbrücken, in Frankfurt und Fürth, in Passau und Koblenz; als Wunderwerk wurde die Brücke von Regensburg noch Jahrhunderte später gepriesen.

Da wir jedoch soeben am Wasser angekommen sind, erhebt sich die Frage, warum die Kaufleute selbst dort, wo sie große Teile des Weges samt ihrer Waren per Schiff hätten zurücklegen können, lieber zu Lande reisten. Ging es denn auf dem Wasserweg nicht sehr viel schneller?

Doch.

Natürlich befuhren mit Waren beladene Schiffe Elbe und Rhein, Mosel und Donau, Maas und Schelde. Schwere Steine, wie sie zur Errichtung der Dome in Worms und Speyer, Mainz und Köln gebraucht wurden, ließen sich ausschließlich auf dem Wasserweg von den Steinbrüchen zur Baustelle transportieren. Holz kam in Flößen den Strom herunter; die weitaus schnellste und vor allem preiswerteste Transportart.

Billiger dagegen war es nicht, kostbare Ware auf dem Flussweg ans Ziel zu bringen, denn die Zöllner waren allgegenwärtig. Allein der Erzbischof Engelbert I. von Köln besaß vier Zollstätten: in Andernach-Linz, Bonn, Neuss und Rheinberg, und eine jede brachte ihm pro Jahr zwischen 3000 und 5000 Mark Silber ein. Insgesamt wurde auf dem Rhein an 30 Stellen Zoll erhoben, aber das waren nur die offiziellen Zollstätten. Raubritter kassierten die Kaufleute zusätzlich ab, sodass sich die Ware mit jedem gefahrenen Stromkilometer drastisch verteuerte. Zwischen Bingen und Koblenz allein um zwei Drittel!

Da überlegte es sich mancher Kaufmann, ob er statt der angenehmen Flussfahrt nicht doch lieber die Beschwernisse des Landweges auf sich nehmen sollte. Dass es dort sehr viel langsamer zuging, lag an dem bereits geschilderten Zustand fast aller Straßen, die man immer wieder mit Steinen, Kies, Knüppelholz und Zweigen zu befestigen suchte. Die Fahrt »über Stock und über Stein« ließ halt kein Tempo zu.

Man hat immer wieder versucht herauszubekommen, wie viele Kilometer ein Kaufmann mit Wagen am Tag zurücklegen konnte, aber das scheint müßig, denn das hing vom Wetter ab, also vom Zustand der Wege. Brach er im Hochsommer auf, wenn die Tage lang waren, oder bereits im März? Zog ein Pferd seinen Wagen, oder waren zwei Ochsen vorgespannt? Vielleicht auch Maultiere oder Esel? Gab es am Fluss eine Furt, oder wartete dort ein Fährmann? Musste er lange nach einer Brücke suchen? Hatte er häufig Pausen eingelegt oder seine Zugtiere vorwärts gepeitscht?

Man darf wohl davon ausgehen, dass der Kaufmann mit seinem Wagen nicht schneller vorangekommen ist als ein Fußgänger, der an die 40 Kilometer am Tag schaffte, wenn er gut zu Fuß war. Zum Vergleich: Ein rheinabwärts fahrendes Schiff brachte es immerhin auf bis zu 150 Kilometer.

Gegraust hat es alle Reisenden vor zwei Dingen: den Alpen und dem Wald, den wir uns nicht so vorstellen dürfen, wie wir ihn heutzutage bei einer schönen Wanderung erleben – lichte Buchenwälder, ab und zu auch Fichten oder Kiefern; durchschnitten von breiten Holzwegen, hin und wieder Bänke, Wanderzeichen und Hinweistafeln, wie weit es noch bis zur Bergspitze oder dem nächsten Weiler ist.

Im 13. Jahrhundert gab es trotz massiver Rodungen ausgedehnte Urwälder, allenfalls durchzogen von schmalen Pfaden, die immer wieder zuzuwachsen drohten. Dann ritten Kriegsknechte den Pfad entlang, die Lanze quer über dem Sattel liegend, und hackten alle Äste ab, die von der Lanze berührt wurden, mehr nicht. Mit allen anderen Widrigkeiten mussten die Reisenden selbst fertig werden. Mit Wölfen, die es noch gab, und anderen Tieren, eventuell auch mit Verfemten, die in die Wälder geflohen waren und sich nun als Räuber betätigten.

Und mit der Angst vor der Dunkelheit und der Einsamkeit.

Wir sollten die Nase nicht rümpfen, denn wer geht schon nachts allein und mutig in den Wald? Konkrete Gefahr besteht nicht, und trotzdem ist die Angst allgegenwärtig. Kein Sittenstrolch würde um drei Uhr morgens im finsteren Tann auf eine Frau warten; es wäre einfach unsinnig, denn seine Chance, auf ein Opfer zu stoßen, stünde nicht einmal bei eins zu einer Million. Trotzdem würde keine Frau bei völliger Finsternis allein durch einen Wald gehen.

Heute wissen wir, dass es weder Elfen noch Trolle gibt, weder Drachen noch Gespenster. Der mittelalterliche Mensch war sich da nicht so sicher. Für ihn waren die Nacht und die Dunkelheit des Waldes Symbol für Schrecken und Gefahr. Die Nächte spielten schon bei den Germanen eine große Rolle, die einen Zeitablauf nicht nach Tagen, sondern nach Nächten berechneten. Vergebens hat das Christentum versucht, dem Mythos Dunkelheit den Schrecken zu nehmen, indem es beispielsweise die Geburt Christi in die Nacht verlegte. Aber es half nicht.

Nacht und Wald blieben Symbole des Bösen.

Gruselige Überlieferungen beherrschten die Fantasie des mittelalterlichen Menschen. Wir brauchen nur ins Nibelungenlied hineinzuschauen, was ja in der uns vorliegenden Fassung im 13. Jahrhundert niedergeschrieben wurde. Da begegnet uns – obwohl der Dom zu Worms schon längst steht – doch tatsächlich ein Drache; dem Nibelung dienen zwölf Waldriesen, und Siegfried zieht eine Tarnkappe an, um die starke Jungfrau Brunhild zu bezwingen. Zauberei und Magie allerorten.

Wer will es dem braven Kaufmann verübeln, wenn er nach Möglichkeit einen weiten Bogen um die Wälder schlug, aber immer war das nicht möglich. Zuweilen musste man dann doch hinein und hindurch, obwohl dort Menschen fressende Hexen lebten, wie im Märchen von Hänsel und Gretel nachzulesen ist, oder garstige und bösartige Zwerge, die Rumpelstilzchen hießen. Niemand hätte solche Geschichten erzählt, wenn man all das für kindischen Unfug gehalten hätte.

Noch mehr als die düstere Einsamkeit des Waldes fürchteten die Reisenden allerdings die Überquerung der Alpen, die nur Soldaten und Pilger wagten, da sie keine Wahl hatten. Kaufleute versuchten, das Hochgebirge zu umgehen, was naturgemäß sehr viel länger dauerte, oder sie schafften die Ware zu Wasser nach Süden, was tatsächlich möglich war. Bis auf den Rheinfall bei Schaffhausen und eine kurze Strecke von etwa 30 Kilometern in der Schweiz, die auf dem Land zurückzulegen war, konnte man tatsächlich vom Rhein über die Schweizer Seen bis hinunter ins Rhônetal gelangen.

Das war weit und teuer, aber weniger gefährlich als der Weg über die Pässe. Auf einer dieser Hauptverbindungsstraßen nach Italien wurden das ganze Jahr über nur so viele Waren transportiert, wie in zwei Güterzüge passen würden.

Ein Beweis dafür, dass das zu erwartende Geschäft nach Ansicht der Kaufleute nicht das Risiko wert war, das sie hätten eingehen müssen.

Pilger, die nach Rom wollten, hatten keine Wahl. Sie mussten über einen der Pässe, wobei sie sich natürlich nicht im Winter auf den Weg machten. Sie zogen im Frühjahr los und hofften inbrünstig, im Herbst wieder daheim zu sein. Soldaten mussten aufbrechen, wenn der Kaiser sie rief, und das konnte auch einmal im tiefsten Winter sein.

Zum Beispiel im Fall Heinrichs IV., der sich während des Investiturstreites mit Papst Gregor VII. überworfen hatte und von diesem 1076 gebannt worden war. Daraufhin fühlten sich seine Vasallen von ihrem Treueid entbunden und wollten im nächsten Frühjahr zu Regensburg einen anderen zum König wählen, da Heinrich herzlich unbeliebt war.

Als der Kaiser hörte, dass auch der Papst von Rom nach Regensburg kommen wollte, brach er mitten im besonders strengen Winter 1076/77 auf, zog ihm mit einer kleinen Schar über die Alpen entgegen und erzwang – wie bekannt – in Canossa die Aufhebung des Kirchenbanns. Wenn er bis zum Frühjahr gewartet hätte, wäre alles zu spät gewesen.

Wie dramatisch sich indes die Überquerung des Mont Cenis gestaltete, schildert uns ein Chronist: »Als nun der König mit den bergkundigen Führern die Passhöhe erreichte, schien ein Weiterkommen schier unmöglich. Die Hänge waren völlig vereist, und die Männer versuchten mit allen Mitteln, der Natur zu trotzen. Bald krochen sie auf Händen und Füßen, bald stützten sie sich gegenseitig, glitten aus, stürzten, rutschten ab. Um der Königin und ihrem Gefolge derart unwürdiges Verhalten zu ersparen, setzte man sie auf Ochsenhäute, und gehalten von Seilen, glitten die Frauen bergab. Den Pferden band man die Beine mit Stricken zusammen und versuchte so, sie die Felswände hinunter abzuseilen, wobei viele von ihnen umkamen.«

Übrigens: Wenn es um die Sicherheit ging, wurden auch in Sachen Schicklichkeit Kompromisse gemacht. Bis ins 20. Jahrhundert hinein hatte eine Lady einen Damensattel zu benutzen. Im Mittelalter wurde das auch von Klerikern erwartet. Von der Königin erst recht. In den Alpen jedoch drückte man wohl beide Augen zu. Auf einem erhaltenen Bildzyklus vom Zug Heinrichs VII. (1274–1313) nach Italien sehen wir auch die Königin reiten – und zwar nach Männerart mit gespreizten Beinen.

Der bequemste Weg nach Italien war zweifellos der Brenner mit einer Höhe von nur 1371 Meter; wesentlich höher waren der Septimer (2311 Meter) und der Julier (2284 Meter), die aber den Vorteil boten, dass man auf dieser Route lange dem Rheintal folgen konnte. Aber selbst Kaiser hatten nicht immer die freie Auswahl. Mal war der bevorzugte Pass durch Lawinen verschüttet, mal durch feindliche Truppen blockiert. Man musste stets den Weg nehmen, der sich gerade anbot.

Eine Überquerung der Alpen war allerdings völlig ausgeschlossen ohne die Unterstützung der einheimischen Bevölkerung. Vom Großen Sankt Bernhard, einem der ältesten Pässe überhaupt, der einst Mons Iovis hieß, sind uns die *marrones* bekannt, ortsansässige Bergbewohner, Hirten vielleicht, die in den Wintermonaten arbeitslos waren.

Sie wurden gegen gutes Geld von den Reisenden angeheuert und legten dabei durchaus Selbstbewusstsein an den Tag, ließen sich nicht drängeln und bestimmten selbst, ob es möglich oder zu gefährlich war, den Aufstieg zu wagen. Dann hüllten sie sich in ihre dicken Mäntel, zogen Pelzmützen und Pelzhandschuhe an, ferner Spezialschuhe, deren Sohlen mit Nägeln gespickt waren.

Schließlich bepackten sie die Saumtiere fachmännisch, schulterten selbst Gepäck und zogen die Frauen auf Schlitten die Berghänge hoch, wobei sie mit langen Stangen im

Tiefschnee nach dem richtigen Pfad stocherten. Wenn alles gut ging, erreichten sie nach einem langen Aufstieg endlich das Hospiz, das 1125 erstmals erwähnt wird, vermutlich aber noch älter ist.

In diesen Hospizen, die nach und nach auf allen Passhöhen errichtet und von Spenden finanziert wurden, fanden die *marrones* und ihre erschöpften Kunden gastliche Aufnahme, Verpflegung und gegebenenfalls auch ein Bett, ehe sie sich an den noch gefährlicheren Abstieg machten.

Wenn man sich nun diese ganze Schinderei vor Augen führt, und zwar nicht nur die lebensgefährliche in den Alpen, sondern auch die ganz alltägliche – beispielsweise die Sorge, ob man eine Herberge finden wird, ob der Weg kein Irrweg ist und ob nicht im Wald die Räuber und am Fluss die Zöllner lauern –, dann fragt man sich unwillkürlich: Warum, zum Teufel, sind sie nicht einfach zu Hause geblieben? Die Mönche blieben schließlich doch auch in ihrem Kloster und die Bauern auf ihrer Scholle. Was also trieb die Menschen unter diesen teils unmenschlichen Bedingungen in die Ferne?

Es gibt eine Theorie, die besagt, dass alles angefangen hat, als der Mensch lernte, das Pferd zu bändigen und als Reittier zu benutzen. Davor hatte er sich nur in einem sehr begrenzten Lebensraum aufgehalten, Beeren gesammelt und Tiere gejagt, die ihren Standort nur unwesentlich veränderten. Plötzlich war er nicht nur sehr viel beweglicher geworden, sondern auch mächtiger, konnte die noch nicht berittenen Nachbarn unterjochen, auf Raubzüge gehen, fremde Länder erobern.

Das ist gewiss richtig und könnte der Auslöser der großen Völkerwanderungen gewesen sein. Aber es erklärt noch nicht den Drang des Pilgers, nach Santiago de Compostela zu pilgern, wo Köln doch viel näher lag und die Heiligen Drei Könige im Rheinland sicher angesehener waren als der ferne heilige Jakob. Es erklärt nicht den Drang des Handwerkers, in die weite Welt zu ziehen, und den des Studenten, in Paris studieren zu wollen. Es muss noch etwas anderes gewesen sein.

Ich behaupte einmal ganz schlicht: Es war die Neugierde. Versetzen wir uns in die beschauliche – oder sollen wir sagen: stumpfe – kleine Welt eines mittelalterlichen Menschen. Eines Müllers zum Beispiel. Die Mühle ist Arbeitsplatz und Wohnraum zugleich. Es sind immer die gleichen Bauern, die ihr Getreide zu ihm bringen. Schon seit Jahren. Er kennt keine anderen Menschen, er kann nicht lesen, sieht nie einen Fremden und schaut jeden Morgen aus seiner Mühle auf den gegenüberliegenden Berg. Was mag sich dahinter befinden?

Die Frau eines unbedeutenden Ritters in einer völlig unbedeutenden kleinen Burg. Sie wird nicht zu Hoftagen eingeladen, aber hin und wieder verschwindet ihr Mann irgendwohin, und sie weiß nicht, ob er wiederkommen wird. Sie hat die Kinder, einen Knecht und zwei Mägde. Und einen winzigen Burghof. Aus dem Fenster der Kemenate sieht sie Wald. Nichts als Wald. Ob es noch etwas anderes gibt auf dieser Welt?

Oder der Wirt der Herberge »Zum stolzen Hahn«. Morgens wird geputzt, dann kommen die ersten Gäste und krakeelen herum. Mittags sind sie betrunken, und er wirft sie hinaus. Es sind immer die Gleichen. Am Nachmittag kommen zwar andere, aber auch immer die Gleichen, besaufen sich und kotzen auf den Boden. Man liegt nicht an einer Fernstraße, wo hin und wieder Fremde einkehren, die aufregende Geschichten zu erzählen wissen. Immer der gleiche Dorftratsch. Wer mit wem, und warum auch nicht. Stets das Gejammere der Ehefrau, dass er ein Versager sei, in jeder Hinsicht, und nicht einmal ausgehen kann er und sich richtig besaufen, weil seine Kneipe die einzige am Ort ist.

Einfach alles hinwerfen und abhauen.

So oder so ähnlich haben sehr viele Menschen gelebt und gedacht. Und fast alle beherrschte der Gedanke, dass es noch etwas anderes geben müsse auf dieser Welt, etwas Fantastisches, etwas unvorstellbar Schönes, etwas zutiefst Aufwühlendes, und dann zogen sie los, und irgendwann waren sie tatsächlich »über den Berg«.

Eine Schinderei war's trotzdem. Die Normannen haben, als sie von 1066 an England eroberten, bekanntlich auch ihre (inzwischen) französische Sprache mit auf die Insel gebracht. Und seitdem nennt man Reisen auf Englisch *travel.* Es ist ein französisches Wort, das eigentlich *travail* heißt.

Arbeit. Harte Arbeit.

15. KAPITEL
DIE FREVELTAT
(1192)

Die Sonne stand schon tief, als sich ein staubbedeckter Reiter auf einem erschöpften Pferd der Zeltstadt näherte, die auf dem Lechfeld vor Augsburg errichtet worden war. Die Wachen ließen ihn anstandslos passieren. Kleidung und Waffen wiesen ihn als Edelmann aus, und das Zelt des Königs war von dessen Leibwache ohnehin zusätzlich abgesichert.

Konrad von Wolfach brachte schreckliche Kunde mit.

Auf einem kleinen Platz zügelte er das Pferd. In welche der vier abbiegenden Zeltgassen sollte er es lenken? Schließlich trabte er hinter zwei Mönchen her, die sich anscheinend auskannten. »Verzeiht«, sprach er sie an. »Wisst Ihr den Weg zu des Königs Zelt?«

Der Ältere der beiden wandte sich zu ihm um. »Wenn Ihr's nicht allzu eilig habt, könnt ihr uns folgen. Genau dorthin wollen wir auch. Im Übrigen: Ich bin Notker vom Kloster Aschlingen, und dies ist mein junger Mitbruder Burkhard.«

Jetzt blieb auch der junge Mönch stehen, drehte sich zu Konrad um – und riss weit die Augen auf: »Nein«, sagte er entgeistert. »Ich glaube es nicht. Bist du's wirklich? Konrad?«

Der junge Ritter sprang aus dem Sattel und stürzte auf den Mönch zu. »Burkhard! Bruderherz! Was treibt dich denn hierher? Dazu noch als Mönch? Bist du wirklich ins Kloster gegangen, oder hast du dich nur verkleidet?«

»Na, na«, mischte sich der ältere Mönch ein, »mit so etwas treibt man keine Scherze.«

»Verzeiht«, entschuldigte sich Konrad, »aber ich kann es noch gar nicht fassen, dass ich nach fünf Jahren meinen Bruder wiedersehe, und zwar als Mönch. Hast du deinen Entschluss also doch wahr gemacht.«

»Nun ja«, sagte Burkhard, »eigentlich war es ja Vaters Entschluss, und da du seine Nachfolge angetreten hast – was soll der jüngere Bruder eines Grafen anderes anfangen, als in den geistlichen Stand einzutreten? Kurz nach Mutters Tod vor fünf Jahren – damals haben wir uns das letzte Mal gesehen – habe ich mich um Aufnahme ins Kloster Aschlingen beworben ...«

»... wo er inzwischen die Gelübde abgelegt hat und unser bester Urkundenschreiber ist«, ergänzte Notker. »Mich dagegen haben die Mitbrüder zum Abt gewählt.«

»Dürft Ihr Euch denn selber den Abt wählen? Normalerweise wird er ernannt, vom jeweiligen Grafen oder Herzog«, sagte Konrad.

»Nicht in Reichsklöstern. Wir dürfen ihn uns selber aussuchen, aber dann muss der Gewählte noch zum Hof, um sich vom König im Amt bestätigen zu lassen. Nun aber – da der Kaiser im Heiligen Land kämpft – will sein Sohn nach Rom ziehen, um sich ebenfalls zum Kaiser krönen zu lassen. Deshalb sind wir schnell nach Augsburg gekommen, um uns zuvor noch seinen Segen zu holen. Aber Ihr – zieht auch Ihr mit nach Rom, oder warum seid Ihr hier? Euer Bruder wähnte Euch im Gefolge des Herzogs von Schwaben ebenfalls im Heiligen Land.«

Das Lächeln verschwand aus Konrads Gesicht. »Ich war auch dort und bringe schlimme Kunde. Der Kaiser ist tot. Nicht getötet in der Schlacht, sondern jämmerlich ertrunken.«

Entsetzt starrten ihn die beiden Mönche an. »Das kann nicht sein«, stammelte Burkhard.

»Doch«, sagte Konrad. »Und ich muss es jetzt seinem Sohn sagen.« Und nach einer Weile fügte er hinzu: »Dem neuen Alleinherrscher.«

Am Abend saßen die beiden Mönche in der Gaststube der Herberge noch eine Weile mit Konrad zusammen, der große Mengen Bier in sich hineingoss, während Notker und Burkhard bei Wasser blieben. Man hatte Konrad nicht sofort vorgelassen. Heinrich von Kalden, einer der gefürchtetsten Vertrauten des jungen Königs und der Waffenmeister dessen Bruders Philipp, hatte den jungen Grafen in sein Zelt gebeten, nachdem Konrad ihm die schlimme Botschaft anvertraut hatte.

Erst später war er zum König gerufen worden, der ihn nach den Details befragte. Vor allem wollte er wissen, wohin man des Kaisers Gebeine gebracht hatte, nachdem sein Fleisch in Antiochia beigesetzt worden war. Konrad hatte ihm keine Auskunft geben können. Friedrich, des Königs jüngerer Bruder und Herzog von Schwaben, hatte ihn beauftragt, sofort nach Hause abzureisen, um die Hiobsbotschaft zu überbringen. Um die Überführung der Gebeine nach Jerusalem wollte er sich selbst kümmern. Aber als Konrad das Schiff bestieg, das ihn nach Genua bringen sollte, lag Friedrich noch krank vor Akkon. Mehr wusste der junge Graf nicht zu sagen.

König Heinrich hatte ihn reich beschenkt entlassen und ihm angeboten, von nun an unter seinem Banner zu kämpfen. Konrad hatte geantwortet, er fühle sich geehrt, aber er sei ein Mann Friedrichs, zumindest wieder von dem Zeitpunkt an, da der Schwabenherzog aus dem Heiligen Land zurückkomme. Bis dahin werde er gerne an des Königs Seite bleiben.

»Und wie ist der König?«, fragte Notker gespannt, der angesichts der momentanen Aufregung am Hof mit seiner Bestätigung als Abt hatte warten müssen. »Gleicht er seinem Vater, dem Barbarossa?«

»Nein«, sagte Konrad. »Ganz und gar nicht. Ich kenne ihn ja schon lange, wenn auch nur flüchtig. Beim berühmten Hoffest in Mainz im Jahr 1184 – ich war gerade mal 17 Jahre alt – hat der Kaiser eine große Anzahl von Knappen zu Rittern gemacht, unter anderem seine beiden Söhne Heinrich und Friedrich, und ich war als Zuschauer dabei. Damals habe ich ihn zum ersten Mal gesehen.«

»Aber wie sieht er denn aus?«, drängte Burkhard.

»Nicht gerade wie ein Mann, bei dem Frauen den Kopf oder sonst was verlieren.« Er stockte kurz, weil das sicher kaum die Art war, wie man in Gegenwart eines Abtes reden sollte, um sich dann zu korrigieren: »Na, halt nicht eben schön, eher klein, hager, schwächlich, blass, das genaue Gegenteil seines Vaters, und das bei einer so niedlichen Mutter wie der Kaiserin!«

Er warf Notker einen fragenden Blick zu, aber der fand die Beschreibung der Kaiserin anscheinend nicht zu freizügig.

»Und was ist mit der Frau des jungen Königs? Wie heißt sie doch gleich?«, fragte Burkhard neugierig.

»Ja, ja, die Frau«, antwortete Konrad, dessen Zunge schon etwas schwerer wurde. »Diese Konstanze! Wisst Ihr« – und dabei blinzelte er die beiden Mönche verschwörerisch an –, »wisst Ihr eigentlich, dass sie elf Jahre älter ist als Heinrich? Elf Jahre!« Konrad zeigte überflüssigerweise zehn Finger und dann noch einmal den Daumen, um diese ungeheuerliche Tatsache zu unterstreichen. Dann wandte er sich an Notker: »Sie war die jüngste Tochter des Normannenkönigs Roger II. und kam erst zur Welt, als ihr Vater bereits gestorben war. Sie wuchs in Palermo auf, und später, sie war halt ein spätes Mädchen, ging sie« – hier hob Konrad den Zeigefinger – »ins Kloster! Sie hatte schon die Gelübde abgelegt, und der Papst musste sie erst davon entbinden, damit sie Heinrich heiraten konnte!«

»Unglaublich«, murmelte Notker.

»Unglaublich?«, schnaubte Konrad. »Aber so war es. Und wisst Ihr noch was? Der neue König der Normannen in Palermo, Wilhelm heißt er, hat bislang keinen Nachwuchs, und wenn seine Ehe kinderlos bleibt, dann erbt seine Tante die Krone. Und wer ist seine Tante?« Konrad sah die beiden Mönche triumphierend an: »Konstanze natürlich!«

Konrad konnte nicht ahnen, dass dieser Fall bereits eingetreten war. Da Notker und Burkhard ihn nicht zu verstehen schienen, erklärte er es ihnen mit so viel Geduld, wie sie nur Betrunkene aufbringen:

»Also: Wenn Wilhelm ohne Kinder stirbt, dann erbt Konstanze die Normannenkrone, und wenn Heinrich dann noch immer mit ihr verheiratet ist, wird er automatisch auch noch König der Normannen – alles klar?«

Die beiden Mönche nickten ehrfürchtig.

»Und dafür«, lallte Konrad, »kann man ja schließlich auch mit einer elf Jahre, das muss man sich mal vorstellen, elf Jahre älteren Frau ins Bett gehen – oder?«

Notker hüstelte diskret, aber Konrad war nun einmal in Fahrt. »Und außerdem hat sie nicht nur ihren welken Körper, sondern dazu auch eine Mitgift mitgebracht, die aus Gold und Silber, Perlen und Edelsteinen bestand, und zwar so viel, dass 150, ich wiederhole: 150 Saumtiere gebraucht wurden, um diesen Schatz nach Mailand zu bringen, wo die beiden – wie auch immer – die Hochzeitsnacht verbracht haben. Einhundertfünfzig Pferde, beladen mit Gold – dafür würde doch jeder Mann sogar den Papst …«

An dieser Stelle fiel Konrads Kopf schwer auf die Tischplatte, sodass es Notker und Burkhard erspart blieb, Zeugen einer möglicherweise schrecklichen Lästerung zu werden.

Das ist das Ende, dachte Konrad, als auf den vor Neapel ankernden Schiffen der kleinen Flotte aus Pisa in fliegender Hast die Segel gesetzt wurden. Ebenso wie Konrad hatten natürlich auch die Pisaner die weit gefächerte Reihe der Kriegsschiffe bemerkt, die soeben am Horizont aufgetaucht waren. Die sizilianische Flotte war gekommen, um den Belagerungsring um Neapel aufzubrechen.

Dabei war alles so gut gelaufen in der letzten Zeit. Zwar hatte Heinrich der Löwe sein feierliches Versprechen gebrochen und die Abwesenheit von Kaiser Friedrich Barbarossa genutzt, um zusammen mit seinem gleichnamigen Sohn aus dem englischen Exil zurück nach Deutschland zu kommen. Aber er hatte den jungen König Heinrich unterschätzt, der ihm energisch entgegengetreten war, dann aber doch einem Waffenstillstand hatte zustimmen müssen. In Süditalien nämlich war ein Ereignis eingetreten, das rasches Eingreifen notwendig machte: Der normannische König Wilhelm II. war 1189 tatsächlich kinderlos gestorben, doch seine Barone dachten nicht im Traum daran, Konstanze und ihren Mann, König Heinrich VI., als neues Königspaar anzuerkennen. Stattdessen hatten sie den Grafen Tankred von Lecce zu ihrem König gewählt.

Zeitgenossen schilderten ihn als »Knäblein mit dem Gesicht eines alten Mannes« oder sogar als Affen, obwohl er zweifellos intelligent und tüchtig war und als Erstes die Befestigungen an der Nordgrenze seines Reiches verstärken ließ. Natürlich rechnete er nicht damit, dass die Deutschen auf die ihnen zustehende Krone verzichten würden. Darüber hinaus pflegte er gute Beziehungen zur Kurie in Rom, denn auch dem Kirchenstaat konnte nicht daran gelegen sein, zukünftig von zwei Seiten bedrängt zu werden, wenn der Kaiser auch noch über das Königreich der Normannen herrschen sollte.

Tankred seinerseits war bereit, Lehnsmann des Papstes zu

werden, und genau das musste Heinrich VI. verhindern. So war denn das vor Augsburg lagernde Heer Richtung Italien aufgebrochen, und auch Konrad hatte sich den Rittern Heinrichs von Kalden angeschlossen.

Der König verfolgte zwei Ziele: Zum einen wollte er sich in Rom zum Kaiser krönen lassen, zum anderen galt es, Tankred zu verjagen und den Widerstand der normannischen Barone zu brechen. Beides sollte sich als gleichermaßen schwierig erweisen, denn der soeben gewählte fast 90-jährige Papst, der sich Cölestin III. nannte, erwies sich als schlauer Fuchs und gerissener Verhandlungspartner.

Er war lange Zeit als Diplomat in der Kurie tätig gewesen und zum Papst zwar gewählt, aber noch nicht geweiht worden. Damit ließ er sich auch jetzt Zeit, denn vor seiner Weihe konnte er auch keinen Kaiser krönen. Während Heinrichs Gesandte ungeduldig verhandelten, schob Cölestin seine Konsekration immer weiter hinaus.

In dieser Situation bot der Senat von Rom, der in der Vergangenheit immer wieder gegen die Herrschaft der Kurie aufbegehrt hatte – man denke nur an den Aufstand nach der Krönung Barbarossas –, seine Vermittlung an. Allerdings stellte er Bedingungen. König Heinrich sollte die alten Rechte der Stadt bestätigen und vor allem die lästige Nachbarstadt Tusculum in den Albaner Bergen ausliefern.

Dieses Tusculum war den Deutschen stets treu ergeben gewesen und ein willkommener Stützpunkt, wenn in Rom einmal mehr der Aufstand tobte. Schon die Ottonen hatten die kleine, aber wichtige Stadt gegen den Zorn der Römer geschützt, und ausgerechnet hier wartete jetzt Heinrich auf den günstigen Ausgang der Verhandlungen mit der Kurie. Plötzlich aber forderte selbst der Papst, dem nach den Vorstellungen des römischen Senats die Besitztümer Tusculums zufallen sollten, die Zerstörung des Ortes und die Vertreibung seiner Bewohner.

Und König Heinrich stimmte zu. Bedenkenlos und zum Entsetzen seiner Männer. Anstand? Ritterliche Ehre? Treue gegenüber Gefolgsleuten? Nur das Reich war wichtig, dafür ging Heinrich notfalls über Leichen.

Im Sinne des Wortes.

Verdrängt wurde die Fassungslosigkeit in der Umgebung des Königs wenigstens vorübergehend durch die glanzvolle Zeremonie der Kaiserkrönung. Nachdem Cölestin sich dann doch dazu entschlossen hatte, fand seine feierliche Konsekration am Ostermontag des Jahres 1191 in der alten Basilika St. Peter statt. Heinrich sah im Gegensatz zu einigen seiner Vorgänger kein Problem darin, dem Papst die Füße zu küssen und ihm beim Aufsteigen aufs Pferd den Steigbügel zu halten. Er war nun Kaiser und Konstanze Kaiserin. Das allein zählte.

Jetzt galt es, die Normannen zu bezwingen.

Mit dem Heer des Kaisers zog auch die deutsche Besatzung aus Tusculum ab, das nun dem Papst übergeben wurde, der es wiederum an die Römer auslieferte. Die zogen hinauf in die Stadt, blendeten und verstümmelten die Männer, schändeten die Frauen und zerschmetterten die Köpfe der Kinder an den Mauern der Häuser.

Übrigens: Die wenigen Überlebenden bauten sich neben den Trümmern der geschleiften Stadt armselige Hütten aus Zweigen. Danach heißt der heutige Ort südöstlich von Rom Frascati, denn Zweig heißt auf Italienisch *frasca.*

Konrad sah die sizilianische Flotte näher kommen. Die Pisaner hatten sich in großer Eile davongemacht. Ihre Schiffe hatten gerade mal gereicht, um Neapel von der Versorgung über das Meer abzuschneiden, aber gegen die normannischen Kriegsschiffe hätten sie keinerlei Chance gehabt. Jetzt also war die Seeblockade aufgebrochen, und man würde nicht einmal mehr die Chance haben, die Stadt auszuhungern. An eine Eroberung von der Landseite her war ohnehin nicht zu denken.

Vier Monate lang hatten sie es versucht. Zuerst hatte man – wie das so üblich war – die Olivenplantagen und die Weinberge verwüstet, aber damit hatte man allenfalls den Hass der Bevölkerung geschürt, der Eroberung der Stadt kam man damit nicht näher. Die Normannen hatten an der Ostseite der Stadt das Castel Capuana und am Meer das Castel dell'Ovo errichtet. Des Kaisers Kanzler, Konrad von Hildesheim, verstieg sich angesichts der immer wieder abgeschlagenen Eroberungsversuche zu der Behauptung, die Befestigungswerke Neapels seien das Werk eines Zauberers. Alles Unfug, dachte Konrad. Es ist ganz einfach eine hervorragend geschützte Stadt; lächerlich, hier von Magie zu sprechen.

Konrad war davon überzeugt, dass der Kaiser noch an diesem Tag den Rückzug befehlen würde. Seit einer Woche wütete eine Seuche im Lager, eine Darminfektion, was indes niemanden zu wundern brauchte. Es war eine Schande, wie es zwischen den Zelten aussah. Jeder durfte sich erleichtern, wo immer er gerade stand. Ein pestilenzartiger Gestank lag über der Zeltstadt, und Hunderte von Männern waren bereits gestorben. Unter den Toten befand sich der Erzbischof von Köln, und auch der Kaiser lag auf den Tod danieder.

Im Übrigen war Heinrich von Braunschweig, der älteste Sohn Heinrichs des Löwen, desertiert. Als Ergebnis der Waffenstillstandsverhandlungen vor dem Romzug hatte sich Heinrich VI. ausbedungen, dass ihn der Sohn des »Löwen« mit 50 Rittern nach Italien begleite. Nun hatte er sich aus dem Staub gemacht. Möglicherweise würde er schleunigst nach Deutschland zurückkehren und dort die Nachricht verbreiten, der Kaiser sei vor Neapel gestorben. Zutrauen würde es Konrad ihm.

Welfen traute er alles zu.

Der Mann war groß gewachsen, kräftig, aber dennoch schlank, und rotblondes Haar fiel auf seine Schultern. Er hatte sich in einen warmen Pelzmantel gehüllt und stapfte im Burghof auf und ab.

»Ist er das?«, fragte Konrad den Hausherrn.

»Ja, das ist er, wie er leibt und lebt. Richard Löwenherz, oder Heart of Lion oder – wie seine eigenen Leute ihn nennen – Cœur de Lion.«

»Aber das ist doch Französisch«, sagte Konrad verwundert.

»Warum auch nicht?« Hadmar lachte. »Wisst Ihr nicht, dass fast alle englischen Adligen Französisch sprechen? Sie waren doch einst Normannen, und Richard verweilt ohnehin nie in England. Wenn er sich nicht gerade im Heiligen Land oder bei mir hier in Haft befindet, hält er sich in Aquitanien auf, einem der englischen Besitztümer im Südwesten Frankreichs.«

Hadmar von Kuenring, der wichtigste Beamte am Hof des österreichischen Herzogs Leopold V., hielt Richard Löwenherz auf seiner Burg in Dürnstein an der Donau gefangen, während der Herzog selbst und Heinrich VI. über das Schicksal der kostbaren Beute berieten. Mit Leopolds Einwilligung hatte der Kaiser den Grafen Konrad von Wolfach nach Dürnstein geschickt, damit sich auch ein deutscher Adliger an der Bewachung des englischen Königs beteilige.

Konrad hatte den Auftrag nur widerwillig angenommen. Es war ihm zuwider, auch nur indirekt an dem Schurkenstück beteiligt zu sein, das sich drei in seinen Augen endgültig verachtenswerte Fürsten ausgedacht hatten.

König Philipp II. von Frankreich und Kaiser Heinrich waren – wenigstens im Augenblick – Verbündete, wenn auch aus verschiedenen Gründen. Während der französische König die Engländer endlich aus ihren Territorien im Westen Frankreichs vertreiben wollte, hasste Heinrich Richard Löwenherz, weil dieser nicht nur die Welfen unterstützte, sondern auch die Normannen auf Sizilien. So verabredeten die beiden, den englischen König gefangen zu nehmen, wenn dieser von seinem Kreuzzug aus dem Heiligen Land zurückkäme.

Schon diese Absprache war ein Verbrechen, denn Kreuzfahrer waren ebenso wie ihre daheim gebliebenen Familien tabu und standen unter dem Schutz der Kirche. Wer sie gefangen nahm oder gar tötete, war von der Exkommunikation bedroht. Aber weder Philipp noch Heinrich schienen diese Drohung ernst zu nehmen. So weit wusste Konrad Bescheid, denn auch in der Umgebung des Kaisers war diese Absprache bekannt, und sie wurde einhellig missbilligt. Nur aufzumucken – das wagte niemand.

Nun aber war Richard Löwenherz in Österreich gefasst worden. Während der König seinen Hofrundgang machte, hatte Hadmar Konrad die Zelle gezeigt, in der Richard Löwenherz untergebracht war. Es war wahrlich kein modriges Turmverlies, aber auch keine bequeme und beheizbare Kemenate; nur ein kleiner Raum mit einer Liegestatt, einem Tisch und einem Klappstuhl. Schwaches Licht fiel durch zwei Schießscharten in der dicken Mauer, die so eng waren, dass sich kein Mann hindurchzwängen konnte.

Die eiserne Tür war mehrfach verriegelt und wurde von vier Männern bewacht, und auch jetzt, beim Hofgang, standen vier Kriegsknechte mit blankem Schwert in den Hofecken und beobachteten aufmerksam den hoch gewachsenen Mann, der dort einsam auf und ab ging. Für ihn würde es ein trostloses Weihnachtsfest werden.

Hadmar und Konrad kehrten zurück in den Palas und setzten sich auf eine hölzerne Bank vor dem flackernden Kaminfeuer. Draußen begann es zu schneien. Eine Magd brachte einen Krug mit Wein und stellte zwei silberne Becher auf den Tisch.

Hadmar sah Konrad belustigt an. »Ihr platzt vor Neugierde, habe ich Recht?«

Konrad nickte. »Natürlich! Wie kam Richard ausgerechnet nach Österreich? Normalerweise hätte er doch durch Frankreich reisen müssen, wenn ich die Wege richtig im Kopf habe.«

»Ja, aber der Weg um Spanien herum wäre zu weit gewesen, also hätte er in Marseille landen müssen. Die Stadt gehört aber zum Reich, und ich denke einmal, dass Richard den Verrat bereits gewittert hatte. Also wollte er in Italien landen und dann auf dem Landweg durch Burgund nach Aquitanien, obwohl auch das höchst gefährlich gewesen wäre, denn Burgund gehört ja bekanntlich ebenfalls zum Reich.«

»Und warum ist er dann doch nicht in Italien gelandet?«

»Man sagt, er habe bei schweren Herbststürmen mit seinem Schiff sechs Wochen im Mittelmeer getrieben, bis er und seine Begleiter schließlich wieder in Korfu ankamen. Von dort sollen sie an der Adriaküste entlanggesegelt sein, bis sie dann endgültig Schiffbruch erlitten haben. Piraten aus Ragusa wollten sie dann gegen Entgelt nach Italien übersetzen, aber ein neuer Sturm setzte sie schließlich irgendwo zwischen Venedig und Aquileja auf die Klippen, und nun blieb nur noch der Heimweg über Österreich und dann – verkleidet natürlich – quer durch Süddeutschland nach Westen.«

»Aber warum hasste denn Euer Herzog den englischen König derart? Bei Philipp und Heinrich kann man es ja wenigstens in etwa nachfühlen.«

»Ich will Euch nicht mit dem Verlauf dieses Kreuzzugs langweilen, bei dem nicht nur Euer Kaiser Friedrich ums Leben gekommen ist, sondern – wie Ihr wisst – auch sein Sohn Friedrich, der Herzog von Schwaben.«

»Ich weiß, ich gehörte zu seinen Leuten«, sagte Konrad, »aber ich habe es erst später erfahren, weil mich der Herzog mit der Nachricht vom Tod des Kaisers nach Deutschland geschickt hatte.«

»Dann wisst Ihr ja auch, dass nach des Herzogs Tod das

deutsche Heer auseinander brach und die meisten Ritter in die Heimat zurückkehrten. Andere indes schlossen sich meinem Herzog an. Der bekannteste und auch beliebteste Fürst während dieses Kreuzzugs war – zumindest nach dem Tod Barbarossas – der englische König, was seinen französischen Kollegen, der anfangs auch noch dabei war, nicht gerade glücklich stimmte. Auch Herzog Leopold fühlte sich von dem zuweilen recht großspurigen Richard Löwenherz immer wieder gedemütigt, obwohl er durch den Zulauf vieler deutscher Ritter doch ebenfalls eine größere Streitmacht befehligte.«

Hadmar trank Konrad zu und fuhr fort: »Nach der Eroberung von Akkon kam es dann zum Eklat. Leopold hatte sein Banner auf einem Befestigungsturm neben dem französischen und dem englischen gehisst, als Richard Löwenherz erschien und das österreichische Banner mit ein paar beleidigenden Bemerkungen in den Schmutz des Grabens warf. Das hat Leopold ihm nie verziehen, und er schwor ewige Rache. Dass ihm der Engländer aber so leichtsinnig in die Falle ging – davon hat er wohl nie zu träumen gewagt.«

»Ging's denn wirklich nur um die Ehre?«, fragte Konrad.

Hadmar lachte. »Vermutlich nicht. Irgendwie geht es doch immer um Geld, oder was meint Ihr, worüber unsere hohen Herren in Würzburg soeben feilschen? Ich denke, auch vor Akkon wollte Leopold mit dem Aufpflanzen seines Banners den Anspruch erheben, dass die Beute nicht durch zwei, sondern durch drei zu teilen sei. Und Richard Löwenherz wollte ihm wohl drastisch klar machen, dass er keinesfalls mit ihm zu teilen gedachte.«

»Und wie ist er nun in die Hände Leopolds gefallen?«

»Die Gegend, in der das Piratenschiff gestrandet war, untersteht einem gewissen Meinhard, einem Vasallen Leopolds. Richard schickte seinen Gefolgsmann Baudouin de Béthune und zwei weitere Männer zu Meinhard, die ihn für sich und einen gewissen Kaufmann namens Hugo um freies Geleit bitten sollten. Dabei gab Richard den Männern einen wertvollen Ring als Geschenk für Meinhard mit.

Zu ihrer Verblüffung erkannte Meinhard den Ring als den des Königs und sagte, er habe Auftrag vom Herzog, alle Durchreisenden festzuhalten, aber angesichts des kostbaren Geschenks wolle er beide Augen zudrücken und die kleine Truppe ziehen lassen. Am nächsten Tag aber überlegte er es sich anders und alarmierte seinen Bruder, den Grafen Friedrich von Betesov, durch dessen Gebiet die Engländer wohl auch kommen würden.

Inzwischen hatten Richard und seine Männer in dem kleinen Ort Friesach in einem Bauernhaus Quartier genommen. Richard hatte sich vorsichtshalber als Knappe verkleidet, aber mit seinem rotblonden Haar war er leicht zu erkennen. Als dann ein Mann des Grafen kam, um alle Häuser des Ortes zu durchsuchen, erkannte er Richard sofort, warf sich aber zu aller Überraschung vor ihm nieder und gab sich als Normanne zu erkennen, der hier nur deswegen ausharrte, weil er die Nichte des Grafen geheiratet hatte. Er wollte nicht teilhaben an einem Verbrechen gegen einen christlichen Kreuzritter und beschwor Richard, sofort zu fliehen.«

»Eine Tat, an der sich andere ein Beispiel nehmen sollten«, warf Konrad ein.

»Eben«, sagte Hadmar. »Richard schickte seine Männer fort. Bei ihm blieben nur Guillaume de l'Etang sowie ein junger Knappe, der deutsch sprach. Mit dessen Hilfe hoffte er, sich durchschlagen zu können, aber als sie in Erdberg ankamen, einem Dorf in der Nähe von Wien, wurde Richard ernstlich krank. Während er und Guillaume in der Herberge blieben, schickten sie den Knappen los, um Lebensmittel zu kaufen.

Auf dem Markt versuchte der Junge, mit einem griechischen Goldstück zu bezahlen, da er natürlich kein österreichisches Geld besaß. Das erregte großes Aufsehen, aber es gelang dem Jungen, sich als Diener eines byzantinischen Kaufmanns auszugeben. Dennoch bestürmte er – zurück in der Herberge – den König, sofort aufzubrechen, da größte Gefahr im Verzug war.

Aber Richard war einfach zu schwach. Am nächsten Tag, es war bitterkalt, musste der Junge erneut auf den Markt. Der Knappe war so leichtsinnig, des Königs Handschuhe überzustreifen, auf deren Oberseiten goldene Leoparden eingestickt waren. Das erregte naturgemäß noch mehr Aufsehen als das griechische Geldstück vom Tag zuvor, und als man den Jungen lange genug geprügelt und bedroht hatte, verriet er schließlich seinen König und auch dessen Versteck.«

»Und das war das Ende?«

»In der Tat. Zufällig weilte Herzog Leopold in der Nähe, der sofort verständigt wurde. Währenddessen drangen die Leute aus Erdberg in die Herberge ein, und nun half alles Verstellen natürlich nichts mehr. Richard soll sich – so erzählt man – zu seiner ganzen Größe aufgerichtet und würdevoll gesagt haben, er sei Richard, König von England, und werde sich nur dem Herzog persönlich ergeben. Und so geschah es auch.«

Konrad sah lange ins Feuer. Dann wandte er den Kopf Hadmar zu und fragte: »Und Ihr, wie fühlt Ihr Euch jetzt als Kerkermeister eines Kreuzritters?« Sein Gegenüber nahm einen tiefen Schluck aus dem Becher.

»Mies«, sagte. »Ziemlich mies.«

ZEITRAFFER

1157 Richard Löwenherz wird geboren.
1165 Friedrich Barbarossas Sohn Heinrich wird geboren.

1169 Barbarossa lässt seinen vierjährigen Sohn zum König krönen.

1186 Der staufische Thronfolger Heinrich (VI.) heiratet Konstanze, die Tochter des Normannenkönigs Roger II.

1189 Nach dem Tod des Normannenkönigs Wilhelm II. (Enkel von Roger) fällt das Normannenreich an die Staufer.

1191 Richard Löwenherz beleidigt den Herzog Leopold V. von Österreich.

1192 Richard Löwenherz wird bei der Rückkehr vom Kreuzzug in der Nähe von Wien festgenommen und später an Heinrich VI. ausgeliefert.

16. KAPITEL
DIE LÖWIN UND IHR JUNGES

Da hockten sie nun beieinander und feilschten wie türkische Teppichhändler: Heinrich VI. und Herzog Leopold V. Unmittelbar nach der Gefangennahme von Richard Löwenherz hatte der Österreicher Kontakt zum deutschen Kaiser aufgenommen. Über eines waren sich beide von Anfang an einig: Eine Freilassung des englischen Königs würde erst nach Zahlung eines Lösegelds in noch zu bestimmender Höhe erfolgen.

Irgendwelche Schamgefühle waren anscheinend beiden fremd, aber während Leopold immerhin auf sein in den Schmutz getretenes Banner als Motiv für sein Handeln verwies, konnte Heinrich sich lediglich darauf berufen, dass Richard Löwenherz den Intimfeind aller Staufer, Herzog Heinrich den Löwen, unterstützte, was man ihm kaum übel nehmen konnte, denn der sächsische Herzog war sein Schwager.

Also musste ein anderer Anklagepunkt her. Am besten Mord. Als Löwenherz noch im Heiligen Land weilte, wurde Konrad von Montferrat zum neuen König von Jerusalem gewählt, doch noch ehe er sein Amt antreten konnte, wurde er von zwei Männern ermordet. Während der eine sofort erschlagen wurde, gestand der andere, sie hätten auf Befehl des »Alten vom Berge« gehandelt.

Bei diesem handelte es sich um Scheich Sinan, den Anführer einer geheimnisumwitterten schiitischen Sekte, der seine zahlreichen Anhänger durch reichliche Mengen von Haschisch zu willenlosen Kampfmaschinen umfunktionierte. Sie nannten sich Assassinen, und *assassin* heißt bis auf den heutigen Tag in Frankreich ein Mörder. Abgeleitet ist das Wort jedoch von Haschaschi – Hanfesser.

Warum nun der Scheich besagten Konrad von Montferrat umbringen ließ, ist nicht ganz klar. Angeblich aus Rache, weil Konrad zuvor ein Schiff der Assassinen gekapert und ausgeraubt hatte. Jedenfalls hat Scheich Sinan dies in einem Brief an den österreichischen Herzog gestanden. Doch Entlastungsargumente dieser Art waren im Augenblick nicht gefragt. Man schob Richard Löwenherz den Mord in die Schuhe, obwohl dieser von Konrad von Montferrat nachweislich recht viel gehalten hat.

Nach endlosem Schachern einigten sich Kaiser Heinrich VI. und Herzog Leopold schließlich auf die Bedingungen für die Freilassung des englischen Königs: 150 000 Silbermark, wobei 50 000 erlassen werden sollten, falls es Richard Löwenherz tatsächlich gelänge, seinen Schwager Heinrich den Löwen von weiterem Unruhestiften im Norden Deutschlands abzuhalten. 50 000 Silbermark gingen an Leopold, der das Judasgeld heuchlerisch als Mitgift für Richards Nichte, Tochter des Grafen der Bretagne, bezeichnete, die seinen Sohn heiraten sollte.

Unterdessen hatten der französische König Philipp II. und Richards verräterischer Bruder Johann, genannt »Ohneland«, den Kaiser wissen lassen, dass sie jede ausgehandelte Lösegeldsumme überbieten würden, wenn er ihnen den Gefangenen ausliefere. Heinrich zögerte tatsächlich, ob er auf dieses unglaubliche Angebot nicht eingehen sollte, aber nun endlich schalteten sich die deutschen Fürsten ein und verhinderten zumindest das Schlimmste.

Was blieb, war schlimm genug. Ein Kreuzfahrer, ein König

dazu und einer der populärsten Ritter seiner Zeit, wird festgenommen und eingelocht wie ein Dieb. Man verhandelt nicht mit ihm. Man diktiert die Bedingungen. Ging ein Aufschrei durch die christliche Welt? Zumindest hat niemand ihn gehört. Merkwürdig genug: Während die kleinen Leute ihn als strahlenden Held vergötterten und die meisten Adligen ihn als vorbildlichen Ritter feierten, agierten die einen Fürsten des Abendlands feindselig, die anderen überhaupt nicht.

Richard hatte zu vielen von ihnen – wie wir heute sagen würden – die Schau gestohlen. Auch dem deutschen Kaiser, der nun wirklich kein strahlender Held war.

Außer sich vor Zorn schrieb Richards Mutter, Eleonore von Aquitanien, einen wütenden Brief an Papst Cölestin III. Er hatte zwar Leopold von Österreich wegen der Gefangennahme eines heimkehrenden Kreuzritters sofort gebannt und auch dem französischen König Philipp mit der gleichen Strafe gedroht, wenn er sich in dieser Situation an Richards Besitz vergreifen sollte; den deutschen Kaiser indes hatte er merkwürdigerweise nicht einmal ermahnt.

Eleonore, »durch Gottes Zorn Königin von England«, schreibt unter anderem: »Was die Kirche betrübt, worüber das Volk murrt und seine Achtung vor Euch verliert, ist, dass Ihr trotz der Tränen und des Wehklagens ganzer Provinzen noch keinen einzigen Boten (nach Deutschland) geschickt habt. Oft wurden für Dinge von geringerer Bedeutung Eure Kardinäle mit unbeschränkten Vollmachten bis ans Ende der Welt gesandt. Doch in einer so verzweifelten und traurigen Angelegenheit habt Ihr nicht einmal einen Subdiakon oder einen Messdiener ausgeschickt. Könige und Fürsten haben sich gegen meinen Sohn verschworen. Man hält ihn fern, fern seinem Gott, in Banden, während andere seine Länder verwüsten. Man hält ihn gefesselt und lässt ihn geißeln. Und die ganze Zeit bleibt das Schwert des heiligen Petrus in der Scheide ...«

Nun ja, Eleonore hatte schon Recht, aber gefesselt war Richard nie, und von Geißeln kann schon überhaupt keine Rede sein. Tatsache ist, dass Richard sich nicht die ganze Zeit über auf der Festung in Dürnstein aufgehalten hat. Zwischendurch war er in Ochsenfurt, auf dem Trifels, im elsässischen Hagenau, in Worms und Speyer. Zwar streng bewacht, aber behandelt wie ein königlicher Gast, dem es an nichts mangelte, ausgenommen natürlich an der Freiheit; der mit seinen ebenfalls ritterlichen Bewachern Ringkämpfe austrug und mit ihnen soff und sang; selbst verfasste Lieder übrigens. Ein Held wie aus dem Bilderbuch, bei den meisten beliebt, bei einigen wenigen umso verhasster.

Wer aber war die Dame, die diesen geharnischten Brief, der nicht der letzte bleiben sollte, an den Papst schrieb? Eleonore von Aquitanien war eine der aufregendsten, nein – sie war schlechthin *die* aufregendste Frau des Mittelalters, und das in jeder Hinsicht. Ihr Großvater, Wilhelm IX., »der Troubadour«, war dafür bekannt, dass er ein derart ausschweifendes Sexualleben führte, dass es einen Ziegenbock verstört hätte. Bischof Pierre von Poitiers wollte ihn deshalb eines Tages in der Kathedrale von Poitiers exkommunizieren, aber Wilhelm zog sein Schwert und hielt es dem Kleriker an die Kehle.

Der tat, als wolle er nachgeben, aber als Wilhelm das Schwert wieder in die Scheide steckte, sprach der Bischof die Bannformel rasch zu Ende und sagte dann zu seinem wütenden Gegenüber: »Und nun kannst du mich erschlagen!« Worauf Wilhelm lachte und sagte: »Das könnte dir so passen, dass ich dich jetzt ins Paradies schicke«, und damit hatte es sich.

Im Übrigen war dieser Wilhelm ein Bild von einem Mann und zudem ein außergewöhnlicher Sänger – deshalb auch sein Beiname. Er gilt als der erste wirkliche Troubadour der Weltgeschichte – und zumindest die Schönheit hatte seine Enkelin Eleonore von ihm geerbt.

Ihr Vater war ein riesiger Kerl gewesen. Man sagte, dass er im Normalfall genauso viel aß – oder muss man von Fressen sprechen? – wie acht seiner Männer zusammen. Kein Wunder, dass er, erst 38 Jahre alt, während einer Pilgerreise nach Santiago de Compostela im Jahr 1137 plötzlich starb. Eleonore war noch nicht ganz 15 Jahre alt, und da ihr einziger Bruder bereits tot war, galt nun sie als die reichste Erbin Frankreichs.

Szenenwechsel: In Paris regierte der schwer kranke König Ludwig VI. Nachdem sein ältester Sohn Philipp sich den Hals gebrochen hatte, als ihm bei der Heimkehr von der Jagd mitten in der Stadt ein Schwein zwischen die Beine seines Pferdes geriet, wurde sein Bruder Ludwig, der als Zweitgeborener nach damaliger Sitte eine klerikale Laufbahn eingeschlagen hatte, eilends aus dem Kloster geholt, denn nun war plötzlich er der Thronfolger. Just in diesem Moment traf die Botschaft vom Dahinscheiden des aquitanischen Herzogs in Paris ein und zugleich seine letzte Bitte, seine Tochter Eleonore mit dem französischen Kronprinzen zu verehelichen.

Natürlich wurden weder die inzwischen 15-Jährige noch ihr fast 16-jähriger Bräutigam gefragt. Das damals noch winzige Kernland Frankreich (nicht viel mehr als die heutige Ile de France, das Orléanais und ein Teil von Berry) vereint mit dem mächtigen Aquitanien – das war schon eine verlockende Vorstellung, und da sich auch die jungen Leute zu verstehen schienen, gab es eine Traumhochzeit zu Bordeaux, die nur dadurch gestört wurde, dass aus Paris die Kunde kam, König Ludwig VI. habe das Zeitliche gesegnet.

Und somit war Eleonore plötzlich Königin von Frankreich. Immerhin scheint das bildhübsche, gebildete, überaus selbstsichere und vielleicht auch etwas exaltierte Mädchen seinen Gatten wirklich geliebt zu haben. Was erstaunlich ist, denn Ludwig war vom Charakter her das genaue Gegenstück zu seiner jungen Frau. Er war ebenso gebildet wie sie, aber scheu und ernst, vor allem fromm. Sehr viel lieber wäre er Mönch geworden, als einen Thron zu besteigen.

Nun aber hatte er sich verliebt, und das ließ ihn über vieles hinwegsehen, über das man sich bei Hofe das Maul zerriss. Bei einem Turnier beispielsweise, bei dem viele Ritter um ihre Gunst rangen, verkündete Eleonore, dass nur derjenige ihr Ritter sein werde, der ausschließlich mit ihrem Nachthemd bekleidet einen Zweikampf wagen würde.

Das war nicht nur bizarr – das war auch lebensgefährlich, und folglich zogen sich bis auf einen alle Bewerber zurück. Dieser eine kämpfte tatsächlich, nur mit ihrem Hemd bekleidet, gegen einen Gegner in voller Rüstung und wurde prompt lebensgefährlich verletzt. Eleonore indes ließ ihn in ihre Gemächer bringen und pflegen und erschien zum Abendessen mit ihrem blutverschmierten Nachthemd, das sie über ihrem Festkleid trug.

Ludwig muss schon sehr verliebt gewesen sein, wenn er der Königin derartige Eskapaden durchgehen ließ.

Doch aufgrund von Ereignissen, die zu schildern hier nicht der Platz ist, trübte sich das Verhältnis der beiden im Lauf der folgenden Jahre. Nach einiger Zeit brachte Eleonore zwar eine Tochter zur Welt, aber einer Freundin vertraute sie an, sie habe das Gefühl, einen Mönch geheiratet zu haben. Ludwig hatte anscheinend seine früheren Neigungen wiederentdeckt.

Dann kam 1146 der Aufruf des Papstes zum Kreuzzug, derselbe übrigens, an dem Friedrich Barbarossa – damals noch Herzog von Schwaben – unter Kaiser Konrad teilnahm. Ebenso wie ihn hatte der heilige Bernhard von Clairvaux auch den französischen König zu dieser bewaffneten Pilgerfahrt überreden können. Als die Vorbereitungen begannen, erklärte Eleonore, sie werde mitkommen.

Dass Frauen, deren Männer ins Heilige Land zogen, stets

daheim auf ihrer Burg blieben und die Kinderchen hüteten, ist eine weit verbreitete, aber dennoch falsche Meinung. Viele Kreuzfahrer nahmen ihre Frauen mit auf die gefahrvolle Reise. Allerdings trieben sie nicht den Aufwand dabei wie die junge französische Königin.

Eine endlose Karawane bewegte sich von Metz aus Richtung Süddeutschland und der Donauebene. Auf riesigen Karren, die von starken Pferden gezogen wurden, führte man große Zelte mit, die man allabendlich aufschlug; ferner Kisten und Kleider, Geschirr und Gerätschaft, sodass schon bei der Abfahrt die Militärs kritisierten, ein derartiger Tross könne niemals gesichert werden und sei eine ständige Belastung.

Aber Eleonore und ihre Hofdamen bestanden darauf, auf der Reise nicht weniger luxuriös zu leben als daheim, und sie hatten alle ihre Dienerinnen und Zofen mitgenommen, sodass es des Nachts im Lager zu heimlichen Stelldicheins kam, was wiederum die mitziehenden Mönche ergrimmte, die bissig kritisierten, dies sei kein Lager, wie es sich für fromme Pilger zieme, sondern ein *castra non casa*, ein Lager, aber kein keusches.

Trotz aller Annehmlichkeiten: Eine derartige Reise über den Balkan war ein beschwerliches Unterfangen, aber als man nach fünf Monaten endlich Konstantinopel erreichte, entschädigten Prunk und Pracht der Stadt die Pilger für alle erlittenen Unannehmlichkeiten. Und Eleonore erblühte erst recht, als sie nach weiterer strapaziöser Reise endlich am 18. März 1148, nach zehn Monaten, im syrischen Antiochia anlangten. Dort nämlich regierte Raimund von Poitiers, ihr noch jugendlicher Onkel und Spielgefährte ihrer Kindheit.

Er war hoch gewachsen, attraktiv und ein Ritter wie aus dem Bilderbuch. Damals in Poitiers waren sie noch Kinder gewesen, jetzt waren sie erwachsen, und sie flogen aufeinander. Er, der im Gegensatz zu Eleonores Ehemann die Troubadoure und die Poesie liebte, amüsant und charmant war, gewann das Herz der Königin im Handstreich.

Und wohl nicht nur ihr Herz.

Sie wollte (natürlich) noch in Antiochia bleiben, der König dagegen so schnell wie möglich nach Jerusalem. Sie stritten, und der Streit artete aus. Der König drohte, seine ehelichen Rechte zu gebrauchen, und da sagte Eleonore plötzlich eiskalt, er solle erst einmal prüfen, ob er diese Rechte überhaupt besitze, denn nach kanonischem Recht seien sie ohnehin zu nahe miteinander verwandt!

Der Kreuzzug endete bekanntlich als Fiasko. Ludwig und Eleonore segelten auf verschiedenen Schiffen heimwärts. Noch einmal kam es zu einer Versöhnung, als deren Folge eine zweite Tochter geboren wurde. Kurz darauf, im Frühjahr 1152, verkündete jedoch ein anscheinend in beiderseitigem Einverständnis einberufenes Konzil unter Vorsitz des Erzbischofs von Sens die Nichtigkeit ihrer Ehe. Eleonore war wieder frei.

Für ziemlich genau zwei Monate.

Dann heiratete sie den englischen Thronerben Heinrich II., dessen Beiname »Plantagenet« von dem Ginsterzweig herrührte, den sein Vater Geoffrey von Anjou häufig am Helm zu tragen pflegte. Er war fast zehn Jahre jünger als Eleonore und noch keine zwanzig; allerdings sah er blendend aus, war wohl frühreif, denn er hatte schon zwei Bastarde gezeugt. Attraktiv war er ganz sicher, denn die Herzogin von Aquitanien war nicht mehr das 15-jährige Mädchen, das sich an irgendwen verheiraten ließ. Sie wird sich den Mann genau angeschaut und dabei nicht nur sein Äußeres geprüft haben, sondern auch seine politische Macht. Und die war groß. Er war nicht nur Graf von Anjou und Herzog der Normandie; in Kürze würde er auch König von England sein, und zusammen mit ihrem eigenen Herzogtum wäre das gemeinsame Reich eine echte Großmacht.

Aber vorerst wurde geflittert. Ein paar Monate lang, und das Einzige, worunter sie gelitten haben werden, war die zweite aufeinander folgende katastrophale Weinernte. Ein Chronist berichtet sauertöpfisch, dass mangels Wein in ganz Frankreich Bier getrunken wurde, was seit Menschengedenken nicht mehr vorgekommen sei.

Diese Ehe hielt länger als die erste. Eleonore brachte in den ersten 14 Ehejahren acht Kinder zur Welt. Drei davon sind für uns wichtig: Die älteste Tochter Mathilde (geb. 1156); sie heiratete später Heinrich den Löwen; ferner der dritte Sohn Richard, mit dem Beinamen Löwenherz (geb. 1157), und schließlich der letzte Sohn, Johann, genannt Ohneland (geb. 1166).

Dann passierte die Geschichte mit Rosamunde. Eleonore hatte ihrem Heinrich den einen oder anderen Seitensprung verziehen, aber über Rosamunde, die Tochter eines normannischen Ritters, konnte sie deshalb nicht hinwegsehen, weil Heinrich sie ganz öffentlich als seine Mätresse hielt. Obwohl Eleonore erst Mitte der Vierziger und noch eine höchst attraktive Frau war, gab sie die Rolle der Ehefrau auf und widmete sich ab sofort ganz ihrer Mutterrolle. Wie eine Löwin würde sie um ihre Jungen und besonders um ihren Lieblingssohn Richard kämpfen.

Die Söhne wuchsen heran, der Zweitälteste – er hieß Heinrich wie sein Vater – war bereits zum Mitregenten gekrönt (der ältere Bruder Wilhelm war schon 1156 gestorben) und ähnelte seinem Vater in vielerlei Hinsicht. So war er zwar ein heiterer Mensch, neigte aber wie sein Vater zu Ausbrüchen heftigsten Jähzorns, was diesem einmal beinahe zum Verhängnis geworden wäre.

Heinrich Plantagenets Kanzler war Thomas Becket, der später Erzbischof von Canterbury wurde. Von ihm hatte sich der König Hilfe versprochen, wenn er sich mal wieder mit der Kurie anlegen sollte, aber kaum war Becket Erzbischof, wurde er zum treusten und loyalsten Mann Roms, auch wenn es gegen den eigenen König und Freund ging. Es kam zu hässlichen Szenen, und schließlich musste Thomas nach Paris fliehen. Als er sich später wieder nach England wagte, gab es prompt neuen Streit mit Heinrich. Der ließ sich eines Tages in seinem Jähzorn zu der (wohl nur rhetorisch gemeinten) Frage hinreißen, ob es denn keinen Mann in ganz England gebe, der ihn von diesem Plagegeist Becket befreien könne.

Vier Ritter nahmen das wörtlich, drangen in die Kathedrale von Canterbury ein und verübten den berüchtigten »Mord im Dom«.

Mit dem gleichen ungezügelten Temperament ausgestattet wie Heinrich Plantagenet, zerstritt sich Kronprinz Heinrich wegen einer Kleinigkeit mit dem Vater. Seine Brüder Richard und Gottfried schlossen sich ihm an, und gemeinsam gingen sie an den französischen Hof, wo Richard zum Ritter geschlagen wurde. Und die Mutter stand in diesem Konflikt wie immer hinter ihren Söhnen.

Wutentbrannt schickte Heinrich II. Boten an Ludwig VII. mit der Botschaft, der König fordere die sofortige Auslieferung der drei. Worauf Ludwig mit triefender Ironie antwortete, diese Botschaft verstehe er nicht, da doch der englische König – gemeint war natürlich der junge Heinrich – gerade jetzt sein Gast sei.

Eleonore saß derweil in ihrem Herzogtum und fühlte sich dort sicher, aber Heinrich Plantagenet warb 20 000 Söldner aus Brabant an, fiel in Aquitanien ein, nahm seine Frau gefangen und brachte sie nach Salisbury, wo sie eingesperrt wurde. Auch die rebellischen Söhne mussten nach und nach die Waffen strecken und versöhnten sich schließlich mit dem Vater. Eleonore wurde jedoch nicht mehr in Gnaden aufgenommen.

1183 starb plötzlich der junge Heinrich, und kaum war

Richard Kronprinz, kam es wieder zu Zerwürfnissen mit dem Vater, der inzwischen allerdings nur noch ein Schatten seiner selbst war. Er vernachlässigte sich, wurde mürrisch und zänkisch, umgab sich mit Spielern und Huren. Immer mehr seiner Vasallen liefen zu Richard über, und selbst sein Lieblingssohn Johann Ohneland verriet ihn. Gebrochen und am Ende seiner Kräfte starb er am 6. Juli 1189.

Richard war König.

Als Erstes holte er die Mutter aus ihrem Gefängnis, dann schenkte er seinem jüngsten Bruder Johann die Grafschaften Gloucester, Cornwall, Lancaster, Somerset, Derby, Nottingham und Dorset, ohne jedoch dadurch seine Zuneigung zu gewinnen. Johann war und blieb ein menschenverachtender neidischer Intrigant.

Es war also ein Wagnis, zum Kreuzzug aufzubrechen und Johann daheim zu lassen. Deshalb wollte sich Richard von seinem Bruder schwören lassen, dass er für drei Jahre in Frankreich bleiben und englischen Boden nicht betreten werde. Eleonore jedoch sprach sich – ein schwerer Fehler – dagegen aus. Richard gab nach und setzte seinen Vertrauten, einen gewissen Wilhelm Longchamp, Bischof von Ely, als Kanzler ein, was ebenfalls nicht gescheit war, denn dieser Emporkömmling war höchst unbeliebt und sollte sich während Richards Abwesenheit noch unbeliebter machen.

Eleonore – inzwischen fast 70 Jahre alt – zeigte zwar keinerlei Neigung, die Pilgerfahrt nach Jerusalem zu wiederholen, aber sie hatte die Heirat Richards mit der Prinzessin Berengaria von Navarra eingefädelt, die sie jetzt abholte und mit der zusammen sie hinter Richard herreiste, um die beiden zusammenzubringen. Wenn sich schon ihr Sohn nicht um einen Thronfolger bemühte, musste halt sie etwas nachhelfen.

Ob der nach wie vor heiratsunlustige Richard darüber erbaut war, darf bezweifelt werden. Er kannte die Prinzessin zwar aus früheren Jahren, hatte sogar einmal ein Gedicht auf sie geschrieben. Andererseits schien er sich wenig aus Frauen zu machen, und zweimal hat er sich sogar öffentlich »widernatürlicher« Sünden angeklagt, worunter man damals allgemein homosexuelles Verhalten verstand.

Während Richard mit seiner Braut und dem Heer weiter Richtung Heiliges Land segelte, reiste Eleonore allein nach England zurück. Sie trieb die Sorge um, was ihr jüngster Sohn, Johann Ohneland, in der Abwesenheit Richards anstellen könnte. Johann tat, was er immer tat: Er intrigierte. Diesmal gegen Wilhelm Longchamp, den Kanzler und obersten Richter, was ihm umso leichter fiel, als dieser sich in seinem Übereifer viele Feinde machte.

Also zog Johann durch die Lande, besuchte die alten Adelsfamilien, versuchte sie für sich einzunehmen und ließ immer häufiger durchblicken, dass Richard höchstwahrscheinlich von diesem Kreuzzug nicht zurückkehren werde und dass dann er, Johann, König sein würde. Es sei also nicht mehr als vernünftig, sich gut mit ihm zu stellen.

Schließlich gelang es ihm, eine Revolte gegen den Kanzler anzuzetteln, der sich zunächst in den Tower flüchtete, später als alte Frau verkleidet aufs Festland entkam und in Paris um Asyl bat. Inzwischen kam Kunde aus Jerusalem, dass sich der junge französische König Philipp II. von seinem Kreuzzugsgelübde habe entbinden lassen und in Frankreich eingetroffen sei. Die Nachricht versetzte Eleonore in Alarmstimmung, zumal sie erfahren hatte, dass Johann eine Flotte bei Southampton zusammenzog und Söldner anwarb.

Als Eleonore in England ankam, scharte sie zahlreiche Barone um sich, um ihnen einen Treueid auf Richard abzunehmen. Zugleich versuchte sie, kursierende Gerüchte zu zerstreuen, ihr Sohn habe sich entschlossen, im Heiligen Land zu bleiben und König von Jerusalem zu werden. Gleichzeitig schickte sie Boten zu Richard mit der Aufforderung, schleunigst heimzukehren.

Richard musste inzwischen eingesehen haben, dass der Kreuzzug gescheitert war, und schloss mit Sultan Saladin einen Kompromiss: Der Streifen am Meer zwischen Tyros und Jaffa blieb im Besitz christlicher Ritter, und alle Pilger bekamen freien Zugang zu den heiligen Stätten in Nazareth, Bethlehem und Jerusalem. Mehr war wohl unter den gegebenen Umständen nicht zu erreichen, aber trotzdem wurde der Vertrag von vielen Teilnehmern als Verrat angesehen. Richard dagegen schickte die Botschaft an seine Mutter, er steche Anfang Oktober in See und werde das Weihnachtsfest zusammen mit ihr verbringen.

Dann begann für Eleonore das große Warten.

Jede Woche kamen Kreuzfahrer nach England und ins Anjou zurück, nach Aquitanien, in die Bretagne und die Normandie. Ja, sie hätten Richard bei guter Gesundheit gesehen, ja, er habe sich im Oktober eingeschifft, er werde sicher bald kommen. Vielleicht sei er ja irgendwo aufgehalten worden. Nein, ertrunken sei er bestimmt nicht.

Verzweifelt versuchte Eleonore, ihre Vasallen bei der Stange zu halten. Johann durfte keineswegs Verbündete in England finden. Er durfte auch nicht nach Frankreich, weil er sich dort bestimmt mit Philipp II. in Verbindung setzen würde, und wer weiß, was daraus entstehen konnte. Zu gut kannte sie ihren Sohn, dessen Unberechenbarkeit sprichwörtlich und dessen Grausamkeit berüchtigt war; der seit seinem siebten Lebensjahr nicht mehr zur Kommunion gegangen war und wie ein Heide lebte. Gott schütze England vor ihm.

Wenn nur Richard käme!

Aber Richard kam nicht. Stattdessen kam der Erzbischof von Rouen mit einem versiegelten Brief des deutschen Kaisers, in dem dieser ebenso höflich wie unverfroren der Königin mitteilte, dass sich »unser wohllöblicher Vetter Leopold,

Herzog von Österreich, der Person des genannten Königs bemächtigt« habe und dass man um möglichst schnelle Zahlung von 100 000 Silbermark ersuche.

Kein Wort davon, ob es dem Gefangenen gut gehe oder wo er sich aufhalte. Während Eleonore sofort vier hohe Geistliche nach Deutschland schickte, um Erkundigungen einzuziehen, machte sich sogar Wilhelm Longchamp von Frankreich aus auf die Suche. Philipp II. und Johann Ohneland, dem es gelang, in die Normandie überzusetzen, sahen nun ihre große Chance: Richard war gefangen, und vielleicht würde er nie wieder freikommen. Wer sollte denn auch das Lösegeld aufbringen!

Eleonore natürlich. Wilhelm Longchamp hatte ihr einen Brief Richards zukommen lassen, und sie wusste jetzt, dass er am deutschen Kaiserhof wie ein hoher Gast behandelt wurde. Von England aus organisierte sie die Verteidigung der englischen Gebiete auf dem Festland und erhob eine Steuer, um das Lösegeld zusammenzubringen.

Eine saftige Steuer.

Von jedem freien Mann forderte sie ein Viertel seiner jährlichen Einkünfte. Das liest sich so dahin, aber jeder stelle seine private Rechnung auf: Verdient jemand runde 2500 Euro netto im Monat, hätte er aus dem Stand heraus 7500 Euro zu berappen; zwar für den König, aber auch für einen Mann, der Aquitanien als seine Heimat betrachtete und dem England und die Engländer höchst gleichgültig waren.

Sicher genoss Richard auch dort – so wie überall im Abendland – höchstes Ansehen, aber geliebt haben ihn die Engländer nicht; und so inbrünstig zurückgesehnt, wie das in allen Robin-Hood-Filmen dargestellt wird, haben sie ihn mit Sicherheit auch nicht. Die meisten, vor allem die kleinen Leute, die nicht zur normannischen Oberschicht gehörten, werden ihre Steuern nur murrend bezahlt haben. Aber von den Untertanen eines gefangenen Herrn wurde erwartet, dass sie diese Abgaben leisteten. Das war nun einmal geltendes Recht.

In der Krypta der St.-Pauls-Kathedrale wurden die Schätze zusammengetragen, aber erst im Oktober erschienen Abgesandte des Kaisers in London, um den Wert des Lösegeldes zu prüfen, weil sich darunter auch Naturalien befanden, Pelze zum Beispiel, oder Schmuck oder Kelche.

Schließlich und endlich waren sie zufrieden, und im Dezember 1193 schiffte sich Eleonore – inzwischen 71 Jahre alt – ein, um die kostbare Fracht nach Deutschland zu bringen. Kriegsschiffe sicherten die kleine Flotte ab, denn sowohl der König von Frankreich als auch Piraten aus aller Herren Länder hätten sonst etwas dafür gegeben, diese Schätze an sich zu bringen.

Hunderttausend Mark Silber. Hier stellt sich die Frage, wie viel das nach heutigem Geld gewesen wäre. Solche Hochrechnungen sind immer gewagt, aber in diesem Fall soll sie trotzdem versucht werden: Eine Mark Kölner Gewichts wog genau 233,8 Gramm. Mitzubringen hatte Eleonore also – wenn sie ausschließlich Silber mitgebracht hätte – über 23 000 Kilo. Wenn man nun rund 500 Euro heutiger Währung pro Kilo annähme, läge der Wert des Lösegelds umgerechnet bei mehr als elf Millionen Euro.

Eine stolze Belohnung für ein schäbiges Gangsterstück.

Die Flotte mit Eleonore und ihrem Gefolge lief in die Rheinmündung ein und wurde über Köln nach Mainz getreidelt. Dort fielen sich Mutter und Sohn im Januar 1194 in die Arme. Aber noch hatte Heinrich VI. drei Bedingungen: Zum einen mussten weitere 50 000 Mark Silber bezahlt werden, wenn es dem englischen König nicht gelingen sollte, seinen Schwager, Heinrich den Löwen, von seinen gegen das Reich gerichteten Aktivitäten abzuhalten.

Zum anderen musste Richard dem Kaiser versprechen, ihn bei seinem geplanten Zug gegen Sizilien zu unterstützen und außerdem das englische Königreich vom Kaiser als Lehen anzunehmen. Jetzt schien es Eleonore, die ihren Sohn nur zu gut kannte, als würde er gleich explodieren, denn davon war in den Verhandlungen keine Rede gewesen. Besorgt nahm sie Richard – wie alle Anwesenden später bezeugten – beiseite und redete auf ihn ein, bis er schließlich widerstrebend vor Heinrich niederkniete und seine Lederkappe als Symbol für die Krone in des Kaisers Hände legte.

Die Sache mit Sizilien indes verweigerte er. Er sei dem König der Normannen vertraglich verbunden, erklärte er, und er denke nicht daran, einen Eid zu brechen. Auch das war typisch für Richard. Er hätte alles zusichern können, um es dann später zu vergessen. England war weit, und der Arm des Kaisers reichte nicht einmal bis Frankreich. Aber genau diese Art von ritterlichem Verhalten war es, die die deutschen Fürsten an ihrem vornehmen Gefangenen so schätzten, und angesichts der allgemeinen Zustimmung, die Richards Haltung fand, sah der Kaiser von seiner Forderung ab.

Endlich war Richard frei und machte sich mit seiner Mutter auf den Heimweg. Zu aller Überraschung verzieh er seinem Bruder Johann, als dieser sich ihm zu Füßen warf. »Schließlich ist er ja mein Bruder«, war Richards lakonischer Kommentar. Der König wies – erstaunlich genug – alle Schuld irgendwelchen Verführern zu.

Das Volk in seiner Mehrheit wird wohl anderer Meinung gewesen sein. Wenn eines an den Robin-Hood-Filmen stimmt, dann die Darstellung Johanns als Ekelpaket. Eleonore dagegen wird überglücklich gewesen sein, dass sie ihren Lieblingssohn wieder bei sich hatte. Wenigstens für ein paar Jahre.

Ein letztes Mal noch wurde sie als Mutter gebraucht: 1199 belagerte Richard die Burg Châlus in Südwestfrankreich. Ein Scharfschütze der Verteidiger legte seine Armbrust auf den König an und traf ihn aus großer Entfernung. Die Pfeilspitze bohrte sich durch die Schulter bis an die Wirbelsäule, aber leichtfertig, wie er nun einmal war, vernachlässigte der König seine Verletzung. Bis es zu spät war. Ein Arzt stocherte vergeblich in der Wunde herum, ohne irgendetwas zu erreichen. Richard schickte nach seiner Mutter.

Sie kam rechtzeitig, um ihren Sohn in ihren Armen zu halten, als er am Abend des 6. Aprils 1199 starb.

Eleonore überlebte ihren Sohn noch um weitere fünf Jahre und starb in dem an mittelalterlichen Maßstäben gemessenen geradezu biblischen Alter von 82 Jahren 1204 in ihrem Lieblingskloster Fontevrault, das südlich der Loire zwischen Tours und Angers liegt. Bis zuletzt hat die »Löwin von Aquitanien« um das Erbe Richards gekämpft, zum Schluss sogar um das des ungeliebten Johann. Ist sie gescheitert? Vielleicht. Vielleicht war nur der Kampf ihr Ziel. Zumindest hat man sie in dankbarer Erinnerung gehalten.

Von Herzog Leopold V. von Österreich (übrigens der Sohn des erwähnten Jasomirgott) kann man das weniger behaupten. Er war ohne jede Scham in Mainz Zeuge bei der Freilassung Richards gewesen und hatte sich anschließend mit seinen 50 000 Mark Silber triumphierend davongemacht. Glücklich wurde er hingegen nicht mehr.

Nicht lange darauf, Ende des Jahres 1194, berannte er während eines Turniers eine aus Schnee erbaute Burg. Sein Pferd stolperte, Leopold fiel aus dem Sattel und zog sich einen komplizierten Oberschenkelbruch zu. Alsbald wurde das Bein brandig, aber niemand traute sich eine Amputation zu. Schließlich hielt sich der Herzog eine Axt auf das Bein und schlug ein paarmal heftig mit einem Hammer drauf.

Dann war das Bein ab. Und der Herzog tot.

1137	Die 15-jährige Eleonore von Aquitanien heiratet den französischen Kronprinzen Ludwig VII.
1152	Die Ehe wird für ungültig erklärt. Einige Wochen später nimmt Eleonore den um zehn Jahre jüngeren englischen Thronfolger Heinrich Plantagenet, der zugleich Herzog der Normandie und Graf von Anjou ist, zum Mann.
1157	Geburt Richards, der später »Löwenherz« genannt wird.
1189	Heinrich II. Plantagenet stirbt. Richard wird König von England.
1194	Richard kommt nach Zahlung eines gewaltigen Lösegeldes aus deutscher Gefangenschaft frei. Er stirbt 1199 bei der Belagerung von Châlus, südlich von Limoges, in Südwestfrankreich.

17. KAPITEL
DIE GLÜHENDE KRONE
(1197)

Der Soldat stützt sich schwer auf seine Lanze. Der Schaft scheint das einzig Kühle zu sein auf diesem in der Mittagshitze flimmernden Platz: Eschenholz. Gediegen. Niemals splitternd. Bewährt in unzähligen Schlachten. Doch an diesem Julitag in Palermo ist nicht gekämpft worden. Lediglich geschlachtet. Abgeschlachtet.

Er ist nicht allein hier. Vier Dutzend Männer sind am frühen Morgen von ihren Strohsäcken hochgescheucht worden. Es dämmerte gerade, als sie in Marsch gesetzt wurden. Sandalen suchen, Lederwams anziehen, ins Kettenhemd zwängen, Ledergürtel drum, Schwert, Schild und Lanze aufnehmen. Lostraben.

Seit fünf Stunden stehen sie jetzt hier in der prallen Hitze. Überflüssig wie Sonnensegel bei Nebel. Ein Aufstand war befürchtet worden. Tobende Menschenmassen, ein Hagel von Steinen, von Pfeilen sogar, die von den flachen Dächern abgeschossen werden könnten. Nichts ist passiert. Überhaupt nichts.

Wenn man von den Folterungen und Hinrichtungen absieht.

Doch das schaurige Spektakel hat niemanden angelockt. Nicht die sonst allgegenwärtigen Bettler, nicht die üblichen Schaulustigen, weder die lüsternen Marktweiber noch die zerlumpten Kinder, die nie bei einer Hinrichtung fehlen. Die

Bürger haben Türen und Fenster verrammelt. Vielleicht spähen sie durch die Ritzen der Holzläden. Zu sehen aber ist niemand, und das lauteste Geräusch verursachen die schwarzen Fliegen, die um die Köpfe der zu Tode gefolterten Aufrührer kreisen.

Die Männer bilden ein Karree, das nach einer Seite offen ist. Dort steht eine kleine Tribüne. Sie ist nicht geschmückt, wie man es hätte erwarten können. Keine Bänder, keine Wimpel, nicht einmal ein paar frisch geschlagene Bäumchen, die für etwas Grün sorgen könnten. Lediglich die roh gehauenen Balken und Bretter sind mit scharlachrotem Tuch verhängt. Das gehört sich wohl so für eine Hochwohlgeborene, denkt der Soldat. Bislang war er der Frau noch nie von Angesicht zu Angesicht begegnet.

Dennoch weiß er, wer sie ist: Konstanze von Sizilien, die Frau des Kaisers.

Der Soldat wischt sich den Schweiß aus den Augen. Das Kettenhemd ist heiß wie ein Backofen, das Lederwams bereits schwarz vor Nässe. Das Leinenband in seinem Topfhelm klebt an der Stirn. Wie die anderen Männer auch verlagert er zuweilen sein Gewicht von einem Bein auf das andere. Die Frau da oben sitzt kerzengerade auf ihrem Stuhl, die Knie geschlossen, die Hände auf den Oberschenkeln. Das in der Mitte gescheitelte Haar fällt glatt auf ihre Schultern.

Kalt wirkt sie in ihrem dunklen Gewand. Kalt bis ins Herz.

Der Soldat hat sie beobachtet, weil er selbst nicht hinschauen wollte, als die Henker dem vor Entsetzen brüllenden Burgherrn von Castrogiovanni, der sich in ihrem Griff wandte, eine rot glühende Eisenkrone mit Nägeln in seinen Kopf trieben. Auch seine eher rohen Kameraden erzählen nur mit Schauder einander, was der Kaiser am Tag des Gerichts über den Anführer des Aufstands gesagt hat: »Er wollte eine Krone. Nun – er soll sie haben.«

Zwei seiner Kameraden hatten sich übergeben. Die Frau

nicht. Nicht einmal, als sie den einen Mann in einen Kessel mit kochendem Teer gestoßen haben; auch nicht, als sie die beiden Brüder pfählten und ihren Vater blendeten. Sie starrt noch immer geradeaus, aber der Soldat ist sich nicht sicher, ob sie überhaupt etwas wahrnimmt.

Vielleicht ist sie wahnsinnig geworden.

Irgendwann sah die Kaiserin dann doch auf das, was von dem Grafen von Acerra übrig geblieben war, nachdem ein Reiter den Gefesselten durch die Straßen der Stadt geschleift hatte. Jetzt hing Richard, Jugendfreund und Vertrauter in vielen Gesprächen, mit dem Kopf nach unten an einem Galgen und wollte nicht sterben.

Nächte hindurch hatten sie diskutiert, die Gefahr missachtend, von Spähern des misstrauischen Kaisers ertappt zu werden. Über Monate hinweg hatten sie sich heimlich getroffen, hatte Richard versucht, sie dazu zu überreden, sich an die Spitze des Aufstands zu setzen. Vergeblich.

»Aber du bist Normannin«, hatte Richard sie beschworen. »Was geht dich dieser Deutsche an?«

»Er ist mein Mann«, hatte sie geantwortet.

»Den du nicht liebst!«

»Dem ich Treue und Gehorsam geschworen habe.«

»Und an diesen Schwur fühlst du dich gebunden, bei allem was er dir antut?«

»Ich bin die Mutter seines Kindes, des Thronfolgers.«

»Eines deutschen Thronfolgers.«

»Immerhin ist er zur Hälfte Normanne!«

So ging das endlos weiter. Der normannische Adel im süditalienischen Königreich Sizilien wollte sich nicht damit abfinden, plötzlich seine Unabhängigkeit verloren zu haben, nur weil Heinrich, des Barbarossas Sohn, eine einheimische Prinzessin geheiratet hatte, die nach dem Tod ihres Neffen, König Wilhelms, als Thronfolgerin zu gelten hatte. Und nur, weil Heinrich mit dem Lösegeld, das er von Richard Löwenherz erpresst hatte, die Mittel besaß, sich den Süden Italiens mit Gewalt zu unterwerfen.

Er hatte Konstanze schließlich nicht aus Liebe geheiratet, sondern aus Berechnung. Dennoch war ihm seine Frau damals dankbar gewesen. Mit ihren 30 Jahren war sie nach damaliger Auffassung bereits alt, geradezu uralt, außerdem ziemlich reizlos, und sie hatte sich damit abgefunden, ihr Leben in jenem Kloster zu beenden, in das man sie gesteckt hatte, bevor die Werber des Staufers um ihre Hand anhielten.

Gewiss: Sie hätte auch Königin der Normannen werden können, wenn sie irgendeinen Baron geheiratet hätte. Aber für wie lange wohl? Der mächtige Staufer schien ihr mehr Schutz bieten zu können, und so hatte sie schließlich eingewilligt und ihr Erbe – ein ganzes Königreich – als Mitgift in die Ehe eingebracht. In eine schreckliche Ehe. Mit leichter Wehmut erinnerte sie sich an die Prunkhochzeit in Mailand. Ihr Ehemann war damals zum König gekrönt worden, und sein Vater hatte ihm den Prunktitel »Cäsar« verliehen.

Und das war das einzig Prunkvolle an ihm.

Mit der Hochzeitsnacht begann eine endlose Folge von Demütigungen und Peinlichkeiten. Ein pickeliger und unerfahrener, egoistischer Knabe mit einer ältlichen Jungfer im Bett. Wahrlich eine großartige Voraussetzung für ein erfülltes Liebesleben. Freilich: Er schrieb rührende Liebeslieder! »Verlör' ich sie, was hätt' ich dann? Ich taugte zur Freude nicht mehr für Frau oder Mann!«

Konstanze fühlte sich nicht angesprochen, und bei Hofe wunderte sich niemand, dass Heinrichs Bemühungen – von gemeinsamen konnte kaum die Rede sein – um Nachwuchs erfolglos blieben. Dennoch geschah das Wunder. Nach genau acht Jahren wurde sie schwanger. Zu diesem Zeitpunkt war sie 40 Jahre alt und wusste sehr wohl, dass ihr Mann bereits beschlossen hatte, sich wegen ihrer vermeintlichen Unfruchtbarkeit von ihr zu trennen.

Als schließlich ihre Stunde kam, setzte sie sich auf dem Marktplatz von Jesi in der Provinz Ancona in ein Zelt und machte alle Frauen des Ortes zu Zeugen ihrer Niederkunft, auf dass später niemand behaupten konnte, sie hätte ihrem Mann irgendein Findelkind als seinen Sohn untergeschoben. Das geschah am zweiten Weihnachtstag des Jahres 1194. Sie nannte das Kind nach sich selbst: Konstantin. Sie hätte es nicht übers Herz gebracht, ihm den Namen seines Vaters zu geben, wie es damals Brauch war.

Konstanze schloss zum ersten Mal an diesem Tag die Augen. Wie alt war ihr kleiner Sohn jetzt? Drei Jahre? Nein, noch nicht ganz. Sie hatte das Kind seit einem Jahr nicht mehr gesehen. Ihr Mann hatte es so gewollt. Er hatte Angst, sie würde ihn verzärteln. Den kommenden Kaiser!

Sie hatte ihre heimlichen Gespräche mit Richard fortgesetzt. Dann flog alles auf. Der Kaiser jagte mit seinen Falken an den Hängen des Ätna, als ein reitender Bote die Nachricht von der Verschwörung brachte. Heinrich floh nach Messina, sammelte dort ein Heer und zog nach Catania, wo sich die Verschwörer getroffen hatten.

Auch Richard war dabei. Ihr Richard.

Konstanze blickte hinab auf das, was einmal ein Mensch gewesen war. Sie hatte ihren Mann nicht verraten. Sie hatte ihn zwar nie geliebt, aber hintergangen hatte sie ihn auch nie. Jetzt hasste sie ihn. Aus ganzer Seele.

Und mit dem bisschen Kraft, das ihr noch geblieben war.

Konrad von Wolfach schaute hinab auf das bunte Gewimmel von Zelten und Karren unten im Tal, auf die Bänke und Tische, Fahnenmasten und Wimpel. Auf die Prunkwagen mit den vergoldeten Rädern, den bemalten Zeltplanen und den vorgespannten Kaltblütern. Sein Blick wanderte über die

Grüppchen erlesen gekleideter Damen, die sich in Abwesenheit ihrer Männer die Zeit mit den üblichen Spielen vertrieben. Die Hauben hatten sie abgelegt, und er sah ihre Haare im Wind flattern. Seit seiner Rückkehr aus dem Heiligen Land ritt er mit den Männern des Reichsmarschalls Heinrich von Kalden, aber es war das erste Mal, dass er die Ehre hatte, den Kaiser zu einem Jagdausflug zu begleiten.

Zu begleiten, aber nicht mit ihm zu jagen. Heinrich von Kalden und etliche andere, die zu den Vertrauten des Kaisers gehörten, hatten es vorgezogen, das Treiben von einem Hügel und vom Rücken ihrer zierlichen Araberstuten aus zu beobachten. Es war viel zu heiß für eine Hetzjagd. Man musste ja nicht jeden Unfug mitmachen.

Am frühen Morgen, als noch kleine Nebelfetzen den Hang des Vulkans hochglitten und sich dabei langsam auflösten, waren sie noch mit dem Kaiser geritten und hatten zugesehen, wie seine Falkner die Sperber und Habichte hochwarfen, hatten die Greifvögel angefeuert, die sich auf Kaninchen und Rebhühner stürzten. Ein lustiges Traben war das gewesen, weder anstrengend, noch sonderlich aufregend. Aber jetzt war Treibjagd angesagt, und da wollte man sich nicht vordrängen. Es gab genug andere, die mit gefährlichen Kunststückchen die Aufmerksamkeit des Kaisers auf sich lenken wollten.

Und da war vor allem Heinrich selbst, der immer wieder Kopf und Kragen bei dem törichten Versuch riskierte, seine Umgebung vergessen zu lassen, wie stiefmütterlich ihn die Natur behandelt hatte.

Heinrich von Kalden beobachtete zusammen mit den anderen missmutig vom Hügel herab, wie der Kaiser mit einer langen Stoßlanze einen Keiler verfolgte, der durch das dichte Buschwerk zu entkommen versuchte. Zweimal gelang es ihm mit seinem wendigen Pferd, dicht genug an das Tier heranzukommen. Zweimal stach er ihm mit der Lanze in den

Rücken. Beim dritten Mal jedoch verhakte sich das Lanzenblatt im Nacken des Wildschweins und riss den Kaiser aus dem Sattel.

»Verfluchter Mist!«, schrie der Marschall und richtete sich im Sattel auf, um zu sehen, ob sich der Kaiser verletzt hatte, aber die Macchia schien den gefährlich aussehenden Sturz genügend abgefedert zu haben. Jedenfalls erhob sich Heinrich leicht humpelnd, um sich sogleich wieder in den Sattel helfen zu lassen. Wenig später sprengte er einem anderen Keiler hinterher.

»Unvernünftig wie ein Kind«, murmelte der Marschall. »Und das bei dieser Hitze!«

»Es wäre nicht gerade günstig, wenn ihm jetzt etwas zustieße, wo der Aufstand gerade erst niedergeschlagen worden ist«, sagte der dürre und stets missmutig dreinblickende Konrad von Lützelinhard. »Wer weiß, ob es nicht noch immer Widerstandsnester gibt, die wir noch nicht ausgeräuchert haben.«

»Was soll schon passieren?« Der Truchsess des Reiches, Markward von Annweiler, ein Hüne mit harten Zügen, ritt näher an die anderen heran. »Die Verräter sind tot. Ich hätte ihnen gerne beim Sterben zugesehen, aber der Kaiser wollte ja unbedingt, dass seine Frau ganz allein zuschauen sollte. Weil auch sie eine Verräterin ist.«

»Das ist keineswegs bewiesen«, meldete sich der kleine und ziemlich beleibte Diepold von Vohburg zu Wort.

»Der Kaiser glaubt es«, sagte Markward.

»Auch der Kaiser kann irren!« Ein Mönch aus dem Gefolge des Marschalls hatte es gerufen.

Markward ritt drohend auf ihn zu: »Wie kannst du es wagen?«

»Lass ihn zufrieden!«, rief der Marschall. »Niemand rührt in meiner Gegenwart einen Diener Gottes an.« Und dann – zu dem Mönch gewandt – fragte er: »Und wie kommst du zu dieser ketzerischen Behauptung?«

Der Mönch, in mehrfach geflickter Kutte auf einem Esel hockend, fragte zurück: »Darf ich offen sprechen?«

Der Marschall zögerte nur kurz. »Gut. Wir sind freie Männer, und – was wichtiger ist – wir sind hier oben unter uns, aber vor einem warne ich dich: Wage es nicht, deine so genannten Wahrheiten außerhalb dieses Kreises zu verbreiten. Ein anderer als ich könnte dir zuhören, und dann würdest du vermutlich auf einem ziemlich hohen Holzstoß gegrillt werden.«

Die Männer lachten böse, aber der Mönch richtete sich auf seinem Esel so hoch auf, wie das ohne Steigbügel möglich war, und sagte: »Keine Angst, Ihr werdet wenig Neues von mir hören, aber fragt im Stillen Euer Gewissen, ob ihr das mittragen könnt, was ich im Namen Gottes dem sechsten Heinrich vorwerfe. Zunächst einmal der Name einer Stadt: Tusculum! Wie? Ihr erinnert Euch nicht? Ihr müsst doch alle dabei gewesen sein, als Heinrich nach Rom zog, um sich krönen zu lassen!«

Einige der Männer begannen zu murren.

»Nun ja«, sagte Heinrich von Kalden mürrisch. »Jeder weiß es: Tusculum wurde geopfert.«

»Tusculum wurde geopfert«, wiederholte der Mönch sarkastisch. »Das ist leicht dahergesagt, aber was bedeutet das wirklich? Da stürzen nicht nur Häuser ein. Da werden Menschen bestialisch abgeschlachtet, Frauen vergewaltigt, Säuglinge erwürgt und Männer kastriert. So nämlich sieht das aus, wenn eine Stadt geopfert wird!«

Und nach einer Pause: »Derart viel Leid – lediglich für eine Kaiserkrone?«

»Na und?«, sagte der fette Diepold. »Man muss das große Ganze im Auge behalten.«

»O ja, das große Ganze und den schnöden Mammon. Wie war das noch gleich mit Richard Löwenherz? Der Kaiser hat das eherne Gesetz gebrochen, demzufolge die aus Jerusalem heimkehrenden Pilger absolut unantastbar sind und unter dem Schutz der Kirche stehen.«

Hier machte der Mönch eine Pause, bevor er fragte: »Möchte einer der anwesenden Herren eine Entschuldigung für Heinrich vorbringen?«

Außer dem leichten Sirren des Windes im hohen Gras und dem Scharren der Pferdehufe war für geraume Zeit nichts zu hören.

»Und noch ein Drittes«, sagte der Mönch jetzt überraschend sanft. »Es hat einen Aufstand gegeben. Er ist niedergeschlagen worden. Das ist das Recht der Mächtigen. Aber mir scheint, als sei hier nicht gestraft worden. Hier ist auf menschenverachtende Weise Rache geübt worden. In der Bibel steht jedoch, dass Gott sagt, die Rache sei sein.«

Der Mönch ließ sich zurück in den Sattel fallen. »Ich danke fürs Zuhören«, nickte er in Richtung des Marschalls. »Nun haben die Herren etwas zum Nachdenken. Für meine Gesundheit jedoch ist es wohl besser, wenn ich Euch jetzt verlasse.«

»Du bleibst!«, knurrte der Marschall. »Du stehst unter meinem Schutz, und niemand wird dich zur Rechenschaft ziehen. Außerdem ist es wohl gescheiter, wenn wir das gefährliche Thema jetzt beenden und uns erfreulicheren Dingen zuwenden. Beispielsweise den Damen und vielleicht auch der Jagd. Die Mittagshitze scheint gebrochen. Wind kommt auf. Wir reiten hinunter ins Lager.«

Er dirigierte sein Pferd den Hang hinab, und während die anderen Ritter ihm folgten, schob sich Konrad neben den Esel des Mönches.

»Du hast Mut«, sagte er.

»Manche Dinge müssen zuweilen ausgesprochen werden.«

»Und was bringt das dir – außer einer Menge Ärger?«

»Seelenfrieden.«

»Ich glaube«, sagte Konrad, »ich würde kaum etwas

Gefährliches tun, wenn ich keinen Nutzen daraus ziehen könnte.«

»Mag sein, aber vielleicht könnt Ihr schon bald etwas Riskantes tun, was auch Euch nichts anderes einbringt als Seelenfrieden.«

Konrad sah den Mönch fragend an. »Muss ich das verstehen?«

»Nein«, sagte der Mönch ernst. »Vielleicht versteht Ihr es, wenn Ihr heute noch über den Marktplatz kommen solltet. Aber nun reitet hinunter zu den Damen und geht mit ihnen und den anderen jagen.«

»Kommst du nicht mit?«

»Nein. Priester und Mönche sollten sich Damen nicht ohne gewichtigen Grund nähern, und jagen dürfen sie erst recht nicht.«

»Warum das?«

»Das Verbot geht zurück auf die Apostelgeschichte. Auf einer sehr frühen Synode in Jerusalem wurde beschlossen, dass sich die Christen – natürlich – des Götzendienstes und der Unzucht enthalten müssen. Aber auch allen Blutes und jeglichem Erdrosselten.«

Konrad sah den Mönch fragend an: »Und?«

»Deshalb darf man nichts essen, was bei der Jagd auf blutige Weise erbeutet wurde, also mit Schwert, Bogen, Lanze oder Dolch; außerdem nichts, was in Schlingen gefangen, also erdrosselt oder erstickt wurde. Inzwischen hat die Kirche das Gesetz gelockert; zumindest für die Laien. Nicht aber für die Diener des Herrn.«

»Das ist doch albern«, widersprach Konrad. »Auch Fische ersticken, wenn man sie an Land zieht, und dennoch haben alle Klöster Fischteiche mit Forellen und Karpfen. Vermutlich weil auch die ersten Apostel Fischer waren – nicht wahr?«

Der Mönch blickte ihn überrascht an. »Ihr denkt schnell – nicht wahr? Vermutlich soll uns das Gesetz nur darauf aufmerksam machen, dass das Böse stets das Gute jagt: der reißende Wolf das friedliche Lamm, der grausame Habicht die sanfte Taube oder der selbstsüchtige Mensch das zarte Reh.«

Konrad hielt dem Mönch seinen Schild hin. »Wie du siehst, bin ich auch ein reißender Wolf!«

Der Mönch lächelte. »Vielleicht nur äußerlich. Denkt an den Marktplatz.«

Und damit trabte er auf seinem dürren Eselchen davon.

Am späten Nachmittag erscholl das vertraute Signal. Trompetenstöße verkündeten das Ende der Jagd. Der Kaiser wünschte zurückzukehren. Hektisches Treiben setzte ein. Pferde wurden aus der provisorischen Koppel getrieben und angeschirrt, Fahnen und Banner eingeholt. Geschirr und kostbare Laken wurden auf die Karren verladen, dazu die Bänke und Klappstühle, die Weinamphoren und die Spieße; das Prunkzelt wurde abgebaut, die Küche aufgelöst. Eine Stunde später setzte sich ein langer Zug in Bewegung, flankiert von Berittenen, an Kopf und Ende geschützt von der kaiserlichen Garde. Bei Anbruch der Dunkelheit erreichte die Gesellschaft die Stadttore Palermos.

Die untergehende Sonne warf letzte rosafarbene Strahlen auf den großen Platz. Die Soldaten, die den ganzen Tag über das Karree gebildet hatten, waren abgezogen worden, nur zwei Bewaffnete flankierten noch die Holztribüne, auf der eine schmale Gestalt in einem schwarzen Gewand ausharrte.

Tief unter ihr, zwischen verkohlten Holzresten und Kleiderfetzen, lagen die grotesk verrenkten und verstümmelten Leichen der Verräter, hing mit dem Kopf nach unten der Mann, dem der längste und qualvollste Tod zugedacht war: Richard von Acerra.

Der Kaiser und sein Gefolge hielten am oberen Platzende. Heinrich winkte seinem Marschall, ihm zu folgen, und ritt langsam hinüber zu der Tribüne, auf der seine Frau den ganzen Tag über hatte bleiben müssen. Vor dem Gerüst sprang er vom Pferd und stieg die Stufen hoch. Er deutete eine leichte Verbeugung an: »Ich denke, Ihr habt genug gesehen, und Eure Neugierde ist fürs Erste befriedigt.«

Konstanze erhob sich langsam von ihrem Stuhl. Jede Bewegung verursachte ihr sichtbar Schmerzen. Sie blickte an ihrem Mann vorbei und widerstand der Versuchung, vor ihm auszuspucken.

»Leiht mir Euren Arm, Heinrich von Kalden«, sagte sie zu dem Mann, der dem Kaiser in einigem Abstand gefolgt war. Auf den Arm des Marschalls gestützt, stieg sie unbeholfen die Stufen hinunter und ließ sich in eine Sänfte helfen, während sich der Kaiser dem Gehenkten zuwandte. Er bückte sich, fasste Richards Kopf bei den Haaren und hob ihn leicht an. War er endlich tot? Heinrich tastete nach der Schlagader am Hals. Noch immer fühlte er einen leichten, flatternden Puls.

Brüsk wandte er sich um und ritt zu den Männern seines Gefolges zurück. »Wo ist der Narr?«, rief er, und schon drängte sich ein Verwachsener mit tückischen Äuglein durch den Pulk der Berittenen.

»Hör zu, Narr«, sagte Heinrich, »wenn dieser Verfluchte morgen früh noch immer lebt, bindest du ihm einen Stein an die Zunge, verstanden?«

Und als der kleine Mann nicht antwortete, sondern zögernd um sich blickte und die versteinerten Gesichter der Vertrauten des Kaisers sah, sagte dieser noch einmal und diesmal mit betonter Schärfe: »Verstanden?«

»Gewiss doch, Herr Kaiser«, dienerte der Narr, sich mehrfach verbeugend, um sich dann rasch zurückzuziehen. »Gewiss doch. Morgen früh. Ein schwerer Stein.«

»Wollt Ihr hier weiter rumstehen und gaffen?«, fuhr Heinrich seine Leute an. »Auf zum Palast!« Er stieß seinem Pferd die Sporen in die Seite, und die Männer seiner Garde jagten ihm nach.

Einen Augenblick herrschte Schweigen auf dem Platz. Dann spuckte Markward von Annweiler aus. »Einen Stein an die Zunge – wie? Was ist das hier? Wird ein Schwein geschlachtet oder ein Rind ausgeweidet?«

»Eine Schande ist das«, murrte Konrad von Lützelinhard.

»Jawohl, eine Schande für einen Ritter, selbst wenn er zum Verräter geworden ist«, stimmte Diepold von Vohburg zu.

»Es ist zum Kotzen«, sagte Konrad von Wolfach.

Heinrich von Kalden sah ihm ins Gesicht. »Es ist der Befehl des Kaisers!«

Konrad wich seinem Blick nicht aus.

»Es ist trotzdem zum Kotzen!«

»Schweigt!«

»Seid Ihr etwa anderer Ansicht?«

»Und wenn es so wäre – niemand kann etwas daran ändern. Niemand wird es wagen.«

Heinrich von Kalden starrte den jungen Grafen an. Konrad starrte zurück.

Der Marschall warf sein Pferd herum und ritt los. Zögernd folgten ihm die anderen.

In der Kühle des nächsten Morgens bewegte sich ein farbenprächtiger Zug vom Palast her zum großen Platz. An der Spitze der Bannerträger, dann die kaiserliche Garde, danach Heinrich selbst, an dessen Steigbügel sich der Narr klammerte, der eine lederne Tasche umgehängt hatte, in der sich ein großer länglicher Stein befand und ein fein gewirktes dünnes Seil. Dann folgten diejenigen, die sich das entwürdigende Schauspiel nicht entgehen lassen wollten, von dem den ganzen gestrigen Abend die Rede gewesen war, und natürlich das übliche Gefolge des Kaisers.

Noch immer hatten sich keine Gaffer eingefunden, kein Bettler lungerte herum, und die Marktweiber verspürten erst recht keine Lust, ihre Waren dort anzupreisen, wo es so deutlich nach Tod roch. Der Körper des Grafen von Acerra schwang sanft in der Morgenbrise, als auf ein Zeichen des Kaisers hin der Zwerg mit seiner Tasche hinab zu dem Galgen lief, um zu versuchen, dem unglückseligen Opfer die Zunge aus dem Mund zu ziehen.

Dann ließ er Stein und Seil fallen und kam voller Entsetzen zurückgehumpelt.

»Er ist tot!«, schrie er, »mausetot!« Er machte die Geste des Halsabschneidens und fuchtelte aufgeregt mit seinen Ärmchen in der Luft herum. »Er ist tot, Herr Kaiser, und steif wie ein Stück Holz!«

Heinrich wandte sich nach seinem Marschall um. »Seht nach, ob er wirklich nicht mehr lebt«, knurrte er. »Ich wünsche keine plötzliche Auferstehung dieses Lumpen.«

Heinrich von Kalden nickte und dirigierte sein Pferd nach unten, stieg ab und untersuchte kurz den Körper des Grafen und die nähere Umgebung des Richtplatzes. Dann gab er dem Kaiser ein unmissverständliches Zeichen. Der zuckte die Achseln und setzte sein Pferd in Bewegung. Der Hofstaat folgte, ziemlich enttäuscht, dass es weiter nichts zu sehen gab.

Nur Konrad blieb oben am Platz stehen und wartete darauf, dass der Marschall zu ihm hochkam.

»Er ist tot«, sagte Heinrich von Kalden und sah den jungen Grafen aufmerksam an.

»Ja.«

»Im Sand unter seinem Kopf habe ich ein paar Blutstropfen gefunden.«

»So?«

»Ich denke, jemand hat sich in der Nacht auf den Platz geschlichen, hat das Gewand des Grafen vorn geöffnet und ihm mit einem sehr spitzen Dolch ins Herz gestochen.«

»Hattet Ihr etwas anderes erwartet?«, fragte Konrad mit ausdrucksloser Stimme.

»Wir sehen uns noch«, antwortete der Marschall.

18. KAPITEL
DER TRAUM VOM WELTREICH

Der Reichsmarschall Heinrich von Kalden oder andere hochrangige Ministeriale wie Markward von Annweiler, Konrad von Lützelinhard, Berthold von Künßberg oder Diepold von Vohburg waren durchaus keine verzärtelten Hofschranzen. Im Gegenteil: Sie waren kampferprobte und zuweilen auch skrupellose Männer, denen der Ruf vorausging, mit rücksichtslosen und häufig auch grausamen Methoden die Politik des Kaisers in die Praxis umzusetzen. Umso mehr beweist ihre Reaktion sowohl auf die Gefangennahme von Richard Löwenherz und die damit verbundene Erpressung als auch auf das Blutgericht von Palermo, wie geradezu unmenschlich Heinrich VI. selbst auf seine engste Umgebung gewirkt haben muss.

Nach dem Debakel vor Neapel – damals hatte man tatsächlich eine Zeit lang geglaubt, der Kaiser sei seiner Krankheit erlegen – schien Heinrich mit seiner Politik am Ende. Doch dann traten zwei Ereignisse ein, die seinen Träumen von einem Weltreich neue Nahrung gaben: Zum einen war dies die Gefangennahme von Richard Löwenherz, die mit einem Schlag – wenn auch mit einem kriminellen – die Kriegskasse der Deutschen bis obenhin füllte.

Zum anderen entwickelte sich, höchst ungewöhnlich für die damalige Zeit, eine Romeo-und-Julia-Romanze zwischen zwei jungen Menschen aus Familien, die seit Menschengedenken miteinander verfeindet waren: den Staufern und den Welfen. Niemand kennt die Umstände, unter denen sich Agnes, die Tochter des staufischen Pfalzgrafen Konrad, ausgerechnet in Heinrich von Braunschweig, den ältesten Sohn Heinrichs des Löwen, verliebt hat. Tatsache ist nur, dass die beiden heimlich heirateten.

Der Kaiser tobte vor Wut. Pfalzgraf Konrad war sein Onkel und Agnes folgerichtig seine Cousine, eine der reichsten Erbinnen Europas, die Heinrich bereits feierlich dem französischen König Philipp versprochen hatte. Und nun?

Man kann über Heinrich denken, wie immer man mag – aber einer seiner Charakterzüge verdient Bewunderung: Er war unglaublich flexibel. Wenn er es sich schon mit Philipp verscherzte, musste die Heirat von Agnes mit einem Welfen ihm zumindest einen anderen Vorteil bringen. Also traf er sich mit dem Vater des Bräutigams, seinem alten Intimfeind, und versöhnte sich mit ihm.

Endlich konnte er einen doppelten Erfolg feiern: Er hatte genug Geld für den Zug nach Sizilien und nunmehr auch im Norden des Reiches den Rücken frei.

Wir erinnern uns, dass Heinrichs Frau Konstanze, die Normannenprinzessin, nach dem Tod des normannischen Königs Wilhelm II., der 1189 kinderlos gestorben war, die eigentliche Erbin des Throns gewesen wäre, dass aber die Barone stattdessen Tankred von Lecce zu ihrem König gewählt hatten. Nun brach Heinrich VI. auf, die Krone Siziliens zu erobern.

Um sein Glück vollständig zu machen, segnete ausgerechnet zu diesem Zeitpunkt König Tankred das Zeitliche. Noch ein paar Wochen zuvor war auch dessen ältester und soeben erst gekrönter Sohn Roger gestorben. Übrig geblieben waren nur noch die Witwe Sibylle, die jetzt die Regentschaft für den erst dreijährigen Sohn Wilhelm übernahm, und drei Töchter. Da zudem die normannischen Barone untereinander zerstrittener waren denn je, war nicht viel Widerstand zu erwarten.

Es rührte sich auch keiner. Sogar Neapel ergab sich kampflos, während es dem Reichstruchsess Markward von Annweiler als Anführer einer Flotte der Seestädte Pisa und Genua gelang, im Osten Siziliens zu landen. Nach kurzen Geplänkeln mit den Resten normannischer und sarazenischer Truppen ergab sich Königin Sibylle, der Heinrich großzügig die Grafschaft Lecce und das Fürstentum Tarent als Erbe versprach. Allerdings musste sie die Kroninsignien und den kleinen Wilhelm herausgeben, den sie zuvor hatte in Sicherheit bringen lassen.

Der Einzug Heinrichs in die Residenzstadt Palermo 1194 wurde zu einem Triumphmarsch. Erstmals lernten die Deutschen orientalische Prachtentfaltung kennen. Die Straßen waren mit Blumen bestreut, Wohlgerüche entströmten den Häusern, und die Bürger zogen dem Kaiser in kostbare Gewänder gekleidet und von Musikgruppen begleitet entgegen, um ihm zu huldigen. Heinrichs Genugtuung muss unendlich groß gewesen sein. Er hatte dem Reich die bislang größte Ausdehnung nach Süden verschafft. Weder Karl der Große noch Friedrich Barbarossa waren derart weit vorgestoßen.

Entsprechend milde war des Kaisers Herrschaft in den ersten Wochen. Irgendwo auf dem Weg nach Süden war die hochschwangere Kaiserin Konstanze zurückgeblieben. Heinrich hatte Konrad von Urslingen, den Herzog von Spoleto, gebeten, die werdende Mutter zu bewachen, die dann ihren Sohn auf dem Marktplatz von Jesi zur Welt brachte. Kurz danach legte ein Mönch, dessen Name nicht überliefert ist, dem Kaiser Papiere vor, aus denen hervorzugehen schien, dass in Palermo eine Revolte vorbereitet würde.

Der Kaiser hielt sich nicht lange mit Untersuchungen auf. Königin Sibylle, der kleine Wilhelm und seine drei Schwestern wurden sofort festgenommen. Ebenso die vermeintlichen

Anführer. Die Eile, mit der verurteilt und vollstreckt wurde, öffnete allen Verdächtigungen Tür und Tor. Gab es überhaupt Beweise? Waren sie echt oder gefälscht? Brauchte der Kaiser lediglich einen Vorwand, um den Widerstand der normannischen Barone ein für alle Mal zu brechen?

Niemand weiß es. Schlimm genug, dass man es Heinrich damals ohne weiteres zugetraut hat. Andererseits: Selbst Papst Innozenz III., wahrlich kein Freund der Staufer, der sich nach dem Tod des Kaisers um die Freilassung einiger Gefangener bemühte, hat dabei lediglich um Gnade und Vergebung gebeten, niemals jedoch behauptet, die Urteile seien seinerzeit zu Unrecht erfolgt. Vielleicht wusste auch er es nicht genau.

Tatsache allerdings ist, dass sich Heinrich VI. endgültig als das Monster entlarvte, das er wohl immer gewesen ist, denn wenn man auch mittelalterliche Denkstrukturen in Hinsicht auf Strafe und Abschreckung zugrunde legt – was der Kaiser nun tat, entsetzte das gesamte Abendland. Der vierjährige Wilhelm wurde geblendet und nach dem Bericht eines englischen Chronisten auch kastriert. Dann brachte man ihn auf die Welfenburg Hohenems in Vorarlberg, wo er noch fünf Jahre lang seinem Tod entgegendämmerte.

Zwei Vettern starben jämmerlich in den Verliesen der Festung Triberg. Königin Sibylle und ihre Töchter verschwanden für die nächsten vier Jahre im Kloster Hohenburg auf dem Odilienberg im Elsass, bevor sie von dort nach Frankreich fliehen konnten. Mehrere andere vornehme Gefangene wurden auf den Trifels gebracht und dort geblendet. Alle übrigen Verdächtigen wurden bestialisch zu Tode gefoltert.

Doch nicht genug damit: Als Heinrich erfuhr, dass der in seinen Augen unrechtmäßige König Tankred und dessen Sohn mitsamt ihren Kronen beigesetzt worden waren, ließ er die Grabstätte gewaltsam öffnen und sie den Toten vom Kopf reißen.

An dieser Stelle gilt es, einen Augenblick innezuhalten. Aus vielen überlieferten Episoden wissen wir, wie wahrhaft ritterlich empfindende Menschen jener Zeit über Ehre und Anstand gedacht haben. Selbst dann, wenn sie Todfeinde waren.

Nehmen wir den sarazenischen Sultan Saladin, den eine schon beinahe perverse Hassliebe mit Richard Löwenherz verband: In einer erbittert geführten Schlacht stehen sich am 5. August des Jahres 1192 im Heiligen Land Muslime und Christen gegenüber. Plötzlich – mitten im Kampfgetümmel – bricht Richards Pferd, von einigen Pfeilen getroffen, zusammen. Saladin bemerkt es und schickt dem englischen König mitten durchs Gewühl zwei frische Pferde. Natürlich will auch der Sultan, dass dieser tollkühne Engländer in der Schlacht umkommt, aber er soll im Sattel sterben und nicht von den Hufen in Panik geratener Gäule zertrampelt werden.

Manche Frauen denken ähnlich: Stephanie, die Witwe eines missratenen französischen Adligen, den Saladin gefangen genommen und enthauptet hat, sucht den Sultan auf, der ihr kleines Kind als Geisel festhält. Sie bietet als »Lösegeld« die Übergabe der unbezwingbaren Kreuzritterfestung Kerak an, die sie mit ihren Leuten verteidigt. Der Sultan willigt ein und übergibt ihr das Kind, aber die ihr unterstellten Ritter halten sich nicht an das Wort ihrer Gebieterin und verweigern die Übergabe der Burg. Daraufhin bringt Stephanie Saladin ihr Kind zurück. Wenn er die Festung nicht bekommt, darf sie auch das Kind nicht behalten.

Unglaublich – aber bewiesen.

Wir wissen es zwar nicht, aber so, wie Saladin von den zeitgenössischen (und auch den christlichen) Quellen geschildert worden ist, dürfen wir annehmen, dass der Sultan der Mutter ihr Kind gelassen hat.

Ein anderes Beispiel: Während der Kaiser auf seinem unglückseligen Feldzug Neapel belagert hatte und dort schwer erkrankt war, hatte sich seine Frau nach Salerno begeben, wo damals bereits die berühmte Ärzteschule existierte, die vor allem arabische Medizinkenntnisse vermittelte. Möglicherweise suchte Konstanze die dortigen Ärzte auf, weil sie noch immer nicht schwanger war. In der Stadt gab es sowohl Anhänger Heinrichs als auch König Tankreds, aber Letztere hatten beim Anrücken des Kaisers die Stadt verlassen.

Als sich nun das Gerücht verbreitete, Heinrich sei vor Neapel der Seuche erlegen, kehrten sie zurück, nahmen die Kaiserin gefangen und brachten sie mit dem Schiff nach Sizilien. Eine bessere Geisel konnte sich Tankred im Grunde nicht wünschen. Dennoch ließ er sie nach einer Ermahnung durch den Papst wieder frei, ohne Lösegeldforderung, ohne jede andere Bedingung.

Und die Grabstätte ebendieses Tankreds und die seines Sohnes schändete Heinrich auf widerliche Weise.

Auf der einen Seite erlebte das Abendland die hoch gepriesenen Taten der edlen Damen und Herren der adligen Gesellschaft, deren ehrenvolles Verhalten jeder Troubadour rühmte – auf der anderen Seite dieses Monster auf dem Kaiserthron, dessen Macht wuchs und wuchs.

Im gleichen Maße wie der Hass in ganz Europa auf alles, was deutsch war.

Den Kaiser berührte das nicht. Er bereitete seine Heimreise vor, ließ Konstanze als Regentin zurück und stellte ihr bewährte Männer zur Seite. Sodann wurde der ungeheure sizilische Kronschatz auf 150 Saumtiere gepackt (so viele hatte man angeblich auch gebraucht, um seinerzeit Konstanzes Aussteuer nach Mailand zu bringen) und nach Deutschland vorausgeschickt, wo er auf dem Trifels eingelagert wurde. Zur Beute gehörte neben zahllosen Goldbarren, Juwelen, Elfenbein, Gewändern und Perlen übrigens auch der wunderschöne Krönungsmantel, eine arabische Arbeit, die einst für Roger II. angefertigt worden war.

Der Kaiser war nun noch reicher als vor seinem Feldzug nach Sizilien und machte sich daran, seine zwei großen Träume zu verwirklichen: ein Weltreich zu schaffen und die automatische Thronfolge für seinen kleinen Sohn sowie für alle Nachfahren seines Hauses durchzusetzen.

Das Weltreich, das ihm vorschwebte, sollte zwar nicht so weit nach Osten reichen wie das von Alexander dem Großen. Aber ein Machtbereich von der Ausdehnung des einstigen Römischen Reiches konnte er sich durchaus vorstellen. Warum gab es noch dieses in seinen Augen längst unzeitgemäße und dazu noch lästige Oströmische Reich? Warum gab es noch selbstständige Königreiche im hohen Norden und auf dem Balkan, in Nordafrika, auf den Mittelmeerinseln oder in Spanien?

Und schon lange versuchte er, die Könige von Frankreich und England gegeneinander auszuspielen. Richard Löwenherz hatte er ja vor dessen Freilassung bereits zu seinem Lehnsmann gemacht.

In der Tat meinte das Schicksal es gut mit ihm: Er hatte nicht nur das Erbe der Normannen angetreten, sondern damit auch in gewissem Sinne die Oberhoheit über das Mittelmeer, das einst von den Römern beherrscht worden war. Deren Erbe hatte später Ostrom angetreten, aber dann erschienen die Normannen, und nun wurde es für Konstantinopel gefährlich.

Auch die Inselherrscher und die Anrainerstaaten hatten die schwindende Macht Ostroms erkannt, und als nun Heinrich VI. sogar die Normannen besiegte, liefen sie mit fliegenden Fahnen zu dem neuen starken Mann über. Die islamischen Almohaden, die ganz Nordafrika und halb Spanien regierten, erkannten ihn als Herrscher an, Gesandte des Königs von Armenien baten um die Belehnung durch den Kaiser, Amalrich von Zypern huldigte ihm.

Und was tat Konstantinopel, dessen Einflussgebiet nicht

nur von Osten durch die Türken bedroht war, sondern nun auch im Westen zu schrumpfen begann? Erklärte es Heinrich den Krieg? Mitnichten. Es kaufte sich frei, und zwar mit einem auch für damalige Verhältnisse ungeheuer hohen Tribut von 16 Zentner reinen Goldes. Pro Jahr, versteht sich.

Musste Heinrich da nicht größenwahnsinnig werden? Nun, zumindest stieg sein Selbstbewusstsein ins schier Grenzenlose. Alles schien machbar; es kam nur auf den Preis an.

Zunächst musste der Papst dazu gebracht werden, Heinrich als rechtmäßigen König von Süditalien und Sizilien anzuerkennen. Tankred nämlich hatte – um von Rom anerkannt zu werden – sein Königreich seinerzeit als Lehen vom Papst empfangen, obwohl dieser überhaupt nicht berechtigt war, Länder, die ihm nicht gehörten, als Lehen zu vergeben. Aus diesem Grund dachte Cölestin III., inzwischen weit über neunzig, gar nicht daran, Heinrich anzuerkennen.

Daraufhin teilte dieser dem Papst mit, er gedenke das Kreuz zu nehmen, um Jerusalem zu befreien.

So gut kennen wir Heinrich inzwischen, dass ihn mit Sicherheit keine frommen Absichten dazu bewegt haben, sich auf ein derart riskantes Unternehmen wie einen Kreuzzug einzulassen. In Wirklichkeit wollte der Kaiser zwei Fliegen mit einer Klappe schlagen: sich den Papst verpflichten und seinen Einfluss im Nahen Osten stärken. Vielleicht konnte man im Verlauf des Kreuzzugs Konstantinopel ja gleich mitkassieren.

Natürlich war der alte Fuchs Cölestin skeptisch, sehr skeptisch sogar; aber Heinrich bewies die Ernsthaftigkeit seiner Absichten, indem er öffentlich den Kreuzzug predigen ließ und darüber hinaus gelobte, für die Dauer eines Jahres persönlich 1500 Ritter und ebenso viele Fußsoldaten aufzubieten, wobei jeder Ritter 30 und jeder Soldat zehn Unzen Gold als Sold erhalten sollte. Das klingt zwar nach viel, war aber dank der Tribute aus Konstantinopel locker zu finanzieren.

Zunächst jedoch kehrte der Kaiser nach Deutschland zurück. Die Vorbereitungen auf den Kreuzzug waren auch hier in vollem Gange und erinnerten ihn nicht nur daran, dass sein Vater auf einem gefahrvollen Unternehmen wie diesem ums Leben gekommen, sondern dass auch er selbst damals vor Neapel nur knapp dem Tod entronnen war. Es war Zeit, sich um die Nachfolge zu kümmern.

Doch von nun an sollte sie anders geregelt werden.

Wir erinnern uns, dass zwar im Normalfall stets der älteste Sohn des Königs zu seinem Nachfolger bestimmt wurde, aber dies geschah keineswegs automatisch. Die Fürsten behielten sich die Wahl vor, auch wenn es sich dabei meist nur um eine formelle Zustimmung handelte. Dennoch: Übergangen werden wollten sie nicht, schon allein deshalb, weil sich um diese Zeit langsam das Kurfürstentum entwickelte.

Heinrich indes war die lästige Wahl leid. Er verlangte von seinen Fürsten, das Königtum zur Erbmonarchie zu machen. Und sein Angebot war verlockend: Auch alle Reichslehen seiner Fürsten sollten sowohl in männlicher als auch in weiblicher Linie erblich werden, sogar Nebenlinien – also Nichten und Neffen – sollten erbberechtigt sein.

Die Kirchenfürsten waren davon naturgemäß nicht berührt, da sie keine Nachkommen hatten, wenigstens keine legitimen. Ihnen musste man andere Zugeständnisse machen. Die Einkünfte eines Bistums oder einer Abtei flossen in der Zeit zwischen dem Tod des Amtsinhabers und der Einführung des Nachfolgers bislang an den König. Darauf wollte Heinrich nun verzichten, doch der Klerus lehnte ab.

Wir wissen nicht warum. Vielleicht war ihnen die vermeintliche Wiederbelebung des alten heidnischen Geblütsrechtes verdächtig. Nicht des Thronfolgers Blut nämlich war nach Meinung der Kirche in erster Linie maßgebend, sondern einzig und allein die Salbung durch den Erzbischof von Köln. Aber das sind Spekulationen. Es gibt keine Chroniken oder Urkunden, die darüber Auskunft geben. Auch nicht über die Gründe, warum die Fürsten ein so weitreichendes Angebot des Kaisers nach anfänglicher Zustimmung letztlich ausschlugen.

Heinrich ging wieder nach Italien und versprach der Kurie reiche Pfründe, um den Papst als Vermittler zu gewinnen, aber auch Cölestin III. lehnte kühl ab. Anscheinend war doch nicht alles käuflich. Immerhin erreichte Heinrich, dass die deutschen Fürsten den kleinen Friedrich, wie der ursprünglich auf den Namen Konstantin getaufte Kronprinz inzwischen hieß, 1196 zum König wählten, sodass der Kaiser wenigstens für den Augenblick beruhigt seine Kreuzzugsvorbereitungen wieder aufnehmen konnte.

In der Zeit seiner Abwesenheit von Sizilien hatten seine dort verbliebenen Vertrauten – an der Spitze Heinrich von Kalden und Markward von Annweiler – zumindest aus der Sicht der normannischen Barone ein Schreckensregime geführt. Jedenfalls, und diesmal scheint es bewiesen, plante man, den Kaiser zu ermorden. Das Komplott flog auf, und es kam zu jener schrecklichen Szene, die im vorigen Kapitel beschrieben wurde. Die Verräter wurden auf grauenhafte Weise hingerichtet.

Inzwischen trafen immer mehr Kreuzfahrer in den Hafenstädten Siziliens ein, und viele machten sich schon auf den Weg ins Heilige Land. Heinrich setzte sich – warum auch immer – nicht an ihre Spitze. Möglicherweise traute er sich nicht, das Reich so kurz nach der Niederschlagung des Aufstands zu verlassen. Vielleicht aber zwang ihn die Malaria, die er wohl seit Neapel in sich trug, kürzer zu treten. Gleichwohl jagte er an den Hängen des Ätna, bis ihn ein starkes Fieber niederwarf. Zwei Monate später starb er.

Konstanze saß an seinem Totenbett. Es wurde gemunkelt, sie habe ihren Mann langsam vergiftet. Sie hätte einigen Grund gehabt, aber unwahrscheinlich ist es trotzdem. Heinrich hat ihr – schon gar nicht nach dem Blutgericht von Palermo – mit Sicherheit nicht völlig vertraut und ihr dazu mit Sicherheit keine Gelegenheit geboten.

ZEITRAFFER

1186	Hochzeit Heinrichs VI. mit der elf Jahre älteren Konstanze, Tochter des verstorbenen Normannenkönigs Roger II.
1189	König Wilhelm II. von Sizilien stirbt. Die Barone wählen Tankred von Lecce zu seinem Nachfolger.
1191	Kaiserkrönung von Heinrich und Konstanze in Rom. Die Belagerung von Neapel wird wegen einer Seuche abgebrochen. Heinrich VI. erkrankt ebenfalls schwer und wird für tot gehalten.
1194	Heinrich erobert Palermo und wird König von Sizilien. Einen Tag nach der Krönung wird der Kronprinz Friedrich geboren. Heinrich deckt eine angebliche Verschwörung auf.
1196	Der kleine Friedrich wird zum deutschen König gewählt.
1197	Auf eine neue Verschwörung folgt das »Blutbad von Palermo«. Heinrich stirbt mit 31 Jahren in Messina an Malaria.
1198	Friedrich wird unter Verzicht auf die deutsche Königskrone zum König von Sizilien gekrönt und Papst Innozenz III. zu seinem Vormund bestellt. Seine Mutter Konstanze stirbt.

19. KAPITEL
MORD IN BAMBERG
(1198 – 1208)

Konrad von Wolfach erwachte von einem Rascheln. Schläfrig blinzelte er in die Dunkelheit und schlug halbherzig nach der Ratte, die an seinem Wehrgehänge knabberte. »Wo's Ratten gibt, gibt's auch immer was zu essen«, pflegte sein Vater zu sagen. Wenn ihn seine Mutter dann entgeistert anblickte, setzte er fast immer hinzu: »… und wenn's nur ein paar Leichen sind.«

Und dann konnte er sich ausschütten vor Lachen.

Ratten sind weit weniger schlimm als die lausige Kälte, dachte Konrad, der sich unter den schweren Schafdecken klein zu machen versuchte. Das Feuer im großen Kamin, der sich an der Stirnseite des Saales befand, war niedergebrannt, und das leichte Geräusch, das ausgeglühte Äste beim Auseinanderfallen verursachen, wurde in dem bescheidenen Palas der Wehrburg übertönt von den Schlafgeräuschen der Männer.

Bleierne Kälte lag über dem gefliesten Boden. Sie schlich durch das schmutzige Stroh und verwandelte die Weinreste auf den Kacheln in rosafarbenes Eis, kroch unter die dünnen Schilfmatten der unruhig Träumenden und setzte sich fest in ihren nach altem Schweiß riechenden Kleidern und den verfilzten Bärten. Konrad taumelte hoch und suchte in der Dunkelheit nach dem großen Blecheimer, der irgendwo an der Wand stehen musste, stolperte über einen umgestürzten Schemel und ein achtlos weggeworfenes Kleiderbündel, tastete sich weiter vor und fand schließlich den Topf, in den er sich geräuschvoll entleerte.

Neben dem Kamin war Buchenholz gestapelt. Er warf etliche Scheite in das fast erloschene Feuer, was einen gewissen Lärm erzeugte, dem ein paar wütende und obszöne Flüche folgten. Konrad tappte zu seinem Lager zurück, holte sich dort eine der Schafdecken, hob den umgeworfenen Schemel auf, hockte sich vor das Feuer und sah den Flammen zu, die an den neuen Scheiten hochleckten.

Sein Schädel brummte.

Nein, beschweren konnte er sich eigentlich nicht. Er hatte zwar viel getrunken am gestrigen Abend, aber auch gut gegessen. Er hatte sich kein einziges Mal übergeben, beim Schlafengehen klugerweise die Unterwäsche aus dickem Leinen anbehalten und vor allem seine Pelzstiefel, denn es war unangenehm, mit nackten Füßen zwischen abgenagten Knochen, leeren Krügen und Erbrochenem umherzuirren, wenn man nachts den Eimer suchte.

Von der Kälte ganz zu schweigen.

Von irgendwo her kam die Stimme Heinrichs von Kalden: »Alles in Ordnung mit Euch?«

Auch ein Reichsmarschall schlief bei derartigen Unternehmen nicht immer in einer warmen Kemenate. Die einzige, die es hier gab, hatte der Hausherr an Philipp abgetreten. Er selbst schlief mit den anderen Rittern hier im Saal und seine Frau für diese Nacht bei den Mägden im Stall.

»Ja, alles in Ordnung«, antwortete Konrad leise, und der Reichsmarschall drehte sich grunzend auf die andere Seite.

Der junge Graf zog die Decke enger um die Schultern und wünschte sich zurück ins warme und freundliche Messina. Ein törichter Wunsch, wie er sich sogleich eingestand, denn seine Zukunft lag nicht auf Sizilien und auch nicht in diesem verdammten Italien. Er musste zurück nach Norden und zunächst einmal über diesen Pass, vor dem er einen höllischen Respekt hatte.

In den ersten Oktobertagen des Jahres 1197 – Kaiser Heinrich VI. war noch nicht einmal offiziell beigesetzt – waren sie aufgebrochen. Ein schneller Segler hatte den Reichsmarschall und seine Ritter mit zwei Dutzend Armbrustschützen von Messina nach Amalfi gebracht; dann war es auf Pferden nordwärts gegangen, über kleine und kleinste Straßen, durch romantische Täler und über flache, sonnenverbrannte Hügel, Rom sorgsam umgehend und hinein in die Abruzzen.

Dass nach dem Tod des Kaisers nicht nur auf Sizilien und in Süditalien der offene Aufruhr ausgebrochen war, hatten sie alle am eigenen Leib erfahren. Dass auch der Kirchenstaat sich offiziell von den Staufern losgesagt hatte, war ihnen allen bewusst und auch, dass keine der großen Städte staufischen Rittern noch Sicherheit bot. Aber Heinrich von Kalden war vorsichtig genug, zunächst keinen seiner Männer über den Zweck des Unternehmens aufzuklären. Immerhin war es möglich, dass sie erkannt und überwältigt würden. Wer aber nichts weiß, kann auch nichts ausplaudern.

Nicht einmal unter der Folter.

Dann endlich kam jener Abend, als sie in einem unwegsamen Waldgelände rings um ein Lagerfeuer kauerten, an dem er ihnen das Ziel des Gewaltritts verriet: »Ihr wisst alle, dass der Kaiser seinen zweijährigen Sohn Konstantin, der später bei seiner Taufe die Namen seiner beiden Großväter Friedrich und Roger erhielt, bereits Weihnachten vergangenen Jahres in Frankfurt zum König und damit zu seinem Nachfolger hat wählen lassen. Aber Ihr wisst auch, dass eine Wahl nicht gleichbedeutend ist mit einer feierlichen Krönung. Die nun sollte in Aachen vollzogen werden.«

Hier machte der Reichsmarschall eine Pause und sah die Ritter der Reihe nach an, bevor er fortfuhr: »Das Kind jedoch befand sich bislang bei Assisi in der Obhut der Frau des Konrad von Urslingen, der Herzog von Spoleto und zugleich Burgvogt von Rocca Maggiore ist. Von dort sollte Philipp, des Kaisers jüngster Bruder, das Kind abholen. Aber er kam zu spät. Die Bürger von Assisi hatten die Burg zerstört, das Kind an die Normannen ausgeliefert, und die haben nun den kleinen Friedrich Roger zu seiner Mutter Konstanze gebracht, dieser Verräterin. Jetzt gilt es nur noch, Philipp so weit wie möglich entgegenzureiten, damit nicht auch er in die Hände des Feindes fällt. Gott gebe, dass wir den Bruder des Kaisers rechtzeitig finden und aufhalten können.«

Konrad legte noch ein paar Scheite nach.

Sie hatten Philipp, der nur noch ein paar Männer bei sich hatte, tatsächlich gefunden, kurz vor Viterbo. Die anderen waren bereits gefallen. Mehrfach war er nur knapp seiner Festnahme entkommen, aber selbst jetzt, da man ihn gefunden hatte, war es schwierig und gefährlich gewesen, auf schmalsten Pfaden die Po-Ebene und den Fluss selbst – halb watend, halb schwimmend – zu durchqueren. Dann mussten sie Mailand und die großen Seen im Norden vermeiden, deren Uferstraßen mit Sicherheit streng bewacht wurden. Endlich das große Aufatmen, als sie die Burganlagen von Bellinzona hinter sich gelassen und – kurz vor dem gefährlichen Übergang über den Pass – diese unscheinbare, aber immerhin Sicherheit bietende Wehrburg erreicht hatten.

Drei Monate hatten sie von Messina bis hierher gebraucht.

Am nächsten Morgen wurden die Männer recht unsanft aus dem Schlaf gerissen. Ungeniert schwatzende Mägde fachten das Feuer im Kamin an, entfernten die schweren Felle, mit denen während der Nacht die Fenster zugehängt waren, und trugen lärmend Holzgestelle in den Saal, auf die große Platten gelegt wurden. Die Männer kratzten sich ebenso ausgiebig wie schamlos, entfernten – so sie denn im Besitz eines Kamms waren – flüchtig die Läuse aus ihrem

Bart und aus anderen Haaren, um sich dann ihre Pelze überzustreifen.

Konrad steckte den Kopf aus einem der großen Fenster des Palas. Ein eisiger Wind schlug ihm entgegen, Wolken rasten über den Himmel. Es würde ein ungemütlicher Tag werden, besonders oben am Pass. Er beschloss, von Helm, Wehrgehänge und Kettenhemd abgesehen, alles anzuziehen, was er noch an Kleidung besaß. Zwar hoffte er insgeheim, dass sie den Pass unter Führung der angeheuerten Ortskundigen zu Pferd würden bewältigen können. Man hatte ihnen gesagt, es sei noch nicht allzu viel Schnee heruntergekommen in diesem Winter. Andererseits: Selbst wenn sie absteigen und sich zu Fuß hochschleppen mussten – ausziehen konnte man das Zeug ja immer noch. Besser, man ließ die Kälte gar nicht erst an sich heran.

So zog er auch die zweite Garnitur Unterwäsche an, dazu die dicken Beinlinge aus Fohlenfell, das Lederwams, das gemeinhin nur unter dem Kettenhemd getragen wurde, um das Aufscheuern der Haut zu verhindern, setzte seine Lederkappe auf und umwickelte die Beinlinge zusätzlich mit breiten Lederstreifen, die er sorgfältig befestigte.

»Zieht Ihr in die Schlacht?«, spottete ein junger Ritter neben ihm, der mit einem Holzlöffel eine große Schüssel Gerstenmus leer schaufelte.

»So in etwa«, sagte Konrad. »Auf dass der heilige Bernhard uns beistehe, wer immer das gewesen sein mag!«

Beide lachten und gossen gierig warme Ziegenmilch in sich hinein. Das würde hoffentlich gegen den Rotwein helfen, der am Abend zuvor reichlich und vor allem unverdünnt geflossen war. Sicher war das keineswegs. Wirklich helfen würde vermutlich nur die klare Winterluft.

»Seid Ihr bereit, Ihr Herren?«

Ein junger Mann hatte den Palas betreten, und Konrad erkannte ihn selbst im schwachen Licht des Feuers sofort:

Philipp, Bruder des Kaisers, blond, mit mehr Flaum als Bart im leicht rosafarbenen Gesicht, helle blaue Augen. Wer sie bei Tageslicht sah, wusste nicht, ob sie eher gütig oder nur verträumt dreinblickten. Vielleicht etwas naiv, aber keineswegs unsympathisch. Jedenfalls hatte Philipp wenig gemein mit seinem verstorbenen Bruder, und mit Sicherheit war ihm dessen ausgeprägter Hang zur Grausamkeit völlig fremd.

Philipp war ungeduldig. »Beeilt Euch! Der Tag bricht bereits an, der Hausherr will uns noch seine Meute von Jagdhunden zeigen, von denen er uns den ganzen gestrigen Abend vorgeschwärmt hat. Wir treffen uns in einer Viertelstunde draußen am Burggraben!«

Konrad leerte seinen Milchkrug und putzte die Musschale mit einem Stück Fladenbrot sauber. Dann zog er den schweren Kapuzenmantel aus Wolfspelz über, griff nach seinen Waffen und stapfte schwerfällig hinaus in den Burghof, wo Knechte den Rittern ihre bereits gesattelten Pferde zuführten. Konrad befestigte Helm, Wehrgehänge und Schild am Sattelknauf, warf den ausgeräumten Kleidersack auf den Rücken des Tieres und schwang sich nicht ohne Anstrengung in den Sattel.

Heilige Maria! Er war so ungelenk wie ein Tanzbär.

Kurz darauf trabte die Reitergruppe polternd über die hölzerne Zugbrücke und verhielt jenseits des etwa vier Meter tiefen Grabens.

»Aufgepasst!«, rief der Burgvogt, »unter der Brücke befindet sich in der Mauer ein Eisengitter und dahinter der Käfig der Meute. Die Knechte werden Fleischreste nach unten werfen, damit Ihr diese wunderschönen Hunde auch in ihrer ganzen Wildheit bewundern könnt!« Damit gab er ein Zeichen, und während die ersten Fleischstücke nach unten fielen, hob sich unten im Graben, sehr langsam und hässlich kreischend, das Fallgitter.

Konrad, der mit seinem Pferd direkt an der flachen Mauer hielt, die den Graben vom Vorplatz der Burg trennte, sah gleichgültig nach unten. Viel zu sehen gab es ohnehin nicht: ein paar gefrorene Schneereste, schmutzigrotes Laub, vertrockneten Farn. Bleichende Knochen von Schafen, Rindern und Schweinen, niedriges Ilexgebüsch und ein paar armselige Hundehütten, die den Tieren im Sommer, wenn sie auch nachts im Freien blieben, Unterschlupf gegen Hitze und Regen bieten mochten.

Das Bellen und Jaulen der Hunde, die sich von innen gegen das Gitter warfen, steigerte sich zu einem Grauen erregenden Geheul. Dass die Tiere das blutige Fleisch, das von oben in den Graben geworfen wurde, nicht nur wittern, sondern inzwischen auch sehen konnten, machte sie rasend. Und dann erspähten sie plötzlich auch noch dieses kleine Pelztier, das etwas weiter hinten durch den Schnee hüpfte und – wenn es dessen denn noch bedurft hätte – zusätzlich ihren Jagdinstinkt weckte. Geifernd und mit gebleckten Zähnen schoben die ersten Hunde ihre Schnauze unter dem Gitter hindurch.

Das kleine Pelztier hüpfte übermütig durch den Schnee. Den Männern auf den Pferden schien es, als würde es singen. Aber Pelztiere singen nicht.

Philipp begriff es als Erster.

»Ein Kind! Ein Kind!«, schrie er. »Da hüpft ein Kind!« Und er packte den Reichsmarschall aufgeregt am Arm und riss den schweren Mann fast aus dem Sattel. »Da!«, schrie er immer wieder. »Ein Kind! Das ist ein Kind!«

Dann sahen es auch die anderen. Zwei oder drei Jahre alt mochte es sein, und es musste – wie auch immer – diesen schmalen vereisten Ziegenpfad hinuntergekommen, vielleicht auch gerutscht sein, der von der inneren Burgmauer hinab in den Graben führte. Irgendjemand hatte offenkundig versäumt, die kleine Pforte zu verriegeln, die den einzigen Weg nach unten freigab. Jetzt jedenfalls stand die kleine Holztür offen und schwang leise im Wind auf und zu.

»Barmherziger Gott«, flüsterte Heinrich von Kalden und starrte auf das winzige Wesen mit seinem braunen Pelz und den kleinen Stiefelchen hinab, das nur noch Sekunden zu leben hatte.

Man hörte den Burgvogt brüllen, man solle das verdammte Gitter fallen lassen, aber selbst er wusste, dass bei diesem Lärm niemand da unten seine verzweifelten Rufe hören konnte, und schon zwängte sich der erste Hundekopf unter den Eisenstäben hindurch.

Konrad glitt trotz seiner Winterkleidung fast spielerisch aus dem Sattel. Auch später wusste er sich nicht zu erinnern, warum er das tat, obwohl er doch nicht den Hauch einer Chance besaß. Dennoch sprang er hinunter auf die kleine Mauer, stieß sich von da weiter ab und landete hart auf dem steinigen Boden des Grabens.

Er hörte nicht die aufgeregten Schreie der Männer und nicht das Geheul der anstürmenden Meute. Er sah nur das kurze schwarze Haar und die riesigen dunklen Augen des Kindes, das vor Schreck erstarrte, als dieses große dunkle Etwas auf es herabsprang.

Im gleichen Augenblick, als ihm beim Aufprall irgendetwas den Fuß zerriss, wusste Konrad, dass damit auch die allerletzte winzige Möglichkeit vertan war, doch noch den schmalen Ziegenpfad zu erreichen. Er raffte sich auf und taumelte auf das Kind zu, das sein Gesicht verstört hinter den hochgehaltenen Ärmchen versteckte, riss es an seine Brust und stolperte nach vorn, wo sich nichts anderes befand als die hoch aufragende Burgmauer und davor die Hundehütten.

Und genau da wollte er hin.

Er hatte sie noch nicht erreicht, da sprang ihn der erste Hund von hinten an und brachte ihn zu Fall. Konrad stürzte nach vorn und mit seinem ganzen Gewicht auf das Kind, das er krampfhaft in seinen Armen hielt. Ein anderer Hund packte ihn am Bein und wollte ihn zurückzerren. Konrad trat nach ihm und traf ihn wohl auch, denn das Zerren ließ für einen winzigen Augenblick nach. Dann aber spürte er schon einen dritten Hund und einen vierten, die wie rasend versuchten, ihre Zähne in seinen Oberschenkel zu schlagen.

Ein kleines Stück Fels, das aus dem Boden ragte, bot ein wenig Halt. Konrad stemmte sich mit dem Knie dagegen und schob sich so einen halben Meter weiter nach vorn, sodass er zumindest Kopf und Hals, nach und nach auch die Schultern in die schmale Öffnung der Hundehütte zwängen konnte, was vorläufig noch einen gewissen Schutz bot. Die Tiere über ihm schlugen ihre Zähne in seine Waden und Oberschenkel, verbissen sich in dem Pelz, der seinen Rücken bedeckte, und dann – ganz plötzlich – zerriss irgendetwas. Unmittelbar danach schien es Konrad, als habe man eine glühende Eisenstange in seine Hüfte gestoßen. Der Schmerz explodierte in seinem Gehirn; dann spürte er nichts mehr.

Er merkte nicht, dass die Hunde damit begannen, ihn samt dem Kind aus der Hütte zu zerren. Er hörte auch nicht das Geschrei von oberhalb des Grabens, die sich überschlagende Stimme Philipps, der die Armbrustschützen anschrie, sie sollten diese Bestien da unten abschießen. Er hörte weder das Heulen der getroffenen Tiere noch das Fluchen der Männer, die nach und nach in den Graben kletterten, um mit Schwertern und Äxten auf die Hunde einzuschlagen.

Und er hörte nicht das Jammern des Burgvogtes, der mit ansehen musste, wie das stolze Resultat vieler Züchterjahre innerhalb weniger Minuten in einem blutigen Gemetzel abgeschlachtet wurde.

Sie legten den Grafen mit großer Vorsicht auf eine Trage, die in den Graben hinabgelassen worden war, und benötigten einige Kraft, um die Arme des Ohnmächtigen auseinander zu biegen und ihm das Kind abzunehmen, das er noch immer an seine Brust gepresst hielt.

Es weinte ein wenig. Sonst fehlte ihm nichts.

Sie zogen die Trage zur Zugbrücke hoch, hoben sie über das Geländer und brachten den Schwerverletzten in die Kemenate, betteten ihn dort auf eine Liege und entkleideten ihn behutsam. Arme und Oberkörper schienen weitgehend unverletzt. Der linke Fuß dagegen war offensichtlich gebrochen. Waden und Oberschenkel sowie weite Teile des Rückens, wo die Hunde vergeblich versucht hatten zuzubeißen, waren mit kleinen Blutergüssen übersät. An der rechten Hüfte jedoch klaffte ein Loch, in dem bequem eine Faust Platz gefunden hätte. Hier war das Lederwams hochgerutscht und der Wolfspelz zerrissen.

»Das sieht böse aus«, sagte der Reichsmarschall, der mit anderen Rittern das Lager umstand. »Gibt's hier wenigstens einen Heilkundigen?«

Der Burgvogt zuckte mit den Achseln. »Nun ja, zumindest eine Magd, die sich auf solche Wunden versteht.«

»Na, hoffen wir's«, sagte Heinrich von Kalden.

»Der heilige Bernhard hat geholfen«, sagte ein junger Ritter. »Er hilft bestimmt auch weiterhin.«

»Was redet Ihr da?«, sagte der Burgvogt deprimiert.

»Nichts weiter«, sagte der Ritter. »Es war jedenfalls seine Rettung, dass es heute Morgen derart kalt war.«

In diesem Augenblick begann ein sanftes Schneetreiben, das sich binnen einer Stunde zu einem Schneesturm auswuchs, der drei Tage und drei Nächte tobte, und ein junger Ritter betete jeden Abend zum Schutzheiligen des Passes, dass es so lange schneien möge, bis Konrad transportfähig sei.

St. Bernhard erhörte sein Flehen, und so saß die Gruppe einen weiteren Monat fest, weil sich die einheimischen Führer weigerten, ihr Leben für ein in ihren Augen unsinniges Unternehmen zu riskieren. Eine alte Magd vollbrachte wahre Wunder, indem sie dem Patienten nicht nur den gottlob nur einfach gebrochenen Fuß ordentlich schiente, sondern sich auch daranmachte, die große Wunde mit der gleichen Gelassenheit zuzunähen, wie sie das später auch mit dem Riss im Wolfspelz tat. Die von jedermann erwartete Entzündung blieb wie durch ein Wunder aus, sodass Konrad schon nach zwei Wochen Besuch empfangen konnte.

Da er noch immer auf dem Bauch liegen musste, sah er lediglich dicht vor seinem Gesicht vier sehr solide verarbeitete Stiefelspitzen, die mit Sicherheit keinem Armbrustschützen und schon gar nicht einem Burgknecht gehören konnten. Kurz darauf erkannte er an den Stimmen, dass Philipp und Heinrich von Kalden gekommen waren.

»Nie sah ich eine tollkühnere Tat«, hörte Konrad die Stimme Philipps über sich sagen. »Im Augenblick bin ich leider nicht in der Lage, Euch angemessen zu danken, aber vergessen werde ich jenen Morgen am Burggraben und Eure Tapferkeit mit Sicherheit nicht.« Dann gab es ein leichtes Geräusch, und auf dem Fell, direkt neben Konrads Gesicht, lag ein kleiner, hübsch verzierter Dolch mit sarazenischen Ornamenten, ohne Frage aus einer arabischen Werkstatt stammend. »Solltet wir uns je trennen und Ihr dann meine Hilfe brauchen – schickt mir diesen Dolch, und Ihr dürft auf mich zählen.«

Konrad starrte eine Zeit lang benommen auf die wertvolle Waffe. Merkwürdigerweise dachte er in diesem Augenblick lediglich, dass sie einer schönen Frau gut anstünde. Erst nach einiger Zeit wurde ihm bewusst, dass er sich nun wohl zu bedanken habe, aber da war es schon zu spät. Die Herren hatten den Raum bereits verlassen.

Draußen auf der Treppe wandte sich Philipp an den Reichsmarschall: »Welch ein bewundernswerter junger Mann. Wenn er Derartiges schon für ein Kind wagt – wie erst wird er sich für den König und dessen Interessen einsetzen.«

»Und wie erst für seine eigenen«, murmelte Heinrich bei sich und ließ Philipp mit leichter Verbeugung den Vortritt.

Es war eisig kalt an diesem Dreikönigstag des Jahres 1205. So kalt wie damals am Sankt-Bernhard-Pass, dachte Konrad von Wolfach, der sich zu Pferd von seinem Quartier aus auf den Weg zur Kaiserpfalz gemacht hatte. Hier in Aachen sollte Philipp von Schwaben, jüngster Bruder des verstorbenen Kaisers, zum zweiten Mal und nun auch vom richtigen Mann am richtigen Ort zum König gekrönt werden.

Es wurde auch höchste Zeit.

Genau sieben Jahre war es jetzt her, dass Philipp mit Heinrich von Kalden und seinen Männern bei Nacht und Nebel aus Italien hatte fliehen müssen. Dann war die Geschichte mit der Hundemeute passiert, und Konrad hatte Monate gebraucht, bis er wieder auf den Beinen war. Eine tiefe und hässliche Narbe erinnerte ihn jeden Tag aufs Neue an diesen Alptraum. Und ein Dolch mit arabischen Ornamenten, den er heute mit nach Aachen gebracht hatte.

Nach dem Tod Heinrichs VI. war die Herrschaft der Deutschen im normannischen Königreich innerhalb von wenigen Wochen völlig zusammengebrochen. Die Kaiserinwitwe Konstanze, trotz ihrer Heirat mit dem Kaiser stets Normannin geblieben, hatte nicht etwa die Regentschaft für den kleinen Friedrich übernommen, sondern hatte ihn zum König der Normannen krönen lassen und ihn kurz vor ihrem Tod dem neuen Papst, Innozenz III., anvertraut.

Dem neben Heinrich von Kalden mächtigsten Mann im Reich, Markward von Annweiler, was es zwar gelungen, den größten Teil Siziliens zurückzuerobern und sich sogar des königlichen Kindes zu bemächtigen, aber dann war er plötzlich gestorben, und damit war die Herrschaft der Deutschen fürs Erste beendet.

Graf Konrad erfuhr vom Gang dieser Dinge meist erst mit großer Verspätung und auch eher zufällig. Viele Ritter und Reisige, Studenten und Kaufleute zogen die wichtige Straße unter seiner kleinen Burg entlang, die von Mainz über Koblenz nach Köln, Neuss und Brabant weiterführte. Von ihnen war immer wieder Neues zu erfahren: Wichtiges und Nebensächliches, Wahres und eher Erfundenes wie die Geschichte des alten Sagenhelden Dietrich von Bern, der angeblich in furchtbarer Größe im Moseltal den Menschen erschienen sein soll.

Man musste nicht alles glauben. Die Wirklichkeit war schrecklich genug. Eine Missernte folgte auf die andere, im Elsass und in Flandern sollen die Menschen verhungert in den Straßen gelegen haben. Niemand sorgte mehr für Recht und Frieden, denn es gab keinen wirklich regierenden König mehr.

Dafür gab es deren drei, die Anspruch darauf erhoben.

Als endgültig feststand, dass der kleine König Friedrich – obschon ordnungsgemäß gewählt – wohl niemals mehr König des Reiches werden würde, drängten die Anhänger der Staufer den einzig übrig gebliebenen Bruder des Kaisers, jenen Philipp eben, sich selbst zur Wahl zu stellen. Schließlich gab er nach, wenn auch widerstrebend, denn er wusste, dass die Krone eigentlich seinem kleinen Neffen zustand. Er wurde gewählt und gekrönt. In Mainz und von irgendeinem Bischof aus Burgund. Allerdings mit den richtigen Krönungsinsignien, die die Staufer auf dem Trifels bewahrten.

Aber die Staufer hatten noch immer viele Feinde. Und an deren Spitze stand – wie anders hätte es sein können – ein Welfe: Otto von Braunschweig, ein Sohn Heinrichs des Löwen, am englischen Hof erzogen unter Richard Löwenherz, der die Staufer noch immer aus ganzem Herzen hasste. Wer konnte es ihm verdenken, dass er Otto finanziell unterstützte, und damit stand er nicht allein. Auch andere deutsche Fürsten, an der Spitze der Kölner Erzbischof Adolf I. von Altena, der als der richtige Mann Otto am richtigen Ort, in Aachen nämlich, krönte. Leider mit den falschen Krönungsinsignien.

Und dann gab es schließlich noch immer einen dritten, rechtmäßig gewählten König: den kleinen Friedrich in Palermo.

Der neue Papst hielt zu Otto, weil der ihm versprach, was immer die Kurie wollte. Unglückseligerweise für Otto starb nun jedoch Richard Löwenherz, und selbst der Kölner Erzbischof Adolf I. schwenkte ins staufische Lager über, weil Otto die Kölner Bürgerschaft in ihrem Kampf gegen den verhassten Kirchenfürsten unterstützt hatte.

Und das genau war der Augenblick, auf den Konrad von Wolfach gewartet hatte.

Ein gutes Jahr nachdem er schwer verwundet aus Italien zurückgekommen war, hatte er Hedwig geheiratet, eine pausbäckige 15-jährige Erbin aus dem Rechtsrheinischen, deren Vater, ein vermögender Edelfreier, drei Monate zuvor gestorben war. Hedwig, die als einziges Kind zusammen mit ihrer Mutter auf dem Gut zurückgeblieben war, hatte sich willig in den Schutz des gut aussehenden Grafen begeben und ihm innerhalb von zwei Jahren zwei Kinder geboren: Ludger und Mathilde, und schon war sie wieder schwanger.

Sie war eine gute Frau, und das Glück der beiden wurde erst getrübt, als kurz nach ihrer Hochzeit auch die Mutter starb und der Erzbischof von Köln dem Grafen das seiner Frau zustehende Erbe verweigerte, etliche Fronhöfe, Holzrechte an der Lahn, ein paar außerordentlich fruchtbare Weinberge sowie Steuern aus etlichen Weilern.

Mit ohnmächtiger Wut hatte Konrad mit ansehen müssen, wie der Erzbischof das gesamte Erbe seiner Frau seinem Besitz zuschlug, aber gewaltsam dagegen vorzugehen – das hätte seine Kräfte überfordert, und er wusste niemanden, der ihm zu seinem Recht hätte verhelfen können. Aber jetzt gab es ihn. König Philipp, der heute von Erzbischof Adolf I. in Aachen gekrönt wurde.

Konrad näherte sich bereits der Pfalz, vor der geschäftiges Treiben herrschte; wie immer, wenn der Hof sich hier aufhielt. Ein großer schwarzer Hund sprang böse knurrend auf ihn zu. Konrad riss sein Schwert heraus und hieb nach ihm, ohne ihn allerdings zu treffen. Der Köter suchte jaulend das Weite, und Konrad schob – ärgerlich über sich selbst – das Schwert zurück in die Scheide. Noch immer packte ihn panische Angst, sobald er einen großen Hund sah.

Lächerlich! Was sollte ein Hund einem Ritter, mit Kettenhemd, geschienten Beinen und mit Schwert und Lanze bewaffnet, schon antun? So war er in der Tat nach Aachen gekommen, besser, man sah sich vor, denn die Straßen waren gefährlich. Seine Sachen, die er anziehen würde, sollte er tatsächlich vom König empfangen werden, befanden sich auf dem Packpferd, das sein Knecht hinter sich herzog. Böse starrte Konrad dem großen Hund hinterher, der jetzt am anderen Ende des Platzes die Leute anbellte. Lächerlich, diese Panik. Würde er sie nie besiegen können?

Die Wache am Tor der Pfalz ließ ihn anstandslos passieren, nicht aber die Leibwache des Königs. Zwei Speere kreuzten sich vor der Brust seines Pferdes.

»Anhalten! Zu wem wollt Ihr?«

»Zum König.«

»Da wollen viele hin, aber nur wenige werden vorgelassen.«

»Ich weiß.«

»Und was wollt Ihr vom König?«

»Ich bringe ihm etwas.«

»Und was?«

»Einen Dolch.«

Die Lanzen der Soldaten zielten jetzt auf seine Brust: »Einen Dolch?«

»Warum nicht? Ich gebe ihn Euch, und Ihr bringt ihn dem König. Daran ist doch nichts Gefährliches – oder?«

Der Kommandeur der Leibwache betrachtete Konrad argwöhnisch. »Zeigt ihn mir!«

Konrad übergab ihm die in ein Stück Seide gewickelte Waffe. Der Kommandeur schlug den Stoff auseinander und betrachtete den Dolch misstrauisch. »Ein schön gearbeitetes Stück. Und was soll das Ganze?«

Konrad schwang sich aus dem Sattel. »Der König weiß es. Ich warte hier.«

»Das kann aber dauern«, sagte der Kommandant.

»Ich habe Zeit.«

Es war ein hässlicher Anblick. Ein Mann ohne Kopf ist immer scheußlich anzusehen, selbst wenn er ein Graf ist. Ein ehemaliger Pfalzgraf, um genau zu sein. In einer Scheune hatten sie ihn gefunden, den Mörder des Königs, hatten ihn enthauptet und seinen Kopf in den Fluss geworfen.

Konrad von Wolfach blickte angewidert auf das, was von Otto von Wittelsbach übrig geblieben war. Er hätte ihn gerne selbst gerichtet, aber andere waren ihm zuvorgekommen. War auch egal. Hauptsache, der Mann, der Philipp umgebracht hatte, war zur Stecke gebracht. Er hatte das Reich um eine Hoffnung ärmer gemacht.

Gerade hatte es so ausgesehen, als könne sich der allseits beliebte und gebildete Philipp endlich gegen seinen Widersacher, den Welfen Otto, einen ungeschlachten und ordinären Mann, durchsetzen, als ihn der Wittelsbacher totschlug. Und er, Konrad, hätte die Tat vielleicht verhindern können, wenn er nicht in der besagten Stunde bei der Königin gewesen wäre.

Damals – in Aachen – das war eine seiner glücklichsten Stunden gewesen. Er hatte ein paar Stunden im Hof der kaiserlichen Pfalz warten müssen. Dann aber war der Kommandant der Leibwache erschienen und hatte ihn mit leicht verwunderter Miene aufgefordert, ihn zu begleiten. Die Krönungszeremonie war längst beendet, und der König feierte im großen Saal mit seinen Vertrauten das festliche Ereignis, als man Konrad zu ihm brachte.

Er befand sich noch unter der Tür, als Philipp ihn schon erspähte. »Da ist ja mein Held!«, rief er und eilte auf Konrad zu, fasste ihn bei den Oberarmen, strahlte ihn an und wandte sich dann an die Festgäste: »Hört her, Männer, hört alle her! Hier steht der tapferste Mann des Reiches. Kommt alle zu mir, ich muss Euch eine Geschichte erzählen.«

Konrad trat peinlich berührt von einem Bein auf das andere, während der König die Ereignisse vom St. Bernhard in allen Einzelheiten schilderte, und sein Gesicht rötete sich noch mehr, als die Anwesenden schließlich laut Beifall spendeten. Philipp befreite ihn von seiner Verlegenheit, indem er ihm einen Arm um die Schulter legte und ihn ein Stück beiseite führte. »Also?«, fragte er. »Heraus damit. Wo drückt der Schuh?«

Konrad hatte sich vorgenommen, nicht des Königs Zeit zu stehlen. Rasch trug er sein Anliegen vor, während der König einen Ministerialen herbeiwinkte. »Das ist Notker«, sagte er zu Konrad, »ein schneller Schreiber.«

Und an Notker gewandt: »Du wirst eine Liste aller Liegenschaften und Steuern aufstellen, auf die der Graf Anspruch hat. Anschließend fertigst du eine Urkunde an, dass ich alle diese Ansprüche eigenhändig bestätige. Und beeile dich. Sie muss heute noch fertig werden.«

»Ich danke dem König«, stammelte Konrad verwirrt und kniete vor Philipp nieder. Der zog ihn hoch. »Nicht doch. Es soll wieder Recht gesprochen werden nach all diesen schrecklichen Jahren. Und mit dir fange ich an. Der Erzbischof hat sich mir unterworfen. Er wird gehorchen. Hab keine Furcht.«

Damit gab er Konrad den Dolch zurück. »Aber eine Bitte hab' ich noch.«

»Sie ist schon erfüllt.«

»Wenn ich dich noch einmal brauchen sollte – wirst du dann kommen?«

»Jederzeit!«

»Trotz Frau und Kindern?«

»Jederzeit und unter allen Umständen.«

Philipp lächelte. »Ich wusste, dass ich auf dich zählen kann.«

Drei Jahre gingen ins Land. Der Kölner Erzbischof hatte sich dem Machtwort des Königs gebeugt und Hedwigs Erbe zurückgegeben. Zwei weitere Kinder, Lothar und Humbert, waren zur Welt gekommen, und die Gräfin – gerade einmal 24 Jahre alt – war zum fünften Mal schwanger. Langsam wurde es eng in der kleinen Burg am Rhein.

Und dann, an einem schönen Vorfrühlingstag des Jahres 1208, ertönten von unten schrille Hornstöße hinauf zur Burg. Gernot, der Wächter auf dem Turm, der die Straße entlang des Rheins beherrschte, signalisierte dem Grafen die Ankunft mehrerer bewaffneter Reiter. Hastig zog man die Zugbrücke hoch, während Konrad die wenigen Kriegsknechte, die zur Burgbesatzung zählten, in Alarmbereitschaft versetzte. Hedwig stieg mit den Kindern vorsichtshalber in den Bergfried.

Man musste vorsichtig sein in diesen Zeiten. Noch immer gab es den Gegenkönig Otto IV., wenn dessen Macht auch im Schwinden begriffen war. Angeblich stand sogar der Papst inzwischen auf Philipps Seite, aber wer konnte dessen schon sicher sein? Allenfalls der Hof selbst; keinesfalls ein kleiner Graf am Rande der Eifel.

Dann war das Geräusch herantrabender Pferde zu hören. Konrad spähte durch die Schießscharte des kleinen Turms, der die Zugbrücke sicherte, die Armbrust schussbereit haltend. Dann erkannte er zu seiner Erleichterung den Reichsmarschall an der Spitze von rund einem Dutzend Ritter, die nun auf dem kleinen Platz vor der Burg ihre Pferde zügelten.

Knarrend senkte sich die Zugbrücke, und Konrad ging schnell auf Heinrich von Kalden zu. »Welch eine Überraschung!«, rief er. »Aber ich fürchte, wir sind auf einen so hohen Besuch nicht eingerichtet.«

Der schwere Mann schüttelte den Kopf. »Wir sind nicht zum Essen gekommen, Graf«, sagte er. »Der König will Euch sehen.«

»Jetzt? Sofort?«

»Wenn ich ihn richtig verstanden habe, steht Ihr bei ihm im Wort«, antwortete der Reichsmarschall spöttisch. »Wir reiten vor nach Koblenz. Seht zu, dass Ihr Euch bis übermorgen Abend dort einfindet. Von da aus geht's nach Bamberg!« Und damit wendete er sein Pferd und trabte mit seinen Männern davon.

Am Abend weinte sich Hedwig neben ihm in den Schlaf. »Bitte, bleib«, schluchzte sie. »Du weißt, dass ich schwanger bin.«

Er zog sie an sich. »Und du weißt genau, dass ich gehen muss. Ich habe es versprochen.«

So ritt er los, stieß in Koblenz zu Heinrich von Kalden und seinen Männern, und ein paar Tage später trafen sie in Bamberg ein. »Wisst Ihr, was der König von mir will?«, hatte Konrad den Reichsmarschall gefragt, aber der hatte nur die Achseln gezuckt. »Vielleicht macht Ihr Karriere. Der König hat ja einen Narren an Euch gefressen.«

Und das hatte er in der Tat. Kaum war die kleine Schar in Bamberg eingetroffen, als der König ihn schon zu sich rufen ließ. Beide Handgelenke des Königs waren verbunden. Anscheinend hatte man ihn zur Ader gelassen. Warum auch immer.

Philipp war nicht allein. Neben ihm saß seine hochschwangere Frau Irene, die Tochter des entthronten oströmischen Kaisers Isaak II. Angelos, vormals mit dem normannischen Thronfolger Roger verlobt, der jedoch noch vor ihrer Hochzeit gestorben war. Irene hatte das schreckliche Blutgericht von Palermo überlebt, und Philipp hatte sich in die schöne

Griechin verliebt und sie geheiratet. Zuvor hatte sie sich zur katholischen Kirche bekennen müssen und dabei den Namen Maria angenommen. An der Seite der schönen Frau saßen ihre vier Töchter, die älteste vielleicht zwölf, die jüngste allenfalls drei Jahre alt.

Konrad grüßte verwirrt. Ihm war nicht klar, welche Rolle ihm bei diesem Familientreffen zugedacht war. Philipp stellte ihn seiner Frau vor, erzählte von der Geschichte mit den Hunden, was Konrad einmal mehr verlegen machte, und bat dann seine Frau, ihn mit dem Grafen allein zu lassen.

»Wie findet Ihr sie?«, fragte der König.

»Wen meint Ihr? Eure Frau? Sie ist sehr schön.«

Philipp lachte. »Ich meine alle diese schönen Frauen, auch die kleinen!«

»Ich verstehe nicht.«

»Ich will's einfach machen«, sagte Philipp. »Ihr wisst, wie viel ein König reisen muss. Ich kann es meiner Frau und den Kindern – es gibt da übrigens noch ein kleines Brüderchen – nicht zumuten, mich bei wirklich jedem Ritt zu begleiten. Andererseits existiert da noch immer besagter Otto, der glaubt, dass nicht ich, sondern er der rechtmäßige König sei. Deshalb halte ich es für geboten, meiner Familie eine Leibwache zu stellen, und ich wünsche, dass Ihr diese Leibwache anführt.«

Konrad war zu verwirrt, um zu antworten. Deshalb fuhr Philipp rasch fort: »Oh, ich weiß, Ihr habt Kinder, und Ihr könnt Euch nicht vorstellen, von Eurer Familie getrennt zu leben. Ich schlage deshalb vor, dass Eure Frau und Eure Kinder in Zukunft zum Hof gehören und dass die Kinder zusammen mit den meinen erzogen werden. Das würde nicht nur Euch persönlich zur Ehre gereichen – auch für Eure Frau und Eure Kinder, die ganze Familie, wäre das ein Aufstieg in den obersten Adel des Reiches.«

Es klopfte. Des Königs Kanzler, Bischof Konrad von Speyer, und Philipps Kämmerer, Heinrich von Waldburg, traten ein. Der Kanzler sagte mit einem fragenden Blick auf den Grafen, Pfalzgraf Otto von Wittelsbach warte draußen und bitte um ein kurzes Gespräch.

»Der schon wieder«, sagte Philipp ärgerlich, und dann dem Grafen zugewandt: »Ich mache Euch einen Vorschlag, geht hinüber zu meiner Frau und besprecht meinen Vorschlag mit ihr. Wenn ich den Pfalzgrafen losgeworden bin, komme ich nach.«

Vor der Tür sah Konrad einen ihm fremden Mann. Er schien aufgebracht und spielte mit seinem Schwert, das er aus der Scheide gezogen hatte, und lief ungeduldig auf und ab. Konrad grüßte flüchtig und fragte einen Diener nach den Gemächern der Königin. Sie lagen direkt gegenüber.

Die Königin schien bereits auf ihn gewartet zu haben, kam auf ihn zu und fragte: »Nun, wie gefällt Euch der Vorschlag des Königs?«

»Nun ja«, antwortete Konrad zögerlich, aber weiter kam er nicht mehr. Gellende Schreie hallten durch die Flure. Konrad brauchte nur einen Sekundenbruchteil, um zu entscheiden, ob es schicklich sei, die Königin einfach so stehen zu lassen. Dann riss er die Tür auf, durch die er soeben eingetreten war. In der Tür, die zu den Zimmern des Königs führte, stand der Kämmerer und schrie: »Mörder! Mörder! Haltet ihn fest!« Blut färbte den Ärmel seines Gewandes, und hinter ihm sah er den Bischof von Speyer, der dem am Boden liegenden König offensichtlich die Sterbesakramente spendete.

Konrad rannte in die Richtung, in die der Kämmerer wies, aber da war niemand zu sehen, von ein paar Dienern abgesehen, die aufgeregt durcheinander liefen. Konrad rannte die Treppe hinunter und fragte die Wachen keuchend, ob gerade jemand hier durchgekommen sei. »Nur der Pfalzgraf«, entgegneten die Wachsoldaten.

Der aber war ein Mörder. Und entkommen.

Er war – wie der Kanzler dem Grafen später erzählte – mit blankem Schwert in des Königs Zimmer gekommen, und als Philipp ihn zurechtwies und sagte, dies hier sei kein Ort zum Fechten, antwortete der Pfalzgraf: »Aber der Ort, Verrat zu bestrafen«, und schlug mit dem Schwert auf den unbewaffneten und durch die Verbände behinderten König ein. Der Kämmerer wollte sich dazwischenwerfen und wurde dabei verletzt. Die tödlichen Schläge indes hatte er nicht verhindern können. Philipp war innerhalb weniger Minuten tot.

Am nächsten Morgen ließ der Reichsmarschall Konrad zu sich kommen. »Die Königin hat eine böse Nacht hinter sich. Man hat versucht, sie mit Baldrian zu beruhigen. Aber sie ist völlig verwirrt und sieht überall Mörder. Sie möchte unbedingt mit ihren Kindern in Sicherheit gebracht werden. Verrückte können zwar überall lauern, aber ich denke, wir sollten es tun, wenn es ihr hilft. Nehmt zwanzig Männer mit und bringt sie zum Hohenstaufen. Vielleicht kommt sie dort zur Ruhe.«

Zum Hohenstaufen? Das kann ein paar Wochen dauern, dachte Konrad. Und das in ihrem Zustand. »Gut«, sagte er. »Wir brechen sofort auf. Und danach?«

»Danach kommt ihr sofort zurück. Wir haben noch etwas zu erledigen.«

Konrad sah ihn fragend an: »Den Pfalzgrafen zu jagen?«

»Und zu töten!«

Sie brauchten tatsächlich drei Wochen. Konrad hatte eine bequeme Sänfte zwischen zwei Packpferden befestigt, um der Königin die Stöße zu ersparen, denen sie in einem Wagen ausgesetzt worden wäre.

Unterwegs erzählte ihm Maria, die immer wieder von Weinkrämpfen geschüttelt wurde, weshalb der Pfalzgraf wahrscheinlich den König ermordet hatte: Ihre älteste Tochter Beatrix war, obwohl noch sehr jung, dem Pfalzgrafen als Ehefrau versprochen worden. Als der König jedoch Otto von Wittelsbach näher kennen lernte, fühlte er sich von dessen bösartigem Charakter und Jähzorn angewidert, nahm die Zusage zurück und beschloss, seine Tochter dem Gegenkönig Otto zur Frau zu geben, damit dieser endgültig auf den Thron verzichte.

Daraufhin warb der Pfalzgraf, der inzwischen auch des Totschlags an einem anderen Adligen angeklagt war, um die Hand einer Tochter des Herzogs Heinrich von Schlesien. Er bat den König, seine Werbung zu unterstützen, worauf dieser ihm auch einen Brief an Heinrich mitgab. Neugierig öffnete der Pfalzgraf besagten Brief und musste darin lesen, dass Philipp dem Herzog dringend von einer Heirat abriet. Rasend vor Wut hatte Otto daraufhin beschlossen, den König umzubringen.

Als sie nach drei Wochen die Burg Hohenstaufen erreichten, war die Königin völlig erschöpft. Kaum hatten die Mägde sie in die Kemenate gebracht, setzten bei ihr die Wehen ein.

Weder sie noch das Kind überlebte die Geburt.

Als Konrad nach Bamberg zurückkehrte, waren die Männer Heinrichs von Kalden dabei, die Güter des Pfalzgrafen zu verwüsten und das Stammschloss Wittelsbach zu schleifen. Dann machten sie Jagd auf den Mörder. Nur kurze Zeit gelang es dem Geächteten, sich vor seinen Verfolgern zu verbergen, dann stellten sie ihn in einer Scheune der Mönche von Oberndorf, unweit von Regensburg.

»Und jetzt?«, fragte Konrad Heinrich von Kalden.

»Jetzt schließen wir uns König Otto an«, sagte der Reichsmarschall. »Er ist ja jetzt der einzige König und deshalb unumstritten.«

»Und was ist mit Friedrich, dem Neffen Philipps?«, fragte Konrad. »Der muss doch noch irgendwo in Italien leben.«

Heinrich von Kalden sah ihn an. »Diesen kleinen König

vergessen wir mal lieber. Der soll bei den Normannen bleiben. Von dem werden wir nichts mehr hören.«

ZEITRAFFER

1198	Papst Cölestin III. stirbt. Zu seinem Nachfolger wird Innozenz III. gewählt. Einige deutsche Fürsten wählen den etwa 20-jährigen Philipp, den letzten noch lebenden Bruder des verstorbenen Kaisers Heinrich VI. zum König, da keine Hoffnung besteht, dass der kleine Friedrich jemals den Thron besteigen könnte. Andere Fürsten wählen den Welfen Otto, einen Sohn Heinrichs des Löwen. Otto IV. wird in Aachen, Philipp in Mainz gekrönt. Königin Konstanze, die Witwe des Kaisers, stirbt. Vor ihrem Tod bestimmt sie Papst Innozenz III. zum Vormund des vierjährigen Friedrich.
1201	Innozenz III. erkennt Otto IV. als rechtmäßigen König an und bannt Philipp und dessen Anhänger. Im Lauf der nächsten Jahre wendet sich das Blatt jedoch zugunsten des Staufers.
1205	Philipp wird in Aachen erneut gekrönt.
1208	Philipp wird in Bamberg vom Pfalzgrafen Otto von Wittelsbach ermordet.

20. KAPITEL
VOM GASSENJUNGEN ZUM KAISER
(1209 – 1221)

König Philipp war tot. Der *junge süeze man*, wie ihn Walther von der Vogelweide nannte, war zweifellos der sympathischste aller Staufer. Dass er den Pfalzgrafen Otto von Wittelsbach mit seinem Brief an Herzog Heinrich von Schlesien hintergangen hat, wird zwar berichtet, würde aber absolut nicht seinem Charakter entsprechen. Ursprünglich zum Kleriker bestimmt, war er bereits zum Bischof von Würzburg gewählt, ehe er nach dem Tod mehrerer seiner Brüder den geistlichen Stand wieder verließ. In völligem Gegensatz zu seinem Bruder, dem Kaiser Heinrich VI., war er auffallend hübsch, redlich, ritterlich, freundlich und liebenswert.

Sein Widerpart, Otto IV., war so ziemlich das genaue Gegenstück: ein tapferer Kämpfer, allerdings mit dem Benehmen eines Landsknechtes. Chronisten, die zugegebenermaßen nicht zu seinen Anhängern zählten, schildern ihn als dummen und hochnäsigen Kerl mit einem Hang zu Zoten. Aber selbst Philipps Anhänger liefen nun in Scharen zu ihm über, weil da kein anderer mehr war – von dem kleinen Friedrich in Palermo abgesehen, an den sich kaum noch jemand erinnerte.

Bereits im November 1208 bestätigten die Fürsten Otto einmütig in seinem Amt. Außerdem heiratete er Philipps älteste Tochter Beatrix, was als Zeichen der Versöhnung angesehen wurde und wohl auch so gemeint war. Leider starb die erst 15-Jährige wenige Tage nach der Hochzeit. Dennoch: Die verfeindeten Familien der Staufer und Welfen hatten sich zumindest vorübergehend ein wenig aufeinander zubewegt.

Und was sagte Rom zu dieser neuen Entwicklung?

Der neue Papst Innozenz III. war ein äußerst intelligenter Mann, der im Grunde nur zwei Ziele kannte: Zum einen sollte sowohl der Kaiser – wer immer das gerade sein sollte – ein für alle Mal anerkennen und bestätigen, dass alle weltlichen Fürsten dem Papst als dem Stellvertreter Gottes auf Erden unterstellt sind. Zum anderen sollte ebenso endgültig festgelegt werden, dass das normannische Königreich selbstständig sei und nicht zum Reich gehöre. Sizilien hatte seinen eigenen König, und so sollte es auch bleiben, auf dass der Kirchenstaat nicht noch einmal von zwei Teilen des Reiches umklammert werden konnte.

Otto, der es eilig hatte, vom Papst zum Kaiser gekrönt zu werden, hatte keine Probleme damit, Innozenz diesen so umstrittenen Steigbügeldienst zu leisten. Er machte auch andere, ziemlich weitgehende Zugeständnisse, wenn auch in reichlich pauschaler Weise. Kaum aber war er 1209 in Rom zum Kaiser gekrönt worden, zeigte er sein wahres Gesicht. Unmittelbar nach der feierlichen Zeremonie begann der Streit, und der Papst begriff fassungslos, wen er da »meinen lieben Sohn« genannt hatte. Otto ließ ihn wissen, dass alle seine Zusagen nichtig seien, weil seine Fürsten daheim partout nicht zustimmen wollten, schied im Streit und machte sich scheinbar auf den Heimweg.

Plötzlich aber schwenkte er mit seinem Heer nach Süden und zog an Rom vorbei Richtung Stiefelspitze. Das Ziel war klar: Der Kaiser wollte das Königreich Sizilien erobern, den gerade 15 Jahre alten Friedrich von dort vertreiben oder gefangen nehmen, um auch den letzten Rivalen auszuschalten und das Königreich der Normannen wieder dem deutschrömischen Reich zuzuschlagen. Genau das hatte Innozenz verhindern wollen.

Er hatte sich auch schon eine kluge Strategie ausgedacht. Der junge König musste verheiratet werden, Erben in die Welt setzen und eine neue normannische Dynastie gründen. Dass Friedrich neben dem normannischen Blut seiner Mutter schließlich auch staufisches von seinem Vater und burgundisches von seiner Großmutter vorzuweisen hatte, schien den Papst nicht zu stören. Auch nicht, dass nun auch noch spanisches hinzukommen sollte.

Ebenso wie sich Friedrichs Mutter Konstanze aus politischen Gründen in die Ehe mit einem ungeliebten und sehr viel jüngeren Mann hatte schicken müssen, traf ein ähnliches Los nun eine Frau, die ebenfalls Konstanze hieß. Sie war die Schwester des Königs von Aragon, 25 Jahre alt und die Witwe des ungarischen Königs Emmerich.

Sie hatte der Papst ausgesucht, weil der König von Aragon sein Reich am Ebro zwischen Barcelona und Saragossa als Lehen von der Kurie erhalten hatte und dem Papst Gehorsam schuldete. Die Sorge des Königs, der erst 15-jährige Friedrich sei doch noch viel zu jung für die Verbindung mit einer erfahrenen Frau, wies Innozenz zurück. Bei jungen Männern aus kaiserlichem Geschlecht trete die Manneskraft früher ein.

Woher auch immer er das wissen wollte.

Allerdings war Friedrich inzwischen volljährig und regierte tatsächlich. Zitat eines Zeitzeugen: »Der König hat an Wissen und Kraft sein eigenes Alter so übertroffen, dass man an ihm nur finden kann, was einen reifen und vollkommenen Mann zieren würde. Man muss ihm unverzüglich und ohne Zögern gehorchen, da er von sich aus zwischen Getreuen und Ungetreuen, zwischen Guten und Schlechten unterscheidet.«

Objektive Beurteilung oder unterwürfige Schmeichelei?

Wir wissen es nicht. Wahrscheinlich war er tatsächlich ein Wunderkind.

Über seine Kindheit kursieren abenteuerliche Geschichten. Ohne nahe Verwandte aufgewachsen – seine Mutter war ja sehr früh gestorben, und sein Vormund saß bekanntlich in Rom –, wuchs er auf recht ungewöhnliche Weise auf. Mal lebte er ein paar Wochen bei dieser Familie, dann ein paar Tage bei jener. Es wird nicht immer reiner Großmut gewesen sein, der die vornehmen Geschlechter bewog, sich um den Knaben zu kümmern. Immerhin war er der gekrönte König, und wer ihn unter seiner Obhut hatte, der besaß ein wertvolles Pfand.

Andererseits war Friedrich schon als Kind nicht willens, sich herumschubsen zu lassen. Es ist überliefert, dass er häufig zornig wurde, wenn man ihn wie ein Kind und nicht wie einen König behandelte, und dass er es liebte, durch die Straßen und Gassen von Palermo zu streifen, damals eine blühende Metropole mit stark orientalischem Einschlag.

Am normannischen Königshof versammelten sich die führenden Köpfe der Zeit, und nicht nur die des Abendlandes. Hochgelehrte Araber brachten vor allem mathematische und medizinische Kenntnisse aus ihrer Heimat mit, und einer von ihnen gab ein Buch mit einer Sammlung modernster geografischer Erkenntnisse heraus. Auf den Straßen ebenso wie bei Hofe sprach man Griechisch und Normannisch, Latein und Deutsch, Spanisch und Arabisch. Es wimmelte von Soldaten und Söldnern, Händlern und Handwerkern. Ein – wie wir heute sagen würden – multikulturelles Dorado für einen aufgeweckten Jungen.

Aber auch ein gefährliches Territorium.

Immer wieder wurde Palermo erobert und rückerobert, mal herrschten Deutsche, dann wieder Normannen, und in den Bergen gab es noch immer zahllose Felsennester, von denen aus Sarazenen (so wurden die Muslime das ganze Mittelalter hindurch genannt) ihre gefürchteten Raubzüge starteten. Einst hatten sie ganz Sizilien beherrscht; dann waren die Normannen gekommen, aber aus den Bergen hatten sie die Araber nie ganz vertreiben können.

Zurück zu Konstanze von Aragon. Ob sie begeistert war von dem Gedanken, einen Knaben zu ehelichen, ist nicht überliefert. Friedrich war es mit Sicherheit nicht. Einem 15-Jährigen scheint eine 25 Jahre alte Frau nicht nur heute steinalt. Immerhin brachte Konstanze – sozusagen als Aussteuer – 500 spanische Ritter mit, und plötzlich besaß der bis dahin nahezu mittellose junge König zumindest die Möglichkeit, energischer gegenüber den hochmütigen Baronen aufzutreten. Leider fielen die meisten der Spanier schon kurz darauf einer Seuche zum Opfer. Zu allem Überfluss erfuhr Friedrich, dass Otto IV. mit seinem Heer nach Kalabrien unterwegs war.

In der Zwischenzeit war der von Otto tief enttäuschte Papst nicht untätig geblieben. »Es reut mich, diesen Menschen gemacht zu haben. Das Schwert, das wir uns geschaffen haben, schlägt uns schwere Wunden«, schrieb Innozenz III. an die deutschen Bischöfe, und wütend schleuderte er den Bannstrahl gegen den Kaiser, auf den er so große Hoffnungen gesetzt hatte. Wenn er sich nicht auf Otto verlassen konnte, musste halt sein früheres Mündel Friedrich an die Macht kommen.

Wie auch immer.

Innozenz ließ sich dabei auf ein gewagtes Spiel ein. Schließlich war Friedrich rechtmäßiger König von Sizilien; wenn er jetzt auch noch deutscher Kaiser werden sollte … Wer garantierte dann dem Papst, dass Sizilien nicht wieder dem Reich einverleibt würde. Soeben machte Otto ja den Versuch!

Aber während Otto ein eidbrüchiger Verräter war, ließ sich der junge Friedrich von seinem Vormund ja vielleicht in günstigem Sinne beeinflussen. Otto jedenfalls – das gab Innozenz auch den Fürsten in Deutschland zu verstehen – musste weg, und Friedrich sollte ihm auf dem Thron nachfolgen. So kamen denn im September des Jahres 1211 der Erzbischof Siegfried von Mainz, der Landgraf Hermann von Thüringen, König Ottokar I. von Böhmen und etliche andere Große des Reiches in Nürnberg zusammen und wählten Friedrich in Abwesenheit zum deutschen König.

Anscheinend gehörte zu den Betreibern dieser Wahl auch Philipp II. von Frankreich, denn der noch amtierende Kaiser Otto war Welfe, wurde finanziell von den Engländern unterstützt, die bekanntlich die Intimfeinde der Franzosen waren. Durchaus möglich, dass der französische König den deutschen Fürsten Geld zugesteckt hat. Heute würde man das als Schmiergelder bezeichnen. Im Mittelalter hieß das sehr anschaulich »Handsalbung«.

Von all dem wusste Friedrich nichts. Er rechnete noch immer mit einer Invasion des kaiserlichen Heeres, weshalb im Hafen von Palermo bereits eine Galeere darauf wartete, den König auf schnellstem Wege nach Afrika zu bringen, falls Otto mit seinem Heer Sizilien angreifen sollte.

Aber Otto kam nicht, stattdessen erschien im Januar 1112 als Abgesandter der deutschen Fürsten ein gewisser Anselm von Justingen, der dem jungen König ein höchst bedeutsames Dokument überreichte, in dem der verdutzte Friedrich unter anderem las:

»Wir, die Fürsten des Deutschen Reiches, denen seit jeher das Recht und die Macht gegeben ist, ihren Herrn und König selbst zu wählen und ihn auf den Thron der römischen Kaiser zu setzen, sind in Nürnberg zusammengekommen, um über das Beste zu reden und uns einen neuen König zu wählen.

Wir richten unsere Augen nun auf dich als denjenigen, der solcher Ehren am allerwürdigsten erscheint; der zwar ein Jüngling ist an Jahren, aber ein Greis in Einsicht und Erfahrung, den die Natur mit allen edlen Gaben mehr als irgendeinen anderen Menschen ausgestattet hat, den edelsten Nachkommen jener erhabenen Kaiser, die weder ihre Schätze noch ihr Leben geschont haben, das Reich zu mehren und alle ihre Untertanen glücklich zu machen.

In Betracht all dessen bitten wir dich nun, dass du dich aus deinem Erbreich erhebst und zu uns nach Deutschland kommst, um die Krone dieses Reiches gegen den Feind deines Hauses zu behaupten.«

Als sich Friedrich von seiner Verblüffung erholt hatte, beriet er sich mit seinen Vertrauten und Ratgebern, die ihm dringend abrieten. Die deutschen Fürsten, argumentierten sie, seien genauso unzuverlässig wie die Päpste, die ihre Verträge und Versprechungen ebenfalls nur so lange halten würden, wie es ihnen opportun erscheine. Friedrichs Heimat sei doch Sizilien und nicht der kalte und unwirtliche Norden, wo Menschen wohnten, mit denen er sich nur gebrochen verständigen könne. Außerdem sei der Weg lang und die Reise gefährlich. Ein Heer besitze er auch nicht, von einem Kronschatz oder Bargeld ganz zu schweigen.

Sie hatten alle Argumente auf ihrer Seite und auch die Königin Konstanze, die – ihren neugeborenen Sohn, den Kronprinzen Heinrich, auf dem Arm – ihren Mann verzweifelt anflehte, sie jetzt nicht zu verlassen. Friedrich wurde das Herz schwer. Es war nämlich ein Wunder geschehen: Wider Erwarten hatte er sich in die junge Frau, die ihm aufgezwungen worden war, verliebt, und nicht nur das: Konstanze hatte die Liebe des Jungen erwidert.

Es flossen sicherlich ein paar Tränen. Aber dann fasste Friedrich den Entschluss, dem Ruf der deutschen Fürsten zu folgen. Er ließ den Säugling zum König krönen, ernannte Konstanze zur Regentin, und am Palmsonntag des Jahres 1212 segelte er statt nach Afrika in Richtung Rom, wo er zum ersten Mal mit seinem einstigen Vormund, Innozenz III., zusammentraf.

Die Reise wurde so gefährlich, wie seine Ratgeber es vorhergesagt hatten. Schon die Fahrt nach Rom hatte er vorzeitig abbrechen und die letzten 150 Kilometer zu Lande zurücklegen müssen, weil sein Schiff beinahe von Piraten aus Pisa aufgebracht worden wäre. Als er später von Rom nach Genua weiterreiste, wurde er dort zwar herzlich empfangen, aber er musste über drei Monate in der traditionell staufertreuen Stadt ausharren, weil alle Wege nach Norden von Anhängern Ottos IV. kontrolliert wurden.

Schließlich riss ihm die Geduld. Er brach auf, geriet jedoch hinter Pavia am Fluss Lambro in einen Hinterhalt, den ihm die welfentreuen Mailänder gelegt hatten, und konnte sich nur retten, indem er sich auf ein ungesatteltes Pferd schwang und mit ihm den Fluss durchschwamm. Die Mailänder spotteten nachher zwar, Friedrich habe seine Unterhosen im Lambro gewaschen, aber das war Friedrich wohl ziemlich gleichgültig. Wichtig war, endlich nach Deutschland zu kommen, und das war schwierig genug, weil auch die wichtigsten Pässe wie beispielsweise der Brenner von Anhängern Ottos bewacht wurden. Geradezu unglaubliche zwei Monate brauchte Friedrich für die Überquerung der Alpen auf kleinen und kleinsten Pfaden. Gottlob war Sommer, und im September des Jahres 1212 erreichte er endlich den Bodensee.

Wo aber war Otto abgeblieben, der doch Sizilien erobern wollte?

Aufgrund der Nachricht von der Wahl in Nürnberg hatte Otto von einer Invasion der Insel abgesehen und war auf dem schnellsten Weg nach Deutschland zurückgekehrt, um das Schlimmste zu verhindern. Noch hatte er ja nicht nur in Norditalien eine große Anhängerschaft, sondern auch am Niederrhein und in den welfischen Stammlanden des Nordens. Außerdem hielten ihm – wie allen Welfen – die Engländer die Treue. Trotzdem war er alarmiert.

Und offensichtlich bestens informiert, denn obwohl Friedrich tatsächlich auf Schleichpfaden die Alpen überquerte, hat Otto anscheinend gewusst, dass er zum Bodensee und von dort wahrscheinlich rheinabwärts nach Speyer oder Worms wollte. Jedenfalls brach der Kaiser einen Feldzug in Thüringen übereilt ab und zog in Gewaltmärschen zum Bodensee, um von Überlingen nach Konstanz überzusetzen.

Und während Otto auf ein Fährschiff wartete, erschien Friedrich mit seiner doch eher bescheidenen Begleitung vor den Mauern von Konstanz und bat um Einlass. Die Stadtväter indes erwarteten den Kaiser, und die Tore blieben verrammelt, da die Stadt sie nur dem rechtmäßigen Kaiser öffnen wollte. Daraufhin riefen der Bischof von Chur und der Abt von St. Gallen zu den Mauern hinauf, mit Friedrich stünde ja ebendieser neue, rechtmäßige Kaiser hier. Da holten die Stadtväter ihren Bischof und fragten diesen um Rat, aber auch der blieb dabei, nicht Friedrich, sondern Otto sei nach wie vor der wahre Kaiser.

Schließlich trat der päpstliche Legat Berard von Castacca vor und verlas feierlich die päpstliche Bulle, in der es wörtlich hieß, der »ehemalige Kaiser Otto« sei mit dem Kirchenbann belegt worden. Da öffneten die Konstanzer endlich die Tore für den jungen Habenichts. Der ließ sich das Festmahl schmecken, das eigentlich Otto IV. zugedacht war, und wir dürfen sicher sein, dass es dem 17-Jährigen lange nicht mehr so gut geschmeckt hatte wie in diesem Augenblick des Triumphes. Drei Stunden später legte die Fähre mit Otto und seinen Leuten an. Aber nun blieben ihm und den Seinen die Stadttore von Konstanz verschlossen.

Endgültig.

Wenn Friedrich seinerzeit auf seine Ratgeber oder seine Frau gehört, wenn er in Genua nicht die Geduld verloren oder auch nur einen halben Tag mehr für die Überquerung der Alpen gebraucht hätte – er wäre wohl niemals Kaiser geworden, und wir hätten »das Staunen der Welt« nie mitbekommen, sondern uns mit einem ordinären Otto abfinden müssen.

Alles nur Zufall? Oder das Ergebnis von Entschlossenheit, ungestümem Siegeswillen, Durchsetzungskraft und Charme?

Vorerst brauchte Friedrich Verbündete. Mächtige Verbündete, denn Otto beherrschte noch immer den Norden, und rein militärisch hatte Friedrich gegen ihn nicht den Hauch einer Chance. Der Papst konnte ihm dabei nicht helfen. Friedrich musste ihm trotzdem dankbar sein, denn es war schließlich Innozenz III. gewesen, der die deutschen Fürsten animiert hatte, ihn zum König zu wählen. Deshalb hatte Friedrich auch kein Problem, sich als »König von Gottes und des Papstes Gnade« zu bezeichnen. Als »Pfaffenkönig« bezeichneten ihn deshalb spöttisch seine Gegner, aber das ließ ihn kalt. Was er von Rom hielt, würde er eines Tages allen beweisen. Im Augenblick jedoch brauchte er Innozenz noch.

Aber der Papst war knauserig. Philipp II. von Frankreich jedoch nicht. Mit dessen Sohn Ludwig kam Friedrich bereits zwei Monate nach seinem Eintreffen in Konstanz an der Grenze des Reiches in der Nähe von Toul zusammen. Dort musste er geloben, niemals ohne die Zustimmung Frankreichs einen Sonderfrieden mit England oder Otto IV. abzuschließen, was er leichten Herzens versprach. Daraufhin händigte ihm der französische Kronprinz 20 000 Silbermark aus, mit denen Friedrich nach bewährter Manier »Handsalbungen« durchführen und Anhängerschaft zusammenkaufen sollte.

Was er auch erfolgreich tat. So erfolgreich, dass er schon wenige Wochen später in Frankfurt noch einmal zum König gewählt und dann in Mainz gekrönt wurde. Eine Krönung mit ziemlichen Schönheitsfehlern, denn über den wahren Krönungsort Aachen herrschte noch Otto, und der besaß auch die Krönungsinsignien. Doch es war Otto selbst, der Friedrich schließlich zum endgültigen Sieg verhalf.

Zusammen mit seinem Onkel, dem englischen König Johann Ohneland, überfiel er Frankreich, das ihm wesentlich gefährlicher erschien als jenes *Chint von Pulle*, das Kind aus Apulien, wie Friedrich von seinen Anhängern liebevoll genannt wurde. Doch Ottos Feldzug endete in einer Katastrophe. Am 27. Juli 1214 wurde er bei Bouvines, östlich von Lille, vernichtend geschlagen. König Philipp II. schickte Friedrich den erbeuteten Reichsadler mit zerbrochenen Schwingen. »Seitdem«, stellte ein Chronist aus Halle säuerlich fest, »wurde der Name der Deutschen von den Welschen missachtet.«

Für Otto IV. war es das endgültige Aus. Er zog sich auf seine Besitztümer im Braunschweigischen zurück und starb 1218 verlassen und unbeachtet auf der Harzburg. Immerhin besaß er so viel Anstand, Friedrich die echten Krönungsinsignien zustellen zu lassen. Friedrich triumphierte und ließ sich nun noch einmal mit Prunk und Pracht in Aachen krönen, die Gebeine Karls des Großen in einen kostbaren Schrein umbetten und half den Goldschmieden eigenhändig dabei, die Nägel des Schreins festzuklopfen.

Friedrich II. war nun uneingeschränkt anerkannter König. Allerdings: Dem Papst hatte er die Ausweitung des Kirchenstaates zusichern müssen, der nun von der adriatischen bis zur tyrrhenischen Küste reichte und Sizilien für immer vom Reich trennte. Ferner verzichtete Friedrich feierlich auf ein Mitspracherecht bei der Besetzung von Bischofsstühlen, und schließlich musste er vor der Kaiserkrönung feierlich versprechen, seinen noch unmündigen Sohn »aus der väterlichen Gewalt freizugeben«. Was bedeutete, dass Heinrich König von Sizilien war und dass nicht der Vater – also der kommende Kaiser – für ihn die Regentschaft innehatte, sondern eine andere Person, die sich vor dem Papst für ihr Tun und Lassen rechtfertigen musste.

Wenn man bedenkt, für wie viel weniger einst Heinrich IV. im Investiturstreit mit Gregor VII. oder Friedrich Barbarossa mit Alexander III. gefeilscht haben, erstaunt die (Fahr-)Lässigkeit, mit der Friedrich diese Zugeständnisse machte. Etwas anderes indes hätte den Papst stutzig machen müssen: Im Anschluss an seine feierliche Krönung in Aachen hatte der junge König angekündigt, einen Kreuzzug zu unternehmen. Bislang waren es ausschließlich Päpste gewesen, die dazu aufgerufen hatten. War hier eine erste Andeutung, dass sich Friedrich gewisse Rechte anzumaßen gedachte, die ihm nach Ansicht der Kurie nicht zustanden?

Aber nicht nur dem Papst machte Friedrich großzügige Zugeständnisse, sondern auch den deutschen Fürsten, deren Unabhängigkeit von der Krone weiterwuchs. Wahrscheinlich hatte der junge König bei seinen Entscheidungen weniger das Reich als Einheit als vielmehr die Kaiserkrone für sich und vor allem seine Heimat Sizilien im Auge. Deutschland blieb ihm fremd, wenn nicht sogar gleichgültig. Andererseits: Wenn er zur Krönung nach Rom wollte und dann – wer weiß – weiter nach Sizilien, musste er im Norden Ruhe haben. Und die erkaufte er sich.

Wenn auch zu einem hohen Preis.

Der Tod von Papst Innozenz III. im Juli 1216 änderte schlagartig die Lage in Mitteleuropa. Nachdem der erst 56-Jährige völlig unerwartet in Perugia gestorben war, wählten die Kardinäle den bereits betagten Censius Savelli zu seinem Nachfolger, und Friedrich II. zeigte sich hocherfreut. Der junge König kannte den ehemaligen päpstlichen Legaten in Palermo, der sich jetzt Honorius III. nannte, aus früheren Jahren recht gut, und so schrieb er ihm nun: »Als die Ohren Unserer Majestät wiederholt das Gerücht traf, dass du durch die einmütige Wahl der Kardinäle auf den apostolischen Stuhl berufen wurdest, freute sich Unsere Seele sehr, da wir den Mann, den wir früher für den liebenswertesten unserer Freunde hielten, jetzt als unseren geistlichen Herrn und Vater sehen.«

Zum einen ersehen wir an diesem Schreiben, dass selbst so wichtige Nachrichten wie etwa die vom Ausgang einer Papstwahl selbst dem Kaiser zunächst nur gerüchteweise zu Ohren kamen. Zum anderen ist Friedrichs Erleichterung spürbar, dass nach dem knochenharten Innozenz nun ein Papst gewählt wurde, dessen Wahlspruch lautete: »Ich will lieber in Milde verfahren denn in Härte.«

Und Friedrich unterzog die Geduld des alten Mannes schon bald einer harten Belastungsprobe. Zunächst holte er seinen vierjährigen Sohn Heinrich aus Palermo zu sich nach Deutschland, machte das Kind zum Herzog von Schwaben, und zwei Jahre später, im Jahr 1220, übertrug er ihm zusätzlich das Rektorat von Burgund. Wiederum zwei Jahre später erreichte er mit weiteren Zusagen, dass der Kronprinz, der weitgehend unter der Obhut des Kölner Erzbischofs Engelbert I. aufwuchs, von den deutschen Fürsten zum König gewählt wurde. Damit war genau das erreicht, was Innozenz unbedingt hatte verhindern wollen: Dass zumindest in der nächsten Generation sowohl das Reich als auch das Königreich Sizilien wieder von ein und derselben Person regiert würden.

Dem verärgerten Honorius schrieb Friedrich II., es sei im deutschen Reich aufgrund seiner bevorstehenden Romreise eine derartige Unruhe entstanden, dass die Fürsten es für besser gehalten hätten, wenn doch zumindest ein Stellvertreter des abwesenden Herrschers in Deutschland zurückbliebe; deshalb hätten sie den jungen Heinrich ohne Wissen und schon gänzlich ohne das Zutun des Königs gewählt. Schwierig zu beurteilen, worüber sich der Papst mehr geärgert hat: über die Wahl selbst oder über diesen ebenso treuherzigen wie schamlosen Brief.

Wie auch immer: Da Friedrich gelobt hatte, auf den Kreuzzug zu gehen, wollte sich Honorius in dieser Situation nicht mit dem König überwerfen. So krönte er ihn denn im November 1220 in Rom feierlich zum Kaiser, und Friedrich gelobte ebenso feierlich, im nächsten Jahr nach Jerusalem aufzubrechen. Zunächst aber – und Honorius machte auch keinerlei Einwände geltend – brachen der Kaiser und seine Frau mit einem bescheidenen Aufgebot ins Königreich Sizilien auf.

Dort räumte er auf. Niemand weiß so recht, wie es ihm gelungen ist, mit den wenigen Männern seiner Begleitung die starken Barone in die Knie zu zwingen. Aber es gelang ihm. Alles, was in den letzten Jahrzehnten widerrechtlich erworben oder erbaut worden war, wurde rückgängig gemacht. Lehensverhältnisse beendet, lokale Gerichtsbarkeiten abgeschafft, Kastelle geschleift, Privilegien entzogen. Die Genueser und Pisaner, die den Seehandel dominierten und den Reichtum der Hafenstädte ausbeuteten, wurden vertrieben, vor allem aber verwandelte Friedrich den alten Lehnsstaat in einen Juristen- und Beamtenstaat. Alter Adel besaß keinen Wert mehr. Ab sofort zählte nur noch, was wer im Auftrag des Kaisers vollbrachte. Adel und Ritterschaft wurden sozusagen verstaatlicht, wie es ein Historiker ausdrückte.

Und noch eine Leistung vollbrachte Friedrich II. bereits in der Anfangszeit seiner Regierung. In blutigen und grausamen Scharmützeln gelang es ihm, die in den Bergen Siziliens verschanzten sarazenischen Piraten zu unterwerfen. Um die 16 000 Menschen wurden zwangsweise aufs Festland gebracht und in der Nähe von Foggia in kasernenartigen Lagern angesiedelt.

Allerdings ließ ihnen der Kaiser – absolut ungewöhnlich in dieser Zeit – die volle Religionsfreiheit. Sie durften Moscheen bauen und weiterhin zu Allah beten, was Friedrich nicht nur den Zorn der Kurie, sondern auch das völlige Unverständnis der gesamten Christenheit einbrachte. Aber auch bei den Sarazenen bewirkte des Kaisers berechnende Großmut etwas: Aus blindem Hass wurde mit der Zeit ebenso blinde Ergebenheit. Die Sarazenen bildeten nicht nur seine Leibwache, sondern auch den Kern seines stehenden Heeres, und außer ihren Fertigkeiten als fantastische Reiter und hervorragende Bogenschützen wiesen sie einen weiteren, für den Kaiser vor allen in den späteren Jahren unschätzbaren Vorteil auf:

Eine päpstliche Drohung mit dem Kirchenbann war ihnen völlig schnuppe.

ZEITRAFFER

1194	Geburt Friedrichs II.
1196	Die Reichsfürsten wählen das Kind zum deutschen König.
1209	Der 15-jährige Friedrich heiratet Konstanze von Aragon.
1211	Die deutschen Fürsten erklären Kaiser Otto IV. für abgesetzt und wählen Friedrich noch einmal zum König.
1212	Friedrich trifft wenige Stunden vor Otto in Konstanz ein.
1215	Friedrich wird feierlich in Aachen gekrönt und verspricht überraschend einen Kreuzzug.
1216	Innozenz III. stirbt, Nachfolger wird Honorius III.
1218	Otto IV. stirbt auf der Harzburg.
1219	Friedrich ernennt seinen fünfjährigen Sohn Heinrich zum Herzog von Schwaben.
1220	Die deutschen Fürsten wählen den kleinen Heinrich (VII.) zum deutschen König. Friedrich wird in Rom von Honorius III. zum Kaiser gekrönt. Im Dezember kehrt er nach Sizilien zurück.
1221	beginnt die Zurückeroberung des sizilischen Reiches der Normannen.

21. KAPITEL
DER KÖNIG VON JERUSALEM
(1221 – 1229)

Ludger von Wolfach sah gedankenverloren hinab in den kleinen Burghof, wo Ricarda, seine jüngste Schwester, mit den Zwillingen spielte. Ricarda war hübsch und schon 17 Jahre alt. Höchste Zeit, ihr einen Mann zu suchen. Er würde sich selbst darum kümmern müssen, denn der Vater war alt und kränkelte. Außerdem hatte er sich noch nie sonderlich um seine Familie bemüht.

Er war mit Kaiser Friedrich, den man den Rotbart nannte, im Heiligen Land gewesen und hatte dessen Leiche in einem Fass nach Antiochia gebracht. Dann war er heimgekehrt, um dem Sohn Barbarossas die schreckliche Nachricht zu überbringen. Ebenso wie seine Geschwister konnte Ludger die Geschichte auswendig hersagen, so oft hatte der Vater sie erzählt. Aber er will dem Alten nicht Unrecht tun. Er hat viel erlebt in seinem langen Leben; mehr jedenfalls als die meisten Männer, die Ludger kannte.

Er hat den englischen König bewacht, diesen Richard Löwenherz, den man bei der Heimkehr vom Kreuzzug gefangen genommen und erpresst hat. Und er hat dem Kaiser getrotzt, damals in Palermo, als er nachts einen gefolterten Grafen erstach, den Heinrich VI. durch einen Narren weiter hatte quälen wollen. Und er war dabei, als man den jungen König Philipp ermordete und hatte zusammen mit anderen dessen Mörder zur Strecke gebracht. Darauf konnte Vater schon stolz sein, wenn er auch ein bisschen zu häufig davon erzählte und ihm dabei hin und wieder die Fantasie etwas durchging. Auch er selbst, sein Erbe und Nachfolger, würde eines Tages so alt sein.

So Gott wollte.

Aber Gottes Wege sind unerforschlich. Burkhard, Vaters Bruder und Abt in einem nahe gelegenen Eifelkloster, hatte ihn auf ebenso rührende wie hilflose Weise mit derartigen Floskeln zu trösten versucht, als Praxedis gestorben war. Erst 19 Jahre alt war sie gewesen, als sie den Zwillingen das Leben schenkte. Und das war offenbar alles, was sie ihrem Mann zu geben bereit war. Sie überlebte die Geburt keine 20 Stunden.

Hatte er sie geliebt? Ludger wusste es nicht. Er hatte sie begehrt, und nun vermisste er sie. Anna, die pralle Magd seiner Mutter, konnte sie nur ungenügend ersetzen. Auch die Kinder, Clementia und Christian, erinnerten ihn zwar an ihre Mutter, aber anfangen konnte er mit den beiden Dreijährigen nicht sonderlich viel. Er war froh, dass Ricarda sie ihm abnahm.

Ricarda würde eine gute Mutter werden. Sie war anders als Mathilde, die nur ein Jahr jünger war als Ludger und von der Familie schon als alte Jungfer betrachtet wurde. Von Männern wollte sie nichts wissen, und als der Vater sie in einem Kloster unterbringen wollte, war sie in den Hungerstreik getreten. Also ließ man sie zufrieden. In den gutmütigen Spott, mit dem sie von Eltern und Geschwistern bedacht wurde, mischte sich wohl auch Mitgefühl, aber genau das lehnte Mathilde ab.

»Spottet nur«, pflegte sie zu sagen. »Ob Küche oder Kloster – Ehefrauen leben ebenso wie Nonnen in einem Verlies, auch wenn man es anders nennt. Ich brauche meine Freiheit, um glücklich zu sein.«

Schließlich hatte der Vater sich über seinen Bruder Burkhard einen alten Mönch erbeten, der Mathilde das Lesen und Schreiben lehrte, und seitdem war sie grenzenlos glücklich. Zuweilen ritt sie zum Kloster der heiligen Hildegard auf dem Rupertsberg bei Bingen, um sich dort ein Buch auszuleihen. Eine Gunst, die ihr erst gewährt wurde, nachdem Graf Konrad eine hohe Summe als Pfand hinterlegt hatte für den Fall, dass das Buch nicht in gebührender Zeit zurückgebracht würde.

Nun ja – Ludger bewunderte seine Schwester im Stillen, aber er gestand es ihr nie. Stolz war er dagegen auf seinen jüngeren Bruder Lothar, der – wie es sich für zweitgeborene Söhne schickte – ins Kloster gegangen war und dort eine hervorragende Ausbildung genossen hatte. Nun war er königlicher Richter in der Grafschaft Spoleto. Hin und wieder kam ein Brief von ihm über alles, was in der Welt geschah, und Mathilde las ihn der Familie vor.

Und da war schließlich noch Humbert, der jetzt etwa 19 Jahre alt sein musste und als Knappe bei einer befreundeten Familie diente. Irgendwann in diesem oder im nächsten Jahr würde er die Schwertleite erhalten, und Lothar wird sich für ihn verwenden, damit er unter dem Kaiser Dienst tun konnte.

Eine große Familie in einer kleinen Burg. Einer viel zu kleinen, weshalb Ludger längst bei sich beschlossen hatte, eine neue und wesentlich größere zu bauen, die dem Ansehen und dem Reichtum seines Geschlechtes entsprach, denn gewisse Peinlichkeiten mehrten sich in letzter Zeit. Wie zum Beispiel gestern, als der Posten auf dem Turm einen Trupp Reiter meldete, der sich auf der Uferstraße näherte und dann den Weg einschlug, der zur Burg hochführte.

Angeführt wurde er von einem jungen Mann, etwa im Alter Ludgers. Auf dem Pferd neben ihm saß ein älterer Mann mit merkwürdig dunkler Hautfarbe, gehüllt in ein noch merkwürdigeres flatterndes Gewand, der sich ein grünes Tuch um den Kopf geschlungen hatte. Wie immer war die Zugbrücke vorsichtshalber hochgezogen worden. Als die Wachleute nach unten riefen, wer da Einlass begehre, antwortete der Anführer, der einen weißen Mantel mit einem schwarzen Kreuz trug, er sei Hermann von Salza, Hochmeister des Deutschen Ordens. Das sagte Ludger, der ebenfalls am Tor stand, herzlich wenig, aber ein kurzer Blick auf Pferde, Kleidung und Waffen genügte. Diese Leute – so viel stand fest – waren mit Sicherheit keine Wegelagerer.

Knarrend senkte sich die Zugbrücke nach unten.

Wenig später führte Ludger den Hochmeister und seinen seltsamen Begleiter die Treppe hoch zum Palas, in dem bereits Ludgers Eltern und seine Schwestern die Gäste erwarteten. Mathilde und Ricarda reichten den beiden zur Begrüßung einen Becher Wein, und Ludger stellte den Fremden seinen Vater Konrad, seine Mutter Hedwig und die beiden Mädchen vor.

»Seid willkommen«, sagte der alte Graf. »Wer seid Ihr, und was führt Euch her?«

Hermann von Salza nannte seinen Namen und erklärte der Familie kurz, wie der Deutsche Orden entstanden war. Beim Kreuzzug, den der damalige Kaiser Friedrich, genannt Barbarossa, ins Heilige Land geführt hatte, war vor der Stadt Akkon eine Seuche im Lager ausgebrochen. Ein Kaplan namens Konrad führte damals ein Hospital, in dem Ritter Kranke pflegten, wie es auch bereits die Templer oder die Johanniter taten. Daraus war später der Deutsche Orden entstanden, dessen Mitglieder zwar Ritter waren, die aber wie Mönche lebten und wie diese Keuschheit, Gehorsam und Armut gelobt hatten.

Wie viele andere Anhänger des Kaisers reite auch er nun durch das Reich, um – und hier sah er Ludger lange an – Ritter dazu zu bewegen, dem Kaiser ins Heilige Land zu folgen, denn einen Kreuzzug hatte Friedrich II. schon bei seiner feierlichen Krönung in Aachen gelobt. Das sei zwar schon lange her, elf Jahre, um genau zu sein, aber ein Kaiser habe halt viel zu tun, schloss Hermann von Salza mit einem leichten Lächeln.

Dann sah er den alten Grafen an, der sich ein dickes Tuch um seine Backe gewickelt hatte, und fragte teilnahmsvoll: »Tut Euch vielleicht ein Zahn weh?«

»Wehtun?«, stöhnte Konrad. »Er schmerzt wie das Höllenfeuer, wenn ich ihn auch nur berühre!«

»Dann muss er raus«, sagte der merkwürdige Begleiter des Hochmeisters.

»Raus?«, schrie der alte Graf. »Dann kommt irgendein Bader mit seinem schrecklichen Haken und werkelt daran herum! Als ob es so nicht schlimm genug wäre!«

»Er muss raus«, sagte der Fremde noch einmal, aber diesmal bestimmter. »Ich werde es persönlich machen, und Ihr werdet keinen Schmerz spüren.«

»Keinen Schmerz? Seid Ihr etwa ein Zauberer?«

»So etwas Ähnliches.«

»Ich lasse niemanden an meinen Zahn!« Konrad schüttelte energisch den Kopf.

»Vertraut ihm«, sagte Hermann von Salza.

»Diesem Fremden?«

»Er ist mein Freund. Ich bürge für ihn. Und Ihr werdet keinen Schmerz fühlen. Ich gebe Euch mein Wort.«

»Na gut«, sagte der Graf nach einigem Zögern »Aber wehe, Ihr legt mich rein!«

Der Fremde verbeugte sich leicht, ging die Treppe hinunter in den Hof und kramte in seiner Satteltasche.

»Wer ist Euer Freund?«, fragte Ludger.

»Jussuf al-Kira«, antwortete der Hochmeister. »Ein Sarazene.«

»Ein Heide?«, riefen die drei Frauen wie aus einem Mund, und auch Konrad und Ludger starrten Hermann von Salza ungläubig an.

»Er ist mein Freund und auch der des Kaisers.«

»Aber er gehört doch zu den Ungläubigen, die Christenmenschen abschlachten«, sagte Konrad.

»Ich glaube nicht, dass diese Ungläubigen, wie Ihr sie nennt, mehr Christen getötet haben als umgekehrt.«

Konrad erinnerte sich an jenen Kreuzzug, an dem er selbst teilgenommen hatte, und daran, wie christliche Ritter unter den Sarazenen gewütet hatten. Dennoch bohrte er nach: »Aber das ist ja etwas anderes. Die Sarazenen – und leider auch Euer Freund – sind ja Ungläubige.«

»Genau das sind sie nicht«, sagte der Hochmeister. »Sie glauben sehr wohl an Gott, an den ihren. Und auch der Kaiser sieht das so. Es gibt zwar nur einen Gott, aber der führt viele Namen, zum Beispiel Allah, wie Jussuf ihn nennt.«

»Aber das wird der Heilige Vater in Rom ganz anders sehen«, sagte Ludger.

Hermann von Salza zuckte die Achseln. »Mag sein, aber ich bin ein Mann des Kaisers und kein Bischof.«

In diesem Augenblick kam Jussuf mit drei kleinen Beutelchen und einem Kästchen zurück.

»Was habt Ihr vor?«, fragte Konrad misstrauisch.

»Darf ich um einen kleinen Schwamm und noch etwas Wein bitten?«, fragte Jussuf, an Ricarda gewandt, und dann zum alten Grafen: »Ich werde Euch einen mit Wein und dem Pulver bestimmter Kräuter getränkten Schwamm in den Mund legen, und Ihr werdet den Mund schließen und den Kopf nach vorn beugen, damit Ihr die Medizin nicht verschluckt. Sobald Ihr Eure Zunge nicht mehr spürt, könnt Ihr den Schwamm ausspucken, und ich werde Euch den Zahn entfernen, ohne dass Ihr es merkt.«

Konrad sah furchtsam den Hochmeister an, aber der nickte ihm beruhigend zu, und so folgte der Graf schließlich den Anweisungen des Sarazenen.

Hermann von Salza nahm Ludger beim Arm. »Ich glaube,

wir werden hier nicht gebraucht«, sagte er lächelnd. »Gehen wir etwas spazieren.«

»Wo sollen wir hier schon spazieren gehen«, sagte Ludger niedergeschlagen. »Ihr seht doch, wie eng hier alles ist. Euch und Euren Freund werde ich gerade noch aufnehmen können, weil meine Schwestern vorübergehend bei den Mägden schlafen können, aber Eure anderen Männer muss ich irgendwie auf den nahe gelegenen Fronhöfen unterbringen, aber auch da wird nur ein Stall auf sie warten. Längst müssten wir eine neue Burg bauen. Die Mittel sind ja vorhanden, aber Vater ist träge geworden.«

»Macht Euch um unsere Unterbringung keine Sorge«, sagte Hermann von Salza. »Meine Männer sind an Strohlager gewöhnt. Außerdem müssen wir morgen schon weiter. Aber wenn Euch hier die Decke auf den Kopf fällt – das Heilige Land wartet auf Euch. Auch der Kaiser. Und der würde sich als dankbar erweisen. Zum Beispiel, indem er Euch anstandslos gestattet, eine neue Burg zu errichten.«

Er sah Ludger aufmerksam an. »Oder seid Ihr vielleicht frisch verheiratet und wollt Euch nicht von Eurer Frau trennen?«

»Meine Frau ist tot«, antwortete Ludger.

»Das tut mir Leid.«

»Schon gut, aber da gibt es viel zu überlegen. Was wird mit den Eltern? Und die Schwestern – wer kümmert sich um sie und meine kleinen Kinder? Wer vertritt mich hier?«

Hermann von Salza legte ihm einen Arm um die Schultern. »Lasst Euch Zeit. Aber nicht länger als eine Woche. Dann kommt nach Speyer. Dort trifft sich ein Trupp rheinischer Ritter, um gemeinsam nach Süden zu ziehen. Ich zähle auf Euch.«

In diesem Augenblick erschien der alte Graf und zeigte auf offener Handfläche ein blutiges Etwas. »Ich habe überhaupt nichts gespürt«, rief er strahlend. »Ihr habt wirklich einen Zauberer zum Freund. Ihr könnt ihn ruhig hier lassen. Auch« – und hier senkte er die Stimme – »wenn er ein verdammter Heide ist.«

Es war ein trostloser Anblick. In der geräumigen Grabeskirche zu Jerusalem verloren sich die engsten Vertrauten des Kaisers und ein paar Dutzend Ritter vom Deutschen Orden. Keine psalmodierenden Mönche, nicht die Bischöfe von Cäsarea und Nazareth, schon gar nicht der Patriarch der Stadt; kein beschwörendes Kyrie eleison, kein brausendes Te Deum laudamus. Es herrschte Stille.

Grabesstille.

Auf dem Altar lag eine Krone. Der Kaiser hatte sie aus Brindisi mitgebracht. Jetzt stieg er langsam die Stufen zum Altar hoch, nahm die Krone und setzte sie sich feierlich auf. Dann wandte er sich um. Die Männer beugten stumm ihr Knie. Das war's. Friedrich II. war jetzt auch König von Jerusalem.

Über die Heilige Stadt herrschte nun ein vom Papst persönlich gebannter Kreuzfahrer. Was für ein Irrsinn.

Ludger von Wolfach dachte zurück, wie es dazu gekommen war. Zum Teil hat er es selbst erlebt, zum Teil hat er es von Hermann von Salza erfahren, der zu den wichtigsten Beratern Friedrichs II. gehörte und als Hochmeister des Deutschen Ordens immer wieder zwischen Kaiser und Papst zu vermitteln suchte.

Begonnen hatte es damit, dass der gerade erst gekrönte junge König in Aachen versprochen hatte, das Kreuz zu nehmen. Innozenz III. war empört. Es war Sache des Papstes, zum Kreuzzug aufzurufen; alles andere war Anmaßung. Seit Saladin die Christen im Heiligen Land jedoch vernichtend geschlagen hatte, hielten die Kreuzfahrer nur noch einen schmalen Küstenstreifen. Jerusalem und die anderen heiligen Stätten indes befanden sich in der Hand der Sarazenen. Ein

Kreuzzug war deshalb höchst erwünscht, aber die Form musste dennoch gewahrt bleiben.

Der Nachfolger von Innozenz III., Papst Honorius III., ließ sich jahrelang von Friedrich an der Nase herumführen. Er legte nicht einmal Einspruch ein, als Friedrich gegen alle Versprechungen seinen kleinen Sohn Heinrich zu seinem Nachfolger wählen ließ. Der Papst wollte den versprochenen Kreuzzug, und deshalb konnte er sich nicht mit dem Kaiser überwerfen.

Inzwischen nämlich hatte sich Unheilvolles ereignet: Ein Kreuzfahrerheer, bestehend aus Österreichern und Niederländern, war 1218 nach Akkon gesegelt, um Jerusalem zu befreien. Vor Akkon jedoch zerstritten sich die Christen – wie bislang auf jedem Kreuzzug – und einigten sich nach vielem Gefeilsche darauf, dass ein gewisser Johann von Brienne, der den Titel »König von Jerusalem« trug, das Heer anführen solle.

Besagter Johann indes glaubte, besonders schlau zu sein, und überredete die anderen Fürsten, zunächst Ägypten anzugreifen, um von dort und von Akkon aus Jerusalem in die Zange zu nehmen. Zunächst belagerten sie Damiette im Nildelta, wo dann ein gewisser Pelagius zu ihnen stieß, ein fanatischer Spanier und Legat des Papstes.

Sultan Malik el-Kamil bot Frieden an und zugleich die Übergabe Jerusalems, aber Pelagius lehnte ab. Der Sultan erneuerte sein Angebot, wollte das wirkliche Kreuz Christi herausgeben und neben Jerusalem auch noch auf weite Teile Palästinas und Galiläas verzichten. Wiederum lehnte Pelagius ab, obwohl die meisten Kreuzfahrer damit zufrieden gewesen wären.

Schließlich wurde 1221 Damiette genommen, worauf der größenwahnsinnige Spanier beschloss, jetzt ganz Ägypten zu erobern. Dann kam etwas, womit Pelagius nicht gerechnet hatte: das alljährliche Nilhochwasser. Die Kreuzfahrer wurden auf einer Insel vom Wasser eingeschlossen, und als der Sultan zusätzlich die Schleusen öffnen ließ, löste sich das Heer in ungeordneter Flucht auf.

Hätte Friedrich das Fiasko verhindern können? Vielleicht, wenn er es wirklich gewollt hätte. Andererseits war das ganze »Unternehmen Damiette« von vornherein zum Scheitern verurteilt, und Friedrich hätte sich auch weder einem Johann von Brienne, geschweige denn einem Pelagius untergeordnet. Er hatte – Versprechungen hin, Gelübde her – seine eigenen Pläne. Er musste seine Nachfolge sichern und Ruhe in Deutschland schaffen, um dann das sizilische Königreich zu reformieren.

Der Papst konnte warten.

Hermann von Salza, der den Kaiser sehr genau kannte, war es schließlich, der dann doch noch den Stein ins Rollen brachte. Er wusste um Friedrichs Eitelkeit. Deshalb machte er den Vorschlag, den Kaiser mit der Tochter ebenjenes Titularkönigs von Jerusalem, Johann von Brienne, zu verehelichen. Isabella, so hieß die erst 14-jährige junge Dame, würde den Titel Königin von Jerusalem mit in die Ehe bringen. Auch wenn es nur ein Titel war, der keineswegs die Herrschaft über die Heilige Stadt bedeutete, müsste es Friedrich dennoch verlockend erscheinen, neben dem Kaisertitel sowohl als König des sizilischen Reiches als auch als König von Jerusalem aufzutreten.

Und es war wirklich verlockend!

Als König von Jerusalem würde Friedrich einer der Nachfolger Davids sein und insofern auch dessen Haus angehören, aus dem schließlich Jesus hervorgegangen war. Der Papst war begeistert, denn wenn Friedrich zum König von Jerusalem gekrönt werden wollte, musste er zuvor ins Heilige Land und die heiligen Stätten befreien. Leider war da noch ein kleines Hindernis, weil Friedrich und Isabella ein klein wenig zu nahe verwandt waren, aber der Papst entschied großzügig, *dass ihr, unbeschadet der Tatsache, dass besagte Isabella im vierten Grade mit dir verwandt sein soll, rechtmäßig verbunden werden sollt.*

So einfach ging das, wenn Rom nur wollte. Alsbald segelte Isabella von Syrien aus nach Brindisi, nachdem ihrem Vater zuvor zugesagt worden war, bis zu seinem Tode Regent des Königreiches Jerusalem bleiben zu können. Kaum aber war die Hochzeit vollzogen, galt das feierliche Versprechen nichts mehr. Im Gegenteil: Man erklärte ihm kühl, die Zusage sei ja nicht einmal schriftlich erteilt worden. Außerdem müsse er die 50000 Mark Silber herausrücken, die er vom französischen König zur Verteidigung der christlichen Städte im Heiligen Land erhalten habe. Da Friedrich jetzt regiere, stünde ihm selbstverständlich auch dieses Geld zu.

So viel zum Charakter des Kaisers.

Der nun wollte endlich selbst nach Jerusalem, was er auch zum wer weiß wievielten Mal versprach, aber dieses Mal einem neuen Papst, denn Honorius III. hatte 1227 hochbetagt das Zeitliche gesegnet. Sein Nachfolger wurde ein Neffe des unerbittlichen Innozenz III., der sich Gregor IX. nannte und seinem Onkel an Härte und Strenge in nichts nachstand.

Doch für den Kaiser standen die Zeichen nun günstig, denn der uns schon von Damiette bekannte Sultan Malik el-Kamil hatte sich mit seinem Bruder zerstritten und suchte Verbündete. So schickte er denn den Emir Fahr ed Din Jussuf zu Friedrich II. und ließ ihn wissen, dass er es sehr begrüßen würde, wenn der Kaiser mit einem Heer nach Akkon kommen und ihm von dort aus gegen seinen Bruder beistehen würde. Er werde ihm dafür auch in der Jerusalem-Frage sehr entgegenkommen.

Friedrich, der bekanntlich allen Arabern Sympathie entgegenbrachte, freundete sich mit dem Emir an, und die Beziehungen zum Sultan waren ebenso ungetrübt, als der Kaiser im September 1227 in der Hafenstadt Brindisi ein gewaltiges Heer zusammenzog.

Plötzlich jedoch brach im Lager eine schwere Seuche aus, vor der sich viele Kreuzfahrer per Schiff in Sicherheit zu bringen versuchten. Der Kaiser war bereits abgesegelt, aber es war zu spät. Friedrich und Landgraf Ludwig von Thüringen erkrankten schwer. Doch während Friedrich knapp mit dem Leben davonkam, erlag der Landgraf wie viele andere Ritter der Krankheit. Der Kreuzzug musste abgebrochen werden, noch bevor er begonnen hatte.

Einen Honorius III. hätte Friedrich – oder zumindest Hermann von Salza – davon überzeugen können, dass es diesmal wirklich nicht die Schuld des Kaisers, sondern höhere Gewalt war. Nicht aber Gregor IX. Nach all den Erfahrungen, die seine Vorgänger mit dem immer aufs Neue vertragsbrüchigen Friedrich gemacht hatten, der sich an keine Vereinbarung gebunden fühlte und jede Abmachung brach, sobald es ihm vorteilhaft erschien, war der neue Papst davon überzeugt, dass der Kaiser auch diesmal ein falsches Spiel spielte. Also schleuderte er den Kirchenbann gegen Friedrich und entband alle seine Männer von ihrem Treueid.

In der Folge begann eine wahre Schlammschlacht. Der Papst schrieb an die deutschen Bischöfe: »So kommt es, dass der Apostolische Stuhl solche Ungeheuer – im Glauben, seine Söhne zu nähren – an seinem Busen aufwachsen lässt …«

Friedrich hingegen warf Rom »unerhörte Erpressungen« vor, »die Papst und Kurie unaufhörlich gegen die Bischöfe ausüben, den offenen und versteckten Wucher, womit sie die ganze Welt verpesten. Aber Worte, die süßer sind als Honig und glatter als Öl, führen die unersättlichen Blutsauger im Munde und behaupten, die römische Kurie sei unsere Amme und Mutter, obwohl sie doch ganz im Gegenteil die Wurzel und der Ursprung allen Übels ist. Obgleich aber dieser römische Oberpriester sich allen unseren Wünschen entgegensetzt und auf unverschämte Weise versucht, unsere Sanftmut zu erbittern, so wird er uns dennoch nicht vom Dienste Christi abhalten«.

Und so wagte Friedrich das im Grunde Undenkbare: Als vom Papst Geächteter rief er seine weltlichen Fürsten auf, den Kirchenbann zu ignorieren und ihm – jetzt, da er wieder gesund sei – ins Heilige Land zu folgen. Der Papst dazu: »Wir wissen nicht, welchem törichten Rat er da folgt oder welche teuflische List ihn dazu verführt hat, ohne Buße und Absolution den Hafen von Brindisi zu verlassen.«

Sei's drum: Im Dezember des Jahres 1228 ging der Kaiser endlich in Akkon an Land, umjubelt zunächst von allen dort ansässigen Rittern und den herbeiströmenden Pilgern, sogar von den Johannitern und Templern. Die positive Stimmung änderte sich allerdings schlagartig, als wenige Tage später zwei Franziskaner erschienen, das Interdikt gegen Friedrich verbreiteten und im Auftrag des Papstes allen Christen befahlen, dem Kaiser den Gehorsam zu verweigern. Da fielen nicht nur die Johanniter und die Templer von ihm ab, sondern auch alle anderen Kleriker.

Friedrich, der sich nun nur noch auf seine deutschen und sizilischen Ritter sowie auf die Deutschordensritter verlassen konnte, nahm eilig Kontakt zu Sultan Malik el-Kamil auf, der ihm seinerzeit großes Entgegenkommen signalisiert hatte. Aber dessen Bruder, der ihn damals bedrängt hatte und ihn die Nähe zum Kaiser suchen ließ, war gestorben, sodass der Sultan nun eigentlich kein Interesse mehr an einem Vertrag mit dem Kaiser hatte.

In dieser Lage kamen Friedrich die hervorragenden Beziehungen zugute, die er mithilfe des befreundeten Emirs zu Malik el-Kamil unterhalten und gepflegt hatte. Der Kaiser scheute sich auch nicht, sich vor dem Sultan zu demütigen, indem er ihm schrieb: »Ruhe sollst du haben vor den Christen und nicht gezwungen werden, das Blut deiner Untertanen zu vergießen.« Und weiter: »Ich bin dein Freund! Du weißt sehr wohl, wie hoch ich über allen anderen Fürsten des Abendlandes stehe. Du bist es schließlich gewesen, der mich aufgefordert hat, hierher zu kommen. Wenn ich aber heimfahren muss, ohne etwas erreicht zu haben, werde ich alles Ansehen in den Augen des Papstes und der Könige verlieren.«

Das Erstaunliche geschah. Sultan und Kaiser schlossen einen zunächst für zehn Jahre geltenden Vertrag, demzufolge Jerusalem in die Hände der Christen gegeben wurde, allerdings unbefestigt bleiben musste. Die einst von Saladin geschleiften Stadtmauern durften nicht wieder aufgebaut werden. Außerdem blieben der Felsendom und die al-Aksa-Moschee in muslimischer Hand. Bethlehem, Nazareth nebst einem Korridor zum Meer und andere größere Gebiete in Westgaliläa wurden ebenfalls an Friedrich übergeben. So wurde ohne einen einzigen Schwertstreich mehr erreicht als in allen Kreuzzügen zuvor.

Bizarrerweise wurde der Vertrag sowohl von islamischer als auch von christlicher Seite als schändlich bezeichnet. Von den Sarazenen, weil der Sultan sich ohne jede Not dem Kaiser gebeugt und erobertes Land kampflos preisgegeben hatte. Von Rom, weil Friedrich es als Gebannter gewagt hatte, ins Heilige Land zu ziehen. Gerold, der Patriarch von Jerusalem, hetzte die christliche Bevölkerung täglich aufs Neue auf und verbot sogar den Pilgern, Jerusalem zu betreten. Er nannte den Vertrag zwischen Sultan und Kaiser tückisch, trügerisch und – so wörtlich – ein unsinniges Verbrechen.

Wie groß der Hass war, bezeugt eine verbürgte Geschichte: Die Templer und Johanniter hatten erfahren, dass der Kaiser jene Stelle am Jordan aufsuchen wollte, wo Johannes Jesus getauft hatte. Da schickten sie heimlich zu Malik el-Kamil und ließen ihm ausrichten, Friedrich sei ohne Rüstung und nur mit wenigen Begleitern dort. Des Sultans Männer könnten ihn leicht gefangen nehmen oder umbringen.

Der Sultan indes beriet sich mit seinen Vertrauten, die ihm nahe legten, die Verräter zu beschämen und ihre Nachricht, an der noch ihr Siegel befestigt war, mit ein paar freundlichen Worten dem Kaiser zu schicken. Diese noble Geste vertiefte die Freundschaft der beiden Männer, die sich weiterhin untereinander austauschten und mit Aufmerksamkeiten und Geschenken bedachten.

Friedrich bekam ein besonders großes Geschenk: einen Elefanten.

Wenige Wochen nach der trostlosen Krönung in der Grabeskirche beschloss Friedrich II., das Land zu verlassen, in dem ihn jedermann – von den Sarazenen abgesehen – zu hassen schien. Da er keine Lust verspürte, durch einen offiziellen Abschied den Patriarchen und seine anderen Feinde zu provozieren, eilte er im Morgengrauen mit nur wenigen Männern hinunter zu seiner Galeere, die vor dem Schlachthof ankerte.

Doch der Patriarch war wachsam, fand sich ebenfalls am Hafen ein und hetzte die dort arbeitenden Frauen und Männer gegen diesen »verfluchten Satan, diese Ausgeburt der Hölle« auf. Woraufhin der Kaiser mit stinkendem Gedärm und anderen Abfällen beworfen wurde. Während Odo von Montbéliard, der mit einigen Rittern – darunter auch Ludger von Wolfach – dem Kaiser zu Hilfe eilte und die rasende Menge mit blanken Schwertern zurücktrieb, floh Friedrich in Panik auf sein Schiff. Ein paar Tage später folgten die anderen Ritter aus seinem Gefolge nach und trafen kurz nach dem Kaiser in Brindisi ein.

Und damit in einem Land, das in Flammen stand.

Papst Gregor IX. nämlich hatte die Abwesenheit des Kaisers genutzt, um als Erstes das Gerücht zu verbreiten, Friedrich II. sei im Heiligen Land umgekommen. Sodann hatte er die ganze Lombardei aufgewiegelt und – allerdings vergeblich – versucht, den Neffen Ottos IV. als Gegenkaiser zu gewinnen. Den ehemaligen »König von Jerusalem«, Johann von Brienne, schickte er mit einem Söldnerheer nach Süden, um das Königreich Sizilien zu erobern und den Kaiser bei seiner Heimkehr gefangen zu nehmen.

Kaum aber war Friedrich in Brindisi gelandet, als alle, die voreilig auf die päpstliche Seite übergelaufen waren, sich wieder reumütig dem Kaiser zuwandten. Der allerdings war entschlossen, ein Exempel zu statuieren.

Als Ludger drei Tage nach der Landung des Kaisers Hermann von Salza aufsuchte, fand er ihn in bedrückter Stimmung. »Ich habe alles versucht, aber ich konnte ihn nicht umstimmen«, hörte er beim Eintreten den Hochmeister sagen, der niedergeschlagen in seinen Becher sah, um dann einen großen Schluck zu nehmen.

Ludger sah sich fragend um. Einer der Ritter reichte ihm ein Pergament. »Lies selbst«, sagte er. »Das ist der Befehl an seine sarazenischen Truppen in Apulien. Sie sollen die Stadt Gaeta stürmen, die als erste Verrat am Kaiser verübt hat.« Er schüttelte den Kopf. »Es ist nicht zu fassen.«

Ludger nahm zögernd das Pergament und las:

»Wenn Ihr die Stadt eingenommen habt, sollt Ihr den Angehörigen des Adels und der höheren Stände die Augen ausbrennen, sie der Nasen berauben und sie nackt aus der Stadt peitschen. Schneidet auch den Frauen die Nasen ab, lasst sie dann aber abziehen, damit sie ihre Schande verkünden. Die Jünglinge hingegen kastriert, doch sie dürfen in der Stadt bleiben. Alle Mauern, Türme und Häuser werden zerstört; nur die Kirchen und Klöster lasst stehen. So soll die Kunde um die Welt gehen, was mit denen geschieht, die ihren Herrn verraten.«

Düsteres Schweigen herrschte in der Runde. »Der Aufstand ist in kürzester Zeit niedergeschlagen worden«, sagte Ludger. »Alle Gegner haben sich ergeben oder sind geflohen.

Der Kaiser ist mächtiger denn je. Hoffentlich überfällt er jetzt nicht den Kirchenstaat.«

Hermann von Salza sah den jungen Grafen nachdenklich an. »Wenigstens davon, glaube ich, kann ich ihn noch abhalten.«

ZEITRAFFER

1221	Der Kreuzzug scheitert vor Damiette.
1222	Konstanze von Aragon, Friedrichs II. erste Frau, stirbt.
1225	Friedrich heiratet Isabella von Brienne.
1227	Friedrich bricht zum Kreuzzug auf, erkrankt jedoch schwer und muss umkehren. Papst Gregor IX. verhängt über ihn den Kirchenbann.
1228	Friedrichs Sohn Konrad wird geboren. Isabella stirbt wenige Tage später. Friedrich trifft in Akkon ein.
1229	Sultan Malik el-Kamil liefert Jerusalem, Bethlehem und Nazareth kampflos aus. Friedrich krönt sich in der Grabeskirche selbst. In seiner Abwesenheit bricht im sizilischen Reich ein Aufstand aus, den der Kaiser nach seiner Rückkehr rasch niederschlägt.

22. KAPITEL
ORA ET LABORA

Südfrankreich, Anfang des 5. Jahrhunderts. Ein gewisser Johannes Cassianus, der in Gallien klösterlichen Nachwuchs schult, schreibt für seine Zöglinge auf, wie das Mönchtum – angeblich – entstanden ist.

Die Lebensweise der Mönche lässt sich bis in die Zeit der apostolischen Predigt zurückverfolgen. Die Gläubigen, die sich in Jerusalem aufhielten, werden in der Apostelgeschichte wie folgt beschrieben:

Die Masse der Gläubigen war ein Herz und eine Seele. Niemand nannte einen Besitz sein Eigen. Sie besaßen alle Dinge gemeinsam. Sie verkauften ihren Besitz und teilten den Erlös untereinander auf gemäß den Bedürfnissen eines jeden. Keiner von ihnen war arm. Wer Land oder Häuser besaß, verkaufte alles und legte den Ertrag den Aposteln zu Füßen, damit er unter allen verteilt werde.

Damals war die gesamte Kirche so, wie heute nur noch jene wenigen sind, die man selbst in den Klöstern kaum mehr findet. Nach dem Tod der Apostel jedoch begann der Eifer bei der Masse der Gläubigen abzukühlen, vor allem bei denjenigen, die aus fremden Völkern stammten und sich erst seit kurzem zum Glauben an Christus bekannten. Von diesen hatten die Apostel, da sie von der Rohheit ihres Glaubens und ihren tief verwurzelten heidnischen Gewohnheiten wussten, nur verlangt, sich der Götzendienerei, der Unkeuschheit und der Schwächen des Fleisches zu enthalten.

Diese Freiheit, die den Heiden angesichts der geringen Festigung ihres noch jungen Glaubens zugestanden wurde, begann jedoch nach und nach die Vollkommenheit der Kirche von Jerusalem zu untergraben. Während die Zahl der Neuankömmlinge mit jedem Tag wuchs, lockerte sich nicht nur bei der Masse der einfachen Gemeindemitglieder, sondern selbst bei den Kirchenoberhäuptern die alte Strenge.

Einige, die es als zulässig ansahen, die den Heiden aufgrund ihrer Schwäche gemachten Zugeständnisse auch für sich selbst in Anspruch zu nehmen, waren der Meinung, dass sie keinen Schaden nehmen würden, wenn sie den eigenen Besitz und die eigenen Güter behielten und sich dennoch gleichzeitig zu ihrem Glauben an Christus bekannten.

Diejenigen jedoch, bei denen der apostolische Eifer und die Erinnerung an die klassische Vollkommenheit lebendig geblieben waren, verließen die Städte und die Gemeinschaft derer, die für sich und die Kirche Gottes ein nachlässigeres Leben als gestattet ansahen, ließen sich an den Rändern der Städte und an abgelegenen Orten nieder und begannen die Regeln, die ihrer Meinung nach von den Aposteln für die gesamte Kirche aufgestellt worden waren, allein und auf sich gestellt zu befolgen.

Da sie auf die Ehe verzichteten, sich von ihren Verwandten und dem Leben dieser Welt fern hielten sowie aufgrund der Strenge ihres einsamen und familienlosen Daseins, wurden sie von den anderen Gläubigen allmählich Mönche genannt und ihre Unterkunft Kloster.

Ganz so einfach war es natürlich nicht, aber für die Schüler des Johannes Cassianus war dessen Darstellung sicherlich durchaus hinreichend. Auch wir wollen die komplizierten Aspekte der Entwicklung hoch spezialisierten Historikern überlassen und uns mit der Tatsache zufrieden geben, dass es in den ersten nachchristlichen Jahrhunderten zunächst viele Eremiten und Einsiedler gegeben hat, die sich nach und nach zu Gemeinschaften zusammentaten, die nach bestimmten, sich selbst gegebenen Regeln lebten.

Solche Gemeinschaften jedoch brauchten Schutz, entweder den des jeweiligen Bischofs oder aber – besser noch – den des Landesherrn, auch wenn das eine gewisse Abhängigkeit bedeutete. Über die Bischöfe waren die in Italien, England und Frankreich, ab 700 auch östlich des Rheins entstehenden Klöster eng an die römische Kurie gebunden. Anders in Irland, das im 5. Jahrhundert vom heiligen Patrick gegen den erbitterten Widerstand der keltischen Druiden missioniert worden war. Dort gründete nahezu jeder Clan sein eigenes Kloster, dessen Abt zugleich Bischof oder sogar dem Bischof übergeordnet war.

Die irischen Mönche, zu deren asketischer Lebensweise unabdingbar die Heimatlosigkeit gehörte, sahen folgerichtig ihre Hauptaufgabe in der Bekehrung der Heiden auf dem europäischen Festland und begannen ihre Missionsarbeit in Burgund, wo Columban der Jüngere (um 530 bis 615) das berühmte Kloster Luxeuil gründete. Doch die merkwürdig aussehenden Iren in ihren langen schwarzen Mänteln, die sich die Augenlider rot oder schwarz bemalten, ihr Haar vorn kurz schoren und auf dem Rücken lang herabfallen ließen, stifteten auch Unsicherheit und Verwirrung.

Beispielsweise predigten sie die Abschaffung der bis dahin öffentlichen Beichte, die für die Sünder ja stets demütigend wirken musste, und führten stattdessen die diskrete Ohrenbeichte ein. So schafften sie sich nicht nur in der streng römisch orientierten Kirche des Frankenreiches Feinde, sondern auch bei einigen weltlichen Herren, sodass Columban schließlich nach Bayern ins Land der Alemannen und später nach Italien ausweichen musste.

Einer seiner Schüler, der heilige Gallus, gründete das berühmteste Kloster seiner Zeit im deutschsprachigen Raum: St. Gallen. Ein anderer irischer Mönch namens Emmeram predigte in der Gegend um Regensburg und Kilian in Würzburg, wo er schließlich ermordet wurde.

Man darf nicht vergessen, dass selbst in den lange missionierten Gebieten die christliche Tünche über den uralten heidnischen Vorstellungen und Riten noch arg dünn war. Eine Bekehrung von heute auf morgen war undenkbar. Mission war kein einmaliger Akt der Bekehrung, sondern ein langsamer Durchdringungsprozess, der Jahrzehnte, wenn nicht Jahrhunderte dauerte.

Beispiel: Im Inneren des so genannten Siegfried-Sarkophags im Kloster Lorsch aus dem 7. Jahrhundert finden wir nebeneinander das Kreuz und die Irminsul, jene alte Säule, die nach heidnischer Auffassung das Himmelsgebäude trug. Wohlgemerkt in einem Sarkophag, in dem ein getaufter Adliger in geweihter Erde beigesetzt wurde.

Da die irischen Missionare gemäß ihrer Auffassung von Askese schon nach relativ kurzer Tätigkeit weiterzogen, beschränkten sich ihre Erfolge darauf, dass sie heidnische Kultstätten zerstörten, um die Ohnmacht der jeweiligen Götzen zu beweisen. Ein dauerhafter Erfolg blieb ihnen jedoch versagt. Den errangen erst die Missionare aus England, deren bedeutendster zweifellos jener Winfrid war, den wir als Bonifatius kennen.

Dies ist nicht der Platz für eine Biografie über den »Apostel der Deutschen«. Wichtig ist, dass Bonifatius, selbst aus einem Benediktinerkloster in Südengland kommend, die unkonventionellen Methoden der irischen Missionare verurteilte und mit Unterstützung Roms und der fränkischen Herrscher durchsetzte, dass in allen Klöstern des Reiches die Regel des heiligen Benedikt von Nursia eingeführt wurde.

Wer war dieser Mann?

Geboren wurde er gegen Ende des 5. Jahrhunderts. Das genaue Geburtsjahr kennen wir nicht. Er war der Sohn wohlhabender Eltern aus niederem Adel, die in dem Städtchen Nursia (Norcia) im umbrischen Apennin lebten. Benedikt studierte kurze Zeit in Rom, verließ die Stadt jedoch wieder –

angeblich wegen der Sittenlosigkeit seiner Mitschüler. Er lebte dann einige Zeit als Eremit in einer Höhle am Anio bei Subiaco, in dessen Nähe er im Lauf der Jahre zwölf kleine Klöster gründete, ehe er 529 nach Kampanien übersiedelte, um schließlich auf dem Monte Cassino auf halber Strecke zwischen Rom und Neapel das berühmte Kloster zu gründen, wo er wohl auch seine Klosterregel entwarf. Er starb vermutlich am 21. März 547.

Benedikt ist nie zum Priester geweiht worden, was ohnehin nicht zum Mönchsein gehörte. Da es heute neben den Mönchen auch Laienbrüder gibt, glauben die meisten Menschen – und das liegt ja auch nahe –, dass es auch früher auf der einen Seite die Laien und auf der anderen ausschließlich Priester gab. Das aber war keineswegs so. Im Gegenteil. Alle Klöster waren ursprünglich Laiengemeinschaften. Lediglich aus praktischen Gründen, vor allem um die Messe zu feiern, empfing der eine oder andere Mönch auf Anweisung des Abtes die Priesterweihe durch den zuständigen Bischof.

Das änderte sich erst vom 9. Jahrhundert an. Aus Laiengemeinschaften wurden nun Konvente von Klerikern. Nun erhielten die Klosterkirchen auch Nebenaltäre, was einerseits durch die wachsende Heiligenverehrung und den Reliquienkult, andererseits auf die Bitten von Stiftern zurückzuführen war, Messen für das Seelenheil verstorbener Familienmitglieder zu lesen. Laienbrüder im heutigen Sinn gibt es erst seit dem 11. Jahrhundert.

Zurück zur Regel des heiligen Benedikt, einem kleinen Bändchen von knapp 100 Seiten, das im Übrigen im Mittelalter nach der Bibel die am meisten gelesene Schrift war. Die Regel des Ordensgründers aus Nursia war keineswegs neu. Auch in anderen Mönchsgemeinschaften wurden Armut und Keuschheit, Arbeit und Gehorsam gefordert, aber Benedikt zeichnete sich dadurch aus, dass er die zum Teil üblichen bizarren Formen von Askese und Selbstbestrafung verurteilte. Er sah zuerst den Menschen und nicht den Sünder. Liebe und Nachsicht waren ihm weitaus wichtiger als Strenge und Strafe. So forderte er vom Abt:

Er wisse, dass er mehr helfen als herrschen soll. Er muss daher das göttliche Gesetz genau kennen, damit er Bescheid weiß, und einen Fundus haben, aus dem er Neues und Altes hervorholen kann. Er sei selbstlos, nüchtern und barmherzig. Immer gehe ihm Barmherzigkeit über strenges Gericht, damit er selbst Gleiches erfahre.

Er hasse die Fehler, er liebe die Brüder. Muss er aber zurechtweisen, handle er klug und gehe nicht zu weit; sonst könnte das Gefäß zerbrechen, wenn er den Rest zu heftig auskratzen will. Stets rechne er mit seiner eigenen Gebrechlichkeit. Er denke daran, dass man das geknickte Rohr nicht zerbrechen darf. Damit wollen wir nicht sagen, er dürfe Fehler wuchern lassen. Vielmehr schneide er sie klug und liebevoll weg, wie es seiner Ansicht nach jedem weiterhilft. Er suche, mehr geliebt als gefürchtet zu werden.

Er sei nicht stürmisch und nicht ängstlich, nicht maßlos und nicht engstirnig, nicht eifersüchtig und nicht allzu argwöhnisch, sonst kommt er nie zur Ruhe. In seinen Befehlen sei er vorausschauend und besonnen. Bei geistlichen wie weltlichen Aufträgen unterscheide er genau und halte Maß.

Was Benedikt vor fast 1500 Jahren seinen Äbten abforderte, könnte sich so mancher Vorgesetzte auch heute noch eingerahmt über seinen Schreibtisch hängen.

Und was erwartete Benedikt von seinen Mitbrüdern? Hier nur einige Forderungen in beliebiger Reihenfolge: Gott lieben und den Nächsten wie sich selbst; die Armen erquicken und die Nackten kleiden; Kranke besuchen und Trauernde trösten; kein Unrecht tun, aber es selbst geduldig ertragen; die Feinde lieben und Böses nicht mit Bösem vergelten; die Sinnlichkeit bekämpfen und gerne fasten; weder trunksüchtig sein noch essgierig; das Gute, das man an sich bemerkt, Gott zuschreiben, das Böse hingegen als eigenes Werk erkennen und sich selbst zuschreiben; den Befehlen des Abtes gehorchen, auch wenn er – was ferne sei – das Falsche befehlen sollte.

Es war auch damals schwierig, ein heiligmäßiges Dasein zu führen, und ebendeshalb befürwortete Benedikt das Leben in der Gemeinschaft, denn in der Disziplin des Klosters schienen ihm die Anfechtungen der menschlichen Natur eher besiegbar zu sein als in der Einsamkeit eines Eremiten. Aber welche Aufgaben hatte Benedikt seinen Klöstern zugedacht? Sollten die Mönche Wälder roden und landwirtschaftliche Großbetriebe aufbauen? Bücher kopieren und Schüler unterrichten? Kranke betreuen und Bettler versorgen?

Nichts von alledem.

Mönche sollten in der Gemeinschaft der Brüder ein heiligmäßiges Leben führen und so die Nachfolge Christi anstreben. Das war alles. Und es war schließlich schwer genug. Alles andere ergab sich von selbst. »Ora et labora« hieß die Devise. Bete und arbeite! Nun gut, beten ist ja für einen Diener Gottes wohl normal. Und arbeiten? Das muss jeder Arbeiter schließlich noch heute, und nicht nur der. Auch Heimwerken ist schließlich keine Schande, sondern das Hobby vieler Angestellter und Beamten – warum also davon Aufhebens machen?

Weil die meisten jungen Männer, die ins Kloster eintraten, aus edelfreien oder adligen Familien kamen, für die körperliche Arbeit eine Schande war. Ritter kämpften und brauchten sich nicht die Hände schmutzig zu machen. Dafür gab es schließlich die Hörigen und die Leibeigenen, die Dienstmannen und die Knechte. O ja – es war schon eine Zumutung, was Benedikt da verlangte. Aber Arbeit war nicht Selbstzweck. Sie fiel im Kloster an und musste folglich verrichtet werden, wenigstens in den ersten Jahrhunderten. Später gab es dann in den reich gewordenen Klöstern Leute fürs Grobe, und die Mönche beschränkten sich von da an auf geistige Arbeit, wozu auch das Beten und das Singen der Psalmen zählte.

Festzuhalten ist, dass das Kloster ursprünglich weder eine Universität sein sollte noch ein landwirtschaftliches Gut, weder eine Lehranstalt noch ein Krankenhaus, weder ein Fürsorgeheim noch ein Gefängnis. Und trotzdem war es von allem etwas. Beispielsweise ein Kerker.

In den schlimmen Jahrhunderten, als die Merowinger herrschten, war Verwandtenmord nichts Ungewöhnliches, und meist legten die Könige selbst Hand an, wenn es galt, einen verhassten Nebenbuhler auszuschalten. Der Erste, der vor Mord zurückschreckte, war Pippin der Jüngere, der Vater Karls des Großen. Er war Hausmeier unter dem Merowingerkönig Childerich III., der politisch ein derartiger Schwächling war, dass sogar der Papst Pippin, wie bereits berichtet, unter der Hand zu verstehen gab, er dürfe den König ruhig absetzen, was auch geschah.

Aber Childerich überlebte! Pippin ließ ihn kahl scheren und steckte ihn in ein Kloster, wo der König gleichsam lebendig begraben wurde. Ebenso verfuhr später Karl der Große, als sein buckliger Sohn, den er mit einer Nebenfrau gezeugt hatte, ihm ans Leben wollte. Karl ließ ihn auspeitschen, scheren und verbannte ihn ins Kloster. Zuweilen wurde der Delinquent sicherheitshalber noch geblendet oder kastriert oder gar beides, aber er kam zumindest mit dem Leben davon.

Dass die jeweiligen Äbte über Neuzugänge dieser Art nicht glücklich waren, lässt sich leicht nachvollziehen. Man schickte ihnen körperlich und seelisch verstümmelte Männer vornehmster Herkunft, die bis dahin ein freies und häufig ungezügeltes Leben geführt hatten und sich nun unfreiwillig härtester Klosterdisziplin unterwerfen sollten. Es wundert nicht, dass zwölf Mönche aus Fulda an Karl den Großen schrieben: »Niemand, sei er frei oder unfrei, soll mit Gewalt gezwungen werden, Mönch zu werden oder zum Kleriker geschoren zu werden, denn wenn solche Leute in ein Kloster kommen, sind sie oft Urheber von Lastern oder gar Verbrechen.«

Vorausgegangen war ein Mord: Ein gegen seinen Willen ins Kloster Fulda gesteckter Geistlicher hatte dort Streit angefangen und einen Mönch umgebracht. Ob der große Karl den Brief beantwortet hat, wissen wir nicht. Fest steht, dass er seine Politik nicht geändert hat. Einer der bekanntesten Männer, den er (zumindest vorübergehend) ins Kloster geschickt hat, war der berühmt-berüchtigte Sachsenherzog Widukind, nachdem dieser aufgegeben hatte und in der Ardennenstadt Attigny getauft worden war.

Aber waren die Klöster nicht Stätten der Wissenschaft und der Kunst? Inseln der Zivilisation und der Kultur inmitten finsterer Urwälder, die noch immer von halb heidnischen und barbarischen Menschen bewohnt wurden? Doch, das waren sie – aber mit großen Abstrichen.

Zugegeben: Bevor östlich des Rheins die ersten Klöster gebaut wurden, gibt es über die Geschichte der dort lebenden Stämme so gut wie keine Informationen. Das wenige uns Überlieferte stammt aus höchst unzuverlässigen römischen Quellen und später von dem nicht viel seriöseren Martin von Tours, der das meiste auch nur vom Hörensagen kannte. Druiden hielten nun einmal nichts von Geschichtsschreibung und vom Schreiben überhaupt. Wir wären ja dankbar, wenn es irgendwer für notwendig erachtet hätte, das mündlich Überlieferte für die Nachwelt aufzuschreiben.

Das allerdings geschah in den Klöstern, wenn auch nicht mit der notwendigen Sachlichkeit und Präzision. Andererseits: Betrachten wir den Tagesablauf in einem Kloster, sollten wir uns wundern, dass trotz Gebet und Arbeit derart viel »nebenbei« geschafft wurde.

Im Mittelpunkt stand das gemeinsame Chorgebet, und das erste, die Morgenfeier oder auch Matutin, fand zwischen Mitternacht und zwei Uhr morgens statt. Sie bestand aus sechs Psalmenlesungen, mit Responsorien und Alleluja, den Laudes, einer Apostellesung, dem Responsorium, einem Hymnus, einem Bittgebet, dem Evangelium und einem Bibelvers.

Bei Tagesanbruch fand man sich wieder im Chor ein, um ein zweites Mal Lobgesänge anzustimmen. Um sechs Uhr folgte die Prim, um neun Uhr die Terz, gegen Mittag die Sext und um 15 Uhr die Non, jeweils mit dem vollen Programm. Etwas länger noch dauerte die Vesper am späten Nachmittag mit vier Psalmen und Antiphonen, Lesung nebst Responsorium, Hymnus, Vers, Lobgesang, Evangelium, Bittgebet, Paternoster und Schlussgebet. Die Komplet am Abend schloss den Tag ab.

Geschlafen wurde – je nach Jahreszeit – zwischen fünf und sieben Stunden, wobei die Nachtruhe, wie oben geschildert, mehrfach unterbrochen wurde. Da Schlafen außerhalb der Nachtstunden streng untersagt war, nimmt es nicht wunder, dass die Mönche ständig übermüdet waren. In Cluny, dem großen Reformkloster, auf das wir in einem späteren Kapitel noch zu sprechen kommen, schlich ein Mönch mit einer Laterne während des Chorgebets durch die Reihen der Mitbrüder, um Schlafende zu erwischen. Wer ertappt wurde, musste die Laterne übernehmen und sich seinerseits auf die Suche nach einem »Sünder« begeben.

Zwischen den Gebetsstunden und den Mahlzeiten, bei denen ebenfalls Erbauliches vorgelesen wurde, galt es, die anfallenden Arbeiten zu erledigen, die zum Teil äußerste körperliche Anstrengung erforderten, zumal in den Anfängen, als es noch galt, die Urwälder zu roden. Aber auch was sonst noch anstand, war schweißtreibend genug: das Holzhacken und die Gartenarbeit, das Waschen der Kutten und das Putzen der Räume, das Füttern des Viehs und die Herstellung von Tonwaren und Holzlöffeln, Sandalen und Messern. Nichts wurde gekauft, alles in Eigenarbeit hergestellt.

Und dann gab es da noch die Gäste. Im Gegensatz zu den ersten Jahrhunderten nämlich, als die Mönche noch die Einsamkeit suchten und ihnen der Standort des Klosters nicht versteckt genug sein konnte, wurden die Klöster im hohen Mittelalter keineswegs mehr in der Wildnis gegründet. Nun entstanden sie an den großen Handelsstraßen, in unmittelbarer Umgebung der Städte oder sogar in deren Zentrum.

Dort aber gab es nicht nur brave Handwerker und Händler, sondern auch die Außenseiter der Gesellschaft, die Kranken und die Bettler, die Fremden und die Krüppel. Von ihnen hatte Benedikt gesagt, dass ein jeder von ihnen, der an die Klosterpforte klopfe, so aufzunehmen sei wie Christus selbst. Und so sitzt – schreibt der Chronist Otto von Freising – am Tor »ständig ein frommer und gottesfürchtiger Bruder und empfängt alle ankommenden Gäste, Pilger und Armen freundlich und gütig wie Christus selbst und geleitet sie in den Betsaal. Darauf führt er sie in die Gastzelle, nachdem er ihnen zuvor die Füße gewaschen hat«.

Dieser Pflicht, die Armen zu ernähren und die Kranken zu pflegen, durften sich die Mönche selbst dann nicht entziehen, wenn es an die wirtschaftliche Substanz ging, und das konnte besonders in Städten bei Hungersnöten recht schnell geschehen, wenn sich die halbe Bevölkerung, um Essen bettelnd, vor der Pforte einfand. Wenn sich nicht genügend Stifter einfanden, die den Mönchen unter die Arme griffen, konnte es durchaus passieren, dass ein Kloster völlig verarmte.

Und wie war das mit den Klosterschulen?

Die waren – trotz gegenteiliger Auffassungen – so gut wie nicht existent. Sie hätten die Mönche auch völlig überfordert. Vergessen wir nicht: Wer in ein Benediktinerkloster eintrat, stammte zumeist aus vornehmer Familie und war häufig der zweitgeborene Sohn, der keine Chance hatte, das väterliche Erbe anzutreten. Wenn wir uns jedoch vor Augen führen, auf welchem Bildungsniveau sich damals eine adlige Familie bewegte, wird rasch klar, dass es sich bei dem Novizen mit hoher Wahrscheinlichkeit um einen Analphabeten handeln musste.

Man wird ihm mit einiger Mühe Lesen beigebracht haben, denn die Lektüre frommer Schriften gehörte zu den Pflichten eines Mönches. Aber das war auch alles. Zum Pädagogen konnte man ihn schwerlich umschulen; außerdem hatten die Mönche nicht das mindeste Interesse daran, sich weitere Arbeit aufzuhalsen. Was nicht bedeutet, dass es überhaupt keine Klosterschulen gegeben hat. Vor allem in den Großklöstern wie Fulda oder St. Gallen traf man sie an, in der Mehrzahl war es aber wohl so, dass Adlige vereinzelt ihre Kinder zu den Mönchen schickten, wogegen sich diese nur selten wehren konnten. Aber sie übergaben die Kleinen dann zumeist einem alten Mönch, der ein wenig den Privatlehrer spielte und dafür sorgen musste, dass die wilden Rangen nicht die klösterliche Ruhe störten. Die richtigen und wirklich effektiven Schulen dagegen fanden sich an den Bischofssitzen und später auch in den aufblühenden Städten.

Aber wurden in den Benediktinerklöstern wenigstens die Werte des Geistes geschätzt und die Gedankenwelt der Philosophen? Keineswegs. Der außerordentlich gebildete Petrus Venerabilis, ab 1122 Abt von Cluny, schrieb einen Brief an Abaelard. Das ist jener Kleriker, der in Paris lehrte und den eine unglückliche Liebe mit einem Mädchen namens Héloïse verband, die damit endete, dass die Verwandten der jungen Dame besagten Theologen überfielen und ihn auf brutale Weise entmannten.

Im Schreiben des Petrus Venerabilis heißt es: »Selig die Armen im Geiste! Warum mit Tausenden von Worten und vielfältigen Mühen das suchen, was du, wenn du wirklich willst, mit einem einfachen Satz und einer sehr bescheidenen Bemühung erreichen kannst? Zu welchem Zweck solchen eitlen Eifer zur Schau tragen, um mit den Komödiendichtern zu rezitieren, mit den Tragödiendichtern zu deklamieren und mit den Dichtern und Philosophen im Chor zu sprechen? Das nenne ich Dummheit. Gehe den Weg der Armut, nicht nur der Armut des Körpers, sondern auch der Seele; nicht nur die Armut des Verzichtes auf weltliche Güter, sondern die der Demut; nicht nur die des Fleisches, sondern die des Geistes.«

Ein deutliches Plädoyer für die Einfalt des Herzens und ein schlichtes Gemüt. Doch es kommt noch härter, denn auch dem Künstler, und derer gab es nun in den Klöstern genug, werden durch die Regel des heiligen Benedikt Grenzen gesetzt, die so eng sind, dass man nur staunen kann, welche kulturelle und künstlerische Leistung trotz dieser Beschränkung in den Abteien des Abendlandes erbracht worden ist.

Da ja nicht jeder Bruder gleich begabt sei, dürfe kein Künstler – und dazu zählten sowohl die Architekten wie die Bildhauer, die Goldschmiede wie die Kopisten, die Freskenmaler wie die Kunsttischler – auf seine Fähigkeiten stolz sein. Schließlich sei das jeweilige Talent nicht von ihm selbst erworben, sondern ausschließlich von Gott verliehen worden.

Deshalb müsse ein jeder wissen, dass er, sollte er jemals stolz werden auf seine Fähigkeiten oder auf ein von ihm erstelltes Kunstwerk, mit schwerer Bestrafung durch den Abt zu rechnen habe, der sogar so weit gehen könne, dem betreffenden Mönch die Ausübung seiner künstlerischen Tätigkeit vorübergehend oder gar für immer zu verbieten.

Für uns heutige Menschen ist diese Härte nicht nachvollziehbar. Ein Maler, der die Decke einer Kapelle mit wunderbaren Fresken verziert, ein Baumeister, der einen traumhaften Kreuzgang konzipiert, ein Buchmaler, der ein altes Manuskript, das ein Kopierer abgeschrieben hat, mit herrlichen Bildern illustriert, oder ein Goldschmied, der eine prächtige Monstranz entworfen hat – sie alle haben ein Meisterstück abgeliefert, aber in ihrem Herzen darf kein Fünkchen Stolz aufglühen. Gott, zu dessen Ruhm sich die Mönche derart viel Mühe gegeben haben, wird vermutlich nachsichtiger sein als der strenge Benedikt und wird den damaligen Meistern ein wenig Stolz sicherlich gegönnt haben.

Und wir tun es im Nachhinein auch.

Denn wenn wir nur bei der Architektur bleiben und uns alle erhaltenen romanischen Bauwerke wegdenken, die nicht im weitesten Sinne klösterlichen Ursprungs sind – was bleibt da übrig? Ein paar Kathedralen, wenige romanische Kirchen und so gut wir keine Profanbauten. Ein Grund mehr, den benediktinischen Baumeistern aufrichtigen Dank zu zollen, die uns so wunderbare Klosterkirchen, Kreuzgänge oder Kapitelsäle hinterlassen haben.

Und erst die Brüder aus den Schreibsälen! Mit Bienenfleiß haben sie bei oft unzureichendem Tageslicht oder gar im dämmrigen Schein von Talglichtern Chroniken von Adelsgeschlechtern oder auch die Geschichte des eigenen Klosters festgehalten, mit ihren kratzenden Federn antike und aktuelle Schriften kopiert. Was eine umso höher zu lobende Arbeit war, als die meisten dieser Kopierer zwar handwerklich außergewöhnlich talentiert waren, aber sehr häufig überhaupt nicht wussten, was sie da kopierten, weil sie das von ihnen selbst Geschriebene leider nicht lesen konnten.

Allein im Kloster Reichenau wurden bis zum 11. Jahrhundert an die 900 Bände erstellt, was nicht nur äußerst zeitraubend war, sondern vor allem sehr teuer. Denn noch gab es kein Papier. Für ein etwa 150 Seiten starkes Pergamentmanuskript brauchte man mindestens ein Dutzend Schafhäute, und wenn man die Arbeitsstunden der Mönche dazurechnet, war ein solches Manuskript etwa so viel wert wie ein ganzer Bauernhof.

Den schreibenden Mönchen war das gleichgültig. Sie beurteilten den Wert eines Manuskriptes ausschließlich nach den endlosen Stunden, in denen sie daran gearbeitet hatten, und so ist auch der Wunsch eines Kopierers zu verstehen, der sein Werk endlich zu Ende gebracht hatte und zum Schluss hinkritzelte: »Wer dieses Buch stiehlt, soll in der Hölle braten.«

ZEITRAFFER

um 480/490	Benedikt von Nursia wird geboren. Um 529 gründet er das Kloster auf dem Monte Cassino. Dort ist er Abt bis zu seinem Tod 547.
612	Der irische Mönch Gallus gründet eine Klause, aus der Mitte des 8. Jahrhunderts das Kloster St. Gallen entsteht.
um 675	Im englischen Exeter wird Winfrid (Wynfrith), später Bonifatius genannt, geboren. Seit 746 ist er Bischof von Mainz. 754 wird er von Friesen bei Dokkum ermordet.
689 (?)	Der Mönch Kilian wird in Würzburg hingerichtet.
715 (?)	Der Wandermönch Emmeram, der besonders im Raum Regensburg missionierte, stirbt bei Bad Aibling.
751	Pippin, Vater Karls des Großen, wird zum fränkischen König gewählt, nachdem er den letzten Merowingerkönig Childerich III. ins Kloster geschickt hat.
1122	Petrus Venerabilis wird im Alter von etwa 28 Jahren neunter Abt von Cluny.

23. KAPITEL
ABGANG EINES FORSCHERS

Mathilde glitt aus dem Sattel und führte den Rotfuchs über die kleine Lichtung hinüber zur Klosterpforte. Wenn sie den Onkel besuchte, musste sie den Damensattel wählen. Darauf bestand der alte Graf. Aus welchem Grund auch immer. Niemand würde sie kommen sehen, weil sich kein Mönch außerhalb der Klostermauern aufhalten durfte. Bis auf einen: den wunderlichen Walram, aber dem wäre wahrscheinlich entgangen, wenn sie wie ein Mann dahergekommen wäre.

Mathilde hielt den warmen Umhang über ihrer Brust zusammen. Es war bitterkalt an diesem Aprilmorgen, und ihr Pferd stieß kleine weiße Wölkchen aus seinen Nüstern. Sie band den Fuchs an einen Ring, der in die aus unregelmäßigen Feldsteinen errichtete Mauer eingelassen war, und zog an dem dünnen Seil, das unmittelbar neben der Pforte hing. Drinnen schepperte ein Glöckchen. Aus einem Erkerfenster schob sich das runzlige Gesicht eines alten Mönches.

»Ach, du bist es, Mathilde«, sagte er. »Wird auch Zeit, dass du dich mal wieder sehen lässt.«

Kurz darauf öffnete sich die Pforte, und Mathilde trat ein. »Gott grüße dich, Edmundus«, sagte die junge Frau. »Was macht dein Rheuma?«

Wortlos streckte ihr Edmundus seine verkrümmten Finger hin. Sie sahen schlimm aus, und Mathilde versuchte ihn zu trösten, indem sie behauptete, jetzt – da der Sommer käme –

würden die Beschwerden bald besser werden. Aber Edmundus wusste ebenso wie sie, dass das nicht stimmte. Trotzdem war er dankbar für ihre Anteilnahme und humpelte davon, um den Abt zu holen.

Mathilde sah ihm nach. Der arme Kerl. Bald würde er sterben, und er hat von der Welt nichts anderes gesehen als dieses einsame Kloster hier. Onkel Burkhard, der Abt, war wenigstens in seiner Jugend ganz schön herumgekommen. Als Urkundenschreiber hatte er, damals noch im Kloster Aschlingen, seinen Abt häufig begleitet und war auf dem Lechfeld bei Augsburg sogar seinem Bruder, Mathildes Vater, begegnet. Der alte Graf hatte seinen Kindern oft davon erzählt, dabei aber wohlweislich verschwiegen, dass er sich bei dieser Gelegenheit ordentlich hatte voll laufen lassen. Onkel Burkhard hatte einmal eine diesbezügliche Bemerkung gemacht.

Da kam er auch schon. Schlank und hoch gewachsen, das kurz geschorene Haar rund um die Tonsur war beinahe weiß. 56 Jahre alt ist er jetzt, dachte Mathilde, als sie ihm entgegenlief. Genau 30 Jahre älter als sie selbst. Burkhard schloss sie in seine Arme. »Schön, dass du gekommen bist.«

Er nahm ihr das im vergangenen Herbst aus der Klosterbibliothek entliehene Buch ab und warf einen Blick auf den Titel. »Vergil«, sagte er und verzog leicht den Mund. »Könntest du nicht auch einmal etwas Erbaulicheres lesen?«

»Ich wollte mein Latein vervollkommnen«, log sie, ohne zu erröten.

»Ja, ja, das Latein«, sagte der Abt und sah sie belustigt an. »Eigentlich sollte man nicht flunkern, und schon gar nicht in einem Kloster.«

»Sei nicht so streng, Onkel«, lachte Mathilde und hakte sich bei ihm unter. »Erzähl mir lieber was Neues vom alten Walram. Ich habe beim Herkommen schon erste Eindrücke von ihm gewonnen; mit der Nase und den Ohren.«

»Wenn du vom Tal hochreitest, stinkt es wirklich zum Himmel; auch der Krach ist zuweilen unerträglich. Darum haben wir seine Spezialwerkstätten ausquartiert und ihm erlaubt, die dort arbeitenden Hörigen anzuleiten und zu beaufsichtigen. Natürlich nur in der Zeit zwischen den Gebetsstunden. Komm, wir gehen etwas spazieren. Vielleicht treffen wir ihn ja. Sicher macht er wieder einmal irgendwelche Experimente.«

»Womit beschäftigt er sich denn augenblicklich?«, fragte Mathilde.

Der Abt suchte in einer Tasche, die über seiner Schulter hing, und reichte schließlich der jungen Frau etwas Kleines. Es war mit lateinischen Buchstaben beschriftet, sah aus wie Pergament, fühlte sich aber ganz anders an. »Was ist das?«

»Papyrus«, sagte der Abt. »Erfunden haben es die Sarazenen, glaube ich. Jedenfalls haben sie es mitgebracht, als sie Spanien eroberten. Hast du schon mal von Brieftauben gehört?«

»Ich kenne Tauben«, antwortete die junge Frau. »Aber was sind Brieftauben?«

»Auch eine Erfindung der Sarazenen«, sagte Burkhard. »Von denen haben es die Kreuzritter gelernt, von denen haben die Händler davon erfahren und von denen wiederum Walram. Brieftauben werden gezüchtet, weil sie von sehr weit her den Weg nach Hause finden, und man kann ihnen leichte Zettelchen an den Fuß binden, die sie beim Flug nicht stören. Pergamente oder Schiefertäfelchen wären viel zu schwer.«

Mathilde entzifferte mühsam den Text und las:

Ich warne den Grafen Konrad:
Wenn er nicht bis Pfingsten oder spätestens
August seinen Hörigen
das Schiff kauft und sie mit nach Köln
nimmt, um ihnen die Stadt zu zeigen,
wird der Vater Abt sehr böse werden und
ihn verfluchen oder auch nicht.

»Was soll denn dieser Unfug?«, fragte Mathilde. »Wieso soll mein Vater ein Schiff kaufen und seinen Hörigen die Stadt Köln zeigen? Und weshalb solltest du sonst böse werden?«

»Das ist eine geheime Botschaft von einem Freund bei der römischen Kurie. Walram und er haben einen recht einfachen Code verabredet, damit der Text für Fremde unverständlich ist.«

»Welche Fremden? Ich denke, die Tauben fliegen von Rom direkt hierher?«

»Nein«, lächelte Burkhard. »Das wäre selbst für eine Taube zu weit. Tauben aus Burgund fliegen mit der Botschaft von Rom nach Cluny, und dort binden Mönche die Nachricht ans Bein einer Taube von hier, die wir von Händlern nach dort haben bringen lassen. Aber die Mönche in Cluny müssen ja nicht alles wissen, was uns aus Rom gemeldet wird.«

»Und die Händler, die Eure Tauben nach Cluny bringen, werden die von Euch bezahlt?«

»Aber nein«, lachte der Abt. »Wir sind doch arm. Aber wir beten für sie. Sie tun's für ihr Seelenheil.«

»Und was soll nun diese komische Botschaft?«, wollte Mathilde wissen.

Ihr Onkel nahm den Zettel zurück. »Ich halte dir jetzt den zweiten Teil einer jeden Zeile mit dem Finger zu, sodass du nur den Anfang sehen kannst.« Und Mathilde las:

Ich warne
Wenn er nicht bis
August
das Schiff
nimmt,
wird der Vater
ihn verfluchen

Sie sah ihren Onkel fragend an: »Ich verstehe noch immer nicht.«

»Das ist ja der Sinn der Sache. Unser Freund in Rom will uns sagen, dass dem Kaiser ein Ultimatum gestellt wurde: Entweder er besteigt bis spätestens August das Schiff ins Heilige Land, oder der Vater – gemeint ist natürlich der Heilige Vater – wird ihn bannen.«

»Großartig«, sagte Mathilde. »Dieser Walram ist wirklich ein gescheiter Kerl. Wann hast du eigentlich sein Talent entdeckt?«

»Das hat bereits mein Vorgänger, und zwar nach einem schaurigen Verbrechen.«

»Erzähle!«

»Es war an einem heißen Sommertag, als man auf einem abgeernteten Feld des Klosters einen toten Mann fand, dem allem Anschein nach mit einer Sichel der Kehlkopf durchschlagen worden war. Er galt als Weiberheld und war vermutlich der Rache eines Ehemanns zum Opfer gefallen. Wer aber war der Täter? Zeugen gab es keine, und viele der Hörigen hätten ja möglicherweise durchaus ein Motiv gehabt.

Der damalige Abt beriet sich mit den Mönchen, und es war Walram, der den entscheidenden Vorschlag machte: Alle Hörigen wurden zu der Lichtung vor der Klosterpforte befohlen, wo sie ihre Sicheln in der prallen Sonne auf den Boden legen mussten.

Der Abt wartete eine gute halbe Stunde. Dann sahen es alle: Eine einzige der Sicheln zog magisch Fliegen an, die sich offensichtlich auf winzige Blut- und Fleischreste stürzten, die – für das menschliche Auge unsichtbar – noch immer an der Tatwaffe hefteten. Der Täter gestand sofort.«

»Das ist ja unglaublich«, rief Mathilde. »Jeder weiß ja, dass Blut Fliegen anzieht, aber darauf muss man erst einmal kommen.«

»Eben«, sagte der Abt, während die beiden den Weg entlangschlenderten, der sanft den Hügel hinunterführte in jene Richtung, aus der gedämpfte Geräusche zu ihnen hochdrangen, die sich wie Hammerschläge anhörten.

»Und was ist jetzt mit diesem – wie sagtest du noch?«

»Papyrus. Wie gesagt: eine Erfindung der Sarazenen, aber vielleicht haben die es ja auch irgendwo abgeschaut. Jedenfalls haben wir es für unverschämt viel Geld einem Fernhändler abgekauft, weil wir es unbedingt für unsere Brieftauben brauchen. Auf Dauer können wir uns das jedoch nicht leisten. Deshalb arbeitet Walram jetzt daran, dieses Zeug selber herzustellen.«

»Aber woraus denn?«, fragte Mathilde.

»Wenn wir das so genau wüssten. Anscheinend kann man es aus alter Wolle machen, aber dazu muss man sie ganz auflösen. Vielleicht geht es auch aus Pflanzen. Außerdem braucht man ganz viel Wasser und irgendetwas, was klebt. Harz vielleicht. Aber das Wichtigste ist zunächst einmal, dass das Grundmaterial völlig zerkleinert wird, sodass es zum Schluss nur noch aus Fasern besteht.«

»Und das macht so einen Krach?«

»Ja, es muss zerstoßen werden. Walram hat ein Mühlrad in den Bach gehängt und dessen verlängerte Achse mit Holzpflöcken gespickt, die fünf schwere Hämmer nacheinander anheben und dann wieder fallen lassen. Das verursacht einen Höllenlärm, aber dadurch werden die Lumpen, die in einer Wanne unter den Hämmern liegen, auf die gewünschte Weise zerstampft. Die Hämmer leisten sehr viel mehr als fünf Schmiede, ermüden nie, können Tag und Nacht arbeiten, und das auch noch kostenlos. Mal sehen, was daraus wird.«

»Und was stinkt dabei so infernalisch?«, fragte die junge Frau.

»Zum einen die faulenden Wollfasern, aber der richtige Gestank kommt aus einer Hütte neben dem Hammerwerk, da sind Seifensieder an der Arbeit. Sie kochen das Fett und den Talg von geschlachteten oder sonst wie verendeten Tieren aus. Das Hammerwerk mussten wir wegen des Lärms aus der Klosteranlage verbannen, die Seifensiederei wegen des Geruchs. Und da ich sicher bin, dass Walram allenfalls bis hierher geht und keinesfalls weiter, habe ich ihm das Verlassen der Abtei gestattet.«

Sie gelangten an einen kleinen Weiher, der von dem talwärts sprudelnden Bach gespeist wurde, und sahen einen kleinen buckligen Mann, der vergeblich versuchte, rosafarbene Gegenstände ins Wasser zu drücken. Es war Walram.

»Grüß dich, Walram«, sagte Mathilde.

Der Bucklige sah kurz auf, murmelte irgendetwas und versuchte dann wieder, seine rosafarbenen Dinger unter Wasser zu drücken, was ihm nach wie vor nicht gelang.

»Was machst du denn da?«, fragte Mathilde.

Endlich stand der Mönch auf und sah die junge Frau an. »Kannst du schwimmen?«

»Nein, wieso? Ich brauche nicht zu schwimmen. Wir haben ein Boot.«

»Und wenn das umkippt?«

Mathilde zuckte die Achseln. »Wenn der liebe Gott mich jetzt schon haben will, werde ich wohl ertrinken.«

»Und wenn dich Gott dann fragt, warum du den Verstand, den er dir gegeben hat, nicht gebraucht hast?«

»Lass gut sein, Walram«, schaltete sich der Abt ein, »und erzähl uns, was du da ausprobierst.«

»Ich habe Schweinsblasen aufgeblasen und dann zugebunden. Ich versuche, sie mit aller Gewalt unter Wasser zu drücken, aber es gelingt nicht. Was lehrt uns das?«

Er sah den Abt und dessen Nichte herausfordernd an. Die blickten etwas ratlos zurück.

»Das lehrt uns«, sagte Walram triumphierend, »dass Luft unbedingt nach oben will, wenn sie ins Wasser gehalten wird.

Das wiederum bedeutet, dass niemand ertrinken kann, sofern er sich eine luftgefüllte Schweinsblase oder deren mehrere – das muss ich noch ausprobieren – an den Körper bindet. Das müsste doch für die Fischer am Rhein von großer Bedeutung sein – oder?«

Burkhard lächelte nachsichtig. »Gewiss, Walram, eine großartige Idee. Jetzt müssen wir die Männer unten am Fluss nur noch dazu bringen, mit Schweinsblasen durch die Gegend zu laufen.«

»Undankbare Bande«, knurrte der Bucklige. Und Mathilde war sich nicht sicher, ob er damit die Fischer am Fluss meinte oder den Abt und sie. Fühlte er sich vielleicht auf den Arm genommen?

Sie wechselte vorsichtshalber das Thema. »Sag mir, Onkel, ist es denn dem Menschen überhaupt gestattet, dem lieben Gott ins Handwerk zu pfuschen? Wenn wir schwimmen sollten, hätte uns Gott doch sicherlich entsprechend ausgestattet, und wir trügen jetzt Flossen. Darf der Mensch denn alles?«

»Alles sicherlich nicht«, sagte Burkhard ernst. »Aber Gott hat uns ja auch den Verstand gegeben, damit wir das, was uns andere Lebewesen voraushaben, durch unseren Erfindungsgeist ausgleichen können. Beispiel: Wir haben kein Fell und müssten erfrieren, wenn wir nicht gelernt hätten, uns aus den Pelzen der Tiere Jacken und Mäntel zu machen und ebenso die Wolle der Schafe zu nutzen. Oder: Wir sind zu langsam und zu schwach. Also haben wir gelernt, Pferde und Ochsen zu zähmen, damit wir uns schneller fortbewegen und schwere Lasten von ihnen transportieren lassen können.«

»Und was ist mit den mörderischen Waffen?«, fragte Mathilde.

»Für sie gilt das Gleiche«, sagte der Abt. »Wir haben weder Zähne wie ein Wolf noch Hörner wie ein Stier, noch einen

Panzer wie diese Krokodile, die im Heiligen Land leben sollen. Also haben wir gelernt, uns Waffen und Rüstungen herzustellen. Nicht die Waffen sind böse, sondern lediglich das, wozu manche Menschen sie einsetzen. Denke im Übrigen an unsere Brieftauben. Da unsere Boten nicht so schnell sind wie diese Vögel, haben wir halt sie zu Boten umerzogen. Gott wird das mit Wohlgefallen betrachten.«

Burkhard bemerkte, wie Walram sein Gewicht immer wieder unruhig von einem Bein auf das andere verlagerte. Es gab Probleme mit dem neuen Kreuzgang, mit dessen Bau soeben begonnen worden war. Baumeister Georg, ein Mitbruder, hatte sich beim Abt darüber beklagt, dass ihm Walram ständig mit seinen abstrusen Ideen nervte. So hatte der Bucklige vorgeschlagen, man solle die Bausteine normen und nicht so verwenden, wie sie gerade aus dem Steinbruch kämen. Dann könnten die Steinmetze auch den Winter hindurch sozusagen auf Vorrat arbeiten, und im Frühjahr stünde jede Menge passende Steine zur Verfügung. Als »verrückte Neuerungen« hatte Bruder Georg das bezeichnet, und der Abt hatte sich weise rausgehalten.

Aber etwas anderes lag ihm schon am Herzen. »Was ist mit den Säulen?«, fragte er. »Bruder Georg hatte doch große Probleme damit, dass sie bei Belastung Gefahr laufen, auf ihren Sockeln hin und her zu rutschen. Hat er dir denn wenigstens da zugehört?«

»Hat er«, knurrte Walram grimmig, »mit dem Eisendübel, der einerseits in den Sockel, andererseits in die Säule eingefügt wird, war er einverstanden. Aber ich hatte auch vorgeschlagen, die beiden Bohrlöcher, in denen der Dübel steckt, zusätzlich mit flüssigem Blei zu versiegeln und auch zwischen Sockel und Säule eine dünne Bleischicht zu legen. So könnte einerseits das Eindringen von Wasser und damit das Rosten des Eisendübels verhindert werden, zum anderen würde die weiche Zwischenlage aus Blei auf dem Sockel die Säule gegen leichte Stöße – bei Erdbeben beispielsweise – schützen. Davon wollte er natürlich nichts wissen.«

»Du musst Nachsicht üben gegenüber deinen Mitbrüdern. Du weißt: Gott hat dir einen brillanten Verstand gegeben, worauf du nicht stolz sein darfst, denn die dir verliehene Begabung ist nicht dein Verdienst. Ebenso gefährlich wie der Stolz aber ist auch der Hochmut gegenüber denjenigen, die deinen hochfliegenden Gedanken nicht zu folgen vermögen.«

Da geschah Erstaunliches – wenigstens für Mathilde. Der Bucklige warf sich dem Abt zu Füßen und stammelte: »Ich habe gesündigt, Vater, bitte, vergebt mir meinen Hochmut.«

Burkhard beugte sich zu dem am Boden liegenden Mönch, hob ihn auf und nahm ihn in seine Arme. »Ich vergebe dir, weil du so aufrichtig bereust, und so wie ich dir vergebe, wird es auch Christus tun.«

Damit gab er den Buckligen frei und sagte aufmunternd: »Und was ist mit dem Heizproblem?«

»O ja«, der Mönch war jetzt wie ausgewechselt. »Ich habe schon vieles ausprobiert.« Auf Mathildes fragenden Blick erklärte Burkhard, dass Walram eine Substanz zu entwickeln versuche, die den aufwändigen Holzschlag überflüssig mache und in gleicher Weise den Wald schone. Auch wenn es im Kloster nur einen einzigen heizbaren Raum gab, so wurde doch in Küche und Schmiede, aber auch in den weit versprengt liegenden Dörfern und Fronhöfen sehr viel Holz verfeuert. Wenn es denn Walram gelingen sollte ... Der Abt würde ihn gern dabei unterstützen.

Neben der Seifensiederhütte hatte er Walram ein weiteres Blockhaus bauen lassen, denn im Kloster selbst wollte er seinem Erfinder keine Experimentierstätte zur Verfügung stellen. Walram hatte in der Hütte auch schon alles Mögliche zusammengetragen. Harz und Teer, Kalk und Holzkohle, Salz und Salpeter, Werg und wer weiß was noch alles. Eifrig bot er den beiden an, sie an seinen Experimenten teilnehmen zu lassen, aber Burkhard lehnte ab. »Wir müssen gehen. Viel Erfolg, und komm nicht zu spät zum Gebet! Es ist bald zwölf.«

Aber Walram kam nicht. Er würde nie mehr kommen. Der Abt und seine Nichte hatten die Pforte noch nicht erreicht, als eine Explosion die klösterliche Stille zerriss. Dort, wo gerade noch das kleine Blockhaus gestanden hatte, stieg eine kleine Wolke gen Himmel.

Walram würde nichts mehr erfinden, und auch von ihm fand sich nichts Nennenswertes mehr. Niemand hat je erfahren, an was er sich zuletzt versucht hatte.

24. KAPITEL
BETTLER UND BEGINEN

Die Stimme des alten Mannes zittert vor Entrüstung. Auf einer Synode von Benediktineräbten südlich von Soissons übte Abt Rudolf harsche Kritik an der Entartung klösterlichen Lebens:

Es gibt Mönche, die offen goldgeschmückte Hüte tragen, die ausländisches Pelzwerk der mönchischen Kopfbedeckung vorziehen, die sich statt in eine bescheidene Kutte in Luxuskleider stecken. Während sie die Ärmel in weiten Falten wallen lassen, ziehen sie die Tunika an beiden Seiten so zusammen, dass sie mit ihren eingezwängten Hüften und dem vorgestreckten Hintern eher wie Huren aussehen denn wie Mönche.

Was soll ich von der Farbe der Kleider sagen? Darin sind sie so verblendet, dass sie Verdienst und Würde nach den Farben bemessen. Und was ist mit ihren Schuhen? Darin sind sie so toll, dass sie sich selbst damit quälen. Sie tragen nur so schmale Schuhe, dass sie derart eingequetscht kaum noch zu gehen vermögen. Dann setzen sie vorn den Schuhen noch Schnäbel auf, an den Seiten aber lassen sie Ohren abstehen. Unermüdlich arbeiten sie daran, dass das Schuhwerk überall glatt am Fuß anliegt. Schließlich lassen sie sich von gleich gesinnten Dienern die Schuhe auf Hochglanz polieren.

Soll ich von ihren kunstvollen Linnen und dem Pelzwerk schweigen? Von unseren Vorgängern wurde aus Milde die Erlaubnis erteilt, einfache Pelze zu tragen, aber da schlich sich das Laster der Üppigkeit ein. Ihre ausländischen Decken besetzen sie mit handbreiten

Säumen und verdoppeln sie obendrein noch mit feinstem Tuche. Linnene Betttücher sind zwar verboten, aber von den Pflichtvergessenen werden zu allem Übrigen auch sie inzwischen benutzt. Und erst ihre unanständigen Hosen! Das feine Gewebe schützt nicht einmal die Schamteile vor geilen Blicken.

Nanu!?

Ist das eine maßlos übertriebene Geschichte, die uns da erzählt wird, oder spielt sie vielleicht erst im 17. oder 18. Jahrhundert? Weder noch. Der Mönch Richer aus dem Remigiuskloster in Reims, der uns den Verlauf der damaligen Synode überliefert hat, wusste aus eigener Anschauung sehr wohl, wie es in vielen Klöstern zuging und wie Abt Rudolf darüber dachte. Und die Versammlung fand auch nicht in jüngerer Zeit statt, sondern Ende des 10. Jahrhunderts. Was war bloß aus den Benediktinern geworden, deren Leben doch ausschließlich aus Gebet und Arbeit bestehen sollte!

Einmal abgesehen davon, dass menschliche Trägheit jeden Eifer irgendwann zum Erlahmen bringt und jede Disziplin irgendwann ausgehöhlt wird, beruht der Niedergang vieler Klöster sicherlich auf der Tatsache, dass die meisten Abteien so genannte Eigenklöster waren. Was bedeutet, dass sie von einem Adligen – das konnte ein Graf sein oder ein Bischof, ein Herzog oder der König selbst – auf dessen Grund und Boden gegründet worden waren, und zwar keineswegs ausschließlich zum Lobe Gottes.

Sie gehörten also dem Grundherrn, waren im Wortsinne dessen Eigen und dienten folgerichtig durchaus auch dessen eigenen Interessen. Wir erinnern uns, dass bis tief ins Mittelalter hinein nicht einmal der Kaiser einen festen Wohnsitz hatte. Er zog mit dem gesamten Hof von Pfalz zu Pfalz, und hin und wieder übernachtete er für Tage oder Wochen auch in einem Reichskloster, einer Abtei also, die er vielleicht selbst gegründet hatte, die jedoch in jedem Fall unmittelbar ihm unterstand.

Auch andere Adelsfamilien bedienten sich ihrer Eigenklöster zum einen als vorübergehende Aufenthaltsorte, zum anderen aber auch, um ihre nicht erbberechtigten zweit- und drittgeborenen Söhne dort unterzubringen. Das Gleiche galt in noch sehr viel stärkerem Maße für die nicht zu verheiratenden Töchter und natürlich für Witwen von Geblüt, die den Rest ihres Lebens sehr häufig hinter Klostermauern verbrachten.

Eigentlich sollte dort jeder Mensch gleich sein, so stand es auch in der Ordensregel des heiligen Benedikt, aber halt nur auf dem Papier, besser: auf dem Pergament. Der (nieder-)sächsische Herzog Liudolf und seine Frau Oda beispielsweise gründeten 852 das Nonnenkloster Gandersheim, und wer waren wohl die ersten Äbtissinnen dieser Zeit? Richtig: die Töchter Hathumod, Gerberga und Christina, wobei anscheinend niemand Anstoß daran nahm, dass Hathumod bei ihrem Amtsantritt gerade einmal zwölf Jahre alt war.

Anderes Beispiel: 747 entsagte der fränkische Hausmeier Karlmann der Herrschaft und trat unter falschem Namen und zusammen mit einem Begleiter in das Kloster auf dem Monte Cassino ein. Um – wie er sagte – Buße zu tun für einen Mord, den er angeblich begangen habe. Als Strafe für sein vermeintlich schweres Verbrechen wurde er von den anderen Mönchen mit den niedrigsten Arbeiten betraut und häufig sogar geschlagen. Als der Koch des Klosters einmal mehr auf ihn einprügelte, konnte es Karlmanns Begleiter nicht mehr ertragen und enthüllte die Wahrheit. Da sagten die Mönche nicht etwa »na und?«, sondern warfen sich zusammen mit ihrem Abt Karlmann zu Füßen und baten ihn flehentlich um Vergebung.

So viel zur Gleichheit unter Mönchen.

Doch zurück zum Phänomen Eigenkloster. Es wäre natürlich gänzlich falsch, derlei Abteien lediglich als Unterbringungsort für unversorgte Familienmitglieder zu sehen. Viele

Klostergründungen waren sowohl Ausdruck der tief empfundenen Frömmigkeit ihrer Stifter als auch – und das ist kein Widerspruch – der Hoffnung, dass durch das fortwährende Gebet der Mönche allen Mitgliedern der Adelsfamilie der Weg ins Paradies geebnet werde. Aus ebendiesem Grund ließ sich mancher, der seinen Tod nahen fühlte, in sein Kloster bringen, um dort, in eine schlichte Mönchskutte gehüllt, zu sterben und seine letzte Ruhe zu finden.

Doch man dachte auch pragmatisch und an die Einkünfte, die eine reiche Abtei abwerfen würde. Familienmitglieder, die ins Eigenkloster eintraten, wurden mit einer erheblichen Mitgift ausgestattet, und auch bei anderen Anlässen erwiesen sich die Stifter als sehr freigebig. Viele Klöster wurden auf diese Weise schnell reich. Nur ein Beispiel: St. Gallen nannte um das Jahr 900 herum an die 2000 Zinsbauern sein Eigen.

Zunächst war es üblich, dass der Stifter auch als Laienabt fungierte, später beauftragte er einen Vogt damit, die weltlichen Angelegenheiten des Klosters zu regeln. Reichtum, enger Kontakt mit dem Leben außerhalb der Mauern und vor allem die Tatsache, dass sich im Lauf der Zeit der Mönchsnachwuchs ausschließlich aus Söhnen wohlhabender Geschlechter rekrutierte, die sich nur schwer an ein asketisches Leben gewöhnen konnten, führten zwangsläufig zur Verweltlichung der Klöster und damit auch zu den oben geschilderten »Missständen«.

Reformen wurden notwendig, und der Anstoß dazu kam bezeichnenderweise keineswegs aus dem Mönchtum, sondern von außerhalb, konkret von Herzog Wilhelm von Aquitanien, dem Stifter der Abtei Cluny in Burgund (909). Grundlage der Erneuerung sollte die alte Regel des Benedikt von Nursia sein, die ein späterer Benedikt, Benedikt von Aniane, ein Berater Kaiser Ludwigs des Frommen, 816/17 überarbeitet hatte. Erneut hieß es: Bete, arbeite und schweige!

Allerdings wurde nun noch mehr gebetet als früher, und geradezu hysterisch war anscheinend die Furcht vor »fleischlichen Verfehlungen«, die zu Vorschriften führte, unter denen besonders die jüngeren Mönche sicherlich schrecklich gelitten haben.

Der Abt des Schwarzwaldklosters Hirsau, Wilhelm, über junge Mönche und deren Wärter:

Vor allem nutzt es jenen, die im Kloster aufgezogen wurden und die Mannesjahre erreicht haben, nichts, wenn sie nicht auch in ihrer Lebensart richtige Männer geworden sind. Sie werden vorläufig noch nicht aus der Hut des Klosters entlassen. Wer so beobachtet wird, schläft in einem Bett direkt neben dem seines Wächters. Ohne ihn darf er nicht zu Bett gehen und es auch nicht verlassen.

Wohin auch immer der Jüngling nachts geht: Er muss stets eine Laterne bei sich tragen, und der Wächter muss Acht geben, dass immer eine Kerze vorhanden ist. Im Speisesaal lösche er sie aus und stelle sie auf den Fußschemel. Zwischen zwei Jünglingen müssen dort immer zwei Brüder sitzen, damit – wenn einer der Brüder hinausgeht – der andere drinnen bleibt.

Führt ein Wärter einen Jüngling zum Notwendigen (!), so schaue er ihn unablässig, aber bescheiden an. Dabei steht immer die Laterne vor ihm. Muss der Jüngling aber des Nachts aufstehen, so weckt er seinen Hüter, indem er sein Kopfpolster oder seine Decken berührt. Der Mönch zündet dann die Laterne an und geht mit ihm zum Notwendigen. Und nicht eher wird die Laterne ausgelöscht, als bis der jüngere Bruder wieder liegt.

Wenn es aber dem Jüngling dennoch – wie auch immer – gelungen ist, sich fleischlich zu versündigen, folgt unmittelbar die Strafe, die in derart gravierenden Fällen aus einer schweren Geißelung besteht. Kein Wunder, dass Mönche, die aus Cluny, Gorze (in Lothringen) oder Hirsau von ihren Eigenherren in andere Klöster geschickt wurden, um dort zu reformieren, keineswegs mit Jubel aufgenommen wurden.

Lambert, ein Mönch aus Hersfeld, schreibt im 11. Jahrhundert:

Durch die Gerüchte, die sich über diese Reformmönche unter dem Volk verbreiten, ging durch die meisten Klöster jener Gegenden ein solcher Schrecken, dass bei ihrer Ankunft 30, 40 und 50 Mönche verschiedener Stifte ihre Abteien verließen. Sie nahmen Anstoß an den Mönchen von der strengeren Lebensart und hielten es für besser, ihr Seelenheil in der Welt zu gefährden, als über das Maß ihrer Kräfte Gewalt um des Himmels Willen anzuwenden.

Allerdings gibt Lambert im gleichen Atemzug zu, dass es tatsächlich auch schlechte Mönche gab:

Diese hatten keinen Eifer für göttliche Dinge und lebten nur für Geld und Erwerb. Um Abteien und Bistümer zu erhalten, lagen sie in unverschämter Weise Fürsten und Bischöfen in den Ohren, und zu kirchlichen Ehrenstellen suchten sie nicht, wie unsere Väter, auf dem Weg der Tugend, sondern auf dem abschüssigen Pfad der Schmeichelei und durch Vergeudung übel erworbener Gelder zu gelangen. Für ein armseliges Ämtlein versprachen sie täglich ganze Goldberge.

Die Welt wunderte sich über die Quellen solcher Geldströme und konnte es nicht fassen, wie sich solche Schätze bei einfachen Leuten anhäufen konnten, die nach außen doch das Kreuz und ihre Armut zur Schau trugen und der Menschheit vorlogen, dass sie außer ihrer Kleidung und einer bescheidenen Verpflegung nichts ihr Eigen nennen konnten.

Da wunderte sich die Welt in der Tat, aber selbst in den Kernzellen der Reform wie in Cluny, wo doch im Grunde wirklich Armut und Demut herrschen sollte, erlagen die Mönche der Versuchung des Gigantismus. Angefangen hatte es – wie überall – mit einem kleinen Klosterkapellchen. Verständlich, dass man knapp 100 Jahre später eine ordentliche Kirche baute, und die hätte es wohl auch getan.

Im Jahr 1085 jedoch legte Abt Hugo den Grundstein zu einem Dom, der den zu Speyer weit übertreffen sollte und fast um die Hälfte größer wurde als der damalige Petersdom in Rom. Als er endlich fertig war und der Papst ihn höchst persönlich weihte, maß er stolze 187,31 Meter in seiner Länge, und das Hauptschiff war 30 Meter hoch. Ein Riesenklotz, der wahrlich nicht den Vorstellungen des heiligen Benedikt entsprochen hätte.

Vielleicht fand er deswegen ein so unwürdiges Ende: Im Verlauf der Französischen Revolution wurde Cluny wie alle Klöster aufgelöst, Dom und Abtei wurden an einen Bauunternehmer verkauft, der gründliche Arbeit leistete. Übrig blieben die Reste zweier Querschiffe. Lediglich im Museum kann man noch ein paar prächtige Kapitelle besichtigen und ein Modell, das die bizarre Größe des Doms erahnen lässt.

Waren die Benediktiner am Ende mit ihrem Latein? Ganz sicher nicht. Aber es gelang ihnen einfach nicht mehr, sich aus der Welt zurückzuziehen. Die Klöster waren zu reich, die Äbte zu mächtig. Vergessen wir nicht, dass die bedeutenden unter ihnen Vasallen des Königs waren und Bewaffnete stellen mussten, wenn er zum Heerzug aufrief. Oft ritten sie an der Spitze des eigenen Aufgebots, das natürlich nicht aus Mönchen bestand, in die Schlacht, obwohl es ihnen verboten war, Blut zu vergießen. Immerhin führten sie eine Keule bei sich.

Für den Notfall.

Aber im 12. Jahrhundert war die Zeit reif für eine andere Auffassung von der Nachfolge Christi. Jesus war schließlich ein armer Prediger gewesen, der sich – von seinem 40-tägigen Aufenthalt in der Wüste abgesehen – nicht hinter Mauern verkrochen, sondern den direkten Kontakt mit den Menschen gesucht hatte. Ziemlich genau das Gegenteil von einem Benediktiner, der andere Menschen mied, der zwar ebenfalls Armut gelobt hatte, aber nichts dabei fand, wenn sein Kloster steinreich war; der nicht zu betteln brauchte, weil die Spenden von allein flossen.

Dann kam jener junge Mann, der das Betteln zum Prinzip

erhob: Giovanni Bernardone, Sohn eines reichen Tuchhändlers, den sein Vater, nachdem er von einer Reise durch Frankreich zurückgekommen war, nur noch Francesco (Französlein) nannte. Wir hingegen kennen ihn als Franz von Assisi.

Dort nämlich war er 1181 oder 1182 geboren und mit all jenem Luxus aufgewachsen, der in den reichen Kaufmannsfamilien der Stadt selbstverständlich war. Bei den verschwenderischen Festen der großbürgerlichen Jugend galt er als Anführer. Ehrgeizig, wie der junge Mann war, nahm er als Offizier an einem Feldzug gegen das benachbarte Perugia teil, wobei er gefangen genommen wurde und ein Jahr im Kerker verbringen musste, bis sein Vater ihn auslöste.

Nach schwerer Krankheit besuchte Franziskus ein letztes Mal eines der glänzenden Stadtfeste, um dann erneut an einem Feldzug – diesmal nach Süditalien – teilzunehmen. Dort erschien ihm 1205 Gott im Traum, um ihn zu fragen, ob er fürderhin irgendwelchen kleinen Herren dienen wolle oder nur ihm, dem Einzigen und Großen.

Franziskus brach den Feldzug ab und kehrte heim. Dort begegnete er einem Aussätzigen, dem er eigentlich nur ein Almosen zuwerfen wollte, weil jeder Kontakt mit Leprakranken streng untersagt war. Stattdessen fühlte er plötzlich den unwiderstehlichen Drang, den Mann zu umarmen. Er wurde beobachtet. Der Skandal war da. Er verteidigte sich damit, er habe in dem Aussätzigen Christus erkannt, was wiederum als Ketzerei angesehen wurde.

Es kam zu einem öffentlichen Prozess. Nur der Bischof stand zu ihm, worauf sich Franziskus aller seiner Kleider entledigte und sich von seinem Vater und der feinen Gesellschaft Assisis lossagte. Nie mehr – so sagte er – wolle er »Vater Pietro Bernardone« sagen, sondern nur noch »Vater im Himmel«. Dann ging er in den Straßen der Stadt betteln, um die halb zerfallene Kirche San Damiano wiederherzustellen. Christus nämlich war ihm im Traum erschienen und hatte ihn gebeten, die Kirche zu retten, damit sie nicht ganz zerfalle. Erst später begriff Franziskus, dass damit keineswegs San Damiano gemeint war, sondern die Kirche als solche.

Inzwischen hatten sich ihm ein paar Freunde angeschlossen, die ebenfalls aus reichen Familien stammten und nun so leben wollten wie er. Sie galten als Außenseiter und wurden von den Bürgern der Stadt mit Hohn überschüttet, aber sie ertrugen es geduldig und predigten das Evangelium, wobei sie ausschließlich von der Mildtätigkeit der Leute lebten und nichts besaßen als ihre schäbige Kutte.

Hohn und Spott wussten sie gelassen zu ertragen, aber dann wurden sie plötzlich beschuldigt, ketzerische Reden zu führen. Ein solcher Vorwurf war damals lebensgefährlich, und deshalb machten sich Franziskus und seine Freunde 1210 nach Rom auf, um Papst Innozenz III. ihre Auffassung von der richtigen Nachfolge Christi darzulegen. Der Papst war beeindruckt, und da er zudem auch sehr klug war, wusste er, dass die Kirche dringend einer Reform bedurfte. Da die Benediktiner dazu jedoch nicht fähig erschienen, schossen allerorten gefährliche Sekten aus dem Boden, auf die noch näher eingegangen werden soll.

Die Ideen dieser Bettelmönche – das erkannte Innozenz sofort – waren keine Ketzerei und schon gar nicht gefährlich. Wie Christus zogen die jungen Männer barfuß einher, sorgten sich um die Armen, verkündeten das Evangelium und wussten am Morgen nicht, wo sie am Abend schlafen würden. Kein elitäres Getue, keine revolutionären Parolen. Sie nannten sich Minoriten, geringere Brüder. Das sagte alles über sie.

Und der Papst gab ihnen seinen Segen.

Auf den konnte sich 1212 auch eine gewisse Klara berufen, die – wie die Franziskaner – praktisch bei Nacht und Nebel ihre Familie verließ, die mindestens ebenso gutbürgerlich und wohlhabend war wie die des Franziskus. Natürlich versuchten die Angehörigen, die 18-jährige »Aussteigerin«

zurückzuholen – aber vergebens. Im Gegenteil, Klaras erst 16-jährige Schwester stieß ebenfalls zu Franziskus, der die beiden Mädchen in dem von ihm restaurierten Klösterchen San Damiano unterbrachte, wo sich rasch weitere junge Damen aus der Gesellschaft einfanden.

Im Gegensatz zu Franziskus wählte Klara allerdings die Lebensform in einer klösterlichen Klausur. Den Frauen wäre ja auch kaum zuzumuten gewesen, wie die Männer schutzlos über Land zu ziehen. Allerdings gelobten auch die Klarissinnen Armut und sicherten sich weder durch Landbesitz noch durch andere Einnahmen ab. Ebenso wie die Franziskaner lebten sie ausschließlich von Spenden.

1219 reiste Franziskus nach Palästina, um die heiligen Stätten zu besuchen. Er war entsetzt über die von den christlichen Kreuzrittern begangenen Grausamkeiten, aber die lachten ihn nur aus. Ein Spinner in einer Kutte. Das hatte ihnen noch gefehlt. Verzweifelt suchte Franziskus den sarazenischen Sultan auf, um Frieden zu stiften. Entgegen seinen Befürchtungen tat ihm niemand etwas zuleide. Der Sultan war – im Gegensatz zu den Kreuzrittern – ein gebildeter Mann, mit dem Franziskus stundenlang über Gott und die Welt diskutieren konnte, ohne dass man sich natürlich in seinen Auffassungen von Religion gegenseitig annäherte. Immerhin gab ihm der Sultan ein Friedensangebot an die Kreuzritter mit, das diese jedoch nicht einmal zur Kenntnis nehmen wollten.

Nach seiner Rückkehr erwartete ihn eine böse Überraschung: Viele seiner Brüder wollten weg von dem absoluten Armutsgebot. Ohne jede Absicherung könne man seinen Verpflichtungen nicht nachkommen; außerdem sei Predigt wichtiger als Armenfürsorge. Tief enttäuscht legte Franziskus 1220 sein Amt als Leiter des Ordens nieder und zog sich zurück, um eine neue Ordensregel zu entwerfen, denn auch die römische Kurie hatte den Orden gedrängt, etwas pragmatischer zu agieren.

Schließlich einigte man sich auf einen Kompromiss. Nun entstanden auch die ersten Klöster, meist in den sozial schwachen Vierteln der Städte, um den Armen nahe zu sein, aber Franziskus zog sich auf einen Berg zurück, wo er am 17. September 1224 eine Vision des gekreuzigten Christus hatte. Zurück blieben davon an seinem Körper die Wundmale Christi, die er vergeblich zu verbergen trachtete.

Seit Jahren schon litt Franziskus an Malaria und einer Augenkrankheit, die er sich anscheinend in Palästina zugezogen hatte. Die Behandlungsmethoden, denen er sich unterwarf, kann man nicht anders als barbarisch bezeichnen. Ein Arzt brannte ihm mit glühendem Eisen die Schläfen, ein anderer durchstach ihm die Ohren. In tiefer Depression verfasste Franziskus den »Sonnengesang«, in dem er die Sonne und den Mond, die Elemente und sogar den Tod als seine Brüder anspricht.

Als er 1226 starb, zählte sein Orden an die 6000 Brüder.

Einen ebenso ungewöhnlichen Weg zur Erneuerung der Kirche beschritt ein anderer junger Mann, der indes nicht in Italien, sondern in Spanien zu Hause war: Dominikus de Guzmán, geboren 1170 in Kastilien. Anders als Franziskus war Dominikus ein studierter Theologe, Kanonikus und später Subprior in einem Augustiner-Chorherrenstift. Auf Reisen durch Südfrankreich wurde ihm bewusst, wie weit verbreitet dort die Lehren der Waldenser und Katharer waren. Fortan sah er in der Bekehrung seine Lebensaufgabe. 1215 schenkte ihm ein wohlhabender Bürger aus Toulouse ein größeres Haus, wo sich Dominikus und gleich gesinnte Freunde in Armut und Demut auf ihre Missionsarbeit vorbereiten konnten.

Da Rom zwar ihre Bekehrungsbemühungen durchaus anerkannte, andererseits aber keine Neugründungen von Orden erlauben wollte, lebten Dominikus und seine Freunde nach der Regel der Augustiner, bis der Papst 1216 die fromme Gemeinschaft schließlich doch noch als Predigerorden anerkannte und bestätigte.

Im Zentrum ihrer Aktivitäten standen nach wie vor Predigt und Missionsarbeit, aus der später allerdings etwas völlig anderes wurde: 1231 beauftragte Rom die Dominikaner mit der Durchführung der Inquisition. Das indes erlebte Dominikus nicht mehr. Zehn Jahre zuvor war er in Bologna gestorben.

Zwei andere Orden, die aus den Benediktinern hervorgegangen sind, aber strenger noch als diese jeglichen Kontakt zur Außenwelt mieden, sollen noch kurz erwähnt werden: die Zisterzienser und die Kartäuser. Robert von Molesme und einigen Gefährten war das Leben der immerhin bereits reformierten Mönche von Cluny und seinen Ablegern zu üppig geworden. Dort floss richtig Geld. Es gab Einnahmen aus Diensten als Weltpriester, von fürstlichen Grablegungen in den Klosterkirchen, aus Pachtgeldern und Zehnten aus Dörfern, die den Klöstern geschenkt worden waren. Die Verpflegung war fantastisch und das Auftreten der Äbte nicht minder.

So zog Robert mit seinen Freunden Ende des 11. Jahrhunderts nach Südfrankreich und gründete nahe Dijon das Kloster Cîteaux, das dem Orden den Namen gab. Als Erstes wurde festgeschrieben, dass die Mönche nur von ihrer Hände Arbeit leben durften. Es gab keine Schenkungen von außerhalb und ebenso wenig Einnahmen aus Pacht oder Zehntem.

Andacht, harte Arbeit, vor allem aber eine nahezu exzessive Askese prägten ihren Alltag. Der Schlaf war kurz, das Essen karg, kein Fleisch, kein Wein. Ein einziger kleiner Raum im ganzen Kloster war heizbar, und selbst der diente weniger dem Aufwärmen des Körpers als dem Trocknen der Kutten, der Zubereitung des Schreibmaterials und dem Einfetten der Schuhe. Die Nacht verbrachten die Mönche im ungeheizten Schlafsaal – zuweilen auch in einem Sarg. Alt wurde so niemand. Das erreichte Durchschnittsalter der Zisterzienser wird für die Anfangszeit auf etwa 27 Jahre geschätzt.

Den entscheidenden Impuls erfuhr der neue Orden, als 17 Jahre nach seiner Gründung ein gewisser Bernhard von Fontaines mit 30 Adligen ebenfalls in die Sümpfe von Cîteaux und ins dortige Kloster kam. Er brachte vier seiner Brüder mit, denen etwas später auch ein fünfter Bruder und der Vater folgten. Besagter Adliger gründete 1220 ein Kloster, und nach diesem nannte man ihn nur noch Bernhard von Clairvaux, dem wir in diesem Buch schon begegnet sind.

Im Jahr 1250 gab es bereits 647 Zisterzienserklöster, in denen an die 20000 Mönche lebten. Wer sich ein Bild von ihrem Lebensstil machen möchte, dem sei die Besichtigung einer der schönsten Klosteranlagen in der Provence empfohlen: Sénanque liegt einsam am Rande eines Tales, von bewaldeten Bergen umschlossen, die sich nur an einer Stelle zur Hochebene von Vaucluse öffnen. Traumhaft schön – besonders wenn der Lavendel blüht.

Ebenfalls die Abgeschiedenheit der Wälder hatte bereits Bruno von Köln gesucht, der lange die Reimser Domschule geleitet hatte. Mit sechs Gefährten zog er sich in die Einsamkeit von Chartreuse in der Nähe von Grenoble zurück. Die von ihnen geübte Askese war womöglich noch härter als die der Zisterzienser. Die Mönche verließen ihre Zelle ausschließlich an Feiertagen oder zum Begräbnis eines verstorbenen Mitbruders, nicht aber zum gemeinsamen Gebet oder Essen.

Neben den längeren alljährlichen Fastenzeiten wurde auch an drei Tagen der Woche gefastet, an denen nichts zu sich genommen werden durfte außer Wasser, Brot und Salz. An den anderen Tagen gab es zusätzlich Gemüse, aber niemals Fleisch. Wein gab es hin und wieder, aber dann mit Wasser verdünnt, und gesprochen werden durfte ohnehin nur bei besonderen Anlässen.

Und so leben die Kartäuser auch heute noch.

Die Magd hieß Marie. Sie war nicht besonders hübsch und auch nicht mehr die Jüngste. Sie scheuerte den Fußboden der kleinen Priorei und bekochte die Männer, die dort nach der Regel des heiligen Augustinus lebten. Außerdem versorgte sie die Aussätzigen im nahen Willambroux. Eines Tages kam ein Geistlicher des Weges, der sich Jacques von Vitry nannte und nach eigenem Bekunden eher ein lauer Priester war.

Er sprach häufiger mit der Magd, und sie beeindruckte ihn mit ihrer schlichten Frömmigkeit so sehr, dass er zum Studium nach Paris ging, ein namhafter Dominikaner und schließlich sogar Bischof in Akkon wurde. Natürlich war die Magd keine Magd, sondern eine verheiratete Bürgerin aus Nivelles, die ihren Mann gebeten hatte, sie aus der Ehe zu entlassen, auf dass sie von nun an ein Leben im Dienste der Armen führen könne.

Sie war eine Begine.

Beginen waren keine Nonnen, und das ist bereits alles, was sie untereinander verband. Dies und ihr Wunsch, ein gottgefälliges Leben zu führen. Die meisten von ihnen waren Witwen oder Frauen, die aus welchem Grund auch immer allein lebten. Dies machte sie in den Augen vieler Kleriker schon verdächtig, denn eine »anständige« Frau ging entweder in ein richtiges Kloster oder blieb daheim bei der Familie.

Die Beginen indes waren Frauen, die sich nicht unbedingt binden wollten. Sie suchten – wie wir heute sagen würden – einen alternativen Weg zum Seelenheil. Sie waren fromm, ohne jeden Zweifel, und sie leisteten wertvolle soziale Dienste, kümmerten sich um Kranke und besuchten Sterbende, sammelten Almosen und Essen für die Armen und stifteten Kleider für die Bettler.

Die meisten kamen aus bürgerlichen Kreisen, einige aber auch aus dem Adel. Sie lebten in einer Art Wohngemeinschaft, manche zu mehreren in einem Haus, die meisten in den Beginenhöfen, wie man sie heute noch vor allem in Flandern antrifft: viele Häuschen um einen großen Innenhof, jedes für sich und trotzdem in der Gemeinschaft mit anderen.

Woher der Name kommt, ist ungewiss. Manche sagen, dass sie nach dem Gründer der ersten Gemeinschaft, einem Priester namens Lambert Le Bégue, benannt wurden. Andere denken, dass es die Farbe Beige war, weil ihre Kleider so gefärbt waren, und wiederum andere meinen, dass der Name von der heiligen Begga abgeleitet wurde, die 961 ein Kloster in Ardenne gestiftet hat. Deren Figur findet man zumindest in Stein gehauen in den Beginenhöfen von Lier oder Kortrijk.

Die Beginen gelobten zwar Gehorsam und Keuschheit, aber nur für den Zeitraum, den jede für sich selbst bestimmen konnte. Es war ihnen jederzeit gestattet, in die bürgerliche Welt zurückzukehren und wieder zu heiraten. Nichts Halbes und nichts Ganzes, wie viele Spötter meinten, und der französische Dichter Rutebeuf († um 1285) höhnte:

Sie lacht: ist gesellig
Sie weint: ist voller Hingabe
Sie schläft: sie ist entzückt
Sie denkt: es ist Vision …
Wenn die Begine sich bindet,
ist es leeres Gerede.
Ihre Gelübde, ihr Versprechen
Sie sind nichts fürs Leben.
Dies Jahr wird geweint

Und jenes gebetet.
Und das nächste geheiratet.

Mag ja alles sein. Die Armen und Kranken jedoch haben den Beginen sicherlich viel zu verdanken.

ZEITRAFFER

1084	Bruno von Köln gründet im Tal La Chartreuse den Kartäuserorden.
1098	Einige Benediktiner ziehen sich nach Cîteaux zurück, um wieder streng nach der Regel des heiligen Benedikt zu leben.
1100	Der Zisterzienserorden wird von Papst Paschalis II. anerkannt.
1115	Bernhard von Clairvaux gründet das gleichnamige Kloster.
1170	Der Kartäuserorden wird von Rom anerkannt.
1170	In Kastilien wird Dominikus de Guzmán geboren.
1181/82	In Assisi wird Giovanni Bernardone geboren, später Franziskus genannt.
1205	Franziskus beschließt, sein Leben Gott zu widmen.
1210	Papst Innozenz III. bestätigt die Ordensregel der Franziskaner.
1212	Die junge Adlige Klara schließt sich den Franziskanern an. Der Klarissenorden entsteht.
1216	Papst Honorius III. bestätigt den Predigerorden des Dominikus.
1219	Franziskus reist nach Palästina.

1221	Dominikus stirbt in Bologna. Er wird 1234 heilig gesprochen.
1224	Franziskus wird nach einer Vision stigmatisiert.
1226	Franziskus stirbt. 1228 wird er heilig gesprochen.

25. KAPITEL
DIE HEILIGE AUS DEM HOSPITAL
(1207 – 1231)

Was soll ich? Wen soll ich heiraten?« Die dunklen Augen der jungen Frau blitzten vor Zorn. »Den Kaiser? Diesen Ketzer mit seinen achtzig oder wer weiß wie vielen sarazenischen Weibern?«

Bischof Ekbert sah seine Nichte belustigt an. Wenn sie sich aufregte, war sie noch hübscher, als wenn sie lachte. Und sie lachte viel. Wenn sie nur nicht so dickköpfig wäre.

Elisabeth starrte wütend zurück. Ihr Onkel war kein Seelsorger, sondern ein Intrigant. Noch immer wurde gemunkelt, dass er seine Finger im Spiel hatte, als der junge König Philipp hier in Bamberg von jenem Pfalzgrafen Otto ermordet wurde. Ekbert hatte damals fliehen müssen, aber man konnte ihm nichts beweisen, und nach einiger Zeit durfte er zurückkehren; nach Bamberg und sogar in sein Amt.

»Aber Kind«, sagte er lächelnd. »Ich verstehe ja deine Sorge um die Armen, aber schließlich bist du die Witwe eines Landgrafen und kein hergelaufener Franziskanermönch. Du hast eine Verantwortung für deine Familie und deinen Stand.«

»Für meinen Stand?«, höhnte die junge Frau. »Oder für meine Familie, die mich schon immer gehasst hat und die sich nun – da Ludwig tot ist – keinerlei Zwang mehr antut?«

»Aber Elisabeth«, sagte der Bischof. »Du weißt genau, was sich für eine Witwe vornehmer Herkunft schickt: Entweder sie verbringt ihren Lebensabend im Schoß der Familie, oder sie geht in ein Kloster oder in ein Damenstift. Ansonsten bleibt nur eines: eine Wiederverheiratung, und Kaiser Friedrich ist – wie du wahrscheinlich weißt – ebenfalls verwitwet. Dann wärst du nicht mehr die verwitwete Landgräfin, sondern die Kaiserin. Würde dich das denn nicht reizen?«

»Nein und noch mal nein!«, schrie die junge Frau. »Sogar bis zu dir sollte es sich herumgesprochen haben, dass ich Ludwig geliebt, leidenschaftlich geliebt habe. Vielleicht geht das nicht in dein klerikales Hirn, dass sich Menschen richtig lieben können und nicht nur heiraten und ins Bett gehen, um Kronprinzen in die Welt zu setzen. Wir haben uns so sehr geliebt…«

Sie brach in Tränen aus, und der Bischof war taktvoll genug, so lange aus dem Fenster zu sehen, bis sich Elisabeth wieder gefasst hatte. Dann sagte er: »Schau, um deinen Lebensabend im Schoß der Familie zu verbringen, bist du noch viel zu jung. Auf der Wartburg bist du, wie du selber sagst, ohnehin nicht mehr gelitten, und nach Hause willst du wahrscheinlich auch nicht mehr. Bliebe also nur das Kloster, doch so, wie ich dich kenne, würdest du dich niemals demütig einer Regel unterordnen können.«

»Wenigstens da kennst du mich«, schluchzte die junge Frau. »Aber heiraten werde ich niemals wieder. Du weißt doch, dass ich Ludwig geschworen habe, nach seinem Tod nicht mehr zu heiraten.«

»Man verspricht viel, wenn man jung ist«, sagte Ekbert milde.

»Du vielleicht, du und deinesgleichen!« Elisabeth hatte sich wieder in der Gewalt. »Aber ich halte Schwüre.«

»Und wenn dich die Familie zwingen würde, den Kaiser zu heiraten?« Die Stimme des Bischofs war jetzt hart geworden.

Die junge Frau blitzte ihn wütend an. »Ich habe dir gerade gesagt, dass ich Schwüre zu halten pflege, und nun sage ich dir Folgendes: Solltet Ihr mich in diese Ehe zwingen, werde ich mir die Nase abschneiden. Wir werden ja sehen, ob mich Friedrich dann noch will. Und glaube nicht, dass dies nur eine leere Drohung ist!«

Die 21-jährige junge Frau, die ihrem Onkel soeben eine herbe Abfuhr erteilt hatte, war 1207 als Tochter des ungarischen Königs Andreas II. und seiner aus Deutschland stammenden Frau Gertrud zur Welt gekommen. Ein kurzer Blick auf die Verwandtschaft lohnt sich: Ihr Vater galt als machthungrig, politisch aber wenig erfolgreich. Mutter Gertrud war herrschsüchtig und geldgierig. Irgendwann wurde sie – als Fremde sowieso unbeliebt – von ungarischen Adligen umgebracht. Eine ihrer Schwestern, Hedwig, war von völlig anderer Wesensart. Sie heiratete den schlesischen Herzog Heinrich und wird bis heute als deutsch-polnische Heilige hoch verehrt. Agnes, die andere Schwester dagegen, schlich sich in das Herz des französischen Königs Philipp, verdrängte dessen Ehefrau und wurde zusammen mit dem König deshalb mit dem Kirchenbann belegt. Alles in allem geriet Elisabeth wohl ihrer Tante Hedwig nach.

Als die kleine Erzsébeth vier Jahre alt war, trafen am ungarischen Königshof Brautwerber aus Thüringen ein. Landgraf Hermann wollte seinen ältesten Sohn Heinrich, der ebenfalls noch ein Kind war, aus den üblichen dynastischen Gründen mit der ungarischen Königstochter vermählen. König Andreas fühlte sich geehrt, und damit die kleine Elisabeth sich möglichst früh an deutsche Lebensart und die fremde Sprache gewöhnen sollte, schickte man die weinende Kleine mitsamt einer bedeutenden Mitgift mit den Brautwerbern nach Thüringen.

Dort angekommen, wurde sie nach alter Sitte sogleich in das Kinderbett des kleinen Heinrich gelegt, und damit galt die Ehe als vollzogen. Leider starb der Knabe schon bald, und nun wuchs Elisabeth mit den anderen Kindern des Landgrafen und verschiedenen Dienstmädchen ziemlich ungezwungen auf der Wartburg auf.

Hier gilt es, eine Pause einzulegen, um über die Begriffe »Wartburg« und »ungezwungen« nachzudenken. Die Wartburg war damals das kulturelle Zentrum Deutschlands, schon allein deshalb, weil es keine anderen Zentren gab. Nach dem Tod Kaiser Heinrichs VI., davon haben wir schon gehört, gab es in Deutschland zwei Könige, den Staufer Philipp von Schwaben und den Welfen Otto IV. Das Land war zerrissen und zwiegespalten, der Hof – eigentlich gab es deren zwei – zog von Pfalz zu Pfalz, war mal hier und mal dort.

Landgraf Hermann von Thüringen war zwar Anhänger des Welfen, hielt sich aber weitgehend zurück und versammelte auf der Wartburg die Minnesänger um sich, und das Treiben dort war, vorsichtig ausgedrückt, einigermaßen bunt. Walther von der Vogelweide schilderte es so:

Wer von Euch empfindliche Ohren hat,
der meide den Thüringer Hof akkurat.
Man könnt' ihm das Gehör dort rauben.
Ich hab's erlebt und mitgemacht:
Das kommt und geht bei Tag und Nacht.
Da könnte leicht jemand ertauben.
Der Landgraf hat den seltenen Mut,
dass er mit denen sein Geld vertut,
die sich als rechte Raufbold' geben.
Ich kenn' seine flotte Lebensweise,
und hätte der Wein astronomische Preise,
seine Gäste würden doch ihre Becher heben.

Nicht gerade die Atmosphäre, die man sich als förderlich für die Erziehung von Kindern vorstellt. Der Minne wurde sicherlich nicht nur auf prosaische Weise gefrönt, es wurde gesoffen und gefressen, und des Grafen Gemahlin Sophie hatte sicherlich einiges zu tun, um die Kinder von dieser Art Fröhlichkeit fern zu halten.

Was ihr aber anscheinend gelungen ist.

Elisabeth jedenfalls entwickelte sich zu einem sonderbaren – oder sagen wir besser: zu einem besonderen Kind. So soll sie einmal angesichts der aufgetürmten Knochen in einem Gebeinhaus zu ihren Spielgefährten gesagt haben: »Das hier sind die Reste der Toten. Eines Tages werden auch wir so tot sein wie diese hier.« Keine unbedingt kindgemäße Äußerung. Ein anderes Mal soll sie die Klinke einer verschlossenen Kirchentür geküsst haben, und durchaus glaubwürdig wird berichtet, dass sie als Prinzessin ihre kleine Krone abgenommen und sie beim Besuch der Messe neben sich gelegt habe, weil es sich – so Elisabeth – nicht gehöre, in Anwesenheit des himmlischen Königs eine weltliche Krone zu tragen.

Natürlich weiß man nicht, ob sich das alles so abgespielt hat, aber Anekdoten und Legenden enthalten stets ein Körnchen Wahrheit. Wenn es tatsächlich nicht so gewesen sein sollte, so waren doch diejenigen, die sie erfunden oder weitererzählt haben, ehrlich der Meinung, dass diese Handlungen oder Äußerungen typisch für Elisabeth gewesen wären oder sogar waren.

Inzwischen fragte man sich natürlich auf der Wartburg, was denn mit ihr geschehen sollte, nun, da ihr Bräutigam gestorben war. Sollte man sie zurück nach Ungarn schicken? Aber da war ja noch Ludwig, der jüngere Bruder Heinrichs, nur sechs Jahre älter als Elisabeth, allerdings ihr Sandkastenfreund. Die beiden redeten sich nur mit »Bruder Ludwig« und »Schwester Elisabeth« an. Konnten aus Spielkameraden Eheleute werden?

Ihn zu fragen, das traute sich die erst 13-jährige Elisabeth nicht. Aber da gab es einen Ritter, der Mitglied jener Gesandtschaft gewesen war, die in Ungarn um ihre Hand angehalten hatte. Den fragte sie um Rat, und dieser Ritter – Walther hieß er – ging Ludwig unverblümt an: »Kannst du dir vorstellen, die Kleine zu heiraten?« Und Ludwig sagte: »Aber natürlich.« Er drückte sich dem Chronisten zufolge etwas blumiger aus, aber die Botschaft war eindeutig.

Kurze Zeit später war Hochzeit.

Der Bräutigam war inzwischen 20, aber die Braut erst 14 Jahre alt. Dennoch war sie schon eine – wie wir heute sagen würden – durch und durch emanzipierte Frau, die sich keinen Deut um die herkömmliche Etikette des thüringischen Hofes scherte. Beispielsweise bestand sie darauf, beim Festmahl neben ihrem Mann zu sitzen, was einigermaßen unüblich war, denn dort war normalerweise der Platz der Ehrengäste.

Diese Ehre ndes beanspruchte die junge Ehefrau für sich selbst, und obwohl der ganze Hof die Nase über die dickköpfige Ungarin rümpfte, stand ihr Mann ohne Wenn und Aber zu seiner feurigen Geliebten, die ihn auch – leidenschaftliche Reiterin, die sie war – auf fast allen seinen Reisen zu Pferd begleitete. Da sie wohl tatsächlich hellseherische Fähigkeiten besaß, ahnte sie vielleicht zu diesem Zeitpunkt schon, dass ihre Ehe nicht von Dauer sein würde.

Innerhalb weniger Jahre gebar sie drei Kinder. Das wirkt auf den ersten Blick in unseren Augen befremdlich. Mit einer Heiligen verbinden wir gemeinhin Keuschheit, und wenn sie schon verheiratet war, hatte sie zumindest eine so genannte Josefsehe zu führen, also nebeneinander herzuleben ohne sexuelle Erfüllung.

Elisabeth sah in der Liebe zu Ludwig und der ihr wohl angeborenen Frömmigkeit jedoch keinen Widerspruch. Aber sie liebte auch ihren Nächsten, und den erkannte sie nicht in den affektierten Edelmännern und den koketten Damen auf der Burg. Sie dachte an die Armen in der Stadt Eisenach zu Füßen der Wartburg, an die Krüppel und die Kranken, die dort unten verhungerten, während oben auf der Burg geschlemmt und geprasst wurde.

1225 ließen sich Franziskaner in Eisenach nieder, und zu diesem Zeitpunkt hörte sie zum ersten Mal von Franziskus von Assisi und seiner Lehre, die so ganz ihrer eigenen Auffassung von Christentum entsprach. Als noch entscheidender allerdings und wohl auch als verhängnisvoll erwies sich die Bekanntschaft mit dem Prediger Konrad von Marburg, der 1226 an den thüringischen Hof kam und Elisabeths Mann für die Teilnahme am Kreuzzug des Kaisers gewann.

Elisabeth, die leicht einen Abt oder Bischof als Beichtvater hätte gewinnen können, bevorzugte den Prediger, weil dieser im Gegensatz zu den hoch gestellten Klerikern in Armut lebte. Sie schwor ihrem Mann, dass sie sich – sollte er vor ihr sterben – niemals wieder verheiraten werde, und darüber hinaus, dass sie Konrad als ihren Beichtvater annehmen und sich ihm absolut unterwerfen werde.

Ein Eid mit Folgen.

Noch aber war Ludwig nicht abgereist, und er sah nachsichtig zu, wie Elisabeth jeden Tag den steilen Berg hinunterging, um in Eisenach die Armen und Kranken mit dem Notwendigsten zu versorgen. Sie brachte ihnen nicht nur die Reste, die von den üppigen Festmählern oben auf der Wartburg übrig blieben, sie versorgte die Armen auch mit Schuhwerk, Medikamenten und den damals sehr teuren Sicheln, die für die Ernte so wichtig waren.

Mehr noch: Sie besuchte die Kranken in ihren armseligen Hütten, in denen es derartig stank, dass sich selbst ihre getreuen Dienerinnen zuweilen weigerten, sie zu begleiten. Sie gab teure Gewänder fort, ermahnte aber zugleich die Beschenkten, sie nicht zu tragen, sondern sie zu veräußern, um sich dafür Nahrungsmittel zu kaufen.

Schließlich – wohl angeregt von ihrem strengen Beichtvater Konrad von Marburg – weigerte sie sich, kritiklos alles zu essen, was auf den Tisch kam. Der Prediger hatte ihr die Augen darüber geöffnet, dass die Bauern nicht nur ihren Zehnten zu zahlen hätten, sondern dass sie weit darüber hinaus genötigt und erpresst würden, damit der Hof des Landgrafen seine Fressorgien feiern konnte. Von da an erkundigte sie sich stets, ob die Köstlichkeiten, die auf den Tisch kamen, von den rechtmäßig erworbenen Gütern des Landgrafen stammten oder von widerrechtlich angeeigneten Äckern und Ställen.

Natürlich zerriss man sich oben auf der Burg das Maul über die anscheinend leicht überspannte Fürstin, aber der Landgraf stand fest zu ihr, und hier kommen wir natürlich nicht am so genannten Rosenwunder vorbei. Der Legende nach soll Ludwig, dem das soziale Engagement seiner Frau mit der Zeit auch ein wenig übertrieben erschien, ihr die Versorgung der Armen untersagt haben.

Als er sie dann eines Tages erwischte, wie sie mit einem schweren Korb die Burg verließ, hielt er sie an und befahl ihr, das Tuch wegzuziehen, das den Korb bedeckte. Elisabeth gehorchte. Aber anstelle der Nahrungsmittel, die darin gewesen waren, fand Ludwig in dem Korb ausschließlich Rosen.

Ein zweites Wunder mit der gleichen Aussage: Angeblich hatte Elisabeth einen Leprakranken in die Burg eingeschmuggelt und in ihrem Bett untergebracht, um ihn dort zu pflegen. Der Landgraf, von Spitzeln informiert, stürmte in das Zimmer, riss die Bettdecke weg – und erblickte im Bett den Gekreuzigten!

Gerade die Geschichte des zweiten Wunders enthält die Botschaft, die Elisabeths ganzes Leben bestimmt hat: »Was du dem Geringsten meiner Brüder getan hast, das hast du mir getan.« In dem Aussätzigen erkannte Ludwig Christus. Nicht mehr und nicht weniger, und deshalb ließ er fortan seine Frau gewähren.

Die verschwieg ihm anscheinend, wie sehr sie von ihrem Beichtvater Konrad tyrannisiert wurde. Aus nichtigen Anlässen musste sie sich vor ihm bis aufs Hemd ausziehen, und er schlug sie mit Ruten blutig, ohne dass sie sich dagegen auflehnte. Angeblich ertrug sie es sogar mit einem Lächeln. Je nachdem kann man das Verhalten der jungen Frau als demütige Unterwerfung unter Gottes Willen deuten, aber auch als eine masochistische Übung. Dass bei Konrad von Marburg ausgesprochen sadistische Motive im Spiel waren, lässt sich aus seiner späteren Zeit als fanatischer Inquisitor folgern.

Das merkwürdige Verhältnis zwischen Elisabeth und Konrad führte am Hof, wo die Gräfin ohnehin nicht wohlgelitten war, natürlich zu bösem Klatsch. Waren sie etwa intim miteinander? Schließlich fasste sich ein Ritter ein Herz und sprach Elisabeth darauf an. Sie entblößte daraufhin ihre Schultern, zeigte dem Mann ihre Narben und zeigte ihm, wie Konrad versuchte, sie zu einer gehorsamen Dienerin des Herrn zu machen. Wenn die Geschichte stimmt, hat der Vorfall sicher nicht dazu beigetragen, ihr Ansehen bei den Höflingen zu stärken. Sie war halt eine Närrin. Nur Ludwig hielt nach wie vor zu ihr.

Aber dann kam der Augenblick der Trennung. Ludwig brach zum Kreuzzug auf, und von da an trug Elisabeth Witwenkleidung. Kaiser Friedrich – wir wissen es aus einem früheren Kapitel – schiffte sich mit seinen Rittern in Brindisi ein, aber dann brach die große Seuche aus. Die Kreuzfahrer kehrten um, der Kaiser überlebte, Landgraf Ludwig nicht.

Als die Schwiegermutter Elisabeth die Nachricht überbrachte, brach die junge Frau zusammen. Ihr Geliebter war tot. Welchen Sinn sollte das Leben jetzt noch haben!

Konrad von Marburg, absolut unfähig, ihren grenzenlosen Schmerz nachzuempfinden, schrieb später an den Papst, Elisabeth habe ihm gegenüber einmal geäußert, dass sie es bedauere, geheiratet zu haben und nicht mehr jungfräulich zu sein. Diesen Satz können wir getrost als Unfug abhaken. Elisabeth hat ihren Ludwig abgöttisch geliebt, und zwar keineswegs platonisch. Aber das konnte sich ein Prediger damals wohl nicht vorstellen.

Nach Ludwigs Tod setzte Elisabeth die Betreuung der Armen und Kranken in Eisenach verstärkt fort. Allerdings fand sie bei ihrem Schwager Heinrich Raspe, der nach dem Tod seines Bruders Landgraf in Thüringen wurde, keinerlei Unterstützung mehr. Im Gegenteil. Er versuchte – allerdings vergeblich – sie um ihr Witwengut zu bringen und drangsalierte sie so, dass sie eines Tages beschloss, die Wartburg zu verlassen, um sich ausschließlich in den Dienst der Nächstenliebe zu stellen.

An einem bitterkalten Abend des Winters 1227/28 ging sie hinunter nach Eisenach, ohne zu wissen, wo sie die Nacht würde verbringen können. Man sollte meinen, die Menschen unten in der Stadt, denen von der Fürstin derart viel Barmherzigkeit widerfahren war, hätten Elisabeth freundlich aufgenommen. Das Gegenteil war der Fall. Wir wissen das von ihren Dienerinnen und Zofen, die anlässlich ihrer späteren Heiligsprechung vernommen wurden. Ihre Gespielinnen Guda und Irmingard, ihre Zofe Isentrud von Hörselgau und ihre Magd Elisabeth galten als wichtige und glaubhafte Zeuginnen, die nicht zu Übertreibungen oder unglaubhaften Details neigten.

Nach ihren Schilderungen suchte Elisabeth ebenso vergeblich Unterkunft wie einst die Heilige Familie in Bethlehem. Schließlich erbarmte sich ein Wirt und ließ sie in seinem ehemaligen Schweinestall schlafen, wo sie frierend die Nacht verbrachte. Am nächsten Tag ließ sie ihre drei Kinder nachkommen, doch sie musste erkennen, dass sie mit ihnen zusammen die echte Nachfolge Christi nicht antreten konnte.

Sie hatte keine Ahnung, wie sie sich und die Kinder durchbringen sollte, wusste aber, dass sie mit den Kindern nicht zwischen Pestkranken und Aussätzigen leben konnte. Und nun – vor die Entscheidung gestellt zwischen dem Dienst an den Armen und Kranken und der Rolle als treu sorgende Mutter – entschied sie sich gegen ihre eigenen Kinder.

Konrad von Marburg hatte es von ihr gefordert, und sie gehorchte. Das ist gewiss schwer nachvollziehbar, aber Elisabeth hatte sich entschlossen, die Nachfolge Christi im wörtlichen Sinne anzutreten. Wie hatte Jesus gesagt: »Wer Vater und Mutter mehr liebt als mich, der ist meiner nicht wert, und wer Sohn oder Tochter mehr liebt als mich, ist meiner nicht wert.« Wir wissen nicht, wie sehr Elisabeth ihre Kinder geliebt hat. Wahrscheinlich ebenso sehr, wie die meisten Mütter ihre Kinder lieben. Dennoch gab sie sie in verschiedene Klöster. Gott würde für sie sorgen, und dort waren sie auch mit Sicherheit besser aufgehoben als an ihrer Seite. Das Leben, das Elisabeth zu führen sich entschlossen hatte, war keinem Kind zuzumuten.

Elisabeth folgte Konrad nach Marburg, wo sie ebenso feindselig aufgenommen wurde wie in Eisenach. Wieder lebte sie in erbärmlichen Verhältnissen, bis ihr Beichtvater ihr gestattete, von dem Rest ihrer Erbschaft ein Hospital zu errichten, an das sie wiederum einen winzigen Verschlag anbaute, der ihr von nun an als Wohnung dienen würde.

Man kann sich schwerlich ein Bild davon machen, wie sehr die Menschen im 13. Jahrhundert unter den verschiedensten Krankheiten gelitten haben. Es gab ja lediglich einige wenige Ärzte, die sich mit ihren bescheidenen Mitteln jedoch nur um Patienten kümmerten, von denen sie auch Bezahlung erwarten durften.

Für die Armen gab es nichts und niemanden. Weder Ärzte noch Krankenhäuser, und wer schwerer erkrankte, der starb oder wurde zum Krüppel. Durch die Schilderungen von Elisabeths Gefährtinnen wissen wir von dem katastrophalen Zustand der meisten, die sich zu ihrem Hospital schleppten, von ihren schwärenden Wunden, von den zerfressenen Gesichtern, den abgefaulten Gliedmaßen und dem allgegenwärtigen Gestank.

Am schlimmsten erging es den Leprakranken. Nicht nur, dass ihre Körper entsetzlich verunstaltet waren. Sie wurden auch von jedermann gemieden, weil die Menschen diese Krankheit für sehr viel ansteckender hielten, als sie in Wirklichkeit ist. Lepröse durften weder Kirchen besuchen noch in Tavernen verkehren. Sie hatten die Mühlen zu meiden und die Backhäuser, und nicht einmal den Markt durften sie besuchen.

Elisabeth setzte sich über das alles hinweg. »Was du dem Geringsten meiner Brüder getan hast, das hast du mir getan.« Immer wieder dachte sie diesen Satz, und als sie einmal ein leprakrankes Mädchen in ihr eigenes Bett holte, es wusch und seinen zerfressenen Körper pflegte, schlug Konrad sie so hart, dass selbst er es später bereute.

Elisabeth ließ sich nicht beirren. Zuweilen hinterging sie Konrad sogar. Weil sie seiner Meinung nach unsinnig viel Geld unter die Bettler verteilte, befahl er ihr, jedem ab sofort nur noch einen Pfennig zu geben. Nach außen hin gehorchte sie. Aber sie flüsterte den Bettlern zu, sie sollten sich hinten anstellen und noch einmal zu ihr kommen, um einen weiteren Pfennig zu erhalten.

Am Gründonnerstag wusch sie – Christus eingedenk – ihren Kranken die Füße. Auch den Aussätzigen, und sie zuckte nicht davor zurück, die Füße der Leprakranken zu küssen. Mit ihrem Schleier wischte sie den Speichel aus ihren Gesichtern und den Schmutz aus Mund und Nase. So, das wusste sie, hatte Franziskus es auch gemacht, der mit einem Leprakranken, dem Blut und Eiter von den Fingern tropften, aus einer Schüssel gegessen hatte.

Sie wollte so leben wie er.

Aber ein so geführtes Leben ist kurz. Wahrscheinlich litt sie an Tuberkulose, der sie – geschwächt durch drei Schwangerschaften, Fasten und Schlaflosigkeit, durch nächtliches Gebet und durch die kräftezehrende Arbeit im Hospital – nichts entgegenzusetzen hatte. An einem grauen Novembertag des Jahres 1231 sagte sie ihren Gefährtinnen, dass sie bald sterben werde. Vier Tage später erkrankte sie schwer, und weitere neun Tage später schlief sie für immer ein.

Sie war gerade einmal 24 Jahre alt geworden.

Auf die Nachricht von ihrem Tod strömte eine große Menschenmenge zusammen. Schon jetzt wurde sie als Wundertäterin gepriesen, und als man sie in der kleinen Kapelle der Franziskaner aufbahrte, kam es zu schlimmen Exzessen. Man riss Fetzen aus ihrem Kleid, um sie als Reliquien mitzunehmen, ja man vergriff sich sogar an dem Leichnam, schnitt Haare ab, Fingernägel und sogar die Brustwarzen.

Kaum war sie beigesetzt, ereigneten sich an ihrem Grab die ersten Wunder, denen zahllose weitere folgen sollten. Vier Jahre später wurde sie heilig gesprochen. Zur Überführung ihrer Gebeine in die neu erbaute Elisabethkirche in Marburg kam auch der als Ketzer verschriene Kaiser Friedrich II. nach Marburg, jener Mann, den sie um keinen Preis der Welt hatte heiraten wollen.

Nun legte er eine Krone auf ihren Sarg, und vielleicht ist es erfunden, was er dabei gesagt haben soll. Aber dann ist es schön erfunden:

»Ich durfte sie auf Erden nicht zur Kaiserin krönen. So will ich sie jetzt ehren mit dieser Krone als eine ewige Königin in Gottes Reich.«

ZEITRAFFER

1180	Konrad von Marburg wird geboren.
1207	Elisabeth kommt in Ungarn zur Welt.
1211	Elisabeth wird auf die Wartburg gebracht.

1221	Sie heiratet den 20-jährigen Landgrafen Ludwig IV. von Thüringen.
1222	Geburt ihres Sohns Hermann, 1224 Sophies, 1227 Gertruds
1226	Konrad von Marburg wird Berater des Landgrafen und Beichtvater Elisabeths.
1227	Landgraf Ludwig stirbt während eines Kreuzzugs. Im Winter darauf verlässt Elisabeth die Wartburg.
1228	Elisabeth gründet das Franziskus-Hospital in Marburg.
1231	Tod Elisabeths
1235	Elisabeth wird von Papst Gregor IX. in Perugia heilig gesprochen.

26. KAPITEL
DIE HUNDE DES HERRN

Thomas von Aquin wusste genau, wie der Teufel zu Kindern kommt, obwohl der Satan doch eigentlich nicht zeugungsfähig ist. Er nähert sich einem Mann als *succubus*, wie weibliche Dämonen auf Lateinisch genannt wurden. Er verführt den Lüstling und gelangt so in den Besitz seines Samens. Sodann verlässt er den Mann, verwandelt sich flugs in einen *incubus*, also einen männlichen Dämonen, und begattet dann ein williges Weib. Die bringt letztendlich einen Wechselbalg zur Welt, der gar schrecklich anzusehen ist und vorsichtshalber zusammen mit der Mutter verbrannt werden sollte.

Einen derartigen Unsinn verbreiteten zu Beginn des 13. Jahrhunderts selbst so gelehrte Männer wie der heilige Thomas von Aquin. Was also konnte man da vom ungebildeten Mann auf der Straße erwarten. Einige 100 Jahre zuvor war man noch sehr viel gescheiter gewesen. Karl der Große beispielsweise hat sogar jedem die Todesstrafe angedroht, der an Teufelsspuk und Hexerei glaubt. Zum einen wurde es als völliger Unsinn bezeichnet, zu glauben, Menschen könnten durch die Luft fliegen oder anderen eine Krankheit anhexen, zum anderen besaß der Teufel noch gar keine richtige Gestalt.

Die entstand erst zur Stauferzeit in den Köpfen der Menschen. Bis dahin hatte die Kirche jeden Glauben an irgendwelche Dämonen verurteilt, damit Neubekehrte – die Sachsen beispielsweise – nicht länger ihrem heidnischen Götzendienst frönten.

Doch Ende des 12., Anfang des 13. Jahrhunderts wurde die bis dahin tief in sich ruhende Kirche jäh aufgestört, und wenn hier von der Kirche die Rede ist, dann ist damit Rom gemeint, der Papst und die Kurie. Bislang kannte Rom nur einen äußeren Feind. Das war zumeist der gerade regierende Kaiser; das konnten aber auch die Sarazenen sein oder Konstantinopel. Diesmal aber drohte Böses von innen heraus.

Die Entstehung der Bettelorden hatte der Kurie gezeigt, dass es viele Christen gab, die nicht mehr mit ansehen konnten oder wollten, wie die Würdenträger der Kirche auftraten: die Äbte der großen Klöster, die Bischöfe, die Kurienkardinäle und natürlich auch der Papst. Er war schon lange nicht mehr der Oberhirte der Christenheit, nicht mehr der demütige Nachfolger des heiligen Petrus, sondern längst und vor allem ein rigoroser Machtpolitiker, der jeden Widersacher – sogar den Kaiser – mit dem Kirchenbann bedrohte.

Neben den Bettelorden, die von Franziskus und Dominikus gegründet, aber trotz einiger Bedenken immerhin von Rom bestätigt worden waren, zeigte sich die Kurie vor allem über die Prediger beunruhigt, die über Land zogen und ungeheuren Zuspruch verzeichneten. In zerlumpten Kleidern predigten sie in den Städten, riefen zur Umkehr auf und geißelten den Lebensstil des Klerus.

In Flandern beispielsweise erklärte der Wanderprediger Tanchelm, dass alle Sakramente ungültig seien, die von unwürdigen Priestern gespendet worden seien. Norbert von Xanten, Begründer des Prämonstratenserordens, widersprach zwar heftig, musste jedoch gleichzeitig zugeben, dass es in Antwerpen lediglich einen einzigen Leutepriester gab, und der lebte auch noch im Konkubinat mit seiner Nichte.

Der Bischof von Lüttich klagte einen gewissen Lambert der Ketzerei an, dessen Anhänger angeblich den Kirchenbesuch vernachlässigten und nicht mehr zur Kommunion gingen. Lambert wandte sich an den Papst und konnte nachweisen, dass die Vorwürfe nur deshalb gegen ihn erhoben wurden, weil er öffentlich das Verhalten des Klerus in Lüttich angeprangert und seine Zuhörer zu religiöser Umkehr aufgerufen hatte.

Norbert von Xanten wandte sich in seinen Predigten vor allem an die Frauen. Mit großem Erfolg. An die 10 000 Frauen, davon allein 1000 in der Diözese Laon, soll er zum apostolischen Leben bekehrt haben. Leider widerstand der Mann, der so viel vom einfachen und demütigen Christenleben gesprochen hatte, nicht der Versuchung, Erzbischof von Magdeburg zu werden. Aus war's mit der Armut, und seine Anhänger sollen es ihm recht übel genommen haben.

Doch es waren nicht nur die Bettelorden und die Prediger, die Rom beunruhigten. Eine regelrechte Armutsbewegung hatte die europäische Christenheit erfasst, aus der sich zwei Sekten entwickelten: die Waldenser und die Katharer.

Der Kaufmann Petrus Valdes aus Lyon hörte eines Tages auf der Straße einen Sänger, der das Lied von Alexius sang. Darin wird erzählt, wie besagter Alexius, ein römischer Patriziersohn, all seinem Reichtum entsagte. Er zog als Bettler durch den halben Orient, kehrte schließlich heim und lebte 17 Jahre lang unerkannt unter der Treppe seines Elternhauses, mit Geschwüren bedeckt und verspottet vom Gesinde – von Gott aber bereits als einer der Geretteten angenommen.

Valdes verstand kein Lateinisch, ließ sich deshalb die Bibel übersetzen und lernte sie auswendig. Dann verschenkte er alles, was er besaß, und zog predigend über Land. Seine Anhängerschaft wuchs rasch an, und die Kurie, wachsam geworden, zitierte ihn 1179 vor ein Laterankonzil, wo sich die Kardinäle von der frommen Einfalt des Petrus Valdes überzeugten.

Allerdings verbot man ihm das Predigen. Da man aber –

so steht es schließlich in der Bibel – Gott mehr gehorchen muss als den Menschen, predigten er und seine Anhänger weiter, woraufhin sie 1184 als Häretiker bezeichnet wurden, obwohl sie die reine christliche Lehre vertraten. Allerdings lehnten sie bestimmte Dinge auch ab: Seelenmessen zum Beispiel, aber auch die Beichte, den Ablass und das Fegefeuer.

Von 1250 an konnten sie nur noch heimlich wirken, vor allem in Österreich und Böhmen, in Schlesien, Brandenburg und Pommern, wo man noch bis ins 16. Jahrhundert gegen sie Prozesse geführt hat, die nicht selten mit der Todesstrafe endeten.

Weitaus gefährlicher als die Waldenser waren die Katharer, von denen sich das deutsche Wort Ketzer ableitet. Sie nannten sich nach dem griechischen Wort *katharoi*, die Reinen, und dieser Name war zugleich ihr Programm. Sie stellten sich vor, dass es neben Gott das Prinzip des Bösen gebe, das die Welt regiere. Deshalb galt ihnen alles Weltliche grundsätzlich als verderbt. Sie enthielten sich vieler Speisen, durften weder schwören noch töten, nicht einmal heiraten, denn Lust und Fortpflanzung betrachteten sie als Teufelswerk. Sie waren gegen die Todesstrafe, begingen andererseits aber Selbstmord, um nicht den irdischen Verlockungen zu erliegen.

Natürlich lehnten sie die Kirche und deren sämtliche Einrichtungen rigoros ab, verhöhnten die Sakramente und zerschmetterten die Kreuze. Sie gründeten eine Kirche innerhalb der Kirche, hatten eigene Bischöfe und eigene Diözesen, eigene Bethäuser und Schulen. Christliche Kleriker wurden verachtet, und ein Chronist berichtet, diese würden ihre Tonsur verstecken, wenn sie auf die Straße gingen, um dem Spott der Menge zu entgehen.

Großen Zuspruch fanden die Katharer in den Städten und beim Adel, und sie machten sich nicht nur die Amtskirche, sondern auch den Kaiser zum Feind, indem sie es beispielsweise ablehnten, Steuern zu zahlen. Zentrum des südfranzösischen Zweigs der Katharer war die Stadt Albi im Languedoc, die der Sekte in dieser Landschaft auch ihren Namen gab: Albigenser.

Ihr größter Förderer war Graf Raimund VI. von Toulouse, zu dessen Territorium auch Albi gehörte. Als Papst Innozenz III. ihm den Legaten Pierre de Castelnau schickte, der ihn zum Kampf gegen die Sektierer auffordern sollte, ließ der Graf den päpstlichen Boten beim Verlassen der Abtei Saint Gilles ermorden, woraufhin er exkommuniziert wurde und sich unterwerfen musste. Die Buße war hart: Halb nackt musste er vor dem Kirchenportal von Saint Gilles dem Papst Gehorsam schwören und wurde dann von dem neuen Legaten mit Peitschenhieben in die Kirche und vor das Grab des Ermordeten getrieben. Tausende Menschen waren herbeigeströmt, um dem schändlichen Schauspiel beizuwohnen, und die Sympathien für Rom werden dadurch nicht gerade angewachsen sein.

Dann begann der Propagandafeldzug. Es galt, die Reinen als besonders unrein zu denunzieren, und dafür war keine Unterstellung grotesk genug. Beispiel: So beteuerte beispielsweise ein gewisser Alanus von Ryssel, den Versammlungen der Albigenser wohne stets der Teufel persönlich bei, und zwar in Gestalt eines Katers, und er werde mit Küssen auf seine Genitalien begrüßt. Ein anderer behauptete, der erste Katharer sei vom Teufel – der ist natürlich immer dabei – mit einer Italienerin gezeugt worden, und wiederum ein anderer beschrieb, dass nach Erscheinen des Teufels die Lichter gelöscht würden, dann treibe man untereinander Blutschande. Die dabei gezeugten Kinder würden verbrannt, und ein jeder müsse von der Asche essen.

Nachdem der Boden dergestalt vorbereitet worden war, setzte verstärkt die Verfolgung der Katharer ein. Es war Graf Raimund, der den Widerstand organisierte, während Bernhard von Clairvaux im Auftrag des Papstes zum Kreuzzug gegen die Albigenser aufrief. Zum ersten Mal fand ein Kreuzzug gegen andere Christen statt.

Und zwar ein äußerst unchristlicher!

Bernhard von Clairvaux hatte sich nicht ohne Grund vornehmlich an den nordfranzösischen Adel gewandt, der dem Süden schon immer spinnefeind gewesen war. Man würde nicht zum Ruhme Gottes kämpfen; so viel stand fest. Hier stand anderes auf dem Spiel. Zum Beispiel Grenzverschiebungen; reiche Beute schien in Aussicht.

Entsprechend wurde der Kampf geführt. Jede Stadt, die sich nicht sofort ergab, wurde im Sturm genommen und die Bevölkerung niedergemacht. So wurden alle Bewohner von Béziers nach der Eroberung der Stadt ermordet. Immerhin 20000 Menschen, und niemand wurde gefragt, ob er Katharer sei. Dem päpstlichen Legaten Arnald-Amalrich wird der schreckliche Satz zugeschrieben: »Macht sie alle nieder. Der Herr wird die Seinen erkennen.«

Zwanzig Jahre lang dauerte die grausige Bekämpfung der Katharer, deren letzte Anhänger sich schließlich in einsame Täler zurückzogen, ins Luberon, nach Piemont oder in die Pyrenäen. Hier fand auch der letzte Kampf statt, und zwar um die Bergfeste Montségur. 1244 ergab sich die Besatzung nach monatelanger Belagerung, rund 200 Menschen bestiegen den Scheiterhaufen.

Nun witterte Rom überall Ketzer, und es fand überraschend einen Bundesgenossen, der im Grunde überhaupt nicht an die Seite des Papstes passte: den Kaiser. Friedrich II. war weiß Gott kein frommer Mensch, was noch zu schildern wäre. Aber Unordnung war ihm ein Gräuel, und Ketzerei schuf nicht nur Unordnung; Ketzerei war in erster Linie Ungehorsam, und so verfolgte er die Katharer und andere Ketzer mit der gleichen Strenge und aus den gleichen Gründen, wie die römischen Kaiser einst die junge Kirche verfolgt hatten.

Die Römer waren ja – und auch darin ähnelte Friedrich ihnen – äußerst liberal, was die Religion ihrer Untertanen anging. Da konnte jeder nach seiner Fasson selig werden, nur: Man musste dem Kaiser opfern, denn der war schließlich ein Gott. Wenn nun die Christen das anders sahen, rebellierten sie gegen den Staat, und nur das war ein todeswürdiges Verbrechen, nicht das heimliche Gebet zu irgendeinem seltsamen Gott, den in Rom ohnehin (noch) niemand zur Kenntnis nahm.

Ungehorsam gegen den Kaiser – das war auch für Friedrich unverzeihlich. Er, der die Sarazenen in Lucera ihre eigenen Moscheen bauen ließ, der in Jerusalem den Felsendom besucht und dort seine Achtung vor dem Islam bezeugt hatte, erwies sich nun als strenger Verfolger der Ketzer. Eine abenteuerliche Vorstellung. Nur hatte sie nichts mit Religion zu tun, sondern ausschließlich mit der Auffassung des Staufers, wie sein Staat zu funktionieren habe.

Einen Lehnseid ablehnen? Steuern verweigern? Todesstrafe!

Aber auf Friedrich war kein Verlass. Das hatte Rom schon mehrfach leidvoll erfahren müssen, und außerdem – wer weiß, wie sein Sohn in diesen Sachen denken würde. Die Kirche musste sich selbst helfen und die Ketzer aufspüren, wo immer sie sich versteckt haben mochten. Die Zisterzienser hatten versagt. Also wurden die Bettelmönche auf die Häretiker angesetzt, die Franziskaner und vor allem die Dominikaner.

Diese wird man in Anspielung auf ihre Schnüffeltätigkeit bald »des Herren Hunde« nennen (lat.: *domini* = des Herrn; *canes* = Hunde).

Und nun kommen wir an dem wohl schlimmsten Kapitel der Kirchengeschichte nicht vorbei: der Inquisition.

Schauen wir vom Zeitpunkt des Kreuzzugs gegen die Albigenser nur 100 Jahre zurück. Da wurde beispielsweise in Gent einer vermeintlichen Zauberin von einer rasenden Menge die Eingeweide aus dem Leib gerissen, und der Mob trug ihren Magen triumphierend durch die Stadt. Dreißig Jahre zuvor im bayrischen Vötting: Drei Frauen sollen die Felder verwüstet haben. Man unterwirft sie der Wasserprobe, die sie überleben. Also müssten sie nach damaligem Glauben als unschuldig betrachtet werden. Aber nein: Man peitscht sie, um ein Geständnis zu hören, aber sie beteuern ihre Unschuld. Da verbrennt man sie bei lebendigem Leib.

Ein ordentliches Gericht hätte sie zuvor zumindest befragt. Auf Lateinisch heißt das *inquaerere*, woraus sich das Wort Inquisition ableitet. Aber man hätte sie nicht auf der Stelle gelyncht, und deshalb müssen wir uns für ein paar Minuten mit der Prozessordnung des Mittelalters befassen – und leider auch mit der Folter.

Zunächst: Die Möglichkeiten der Wahrheitsfindung waren nicht nur im Mittelalter, sondern bis weit ins 19. Jahrhundert hinein mehr als beschränkt. Keine Fahndungsfotos, keine Fingerabdrücke, keine Laboruntersuchungen, keine Gentests. Wer nicht auf frischer Tat ertappt, aber trotzdem eines Verbrechens beschuldigt wurde, konnte (oder musste) sich einem Gottesurteil unterwerfen. Der Möglichkeiten gab es etliche. Vom Zweikampf angefangen, der aber nur unter Adligen möglich war, bis hin zur Wasserprobe oder dem Schreiten über glühende Steine.

Irgendwann im 12. Jahrhundert wurden solche Gottesurteile verboten, weil zumindest Rom nicht mehr an sie glaubte. Aber was jetzt? Nun half nur noch ein Geständnis des vermeintlichen Täters weiter. Aber wenn er nicht sprechen wollte? Dann durfte immer noch nicht gelyncht und auch nicht gleich gefoltert werden. Zunächst wurden dem Delinquenten oder der vermeintlichen Delinquentin die Folterwerkzeuge gezeigt und noch einmal eindringlich um eine Aussage gebeten. Wurde diese verweigert oder hielt man sie für falsch, wurde die Folter angewendet.

Es klingt zwar bizarr, aber dabei wurde streng darauf geachtet, dass kein Blut floss. Ob das Zerquetschen von Daumen oder das Aufhängen an den hinter dem Rücken gefesselten Händen deshalb humaner waren, darf füglich bezweifelt werden. Dennoch: Die Folter war keine Strafe, sondern eine – wie es hieß – peinliche Befragung, wobei darauf zu achten war, dass dem oder der Befragten kein dauerhafter körperlicher Schaden entstand oder er bzw. sie sogar an der Folter starb. Die Folter durfte am nächsten Tag auch nicht fortgesetzt werden. Vielmehr musste der oder die Verdächtige das Geständnis am nächsten Tag (ohne Folter) wiederholen, sonst war es nicht gültig.

Wohlgemerkt: So lauteten die Bestimmungen, nach denen man sich zumindest anfangs penibel richtete. Dass diese Bestimmungen im Lauf der Jahrzehnte, besser: der Jahrhunderte, immer weiter ausgelegt wurden und dass es durchaus sadistische Inquisitoren und Richter gab – das steht außer jedem Zweifel.

Im Lauf des 13. Jahrhunderts – und das lag an der zunehmenden Diskriminierung der Frauen – nahmen die Inquisitoren immer häufiger Vorwürfe ernst, die gegen Frauen erhoben wurden. Ausgerechnet in der Zeit der hohen Minne, in der manche (adlige) Frauen auf nahezu abartige Weise verherrlicht wurden, galten sie andererseits als minderwertige Wesen, die, wie schon Platon glaubte, zwischen Mann und Tier stehen.

Ein französischer Hexenverfolger, allerdings etwas späteren Datums, verstieg sich sogar zu der Behauptung, bei der Frau seien die Eingeweide stärker entwickelt, beim Mann das Gehirn. Dass die Frau für den Teufel anfälliger sei, hänge nicht mit der Schwäche ihres Geschlechts zusammen, sondern mit ihrer tierischen Geilheit. Der Teufel habe die größte Macht über Schlangen, Fliegen und andere Tiere, dann über die Frau und erst zuletzt über den Mann.

Eine sexuelle Beziehung zwischen Mann und Frau war grundsätzlich des Teufels und die Ehe ausschließlich zum Zwecke der Kinderzeugung geduldet oder allenfalls, um den Ehepartner davon abzuhalten, sich sonst wo auszutoben. Keuschheit bei Mann und Frau – auch in der Ehe (!) – war jedenfalls erstrebenswert. Dem Mann wurde suggeriert, die Umarmung des Weibes sei böse. Also musste auch das Weib als solches böse sein.

Und wer das noch immer nicht glaubte, der durfte sich solche Vergleiche aus dem Tierreich anhören:

»Ein störrisches Pferd reite man nicht an Festtagen, sondern halte es im Stall oder benutze es als Lasttier.«

Oder: »Die Natur des Schweines oder die der Katze wird keiner ändern, und es wird auch niemand aus Wolle Seide spinnen. Auch der Versuch, ein Weib mit milden oder mit harten Worten zu erziehen, lohnt nicht der Mühe.«

Oder: »Der Fuchsbau hat viele Ausgänge. Wenn der Jäger glaubt, den Fuchs ausgraben zu können, flüchtet dieser zum einen hinein und zum anderen hinaus. So haben auch die Weiber Listen und Ausflüchte in Fülle.«

Oder: »Der Wolf wechselt im Sommer sein Fell, aber deshalb legt er doch nicht seine böse Natur ab. Auch das Weib tritt manchmal schlicht und fromm auf, aber wenn es ihm passt, lässt es seiner Neigung plötzlich freien Lauf.«

Oder: »Ein Tor, wer einer Schlange traut. Hat nicht die Schlange Eva verführt? Kein Mann sollte einem Weibe trauen, seitdem es Adam betrogen hat. Deshalb müssen die Weiber ja auch einen Schleier über Haupt und Stirn tragen, damit sie ihre Schande bedecken.«

Genug. Man könnte endlos weiter zitieren, aber das wäre allzu langweilig.

Verheerendes zeichnete sich am Horizont ab, und dennoch muss festgehalten werden: Die Inquisition als Einrichtung wurde zum einen geschaffen, um Lynchmorde zu verhindern; richtete sich zum anderen zunächst gegen Ketzer und erst in zweiter Linie gegen vermeintliche Zauberer und Hexer und artete erst aus, als Leute – das Wort *Menschen* verbietet sich hier wohl – mit Aufgaben betraut wurden, wie sie im folgenden Kapitel beschrieben werden.

27. KAPITEL
DER INQUISITOR
(1233)

Die Luft war stickig. Auf den blank gescheuerten schweren Eichentischen standen bauchige Tonkrüge, die – wie auch immer – ihren Weg von den Töpfereien bei Siegburg auf die kleine Burg gefunden hatten, die sich auf einem flachen Hügel irgendwo im Taunus unter hohen Tannen versteckte. Draußen tobte ein Schneesturm, und das Feuer im offenen Kamin kam nicht gegen die frostige Kälte an, die von den dicken Mauern des winzigen Palas ausstrahlte. Die Männer, die zum Teil von weit her gekommen waren und sich auf der letzten Etappe durch die tief verschneiten Wälder bis hierher durchgekämpft hatten, tranken erhitzten Wein, der mit Honig gesüßt war und leicht zu Kopf stieg.

Sie hatten den abgelegenen Sitz derer von Riderbach gewählt, um sich ungestört über die Lage im Reich und ihre Haltung zum Streit zwischen dem Kaiser und seinem Sohn zu unterhalten. Graf Ludger von Wolfach hatte seinem Nachbarn auf der anderen Rheinseite, Heinrich III. von Sayn, den Vorschlag gemacht, und der hatte nicht nur zugestimmt, sondern auch die Grafen von Solms, Henneberg und Döhrenbach, die Herren von Herborn, Schmittingen, Hollart und Schweinsberg zu dem heimlichen Treffen eingeladen.

Stundenlang hatten sie sich die Köpfe heiß geredet über den Zwist zwischen dem Kaiser, der sich fast nur noch in Italien aufhielt, und seinem Sohn Heinrich, der in Deutschland regierte. Vorletztes Jahr hatte der Kaiser den jungen König, der seine eigene Politik betrieben und sich damit wohl überschätzt hatte, nach Aquileja zitiert und ihn dort zutiefst gedemütigt. Friedrich II., der den Fürsten im Land große Zugeständnisse gemacht hatte, damit er sich nicht um die Verhältnisse in Deutschland zu kümmern brauchte, schien zumindest im Augenblick der Stärkere zu sein. Hinter dem jungen König dagegen standen die aufblühenden Städte, die er nach Kräften förderte, was wiederum die Fürsten erboste.

Auf wen sollte man setzen? Auf Heinrich? Graf Ludger konnte sich nicht vorstellen, was sich der mittlere und niedere Adel von den Städten erhoffen könnte. Je reicher die Städte würden, umso ärmer die Grafen. Andererseits: Die Fürsten – zumal mit dem Kaiser im Rücken – würden ebenfalls versuchen, sich auf Kosten des niederen Adels zu bereichern. Aber musste man sich hier und heute entscheiden? War es nicht besser, abzuwarten, wie der Streit zwischen Vater und Sohn ausgehen würde?

»Wir reden hier nur über weltliche Gewalt«, gab Heinrich III. von Sayn zu bedenken. »Ich sehe aber mit großer Sorge, dass sich die Amtskirche in noch viel stärkerem Maße, als wir das von früher gewohnt sind, direkt in unsere Gerichtsbarkeit einmischt, uralte Verträge für ungültig erklärt und geltendes Recht außer Kraft setzt.«

»Schon wahr, aber wovon redet ihr jetzt speziell?«, erkundigte sich der Herr von Herborn.

»Ich rede von diesem Aufstand der Bauern in Norddeutschland«, sagte der Graf von Sayn. »Die Stedinger nennt man sie meines Wissens nach. Die Erzbischöfe von Bremen haben sie vor 100 Jahren aus Holland angeworben, damit sie die Sümpfe da oben urbar machen, und man hat ihnen als Köder große Freiheiten versprochen. Anscheinend haben die Erzbischöfe ihre Zusagen nicht eingehalten. Sie selbst geben zwar den Bauern die Schuld, die angeblich übermütig geworden seien, aber wie auch immer: Streit zwischen Herren und Dienern wird es immer geben, aber deshalb sind die Diener noch lange keine Ketzer.«

»Was wollt Ihr damit sagen?«, fragte der Herr von Schmittingen.

»Damit will ich sagen«, erwiderte der Graf von Sayn, »dass ein gewisser Konrad von Marburg …«

Unwilliges Gemurmel am Tisch.

»… dass ein gewisser Konrad von Marburg durchs Land zieht und für einen Kreuzzug gegen die Stedinger wirbt. Man stelle sich das vor: ein Kreuzzug gegen deutsche Bauern!«

Er sah sich herausfordernd um. »Bislang wurden Kreuzzüge gegen heidnische Sarazenen geführt. Neuerdings auch gegen Christen, diese so genannten Albigenser in Südfrankreich. Und jetzt gegen Bauern in Norddeutschland. Angeblich weil sie Ketzer sind. Lächerlich. Meines Wissens gilt als Ketzer, wer den christlichen Glauben leugnet oder sich mit dem Satan zusammentut. Aber ein Bauer, der keine höheren Abgaben zahlen will?«

»Richtig«, sagte Ludger. »Vielleicht sind wir morgen alle Ketzer, nur weil wir uns für König Heinrich entscheiden. Oder ebendeshalb, weil wir uns nicht für ihn entschieden haben. Ich denke, wir sollten jenem Konrad von Marburg gegenüber sehr misstrauisch sein.«

»Das wird nicht viel helfen«, erwiderte der Herr von Schweinsberg. »Ich hörte, dass er von Köln aus Spitzel losschickt, die Ketzer ausfindig machen sollen, was auch immer er darunter verstehen mag. Dabei helfen ihm zwei merkwürdige Vögel: ein Dominikaner namens Dorso und ein gewisser Johannes, ein Einäugiger, dem außerdem noch eine Hand fehlt. Bei beiden soll es sich um bekehrte Ketzer handeln.«

»Wie praktisch«, sagte Graf Solms sarkastisch. »Da kann er sich ja aus erster Quelle informieren.«

»Wir sollten die Sache nicht auf die leichte Schulter nehmen«, sagte Graf Ludger. »Dieser Konrad hat das Vertrauen des Papstes, und in den großen Städten am Rhein zittern die Menschen schon jetzt vor Furcht, wenn nur sein Name fällt. Wer einmal angeklagt ist, hat kaum noch eine Chance. Entweder er gesteht sofort: Dann wird ihm das Haar geschoren, und damit ist er entehrt und zumeist auch enteignet. Oder er gesteht nicht, dann wird er gefoltert, obwohl er überhaupt nicht weiß, was man von ihm hören will, und schließlich zumeist verbrannt. Hunderte sollen allein im Rheinland bereits auf dem Scheiterhaufen gelandet sein.«

»Ich denke«, sagte Heinrich von Sayn, »das ist ein Problem der Städte. Zu uns wird er sich wohl kaum wagen.« Die Männer klopften als Zeichen ihrer Zustimmung trotzig mit ihren Krügen auf den Tisch.

Es wurde sehr spät, bis sie schließlich auf den harten Bänken des Palas trunken in einen unruhigen Schlaf fielen.

Veilchenfarbener Flieder blühte vor den Mauern der Burg Sayn, als am unteren Tor ein Mann Einlass begehrte, der merkwürdig gewandet war: ganz in Rot mit einem grünen Band um den Arm und einem Stab in der Hand.

Ein Gerichtsbote des Hofes.

Man geleitete ihn zum Herrn der Burg, und Graf Heinrich erbrach ebenso ungeduldig wie neugierig das Siegel des Pergaments. Was er da las, war unfassbar. Eine Vorladung vor das Gericht der Heiligen Inquisition nach Koblenz. Er sei angeklagt, bei Ketzerzusammenkünften zugegen gewesen zu sein und schlimme Gräulichkeiten gesagt zu haben.

Auf sein Gebrüll hin stürzte seine Frau Mechthilde aus ihrer Kammer. »Er hat es gewagt! Er hat es tatsächlich gewagt«, schrie Heinrich und schmetterte eine kupferne Kanne gegen die Wand. »Ich bringe ihn um!«, schrie er immer wieder, indem er wütend auf und ab lief. Mechthilde schwieg und zog sich vorsichtshalber etwas zurück. Dann hörte sie ihn nach einem Diener brüllen, den er ins Brexbachtal jagte, Ludolph zu holen, den Abt des von Heinrichs Vater gegründeten Prämonstratenserklosters.

Doch Ludolph befand sich bereits auf dem Weg zur Burg. Wie ein Lauffeuer hatte sich die Kunde verbreitet, dass ein Gerichtsbote aus Koblenz beim Grafen gewesen sei. Der Bote, dem der neugierige Wirt der Dorfschenke eine Kanne Wein spendiert hatte, war nicht sonderlich diskret gewesen, was den Grund seines Besuchs anging. Bald wusste es der ganze Ort, und ein Mönch, der es ebenfalls mitbekommen hatte, war losgerannt, um seinen Abt zu benachrichtigen. Ludolph wusste, dass der Graf ihn nun brauchen würde.

Auf der Burg angekommen, studierte er sorgfältig die Vorladung und sah dann den Grafen ruhig an.

»Und?«, fragte der.

»Da müsst Ihr hin«, sagte Ludolph.

»Ich denke nicht daran!«, schrie Heinrich. »Eher bringe ich ihn um!«

»Das wäre wohl unklug«, erwiderte der Abt. »Versucht Euch lieber zu erinnern, ob Ihr jemals an einer Ketzerversammlung teilgenommen habt. Oder an einem Gespräch, das man so auslegen könnte.«

»Unsinn. Das letzte Gespräch mit anderen …« Der Graf stockte.

»Ja?«, fragte der Abt.

»Oh Gott, das kann doch nicht sein. Wir waren doch unter uns, damals.«

»Wann und wo?«, fragte Ludolph nachsichtig.

Fahrig schilderte Heinrich dem Abt die Zusammenkunft im Taunus und worüber damals gesprochen worden war. Über den Kaiser und seinen Sohn, den jungen König Heinrich, und über den Aufstand der Stedinger und die Inquisition.

»Lebensgefährliche Themen«, stellte Ludolph fest.

»Aber wir waren doch unter uns!« Der Graf wiederholte sich.

»Einer von Euch sah das wohl anders und hat Euch verraten. Oder ein Diener, der an der Tür gelauscht hat. Jedenfalls müsst Ihr Euch dem Gericht stellen. Vielleicht ist ja alles nur ein Irrtum.«

»Niemals!«, rief der Graf. »Ihr wisst genau, dass man keine Chance hat, wenn man erst einmal festgenommen wird.«

»Hinter diesem Konrad steht nicht nur der Kaiser, sondern auch der Papst«, mahnte ihn Ludolph.

Der Graf versank in finsteres Brüten, und der Abt ließ ihm Zeit, einen Entschluss zu fassen. Heinrich richtete sich auf: »Also gut, aber ich bitte Euch mitzukommen, denn Ihr seid mit den Worten gewandter als ich.« Und nach einer Pause: »Außerdem nehme ich alle Ritter mit, die mir verpflichtet sind.«

Und so geschah es. Ein paar Tage später stand Graf Heinrich von Sayn dem Inquisitor gegenüber und griff ihn sofort an, indem er ihn fragte, wo denn die Zeugen seien, auf die sich die Anklage stütze. Konrad von Marburg antwortete kühl, das Verhör werde nach seinen Regeln geführt und nicht nach denen des Grafen. Hier schritt Ludolph ein, aber vergeblich. Er müsse, sagte der Inquisitor, so viele Ketzer verhören, dass er keine Zeit habe, sich lange mit Gegenüberstellungen aufzuhalten. Stimme es oder stimme es nicht, dass Heinrich bei einem Treffen im Taunus ketzerische Reden gehalten habe?

Heinrich fragte zurück, was man denn unter ketzerischen Reden verstehe, und so ging es hin und her. Schließlich brach Konrad das Verhör ab. Heinrich war entlassen, aber freigesprochen war er nicht. Und das wusste er, aber nicht nur das: Er hatte auch erfahren, dass sich Siegfried von Eppstein, der für Koblenz zuständige Erzbischof von Mainz, bei

Papst Gregor IX. inzwischen über das fanatische Vorgehen des Inquisitors beklagt hatte. Also durfte der Graf in dem Kirchenfürsten einen Verbündeten sehen, und darauf gründete er seinen Plan. Er suchte Konrad von Marburg ein weiteres Mal auf und forderte die Einberufung eines Synodalgerichtes durch den Erzbischof.

Der Inquisitor erwiderte, der Erzbischof könne ruhig ein solches Gericht einberufen, aber er, Konrad, werde als Bevollmächtigter von Papst und Kaiser in jedem Fall das Urteil sprechen.

Viel Volk strömte am 25. Juli 1233 nach Mainz. Da hatte es jemand gewagt, dem gefürchteten Konrad von Marburg Widerstand zu leisten. Zwei andere, die damals im Taunus dabei gewesen waren, die Grafen von Solms und von Henneberg, hatten vor dem Großinquisitor gekuscht und waren empfindlich bestraft worden. Wie wird es dem mächtigen Grafen von Sayn ergehen? Das interessierte auch Ludger von Wolfach, der den weiten Ritt nicht gescheut hatte, denn seit dem Treffen im Taunus waren die beiden sich menschlich näher gekommen, und aus der reinen Nachbarschaft war Freundschaft geworden.

Die Verhandlung fand im Dom statt, wo sich neben dem Inquisitor auch der Erzbischof von Mainz, der zugleich Kanzler des Reiches war, und die Erzbischöfe von Köln und Trier eingefunden hatten, vor allem aber – womit kaum jemand gerechnet hatte – König Heinrich VII., des Kaisers Sohn.

Nach der Messe erteilte man dem Grafen von Sayn das Wort, der zunächst auf die traditionell tiefe Gläubigkeit seiner Familie hinwies, was die anwesenden Erzbischöfe allesamt bezeugen könnten. Sein Vater habe das Prämonstratenserkloster im Brextal gegründet, dessen jetziger Abt hier neben ihm stehe. Er selbst habe zusammen mit seiner Frau das Kloster Marienstatt bei Hachenburg gestiftet und bei Bonn die Deutschherren-Kommende Ramersdorf. Er sei Vogt des Kölner Domstifts und Schirmvogt des St.-Cassius-Stifts in Bonn, und nun werde ihm vom Inquisitor unterstellt, er sei – und hier zitierte er wörtlich aus der Anklageschrift – »bei nächtlichen Zusammenkünften von Ketzern auf einem froschartigen Dämon oder Krebs geritten, den jene verehren«.

Dann trat Heinrich von Sayn einige Schritte nach vorn, hob den rechten Arm zum Schwur und sagte mit fester Stimme: »Beim heiligen und allwissenden Gott schwöre ich hiermit feierlich, keine Ketzerei in welcher Form auch immer getrieben zu haben!« Damit wandte er sich um, wies auf seine Ritter und sagte: »Hier stehen meine Eideshelfer.«

Da traten alle seine Gepanzerten vor, hoben den Arm und schworen den Reinigungseid. Damit war nach geltendem weltlichen Recht die Unschuld des Grafen erwiesen. Aber dies hier war kein weltliches Gericht, und der Erzbischof von Mainz wollte keinerlei Fragen offen lassen und sprach Konrad von Marburg noch einmal auf seine angeblichen Zeugen an, doch dieser konterte: Der Erzbischof könne doch nicht ernsthaft verlangen, dass er seine Zeugen hier vorführe, wo ein Dutzend Ritter nur darauf warteten, sie für immer zum Schweigen zu bringen. Im Übrigen sei der Angeklagte bei diesen ketzerischen Zusammenkünften nicht nur auf Krebs und Kröte geritten. Er solle froh sein, dass nur dies hier erwähnt werde, weil die anderen Dinge, derer er sich dort schuldig gemacht habe, so scheußlich gewesen seien, dass man sie überhaupt nicht aussprechen könne.

Hier riss der Graf von Sayn sein Schwert aus der Scheide, und der Erzbischof von Mainz konnte ihn nur mit Mühe davon abhalten, den Inquisitor zu erschlagen. Als sich die Aufregung gelegt hatte, wurde Konrad von Marburg von den Erzbischöfen ein weiteres Mal aufgefordert, seine Zeugen zu benennen, aber er blieb dabei, dass er das Verfahren aufgrund seiner Vollmachten nach seinen Regeln führen dürfe und auch werde. Und schließlich sei der Kaiser ja ein ebenso energischer Ketzerverfolger wie er. Nun, meinte der Erzbischof, ausgerechnet dieser Kaiser sei ja schwerlich geeignet, Ketzer zu bekämpfen, wo er ja selbst kein sonderlicher Freund der Kirche sei.

Totenstille.

Das war ja schon fast Hochverrat! Natürlich wusste jeder, dass der Erzbischof Recht hatte, aber aussprechen durfte man so etwas natürlich nicht. Schon gar nicht in Anwesenheit des Kaisersohnes. Der aber tat, als habe er nichts gehört, erhob sich und erklärte, Konrad von Marburg handele durchaus im Interesse des Reiches, des Kaisers und der Kirche, und bat den Inquisitor fortzufahren.

Und der verkündete das Urteil: »Graf Heinrich von Sayn ist der Ketzerei schuldig. Er wird aus der Kirchengemeinschaft ausgeschlossen und von einem weltlichen Gericht zum Tode auf dem Scheiterhaufen verurteilt. Dieses Urteil kann auch von einem Synodalgericht nicht umgestoßen werden!«

Bestürzung und große Unruhe im weiten Kirchenschiff. Der Erzbischof von Trier beugte sich zum jungen König hinab und sprach lange eindringlich auf ihn ein. Schließlich stand Heinrich VII. auf und verkündete: »Der Verlauf der Verhandlung brachte keine notwendige Klarheit. Ich werde einen großen Königstag einberufen, damit der Fall gründlich untersucht und nach geltendem Recht entschieden werden kann.«

Für einen Augenblick war der Graf erleichtert, aber dann wurde ihm mit erschreckender Deutlichkeit bewusst, dass auch bei dem geplanten Königstag Konrad von Marburg der Ankläger sein würde, und ob sich dann der König noch einmal auf die Seite des Angeklagten stellen würde? Zwischen seiner Familie und den Staufern war zudem noch eine alte Rechnung offen: Damals, als sich nach dem Tod Heinrichs VI. der Staufer Philipp und der Welfe Otto um die Krone stritten, hatten die Grafen von Sayn bis zum Schluss zu den Welfen gehalten. Hatte Heinrich VII. das ihm und seiner Familie verziehen?

Der Graf hatte da so seine Zweifel, und deshalb trat er noch einmal vor und rief mit lauter Stimme: »Ich lehne diesen Königstag ab. Ich fordere, die Angelegenheit dem Heiligen Vater direkt zur Entscheidung vorzulegen.«

»Bravo!«, rief Ludger von Wolfach laut aus dem Kirchenschiff. »Bravo, Recht hat er!«, rief ein Zweiter, und dann brach ein Begeisterungssturm los, gegen den der junge König machtlos war. Er gab sein Einverständnis, und niemand hörte auf den Protest des Inquisitors, dem der Fall mit einem Schlag aus den Händen genommen worden war.

Der Erzbischof von Trier erhob sich und sagte feierlich: »Ich erkläre Euch allen, Graf Heinrich von Sayn geht von hier fort als ein rechtgläubiger Mann, der keiner Schuld überführt worden ist.«

An diesem Abend betranken sich zwei Grafen auf der Burg von Sayn, und als sie zusammen auf das große Bett fielen, murmelte Ludger bereits im Halbschlaf: »Pass auf, Heinrich, noch ist nicht aller Tage Abend.«

Auf seinem Sommersitz in Anagni empfing der 86-jährige Papst Gregor IX. wenige Wochen später die Abgesandten des Synodalgerichts, und Magister Volzo von Worms schilderte dem Papst, auf welche Weise Konrad von Marburg und seine Helfer Dorso und Johannes die päpstlichen Vollmachten missbrauchten, wie die Bevölkerung vor ihnen zittere und wie viele offensichtlich Unschuldige bereits auf den Scheiterhaufen geschickt worden seien, die meisten nach dem Grundsatz: Wenn von 99 Verurteilten auch nur einer schuldig war, hat sich die Sache gelohnt.

Der Papst hörte schweigend zu und sagte dann erschüttert: »Warum seid Ihr denn erst jetzt zu mir gekommen?«

Bestürzt erfuhren die Abgesandten aus Deutschland, dass der Brief, den der Erzbischof von Mainz an den Papst geschrieben hatte, nie in dessen Hände gelangt war.

Gregor seufzte tief, dann stand der alte Mann auf, rief einen Schreiber und diktierte: »Wir entziehen hiermit dem Magister Konrad von Marburg alle ihm von uns verliehenen Vollmachten und erklären alle seine rechtswidrigen Handlungen für nichtig.«

Und an die Gesandten aus Deutschland gewandt: »Ein solches Elend, wie Ihr es uns geschildert habt, dulden wir nicht!«

Fünf Männer hielten auf einem kleinen Hügel in der Heide beim Löhneberg. Sie warteten auf den Mann, der nach wie vor ihr Leben bedrohte; vor dem sie nur endgültig sicher waren, wenn er tot war. Tot und begraben. Wer wusste schon, was die Gesandten des Synodalgerichts in Rom erreichen würden. Zu wem würde der Papst wohl halten? Zu vermeintlichen Ketzern oder zu dem, den der Heilige Stuhl zu deren Verfolgung eingesetzt hatte?

Am Morgen nach der durchzechten Nacht hatte Ludger seinen Freund dazu überredet, kurzen Prozess mit dem Inquisitor zu machen. Sicher ist sicher. Selbst wenn die Gesandten den Papst dazu bewegen könnten, Konrad von Marburg abzuberufen – es würde noch lange Monate dauern, bis sie mit der guten Nachricht aus Rom zurückkämen. Bis dahin würden noch viele Scheiterhaufen lodern, und wer weiß: Auf einem davon könnte Heinrich festgebunden stehen oder Ludger oder die anderen, die bei dem Treffen im Taunus dabei waren. Aber auch zahllose andere Unschuldige, die kein schlimmeres Verbrechen begangen hatten, als den Weg dieses Fanatikers gekreuzt zu haben.

Sie hatten mit den Herren von Dernbach, Herborn und Schweinsberg gesprochen, und die hatten zugestimmt. Mehr noch: Sie hatten sich erboten, die Sache selbst zu erledigen, denn das sei nicht Aufgabe der Grafen, dafür seien schließlich ihre Lehnsleute da. Und damit hatte es sich.

Ludger hatte in Erfahrung gebracht, dass der Erzbischof dem Inquisitor Bewaffnete zum Schutz mitgeben wollte, wenn dieser von der Synode zurück nach Marburg reiten würde. Das hätte die Sache erschwert, aber gottlob hatte Konrad abgelehnt. Er sei der päpstliche Abgesandte, und niemand würde es wagen, ihn anzugreifen.

Genau das hatte Graf Heinrich auch geglaubt, und auch er hatte sich geirrt.

»Sie kommen«, sagte von Schweinsberg.

Durch das Heidekraut trabte ein Reiter auf sie zu: Konrad von Marburg. Ihm folgte auf einem Esel ein Mönch.

»Das ist Gerhard Lutzelkolb, ein Franziskaner«, sagte Ludger. »Lasst ihn laufen, er ist harmlos.«

Die drei Ritter setzten ihre Pferde in Bewegung und trabten langsam auf die beiden Männer zu.

»Macht den Weg frei«, sagte der Inquisitor. »Ich bin Konrad von Marburg.«

»Oh, wir wissen, wer Ihr seid«, sagte der von Herborn, indem er sein Schwert zog. »Wir wissen es nur zu gut.«

»Vorsicht, Herr«, schrie der Franziskaner, glitt aus dem Sattel und sprang den Ritter von unten an. Ein Faustschlag warf ihn zurück. Dann waren auch die beiden anderen Ritter heran und rissen den Inquisitor aus dem Sattel. Der Franziskaner warf sich über ihn und versuchte, ihn mit seinem eigenen Körper zu decken. Drei Schwerter fuhren in seinen Körper, stießen durch ihn hindurch und bohrten sich in die Brust des Inquisitors, einmal, zweimal, dreimal.

Dann war es vorbei.

Die drei ritten zurück zu den beiden Grafen. »Das war's«, sagten sie. »Er wird niemanden mehr auf den Scheiterhaufen bringen.«

»Es war einwandfrei Notwehr«, sagte Graf Heinrich. »Allerdings müsst Ihr Euch stellen. Aber diesmal wird ein weltliches Gericht zusammentreten, und dort wird Gerechtigkeit walten.«

»So Gott will«, sagte Ludger.

28. KAPITEL
KAISER UND KETZER

Nervös stolperte der Kadi Schams ad-Din hinter dem Kaiser her über die Teppiche der al-Aksa-Moschee. Was für ein merkwürdiger Mann! Der höchste Herrscher der Franken, und er sah eher aus wie ein unscheinbarer Diener, klein von Gestalt, das rotblonde Haar schon etwas schütter, große Augen, die Neugierde, aber auch Kurzsichtigkeit verrieten. Auf einem Sklavenmarkt würde er nicht viel bringen.

Er war halt nur ein Christ.

Wenn auch ein besonderer und völlig anders als die meisten Kreuzfahrer, die der Kadi bislang kennen gelernt hatte. Sultan Malik el-Kamil hatte ihn beauftragt, dem Kaiser vertragsgemäß die Schlüssel der Stadt Jerusalem zu übergeben, den Kaiser auf Schritt und Tritt zu begleiten und ihm seine Wünsche vom Munde abzulesen. Was im Übrigen leicht war, denn der Gast sprach fließend Arabisch, wodurch er sich ebenfalls von den anderen Franken unterschied.

Als ihn der Kadi auf den ausdrücklichen Wunsch des Kaisers hin zum heiligen Bezirk geführt hatte, wo sich der Felsendom und die al-Aksa-Moschee erhoben, war der Franke am Brunnen stehen geblieben, hatte sich – erstaunlicherweise und ohne darum gebeten worden zu sein – seine Schuhe ausgezogen und die Füße gewaschen. Kurz darauf hatte der Muezzin zum Gebet gerufen, und fast alle Männer aus der Begleitung des Kaisers hatten sich Richtung Mekka niedergeworfen und ihr Gebet verrichtet. Was war das für ein Christ, dessen Begleitung größtenteils aus Rechtgläubigen bestand!

Der Sultan hatte dem Kadi vor der Ankunft des Kaisers eingeschärft, den Muezzins für die Dauer seines Aufenthalts zu verbieten, von den Minaretten herab zum Gebet aufzurufen. Sie hatten sich auch daran gehalten, aber am Morgen nach der ersten in Jerusalem verbrachten Nacht hatte der Kaiser gefragt, warum kein Muezzin zu vernehmen sei. Der Kadi gestand, dass man es ihnen verboten habe. Schließlich würden sie unter anderem verkünden, dass es keinen anderen Gott neben Allah gebe, und das würde den Gast doch wohl beleidigen.

»Das war nicht richtig«, hatte der Kaiser geantwortet. »Ich will nicht, dass Ihr auf Eure religiösen Gebräuche verzichtet, nur weil ich für ein paar Tage hier in Jerusalem bin. Würdet Ihr mein Gast sein, würde ich auch nicht das Läuten der Glocken verbieten. Also lasst die Muezzins wieder zum Gebet rufen!« Und so geschah es.

Wenig später im Felsendom: Als der Kaiser eintrat, sah er einen Priester, der irgendetwas verkaufte. Der Kaiser schrie ihn an. »Was treibst du hier im Allerheiligsten des Islam! Weißt du nicht, dass der Prophet von diesem Ort aus zum Himmel hochgestiegen ist? Moslems verehren diesen Felsen, und du machst hier deine dubiosen Geschäfte. Bei Gott, wenn du noch einmal hier angetroffen wirst, lass ich dir die Augen ausstechen!«

Der Priester floh, und der Kaiser beruhigte sich wieder. Er las das Band, das im Inneren des Felsendoms umläuft, »Saladin reinigte diese Stadt von den Heiden«, und fragte den Kadi mit gespielter Neugier: »Wer mag denn mit diesen Heiden gemeint sein?« Der Kadi schwieg verwirrt. Der Kaiser wollte ihn anscheinend auf den Arm nehmen, aber da kam schon die nächste Frage: »Wozu dienen denn die Gitter vor den Fenstern?«

Endlich eine Frage, die sich beantworten ließ. »Um die Spatzen draußen zu halten«, sagte der Kadi.

»Und dafür habt Ihr jetzt die Schweine drinnen«, antwortete der Kaiser sarkastisch.

Der Kadi zuckte zusammen. Schweine – das war das arabische Schimpfwort für Christen, und jetzt bezeichnete sich der Gast selber so!

Kopfschüttelnd trabte er hinter dem Gast her, der jetzt zur al-Aksa-Moschee hinüberging, und schon kam die nächste Frage: »Wie wird man eigentlich Kalif?«

»Alle Kalifen sind Nachkommen des Propheten«, antwortete Schams ad-Din. »Sehr vernünftig«, antwortete der Kaiser. »Das macht Sinn. Bei den einfältigen Franken kann jeder Papst werden, auch wenn er nicht aus der Familie des Messias stammt. Euer Kalif hat das Recht, auf seinen hohen Rang stolz zu sein. Unser Papst mit Sicherheit nicht.«

Was ist das nur für eine Religion, über die ihre Anhänger ungestraft derart herziehen und Kübel voll Hohn ausschütten dürfen, dachte der Kadi und war einmal mehr stolz darauf, ein Rechtgläubiger zu sein.

Allah sei gelobt!

Ob der Kaiser ungestraft über die Kirche lästern durfte, werden wir noch sehen. Die Moslems jedenfalls waren entsetzt. Wenn sie auch die Christen als Ungläubige betrachteten – für Menschen, die nicht nur über alle anderen Religionen, sondern sogar über ihren eigenen Glauben spotteten, hatten sie nicht viel übrig.

Das macht sie uns sympathisch.

Wenden wir uns einem anderen Charakterzug Friedrichs II. zu: seiner Skepsis, die ihn zunächst einmal an allem zweifeln ließ, was als gesichert galt. Das konnten religiöse Thesen sein, aber ebenso medizinisches, biologisches oder geografisches Wissen.

Szene im Hof einer seiner Pfalzen: Zwei große Fässer stehen da, mit verschraubbaren Deckeln. Daneben ein großer Steintisch. Auf einem Klappstuhl sitzt der Kaiser, umgeben von einigen Ärzten der Schule Salerno und ein paar Mönchen. Zwei gefesselte Männer werden herbeigeführt und gezwungen, in die Tonnen zu steigen. Dann werden die Deckel zugeschraubt.

Es sind zwei Mörder, zum Tode verurteilt, und lediglich die Neugierde des Kaisers bewahrt sie vor einem noch schrecklicheren Tod. Er ist auch so schrecklich genug, denn sie werden in den Fässern ersticken. Beide haben eine reichhaltige Henkersmahlzeit erhalten. Dann hat man den einen Mörder schlafen lassen, den anderen hingegen zu einem längeren Lauf gezwungen. Der Kaiser will wissen, bei welcher Tätigkeit ein Mensch besser verdaut.

Und noch etwas anderes.

Eine Zeit lang hört man das verzweifelte Klopfen der Eingesperrten. Dann wird es still. Schließlich steht der Kaiser auf, beugt sich zu den Fässern hinab, dreht sich nach den Mönchen um und zieht langsam die Zapfen aus den Spundlöchern. »Habt Ihr die Seelen der beiden davonfliegen sehen«, fragt er spöttisch.

Die Mönche bekreuzigen sich hastig. So redet nur ein Ketzer.

Dann lässt Friedrich die Leichen aus den Fässern holen und ihre Leiber öffnen. Die Ärzte müssen die Mägen aufschneiden. Bei dem Mann, der nach der Mahlzeit geschlafen hat, ist die Verdauung weiter fortgeschritten. Der Kaiser ist zufrieden. Wenigstens für diesmal.

Seine Neugierde und sein Wissensdurst waren grenzenlos. An einen der bedeutendsten Gelehrten der Zeit, Michael Scotus, einen Schotten, über den man nicht besonders viel weiß, obwohl er später acht Jahre an Friedrichs Hof gelebt hat, schickte er einen ganzen Fragenkatalog. Kurzer Auszug:

Wo befinden sich die Hölle und das Fegefeuer? Oberhalb, unterhalb oder tatsächlich auf der Erde? Warum ist das Wasser des Meeres salzig und das der Flüsse und Seen nicht? Woher kommt das Wasser, das aus der Erde hervorquillt? Woher kommt der Wind und das Feuer, das aus der Erde hervorbricht? Doch es blieb nicht bei Fragen. Friedrich wollte Antworten und schreckte auch nicht – siehe oben – vor makabren Experimenten zurück: Ein paar verwaiste Säuglinge ließ er in einem Turm einschließen, und die Ammen, die sie stillten, durften sie nach Möglichkeit nicht berühren und vor allem nicht mit oder zu ihnen sprechen. Auf diese Weise wollte Friedrich erfahren, was die natürliche Muttersprache des Menschen sei: Griechisch, Lateinisch, Arabisch oder ganz einfach die Sprache ihrer Mütter.

Leider starben alle Kinder. Sie verkümmerten allesamt, weil es ihnen an der notwendigen Zuneigung fehlte, und der Kaiser blieb mit einem Problem zurück. Andere löste er spielend.

Als beispielsweise das Nest eines Zeisigs gefunden wurde, in dem neben den normalen Jungtieren ein besonders großes und völlig aus der Art geschlagenes Küken hockte, ließ der Kaiser es sorgfältig beobachten und entdeckte so das Verhalten des Kuckucks, der seine Eier bekanntlich in fremde Nester legt. Die Legende, dass gewisse Gänse aus verfaultem Schiffsholz schlüpfen, widerlegte er, indem er Kundschafter in den Norden schickte, die schließlich feststellten, dass die Gänse auf völlig normale Weise zur Welt kommen. Der Kaiser ließ auch Backöfen bauen, um die These zu überprüfen, dass Strauße ihre Eier von der Sonne ausbrüten lassen; aber dazwischen immer wieder Fragen über Fragen.

Allerdings auch Erkenntnisse, die der Kaiser umgehend in Gesetze einfließen ließ. Zum Beispiel entschied er, dass die traditionellen Gottesurteile ab sofort keine Beweiskraft mehr besäßen. Es sei nämlich völlig unsinnig zu glauben, dass ein glühendes Stück Eisen den Schuldigen verbrenne, den Unschuldigen aber unversehrt lasse. Das Gleiche gelte auch für die Wasserprobe. Es sei nicht einsehbar, warum ein Unschuldiger versinke, während ein Schuldiger oben treibe. Jeder Mensch könne durch tiefes Ausatmen bewirken, dass sein Körper versinke; unschuldig sei er deshalb noch lange nicht.

Mit der gleichen Logik wurde der Verkauf von Liebestränken verboten. Wo nicht einmal der Ansatz von Liebe sei, könne auch kein noch so raffiniert zubereiteter Trank etwas ausrichten. Folglich sei das Verkaufen solcher Mixturen Betrug und deshalb verboten. Sollte aber jemand, dem ein so genannter Liebestrank verabreicht wurde, daran sterben, würde auch der Verursacher zum Tode verurteilt.

Nicht zu glauben, aber bereits im 13. Jahrhundert erlässt ein Herrscher das erste Umweltgesetz: »Wir sind bestrebt, die uns durch Gott geschenkte Gesundheit der Luft durch Unsere Vorsorge, so weit Uns das möglich, rein zu erhalten. Wir verfügen deshalb, dass es niemandem gestattet sei, in Gewässern, die weniger als eine Meile von einem Ort entfernt liegen, Flachs oder Hanf zu wässern, weil dadurch die Beschaffenheit der Luft ungünstig verändert wird.«

Dieses Gesetz gehört zu einer ganzen Sammlung aus dem Jahr 1231, die als »Konstitutionen von Melfi« in die Geschichte eingegangen sind. Darin wird alles Mögliche geregelt, angefangen von den oben bereits erwähnten juristischen Verfahrensweisen über Handelsgesetze und Fischfangbestimmungen bis zu der exakten Anweisung, dass Leichen mindestens in 1,88 Meter Tiefe zu begraben seien.

Seine Leidenschaft jedoch galt den Vögeln, und hier besonders den Falken. Er beobachtete beispielsweise, dass Geier und Adler keineswegs durch den Geruch von Aas angelockt werden, sondern ausschließlich von dessen Anblick. Bei seinen Experimenten hatte er festgestellt, dass selbst ein ausgehungerter Geier, dem man eine Kappe aufsetzt, nicht nach einem Stück Fleisch pickt, das man direkt vor seinen Schnabel legt.

Über die Jagd mit Falken hat er sogar ein reich illustriertes Buch verfasst, das allerdings nur in Abschriften erhalten geblieben ist. Dreißig Jahre lang hat Friedrich gezögert, seine Erkenntnisse niederzuschreiben, weil er fürchtete, dieses oder jenes vernachlässigt oder nicht genau genug beobachtet zu haben. Was schließlich herauskam, war ein Fachbuch, das heute noch Gültigkeit besitzt. Als 1241 die Mongolen nach Westen stürmten, hat ihm deren Großkhan angeblich einen guten Posten an seinem Hof versprochen, wenn er sich freiwillig unterwerfe. Und der Kaiser soll im Scherz gesagt haben, er könne sich allenfalls einen Job als Falkner vorstellen.

Solange er sich mit seinen naturwissenschaftlichen Experimenten beschäftigte, drohte ihm von Rom keine Gefahr, obwohl die Kirche – siehe beispielsweise Galileo Galilei – auch da zuweilen Gotteslästerung witterte. Es war schon ein Segen, dass des Kaisers Verhalten in Jerusalem und die – immerhin von arabischen Chronisten überlieferten – Sprüche nicht zu seinen Lebzeiten in Rom bekannt wurden, aber das war letztlich auch nicht notwendig, um Friedrich als Ketzer hinzustellen. Er sorgte selbst für seinen schlechten Ruf und dafür, dass sein lateinischer Beiname – *stupor mundi* – nicht nur als das »Staunen« der Welt übersetzt wurde, sondern von seinen Feinden auch als das »Entsetzen« der Welt.

Bei allen Experimenten und Aussprüchen, die Friedrich II. zugeschrieben werden, muss allerdings berücksichtigt werden, von wem und vor allem mit welcher Absicht sie überliefert worden sind. Salimbene beispielsweise, ein Franziskanermönch aus Parma, behauptete zwar, er ekle sich, weil er so schreckliche Dinge über den Kaiser schreiben müsse, suhlte sich dann doch im Boulevardstil darin und darf deshalb nur mit Vorsicht zitiert werden. So war beispielsweise die angebliche Äußerung Friedrichs, Moses, Jesus und Mohammed seien die größten Betrüger der Menschheitsgeschichte gewesen, zwar bestens geeignet, den Kaiser zu diffamieren, bewiesen ist sie deshalb keineswegs.

Das Gleiche gilt für einen anderen Ausspruch Friedrichs. Beim Durchreiten eines Weizenfeldes soll er in Anspielung auf die Eucharistie zu einem Begleiter gesagt haben: »Oh, wie viele Götter könnten aus diesem Getreide gebacken werden, das wir im Augenblick zertrampeln.«

Friedrich hat beide Zitate heftig dementiert, andererseits aber deutlich durchblicken lassen, dass er weder an die jungfräuliche Geburt noch an die leibliche Auferstehung Christi und auch nicht an ein Weiterleben nach dem Tod glaubte.

Ketzerei durch und durch.

Nun war Rom durchaus bereit, notfalls über all das hinwegzusehen bzw. zu hören, solange es keine politischen Auseinandersetzungen mit Friedrich II. gab, aber der ging keinem Streit aus dem Weg. Zunächst jedoch musste er nach Deutschland reisen, um seinen Sohn Heinrich VII. zur Räson zu bringen. Schon einmal, 1232, hatte der junge König sich dem Vater unterwerfen müssen, der Frieden im Norden wünschte, damit er sich ganz auf seine Heimat, das Königreich Sizilien, konzentrieren konnte.

Zehn Jahre schon war der Kaiser nicht mehr in Deutschland gewesen und hatte seinen Fürsten entsprechende Zugeständnisse gemacht, sodass sie in ihren Territorien schalten und walten konnten, wie immer sie es für richtig hielten. Aber die Zeiten änderten sich, und vor allem die großen deutschen Städte wurden immer reicher und mächtiger, und das war den Fürsten ein Dorn im Auge.

Obwohl der Vater ihn schon einmal zurechtgewiesen und gedemütigt hatte, setzte Heinrich seine städtefreundliche Politik fort, und nun war es so weit: 1235 wurde er in die Kaiserpfalz Wimpfen zitiert, wohin der Kaiser zwar ohne Heer, dafür aber mit der riesigen und beeindruckenden

Menagerie anrückte, die ihn in letzter Zeit auf all seinen Reisen begleitete: Abgesehen von der Schar seiner Begleiter, die sich mit jedem nur denkbaren orientalischen Prunk geschmückt hatten, führte Friedrich II. Affen und Dromedare, Giraffen und Gazellen, Kamele und Leoparden mit sich, Tiere, die man in Deutschland noch nie gesehen hatte, ebenso wenig wie die dunkelhäutigen Männer, von denen die Tiere gepflegt wurden: Äthiopier, Sarazenen und – welche Faszination für das gaffende Volk – Neger aus dem Sudan.

Heinrich, ein König ohne jede militärische Macht, warf sich dem Vater zu Füßen, aber der machte keine Anstalten, ihn aufzuheben, bis ausgerechnet einige Fürsten – im Grunde ja die Todfeinde des jungen Königs – den Kaiser dazu bewegen konnten, seinem Sohn endlich das Aufstehen zu gestatten. Und das war die einzige Gnade, die der zornige Vater walten ließ. Sein Urteil: lebenslange Kerkerhaft!

Ein schreckliches Urteil für einen 24-Jährigen. Er wurde im Turm Ludwigsland in Worms festgesetzt und später in verschiedenen apulischen Festungen eingekerkert. Bei einer der Verlegungen stürzte er mit seinem Pferd in eine Schlucht und starb. Vermutlich war es Selbstmord.

Wer hätte es ihm verdenken können.

Im Landfriedensgesetz von 1235 versuchte der Kaiser, sein Urteil zu rechtfertigen, indem er verkündete: »Welcher Sohn seinen Vater von seinen Burgen verstößt oder von anderen Gütern oder sein Eigentum raubt oder verbrennt, wer wider seinen Vater seinen Feinden Gefolgschaft schwört, sodass er seinem Vater die Ehre nimmt und ihn ins Verderben stößt, der soll sein Eigentum und sein Leben verlieren. Der Vater darf ihm nicht verzeihen und der Richter ihn nicht freisprechen.«

Es war übrigens das erste Gesetz, das nicht nur in lateinischer, sondern auch in deutscher Sprache aufgezeichnet wurde.

29. KAPITEL
DIE ENTTÄUSCHTE BRAUT
(1235)

Mathilde fühlte sich unbehaglich. Diesen Prunk war sie von daheim nicht gewohnt. Hunderte von Kerzen tauchten den riesigen Saal in Westminster in ein nahezu taghelles Licht. Die Gesandtschaft des Kaisers wurde angeführt vom engsten Vertrauten des Kaisers, Petrus de Vinea, und von Heinrich von Müllenark, dem Erzbischof von Köln. Hinzu kamen noch einige Ritter und nicht zuletzt sie: Mathilde von Wolfach, ausersehen, die Braut nach Deutschland zu begleiten und an ihrer Seite zu bleiben, solange es notwendig schien.

Begonnen hatte ihr Abenteuer vor etlichen Wochen an einem kalten Januartag, als Onkel Burkhard, der Abt des Eifelklosters, zu Besuch gekommen war. Er hatte sich mit Ludger zurückgezogen, und als beide nach einer guten Stunde wieder auftauchten, machten sie sehr bedeutende Gesichter.

»Habt Ihr den Kaiser gestürzt?«, lachte Mathilde.

Der Abt sah seine Nichte nachdenklich an. Sie nimmt zwar nichts und niemanden ernst, dachte er, aber ich denke, sie kann es. Sie ist genau die Richtige. Nicht zu jung und keine alte Muhme, unverheiratet, immer neugierig und kein Trauerkloß. Die junge Braut wird ohnehin nicht viel zu lachen haben. Mathildes Gesellschaft wird ihr gut tun.

»Wir haben eine wichtige Aufgabe für dich«, sagte er endlich. Und dann erzählte er ihr, wie ebenjener Petrus de

Vinea sich an den Erzbischof von Köln gewandt habe auf der Suche nach einer vertrauenswürdigen Person, von der er sehr genaue Vorstellungen hatte. Keine Nonne, aber auch keine der raffinierten Damen, wie man sie bei Hofe antraf. Ehrlich sollte sie sein und geradeheraus, nicht intrigant und nicht eitel – unverdorben halt.

Er sah Mathilde fragend an. Ob sie sich das wohl vorstellen könne?

Mathilde starrte ihn an. Es kam selten vor, dass man sie sprachlos erlebte, aber jetzt fand sie einfach keine Worte. Wirre Gedanken schossen ihr durch den Kopf. Sie war jetzt 34 Jahre alt und noch nirgendwo gewesen, halt, doch, einmal in Koblenz und natürlich im Eifelkloster, aber sie kannte nicht einmal Köln. Nur ihre kleine Burg mit ihrem winzigen Studierzimmer. Und jetzt nach London? Und dann mit der Braut des Kaisers an den Hof?

»Ich glaub' es nicht«, sagte sie schließlich. »Ich glaub' es einfach nicht.«

»Du kannst es schon glauben«, schaltete sich ihr Bruder ein. »Onkel Burkhard hatte aber gefragt, ob du es dir vorstellen kannst.«

»Natürlich kann ich«, schluchzte Mathilde glücklich. »Natürlich.«

»Dann gebe ich Bescheid nach Köln«, sagte der Abt und erhob sich. »Es muss einiges überlegt werden – vor allem was die Kleidung angeht. Ich will ja nicht der Eitelkeit das Wort reden, aber so, wie du zum Kloster reitest, kannst du dich nicht in London sehen lassen.«

»Wird das sehr teuer?«, fragte Ludger.

»Ich denke, das wird wohl der Hof bezahlen«, sagte der Abt trocken.

Plötzlich schlug Mathilde die Hände vor den Mund: »Aber, aber«, stotterte sie, »ich spreche doch überhaupt nicht die Sprache der Angelsachsen!«

»Schwesterchen«, sagte Ludger nachsichtig, »du solltest wissen, dass am englischen Hof ausschließlich Französisch gesprochen wird, und Französisch hast du doch ebenso gelernt wie ich. Jeder Adlige spricht doch heutzutage Französisch – wenigstens einigermaßen«, setzte er hinzu, als er den skeptischen Blick des Onkels bemerkte.

»Richtig lernt man eine Sprache nur, wenn man sie ständig benutzt«, sagte der Abt zu Mathilde, »und dazu wirst du reichlich Gelegenheit haben.«

Es war also beschlossene Sache, und wenige Wochen darauf wurde Mathilde in Köln neu eingekleidet. Heinrich von Müllenark erwies sich als außerordentlich großzügig, trieb bei den Dominikanern in der Stolkgasse noch einen aus Reims gekommenen Mönch auf, mit dem zusammen sie ihr Französisch auffrischen konnte, und ließ ihr genügend Zeit, die Sehenswürdigkeiten der großen Stadt zu bestaunen: die vielen mächtigen Kirchen, den prachtvollen Schrein der Heiligen Drei Könige, deren Reliquien Rainald von Dassel einst nach Köln gebracht hatte, und im Benediktinerkloster St. Pantaleon das Grab der Kaiserin Theophanu.

Und nun stand sie hier im Prunksaal des englischen Königs Heinrich III., der sich geehrt gefühlt hatte, als der Kaiser um die Hand seiner Schwester angehalten hatte. Petrus de Vinea hatte ihr mit einem unangenehmen Lachen erklärt, dass die 21-jährige Isabella – das war die spanische Variante des Namens Elisabeth – eigentlich als Frau für den jungen König Heinrich vorgesehen war, aber diese Sache sei vom Tisch.

Die Hochzeit sollte die staufisch-welfische Aussöhnung besiegeln. Außerdem schicke es sich nicht, dass der bereits zweimal verwitwete Kaiser als Mann in den besten Jahren unverheiratet war.

Das sah vor allem der Papst so, der Friedrich schon zweimal eine Frau besorgt hatte: einmal – wir erinnern uns – die wesentlich ältere Konstanze von Aragon, die dem erst 14-Jährigen ins Bett gelegt worden war, und später – auch daran erinnern wir uns – die erst 13-jährige Isabella von Brienne, die immerhin die Krone von Jerusalem als Aussteuer mit in die Ehe gebracht hatte.

Nun also wieder eine Isabella. Mathilde war neugierig. Der Hof und die deutsche Gesandtschaft warteten schon seit geraumer Zeit geduldig auf das Erscheinen der 21-Jährigen. Sie befand sich, hieß es, auf dem Weg vom Tower nach Westminster.

Doch das Warten lohnte sich: Als sie schließlich erschien, sah sie wirklich blendend aus, und ebenso blendend war die Aussteuer, die ihr der königliche Bruder mitgab.

Mathilde wiegte die hemmungslos schluchzende junge Frau behutsam in ihren Armen und strich ihr das Haar aus dem verweinten Gesicht. Isabella war am Morgen nach ihrer Hochzeitsnacht aus dem Brautgemach gestürzt, in Mathildes Zimmer gelaufen und hatte sich der Freundin tränenüberströmt in die Arme geworfen. Seitdem hatte sie ohne Unterlass geweint, und Mathilde hatte keine Fragen gestellt.

Die Nacht musste schrecklich gewesen sein.

Dabei hatte alles so vielversprechend begonnen. Die Überfahrt von London nach Antwerpen war ruhig verlaufen, ebenso die Weiterreise nach Köln, wo die Menschen der Prinzessin einen wundervollen Empfang bereitet hatten. Zehntausende von Menschen waren ihr mit Blumen und Palmzweigen entgegengezogen.

Häuser und Straßen waren geschmückt, und ein Festzug hatte sich durch die Gassen bewegt, wie man ihn noch nie gesehen hatte: Große Wagen, die Schiffen ähnelten und zum Schein auch gerudert wurden, kamen gerollt. Sie wurden von Pferden gezogen, die man jedoch nicht sehen konnte, weil sie unter einem Dach aus Seide gingen, sodass der Eindruck entstand, die Schiffe würden tatsächlich durch die Luft schweben.

In den Schiffen saßen Geistliche, die auf ihren Instrumenten musizierten und von Kölner Bürgern begeistert gefeiert wurden. Noch mehr Entzücken jedoch rief die schöne Prinzessin hervor, die – von der Beifall spendenden Menge an den Straßenrändern dazu aufgefordert – immer wieder Hut und Schleier abnahm und den Menschen Gelegenheit bot, ihre Schönheit zu bewundern.

Sie waren lange in Köln geblieben, das Mathilde nun schon gut genug kannte, um Isabella zu den Sehenswürdigkeiten der Stadt führen zu können. Der Kaiser hatte noch keine Zeit für seine Braut. Er musste zuvor noch seinen siebenjährigen Sohn Konrad mit der Tochter des Bayernherzogs Otto II. verloben und seinen Ältesten zu lebenslangem Kerker verurteilen.

Eine Woche später hatte er Hochzeit im Dom zu Worms gefeiert.

Isabella hatte sich in Mathildes Armen langsam beruhigt. Mit noch immer von Tränen erstickter Stimme erzählte sie, wie sie am Abend zuvor auf den Kaiser gewartet hatte. Mit Neugierde zunächst, später mit einigen Befürchtungen – schließlich war sie noch Jungfrau – und dann schließlich mit Panik.

»Du kennst das ja«, murmelte sie.

»Nein, kenne ich nicht«, antwortete Mathilde trocken.

»Entschuldige«, schluchzte Isabella, »ich vergaß, dass du unverheiratet bist. Tut mir Leid.«

»Zuweilen glaube ich, dass ich das bessere Los gezogen habe«, sagte Mathilde. »Und was geschah dann?«

»Er hatte gestern Abend seine Astrologen befragt, und die hatten ihn davon überzeugt, dass heute Morgen um sechs Uhr die günstigste Stunde sei, um mich zu schwängern …«

»Ich höre«, sagte Mathilde, als Isabella abbrach.

»Als es hell wurde, kam er und nahm mich. Dann stand er auf und sagte, ich solle sehr gut auf mich aufpassen, denn ich hätte soeben einen Jungen empfangen.«

»Und dann?«, fragte Mathilde.

»Dann ist er gegangen.«

»Sofort danach? Einfach so?«

»Ja.«

»Und wie lange war er insgesamt bei dir?«

»So lange, wie er brauchte. Vielleicht zwei Vaterunser lang.«

Mathilde schwieg. Sie besaß zwar keinerlei Erfahrung, aber dass Liebende stundenlang und manchmal die Nacht hindurch beisammen lagen – das hatte sie von Minnesängern gehört.

Liebe war das hier mit Sicherheit nicht.

Auch Ricarda, Mathildes jüngere Schwester, war inzwischen verheiratet, und zwar mit einem Lehnsmann des Grafen von Sayn. Mathilde hatte sie seit der Hochzeit nicht mehr gesehen und hoffte inständig, dass Ricardas Mann ein zärtlicherer Liebhaber war als der Kaiser.

Mathilde benötigte genau neun Tage, um sich in das Vertrauen der alten Herrad einzuschleichen, die den Kaiser auf allen seinen Reisen begleitete. Er brauchte keinen Leibdiener. Er hatte Herrad. Seit Kindesbeinen. Zu Beginn, als Mathilde sich vorsichtig nach des Kaisers Vorlieben erkundigte, wurde sie von der alten Frau misstrauisch beäugt. Wollte sie etwa bei der neuen Frau petzen?

»Nein«, beruhigte Mathilde sie, »aber die Frau des Kaisers ist noch arg naiv. Ich will sie nur schützen«, und so ganz langsam taute die Alte auf.

»Wie war denn die Ehe mit der so viel älteren Konstanze? Das war doch wohl die erste Frau, mit der er zusammen war?«

Die Alte kicherte aus fast zahnlosem Mund. »Nein, das war ich!«

»Aber Friedrich war doch erst 13 Jahre!«

»Zwölf«, verbesserte Herrad sie.

»Zwölf?«, fragte Mathilde ungläubig.

»Jemand musste es ihm doch zeigen, bevor er verheiratet wurde«, sagte die Alte störrisch. »Und ich war 40. Ich wusste Bescheid.«

Mathilde beschloss, das Thema nicht zu vertiefen. »Aber diese Konstanze von Aragon, die hat er doch richtig geliebt – oder?«

»Ja«, sagte Herrad. »Die hat er richtig geliebt, die und noch eine andere!«

»Wen?«, fragte Mathilde.

Die alte Frau sah sie listig an, sagte aber nichts.

»Und als Konstanze tot war?«

»Da brauchte er keinen Ersatz mehr für die Mutter, die er nie gehabt hatte. Von da an liebte er das grüne Gemüse.«

»Beispielsweise?«

»Beispielsweise die Tochter eines Grafen auf Sizilien, die er schon schwängerte, als er erst 17 war und sie bestimmt nicht älter. Älter dagegen war diese Adelheid. Du musst wissen, als Kind hat er lange in der Familie des Herzogs Konrad von Spoleto gelebt. Der stammte aus dem Geschlecht derer von Urslingen aus dem Schwäbischen und hatte eine hübsche Tochter. Eines Tages war sie schwanger, und als sie einen Jungen zur Welt brachte, nannte sie ihn Heinz. Heinrich wollte sie ihn nicht nennen, weil Friedrich von Konstanze ja schon einen kleinen Heinrich hatte. Die Italiener jedoch nennen den kleinen Heinz nur Enzio, und jetzt weißt du auch, wer das ist.«

Das wusste Mathilde in der Tat. Enzio war der Lieblingssohn des Kaisers, den der Kaiser ebenso wie die alte Herrad nicht von seiner Seite ließ. Er war vernarrt in ihn.

»Und was ist mit der anderen Isabella, der Tochter des so genannten Königs von Jerusalem?«, fragte Mathilde.

»Ach herrje«, sagte Herrad, »die war ja wirklich noch ein Kind, und der Kaiser wollte sie im Grunde auch gar nicht als Frau. Er hat sie doch nur genommen, weil sie ihm die Krone von Jerusalem einbrachte. Auf die Krone war er scharf, nicht auf dieses Kind mit seinen 13 Jahren. Sie hat in der Hochzeitsnacht übrigens umsonst vor Angst gebibbert. Er dachte gar nicht daran, sich zu ihr zu legen. Stattdessen hat er die Nacht mit einer ihrer Zofen verbracht, die prompt schwanger wurde. Das Kind, ein Mädchen, müsste jetzt« – Herrad kniff die Augen zu und zählte an den Fingern ab – »acht oder neun Jahre alt sein.«

»Fruchtbar scheint der Kaiser ja wohl zu sein«, stellte Mathilde fest.

»O ja«, bestätigte Herrad, »da gibt es noch eine Nichte des Erzbischofs von Messina, dann diese Mathilde aus Antiochia, diese Richina aus werweißnichtwo und natürlich Bianca.«

»Bianca?«

»Ach, jetzt habe ich es doch verraten«, sagte die Alte. »Die Markgräfin Bianca Lancia. Soeben ist sie gestorben. Gott hab sie selig. Sie war ihm eine gute Frau.«

»Seine Frau?« Mathilde glaubte, nicht richtig verstanden zu haben. »Ich denke, der Kaiser war verwitwet bis zu seiner Hochzeit mit Isabella!«

»Es war eine Ehe zweiter Hand«, sagte die Alte und wischte sich mit ihrem Kittelsaum über die Augen. »Sie ist erst kurz vor ihrem Tod anerkannt worden, damit die Kinder erbberechtigt sind, aber es war eine große Liebe.«

»Und wer war diese Bianca?«

»Sie war die Tochter des Markgrafen von Piemont, Manfred di Lancia, eine alte Familie, und ich weiß nicht, warum er sie nicht geheiratet hat. Die Tochter eines Pfalzgrafen wäre doch nicht unter seiner Würde gewesen. Aber er wollte nie mit mir darüber sprechen.«

»Und diese Bianca hat er wirklich geliebt, oder hat er auch sie nur zum Kindergebären benutzt?«

»Wie kannst du so etwas fragen!« Herrads Augen blitzten wütend. »Wenn sich zwei Menschen wirklich geliebt haben, dann diese beiden. Wann immer sie zusammen waren, ob im Haus, im Garten, unten am Bach oder auf einer Wiese – immer haben sie sich gestreichelt und geküsst. Sie haben sich auch nicht gescheut, ihre Zärtlichkeiten auszutauschen, wenn ich dabei war. Und dann kamen die Kinderchen, erst Konstanze – sie nannten sie nach Friedrichs erster großen Liebe – und dann Manfred. Er ist gerade mal drei Jahre alt. Konstanze ist wohl zwei Jahre älter. In der Zeit, während er mit ihr zusammen war, hat er kein einziges Mal mit einer anderen Frau geschlafen. Höchstens in einem seiner Harems, aber da konnte ich ihn ja nicht beobachten.«

»Kein einziges Mal?«, fragte Mathilde spöttisch.

»Niemals!«, sagte die alte Frau zornig.

»Und was ist mit den Harems?«, fragte Mathilde. »Das sind doch Häuser, in denen Frauen eingesperrt sind – oder?«

»Sarazeninnen«, verbesserte die Alte sie. »Die wissen es nicht anders. Sie werden von Kindesbeinen an dazu erzogen, dem Mann zu dienen und ihm Kinder zu gebären. Im Paradies werden sie dafür belohnt.«

»Wie schön für sie«, sagte Mathilde sarkastisch, »und warum sperrt man sie den ganzen Tag ein?«

»Zu ihrem Schutz«, antwortete Herrad, »denn wenn sie herumlaufen würden, könnten sie fremde Männer dazu bringen, ihnen Gewalt anzutun.«

»Und so darf es nur der eigene Mann tun.«

Mathilde erkannte, dass die alte Frau es nicht besser wusste und auch nicht besser wissen wollte. Herrad stammte aus Sizilien, stand wie alle Einwohner der Insel unter dem Einfluss arabischer Sitten und Gebräuche und würde vermutlich auch nichts daran auszusetzen haben, wie der Kaiser seine Hochzeitsnacht gestaltet hatte. Doch Mathilde würde sich hüten, ihr davon zu erzählen. Vielleicht würde Herrad es dem Kaiser verraten, und wer weiß, wie der reagieren würde. Mathilde wäre gerne noch eine Zeit lang die Freundin von Isabella geblieben. Es war sinnlos, sich selbst zu belügen: Nach den einsamen Jahren auf der elterlichen Burg war sie fasziniert vom höfischen Leben, trotz all seiner Schattenseiten.

Einige Wochen vergingen. Isabella war nicht mehr ganz so unglücklich, denn der Kaiser suchte sie nun häufiger auf, aber seine Zärtlichkeit hielt sich in engen Grenzen. Isabella, unerfahren wie sie war, sah trotzdem Anzeichen wachsender Zuneigung. Mathilde – von Herrad bestens unterrichtet – behielt ihre Skepsis für sich und versuchte nach Kräften, Isabellas Hoffnungen nicht zu dämpfen.

Zwei Wochen nach der Hochzeitsnacht zeigte sich, dass die Astrologen sich geirrt hatten. Isabella war nicht schwanger geworden. Das wurde sie erst im Frühjahr des darauf folgenden Jahres. Einen Tag nachdem die Schwangerschaft feststand, wollte Mathilde die Freundin aufsuchen. Zwei Bewaffnete verwehrten ihr den Zugang zu Isabellas Gemächern.

»Die Frau des Kaisers hat Worms bereits verlassen«, lautete die Auskunft.

»Und wohin?«

»Sie wird nach Apulien gebracht. Nach Lucera, um genau zu sein.«

»Und was ist dort?«

»Einer der Harems des Kaisers.«

»Ich reise sofort ab. Ich muss sie sehen.«

Einer der Wächter schüttelte bedauernd den Kopf.

»Zutritt verboten.«

30. KAPITEL
VERBOTENE LIEBE

Unverschämter Kerl! Sie so frech anzustarren! Na gut, er sah ganz ordentlich aus. Nicht gerade schön, aber ansehnlich. Doch das war sie schließlich auch, und er brauchte sie durchaus nicht mit seinen Blicken auszuziehen, um ihr das bewusst zu machen. Sie warf den Kopf ein wenig höher und erwiderte seinen Blick mit der – wie sie hoffte – gleichen Direktheit. Was Männer sich so einbilden!

Na gut, er war der Graf. Na und? Sie war Rebekka.

Zum Feste Allerheiligen war alljährlich Markt in dem kleinen Ort zu Füßen der alten Burg. Eigentlich viel zu spät, um noch Obst und Gemüse an den Mann bringen zu können, aber hier wurde vornehmlich mit anderen Waren gehandelt, die von fremden Kaufleuten angeboten wurden: Tonwaren und Seile, langstielige Äxte und schwere Hämmer, Zaumzeug für Ochsen und Perlenketten, Pferdesättel und Gewürze.

Und da war auch noch der Stand, an dem Rebekkas Vater Geld wechselte – und bei Bedarf auch verlieh. Aber er machte nicht nur Geldgeschäfte. Im Frühjahr und im Sommer fuhr Isaak mit seinem Ochsengespann in unregelmäßigen Abständen rheinabwärts nach Köln, um englische und flämische Tuche einzukaufen. Er ließ sich Zeit, schlief für ein paar Tage im Haus eines Vetters, um dann schwer beladen heimzukehren. Vorsichtshalber schloss er sich mit anderen jüdischen Kaufleuten zusammen, denn so reiste es sich wesentlich sicherer.

Früher hatte seine Frau Sarah derweil das Haus gehütet, aber die war nun an die acht Jahre tot. Seine anderen Kinder waren schon lange verheiratet, nur noch Rebekka war bei ihm. Seine schöne Rebekka, der kein Mann gut genug schien. Was sollte aus ihr werden, wenn er sterben würde? Vielleicht könnte sie eine kleine Werkstatt aufmachen, aber handelnd übers Land ziehen oder gar Geld verleihen? Völlig ausgeschlossen.

Isaak schaute zum Himmel hoch. Es war bitterkalt, viel zu kalt für Anfang November, und es schien ihm sogar, als liege Schnee in der Luft. Es wurde Zeit zu gehen. Isaak lehrte die Kinder in der Gemeindeschule Lesen und Schreiben. Schon die Drei- und Vierjährigen brachte man jeden Morgen zu ihm, und die Eltern verbanden ihnen die Augen und verstopften ihnen die Ohren, damit sie auf dem Hinweg nicht von den wirklich wichtigen Dingen abgelenkt würden. Aber das würde erst morgen früh sein. Heute Abend würde er sich – wie immer – in die Synagoge begeben, um ein paar Stunden in den Schriften zu lesen.

Es gab nichts Wichtigeres.

Er stopfte die Münzen, die vor ihm auf dem grob geschreinerten Tisch lagen, in einen Lederbeutel, den er sorgfältig unter seinem Gewand barg, und neigte sich seiner Tochter zu: »Ich gehe schon mal. Pack zusammen. Bis später!«

Leicht irritiert bemerkte er, dass Graf Ludger nicht allzu weit von Isaaks Stand an einer Wand lehnte und wie beiläufig zu ihm hinübersah. »Was will denn der hier?«, flüsterte er seiner Tochter zu.

Rebekka zuckte die Achseln. »Was weiß ich.«

Isaak entfernte sich kopfschüttelnd, und seine Tochter räumte die beiden Schemel und die restlichen Utensilien fort. Graf Ludger war nicht mehr zu sehen. »Unverschämter Kerl«, flüsterte sie bei sich.

Und war ihm eigentlich überhaupt nicht böse.

Sie räumte zusammen und ging die wenigen Schritte heim. Es dämmerte bereits. Das Haus ihres Vaters stand direkt am Markt, und während sie sich in ihrem Zimmer im ersten Stockwerk Hände und Gesicht mit kaltem Wasser wusch, das sie aus einem Tonkrug in eine Schale gegossen hatte, wanderten ihre Gedanken hinauf zur Burg und zu jenem Mann, der sie gerade eben so durchdringend angestarrt hatte wie noch nie jemand in ihrem doch gar nicht mehr so jungen Leben.

Es musste ziemlich einsam sein da oben. Praxedis, die Frau des Grafen, war bei der Geburt der Kinder gestorben. Wie alt waren die Zwillinge jetzt? Zehn müssten sie sein, die Clementia und der Christian. Natürlich sind sie nicht mehr bei ihm. Sie wurden auf anderen Burgen erzogen, wie das so üblich war beim Adel. Rebekka seufzte. Ein schrecklicher Gedanke, so früh schon von den Eltern getrennt zu werden.

Ach ja, da war ja auch noch Mathilde, des Grafen Schwester, die als etwas wunderlich galt. Unverheiratet wie Rebekka, aber viel älter. Sehr gebildet, wie es hieß. Konnte sogar lesen und in fremden Sprachen reden. Besuchte den Markt häufiger als ihr Bruder und sprach mit den Leuten, als seien sie ihresgleichen. Eigentlich ganz nett, aber ob ausgerechnet sie in der Lage war, ihrem Bruder die fehlende Liebe zu ersetzen?

Rebekka trat ans Fenster und sah hinaus in die Dunkelheit. Es hatte zu schneien begonnen. Sie verspürte ein eigenartiges Kribbeln, eine Unruhe, die sich noch verstärkte, als sie sich daran erinnerte, wie Graf Ludger sie angesehen hatte. Bewundernd? Herausfordernd? Begehrlich?

Ob er sich vorstellen konnte, wenn er überhaupt einen Gedanken an sie verschwendete, wie einsam auch Rebekka sich zuweilen fühlte? Sie hatte – ungewöhnlich genug für ein jüdisches Mädchen – schon einige Erfahrungen mit Männern, zumeist mit Heiratskandidaten, die ihr Vater angeschleppt hatte. Sie hatte mit ihnen geschlafen. Mal war es schön gewesen, häufiger weniger schön. An eine engere Bindung hatte sie nie gedacht, und so war sie allein geblieben. Natürlich war es ihre eigene Schuld.

Oder nicht?

Wie viele hatten bei Isaak schon um sie angehalten. Gideon, der Riemenschneider, beispielsweise, ein hübscher Bengel mit starken Händen und leerem Kopf. Oder Samuel, der schon angejahrte Rabbi, der nur über den Talmud diskutieren wollte. Oder Saul, reich und fett. Rebekka hatte sich übergeben müssen, als sie sich zum ersten (und letzten) Mal vorgestellt hatte, wie er sie betatschen würde.

»Du bist zu anspruchsvoll«, hatte Vater mit Kummer in der Stimme zu ihr gesagt. »Wen oder was erwartest du denn? Einen Märchenprinzen? Man kann sich Ehemänner nicht malen.«

»Lieber keinen als so einen«, hatte sie kühl geantwortet, und Isaak hatte sich schweigend zurückgezogen.

Rebekka war ans Fenster getreten. Dann stutzte sie. Unten hatte sich etwas bewegt. Sie starrte hinaus in das Schneetreiben. Aus der dunklen Einfahrt des Hauses auf der anderen Seite des Marktes löste sich ein Schatten.

Ihr Herz raste. Es kann nicht sein. Das ist er nicht. Niemals. Kein Graf wartet auf offener Straße auf ein Judenmädchen. Vielleicht ist es nur eine Sinnestäuschung. Aber dann trat die vermeintliche Sinnestäuschung ein paar Meter vor und streckte die Hand nach ihr aus. Sie wich in die Dunkelheit ihres Zimmers zurück. Da unten war offensichtlich jemand, der ebenso einsam war wie sie.

Plötzlich wurde sie ganz ruhig. Sie würde zu ihm gehen.

Sie warf einen Mantel über, stieg die enge Wendeltreppe hinunter, schloss die Tür hinter sich und ging auf den Schatten zu. Der nahm sie stumm bei der Hand und führte sie im dichten Schneetreiben hinaus aus dem Ort, den Hang hoch, immer weiter, schweigend, bis sie zu einer kleinen Mauer oberhalb der Burg kamen, gegen die er sich lehnte, während er sie an sich zog.

Dann fielen sie übereinander her. Wütend, verbissen, keuchend, atemlos. Es war der schiere Wahnsinn.

Und es war wunderschön.

»Es ist Wahnsinn«, sagte Ludger.

»Ich weiß«, seufzte sie.

Sie hatten sich – wie immer, wenn sie sich geliebt hatten – aneinander geschmiegt. Sie passten wirklich gut zueinander. Aber sie war Jüdin und er Christ.

Nichts passte also.

Aber sie liebten sich. Und das war die Hauptsache. Glaubten sie zumindest am Anfang. Aber sie vermieden das Wort Liebe. Vielleicht war ja auch alles nur ein flüchtiges Abenteuer zweier einsamer Herzen, die sich voneinander angezogen fühlten wie Motten von einem Talglicht. Vielleicht würden sie an ihrer unstatthaften Leidenschaft verbrennen. Vermutlich sogar. Doch das kümmerte sie nicht.

Längst war es Frühling geworden. Die Tage währten länger, und wenigstens einmal die Woche, wenn Isaak in der Synagoge die Schriften studierte, trafen sich Rebekka und Ludger in der kleinen Hütte oberhalb der Burg, die vom Ort aus über einen verschwiegenen Pfad zu erreichen war.

»Passt«, sagte Rebekka und schmiegte sich an ihn.

»Ich liebe dich«, sagte Ludger. Und erschrak vor seinen eigenen Worten, hörte sogar für Sekunden auf zu atmen. Dann sagte sie: »Ich liebe dich schon lange.«

Das Unmögliche war gesagt. Das Unerlaubte gestanden.

»Es tut mit Leid«, flüsterte Ludger.

»Warum?«

»Ich will nicht, dass du dir Hoffnung machst. Du weißt, dass es keine gibt.«

»Ja.«

»Ich hätte es nicht sagen dürfen.«

»Aber du machst mich damit glücklich«, schluchzte sie.

»Und ebenso unglücklich«, sagte Ludger tonlos.

Es war Wahnsinn. Und wunderschön.

Auch Isaak besaß ein Geheimnis, von dem niemand wissen durfte. Er hatte es für sehr viel Geld in Köln erworben, und es befand sich zwischen zwei dünnen Brettchen, die mit unauffälligem Ziegenleder bespannt waren. Er bewahrte es tief unten in der Truhe auf, in der er auch das Geld versteckte, und er holte es nur hervor, wenn er ganz sicher war, dass Rebekka so bald nicht heimkehren würde.

Es war besser, wenn seine Tochter nichts davon wusste. Isaak selbst war sich nicht sicher, ob er gegen ein Verbot verstieß und sich versündigte, wenn er sich mit seinem Geheimnis beschäftigte, das von den Christen das Neue Testament genannt wurde und in dem die Taten jenes Jesus beschrieben wurden, von dem sie glaubten – der Allmächtige möge ihnen verzeihen –, er sei der verheißene Messias gewesen.

Aber warum sollte es Sünde sein, sich kritisch mit demjenigen zu beschäftigen, an den die Christen glaubten, die doch mit den Kindern Israels Tür an Tür lebten. War jener Jesus nicht ebenso Jude gewesen wie Isaak und seine Tochter? Wie seine verstorbene Frau und alle ihre gemeinsamen Vorfahren? Und jene Begleiter des Gekreuzigten, die sich seine Jünger nannten, auch sie waren doch Juden gewesen, geboren im Land der Väter, also wesensgleich mit ihm, dem Juden Isaak. Aber warum sahen dann deren Nachkommen so verächtlich auf die Kinder Israels herab, die noch immer auf die Ankunft des Messias warteten?

Ist es ein Verdienst, leichtgläubig zu sein?

Zweierlei war Isaak bei seinem geheimen Studium der christlichen Überlieferung aufgefallen. Als Erstes die Tatsache, dass sehr viele Voraussagen der Propheten auf ebenjenen Jesus von Nazareth zutrafen, auf sein Leben und vor allem auf seinen Tod. Da schrieb beispielsweise der Chronist Johannes, die Henkersknechte hätten dem verurteilten Jesus die Kleider abgenommen und sie unter sich verteilt, aber das Gewand zerschnitten sie nicht, sondern verlosten es. So nämlich sei es schon im Psalm 22,19 vorausgesagt worden.

Das war richtig, wenn auch Psalmen nicht unbedingt als Prophezeiungen anzusehen waren.

Ferner schilderte Johannes eine andere makabre Einzelheit. Die Gekreuzigten standen zumeist auf kleinen Holzsockeln, die nur einen Sinn hatten: dem Delinquenten zu ermöglichen, sich hin und wieder abzustützen – was seine Qualen nur verlängerte. Hätte er ausschließlich gehangen, wäre er sehr bald erstickt. Nun nahte indes der Sabbat, und bis dahin mussten die Verurteilten tot und verscharrt sein. So sagte es das Gesetz.

Also wurde Befehl erteilt, den Gekreuzigten die Unterschenkel zu zerschlagen, sodass sie sich nicht mehr abstützen konnten und schneller stürben. Als die Knechte aber – so Johannes – zu Jesus kamen, sahen sie, dass er schon tot war, und auch das war angeblich so geschehen, weil es schon im Buche Exodus heißt, dass bei einem Opfertier kein Knochen zerbrochen werden dürfe.

Wenn sich also all das, was Johannes da schilderte, wirklich so abgespielt hatte, sprach vieles dafür, dass Jesus tatsächlich jener Messias gewesen war, auf den in den alten Schriften immer wieder bis in die Einzelheiten hinein hingewiesen worden war. Oder aber – und Isaak neigte der zweiten These zu – Johannes kannte sich sehr gut in den alten Schriften aus, und er hatte die Einzelheiten hinzuerfunden, um so gewissermaßen Beweise für die Botschaft zu liefern, dass hier der Messias umgebracht worden war.

Und von wem?

Von den Juden allem Anschein nach. Von wem auch sonst? Von den Römern vielleicht? Gewiss, sie stellten die Besatzungsmacht, und niemand außer ihnen hätte ein Todesurteil verkünden, geschweige denn vollstrecken können. Aber – und darauf wiesen die Jesusfreunde ausdrücklich hin – der Statthalter Pilatus wusch seine Hände in Unschuld. Er fände, hieß es, keine Schuld an Jesus, aber das Volk der Juden, das ihm bei seinem Einzug in Jerusalem doch angeblich zugejubelt hatte, schrie wie rasend, dass Jesus sterben müsse. Der Chronist Petrus behauptete sogar, Pilatus habe auch ihnen angeboten, ihre Hände in Unschuld zu waschen, aber das hätten besagte Juden abgelehnt. Und nicht nur das. Sein Blut solle über sie kommen, hätten sie angeblich geschrien.

Das ganze Volk?

Isaak verstand das nicht. Er hatte gelernt, zwischen Judenchristen und Heidenchristen zu unterscheiden. Judenchristen – das waren die ersten Jünger, die natürlich Juden waren und sich dann zu Jesus oder halt Christus, wie man ihn später nannte, bekehrt hatten. Aber die Botschaft des besagten Jesus sollte nach seinem Willen ja auch die Heiden erreichen, die Römer und die Griechen, die Kelten und die Germanen, und es entstand ein großer Streit darüber, ob ein Heide zunächst einmal Jude werden müsse, um dann als Christ getauft zu werden.

Das wurde schließlich abgelehnt, sodass Heiden direkt Christen werden konnten. Die nun nannte Isaak bei sich die Heidenchristen, und er konnte sich sehr wohl vorstellen, dass diese Heidenchristen einen Hass auf jene Juden empfinden konnten, die damals Jesus umgebracht hatten. Er wusste nicht, ob die Chronisten, die diese so genannten Evangelien aufgeschrieben hatten, Judenchristen oder Heidenchristen gewesen waren. Vielleicht würde er es bei längerem Studium dieser Aufzeichnungen noch herausfinden.

Schade nur, dass er mit niemandem darüber sprechen durfte.

Sie lagen nebeneinander wie immer, aber es war nicht wie immer. Ihre Hände waren fahrig gewesen und ihre Lippen furchtsam. Sie hatte ihn anders liebkost als sonst, nervös und zerstreut, dann heftig und ungeduldig. Eine Frau hatte sich ihm hingegeben, aber es war nicht Rebekka gewesen, jedenfalls nicht seine Rebekka, die zu besitzen er nicht das mindeste Recht besaß.

Eine Träne stahl sich vom Augenwinkel in seinen Bart. Er unterdrückte ein Schluchzen und starrte an die Decke der Hütte. Rebekka neben ihm rührte sich nicht. Sie sagte nichts, und sie musste auch nichts sagen. Eine halbe Stunde lagen sie so und weinten stumm in sich hinein.

Er litt wie ein Tier. Irgendwann hörte er sie mit tonloser Stimme sagen: »Ich habe nicht dich betrogen. Man betrügt immer nur sich selbst.«

In dieser Nacht beschloss Ludger, sich wenigstens eine Weile von ihr zurückzuziehen. Der Kaiser kämpfte in der Lombardei. Vielleicht wurde Ludger wenigstens dort gebraucht.

Rebekkas Hand zitterte, als sie Aaron ihren rechten Zeigefinger darbot, um seinen Ring in Empfang zu nehmen. Draußen schneite es so heftig wie an jenem Tag vor zwei Jahren, als sie und Ludger sich zum ersten Mal leidenschaftlich geliebt hatten. Aaron bemerkte die Tränen in ihren Augen, tat aber, als sehe er sie nicht.

Einen guten Mann hatte Vater für sie ausgesucht. Einen Witwer aus Fulda, vermögend, wenn auch nicht mehr jung. Rebekka hatte sich geweigert, wie immer, wenn Isaak vom Heiraten gesprochen hatte, aber diesmal war ihr Vater sehr energisch geworden, ungewohnt energisch, und schließlich hatte sie nachgegeben. Wenn sie sich überhaupt jemals würde überwinden können, dann jetzt. Ludger war gegangen, ohne sich von ihr zu verabschieden, und vielleicht würde er in einer der zahllosen Schlachten ums Leben kommen. Vielleicht hatte er ja auch gar nicht den Wunsch, sie wiederzusehen.

Lange Verhandlungen waren geführt worden zwischen Aaron und ihrem Vater, nicht weil ihr zukünftiger Mann geizig gewesen wäre; es war halt so Brauch, und vieles musste festgelegt werden: Rechte und Pflichten von Braut und Bräutigam beispielsweise, Rebekkas Mitgift, aber auch die Höhe der Summe, die sie künftig zu ihrer eigenen Verfügung haben würde.

Sie hatte Aaron nichts vorgemacht, sondern ihm direkt ins Gesicht gesagt, dass sie einen anderen Mann liebe, den sie aber nicht heiraten könne.

Aaron hatte genickt. »Einen Christen wahrscheinlich. Aber ich verlange ja nicht, dass du mich jetzt und sofort ebenso liebst. Liebe wächst langsam.«

Oder sie kam wie ein Blitz.

»Auch ich habe einen Menschen sehr geliebt«, sagte Aaron, »meine Frau Esther, aber sie ist nun tot, und ein Mann ohne Frau, heißt es, ist nicht wirklich ein Mann; er lebt ohne Freude, ohne Segen und Güte, ohne Thora, ohne Schutz und ohne Frieden.«

Und nach einer Weile: »Ich verspreche dir, geduldig zu warten, bis deine Liebe eingeschlafen ist und neue Zuneigung zu mir entsteht.«

Rebekka dachte, während sie nun im Haus ihres Vaters unter dem symbolischen Zelt stand und den Kelch nahm, aus dem sie und Aaron trinken würden, dass sie ihren Mann sicherlich ehren könnte, vielleicht auch lieben – so wie ihren Vater. Mehr konnte sie sich in diesem Augenblick nicht vorstellen.

Außer ihr waren alle sehr fröhlich bei der Hochzeit und beim abendlichen Mahl. Zu später Stunde stahl sie sich noch einmal aus dem Haus und lief zur Hütte hoch. Neben die Liege, auf der sie die glücklichsten und bittersten Stunden ihres Lebens verbracht hatte, stellte sie ein Schiefertäfelchen, das sie schon in ihrem Zimmer beschriftet hatte.

»Verzeih mir. Ich liebe dich.«

31. KAPITEL
AUSERWÄHLT – ABER WOZU?

Als einziges von allen Völkern weigern sich die Juden, irgendeine gesellschaftliche Beziehung zu anderen Völkern zu unterhalten, und betrachten dieselben alle als Feinde. Deshalb muss die jüdische Rasse vollkommen ausgerottet werden.«

Nazipropaganda? Mittelalterliche Hetzparole?

Eben nicht. Die schreckliche These stammt von dem Seleukidenherrscher Antiochus VII., der 134 v. Chr. Jerusalem belagerte. Krasser Antisemitismus also bereits in vorchristlicher Zeit. Wo liegen die Wurzeln, wo die Gründe?

Merkwürdigerweise erfahren wir bis zum Aufstand der Makkabäer gegen die Griechen von dritter Seite überhaupt nichts über das alte Israel, obwohl es doch schon weit vorher einen großen Einfluss in Palästina besaß. Dennoch schweigen sowohl Ägypter als auch Babylonier das so genannte auserwählte Volk schlichtweg tot.

Erst nachdem viele Juden – sei es freiwillig oder als Vertriebene – ihr Land verlassen hatten, sprudelten die Quellen stärker. Ihnen allen ist eines gemeinsam: Die Kinder Israels galten als Außenseiter, weniger gehasst, noch weniger verachtet, allenfalls belächelt. In einer Welt, in der Vielgötterei die Regel war, wurden die Juden, die hartnäckig an einen einzigen und wahren Gott glaubten, als skurrile Außenseiter betrachtet, manche hielten sie sogar für gottlos im Sinne des

Wortes. Vergessen wir nicht: Im Jahr 63 v. Chr. war Pompeius, sich über alle Gesetze hinwegsetzend, ins Allerheiligste des Tempels von Jerusalem eingedrungen und hatte anschließend berichtet, dass da drinnen nichts war.

Kein Gott, kein Garnichts.

Das brachte den Juden indes keine Nachteile. Während – sagen wir zu Jesu Zeiten – in Palästina nur rund eine Million Juden lebte, gab es deren im Römischen Weltreich an die drei bis vier Millionen, und die lebten keineswegs unterdrückt. Im Gegenteil. Wir finden sie nicht nur als Händler und Handwerker, sondern auch als Beamte, Diplomaten, Ritter und Senatoren.

Natürlich wiesen sie, aus römischer Sicht betrachtet, ein Handicap auf: Ihre Religion legte ihnen Einschränkungen auf, die sich mit gewissen Aufgaben und Beschäftigungen nicht vereinbaren ließen. So war es ihnen natürlich unmöglich, den Kaiser als Gott zu verehren oder am Sabbat zu arbeiten. Aber die Römer zeigten sich auch hier gewohnt pragmatisch. Sie erteilten den Juden Ausnahmegenehmigungen, die später den Christen übrigens nicht gewährt wurden, und damit hatte es sich.

Die breite Masse des Volkes interessierte sich ohnehin nicht für die Herkunft oder Abstammung des Nachbarn. Im Römischen Reich lebten Kelten und Kreter, Gallier und Germanen, ein paar Juden mehr, ein paar Griechen weniger – wen scherte es. Anders die Intellektuellen. Sie griffen begierig Legenden auf, die zum Teil in Alexandria entstanden oder doch zumindest dort gepflegt wurden, denn dort kam es, bedingt durch einen hohen Prozentsatz von Juden an der Bevölkerung, häufiger zu Reibereien.

Da wurde beispielsweise behauptet, die Kinder Israels seien aus Ägypten keineswegs geflohen, sondern der Pharao habe sie, die größtenteils aussätzig gewesen seien, aus Ägypten vertrieben. Oder es heißt, Moses habe eine Lebensführung angeordnet, die der »Menschlichkeit und der Gastfreundschaft entgegengesetzt« sei. Und Tacitus schließlich fasste kurz und bündig zusammen: »Die Juden zeigen unter sich ein eisernes Zusammengehörigkeitsgefühl und ein tätiges Erbarmen, das in einem scharfen Gegensatz zu dem unversöhnlichen Hass steht, den sie gegenüber den anderen Menschen an den Tag legen. Niemals essen und schlafen sie bei Fremden, und obwohl diese Rasse der Ausschweifung sehr zugetan ist, enthält sie sich doch jeden Verkehrs mit fremden Frauen.«

Woher Tacitus wissen wollte, dass die Juden anfällig für Ausschweifungen waren, wird sein Geheimnis bleiben, aber er schreckte auch nicht vor anderen Unterstellungen zurück. Im Gegensatz zu den Römern, wo es durchaus Sitte war, ungewünschte Kinder auszusetzen oder gar zu töten, war dies den Juden streng verboten. Der römische Historiker sah darin bereits vor rund 2000 Jahren die Absicht, durch möglichst zahlreichen Nachwuchs die Weltherrschaft zu übernehmen!

Seinen Zeitgenossen ebenfalls unheimlich war die Tatsache, dass viele Menschen damals den Monotheismus der Juden faszinierend fanden. Ebenso wie später die Christen konnten die Juden große Missionierungserfolge verbuchen. Seneca musste zähneknirschend zugeben, dass die »Praktiken dieser verbrecherischen Nation so sehr die Oberhand gewonnen haben, dass sie in der ganzen Welt angenommen werden. Die Besiegten haben den Siegern Gesetze gegeben«.

Das bestätigte auch der jüdische Schriftsteller und Historiker Josephus Flavius: »Seit langer Zeit legen die Massen ein brennendes Verlangen an den Tag, unsere religiösen Praktiken anzunehmen. Es gibt keine griechische Stadt, kein barbarisches Volk, keine Nation, wo nicht unser Brauch gepflegt wird, sich am siebenten Tag von der Arbeit fern zu halten, und wo das Fasten, das Anzünden der Lampen und manche unserer Speisegebote nicht beachtet würden.«

So viel zu den Heiden. Und wie dachten die frühen Christen?

Zunächst einmal: Es gab für sie keinen Grund, die Juden zu hassen. Schließlich waren Jesus, seine Eltern, seine Jünger und die Apostel allesamt ebenfalls Juden. Andererseits gibt es schon sehr früh, sowohl in der Apostelgeschichte als auch in den Evangelien, deutliche Abgrenzungsversuche. Anscheinend musste sich die kleine frühchristliche Gemeinde auch sich selbst gegenüber immer wieder bestätigen, dass es sozusagen gute und schlechte Juden gab, Nachfolger Jesu halt und die Verstockten, die in ihm nicht den lange herbeigesehnten Messias sehen konnten oder wollten.

Das wohl früheste Beispiel für dieses Sichdistanzieren vom eigenen Volk finden wir im ersten Brief des Apostels Paulus an die Thessaloniker (2,15/16), der wohl 51 n. Chr. geschrieben wurde. Paulus erinnert die Gemeindemitglieder in Thessaloniki daran, dass sie von ihren Landsleuten die gleichen Leiden erdulden müssten wie die Gemeinden in Judäa von den dortigen Juden. Jenen Juden – Paulus spricht wie von einem fremden Volk –, die »den Herrn Jesus und die Propheten getötet und uns verfolgt [haben], sie gefallen Gott nicht und sind allen Menschen Feind, da sie uns hindern, den Heiden zu predigen, damit sie gerettet werden. So machen sie das Maß ihrer Sünden für alle Zeiten voll. Doch gekommen ist über sie schließlich der Zorn«.

In der Apostelgeschichte (7,51/52) lesen wir, wie sich Stephanus vor dem Hohen Rat verteidigt: »Ihr Halsstarrigen und Unbeschnittenen an Herz und Ohren! Ihr widerstrebt alle Zeit dem Heiligen Geiste, wie Eure Väter, so auch Ihr! Welchen der Propheten haben Eure Väter nicht verfolgt? Ja, getötet haben sie jene, die geweissagt haben vom Kommen des Gerechten, dessen Verräter und Mörder ihr nun geworden seid.«

Matthäus schließlich erzählt vom Hochzeitsmahl, zu dem

der König einlädt. Die Geladenen jedoch erscheinen nicht. Schlimmer noch: Sie misshandeln und töten die Boten des Königs, in denen unschwer die Propheten zu erkennen sind. Da wurde der König zornig, sandte sein Heer aus, ließ die Mörder umbringen und ihre Stadt in Brand stecken. Mit dieser Stadt ist natürlich Jerusalem gemeint, das tatsächlich 70 n. Chr. von den Römern erobert und völlig zerstört wurde.

Solchen Absatzbewegungen zum Trotz muss festgehalten werden, dass sich die frühen Christen im Heiligen Land nach wie vor als Juden fühlten und die entsprechenden Gebote befolgten. Das änderte sich erst grundlegend, als sich das Christentum über die Grenzen Palästinas hinaus verbreitete. Irgendwann musste entschieden werden, ob ein Nichtjude, der sich taufen lassen wollte, sich zuvor beschneiden lassen und nach den Geboten des Gesetzes leben musste.

Auf einem Apostelkonzil in Jerusalem wurde letztlich entschieden, dass Jesus gekommen war, um allen Menschen das Heil zu bringen und nicht nur den Juden. Also konnte ein Heide ohne Umwege direkt Christ werden und nun aus einer noch unbedeutenden jüdischen Sekte plötzlich eine Weltreligion entstehen. Der Konflikt zwischen Judentum und Christentum war nicht mehr zu verhindern, zumal beide Offenbarungsreligionen mit Absolutheitsanspruch auftreten und auf die gleichen Wurzeln zurückgehen.

Die Auseinandersetzung wurde auf beiden Seiten mit harten Bandagen geführt. Durchaus möglich, dass Juden, die in der römischen Diaspora immer etwas privilegiert waren, besonders während der schweren Christenverfolgungen den römischen Behörden hin und wieder Hinweise gegeben haben, wo sich die angeblichen Staatsfeinde versteckt hielten. Andererseits wurde das Christentum im 4. Jahrhundert Staatsreligion, und nun wendete sich das Blatt. Die Christen wandten sich gegen die Juden, zum Teil in maßloser Polemik.

Gregor von Nyssa (in der heutigen Türkei) im 4. Jahrhundert über die Juden: »Sie sind Mörder des Herrn, Totschläger der Propheten, Rebellen gegen Gott. Sie treten das Gesetz mit Füßen, leisten der Gnade Widerstand und verschmähen den Glauben ihrer Väter. Sie sind Statisten des Teufels, eine Rasse von Schlangen …« Und so ging das endlos weiter.

Schlimmer noch geiferte Johannes Chrysostomos, der Patriarch von Konstantinopel: »Die Synagoge ist ein Hurenhaus und ein Theater und dazu noch eine Räuberhöhle und ein Schlupfwinkel für wilde Tiere. Mit ihrem immer stinkenden Maul leben die Juden nur für ihren Bauch und führen sich nicht besser auf als Schweine und Böcke.«

Wenn der oströmische Bischof solchermaßen Vorurteile schürte, stand es schlecht um Minderheiten. Allerdings muss man sagen, dass derartige Hasstiraden im westlichen Europa zu dieser Zeit fast undenkbar waren. Wie schon zu Römerzeiten galten die hier lebenden Juden als durchaus geachtete Mitbürger, denen zunächst nur wenige Auflagen gemacht wurden. Eine der schwereren war die, von Gründonnerstag bis Ostersonntag daheim bleiben zu müssen, damit die Christen von den »Mördern Jesu« nicht provoziert würden.

In ein Ghetto gezwungen wurden sie aber nicht, obwohl sie es mehrheitlich vorzogen, in enger Nachbarschaft zu leben. Hier hatten sie ihre Synagoge, ihre Mikwe (das rituelle Badehaus), die Schule, eine Bäckerei, eine Metzgerei, das Gemeindehaus und etwas weiter entfernt einen eigenen Friedhof. Isoliert waren sie keineswegs, und in Köln baute man das Rathaus sogar direkt neben das Judenviertel.

Juden waren hoch angesehen, bekleideten wichtige Funktionen und Ämter, durften Waffen tragen und sogar Zweikämpfe austragen, was nur freien Männern vorbehalten war. Sie wirkten als angesehene Ärzte und geografische Berater von Fürsten, sie durften jedes Handwerk ausüben und hatten als Kaufleute die besten Verbindungen. Besonders emsig und erfolgreich waren sie als Sklavenhändler, die vornehmlich gefangene Slawen – von ihnen stammt das Wort »Sklave« – an die Araber in Spanien verkauften.

Karl der Große schickte einen gewissen Isaak mit einer Gesandtschaft zu dem berühmten Kalifen Harun al-Raschid, und ein anderer Jude namens Calonymus rettete Kaiser Otto II. das Leben, als er dem Kaiser in einer Schlacht gegen die Sarazenen sein eigenes Ross als Fluchtpferd anbot. Der Kaiser zeigte sich erkenntlich, und die Familie des Calonymus gehörte lange Zeit zu den begütertsten in Mainz und Speyer.

Es gab sogar einen Minnesänger in der zweiten Hälfte des 13. Jahrhunderts, der Jude gewesen sein soll: Süßkind von Trimberg, der aber letztlich doch so gedemütigt wurde, dass er seine Harfe an den Nagel hing. Dennoch: Den Juden im damaligen Deutschland ging es leidlich gut, die Gemeinden in Speyer und Köln, in Mainz und Worms blühten, und noch 1084 händigte Bischof Rüdiger von Speyer den Juden in seiner Stadt ein Dokument aus, in dem es heißt, ihre Anwesenheit vermehre das Ansehen der Stadt in hohem Maße, und unter Missachtung der inzwischen erlassenen kirchlichen Verbote gestattet er ihnen ausdrücklich, Waffen zu tragen, christliches Personal zu beschäftigen und Felder und Weinberge zu besitzen. Noch durften sie sich nach wie vor als Gottes auserwähltes Volk fühlen.

Aber auserwählt wozu? Zum Martyrium?

Am 27. November 1095 rief Papst Urban II. auf dem Konzil von Clermont den europäischen Adel auf, das Kreuz zu nehmen und das Heilige Land aus der Hand der Heiden zu befreien. Warum auch immer. Abgesehen von einer kurzen Zeitspanne, während der jener wahnsinnige Kalif Hakim, Sohn einer christlichen Mutter, die Grabeskirche in Jerusalem zerstörte, war das Heilige Land für Pilger stets erreichbar gewesen. Natürlich war eine Reise dorthin gefährlich, aber das war eine Wanderung nach Santiago de Compostela auch.

Eigentlich gab es keinen wirklich triftigen Grund, die Araber anzugreifen, denen ja die heiligen Stätten fast ebenso heilig waren wie den Christen. Schließlich verehrten sie Jesus als Propheten und glaubten an dessen Geburt aus der Jungfrau Maria! Wie dem auch sei. Es gibt durchaus die Theorie, der Papst habe gehofft, ein mächtiges Heer, das auf dem Landweg über Konstantinopel ziehen würde, könnte die gespaltene Christenheit gewaltsam wieder vereinen. Beweisen lässt sich das jedoch nicht. Mit dem Kreuzzug jedenfalls brach über die Juden eine Katastrophe herein.

Die ersten Horden – von einem Ritterheer konnte keine Rede sein – zogen aus Frankreich heran. Der Papst hatte ihnen Vergebung ihrer Sünden versprochen, wenn sie nur, so wörtlich, »alle Häretiker, Juden und Sarazenen hassen und bekämpfen« würden. Und zwar überall. Da die Sarazenen noch weit weg waren, begann man damit, die Juden totzuschlagen. Sofern sie sich nicht taufen ließen.

Bischof Johannes von Speyer gelang es, die meisten der dort lebenden Juden zu retten; elf aber wurden gelyncht, in Metz waren es bereits derer 22. In Trier begingen zahllose Juden Selbstmord, die Gemeinden in Köln, Neuss und Xanten wurden zerschlagen. In Worms starben an die 800 Menschen, in Mainz sogar über 1000. Irgendwann zogen die mörderischen Horden weiter Richtung Balkan, nicht ohne zuvor noch die Juden von Regensburg und Prag zu ermorden.

Einige Kirchenfürsten hatten versucht, die Juden zu retten, so der Bischof von Trier, der aber später selbst vor dem Mob fliehen musste. Andere nutzten die Todesangst der Juden aus. So Erzbischof Ruthard von Mainz, der dem Gemeindeältesten viel Geld für ein Fluchtschiff abknöpfte. Als die geretteten Juden dann in Rüdesheim ankamen, fielen sie erneut Kreuzfahrern in die Hände, die sie der Zwangstaufe unterziehen wollten. Darauf ertränkte sich der Älteste samt seiner Familie im Rhein. Der Kölner Erzbischof Hermann III. konnte zwar zahlreiche Juden retten, aber auch dort starben an die 200, und ihre Synagoge ging in Flammen auf.

Die Reaktion auf die Massaker war zwiespältig. Manche Chronisten äußerten Genugtuung darüber, dass der Tod Jesu nun endlich gerächt sei, andere schilderten die Pogrome voller Entsetzen. Der Kaiser schritt ein und warf dem Erzbischof von Mainz massive Bereicherung vor, woraufhin dieser fliehen und sich verstecken musste.

Trotzdem – nichts war mehr wie vorher. Die Juden mussten schmerzhaft begreifen, dass sie in ihrem Viertel nicht mehr sicher waren, dass der Nachbar von heute schon morgen zum Mörder werden könnte. Es galt, sich abzusichern.

Aber wie?

Die meisten Juden hatten bis dahin ihr Geld mit Handel verdient. Das bot sich an. Viele Juden sprachen Spanisch und Französisch, Griechisch und sogar Persisch. Viele hatten zudem Verwandte, die im Ausland lebten, wo man gut unterkommen und unbedroht leben konnte, und Freunde, die sichere Straßen und lohnende Märkte bis tief in den Orient hinein kannten.

Dieses jüdische Monopol jedoch geriet zunehmend ins Wanken. Händler aus Venedig und Flandern eroberten die Märkte, Kaufleute aus der Lombardei und den Hafenstädten im Norden wurden plötzlich zur Konkurrenz, und die Waren kamen immer seltener auf dem gefährlichen Landweg in die Metropolen, sondern zunehmend per Schiff. Wenn es doch über Land ging, waren jüdische Kaufleute extrem hohen Risiken ausgesetzt, während die aufblühenden Städte ihren Kaufleuten bewaffneten Schutz gewähren konnten.

Gefährdet waren die jüdischen Händler aber nicht nur auf Reisen, sondern auch daheim, wie die Massaker gezeigt hatten. Ein Haus war keine sichere Habe, das konnte einem über dem Kopf angezündet werden. Da aber auch das Warenlager für Plünderer mehr als verlockend war, gab es nur eines, was relativ leicht zu verstecken war: Geld.

Und Geld war knapp, wurde von jedermann gebraucht, wie man am Beispiel des Erzbischofs von Mainz gesehen hat. Aber selbst Kaiser hatten es bitter nötig, wie wir noch sehen werden, und natürlich erst recht der kleine Mann: der Kaufmann, der einen Kredit braucht, oder der Ritter, dem bei einem Turnier Ross und Rüstung verlustig gegangen waren.

Geld zu verleihen hatte nicht nur den Vorteil, dass man sich nicht auf die gefährlichen Straßen begeben musste, weil die Kundschaft ins Haus kam. Das Verleihen von Geld war zudem ein Monopol, weil das Verleihen gegen Wucherzinsen für Christen eine schwere Sünde bedeutete und mit der Exkommunikation bedroht wurde. Auch die Juden haben lange gezögert, ob es mit ihren Geboten vereinbar sei, Geld zu Wucherzinsen zu verleihen.

Aber schließlich kamen die Rabbiner zu dem Schluss, dass »in der gegenwärtigen Zeit, in der ein Jude weder Felder noch Weinberge besitzen und von deren Ertrag leben kann, das Geldausleihen an Nichtjuden notwendig und darum erlaubt« sei. Auch zu Wucherzinsen, und das waren in der Tat Wucherzinsen damals, nicht zu vergleichen mit den paar Prozent, die heutige Kreditaufnehmer bei einer Bank zahlen müssen. Der vom Rheinischen Städtebund für das Jahr 1255 festgesetzte Zinssatz lag bei sage und schreibe 43,33 Prozent!

Welche Versuchung für einen Schuldner, während eines Pogroms alte Rechnungen zu begleichen und nicht nur ein vermeintlich gottgefälliges Werk zu tun, sondern sich mit einem Schlag auch sämtlicher Schulden zu entledigen!

32. KAPITEL
DER MORD IN DER MÜHLE

Die Nachmittagssonne tauchte die Weinberge oberhalb des Ortes in ein warmes Licht. Die Blätter der Reben färbten sich dunkelrot, und von den wenigen Bäumen am Hang rieselte bereits das Laub. Aber Ludger von Wolfach hatte kein Auge für die sanfte Anmut dieses Herbsttages, sondern starrte blicklos vom Turm der kleinen Burg auf die Hütte oben am Berg.

Zwei Jahre lang war er unterwegs gewesen, hatte für den Kaiser gekämpft und versucht, Rebekka zu vergessen. Gelungen war es ihm nicht, und gestern – nach seiner Rückkehr – war er nach flüchtiger Begrüßung seiner Schwester, die ihm verdutzt nachstarrte, den Weg hoch zur Hütte geeilt. Was er dort zu finden hoffte, wusste er nicht. Was er fand, verwirrte ihn. Was sollte er ihr verzeihen? Schließlich hatte nicht sie ihn verlassen, sondern er war es gewesen, der vor ihr und der eigenen Eifersucht die Flucht ergriffen hatte.

Was also war passiert?

Heute wusste er es. Jeder im Ort wusste, dass des Juden Isaak Tochter im letzten Winter nach Fulda geheiratet hatte. Einen älteren Witwer, wie man sich erzählte; einen Juden natürlich, und zwar einen sehr wohlhabenden. Ludger war froh, dass er den Wächter nach unten geschickt hatte. So war er wenigstens allein auf dem Turm, allein mit seinem Schmerz, tränenblind und verzweifelt.

Er würde ihr schreiben, beschloss er, aber dann wurde ihm bewusst, dass er es in seiner Zeit als Knappe zwar gelernt hatte, aber seitdem war kein Bedarf mehr gewesen. Seine Schwester konnte das viel besser und ersatzweise die Mönche im Kloster des Onkels. Dann aber stellte er sich vor, was Mathilde oder gar ein wildfremder Mönch denken müsste, wenn er diktieren würde: *Du bist wie ein Schwert, das ich mir jeden Tag aufs Neue in den Magen stoße. Meistens am Abend, weil ich nicht weiß und auch nicht wissen will, ob du auch zu deinem Mann sagst »passt«, wenn Ihr Euch geliebt habt.*

Welch ein Unsinn.

Ludger wischte sich die Augen. Ein paar Minuten musste er noch hier oben bleiben, damit niemand da unten erfuhr, dass der Graf vor Verzweiflung geschluchzt hatte. Noch einmal fiel sein Blick auf die Hütte am Berg.

Er würde sie abreißen lassen.

Der alte Mann kauerte stumm in der Ecke des Zimmers. Minutenlang hatte er hemmungslos geweint, und sein Besucher hatte gar nicht erst den Versuch unternommen, ihn zu trösten. Jetzt hockte Isaak auf den nackten Fliesen, ein gebrochener Mann, und noch immer liefen Tränen in seinen Bart.

Der Besucher war am frühen Abend gekommen: Ruben Ibn-Timon, ein Kaufmann aus Fulda. Isaak hatte ihn mit der herzlichen Gastfreundschaft empfangen, die jeder Jude im Haus eines anderen erfährt, und die Tatsache, dass sein Besucher aus Fulda kam, hatte den Empfang noch herzlicher als gewöhnlich ausfallen lassen.

Und dann das Entsetzliche.

Es hatte ein Massaker gegeben unter den Juden der Stadt. Fassungslos hatte Isaak auf die Liste gestarrt, die ihm der Besucher stumm hingehalten hatte: Rabbi Eleasar, Sohn des Mordechai, und Weib Rachel sowie seine Schwiegermutter; Frau Zeruja und ihre sieben Kinder; Rabbi Joseph, der aus

Frankreich gekommen war, und sein Bruder, Rabbi Samuel, seine Kinder und seine Mutter Hanna; Rabbi Gotschalk, Sohn des Samuel, und sein Weib Minna; Rabbi Simson, sein Weib Rachel und seine drei Kinder; eine Waise; Rabbi David, ebenfalls aus Frankreich gekommen; Frau Rizlin und ihre Kinder Bona und Samuel sowie Aaron und seine hochschwangere Frau Rebekka.

Aaron und seine Frau Rebekka.

Irgendwann erhob sich Isaak schwankend, nahm einen Krug, schenkte dem Gast Wein ein und reichte ihm den Becher. »Ich danke dir, Ruben Ibn-Timon, dass du den Mut aufgebracht hast, zu mir zu kommen.«

Dann ließ er sich schwerfällig auf einem Schemel nieder. »Wie ist es passiert?«, fragte er tonlos.

Am 25. Dezember war es geschehen, vor gut einer Woche, am Tag, an dem die Christen des Märtyrers Stephanus gedenken und zur Kirche gehen. Das tun selbst die weniger Frommen; wie jener Müller beispielsweise, dessen Mühle draußen vor der Stadt nahe dem Kloster steht. Zusammen mit seiner Frau war er abends zum Gottesdienst gegangen. Plötzlich draußen lautes Geschrei: »Die Mühle! Die Mühle brennt!«

Der Feuerschein war weithin sichtbar, und alle waren aus der Kirche gestürmt. »Die Kinder, meine Kinder!«, schrie die Müllerin. »Rettet meine Kinder!«

Aber man sah schon von weitem, dass da nichts mehr zu retten war. Wenn die Kinder noch im Haus waren, mussten sie verbrennen.

Aber die Kinder waren nicht im Haus. Man fand sie im Hof, nackt und erstochen.

»Wie viele?«, fragte Isaak.

Der Gast zuckte die Schultern. »Die einen sagen drei, andere sprechen von fünf. Ich denke, dass es eher drei waren. Die Leute übertreiben gerne.«

»Und wer war es?«

»Das weiß man nicht«, sagte Ruben Ibn-Timon. »Aber es waren böse Horden in der Stadt. Man sagt, dass es sich um Söldner handelte, die sich Kreuzfahrer nannten und dem Erzbischof von Bremen geholfen hatten, einen Bauernaufstand an der Weser niederzuschlagen. Und du weißt ja, wie das ist, wenn so genannte Kreuzfahrer unterwegs sind. Sie allein sind schon schlimm genug, aber mit ihnen zieht viel Gesindel durch die Gegend. Besonders abgelegene Mühlen sind beliebte Treffpunkte – wer weiß, wer sich an diesem Abend dort herumgetrieben hat.«

»Und wie ging es weiter?«

»Nun« – Ruben trank einen Schluck –, »wie es immer weitergeht. Erinnerst du dich, was vor gut einem Jahr im Badischen geschah?«

Isaak schüttelte verneinend den Kopf.

»Zwischen Lauda und Bischofsheim fand man die Leiche eines Christen. Sofort beschuldigte man die Juden, obwohl es keinerlei Hinweise in diese Richtung gab, und es kam ohne Untersuchung und Prozess zu Massakern in beiden Orten.«

»Aber gab es denn jetzt Hinweise?«

Ruben lachte bitter: »O ja, jedermann – und dazu brauchte man kein Medicus zu sein – konnte erkennen, dass die kleinen Körper regelrecht ausgeblutet waren, als hätte man Lämmer geschächtet. Zudem fand man am Tatort ein kleines, mit Wachs getränktes Beutelchen, das anscheinend dazu dienen sollte, das Blut der Kinder aufzunehmen. Vermutlich hatten der oder die Täter mehrere solche Säckchen dabeigehabt, aber kleine Kinder haben wohl nicht sehr viel Blut in ihren Körperchen, und das gefundene Säckchen war anscheinend überflüssig. Man hat es einfach weggeworfen.«

»Aber wenn die Täter es nur auf das Blut der Kinder abgesehen hatten – warum haben sie dann die Mühle in Brand gesteckt?«, fragte Isaak.

Ruben zuckte die Achseln. »Vielleicht war das Ganze ein Racheakt an dem Müller. Wer weiß, mit welchem Gesindel der Mann Umgang pflegte, und es ist ja bekannt, dass bei den Christen die Müller grundsätzlich zu den unehrlichen Leuten gezählt werden. Das wird schon seinen Grund haben.«

»Und was passierte dann?«

Ruben erzählte weiter. Zwei Tage lang blieb alles ruhig. Die Stadt schien wie gelähmt. Dann begann das Gemurmel und steigerte sich binnen weniger Stunden zum Geschrei: »Die Juden waren es! Die Juden haben die Kinder umgebracht, und ganz bewusst am Tag nach Weihnachten, wo der Ankunft des Jesuskindes gedacht wird!«

»Und dann?«, fragte Isaak.

Ruben sah ihm fest in die Augen: »Der Pöbel stürmte in die Gassen, wo die meisten Juden wohnen, brach in die Häuser ein und zerrte die Menschen heraus. Einige Geistesgegenwärtige entkamen durch den Garten oder hörten den Lärm schon von weitem und brachten sich rechtzeitig in Sicherheit. Die anderen wurden so lange misshandelt, bis einige den Mord gestanden. Denken wir lieber nicht darüber nach, wie man sie dazu gebracht hat. Anschließend gab es kein Halten mehr. Selbst die Kinder wurden ermordet.«

»Und der Abt? Der Abt herrscht doch über die Stadt«, sagte Isaak. »Er weiß doch, dass alle Juden unter dem Schutz des Kaisers stehen. Warum ist er nicht eingeschritten?«

»Er hat sich viel Zeit gelassen«, antwortete Ruben lakonisch. »Schließlich zahlen wir Juden das Schutzgeld ja nicht an ihn, sondern an den Kaiser. Dem Abt sind die Juden völlig gleichgültig, und ehe er sich deswegen mit den eigenen Bürgern anlegt, lässt er lieber dem Pöbel freie Bahn.«

Am späten Abend geleitete Isaak seinen Gast in die Kammer, in der einst Rebekka geschlafen hatte. Morgen, nach der Abreise Rubens, würde er sie verschließen. Und wohl auch nie wieder öffnen.

Am nächsten Tag bedankte sich Isaak noch einmal bei seinem Besucher und bat ihn um einen letzten Gefallen. »Hier«, sagte er, und drückte dem Gast die Liste mit den Toten in die Hand. »Sei so gut und bring sie an der Burg vorbei. Sie liegt am Ende der Hauptstraße und direkt an deinem Weg. Gib die Liste dem Torwächter und sag ihm, sie sei für den Grafen. Tust du mir den Gefallen?«

»Natürlich«, sagte Ruben Ibn-Timon, grüßte und ritt davon.

Isaak sah ihm lange nach. Was wird der Graf empfinden, wenn er die Liste sieht, dachte er. Der alte Mann hatte es die ganze Zeit über gewusst. Er kannte seine Tochter zu gut, um nicht die Veränderungen zu bemerken, die damals in ihr vorgegangen waren. Er hatte gewusst, dass sie verliebt war, aber anfangs noch nicht, in wen.

Aber eines Abends, da sie ihn wie immer in der Synagoge wähnte, war er ihr nachgegangen. Hatte sie in die abgelegene Hütte schlüpfen sehen, an der bereits ein Pferd angebunden war. Ein Pferd, das nur einem Einzigen gehören konnte: dem Grafen Ludger.

Und da hatte er sich an jenen Markttag erinnert, an dem der Graf seine Tochter so merkwürdig angestarrt hatte, und war verwirrt nach Hause gegangen. Was sollte er tun? Rebekka zur Rede stellen? Was würde das bringen? Sie würde ihm ins Gesicht hinein sagen, dass sie den Grafen liebe und nichts auf der Welt, nicht einmal der eigene Vater, sie daran hindern werde. Es ist Unrecht, sagte er sich. Sie verstößt gegen das Gesetz. Aber Liebe hält sich nicht an Gesetze. Er hatte damals beschlossen, sich blind zu stellen, vielleicht war es ja nur eine flüchtige Beziehung.

Dann war der Graf plötzlich verschwunden. Nach Italien, wie erzählt wurde. Rebekka war verstört, und nachts hörte er sie zuweilen schluchzen. Damals hatte er beschlossen, sie endgültig und gegen ihre Einwände zu verheiraten.

Jetzt war sie tot. Hätte er sie nicht mit Aaron verheiratet, würde sie noch bei ihm sein. Aber wäre sie auch glücklich gewesen? Isaak wusste nicht, was zwischen dem Grafen und ihr vorgefallen und warum er so plötzlich gegangen war. Hatte es Streit gegeben? Würde er sie jetzt noch lieben, nach so langer Zeit?

Er versuchte sich einzureden, dass seine geliebte Tochter nicht für immer von ihm, sondern ihm nur vorausgegangen war. Wenn der Messias kam und die Toten aus ihren Gräbern stiegen, würde er sie wiedersehen.

Hoffte er jedenfalls.

»Es ist also wahr. Ich habe es schon immer gewusst, und nun steht es hier geschrieben. Die Juden sind unschuldig, und alles andere ist dummes Geschwätz!«

Friedrich II. schlug mit der flachen Hand auf das vor ihm liegende Pergament. So gut gelaunt hatte ihn Humbert von Wolfach, der 30-jährige Ministeriale, schon lange nicht mehr erlebt.

Im Januar war eine Bürgerdelegation der Stadt Fulda in der Pfalz Hagenau erschienen und hatte dem Herrscher drei – mit Verlaub gesagt – stinkende Kinderleichen zu Füßen gelegt. Dies seien, so hatten sie erklärt, die Opfer jüdischer Ritualmörder. Sie hätten diese Kinder eines Müllers ermordet und geschächtet, weil Juden Christenblut bekanntlich zu gotteslästerlichen Zeremonien benötigen.

Friedrich, der gerade ausreiten wollte, hatte getobt. Welche schwachsinnigen Wachen diesen Idioten gestattet hätten, mit diesen Kadavern mir nichts dir nichts in die Pfalz einzudringen? Als ob man ihm nicht auch auf andere Weise hätte mitteilen können, dass es ein Pogrom gegeben habe, und was sich dieser Abt Konrad von Fulda dabei denke, derartig grausame Massaker überhaupt zuzulassen. Humbert hatte die kleinen Leichen eiligst fortschaffen und beerdigen lassen; dann wurden er und ein paar andere Ministerialen zum Kaiser zitiert.

Friedrichs Wut hatte sich gelegt, aber zornig war er noch immer. Er sei es leid, fuhr er seine Beamten an, immer wieder denselben Unsinn über die Juden zu hören: »Es ist doch immer die gleiche Geschichte. Ein Kind wird tot aufgefunden. Meist ist es ein Knabe, seltener ein Mädchen. Es handelt sich nie um Kleinkinder. Sie sind meist älter als drei und jünger als 14 Jahre alt. Jemand schreit plötzlich, dass das wieder einmal die Juden gewesen seien. Daraufhin werden etliche von ihnen totgeschlagen, und ihr Geld verschwindet auf geheimnisvolle Weise. Schließlich wird das Opfer feierlich bestattet, wenn nicht sogar zum Märtyrer erklärt. Letztendlich kehrt wieder Ruhe ein. Bis zum nächsten Leichenfund.«

Friedrich sah Humbert herausfordernd an. Der schwieg. Aus Erfahrung wusste er, dass es zwecklos war zu widersprechen, aber in diesem Fall hätte er es auch nicht getan. Der Kaiser war völlig im Recht. So lief es fast immer ab, und in letzter Zeit häufiger. Ähnliches hörte man übrigens auch aus Spanien, England und vor allem aus Südfrankreich. Humbert und die anderen Ministerialen, die einen Kreis um Friedrich gebildet hatten, warteten. Der Kaiser war noch lange nicht zu Ende.

»Dieser ganze Unfug«, fuhr Friedrich fort, »der den Juden unterstellt wird! Man erzählt sich beispielsweise, sie würden Brunnen vergiften. Bloß weil den Juden das Brunnenwasser der Städte zu schmutzig ist und sie ihre eigene Mikwe haben, dieses zeremonielle Reinigungsbad. Natürlich denken diese dummen Deutschen, die Juden würden nur deshalb ihr eigenes Wasser bevorzugen, weil sie die anderen Brunnen vergiftet hätten. Sollen die Christen doch dafür sorgen, dass keine Hunde oder Katzen in ihre Brunnen fallen und darin ertrinken und dass die Fäkaliengruben weit genug von der nächsten Wasserstelle entfernt angelegt werden!«

Die Augen des Kaisers funkelten jetzt wieder zorniger. »Und dann diese Märchen von Hostienschändungen! Angeblich stehlen sie geweihte Hostien und durchbohren sie dann mit Nadeln, bis das Blut unseres Herrn Jesu herausfließt. Was für ein unlogischer Schwachsinn. Da müssten die Juden ja tatsächlich an die heilige Eucharistie glauben und daran, dass es sich tatsächlich um den Leib des Herrn handelt!«

Ein Kollege flüsterte Humbert zu: »Daran glaubt ja nicht einmal der Kaiser.«

Erschrocken legte Humbert seinen Finger auf die Lippen. Gottlob hatte der Kaiser anscheinend nichts gehört.

»Also kommen wir zum Blutzauber.« Friedrich blickte die Umstehenden bedeutungsvoll an. »Viele Menschen – und zwar Christenmenschen – glauben allen Ernstes, dass Blut der Sitz der Seele ist, dass Blut also geheimnisvolle Kräfte birgt, die sich auf vielerlei Weise nutzbar machen lassen. Man kann angeblich Liebestränke daraus brauen, was ich bekanntlich verboten habe. Manche Menschen meinen, daraus Heilmittel herstellen zu können, andere bestreichen damit die Hauswände, um böse Geister und Hexen fern zu halten. Und manchen scheint Blut als Grundmittel für ihre Experimente und Zauberkünste so wertvoll, dass ich mir sogar vorstellen könnte, dass sie dafür einen Mord begehen.«

Wieder machte der Kaiser eine Pause, als erwarte er Widerspruch. Als sich niemand zu Wort meldete, fuhr er fort: »Wohlgemerkt: Ich spreche hier von Christenmenschen. Den Juden aber ist, soviel ich weiß, jeglicher Genuss von tierischem Blut – von menschlichem ja wohl ganz zu schweigen – strengstens untersagt. Sie haben in ihren Gemeinden sogar eigene Metzger, damit ihr Fleisch dem Gesetz entsprechend behandelt wird. Und diese Juden sollen Christenblut trinken?«

Er trat auf Humbert zu: »Ich möchte, dass innerhalb der

nächsten Tage hier in der Pfalz alle Experten zusammenkommen, die wir in so kurzer Zeit auftreiben können. Mönche und Ärzte, Mediziner, jüdische Rabbis und konvertierte Juden. Beeile dich. Ich will endgültige Klarheit in dieser Sache.«

Und Humbert hatte sich beeilt. Als Ministerialer bei Hofe wusste er natürlich, warum Friedrich die Sache so wichtig war. Schon Kaiser Heinrich IV. hatte kurz nach den schweren Pogromen zu Beginn des ersten Kreuzzugs erkannt, dass die Juden eines besonderen Schutzes bedurften, den ihnen die lokalen Herrscher zu gewähren anscheinend nicht in der Lage waren.

Also ernannte sich Heinrich IV. persönlich zu ihrem Schutzherrn, dem sie natürlich tributpflichtig waren, und unter Friedrich Barbarossa und seinen Nachfolgern entwickelte sich der Begriff der Kammerknechtschaft. Was bedeutete, dass die Juden direkt der Kammer des Königs unterstellt waren – und dafür kräftig zu zahlen hatten. So war es nur logisch, dass dem königlichen Herrn sehr daran gelegen war, Leib und Gut der Juden nach Möglichkeit zu schützen. Sie waren buchstäblich Gold wert. Außerdem konnte man sie notfalls sogar an einen Herzog verkaufen oder einem Bischof verpfänden.

Es gelang Humbert zwar, innerhalb von drei Tagen eine ansehnliche Zahl von angeblichen Experten ins elsässische Hagenau einzuladen, aber das Ergebnis der Konferenz war eher mager, sodass Friedrich beschloss, eine noch stärker besetzte Kommission nach Augsburg einzuberufen, und deren Ergebnis war an diesem Morgen in der kaiserlichen Pfalz eingetroffen.

»Hier, Humbert«, frohlockte Friedrich, »hier steht wörtlich: Weder im Alten noch im Neuen Testament ist zu finden, dass die Juden nach Menschenblut begierig sind. Im Gegenteil ergibt sich aus dem Ersten Buch Moses und dem

Talmud, dass sie sich vor Befleckung mit jeglichem Blut hüten sollen.«

»Ich wusste es doch«, sagte der Kaiser zufrieden. »Und weiter steht hier, dies gelte schon für Tierblut, umso mehr für Blut von Menschen. Gegen den Vorwurf der Kindestötung spreche auch seine Scheußlichkeit, seine Unnatürlichkeit und das menschliche Gefühl, das die Juden auch den Christen entgegenbringen.«

Noch am gleichen Tag im Juli des Jahres 1236 siegelte Friedrich II. eine Urkunde, mit der die Juden von Fulda von jedem Verdacht freigesprochen wurden und der Schutz des Kaisers über alle Juden im Reich bestätigt wurde. Außerdem verbot Friedrich allen seinen Untertanen, bei Predigten oder anderen Gelegenheiten derartige Beschuldigungen gegen sie vorzubringen. Da nämlich der Herr – hieß es in dem Schreiben – in seinen Knechten geehrt werde, komme ein Verstoß gegen dieses Gebot einer Beleidigung Seiner Majestät gleich und werde entsprechend bestraft.

»Weißt du«, sagte Friedrich später zu Humbert, »wissen möchte ich nur eines: Warum wird die Beschuldigung fast nur erhoben, wenn die Leiche eines Kindes gefunden wird. Es liegen doch so viele andere Leichen auf unseren Straßen herum – warum immer nur bei Kindern?«

»Darauf wird es wohl keine Antwort geben. Kinder sind halt leichte Opfer und erregen am meisten Mitleid.«

»Gerade das macht mich stutzig«, antwortete Friedrich nachdenklich. »Kinder sterben doch wie die Fliegen. Kaum jedes dritte überlebt die ersten Jahre. Dann kommen eben andere. Wer kümmert sich bei uns schon um die Kleinen. Nimm einmal das Beispiel Fulda: Da lassen die Eltern ihre Kleinkinder allein und unbeaufsichtigt, um in die Kirche zu gehen. Bei Juden könnte ich mir das überhaupt nicht vorstellen. Deren Kinder erfahren sehr viel mehr Hinwendung und Erziehung. Sie lernen viel früher als die unseren, und man baut sogar extra kleine Möbel für die Kleinen. Und kannst du dir Folgendes bei Christen vorstellen: Wer für Bücher und Lehrmaterial spendet, gilt bei ihnen mehr als jemand, der Geld für den Neubau der Synagoge stiftet!«

Humbert verstand sehr gut, dass dies den stets wissbegierigen Friedrich begeisterte. Dennoch verstand er den Kaiser nicht.

»Und warum sollten die Christen den Juden diese scheußlichen Kindermorde anhängen?«

»Weil sie die Schuld, die sie tief in sich gegenüber ihren eigenen vernachlässigten Kindern verspüren, auf die verhassten Juden übertragen.«

Humbert lächelte: »Ziemlich kompliziert, oder?«

»Lass mich allein«, sagte der Kaiser. »Ich muss nachdenken.«

33. KAPITEL
KAMPF UM ROM
(1239 – 1241)

Während sich Friedrich II. in seiner elsässischen Lieblingspfalz Hagenau aufhielt, versuchten seine Gesandten, sich in Rom mit Papst Gregor IX. über die leidige Lombardenfrage zu einigen. Der Papst saß – wie so oft in den letzten Jahrzehnten – in der Zwickmühle. Einerseits musste er einräumen, dass die norditalienischen Städte durch ihre Aufmüpfigkeit immer wieder gegen das Reichsrecht verstießen. Andererseits waren sie der einzige Garant für die Unabhängigkeit des Kirchenstaates, weil sie durch ihren Freiheitswillen verhinderten, dass er von Norden und Süden her völlig eingekesselt und so schutzlos allen kaiserlichen Repressalien ausgeliefert war.

So weit die Sorgen der Kurie.

Friedrich II. sah das naturgemäß anders. Zum einen hätte er vom rein militärischen Standpunkt aus den Kirchenstaat – wenn er es denn ernsthaft gewollt hätte – über Nacht erobern können, was er jedoch niemals ernsthaft erwogen hatte. Andererseits war Widerstand gegen die kaiserliche Macht in seinen Augen die schlimmste Form aller nur denkbaren Ketzerei und deshalb unnachsichtig zu bestrafen.

Was aber wirklich zählte, war die Tatsache, dass er dringend auf die Steuerzahlungen der reichen norditalienischen Städte angewiesen war.

Sein Beamtenstaat Sizilien verschlang unendliche Summen, und Friedrich ließ Kredite zu den aberwitzigsten Bedingungen aufnehmen. Irgendwer in seiner engsten Umgebung war sogar auf die abstruse Idee verfallen, Geldstücke aus Leder zu stanzen, die irgendwann in ferner Zukunft einmal in Gold zurückerstattet werden sollten.

Kurzum: Friedrich konnte nicht auf die Lombardei verzichten, und der Papst, der das sehr wohl wusste, schürte den Streit, indem er die großen Städte demonstrativ unterstützte und sich sehenden Auges dem Zorn des Kaisers aussetzte. Dessen Politik indes wurde zusehends konfuser.

Nach dem glänzenden Hoftag in Mainz im August 1235 hätte er die Gunst der Stunde nutzen können, um einen stattlichen Heerbann um sich zu scharen und mit ansehnlicher Macht nach Norditalien zu ziehen. Tatsächlich schworen die versammelten Reichsfürsten ihm diese Gefolgschaft, aber dann wurde es erst einmal Winter, und im Frühjahr fanden viele einen Grund, dem Unternehmen fernzubleiben, und so folgten ihm nur an die 1000 Ritter aus Schwaben, und das Unternehmen war bereits zu Beginn zum Scheitern verurteilt.

Also zurück nach Deutschland, zum letzten Mal übrigens. Es hatte Ärger gegeben mit Herzog Friedrich von Österreich, der bezeichnenderweise den Beinamen »der Streitbare« trug. Als aber der Kaiser in Wien eintraf, hatten die bayrischen und böhmischen Ritter die Sache bereits erledigt. Friedrich II. zog das Lehen wieder ein, wozu er allerdings nicht berechtigt war, denn sein Großvater, Friedrich Barbarossa, hatte Österreich »durch ewiges Gesetz« an die Babenberger gegeben. Der Kaiser hätte also Österreich zwar dem amtierenden Herzog abnehmen können, hätte es dann jedoch seinen Erben übergeben müssen.

Friedrich II. nutzte seinen Aufenthalt in Wien, um seinen erst neunjährigen Sohn Konrad, den Sohn, den ihm Isabella von Brienne geboren hatte, von den versammelten Fürsten zu seinem Nachfolger wählen zu lassen. Zu seinem Vormund wurde Siegfried von Eppstein bestimmt, der Erzbischof von Mainz.

Im Sommer 1237 sammelte sich erneut ein Heer auf dem Lechfeld, und diesmal war es imposanter als im Vorjahr. In Norditalien stießen Aufgebote kaisertreuer Städte hinzu und vor allem 7000 sarazenische Bogenschützen. Vergeblich wurde Brescia belagert, und schon rückte ein starkes lombardisches Heer an, das die Stadt entsetzen sollte. Aber obwohl es schon Oktober wurde, eine Zeit also, in der man normalerweise einen Feldzug abbrach, dachte der Kaiser nicht ans Aufgeben. Friedrich II. wollte eine Entscheidung.

Da er selbst nicht als großer Feldherr galt, muss wohl einem seiner Befehlshaber die Idee gekommen sein, die Lombarden zu übertölpeln. Jedenfalls wurden die Aufgebote der kaisertreuen Städte demonstrativ nach Hause geschickt, während sich die kaiserliche Reiterei und die sarazenischen Bogenschützen in einen Hinterhalt legten. Nach zwei Tagen glaubten die Lombarden, der Kaiser sei tatsächlich abgerückt, und wagten sich hervor.

Bei Cortenuova (nahe Bergamo) kam es zur Schlacht. Erst als die Nacht hereinbrach, gaben sich die Lombarden geschlagen und flohen. Weit kamen sie nicht. Die deutschen und sarazenischen Reiter nahmen Tausende von ihnen gefangen, darunter auch den *podestà* (Bürgermeister) von Mailand und Heerführer der Lombarden, den Sohn des Dogen Pietro Tiepolo. Zuletzt erbeuteten sie sogar den symbolträchtigen Fahnenwagen von Mailand.

Friedrich II. hatte sich nie in der Nachfolge der deutschen Könige und Kaiser gefühlt, er dachte und empfand überhaupt nicht deutsch, auch nicht normannisch. Nach dem glänzenden Sieg über die norditalienischen Städte sah er sich als Herrscher über das Abendland. Er war der neue Cäsar, und Rom sollte wieder zur Hauptstadt des Reiches werden.

Auf den Papst und die Kurie nahm er keine Rücksicht, als

er – einem römischen Triumphator gleich – Einzug in Cremona hielt. Die Bürger der Stadt jubelten ihm zu wie im Rausch, als er an der Spitze seiner Ritter durch die Straßen ritt, geschmückt mit einem Lorbeerkranz und einem altrömischen Feldzeichen in der Hand. Ein grandioses Spektakel: die glänzenden Rüstungen, die farbenprächtig gewandeten Sarazenen und als Höhepunkt zum Schluss ein Elefant, auf dessen Rücken kleine Mohren unter einem Zeltdach saßen und auf silbernen Trompeten spielten.

Nur ein Kreuz war nirgendwo zu sehen.

Dafür aber Hunderte von Gefangenen. Und der Fahnenwagen von Mailand, den der Kaiser nach Rom schaffen und ihn dort auf dem Kapitol auf fünf Marmorsäulen aufstellen ließ. Der Kaiser schrieb den Bürgern von Rom, dass er von nun an diese Stadt als Ursprung und Mittelpunkt des Reiches betrachte – er, der Cäsar.

Seine Maßlosigkeit schien keine Grenzen mehr zu kennen. Er demütigte Venedig, indem er Pietro Tiepolo nicht ehrenvoll behandelte, sondern wie einen Sklaven in seinem Triumphzug mit sich führte. Er demütigte Mailand, obwohl die Stadt ihm die größtdenkbare Buße anbot: alles Gold und Silber, das sie besaß, ferner jährlich 10 000 Bewaffnete für einen Kreuzzug, und alle stolzen Banner sollten vor ihn gebracht und verbrannt werden. Alles vergebens.

Friedrich wollte die bedingungslose Unterwerfung.

Und trieb damit die Stadt erneut in ein Bündnis mit anderen lombardischen Gemeinden, unter anderem mit Bologna und Brescia. Was hatten sie schon noch zu verlieren! Sie schrieben dem Kaiser: »Wir fürchten, durch Erfahrung klug geworden, deine Härte. Lieber wollen wir hinter unseren Schilden durch Lanze, Schwert oder Pfeil sterben, als durch Henkershand, Feuer oder Hunger umkommen.«

Nur wenige seiner Zeitgenossen billigten Friedrichs unnachgiebige Haltung. Ein Chronist schrieb: »Von da an verlor der Kaiser die Gunst vieler, weil er ein unerbittlicher Tyrann geworden war.«

Erstaunlicherweise gelang es Friedrich jedoch, die Könige von England und Frankreich, von Kastilien und Ungarn davon zu überzeugen, dass ein Aufstand wie der der Lombarden sich sehr wohl auch in ihren Ländern ereignen könnte. Die aufblühenden Städte würden sich – falls man nicht wachsam sei – überall gegen ihre Fürsten erheben, und deshalb müsse man unbedingt ein Exempel statuieren.

Tatsächlich schickten die vier Könige und sogar der Kaiser von Konstantinopel und der Sultan von Ägypten kleinere Truppenkontingente nach Norditalien, die dem Kaiser, der wie immer von seinen deutschen Fürsten enttäuscht worden war, zu Hilfe kommen sollten. Gemeinsam machte man sich 1238 erneut daran, die auf Felsen gelegene Stadt Brescia zu erobern, aber das Unternehmen misslang gründlich. Nicht zuletzt deshalb, weil ein arabischer Ingenieur, den der König von Kastilien als Gefangenen mitgebracht hatte, zum Feind überlief.

Eigentlich war er mitgenommen worden, weil er sich besonders gut auf Belagerungsgerät verstand. Das tat er tatsächlich, aber es gelang ihm, seinen kastilischen Bewachern zu entkommen und sich in die belagerte Stadt zu retten. Dort wurde er herzlich empfangen und bedankte sich für das Haus, das man ihm anbot, und die wiedergewonnene Freiheit, indem er von den Mauern herab die anrollenden kaiserlichen Belagerungstürme zerstörte.

Da zudem im kaiserlichen Lager Krankheiten ausbrachen, was bei den damaligen hygienischen Verhältnissen keine Seltenheit war, und die multikulturellen Kontingente untereinander zerstritten waren, endete das Ganze nach zwei Monaten in einem Fiasko. Die große Chance nach dem glänzenden Sieg von Cortenuova war endgültig verspielt. Hätte Friedrich das Unterwerfungsangebot Mailands angenommen, wäre

Frieden möglich gewesen. Jetzt regierte wieder der Hass, und der Bruch zwischen Kaiser und Papst schien unvermeidbar.

Ausgelöst wurde er durch einen schwer nachvollziehbaren Akt des Kaisers: Friedrich verheiratete seinen etwa 18-jährigen Lieblingssohn Enzio, den Sohn seiner schwäbischen Geliebten Adelheid, mit der um zehn Jahre älteren Adelasia, einer Witwe und Erbin zweier Provinzen auf Sardinien. Die Insel Sardinien aber galt eindeutig als päpstliches Lehen. Eine beispiellose Provokation, zumal sich Enzio sehr bald nur noch als König von Sardinien bezeichnete.

Dieser ersten Herausforderung folgte umgehend die zweite, als Friedrich sich in einem Brief an das Kardinalskollegium wandte und es aufforderte, mäßigend auf den Papst einzuwirken, der offensichtlich »aus persönlicher Verärgerung das geistliche Schwert zugunsten der lombardischen Empörer zu ziehen« beabsichtige.

Dann folgte eine unmissverständliche Drohung: Da ein so schweres Unrecht einen entschlossenen Mann treffe, müsse man mit der Rache rechnen, die Cäsaren zu üben pflegen. Und diese Rache werde sich nicht allein gegen den eigentlichen Urheber – also gegen den Papst – richten, sondern auch gegen die verantwortlichen Mittäter, und damit waren ganz eindeutig die Kardinäle gemeint.

Wahrscheinlich hatte der Papst von diesem Schreiben unmittelbar nach seinem Eintreffen erfahren. Jedenfalls legte er eine ungewöhnliche Eile an den Tag, um sofort Tatsachen zu schaffen. Anstatt wie üblich am Gründonnerstag schleuderte Gregor IX. bereits am Palmsonntag den Bannstrahl gegen Friedrich. Endlos war die Liste der aufgeführten Gründe, nur der einzig wahre – nämlich der Krieg in der Lombardei – wurde nicht erwähnt. Auch nicht die ketzerischen Reden, die der Kaiser angeblich geführt haben soll.

Friedrich II., nun also zum zweiten Mal gebannt, rüstete zum Krieg. Die Bettelmönche, die vor allem im Königreich

Sizilien die Propaganda gegen den Kaiser betrieben hatten, wurden ausgewiesen. Friedrich beanspruchte die zum Kirchenstaat gehörende Mark Ancona und das Herzogtum Spoleto, um eine Landbrücke zwischen Nord- und Süditalien zu besitzen. Diese Territorien kamen wieder in die Hand von Laien.

Und Friedrich – von vielen als Ketzer gescholten – schrieb an seine Geburtsstadt Jesi: »Jesi, du adlige Stadt der Mark, Unseres Ursprungs erlauchter Anbeginn, wo Unsere göttliche Mutter Uns zum Licht gebracht, wo Unsere Wiege geschimmert hat…«, und weiter geht es in Anlehnung an das Matthäus-Evangelium: »So bist du, Bethlehem, Stadt der Marken, nicht die kleinste unter Unseres Geschlechtes Fürsten, denn aus dir ist der Herzog gekommen, des Römischen Reiches Fürst, der über dein Volk herrsche und es schirme und nicht gestatte, dass es fürderhin fremden Händen gehorcht.«

Der Freigeist als Messias.

Der Papst konterte: »Es steigt aus dem Meer die Bestie voller Namen der Lästerung, die mit den Tatzen des Bären und den Krallen des Löwen wütet. Alles will sie zermalmen und mit ihren Füßen die ganze Welt einstampfen, um die Mauern des katholischen Glaubens zu zerbrechen. Blicket aufmerksam auf das Haupt, die Mitte und das Ende dieser Bestie: Friedrichs, des so genannten Kaisers!«

Friedrich antwortete: »Aber der da sitzt auf dem Lehrstuhl verkehrten Dogmas, dieser Pharisäer, gesalbt mit dem Öle der Bosheit, über seine Genossen, der römische Priester unserer Zeit, er begehrt sinnlos zu machen, was aus Nachahmung himmlischer Ordnung herabgestiegen ist. Da hat er geschrieben, Wir seien die Bestie aus dem Meer. Er selbst ist der große Drache, der das ganze Erdrund verführt hat, der Widerchrist, zu dessen Vorläufer er Uns gemacht hat. Und ein anderer Balaam, gedungen um Geld, dass er Uns verfluche, Fürst unter Fürsten der Finsternis, welche die Weissagungen missbraucht haben. Dieser ist der Engel, der hervorspringt aus dem Abgrund …«

Christen unter sich.

In Deutschland fand unterdes eine Synode in Mainz statt, an der neben König Konrad, dem Sohn des Kaisers, sächsische, fränkische und schwäbische Bischöfe teilnahmen. Das Ergebnis ist nicht bekannt, aber vermutlich wurde beschlossen, die Exkommunikation des Kaisers in Deutschland zu verschweigen. Die Fürsten hatten Friedrich nicht die Treue aufgekündigt, ein süddeutsches Aufgebot machte sich sogar auf den Weg, um den Kaiser in Italien zu unterstützen.

Der marschierte kurz darauf auf Rom zu und schickte – sich anscheinend noch immer als Messias fühlend – Boten voraus mit der Botschaft: »Bereitet die Wege des Herrn!«

Als er bereits dicht vor Rom stand, floh Papst Gregor in die Engelsburg. Die Einwohner dagegen bereiteten sich auf einen großen Empfang des Kaisers vor, schmückten die Straßen und malten Schilder wie »Seht, der Kaiser« oder gar »Seht ihn, den Heiland«. Es war das Fest Petri Stuhlfeier, und an diesem Tag wurden traditionell die Häupter der Apostelfürsten sowie Splitter vom Kreuz Christi durch die Straßen getragen. Plötzlich stellte sich der Prozession ein alter Mann in den Weg: Papst Gregor, der die Engelsburg verlassen hatte.

Mitten in der tobenden Menge rief er mit brüchiger Stimme, indem er auf die Reliquien wies: »Hier sind die römischen Altertümer, um derentwillen Eure Stadt verehrt wird. Hier die Kirche und die Reliquien der Römer, die Ihr bis zum Tode zu schützen habt. Ich kann nicht mehr tun als ein anderer Mensch, aber ich fliehe nicht. Seht, hier warte ich auf die Gnade des Herrn.«

Und damit nahm er seine Tiara ab, hielt sie schützend über die Reliquien und rief: »Ihr Heiligen, verteidigt ihr Rom, wenn die Römer Rom nicht mehr schützen wollen!«

Da geschah das Wunder: Die Menschen, eben noch entschlossen, dem Kaiser einen begeisterten Empfang zu bereiten, rissen sich vor Scham die Kaiseradler herunter, die sie sich auf die Kleider geheftet hatten, griffen zu Kreuzen und zu Waffen, verschlossen die Stadttore und besetzten die Mauern.

Und was tat Friedrich?

Es wäre ein Leichtes gewesen, die Stadt im Sturm zu nehmen, den Papst gefangen zu setzen, den Kirchenstaat zu zerschlagen und Rom endgültig zum Zentrum des Reiches zu machen. Aber Friedrich wagte diesen letzten Schritt nicht. Er wandte sich südwärts und zog ab in Richtung Apulien. Ein Greis und – wenn man so will – die Apostel Petrus und Paulus hatten verhindert, dass die Geschichte einen völlig anderen Verlauf nahm.

Aber der Papst wollte mehr. Er wollte Friedrich II. absetzen, und zu diesem Zweck nahm er Kontakt zu europäischen Adelsfamilien auf, um einen geeigneten Nachfolger präsentieren zu können. Allerdings erfolglos. Sodann berief er für 1241 ein Konzil nach Rom ein. Friedrich reagierte, indem er den deutschen und sizilischen Bischöfen eine Teilnahme untersagte und alle Landwege sperren ließ.

Die Bischöfe aus Spanien, Frankreich und England sollten deshalb über das Meer anreisen, und zwar auf genuesischen Schiffen und auf Kosten der Kurie. Friedrich erfuhr davon und ließ 27 Galeeren von Sizilien kommen, die sich mit einer Flotte aus Pisa vereinigten und nahe der Insel Monte-Cristo in einen Hinterhalt legten.

Als die genuesischen Schiffe erschienen, wurden sie sofort angegriffen, und da sie sich ohnehin in einem schlechten Zustand befanden, wurden die meisten von ihnen versenkt. Viele Bischöfe und Legaten ertranken, noch mehr wurden gefangen genommen, und nur ein paar Spanier erreichten das rettende Genua. Die anderen, angeblich an die

100 hohe Kleriker, wurden unter unwürdigsten Bedingungen eingesperrt.

Der Papst, den sie um Hilfe anflehten, forderte sie auf, auszuhalten wie einst Christus am Kreuz, aber am 22. August des Jahres 1241 starb Gregor. Und Friedrich, der soeben wieder auf Rom marschierte? Er kehrte um, als wollte er aller Welt zeigen, dass es ihm nicht um Rom gegangen war, sondern lediglich um einen halsstarrigen alten Mann. Sollten sie doch einen neuen wählen! Und hoffentlich einen, der ihm freundlicher gesonnen war.

Zu diesem Zeitpunkt hielten sich genau zehn Kardinäle in Rom auf, und der kaiserfeindliche Senator Matthäus Orsini ließ sie mit beispielloser Brutalität zu einem Konklave zusammentreiben, das im Erdgeschoss einer verfallenen Prachtvilla auf dem Palatin stattfand. Während die meisten Kardinäle mit Schlägen und Fußtritten an den Versammlungsort gejagt wurden, schleifte man einen anderen buchstäblich an den Haaren in die Villa.

Es war August und entsprechend heiß. Dennoch erhielten die Kardinäle weder hinreichende ärztliche Versorgung noch vernünftige Nahrung, und auch Wasser gab es viel zu wenig. Auf dem Dach des Tagungssaals verrichteten die Wachsoldaten ihre Notdurft, sehr wohl wissend, das durch die vielen Risse in der baufälligen Decke nicht nur ihr Urin nach unten drang, wo die Kardinäle Mäntel aufspannten, um sich gegen das Herabfallende zu schützen.

Trotz dieser Situation gelang es den Zerstrittenen zunächst nicht, sich auf einen Kandidaten zu einigen; die einen wollten einen kaiserfreundlichen, die anderen einen eher stauferfeindlichen. Als es endlich schien, als könne eine Zweidrittelmehrheit gefunden werden, starb der englische Kardinal Richard von Sommercote. Der bereits schwer Erkrankte hatte mehrere Einläufe erhalten, und als die zu wirken begannen, schleppten die Wachposten den alten Mann aufs Dach, wo er sich in aller Öffentlichkeit entleeren musste. Kurz darauf starb er vor Erschöpfung, und eine Einigung war wieder in weite Ferne gerückt. Orsini schwor schließlich, er werde die Leiche Gregors IX. wieder ausgraben und sie zwischen die Kardinäle setzen lassen. Dann würde man ja sehen, wie lange sie noch beraten würden.

Niemand hätte sich angesichts dieses Dramas gewundert, wenn Friedrich II. wenigstens jetzt nach Rom gezogen wäre, um dem Spuk ein Ende zu setzen. Wahrscheinlich wäre es ihm angesichts der Situation sogar gelungen, einen ihm genehmen Kardinal durchzusetzen, aber der Kaiser verharrte in einer für ihn merkwürdigen Passivität.

Irgendwann – nach fast zwei Monaten – einigten sich die Kardinäle, gesundheitlich völlig am Ende, auf den Schwächsten unter ihnen, einen gewissen Gottfried von Sabina, der sich Cölestin IV. nannte. Er starb jedoch, noch ehe er zum Papst geweiht werden konnte. Die anderen Kardinäle flohen Hals über Kopf aus Rom in der Furcht, der wahnsinnige Orsini könnte sie zu einem weiteren Konklave einsperren.

ZEITRAFFER

1237	In Wien wird Friedrichs Sohn Konrad IV. zum König gewählt. Erneute Wahl zu Pfingsten in Speyer. Im November siegt Friedrich bei Cortenuova über die Lombarden.
1238	Erfolglose Belagerung Brescias Vermählung Enzios mit Adelasia von Sardinien
1239	Friedrich wird zum zweiten Mal gebannt.
1240	Der Kaiser zieht nach Rom; Papst Gregor IX. gelingt es, die Bevölkerung umzustimmen; Friedrich zieht wieder ab.
1241	Friedrich lässt im Thyrrhenischen Meer ein

Schiff voller ausländischer Prälaten aufbringen und verhindert so das Konzil, das den Kaiser absetzen soll.
Gregor IX. stirbt im September. Im Oktober beginnt das Konklave.
Im Dezember stirbt 27-jährig die dritte Frau des Kaisers, Isabella von England.

34. KAPITEL
DIE FELSENFESTUNG

Ludger spähte angestrengt in das runde Loch, das auf der Lichtung in den felsigen Boden geschlagen worden war. Gedämpft drang von unten her das Geräusch von Hämmern und Scharren. Der Mann neben ihm, ein muskelbepackter und gefährlich aussehender Geselle, zog keuchend einen mit Schutt gefüllten Eimer aus dem Schacht und leerte ihn ein paar Schritte entfernt auf eine täglich anwachsende Halde von rötlichen Gesteinsbrocken, die von einer Frau und ihren drei halbwüchsigen Kindern sorgfältig nach Größe sortiert wurden. Man würde sie später als Baumaterial nutzen.

An die 15 Meter hatten sich die Männer inzwischen nach unten vorgearbeitet, doch Ludger schätzte, dass sie allenfalls ein Viertel der anstehenden Arbeit geschafft hatten. Es würde wohl noch bis zum Frühjahr dauern, ehe sie auf Wasser stießen. Wenn überhaupt!

Aber Ludger hatte sich entschlossen, das Risiko einzugehen. Er wollte eine neue Burg bauen. Nur den Standort musste er noch bestimmen, und der wiederum hing davon ab, ob es Wasser gab. Und um das festzustellen, gab es nur eine einzige Möglichkeit: danach zu graben. Man tat das am besten in der kalten Jahreszeit, denn es gab unzählige Menschen, die das Jahr über auf irgendwelchen Baustellen ihr Brot verdienten und im Winter arbeitslos waren.

Dann zogen sie bettelnd umher und waren bereit, jede

Arbeit anzunehmen, wenn sie nur ein Dach über dem Kopf und etwas zu essen hatten. Die Tage waren zwar kurz, aber da die Hauer unten im Brunnenschacht ohnehin im Schein zweier Fackeln arbeiteten, waren sie nicht auf Tageslicht angewiesen und schufteten vom frühen Morgen bis in den späten Abend hinein.

Trotzdem waren sie dankbar.

Schon zu Lebzeiten seines Vaters hatte sich Ludger geschworen, eine neue Burg zu bauen, denn die alte – im Ort gelegen – war eines Grafen nun wirklich unwürdig. Eng, modrig, ohne jeden Komfort und wirklich nur bedingt zur Verteidigung geeignet, erinnerte sie mehr an einen Kerker als an eine Trutzburg, und nicht einmal Gäste konnten standesgemäß untergebracht werden.

Mit Rücksicht auf seinen Vater hatte Ludger das Projekt immer wieder hinausgeschoben, aber nun war er bereits 40 Jahre alt, und wer weiß, wie viel Zeit ihm noch blieb. Zehn Jahre vielleicht? Oder doch noch etwas mehr? Onkel Burkhard, der Abt, war tatsächlich schon um die siebzig, aber das war nun höchst ungewöhnlich.

Immerhin: Er war noch gut beieinander, und Ludger nahm sich vor, ihn im Kloster zu besuchen, denn er brauchte seinen Rat. Vielleicht kannte Burkhard einen erfahrenen Baumeister. Und der wiederum musste einen Zimmermann mitbringen und einen Steinmetz, so viel war sicher. Einen Schmied besaß Ludger selbst, und den Rest konnten Hilfskräfte besorgen.

Den idealen Standort für die neue Burg glaubte Ludger gefunden zu haben. Hoch sollte eine Burg liegen – das war die allgemeine Ansicht unter den vornehmen Familien –, aber nicht zu hoch. Es ist mühselig und zudem überflüssig, die Burg ganz oben auf dem Kamm zu bauen. Man denke nur, wie viele Steine und Stämme man während der Bauperiode nach oben schleppen müsste. Außerdem durfte seine Burg nicht allzu weit von Fluss und Straße entfernt liegen. Schließlich sollte eine befestigte Anlage ja nicht nur sicheres Wohnen garantieren, sondern auch eine Kontrolle der Handelswege ermöglichen.

Im Wald über den Weinbergen lag auf halber Höhe eine Felsenzunge, die aus dem Berg herausragte und nach drei Seiten steil abfiel. Nur vom hinter ihr liegenden Hang aus war sie zu erreichen, leider auch von einem möglichen Feind, der somit von oben angreifen konnte. Aber darüber konnte man sich später Gedanken machen. Wichtig war zunächst, dass die neue Burg von drei Seiten praktisch unangreifbar war. Das zählte viel.

Wenn man nur auf Wasser stoßen würde!

Es hatte in der Nacht geschneit, wie Ludger missmutig feststellte, als er unter den schweren Decken hervorkroch und schlaftrunken zwischen den Fellen, mit denen das Fenster verhängt war, nach draußen schielte.

»Schnee im März«, knurrte er. Ihn fror. Er hüllte sich in warme Pelze und eilte die steile Wendeltreppe hinunter in die Küche, wo ihm eine Magd eine Tasse heiße Suppe anbot, die er ausschlug. Er trank einen Becher Milch, das war alles. Er musste hoch in den Wald, um nach den Arbeitern zu sehen, die schon seit Stunden im Schacht arbeiteten. Gerade betrat er den Hof, als durch das geöffnete Tor ein kleines Mädchen gerannt kam, in einem dünnen Hemdchen und mit nackten Füßen.

»Wasser!«, schrie es, »Wasser!«

Ludger fing die Kleine auf, hob sie zu sich hoch und fragte ungläubig: »Was hast du gesagt? Sie sind auf Wasser gestoßen?«

»Wasser«, sagte die Kleine.

Ludger setzte sie hastig ab, rief der Magd zu, sie solle sich um das Kind kümmern, lief zum Stall, warf sich ohne Sattel auf ein Pferd und jagte los. Am Brunnen angekommen, hielt ihm der Mann am Loch mit breitem Grinsen einen Eimer hin, gefüllt mit klarem kalten Wasser.

Sie hatten es tatsächlich geschafft.

Als die Tagelöhner mit ihren Familien am Abend vom Bohrloch zurückkamen, wartete in ihrer Unterkunft nicht nur ein Fässchen Wein auf sie, sondern auch der Sattler aus dem Ort, nach dem Ludger geschickt hatte, als er sich der kleinen Füßchen erinnerte, die heute Morgen nackt durch den Schnee gelaufen waren. Es wurde ein lustiger Abend, und die Menschen waren zufrieden. Sie waren gut durch den Winter gekommen, und jeder bekam ein Paar neue Schuhe.

Das Leben war schön.

Das fand an diesem Abend auch Ludger, der noch am Vormittag einen Boten zu Fulcher in Siegburg geschickt hatte, einem Jugendfreund des Abtes, der schon etliche Burgen gebaut hatte, sich inzwischen aber als zu alt empfand: Burkhard hatte ihn trotzdem überredet, und der alte Mann hatte sich schließlich bereit erklärt, Ludger bei der Erfüllung seines Traums zu helfen. Er hatte darüber hinaus versprochen, einen Steinmetz und einen Zimmermann aufzutreiben und auf Abruf bereitzustehen, denn damals war ja überhaupt noch nicht absehbar gewesen, ob man unter der Felsenzunge überhaupt Wasser finden würde.

Nun also war es so weit, und Fulcher traf drei Tage später ein. Die beiden Handwerker hatte er noch nicht mitgebracht, aber sie würden nachkommen. Zunächst ritt er mit Ludger hoch zum Bohrloch. Sorgfältig und bedächtig schritt Fulcher das Plateau ab, stocherte bald hier in der Erde und bald dort, stieß auf Fels, dann auf Waldboden und wieder auf Fels.

»Gut«, sagte er schließlich, »sehr gut.«

Den tiefen Spalt in dem Felsen, der vom Berg bis auf das Plateau herunterführte, auf dem die Burg stehen sollte, würde man noch mit Erde auffüllen müssen, aber sonst schien alles in Ordnung zu sein. Am Abend saßen sie vor dem Feuer und tranken Met. »Ich denke, Mathilde sollte dabei sein«, sagte Ludger.

»Eine Frau?«, fragte Fulcher unwirsch.

»Meine Schwester«, sagte Ludger. »Du hast sie noch nicht gesehen. Sie ist sehr klug.«

»Na gut.« Fulcher wirkte nicht sonderlich erfreut. Das hier war eigentlich Männersache. Aber Ludger holte Mathilde trotzdem, die den alten Mann besonders herzlich begrüßte.

Fulcher brummte irgendetwas, und Mathilde lächelte.

»Das Problem«, begann der alte Mann, »ist die freie Fläche zwischen der Felsenzunge und dem Berg. Das ist freies und glattes Plateau, auf dem sich mögliche Belagerer sammeln und die Burg angreifen könnten. Hier müssen wir eine grundsätzliche Entscheidung treffen.«

Er nahm eine größere Wachstafel und zeichnete mit einem Griffel aus dem Gedächtnis die ungefähren Umrisse der Felsenzunge. »An allen Seiten fallen die Wände fast senkrecht ab. Das ist hervorragend. Da brauchst du gerade mal ein Mäuerchen. Aber hier«, und damit wies er auf das Plateau, »gibt es zwei Möglichkeiten: Graben und Tor mit Zugbrücke oder aber eine dicke Schildmauer und das Tor an anderer Stelle.«

»Üblich ist doch wohl ein Tor mit Zugbrücke und davor ein Graben – oder?«, fragte Ludger.

Fulcher wiegte bedächtig den Kopf. »Üblich ist ein Wort, das wir vergessen sollten. Eine Burg sollte nicht so geplant und gebaut werden, wie es üblich ist, sondern wie die Gegebenheiten es erfordern. Ein Graben ist gut und schön, aber zum einen kann man Gräben zuschütten, wenn man sich genug Zeit nimmt, und zum anderen: Es gibt hier keinen Bach, und mit Brunnenwasser kannst du einen Burggraben nicht füllen. Ich würde dir deshalb einen anderen Vorschlag machen.«

»Nämlich?«

»Riegele die Felsenzunge und die Burg mit einer besonders dicken und entsprechend hohen Schildmauer ab, die jedem Katapult standhält.«

»Und wie kommt man in die Burg hinein, wenn sie doch von den anderen Seiten unzugänglich ist?«

»Wir setzen links neben die Schildmauer zwei dicke Türme. Zwischen diesen hindurch geht ein Pfad – nicht breiter als ein Pferderücken – direkt oberhalb des Abhangs an der westlichen Mauer vorbei. Er führt von hinten, wiederum zwischen zwei Türmen, ins Burginnere. Dort befindet sich natürlich eine leicht zu verriegelnde Pforte.«

»Ich verstehe«, sagte Mathilde. »Diesen schmalen Pfad, der unterhalb der Mauer und oberhalb des Absturzes vorbeiführt, kann man nur einzeln und nacheinander begehen, dazu ständig dem Beschuss von oben ausgesetzt. Schweres Belagerungsgerät kann auch nicht mitgenommen werden, sodass jeweils nur ein einzelner Mann die hintere Pforte berennen könnte, was natürlich aussichtslos wäre.«

Fulcher sah sie anerkennend an. »Völlig richtig erklärt. Durch die hintere Pforte kann die Burg nicht eingenommen werden.«

Ludger dachte nach. »Einverstanden«, sagte er schließlich. »Aber wie bekommen wir sperriges Zeug in die Burg, das sich nicht auf einem Pferderücken transportieren lässt?«

»Das ist der Nachteil«, gab Fulcher zu. »Mit Wagen kommt auch Ihr nicht hinein. Ich schlage vor, dass Ihr einen offenen Unterstand für Eure Wagen auf dem Plateau vor der Schildmauer baut. Auf die Mauer selbst setzen wir einen Kran, mit dem schwere und große Teile von den Wagen in den Burghof gehievt werden können. Einziger Nachteil: Im Belagerungsfall gehen Eure Wagen verloren, aber das wird dann nicht Eure größte Sorge sein.«

»Bestimmt nicht«, gab Ludger zu. »Aber was ist mit einem

hohen Turm? Normalerweise wird unter anderem von dort das Tor bewacht. Brauchen wir wegen der Schildmauer keinen Bergfried?«

»Aber ja doch«, sagte der Alte. »Der Bergfried hat ja noch andere Aufgaben. Er sollte sich zunächst dort erheben, wo man den besten Ausblick auf das Tal hat, auf den heraufführenden Weg und den Fluss. Aber er stellt ja auch die letzte Zuflucht der Verteidiger dar, falls die Burg tatsächlich im Sturm genommen werden sollte. Deshalb sollte er stets dicht neben dem Palas oder der Kemenate stehen, mit ihnen verbunden durch eine hölzerne Brücke, über die man in den Turm fliehen kann und die sofort danach abgeworfen wird. Natürlich kann er auch isoliert auf dem Burghof stehen. Dann müssen die Burgbewohner halt von unten hochklettern. In diesem Fall muss seine Tür etliche Meter hoch über dem Boden liegen, sodass man sie nicht einrammen kann.«

Hier zögerte Fulcher.

»Was ist?«, fragte Ludger.

»Ich will nicht verhehlen«, sagte der alte Mann, »dass es auch andere Meinungen gibt. Wenn nämlich – sagen manche Leute – die Burg eingenommen worden ist, sitzen die in den Bergfried Geflohenen dort wie in einer Mausefalle. Selbst wenn sie vorsorglich Wasser und Lebensmittel hineingeschafft haben, ist es nur eine Frage der Zeit, bis sie letztendlich aufgeben müssen. Aber manchmal hat der Feind es ja auch eilig und zieht früh wieder ab. Ich denke, wir sollten deshalb so verfahren, wie ich anfangs erläutert habe.«

»Wenn man also Bergfried und Kemenate dicht nebeneinander baut, müssten wir uns überlegen, wo der Palas zu stehen kommt«, sagte Ludger. »Am besten wohl so, dass er durch den Bergfried gegen Geschosse geschützt ist, die über die Schildmauer geschleudert werden könnten.«

»Ich bin dafür, dass wir mit der Küche anfangen«, meldete sich Mathilde zu Wort.

»Mit der Küche?«, fragten die Männer wie aus einem Mund.

»Ja, mit der Küche«, wiederholte Mathilde. »Schon als Kind habe ich mich darüber geärgert, dass es in der ganzen Burg stinkt, sobald Essen gekocht wird, und manchmal stinkt es ganz erbärmlich. Außerdem brennt in der Küche fast pausenlos offenes Feuer, was bekanntlich ziemlich gefährlich ist. Aber wenn die Küche abbrennen sollte, muss ja nicht die ganze Burg in Flammen aufgehen. Also schlage ich zunächst einmal vor, dass die Küche getrennt von Palas und Kemenate erbaut wird.«

»Aber wie kommt das Essen dann in den Palas?«, fragte der Alte.

»Über den Hof. In den paar Sekunden wird es wohl nicht kalt werden.«

»Haben Madame noch einen Wunsch?«, fragte Ludger ironisch.

»O ja, dass die Küche an die Ostmauer gebaut wird. Da nämlich der Wind hierzulande meist aus westlichen Richtungen weht, wäre es töricht, den Palas östlich der Küche zu errichten, weil sonst der ganze Gestank dort hineinzieht. Und da wir gerade dabei sind: Wenn die Herren berücksichtigen würden, dass es außerordentlich praktisch wäre, wenn aus der Küche eine Gosse durch die Mauer nach draußen führt, damit man den ganzen Abfall mit ein paar Eimern Wasser den Hang hinunterspülen kann …«

Ludger lachte und sagte zu Fulcher: »Da siehst du, wie klug sie ist. Daran hätten wir nie gedacht.«

Und selbst der Alte brummelte zustimmend, um dann zum Thema zurückzukehren: »Wo also soll der Bergfried hin?«

»Ich denke, die beste Aussicht hat man vorn an der Schild-

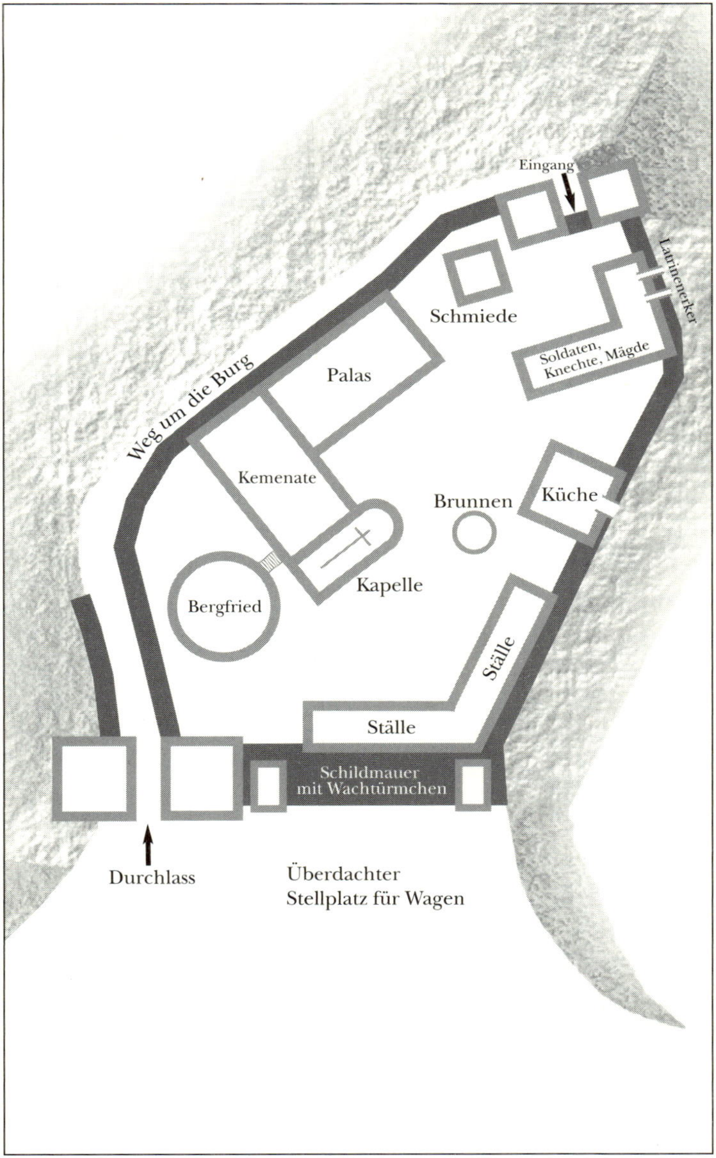
Eingang
Latrinenerker
Schmiede
Soldaten, Knechte, Mägde
Palas
Weg um die Burg
Kemenate
Brunnen
Küche
Kapelle
Bergfried
Ställe
Ställe
Schildmauer mit Wachtürmchen
Durchlass
Überdachter Stellplatz für Wagen

mauer. Von dort kann man den hinaufführenden Weg beobachten, aber auch die Straße am Fluss kontrollieren.«

»Dann müssen direkt dahinter Palas oder Kemenate stehen«, sagte Fulcher.

»Die Kemenate«, schlug Mathilde vor. »Dann liegt sie mit ihrer Fensterfront in südwestlicher Richtung und ist schön warm. Übrigens: Vergesst mir die Kapelle nicht. Darauf will ich nicht verzichten. Wenn Ihr sie im Erdgeschoss der Kemenate einrichtet, denkt daran, dass dann der Chor ein wenig aus der Fassade herausragt. Nichts darf höher sein als das Kreuz unseres Herrn!«

»Wie fromm du plötzlich bist, Schwesterchen«, spöttelte Ludger.

»Ich wollte nur daran erinnert haben«, sagte Mathilde.

»Da gibt es noch ein Problem«, sagte Fulcher, und als die Geschwister ihn fragend ansahen, erklärte der Alte: »Im Normalfall ragen die Latrinenerker aus der Wand heraus, sodass die …« Er räusperte sich verlegen.

»Wir wissen schon, was du meinst«, sagte Mathilde kühl.

»Also, dass es nach unten fällt, in den Graben oder den Hang hinunter. Wenn Ihr aber die Küche nach Osten, Kemenate und Palas dagegen nach Westen an die Mauer bauen wollt, so geht das mit den Erkern nicht, weil sonst das Besagte auf den Weg fällt, der dort an der Mauer vorbeiführt, oder gar auf die vorbeigehenden Menschen.«

»Das ist wahr«, sagte Ludger nachdenklich.

»Das ist wunderbar!«, sagte Mathilde begeistert. »Wir werden dann nämlich nicht mehr in diesen schauerlichen und zugigen Erkern sitzen müssen, sondern werden endlich das tun, wozu wir als gräfliche Familie wohl berechtigt sind. Wir werden uns entsprechendes Geschirr besorgen, wie man es auch bei Hofe hat; schließlich haben wir Knechte und Mägde, die dieses Gerät entsorgen können. Basta!«

Ludger sah Fulcher an und hob die Schulter. »Was das

Haus angeht, so hat sie das Sagen. Und sie hat ja auch Recht. Auf der anderen Seite, da, wo die Küche steht, kann man Erker für das Personal einrichten, und wir selber leisten uns ein bisschen Luxus.«

»Nun gut«, sagte Fulcher, der eifrig mit dem Griffel auf der Wachstafel schrieb, das Gezeichnete ständig wieder auswischte und nach den Vorstellungen der Geschwister veränderte. »Was brauchen wir noch?«

»Der Schmied muss einen Verschlag haben, auch weit weg von der Kemenate, denn bei dem stinkt es ebenfalls gewaltig, besonders wenn er die Pferde beschlägt.« Ludger dachte kurz nach und fuhr fort: »Dann Fachwerkhäuser für das Personal, und natürlich Stallungen für das Vieh.«

Fulcher zeichnete, wischte aus und skizzierte von neuem. Schließlich hielt er seine Tafel den beiden hin und fragte: »So etwa?«

Die Geschwister betrachteten den Entwurf und dachten noch einmal nach. Dann sahen sie sich an und nickten. »So in etwa müsste es gehen.«

Ein ganzes Jahr verging. Die Festung auf dem Felsen war fast fertig. Ludger hatte Glück gehabt. Sehr viel Glück sogar, denn zum einen hatte Fulcher festgestellt, dass der Berg oberhalb der Baustelle zum Teil aus Basalt bestand, zum Teil aus wesentlich weicheren Gesteinsarten. Das Baumaterial konnte folglich vor Ort gebrochen werden und musste nicht von weit her geholt und dann auch noch den Berg hinaufgeschleppt werden.

Der Wald lieferte das notwendige Holz, und Fulcher ermahnte Ludger, dass die Reste dieses Waldes nach Beendigung der Bauarbeiten abgeholzt werden müssten, damit mögliche Feinde kein Material mehr vorfinden würden, um Belagerungstürme zu bauen. Die Menschen unten aus dem Ort würden bestimmt freiwillig das Roden übernehmen, wenn er ihnen zugestehen würde, sich so viel Brennholz zu sichern, wie sie nötig hätten. Mehrkosten würden also nicht entstehen.

Mehrkosten hätte Ludger auch nicht mehr verkraften können, denn er hatte sich völlig verausgabt. Nicht ohne Grund. Die Zeiten wurden unruhig. Der Kaiser ließ sich nicht mehr in Deutschland blicken, und die Fürsten waren im Lauf der letzten Jahre mächtiger und entsprechend anmaßend geworden. Die Städte wurden reich, und immer mehr Hörige und Unfreie suchten in ihren Mauern Schutz. Am fernen Horizont, irgendwo im Osten – hieß es – sei ein unbekanntes Reitervolk aufgetaucht und ziehe marodierend nach Westen. Ludger trieb Fulcher zur Eile, aber der hatte achselzuckend erklärt, er könne mit nur einem Zimmermann und einem einzigen Steinmetz in so kurzer Zeit keine Burg aus der Erde stampfen, zumal sie nur angelernte Tagelöhner und zwangsverpflichtete Hörige als Gehilfen hätten.

Ludger hatte ihm daraufhin vorschnell gestattet anzuheuern, wen immer er für tauglich befinde und auftreiben könne. Eines schönen Tages standen dann an die 20 Mann auf der Baustelle, allesamt Franzosen, die soeben einen Kirchenbau in den Ardennen fertig gestellt und Arbeit gesucht hatten: Zimmerleute, Maurer und Steinmetze. Sie arbeiteten vorzüglich.

Und kosteten sehr viel Geld.

Mehr Geld, als Ludger besaß. Dann mussten auch noch Tische und Bänke für den großen Saal beschafft werden, Mobiliar für die Räume in der Kemenate, Werkzeug, sofern es der Schmied nicht selbst fertigen konnte, und Küchengerät, auf dem Mathilde bestand.

Er hatte sich erneut an seinen Onkel gewandt, und der alte Abt hatte ihm ein Darlehen des Erzbischofs von Trier vermittelt, für das er fünf Fronhöfe und drei Dörfer verpfänden musste. Außerdem hatte er je einen Weinberg nach Siegburg und nach Köln verkauft. Irgendwann würde er das Darlehen zurückzahlen, und vielleicht waren dann auch die Weinberge wieder zu haben.

Vielleicht.

Einer der Steinmetze aus Frankreich hatte dazu geraten, dem Bergfried kein Holzdach aufzusetzen, weil man beobachtet habe, dass Blitze meist in die höchsten Türme einschlügen. Warum also kein flaches Steindach hinter den Zinnen! Und eine Wendeltreppe aus Stein, die nach unten führte. Und Fulcher hatte darauf bestanden, dass die Schildmauer mindestens fünf Meter dick sein und darüber hinaus mit kleinen Wachtürmen gekrönt werden müsse. Jeden Tag fiel ihm etwas ein, das zwar notwendig erschien, den Bau aber weiter verteuerte.

Im Herbst des darauf folgenden Jahres stand die Burg. Der Zimmermann hatte die Dachstühle gesetzt und der Steinmetz die Kamine und die Kapitelle in der Burgkapelle mit feinen Ornamenten geschmückt, die Franzosen und viele Freiwillige aus dem Ort halfen beim Umzug aus der alten in die neue Burg, denn alle wussten: An diesem Abend wurde ein großes Fest gefeiert. Onkel Burkhard war gekommen, um die neue Festung einzusegnen. Spielleute hatten sich eingefunden und Gaukler, die mit ihren Späßchen die Leute unterhielten, und aus großen Krügen wurden Met und Wein ausgeschenkt.

Von einem Fenster der Kemenate schauten Ludger und seine Schwester dem Treiben im Hof zu. Fulcher, mit Dank überschüttet und reich entlohnt, hatte sich bereits verabschiedet, und Ludger nahm Mathilde in den Arm.

»So, Schwesterchen, das war's. Nur ein paar Wochen länger, und ich hätte die Franzosen nicht mehr bezahlen können. Dieses Fest heute Abend kostet noch mal richtig Geld, und von morgen an wird wieder gespart. Ich bin froh, dass alles fertig ist.«

»Noch nicht ganz!«

Ludger sah seine Schwester entsetzt an. »Bitte? Was um des lieben Himmels willen fehlt denn jetzt noch?«

»Farbige Fenster für die Kapelle«, sagte Mathilde.

35. KAPITEL
STURM AUS DEM OSTEN

Der alte Mann lag im Sterben. Er hatte viel erreicht in seinem Leben, und auch seine letzte Schlacht hatte er bereits gewonnen, obwohl sich das von ihm in diesen Wochen belagerte Ninghsia, die Hauptstadt der Tanguten, noch nicht ergeben hatte. Aber so gut wie. Der Herrscher der Stadt, vor deren Toren die Zelte von Zigtausenden Mongolen standen, hatte um einen kurzen Aufschub gebeten, um die Übergabe vorzubereiten und die Bevölkerung zu evakuieren.

Dschingis Khan hatte zugestimmt. Dann versammelte er seine Söhne um sein Lager und ließ sich einen Köcher mit Pfeilen geben. Er nahm einen davon heraus und zerknickte ihn ohne Mühe. Dann gab er seinen Söhnen ein ganzes Bündel Pfeile, aber keiner von ihnen war in der Lage, sie im Ganzen zu zerbrechen. Sie hatten verstanden. Vereint seid ihr stark, wollte der alte Mann ihnen sagen. Und noch sehr viel deutlicher sagte er ihnen anschließend, was mit der Bevölkerung von Ninghsia geschehen sollte. Dann starb er.

Es war der 18. August des Jahres 1227.

Um seinen Tod ranken sich wilde Gerüchte. Das romantischste besagt, dass er eine besonders wilde Nacht mit seiner neuen Lieblingsfrau Yesui nicht überlebte. Andere, dass ihn eine gefangene und versklavte Prinzessin erstach, als er sie gewaltsam nehmen wollte. Am wahrscheinlichsten ist, dass er sich bei der Jagd eine schwere Verletzung zuzog und an deren Spätfolgen gestorben ist.

Kurz nach seinem Ableben jedenfalls öffneten sich die Tore von Ninghsia, und die Bewohner der Stadt begannen im Vertrauen auf die geschlossene Vereinbarung abzuziehen. Keiner von ihnen überlebte das Gemetzel. Dschingis Khan hatte diesbezügliche Anweisung erteilt und damit seine Politik der letzten Jahrzehnte konsequent fortgesetzt: Wer sich unterwirft, wird verschont; wer sich erbittert wehrt, stirbt. Und zwar in jedem Fall und meist auf grausige Weise.

Dann brachten die Mongolen ihren toten Großkhan zurück in seine Heimat, irgendwo in Zentralasien, der genaue Ort ist unbekannt. Unterwegs tötete seine Leibgarde jedes Lebewesen, das der Prozession begegnete. Ob Händler oder Hirte – wer ahnungslos den Weg der Karawane kreuzte, starb. Kein Augenzeuge sollte überleben, nicht einmal Hirsche und Hasen.

Niemand sollte vorzeitig vom Tod des alten Mannes erfahren, und niemand sollte die Mongolen weinen sehen.

Es waren harte Männer, die da ihrem toten Anführer das letzte Geleit gaben, und sie hatten sich der kargen Umgebung angepasst. Jedweder Luxus war ihnen fremd. Sie ernährten sich von dem, was gerade da war, und das war zumeist äußerst wenig. Da musste man schon einmal Schlangen essen oder auch Mäuse; das Fleisch roh hinunterschlingen, auch wenn es von einem Hund stammte. Wasser war knapp, und zuweilen mussten die Männer aus der Schlagader ihrer Pferde trinken. Die waren ihr einziger Reichtum.

Das waren keine feurigen Araber oder Zuchtpferde, wie wir sie heute kennen. Man könnte sie eher als Ponys bezeichnen, kurzbeinig, aber schnell und zäh. Die Kinder der Mongolen lernten früher reiten als laufen, und alle Chronisten berichten übereinstimmend, dass sie bereits als Halbwüchsige perfekt mit Pfeil und Bogen umgehen konnten. Ein Krieger war angeblich sogar in der Lage, im vollen Galopp sechs Pfeile in der Minute abzuschießen, und zwar nach rückwärts gewandt und mit teuflischer Genauigkeit.

Um das Jahr 1160 herum wurde ein gewisser Temudschin geboren, Enkel des berühmten Kabul Khan, der einst die ganze Mongolei beherrscht und sogar ein chinesisches Heer besiegt hatte, und Sohn eines kleinen Stammesfürsten, der vergiftet wurde, als sein Sohn noch keine zehn Jahre alt war. Angeblich – so wurde später erzählt – hatte Temudschin einen Klumpen Blut in seiner kleinen Faust, als er geboren wurde, was auf eine steile Karriere als großer Kämpfer hinwies.

Zunächst jedoch war das Überleben seiner Familie stark gefährdet, denn missgünstige Nachbarn vertrieben die Mutter und ihre Kinder von den Weiden und raubten ihnen das Vieh. Mühsam ernährten sie sich von Beeren, Vögeln und Fischen. Temudschin wurde mit den Jahren zum Oberhaupt der Familie, die nach wie vor von feindlichen Sippen und Stämmen bedroht und immer wieder ausgeplündert wurde.

Noch vor seinem Tod hatte ihm der Vater eine Braut gesucht, die Börte hieß und ihr Leben lang an Temudschins Seite bleiben sollte. Neben anderen Frauen natürlich. Bei einem Überfall ließ er sie einmal im Stich, weil nur ein Pferd vorhanden war, und das brauchte er selbst. Als er sie später befreien konnte, war sie schwanger, missbraucht von den Räubern. Börte gebar einen Sohn, den sie Dschotschi taufte, und obwohl es nicht sein leibliches Kind war, wurde der Junge Temudschins Liebling.

Es folgten Jahrzehnte ständigen Kampfes. Familien kämpften gegen Familien, Sippen gegen Sippen, Stämme gegen Stämme. Immer wieder war Blutrache im Spiel, alte Rechnungen wurden beglichen, Bündnisse geschlossen und Koalitionen geschmiedet. Temudschin erwies sich nicht nur als tapferer Anführer, sondern auch als geschickter Unterhändler und gerissener Diplomat. Und da war schließlich noch seine vornehme Abkunft von Kabul Khan. Eines Tages hielt er den Zeitpunkt für gekommen, Abgeordnete aller Stämme zu einer großen Versammlung einzuberufen, die der Tradition entsprechend einen über alle anderen Sippen und Völker gestellten Khan wählen sollten.

Und sie wählten tatsächlich ihn.

Aber Temudschin konnte er sich nun nicht mehr nennen, denn er war ja jetzt der große Khan. Also nannte er sich Dschingis Khan, und kein Historiker weiß bis heute, was das Wort *Dschingis* eigentlich bedeutet und aus welcher Sprache es stammt. Vielleicht aus dem Chinesischen, vielleicht auch aus dem Türkischen. Man weiß es nicht, und so furchtbar wichtig ist es im Grunde auch nicht.

In Zentralasien gab es damals sehr viele und höchst unterschiedliche Völker, wie die Merkit und die Tataren, die Kereit und die Naimanen und viele, viele andere, und zu den eher unbedeutenderen gehörten die Mongolen, der Stamm Temudschins. Doch alle miteinander waren sie Steppenvölker, Nomaden, und daher den fest Ansässigen höchst suspekt. Die Chinesen hatten schon lange vor dem großen Ansturm der Mongolen große Teile ihrer berühmten Mauer erbaut, denn man konnte nie wissen …

Nach und nach gewannen die Mongolen unter den vielen anderen Völkern die Oberhand. Schließlich waren sie der Stamm des Großkhans, und obwohl es immer wieder Revolten und Aufbegehren gab, setzte sich Dschingis Khan gegen alle Rivalen durch. Was war das Geheimnis dieses merkwürdigen Zusammenhalts völlig unterschiedlicher Völker? Was hatte Dschingis Khan zu bieten, um sich ihrer Treue zu versichern?

Beute.

In der Tat: was sonst? Zigtausende Krieger, die durch weite Steppen und Schrecken erregende Wüsten zogen, hatten von der Zukunft nichts zu erwarten, allein die Aussicht auf Beute trieb sie voran. Das war das eigentliche Geheimnis der unglaublichen Machtentfaltung des Mongolenreiches. Weder in der Steppe noch in der Wüste gab es irgendetwas Lohnendes zu finden. Allenfalls die Pferde oder die Weiber des Nachbarstammes. Aber in den blühenden Städten Chinas oder weit im Westen, in Buchara oder in Samarkand – da lag das Gold sozusagen auf der Straße, man brauchte es nur aufzuheben.

Vorausgesetzt, man konnte diese Städte auch tatsächlich erobern.

Aber dazu waren die Mongolen anfangs nicht imstande. Als sie auf ihren Eroberungszügen erstmals vor Peking auftauchten, standen sie fassungslos vor der mächtigen Stadtmauer. Dreißig Kilometer war sie lang und zwölf Meter hoch. An ihrem Fuß war sie unglaubliche 15 Meter dick und oben immerhin noch deren zwölf! Wachposten schossen von 900 Türmen herab auf die Belagerer, die schnell einsahen, dass sie niemals in der Lage sein würden, eine solche Stadt zu erstürmen, solange sie weder die entsprechende Erfahrung noch geeignetes Belagerungsgerät hatten.

Aber sie waren lernwillig. Als ihnen Peking bei einer neuerlichen Belagerung 1215 durch Hunger, Krankheiten und innere Zwistigkeiten doch noch in die Hände fiel, schleppten sie nicht nur riesige Mengen an Gold und Schmuck, Waffen und wertvollen Stoffen als Beute aus der Stadt, sondern sie führten auch alle Männer mit sich fort, die ihnen wertvolle Kenntnisse und Fertigkeiten vermitteln konnten: Handwerker und Gelehrte, Ärzte und Waffentechniker.

Das war neu, denn bislang hatte Dschingis Khan – wie auch später im Fall Ninghsia – die Bevölkerung aller Städte, die Widerstand geleistet hatten, gnadenlos umbringen lassen. Zigtausende von Menschen waren ermordet worden. Zuweilen ließen die Mongolen junge Frauen am Leben, um sie als Sklavinnen mitzunehmen. Manchmal stellten sie heranwachsende Jungen vor ein Wagenrad. Wer kleiner war als das Rad, bekam die Chance, ein guter Mongole zu werden; jeder, der größer war, wurde enthauptet.

Durch die Verschonung der begabten Männer aus Peking beherrschten die Mongolen, die sich bislang nur auf den Kampf vom Pferderücken aus verstanden, schon bald Angriffs- und Verteidigungsmittel, die bislang nur von Chinesen und Griechen in dieser Vollkommenheit beherrscht worden waren: ein verheerendes, nicht zu löschendes Feuer, Belagerungstürme, Katapulte und anscheinend auch eine Art Sprengstoff.

Unter den gefangenen Männern befand sich ein gewisser Yelui Chucai, ein zwar noch junger, aber hochgebildeter Astrologe, der die Kunst der Skapulamantik beherrschte, einer Wahrsagung anhand der Risse, die entstanden, wenn ein geschabtes Schulterblatt einer Ziege oder eines Schafes über ein Feuer gehalten wurde.

Diese Kunst übte besagter Yelui allem Anschein nach so erfolgreich aus, dass er zu einem der engsten Berater des Dschingis Khan wurde. Zuvor schon hatte er dessen Zuneigung gewonnen, als er sich anfangs schlichtweg geweigert hatte, mit den Mongolen zusammenzuarbeiten. Er habe bislang dem chinesischen Herrscherhaus gedient, und er denke nicht daran, nunmehr zum Verräter zu werden.

Dschingis Khan, der jeden hinrichten ließ, der seinen Herrn verriet, mochte dieser auch zu den schlimmsten Feinden der Mongolen gehört haben, schätzte Loyalität besonders hoch ein und ließ Yelui genügend Zeit, um ihn letztendlich doch als einen klugen Ratgeber zu gewinnen. Zum Beispiel, indem er aufhörte, jede eroberte Stadt zu zerstören. Immer und immer wieder hatte Yelui ihn ermahnt: »Anstatt die Städte zu zerstören, musst du sie nach ihrer Eroberung schonen und unterstützen. Nicht aus der Steppe kommt dein

Reichtum, sondern aus dem Handel, und dafür braucht es Städte und Märkte.« Außerdem – sagte Yelui – könne man ein Reich aus dem Sattel heraus erobern, aber regieren könne man es nicht vom Sattel aus.

Dschingis Khan erwies sich als gelehriger Schüler. Er begriff, dass ein Reich allgemein gültige Gesetze brauchte, und ein Reich, das sich vornehmlich aus wilden Reitervölkern zusammensetzte, brauchte besonders strenge. Schön, es gab uralte Traditionen und zum Teil merkwürdige Tabus. Wer beispielsweise absichtlich einen Pfeil mit der Peitsche berührte, einen jungen Vogel tötete oder vorsätzlich ins Zelt pinkelte, wurde mit dem Tode bestraft. Aber es gab wirklich Wichtigeres zu regeln.

Vor allem mussten der Kampf Sippe gegen Sippe und die Auswüchse der Blutrache ausgerottet werden. Dschingis Khans Traum war es, dass eine Jungfrau mit einem Goldschatz nachts durchs Land wandern konnte, ohne Gefahr zu laufen, überfallen zu werden. Ein hoch gestecktes Ziel, das er erreichen wollte, indem er ein für alle geltendes Gesetz, den *Yassah* (oder auch *Jasa*), schriftlich niederlegen ließ. Er begann bezeichnenderweise mit folgender Präambel: »Die Pflicht des Mongolen ist es, meinem Ruf eilends zu folgen, meinen Befehlen zu gehorchen, nach meinem Wunsch zu töten. Wer nicht gehorcht, verliert seinen Kopf.«

Seinen Kopf verlor ab sofort außerdem, wer einen Mord beging oder Vieh stahl, wer die Ehe brach oder Unzucht mit Tieren beging, wer als Wachposten einschlief oder sich als Blitzkurier betrank, während ein Vergewaltiger mit einer Auspeitschung davonkam oder ein nicht näher bezeichnetes Glied verlor.

Die Stellung der Frau stärkte Dschingis Khan, indem er ihr weitgehende Rechte über den gesamten Besitz der Familie übertrug. Das geschah weniger, um die Frau zu ehren; vielmehr sollte der Mann als Soldat von häuslichen Verpflichtungen befreit werden. Deshalb hatte die Frau auch dafür zu sorgen, dass sich seine Kleider stets in Bestzustand befanden und seine Waffen immer einsatzbereit waren. Sie selbst genoss keinerlei Freiheit, und ihr Körper gehörte ausschließlich ihrem Mann.

Während sich die Grenzen des Mongolenreiches immer weiter nach Osten vorschoben, blieb es an den Westgrenzen zunächst ruhig. Ein Freundschaftsangebot an den mächtigen Schah Muhammad von Choresm, der über weite Teile der heutigen Länder Iran, Afghanistan, Pakistan, Turkmenistan, Usbekistan und Kasachstan herrschte, wurde von diesem ausgeschlagen. Als Dschingis Khan eine zweite Karawane mit Gesandten und vielen kostbaren Geschenken an den Schah schickte, wurde sie von Inalschik, einem Provinzgouverneur Muhammads, überfallen und ihr Anführer ermordet.

Als Dschingis Khan daraufhin Boten zum Schah sandte und die Auslieferung Inalschiks forderte, schickte Muhammad die mongolischen Boten mit einer höhnischen Botschaft und kahl geschorenen Köpfen zurück. Das bedeutete Krieg. Krieg gegen ein riesiges Reich, das sich zwischen dem Persischen Golf im Südwesten, dem Kaspischen Meer im Nordwesten und dem Himalaja im Osten erstreckte.

Aber Dschingis Khan wusste inzwischen, wie man Städte erobert. Und so nahm er 1220 Samarkand ein und ließ es schleifen, erstürmte Urgentsch, dessen Einwohner bis auf ein paar Handwerker allesamt hingerichtet wurden, und ließ – wie ein Chronist vermeldete – die islamische Prachtstadt Buchara »wie ein mit Blut gefülltes Tablett« zurück.

Die Stadt Otrar wurde von dem oben erwähnten Provinzgouverneur Inalschik fünf Monate lang verteidigt. Als die Mongolen schließlich die Stadt stürmten, verteidigte Inalschik die Burg. Als auch diese fiel, zog er sich auf deren Dach zurück und leistete von dort oben Widerstand. Er wusste, dass er keine Gnade erhoffen durfte. Als er den letzten Pfeil verschossen hatte, bewarf er die Eindringlinge mit Ziegelsteinen. Schließlich wurde er gefangen genommen und vor Dschingis Khan gebracht. Der rächte sich furchtbar: Dem Gefangenen wurde flüssiges Silber in Augen und Ohren gegossen, und Inalschik starb unter fürchterlichen Qualen.

Dschingis Khans Generäle Dschebe und Sübütai zogen nun weiter nach Westen über Persien und den Kaukasus nach Georgien. Trotz der Mahnungen Yeluis, mit dem besiegten Gegner milde zu verfahren, verbreiteten die »Tataren«, wie die Mongolen im Westen damals genannt wurden, panisches Entsetzen.

Woher auch immer der Chronist Matthäus Paris seine Informationen bezogen hatte, sei dahingestellt. Jedenfalls stellte er die Mongolen 1238 in der *Chronica Majora* unter anderem als Menschenfresser dar: *Um Grausamkeit und Schlauheit dieser Menschen zu schildern, ist keine Gemeinheit groß genug. Der Häuptling der Tataren und seine Gäste und andere Kannibalen verspeisten ihre Kadaver, als wäre es Brot, und ließen nichts von ihnen übrig als die Knochen für die Aasgeier. Die alten und hässlichen Frauen wurden den Kannibalen als tägliche Essensration vorgeworfen. Die Schönen indes wurden nicht gegessen, sondern trotz ihrer Wehklagen entehrt. Manche Jungfrauen wurden so lange vergewaltigt, bis sie vor Erschöpfung starben.*

Nach dem Sieg über ein russisches Heer wurden 50 gefangenen Fürsten Mund und Nase zugenäht, dann steckte man sie in Kisten, breitete Teppiche darüber und tanzte darauf, bis die Russen erstickt waren. Als grauenhaft und bestialisch wurden derartige »Hinrichtungen« in Europa empfunden. Für die Mongolen jedoch, die sich beim Zusammenstoß mit den Russen übrigens erstmals Menschen mit gelben Haaren gegenübersahen, war das eine durchaus ehrenvolle Exekution. Im Blut nämlich – so glaubten sie – sitze die Seele des

Menschen, und wer kein Blut vergoss, beschädigte auch nicht die Seele des Feindes.

Als Dschingis Khan starb, hatten seine Steppenreiter mit Pfeil und Bogen ein Reich erobert, das viermal größer war als das Alexanders des Großen.

Wer aber sollte es jetzt zusammenhalten?

In Karakorum, der Residenz des verstorbenen Khans, gut 500 Kilometer südlich des Baikalsees gelegen, wurde der *Kuriltai* zusammengerufen, die große Ratsversammlung, die den Nachfolger Dschingis Khans wählen sollte. Yelui war es schließlich, der inzwischen auch nicht mehr ganz junge Wahrsager, der aus den Knochen las und noch einmal bestätigte, dass es der drittälteste Sohn, Ögädäi, sei, der nach dem Willen seines Vaters und mit der Zustimmung der Götter der neue Großkhan werden solle.

Dschotschi, der Bastard, war bereits tot, und der nach ihm älteste Sohn, Dschagatai, huldigte seinem Bruder. So wurde Ögädäi Nachfolger seines Vaters, und er war ziemlich beliebt. Allerdings war er ein großer Säufer, aber als Yelui ihn daran erinnerte, dass im *Yassah* empfohlen wurde, sich nur dreimal im Monat zu betrinken, gelobte er Besserung und versprach, ab sofort nur noch halb so viele Pokale zu trinken.

Die allerdings waren dann doppelt so groß.

Im Übrigen hielt ihn sein Neffe Möngkä geschickt davon ab, selbst Heere in die Schlacht zu führen. Möngkä, der später selbst Großkhan werden sollte, hatte die Defizite des Onkels, was die Kunst der Kriegführung anging, wohl erkannt und ermunterte ihn dazu, das zu tun, was er am besten konnte: Feste feiern.

Der arabische Chronist Raschid ad-Din schrieb: »Er beschäftigte sich mit Lustbarkeiten, reiste unbeschwert von Sommer- zu Winterresidenzen und umgekehrt, ständig auf der Suche nach Befriedigung seiner Wünsche, in Begleitung von schönen Damen und Mätressen mit Vollmondgesichtern.« Andererseits war er »erfüllt von den edelsten Anlagen und Fähigkeiten, großmütig und freigebig gegenüber jedermann«.

Dumm scheint er auch nicht gerade gewesen zu sein, wenn man folgender Anekdote Glauben schenken darf: Eines Tages kam ein abgefallener Moslem zu ihm, der inzwischen alles Islamische fanatisch hasste, und erzählte, ihm sei im Traum Dschingis Khan erschienen. Der habe ihn beauftragt, Ögädäi zu befehlen, so viele Moslems wie möglich zu töten. Ögädäi dachte einen Augenblick nach und fragte dann den nicht mongolisch sprechenden Träumer, ob ihm der große Khan das in seiner Sprache oder in einer anderen Sprache befohlen habe. Nein, nein, beteuerte der Mann, in seiner eigenen Muttersprache habe der Khan zu ihm gesprochen. Daraufhin verlor er seinen Kopf, denn Dschingis Khan konnte sich in keiner anderen Sprache verständigen als ausschließlich auf Mongolisch.

Ein anderes Mal brachten sie einen Mann vor ihn, der sich im Bach gewaschen hatte, was – vermutlich aus hygienischen Gründen, um das Trinkwasser nicht zu verschmutzen – bei Androhung der Todesstrafe verboten war. Ögädäi sagte, es sei schon zu spät am Abend, um noch Gericht zu halten, und verschob das Urteil auf den folgenden Tag. In der Nacht schickte er heimlich zu dem Todeskandidaten und ließ ihm ausrichten, was er aussagen sollte.

Am nächsten Tag verteidigte sich der Delinquent damit, er habe sich überhaupt nicht gewaschen, sondern nach einer Silbermünze gesucht, die ihm an dieser Stelle ins Wasser gefallen sei. Ögädäi ließ den Bach absuchen, und tatsächlich förderte man ein Silberstück zutage, das der Khan in der Nacht hatte hineinwerfen lassen. Der Angeklagte wurde freigesprochen, und Ögädäi schenkte ihm noch ein paar Münzen extra. Die Geschichte ist wie alle Anekdoten wahrscheinlich erfunden, aber trotzdem ist sie bezeichnend für das Ansehen, das Ögädäi offensichtlich beim Volk genoss.

Nach seinem Tod 1241 brach Streit unter den Erben aus. Batu, Sohn von Dschingis Khans Bastard – Lieblingssohn Dschotschi –, wollte die Nachfolge antreten, aber Ögädäis Witwe Turakina intrigierte für ihren Sohn Kuyuk. Unterstützt wurde sie darin von ihrem Günstling Abd-al-Rahman, der die Nachfolge des inzwischen ebenfalls verstorbenen Sehers Yelui angetreten hatte.

Kuyuk wurde 1246 tatsächlich Großkhan, aber wenn seine Mutter und ihre Clique Dankbarkeit von ihm erwartet hatten, sahen sie sich getäuscht. Kuyuk hasste Intrigen, und so wurde Abd-al-Rahman kurze Zeit später verurteilt. Seine Mätresse Fatima, die auch Vertraute Turakinas war, wurde der Hexerei beschuldigt und gestand unter der Folter alle möglichen Verbrechen.

Man nähte – auch das wieder ein so genannter ehrenvoller Tod – ihre oberen und unteren Körperöffnungen zu und warf sie in den Fluss.

ZEITRAFFER

um 1160	Dschingis Khan wird als Temudschin (= Schmied) geboren.
1206	Proklamierung zum Großkhan
1211	China wird angegriffen.
1215	Eroberung Pekings
1220	Samarkand und Buchara werden zerstört. Schah Muhammad stirbt.
1226	Dschotschi stirbt.
1227	Tod Dschingis Khans
1229	Ögädäi wird sein Nachfolger.
1235	Die Mongolen stoßen weiter nach Westen vor.

1238	Erstürmung Moskaus
1240	Kiew wird erobert.
1241	Untergang eines deutsch-polnischen Ritterheeres bei Liegnitz Tod Ögädäis
1246	Kuyuk tritt die Nachfolge Ögädäis an.

36. KAPITEL
DER KOPF AUF DER STANGE
(1241)

Es war kalt auf dem Turm. Angestrengt suchten die beiden Männer den Horizont ab, doch ein unangenehmer Schneeregen erschwerte den Ausblick bis zu den Wäldern am Horizont.

»Wo bleiben sie nur?«, sagte Gottfried.

»Meinst du die Böhmen oder die Tataren?«, fragte der andere Mann zurück, ein aus Krakau stammender Pole, der Darius hieß.

»Es wäre mir lieb, wenn zuerst die Böhmen kämen«, sagte Gottfried trocken. Sein Vater war ein Edelfreier in Westfalen gewesen und hatte sich, wie viele Freie und Unfreie, von Herzog Heinrich I. von Schlesien anwerben lassen, der dringend Siedler für sein nahezu menschenleeres Land brauchte. Es gab keine Feindschaft zwischen den Volksgruppen. Deutsche und Polen lebten friedlich zusammen.

Bis die Mongolen kamen.

Tataren nannte man sie inzwischen, und ein Mönch hatte Gottfried erklärt, warum: Als die Mongolen zum ersten Mal an den Grenzen des Oströmischen Reiches auftauchten, hielten die dort lebenden Griechen sie aufgrund ihres schrecklichen Aussehens für Wesen, die geradewegs aus der Hölle emporgestiegen waren. Hölle aber heißt auf Griechisch *tartaros*, und von diesem Wort war angeblich ihr Name abgeleitet.

Man wusste so gut wie nichts über sie, wenigstens nicht hier in Liegnitz. Anscheinend hatte sich auch niemand die Mühe gemacht, Näheres über sie zu erfahren. Auch im Reich herrschte anscheinend kein Alarm. Man hörte, dass sich der Kaiser wie üblich in Italien aufhielt und irgendeine unwichtige Burg belagerte. Der Papst, mit dem er zutiefst zerstritten war, zeterte zwar, das Christentum sei von diesen mörderischen Heiden bedroht, aber damit hatte es sich auch. Offensichtlich sammelte sich kein Heerbann auf dem Lechfeld, wie das früher in ähnlichen Situationen üblich gewesen zu sein schien. So wenigstens hatte es Gottfried von seinem Vater gehört. Wenn es tatsächlich so wäre, würde Herzog Heinrich II. davon erfahren und seine Männer entsprechend informiert haben.

Aber wer wusste das schon. Der Herzog verhielt sich in diesen Tagen merkwürdig desinteressiert. Das Hauptheer der Tataren stand offensichtlich in Ungarn, dessen König Béla vertrieben worden war. Ihr Anführer war Batu, ein Enkel Dschingis Khans. Sein Feldherr Aidu, er sollte die rechte Flanke sichern, hatte bereits Krakau erobert, und auch aus Breslau waren die Menschen geflohen. Herzog Heinrich hatte seine Mutter Hedwig und seine Frau Anna in das nahe gelegene Crossen geschickt. Wieso sie dort sicherer sein sollten als in Liegnitz, wusste Gottfried auch nicht. Der Herzog traf halt immer mal wieder einigermaßen bizarre Entscheidungen.

»Hast du eine Ahnung, wie groß das Heer des Aidu ist, das jetzt heranrückt?«, fragte er Darius.

Der zuckte die Achseln. »Ich habe nur gehört, dass die Tataren ihr Heer angeblich sehr systematisch aufgliedern. Zehn Zehnerschaften sind demzufolge eine Hundertschaft, zehn Hundertschaften eine Tausendschaft und zehn Tausendschaften ein Heer von 10 000 Mann, das sie *Tümen* nennen. Lass uns hoffen, dass sie nicht mit einem solchen *Tümen* unterwegs sind.«

Gottfried bekreuzigte sich erschrocken. »Hältst du das für möglich?«

Darius lachte freudlos. »Bei diesen Teufeln halte ich nichts für ausgeschlossen.«

Gottfried fragte: »Und wir – wie viele Männer hat der Herzog?«

Darius wies vom Turm hinab in den engen Burghof, der von Bewaffneten wimmelte. »Hier drinnen sind es allenfalls 100 Mann. Der Rest kampiert da draußen«, und er wies zu den Zelten, die rings um die Burg standen. »Lass es noch einmal 1000 sein da draußen, aber mehr haben sich sicherlich nicht eingefunden. Und nicht alle sind beritten. Es sind auch geflohene Männer aus Krakau unter ihnen, die allenfalls einen Spieß oder eine Keule dabeihaben.«

»Und das heißt?«

»Das heißt, dass wir uns mit dem Heer von König Wenzel vereinigen müssen. Aber wir wissen ja nicht einmal, ob er schon von Prag aus losmarschiert ist.«

»Und wie lange brauchen die Böhmen von dort bis zu uns?«

»Sie müssen über das Gebirge, und so wie das Wetter hier unten ist, kann es durchaus sein, dass die Wege da oben noch verschneit sind. Außerdem wissen wir nicht, ob er einen Tross bei sich hat, was die Marschgeschwindigkeit bekanntlich stark verringern würde, und anscheinend ist ebenfalls unbekannt, ob er eine berittene Einheit vorausschicken wird, um dem Herzog zu Hilfe zu eilen.«

»Das sieht nicht gut aus«, sagte Gottfried nachdenklich.

»Dann halte wenigstens gut Ausschau«, sagte Darius lakonisch. »Ich muss nämlich mal in den Erker.«

König Wenzel I. von Böhmen war weder an diesem Tag gekommen noch am nächsten oder übernächsten. Aber jetzt durfte nicht länger gezögert werden, denn jeden Augenblick konnten die Tataren auftauchen.

Der 17-jährige Knappe, der hinter dem Herzog ritt, schüttelte den Kopf. Er war zwar noch sehr jung und unerfahren, aber der Nachkomme erfahrener Krieger und schon als Kind ein lernbegieriger Zuhörer gewesen. Christian von Wolfach, Sohn des Grafen Ludger, war auf verzweigten Wegen und auf Vermittlung seines Onkels Humbert, Ministerialer in der Kaiserpfalz von Hagenau, mit sieben Jahren an den Hof des schlesischen Herzogs gekommen, wo er als Knappe diente. Im nächsten Jahr – das hatte Heinrich ihm versprochen – sollte er die Schwertleite empfangen.

Falls er die Tataren überlebte.

Daran zweifelte Christian allerdings, während sie aus der Burg hinaus auf das Feld ritten, wo sich das Heer versammelt hatte, wenn man denn von einem Heer sprechen durfte. Einige Anführer kannte Christian: den Herzog Mieszko von Oppeln beispielsweise und dessen Vetter Boleslaus, aber die meisten waren ihm völlig fremd. Ein paar Ordensritter erkannte er an ihrem Umhang, doch die Mehrzahl waren Ritter aus Schlesien und Polen mit ihren Reisigen, die teils beritten, teils zu Fuß eingetroffen waren. An die 1000 Reiter und noch einmal die Hälfte schlecht bewaffnetes Fußvolk.

Wie sollte man damit die Tataren aufhalten?

Schlimmer noch schien Christian das untätige Warten während der letzten Wochen. Der Herzog war wie gelähmt. Auf die Idee, Kundschafter auszuschicken, um die Größe des Tatarenheeres oder dessen Marschrichtung zu erkunden, waren anscheinend weder er noch seine Berater gekommen. Es waren nicht einmal Boten zu Wenzel geschickt worden, um ihn aufzufordern, unverzüglich und in Eilmärschen nach Norden zu ziehen.

Christian, der bei Tisch bediente, hatte sich mehrmals auf die Zunge beißen müssen, um keine Bemerkung zu machen, die ihn als vorlaut hätte erscheinen lassen. Er wusste um das gespannte Verhältnis zwischen Wenzel und dem Herzog, der zwar sein Schwager war, sich jedoch mit dem König nicht vertrug. Lag etwa hier der Grund für das lange Ausbleiben der Böhmen? Christian hatte sich gehütet, darüber auch nur eine Andeutung zu machen. Als Knappe kannte er seine Grenzen.

Langsam setzte sich das bescheidene Heer in Bewegung. Heinrich hatte es in drei Säulen aufgeteilt. Er selbst ritt an der Spitze der mittleren, die linke befehligte Herzog Mieszko und die rechte Boleslaus. Ihnen folgten ohne größere Ordnung deren Lehnsleute und die anderen Ritter; den Schluss bildete das Fußvolk, das vorerst wenig Mühe hatte, den Reitern zu folgen.

Es war bitterkalt am Morgen des 9. April 1241. Angestrengt spähte Christian am Pferd des vor ihm reitenden Herzogs vorbei in die Ferne. Die Sicht war gut an diesem Morgen, aber von den Böhmen war noch immer nichts zu sehen.

Aber von den Tataren!

Plötzlich waren sie da, waren aus einer nicht einsehbaren Senke aufgetaucht und jagten auf ihren kleinen struppigen Pferden auf die Ritter zu. Die schwenkten innerhalb kürzester Zeit aus und bildeten eine gerade Schlachtordnung. Das konnten sie im Schlaf, das wurde immer und immer wieder geübt.

Gott sei Dank, schoss es Christian durch den Kopf. Es waren weit weniger Tataren, als er heimlich befürchtet hatte. Und schlecht bewaffnet waren sie auch. Die meisten trugen nur ein kleines Krummschwert und einen Bogen, einige wenige noch eine Lanze, und wiederum andere schwenkten ein Seil über dem Kopf, an dessen Ende sich eine Schlinge befand.

Lächerlich.

Dann setzten sich die Ritter in Bewegung. Wie eine Walze aus Eisen galoppierten sie auf die Tataren zu, die Lanzen gesenkt und mit Furcht erregendem Gebrüll. Ein schrecklicher Anblick, dachte Christian, der in der zweiten Reihe nach vorn preschte. Schrecklich schön.

Aber irgendetwas stimmte nicht! Christian schien es als Einziger zu bemerken: So dumm konnten selbst Tataren nicht sein, dass sie geglaubt hatten, auf diesen Gäulen und mit diesen lächerlichen Waffen dem Ansturm eisenstarrender Ritter standhalten zu können. Und plötzlich war es ihm klar. Das war eine Falle, eine unglaublich simple Falle, und der Herzog ritt mit seiner ganzen Truppe mitten hinein!

Christian trieb seinem Pferd die Sporen in die Seite. Es wieherte vor Schmerz und machte mitten im Galopp einen Satz nach vorn, sodass es sich plötzlich neben dem Streitross des Herzogs befand. Knappe hin oder her: Christian beugte sich zu Heinrich hinüber und schrie: »Es ist eine Falle! Sie locken uns in eine Falle!«

Der Herzog hörte ihn nicht einmal, und es war auch schon zu spät. Plötzlich tauchten im Rücken der Ritter Tataren auf, und ihre vermeintlichen Schindmähren erwiesen sich als sehr viel schneller als die schweren Schlachtrösser der gepanzerten Reiter. Schon schwirrten die ersten Pfeile und trafen Heinrichs Männer in den Rücken.

Wo blieb das Fußvolk, warum kam es den Reitern nicht zu Hilfe? Christian zügelte sein Pferd und warf es herum. Ein Tatar ritt direkt auf ihn zu, und der Knappe konnte gerade noch seinen Schild hochreißen, als der Pfeil bereits darin einschlug. Christian stieß den Angreifer mit seiner Lanze aus dem Sattel und erkannte zugleich, dass vom Fußvolk keine Hilfe mehr zu erwarten war. Es war von Tausenden von Reitern umzingelt, die ihre Pfeile in die dicht gedrängt stehenden und eingekesselten Männer verschossen. Niemand von ihnen würde überleben.

Würde überhaupt jemand überleben?

Endlich hatten auch der Herzog und die übrigen Ritter

begriffen, was sich hier abspielte. Sie gaben die Verfolgungsjagd auf, wendeten ihre Pferde und warfen sich dem von hinten angreifenden Gegner entgegen. Aber wen sie auch zum Kampf stellen wollten – die Angreifer hockten wie kleine Teufel in ihren Sätteln und wichen jedem Ansturm geschickt aus.

»Feige Hunde!«, brüllte der Herzog, aber selbst wenn sie ihn hätten verstehen können – Christian erkannte, dass sie nicht willens waren, ritterlich zu kämpfen. Ein Pfeil fuhr in den ungeschützten Brustkorb seines Pferdes. Es sackte unter ihm zusammen, und es gelang ihm gerade noch, sein Bein unter dem sterbenden Tier hervorzuziehen. Das ist wohl das Ende, dachte er, und warf seine Lanze einem anstürmenden Tataren entgegen, der von ihr durchbohrt aus dem Sattel stürzte.

Christian sah sich um. Die Pferde der Ritter waren allesamt am Ende. Für diese Art Kampfführung waren sie nicht geeignet. Außerdem konzentrierte sich der Feind nun darauf, nicht mehr auf die Ritter, sondern nur noch auf deren Tiere zu zielen. Das mit den Rittern hatte Zeit; ohne Pferd waren sie nahezu hilflos.

Aber noch nicht vollends am Ende ihrer Kräfte. Der Herzog schwang sein breites Schwert und schlug nach den Beinen eines herangaloppierenden Pferdes. Es stürzte und warf seinen Reiter ab, aber noch ehe sich Heinrich auf ihn stürzen konnte, war er bereits wie ein Affe auf das Pferd eines anderen Tataren gesprungen, der ihn zu sich hochzog und mit ihm davonpreschte.

Die Schar der noch kämpfenden Ritter schmolz zusehends. An ein Entkommen war nicht zu denken. Es gab keinen Wald weit und breit, in dem man sich hätte verstecken können, und die Neiße war zu weit entfernt, um sich eventuell schwimmend zu retten. Das wird nichts mehr werden mit der Schwertleite, schoss es Christian durch den Kopf, und er dachte – während er mit dem Schild einen weiteren Pfeil abwehrte – auch an seinen Vater, der nun ohne männlichen Erben bleiben würde.

Plötzlich legte sich eine Schlinge um seinen Hals. Es gab einen fürchterlichen Ruck, und dann wurde er über das Feld geschleift. Er verlor seinen Helm, und dann war auch sein Schild weg. Schon fast bewusstlos tastete er nach seinem Dolch, den er in seinem Gürtel wusste. Einen Dolch mit sarazenischen Ornamenten, den ihm sein Großvater geschenkt hatte, aber das war eine andere Geschichte.

Dann fand er ihn, und Sekunden später war das Seil durchschnitten, an dem ihn der Tatar über den Acker geschleift hatte. Der warf jetzt sein Pferd herum und sprang aus vollem Galopp direkt neben Christian aus dem Sattel, sein krummes Schwert weit ausholend in der Hand.

Er sprang direkt in den Dolch hinein, den der Knappe mit der Spitze nach oben gehalten hatte. Die Waffe verschwand fast gänzlich im Bauch des Sterbenden, und Christian erhob sich taumelnd, als ihn ein Pfeil in die linke Seite traf. Er versuchte vergeblich, ihn herauszureißen, aber dann explodierte irgendetwas in seinem Kopf, und er fiel zurück auf den Rücken, während das Blut aus seiner Wunde strömte.

Die beiden Frauen gingen langsam über das Schlachtfeld, stumm vor Entsetzen und Verzweiflung. Stumm und furchtlos. Wovor sollte sich eine Mutter noch fürchten, die um ihren hingemetzelten Sohn weinte? Wovor eine Frau, deren Mann die Tataren erschlagen und dessen Kopf sie auf einer Lanze vor die Mauern von Liegnitz getragen hatten?

Das war gestern gewesen. Die Tataren waren mit ihrer schaurigen Trophäe zur Burg gezogen, um die dort verbliebene Besatzung zur Übergabe aufzufordern, aber angesichts des abgeschlagenen Kopfes des Herzogs hatten die Verteidiger mehr Vertrauen in ihre Befestigungsanlagen gesetzt als in die Versprechungen der Tataren. Vermutlich zu Recht, denn der Feind zog sofort wieder ab, sei es, weil kein geeignetes Belagerungsgerät zur Verfügung stand, sei es, weil er es, warum auch immer, eilig hatte.

Auf dem Schlachtfeld war lediglich die übliche Nachhut zurückgeblieben, die gleichgültig ihre schreckliche Arbeit verrichtete: den Toten alles Brauchbare abzunehmen, den Schwerverletzten aus den eigenen Reihen den erlösenden Gnadenstoß zu versetzen und die anderen ihrem Schicksal und den Raben zu überlassen.

Das dauerte Stunden, und ebenso lange brauchte es, um einen geliebten Mann zu finden, der enthauptet unter 2000 anderen liegt. Wenn er denn überhaupt hier gestorben war. Anna und Hedwig hatten sich das Schlachtfeld aufgeteilt und arbeiteten sich von den äußeren Rändern auf die Mitte zu. Weiter hinten suchten sie erst gar nicht. Dort lagen nur die mit Pfeilen gespickten Leichen des Fußvolks, das – hilflos den Angriffswellen der tatarischen Reiter ausgesetzt – gnadenlos hingemetzelt worden war. Dort war die Leiche des Herzogs sicher nicht zu finden.

Dann fand Hedwig das Pferd. Sattel und Zaumzeug waren noch vorhanden. Derartiges brauchten Tataren nicht, und mit nutzloser Beute wollten sie sich an diesem Tag anscheinend nicht belasten. Hedwig sah sich um. Irgendwo hier musste ihr toter Sohn liegen.

Die Leiche war nackt, und der Kopf fehlte. Es war Heinrich. Tränen flossen über ihre Wangen, als sie nach Anna rief. Die kam gelaufen und warf sich schluchzend über die Leiche. Ebenso wie seine Mutter hatte auch sie sofort gesehen, was ihren toten Mann von allen anderen unterschied: die sechs Zehen an seinem rechten Fuß.

Minutenlang hatten die beiden Frauen stumm neben der geschändeten Leiche gesessen, die sie mit dem Mantel eines anderen Toten notdürftig bedeckt hatten, als sie ein leises

Stöhnen vernahmen. Wenige Meter neben ihnen bewegte sich ein junger Mann, dessen Kettenhemd blutgetränkt war und aus dessen Blondschopf ebenfalls Blut sickerte und über das Gesicht lief.

Mit einem Aufschrei stürzte Anna zu ihm hinüber. »Christian«, stammelte sie, »lieber, kleiner Christian.«

Einer also hatte doch überlebt, und es war ausgerechnet Christian, der als Siebenjähriger an den Hof des Herzogs gekommen war, den sie wie ein eigenes Kind großgezogen hatte. Vorsichtig tastete sie nach seinem Kopf.

»Es ist an der Seite«, stöhnte der Knappe, »an der linken Seite. Bringt mich hier weg!«

Aber wie hätten sie das bewerkstelligen sollen! Außer den paar Dutzend Tataren, die von einem Gefallenen zum anderen huschten und irgendetwas in blutige Säcke warfen, befand sich niemand in der Nähe, und es hätte sich auch kein Helfer auf das Schlachtfeld getraut, das schließlich noch immer vom Feind gehalten wurde.

Plötzlich war in der Ferne Geschrei zu hören. Ob das wohl Wenzel mit seinen Böhmen war?, fragte sich Hedwig. Ob er wohl endlich, endlich eintraf? Zu spät kam er ohnehin.

Auch die Tataren hatten die entfernten Geräusche gehört und warfen ihre blutigen Säcke auf einen zweirädrigen Karren. Nur einer kehrte noch einmal zu den beiden Frauen zurück, ein kurzes Messer in der Hand, schob Anna beiseite und bückte sich hinunter zu Christian. Jetzt erst begriff die Herzogin.

»Lass ihn in Ruhe, du Untier«, schrie sie den Mann an, der verblüfft zu ihr hochsah. Dann ließ er Christians Ohr los und setzte seinen Dolch drohend an die Kehle des Knappen. Hedwig zog Anna mit sanfter Gewalt zurück. »Es ist sinnlos«, sagte sie. »Man kann auch mit einem Ohr weiterleben.«

Der Tatar grinste, dann schnitt er Christian ein Ohr ab und warf es in seinen Sack.

»Warum tun sie das, diese Teufel?«, schluchzte Anna verzweifelt.

»Wahrscheinlich als Beweis für die Anzahl der getöteten Feinde«, sagte Hedwig tonlos.

Christian stand noch immer derart unter Schock, dass er den Schmerz überhaupt nicht spürte. Er wies auf den toten Tataren, der bäuchlings über seinen Beinen lag.

»Umdrehen«, stammelte er, und als die beiden Frauen die Leiche gemeinsam auf den Rücken gewälzt hatten, sahen sie den Griff des arabischen Dolches, der aus dem Bauch des Toten ragte. »Mir geben«, stöhnte Christian.

Dann fiel er wieder in Ohnmacht.

Die Tataren hatten es nun eilig, sich in Sicherheit zu bringen. Als sie losfuhren, zählte Hedwig die Säcke mit den Ohren.

Es waren neun.

37. KAPITEL
BEI DEN TATAREN
(1253 – 1255)

Am Abend des zweiten Adventsonntags – also am 13. Dezember des Jahres 1253 – kamen wir an schrecklichen Felsen vorbei durch einen Engpass. Da schickte unser Führer nach mir mit der Bitte, ich möchte doch einige Gebete sprechen, mit denen die bösen Geister vertrieben werden könnten, die in jener Schlucht die Menschen plötzlich zu entführen pflegten. Man erfuhr nie, was aus den Opfern geworden war. Bisweilen nahmen die Dämonen nur die Pferde und ließen die Menschen unbehelligt. Manchmal rissen sie aber den Menschen die Eingeweide aus dem Leib und verbrannten sie auf dem Rücken des Pferdes. Und noch alles Mögliche andere ereignete sich dort recht häufig. So sangen wir also mit lauter Stimme Credo in unum Deum und gelangten durch die Gnade Gottes unbeschadet durch diese Stelle hindurch.

Der Gnade Gottes bedurfte der Franziskaner Wilhelm von Rubruk häufiger bei seinem Bemühen, die Mongolen zum Christentum zu bekehren. Er war übrigens nicht der Erste, der den Versuch unternahm, Kontakt mit den Horden aufzunehmen, die doch angeblich direkt aus der Hölle hervorgekommen waren.

Immerhin hatte der Mongolensturm bewirkt, dass überhaupt Kunde über die Völker aus dem fernen Osten ins Abendland gelangte. Und plötzlich erfuhr man auch, dass im mongolischen Weltreich, das sich ja bis nach China erstreckte, Religionsfreiheit zu herrschen schien.

Zunächst versuchte Papst Innozenz IV. die Tataren im christlichen Sinne zu beeinflussen und schickte Gesandte nach Karakorum. Zwar forderte der Papst die Mongolen pflichtgemäß auf, sich zum Christentum zu bekehren, aber da gab es auch noch politische und strategische Überlegungen.

Im Jahr 1244 war Jerusalem endgültig erobert worden. Der französische König Ludwig IX., der Heilige, hatte versucht, die Sarazenen im Rücken, nämlich am Nil, anzugreifen. Das Unternehmen scheiterte 1250 kläglich. Der König wurde gefangen genommen und musste sich mit einer gigantischen Lösegeldsumme freikaufen.

Es wurde Zeit, sich nach einem mächtigen Verbündeten umzuschauen, mit dem zusammen man die islamischen Heere in die Zange hätte nehmen können. Und da verfielen Papst und König auf die Mongolen, von denen anscheinend keine Gefahr mehr drohte, seitdem sie nach der Schlacht von Liegnitz so überraschend abgedreht und in die Steppen Asiens entschwunden waren.

Wenn man sie als Kampfgenossen gewinnen würde, so die Überlegung, könnten die Mongolen die Sarazenen im Osten beschäftigen, während man selbst erneut um Jerusalem kämpfen würde.

Also schickte Innozenz IV. eine kleine Gesandtschaft zu den Mongolen, die von dem Franziskanerpater Giovanni de Piano Carpini angeführt wurde, einem Freund des Ordensgründers Franziskus von Assisi. Nach monatelangem Ritt erreichten sie Karakorum, wo der Großkhan Kuyuk sie zwar höflich empfing, den Mönchen jedoch lediglich einen Brief an den Papst mitgab, in dem er dem Oberhaupt der Christenheit eine deutliche Abfuhr erteilte.

»Durch Gottes Macht« – schrieb der vermeintliche Heide – »ist uns die ganze Erde von Sonnenaufgang bis zu ihrem Untergang untertan. Du selbst wirst an der Spitze der Könige, Ihr alle werdet ohne Ausnahme zu mir kommen, um mir Dienst und Untertänigkeit anzutragen. Von da an werden wir Euch als Unterworfene betrachten. Falls Ihr aber den Befehl Gottes nicht befolgen und Euch unseren Befehlen widersetzen werdet, werden wir Euch als unsere Feinde betrachten.«

So hatte sich Innozenz das sicher nicht vorgestellt.

Trotzdem schickte er weitere Boten, und auch der französische König wollte nicht auf gute Kontakte zu den Mongolen verzichten, begriff jedoch schnell, dass da politisch nichts zu machen war. Also sah er sich nach einem geeigneten Gottesmann um, der sich ausschließlich darum bemühen sollte, das Christentum im Reich der Mongolen zu fördern. Aber dafür galt es, die Erlaubnis der Herrschenden zu gewinnen, zunächst einmal die eines gewissen Sartak.

Dieser Khan war ein Sohn des Batu Khan, der den gesamten Westen des Mongolenreiches beherrschte und seinerseits der Cousin des Großkhans war, der sich Möngkä nannte und nach dem Ableben Kuyuks in Karakorum residierte. In Rom wurde erzählt, besagter Sartak sei bereits Christ, und deshalb wollte man sich zunächst an ihn wenden.

Der französische König stieß bei seiner Suche nach einem geeigneten Gesandten auf den flämischen Franziskaner Wilhelm von Rubruk, der aus dem heute zu Nordfrankreich gehörenden Ort St. Omer stammte und einige Jahre in Paris studiert hatte. Er war knapp 40 Jahre alt und von kräftiger Statur. Höchstwahrscheinlich hatte er das Debakel Ludwigs IX. am Nil miterlebt, und der König kannte ihn wohl von da her.

Jedenfalls stach er in Ludwigs Auftrag am 7. Mai 1253 von Konstantinopel aus in See, um über das Schwarze Meer die Krim zu erreichen. Begleitet wurde er zum einen von seinem Ordensbruder Bartholomäus und dem Kleriker Gosset, zum anderen von einem – wie sich herausstellen sollte – schlechten Dolmetscher, und schließlich waren da noch zwei Tierpfleger und ein in Konstantinopel gekaufter Sklave namens Nikolaus.

Noch im 13. Jahrhundert halten sich Franziskaner also Sklaven!

Man hatte den Mönchen erzählt, Mongolen müssten bestochen werden, sonst hülfen sie dem Reisenden nicht weiter, aber Wilhelm nahm keine Geschenke der üblichen Art mit. Stattdessen Zwieback, Früchte und Muskatellerwein, Überraschungen, die für die obersten Befehlshaber vorgesehen waren. Im Übrigen trat er als das auf, was er ja auch tatsächlich war: als ein Bettelmönch.

Aber schon bald musste er erfahren, dass die Mongolen sehr hartnäckige Bettler waren. Zwar hätte unter dem in dieser Hinsicht besonders strengen Regiment der Khane niemand gewagt, die Reisenden zu berauben, aber wo auch immer die Mönche mit ihren Begleitern auftauchten, wurden sie umringt und bedrängt, den Einheimischen irgendetwas zu schenken, und wenn Wilhelm hartnäckig dabei blieb, das Mitgeführte sei ausschließlich für den Khan Sartak bestimmt, verschwand schlagartig die Freundlichkeit aus den Gesichtern, und anfängliche Hilfsbereitschaft verwandelte sich rasch in feindseliges Desinteresse.

Wilhelm empfand das Gebaren der Mongolen schlicht als unverschämt, und das nicht nur, was ihr zudringliches Betteln betraf. Wenn sie sich erleichtern mussten, entfernten sie sich – so Wilhelm in seinem Tagebuch wörtlich – »nicht weiter, als man eine Bohne werfen kann. Unmittelbar neben uns schwatzend, erledigten sie ihre Schmutzigkeiten, und so verrichteten sie noch vieles andere überaus Ekelhafte«.

Auf Einzelheiten verzichtete der fromme Mönch.

Endlich trafen sie – nur ein paar Tagesreisen vor der Wolga – auf das Lager Sartaks, das einigermaßen multikulturell war. Dort begegneten sie vielen Nestorianern, Mitgliedern einer in Syrien entstandenen christlichen Sekte, aber auch

Sarazenen und Schamanen, die bei den Mongolen als Seher und Wahrsager höchstes Ansehen genossen.

Cojac beispielsweise war Nestorianer und gehörte zu den wichtigsten und vornehmsten Beratern des Khans, zu dem Wilhelm schließlich vorgelassen wurde. Er brachte die Mönche zum so genannten Jam, dem Vertrauten des Khans, der alle Gesandten zu empfangen und zu betreuen hatte. Wilhelm konnte ihm nichts anderes anbieten als Zwieback und Wein. »Mehr als genug«, meinte der Jam hocherfreut und revanchierte sich mit Stutenmilch.

Wilhelm, der über seine Reise gewissenhaft Buch führte, schrieb dazu: »Die Stutenmilch war für mich ganz neu, da ich nie davon getrunken hatte, und ich habe vor Ekel geschwitzt, als ich sie kosten musste. Sie war dann aber doch sehr wohlschmeckend.«

Dann brachte der Jam ihn zu Sartak. Wilhelm und sein Ordensbruder Bartholomäus hatten Messgewänder angelegt und ein Vortragekreuz und ein Messbuch bei sich, während der Kleriker Gosset ein Weihrauchfass schwenkte. So ausstaffiert stimmten sie das Salve Regina an, während sie das Zelt des Khans betraten.

Sie übergaben den Brief des französischen Königs und wurden mitsamt ihren Festgewändern und Utensilien von Sartak neugierig betrachtet. Die Audienz war äußerst kurz. Am nächsten Tag ließ der Khan ihnen mitteilen, über ihr Anliegen, bei den Mongolen missionieren zu dürfen, könne er nicht entscheiden. Sie müssten sich schon zu seinem Vater Batu bemühen, der bekanntlich das ganze Westreich regiere und dessen Lager sich jenseits der Wolga befinde.

Die Reisenden waren schon jetzt ziemlich erschöpft, denn während der vier Tage, die sie bei Sartak verbracht hatten, waren sie nicht gerade verwöhnt worden, und bereits der Weg zu seinem Lager war beschwerlich genug gewesen. Nicht ein einziges Mal hatten sie in einem Haus oder wenigstens in einem Zelt übernachten können, sondern ausschließlich unter freiem Himmel oder unter ihrem Wagen.

Meist gab es Brühe, in der Hirse oder Fleischstücke gesotten wurden, hin und wieder auch ungesäuertes Brot, das in Ochsen- oder Pferdemist gebacken wurde. Pferdemilch und Butter gab es ausreichend, ganz selten auch einmal Honig.

Nun also mussten sie noch weiter; zu Batu.

Dessen Lager erwies sich als eine Zeltstadt von gigantischen Ausmaßen. Ohne Umschweife ließ man Wilhelm zum Khan vor, hieß ihn sich auf beide Knie zu begeben und sein Anliegen vorzutragen.

»O Herr, wir bitten zu Gott«, begann Wilhelm, »von dem alles Gute kommt und der Euch diese irdischen Güter gegeben hat, um Euch danach auch die himmlischen zu schenken. Seid dessen jedoch gewiss, dass Ihr der himmlischen Güter nicht teilhaftig werdet, es sei denn, Ihr werdet Christ. Denn Gott spricht: Wer da glaubt und getauft ist, der wird selig werden. Wer aber nicht glaubt, der wird verdammt werden.«

Der Khan quittierte diese mutigen Worte mit einem kleinen Lächeln, während seine Umgebung in die Hände klatschte, was bei den Mongolen als Ausdruck von Hohn und Spott galt. Wilhelms Dolmetscher schwitzte bereits vor Angst, aber Batu sprach freundlich zu ihnen, ließ sich ihr Anliegen erklären und sie später wissen, dass auch er leider nicht darüber entscheiden könne. Sie müssten schon zum Großkhan weiterziehen, zu seinem Vetter Möngkä in Karakorum.

Fünf Wochen blieben sie noch im Lager Batus, der ständig umherzog, und litten schrecklichen Hunger. Zwar folgte dem Lager immer ein ganzer Lebensmittelmarkt, doch der war stets so weit entfernt, dass sie ihn nicht erreichen konnten, zumal sie keine Pferde besaßen.

Endlich kam ein Anführer, der ihnen sagte, er werde sie auf Befehl Batus zu Möngkä bringen. Dazu fand er die tröstlichen Worte: »Dies ist eine Reise von vier Monaten, und dort ist es so kalt, dass die Steine und die Bäume vor Kälte zerspringen. Überlegt Euch, ob Ihr das durchstehen könnt!«

Wilhelm erwiderte, im Vertrauen auf Gott hoffe er, dass sie aushalten würden, was andere Leute ja ebenfalls auszuhalten in der Lage seien, worauf der Krieger barsch antwortete: »Wenn Ihr nicht durchhaltet, lasse ich Euch unterwegs einfach liegen.«

Wilhelm erinnerte ihn daran, dass er sie auf Befehl des Khans zu Möngkä bringen solle. Deshalb müsse er ihnen auch beistehen, wenn es schwierig werden sollte, denn sonst würde er den Befehl Batus missachten, worauf sich der Krieger brummend trollte.

Sie ritten los, überquerten den Ural, und es wurde noch schlimmer, als ihr Führer prophezeit hatte. Die Mongolen hatten die besten Pferde natürlich für sich selbst reserviert und den Mönchen und ihrem Dolmetscher nur Schindmähren überlassen. »Unbeschreiblich«, erinnerte sich Wilhelm von Rubruk, »waren die Qualen an Hunger und Durst, Kälte und Anstrengung, die wir durchzustehen hatten. Zu essen gaben sie uns nur abends. Am Morgen gab es etwas zu trinken oder Hirsebrei. Am Abend erhielten wir Fisch, das Vorderteil eines Hammels mit den Rippen und etwas Fleischbrühe.«

Selbst unter diesen Umständen wollten sich die Mönche an das freitägliche Fleischverbot halten, aber das war unmöglich, weil sie dann zu viel Kraft verloren hätten. Deshalb suchten sie nach einem Kompromiss: »Freitags blieb ich bis in die Nacht hinein nüchtern, ohne mir etwas zu nehmen. Dann mussten wir aber trotzdem traurig und zu unserem Schmerz Fleisch essen. Manchmal mussten wir, weil es an Brennmaterial mangelte, das Fleisch halb gar oder sogar ganz roh essen; dann nämlich, wenn wir auf freiem Feld lagerten oder erst in der Dunkelheit von unseren Pferden stiegen, denn dann konnten wir nicht mehr nach Pferde- oder Kuhmist suchen. Selten fanden wir anderes Brennmaterial wie etwas Dornengestrüpp, und nur an den Ufern von Flüssen traf man hin und wieder auf kleine Wälder.«

Endlich, am Tag nach Weihnachten, erblickten sie in der Ferne das Zeltlager Möngkäs, des Khans der Khane. Auch hier wurden sie problemlos vorgelassen, von Möngkä reichlich mit Reisschnaps verwöhnt, von dem die Mönche zwar nur vorsichtig nippten, dem ihr Dolmetscher aber umso maßloser zusprach, sodass er bereits nach kurzer Zeit zu betrunken war, um seinen Pflichten nachzukommen.

Was weiter nicht auffiel, weil auch Möngkä nicht mehr nüchtern war. Immerhin konnte er den Mönchen noch mitteilen, er sei ihnen nicht böse, dass sie keine Geschenke mitgebracht hätten, denn er habe Gold und Silber in Überfülle. Außerdem erteilte er ihnen die Erlaubnis, so lange bei ihm zu bleiben, bis die bitterste Kälte des Winters vorbei sei. Das war ja wenigstens etwas, denn dem Ordensbruder Bartholomäus ging es von Tag zu Tag schlechter.

Seinem Ziel, die Erlaubnis zu dauerndem Aufenthalt und zur Missionierung zu erhalten, war Wilhelm noch keinen Schritt näher gekommen. Also richtete er sich ein und feierte mit den Nestorianern gemeinsame Andachten, obwohl sie trunksüchtig waren und verheiratet dazu. Sektierer halt, um nicht Ketzer zu sagen. Aber er durfte sich nicht mit ihnen streiten; nicht vor den Augen und Ohren der Mongolen, die ohnehin alle Christen für Streithähne hielten.

Reichlich bizarr ging es zu im Lager Möngkäs. Wenn es ihm seine Schamanen empfahlen, veranstaltete er ein Festmahl, zu dem sowohl Christen wie Sarazenen eingeladen wurden. Dann sprachen die Nestorianer ihren Segen über den Khan, und danach die Geistlichen der Sarazenen. Schließlich auch die Schamanen, und Wilhelm sah über all das hinweg, ja er machte sogar mit. So zum Beispiel, als die ranghöchste Gemahlin des Khans in sein Zelt kam, sich dort heftig betrank und zum Schluss um seinen Segen bat.

Wilhelm hatte nur ein Ziel: so lange wie möglich bei Möngkä zu bleiben, um ihm irgendwann die Aufenthaltserlaubnis abzuringen. Also stritt er sich auch nicht mit den Gesandten aus Konstantinopel, aß tapfer am Freitag Fleisch, ertrug gutmütig den Spott derjenigen, die sich wunderten, dass er auch bei bitterster Kälte in Sandalen und ohne Strümpfe durch den Schnee lief, und es leicht abartig fanden, dass er hartnäckig alle Geschenke ablehnte, die der Khan ihm anbot.

Am Palmsonntag schließlich, es war Anfang April, erreichte das wandernde Lager Karakorum, die Residenz Möngkäs, die unseren braven Franziskaner, der schließlich Paris kannte, nicht sonderlich beeindruckte. Abgesehen vom Palast, erschien ihm die Stadt »in etwa so ansehnlich wie der Flecken St. Denis, aber das Kloster von St. Denis ist wohl zehnmal bedeutender als dieser Palast«.

Mit dem Kreuz voran schritten Wilhelm, Bartholomäus und andere Christen unbelästigt durch das Sarazenenviertel der Stadt und feierten in der Kirche der Christen gemeinsam mit den Nestorianern die Messe. Heute würden wir es Ökumene nennen, aber damals sah man Derartiges als Ketzerei oder Götzendienst an. Wenigstens in Rom und Köln und wohl auch in Mekka und Medina.

Aber nicht in Karakorum.

Dort ließ Möngkä eines Tages Vertreter aller Glaubensrichtungen zusammenkommen, damit sie unter der Aufsicht seiner Sekretäre ein Streitgespräch zu religiösen Fragen führen sollten. Zuvor hatte er verkünden lassen: »Dies ist Möngkäs Befehl, und niemand soll wagen zu glauben, Gottes Gebot sei ein anderes! Ich befehle, dass sich bei Todesstrafe niemand unterstehen soll, gegen eine andere Partei streitsüchtige oder kränkende Worte zu gebrauchen, noch einen

Tumult vom Zaun zu brechen, der dieses Gespräch stören könnte!«

Es wurde – wie nicht anders zu erwarten – eine erbitterte Diskussion, bei der sich Christen und Sarazenen gemeinsam gegen die von ihnen so bezeichneten Götzenanbeter wandten. Zu einer Einigung kam es naturgemäß nicht, aber das Gespräch blieb fair und endete schließlich in einem Zechgelage.

Ein letztes Mal ließ Möngkä Wilhelm von Rubruk zu sich kommen und bekannte: »Wir Mongolen glauben, dass nur ein Gott ist, in dem wir leben und sterben, und auf ihn richten wir unser ganzes Herz. Aber so wie Gott der Hand verschiedene Finger gab, so gab er auch den Menschen verschiedene Wege, die Seligkeit zu erlangen. Euch gab Gott die Heilige Schrift, aber Ihr Christen richtet Euch nicht danach. Uns aber gab er Weissager. Wir richten uns nach dem, was sie sagen, und wir leben in Frieden.«

Anschließend erklärte er, dass er beschlossen habe, Wilhelm und Bartholomäus mit einer Botschaft an den französischen König zurückzuschicken. Niedergeschlagen musste der Franziskaner gehorchen. Möngkä fragte ihn noch, ob er ihm nicht doch Gold oder wenigstens kostbare Gewänder schenken dürfe, aber Wilhelm verwies auf sein Armutsgelübde, was der Khan auch respektierte.

Dann bat der Franziskaner um Erlaubnis, noch einmal sprechen zu dürfen.

»Rede«, sagte Möngkä.

Und Wilhelm begann: »O Herr, wir sind keine kriegerisch gesinnten Leute. Wir möchten, dass nur diejenigen Herrscher auf dieser Welt sind, die gemäß Gottes Willen ihr Amt in gerechter Weise ausüben. Es ist unsere Pflicht, die Menschen zu lehren, nach dem Willen Gottes zu leben. Aus diesem Grund kamen wir in dieses Land, und wir wären gerne hier geblieben, wenn es dir recht gewesen wäre. Da du aber willst, dass wir wieder zurückkehren, so muss es eben geschehen. Ich werde heimreisen und deinen Brief mitnehmen. Eines aber möchte ich jedoch von deiner Gnade erbitten, dass nämlich, wenn ich das Schreiben überbracht haben werde, es mir mit deinem Einverständnis erlaubt sein werde, zu dir zurückzukehren; vornehmlich deshalb, weil es hier arme Menschen gibt, die eines Priesters bedürfen, der sie und ihre Kinder im Glauben unterrichtet.«

Möngkä hatte geduldig zugehört. Dann sagte er: »Du hast eine weite Reise vor dir. Versorge dich mit Lebensmitteln, damit du gesund und kräftig in deine Heimat zurückkommst.«

Er ließ dem Mönch einen Kelch mit Stutenmilch reichen und gab ihm das Zeichen zu gehen.

Die Mission des Franziskaners, der mit seinen Sandalen an die 15 000 Kilometer und damit weitaus mehr als ein Drittel des Erdumfangs zurückgelegt hatte, war gescheitert. Allerdings gibt es kaum einen anderen Augenzeugenbericht aus dieser Zeit, der so klug und neutral Zeugnis ablegt über ein bis dahin fremdes Volk.

Wilhelm von Rubruk beendete seinen Bericht an seinen Auftraggeber Ludwig IX. von Frankreich resignierend: »Hätte ich Macht gehabt, wie Moses Zeichen und Wunder zu tun, vielleicht hätte sich Möngkä gedemütigt.«

ZEITRAFFER

Die Reise Wilhelms von Rubruk

1253	
7. Mai	Abfahrt von Konstantinopel
31. Juli	Eintreffen im Lager Sartaks
8. August	Eintreffen im Lager Batus

16. September	Weiterreise
27. Dezember	Eintreffen im Lager Möngkäs

1254

4. Januar	Erste Audienz bei Möngkä
5. April	Ankunft in Karakorum
8. Juli	Abreise von Karakorum

1255

17. Juni	Ankunft auf Zypern
29. Juni	Ankunft in Antiochia

38. KAPITEL
HEILIGE VÄTER?
(1246)

Es war ein schwüler Abend im August des Jahres 1246, Graf Ludger hatte gerade seine Tochter Clementia seinem Lehnsmann, dem Ritter Berard von Füllingen, zur Frau gegeben. Berard, verwitwet und kinderlos, war nicht nur ein draufgängerischer Krieger in den Diensten des Erzbischofs von Trier, sondern auch ziemlich wohlhabend und vor allem: Er sah blendend aus. Clementia, mit ihren 23 Jahren nicht mehr die Jüngste, war in der Familie der Grafen von Sayn erzogen worden, mit der Graf Ludger freundschaftlich verbunden war.

Kurz nach Vollendung der neuen Felsenfestung, die bei den Leuten unten im Ort nach dem Geschlecht der Grafen nur noch »Wolfsburg« genannt wurde, war sie nach Hause gekommen und hatte seitdem auf der Burg gelebt, als glühende Verehrerin ihrer Tante Mathilde, deren selbstbewusste Lebensführung sie ebenso bewunderte wie ihren Drang nach Wissen und Unabhängigkeit. So wie sie wollte auch Clementia werden, und ebenso wie Mathilde konnte auch sie sich selbst weder als Hausfrau noch als Mutter vorstellen.

Bis sie Berard kennen lernte, der eines Tages dem Grafen einen Besuch abstattete und gut eine Woche auf der Wolfsburg verbrachte. Da war es um Clementia geschehen, und nach einer Vollmondnacht, die sie heimlich und höchst unziemlich mit Berard auf den Zinnen des Bergfrieds zugebracht hatte, vertraute sie sich Mathilde an, die ihre Nichte einem längeren Verhör unterzog. War das nur eine blödsinnige Verliebtheit, die jungen Leuten zwar zustand, aber schnell verfliegen würde? Oder war es Clementia wirklich ernst damit, diesen Mann zu heiraten und mit ihm Kinder zu haben?

Schließlich ließ sich Mathilde überzeugen, führte das notwendige Gespräch mit ihrem Bruder und der wiederum ein ebenso ernstes mit Berard. Dann ging alles sehr schnell, und heute war Hochzeit gefeiert worden. Das hieß, Clementia und Berard, denen man ein geräumiges Zimmer in der Kemenate eingerichtet hatte, feierten vermutlich noch immer. Zu zweit und wahrscheinlich sehr leidenschaftlich. Hoffte wenigstens Mathilde, der die schreckliche Hochzeit der kleinen englischen Prinzessin mit dem Kaiser noch in schlimmer Erinnerung war.

Mathilde war es auch gewesen, die darauf bestanden hatte, den frisch Vermählten diese schrecklich peinliche Zeremonie zu ersparen: dass nämlich die Hochzeitsgäste das Brautbett umstanden, während sich die Brautleute darauf niederließen; bekleidet zwar, aber immerhin wusste ja jeder der Anwesenden, wie es weitergehen würde, sobald die Zeugen den Raum verlassen hatten. Das musste ja nicht sein, und manch alten Zopf sollte man endlich abschneiden.

Dachte zumindest Mathilde.

Auch die Unsitte, dass der Bräutigam nach dem feierlichen Versprechen seinen Fuß auf den der Braut setzte, um so anzuzeigen, dass er von nun an Gewalt über sie habe, hatte Mathilde in einen Scherz verkehrt und angeregt, beide Brautleute sollten versuchen, sich gegenseitig auf den Fuß zu treten, und als es Clementia am schnellsten gelang, prophezeite ihre Tante unter allgemeinem Gelächter, Berard werde anscheinend gewaltig unter den Pantoffel geraten.

Es war ein schönes Fest gewesen, und nicht nur die Brautleute in ihrem stillen Gemach waren mit dem Feiern noch nicht zu Ende, auch das Gesinde unten im Hof und die Leute aus dem Ort sangen und tanzten noch nach den Weisen der Spielleute, die Ludger zur Hochzeit eingeladen hatte.

Berard hatte keine Verwandten mehr, aber Clementias Familie hatte sich vollständig eingefunden: Neben Ludger sein Bruder Humbert, der als Ministeriale dem Kaiser diente und sich auf dem Weg nach Köln befand, natürlich Mathilde und Ludgers Sohn Christian, der Zwillingsbruder der Braut, der so glücklich die Schlacht von Liegnitz überlebt hatte und nun von jedermann ohne eine Spur von Spott Christian Einohr genannt wurde, und schließlich Onkel Burkhard, der Abt aus dem Eifelkloster, der inzwischen das begnadete Alter von 75 Jahren erreicht und seinen Prior Benedikt mitgebracht hatte, von dem das junge Paar gesegnet worden war.

»Was für ein Zufall, dass dich dein Weg ausgerechnet jetzt nach Köln führt, wo Clementia heiratet«, sagte Ludger zu seinem Bruder Humbert. »Was sollst du dort ausrichten?«

Humbert sah sich in der Runde um und fragte zurück: »Wisst Ihr eigentlich schon, dass wir einen Gegenkönig zu Friedrichs Sohn Konrad haben?«

»Bitte?«

Die Anwesenden starrten Humbert fassungslos an.

»Einen Gegenkönig?«, stammelte der junge Christian.

»Ich muss wohl etwas weiter ausholen«, sagte Humbert, dem sehr wohl bewusst war, dass Nachrichten lange brauchten, um sich herumzusprechen. »Ihr wisst vermutlich, dass sich der Kaiser zum zweiten Mal im Kirchenbann befindet. Aber nicht nur das: Papst Gregor wollte ihn sogar absetzen und berief ein Konzil nach Rom ein, auf dem die Bischöfe von Spanien, England und Frankreich diesen Beschluss fassen sollten. Der Kaiser erfuhr davon, fing die Bischöfe ab und kerkerte sie ein.«

»Was unerhört war«, meldete sich der Prior Benedikt zu Wort.

Abt Burkhard brachte ihn mit einer Handbewegung zum Schweigen. »Fahre fort!«, sagte er zu Humbert.

»Ob berechtigt oder nicht«, sagte dieser, »jedenfalls verlor der Kaiser durch diesen Handstreich auch Anhänger bei den sonst eher stauferfreundlichen deutschen Bischöfen. Unter anderen stellten sich die Kirchenfürsten aus Mainz und Köln, aus Lüttich, Bremen und Straßburg gegen ihn. Friedrich reagierte, setzte den Mainzer Erzbischof als Reichsverweser ab und ernannte an seiner Stelle den Landgrafen von Thüringen, Heinrich Raspe.

Aber viel half es nicht, denn inzwischen waren sowohl Papst Gregor als auch dessen Nachfolger gestorben, und der neue Papst, Innozenz IV., stand dem Kaiser noch feindseliger gegenüber als seine Vorgänger. Obgleich sich Friedrich letztendlich zum Äußersten entschloss und sich bereit erklärte, den besetzten Kirchenstaat zu räumen, alle gefangen genommenen Bischöfe und Prälaten freizugeben und eine unsinnig hohe Entschädigung zu zahlen, nur um sich vom Kirchenbann zu lösen, gab Innozenz nicht nach.

In keiner Weise bedroht, floh er dennoch aus Rom nach Lyon, erneuerte dort den Bann und« – hier machte Humbert eine bedeutungsvolle Pause – »setzte den Kaiser ab!«

»Das kann er doch gar nicht«, rief Ludger verwirrt.

»Er glaubte, er könne das sehr wohl«, erwiderte Humbert. »Und nicht nur das: Den Landgrafen Heinrich Raspe überredete er mithilfe des Kölner Erzbischofs und der Summe von immerhin 25 000 Mark Silber dazu, sich in Deutschland zum Gegenkönig wählen zu lassen.«

»Ein Judaslohn«, sagte Mathilde trocken.

»Und deshalb reist du jetzt nach Köln?«, fragte Ludger den Bruder.

»Genau deshalb«, bestätigte Humbert, »obwohl ich nicht die Spur einer Chance sehe, den Kölner Erzbischof zu einem Sinneswandel bewegen zu können.«

»Du hast ja auch keine 25 000 Mark Silber bei dir – oder?«, scherzte Mathilde bitter.

»Gleichwohl muss man den Papst verstehen«, warf der Prior ein. »Friedrich ist ja nun wirklich kein christlicher Kaiser, wenn alles stimmt, was ihm so vorgeworfen wird. Diese Gotteslästerungen beispielsweise ...«

»Ich kenne niemanden, der sie je aus seinem Mund vernommen hätte«, unterbrach ihn Humbert, »und ich gehörte lange genug zu seiner engsten Umgebung. Alle diese angeblichen Zitate sind von seinen Gegnern aufgeschrieben worden mit dem alleinigen Ziel, sein Bild in der Öffentlichkeit zu verzerren.«

»Und was ist mit den Sarazenen, diesen ungläubigen Ketzern?«, stieß Benedikt nach.

»Zugegeben«, antwortete Humbert. »Diese so genannten Ungläubigen glauben nicht, dass Christus Gottes Sohn ist. Aber sie halten ihn für einen der größten Propheten, und sie glauben – das werdet Ihr vermutlich nicht einmal wissen – an seine Geburt aus der Jungfrau Maria. Und sie ermorden keine Christen, obwohl die nicht an Allah, sondern an die Dreifaltigkeit glauben. Wisst Ihr nicht, dass zu allen Jahrhunderten Christen zu den von den Sarazenen beherrschten heiligen Stätten pilgern durften? Wisst Ihr nicht, dass im südlichen Spanien Christen und Juden unbehelligt unter islamischen Herrschern leben? Und nun leben in Süditalien erstmals Sarazenen unbehelligt unter Christen, und schon nennt ihr das Gotteslästerung!«

Humbert hatte sich in kalten Zorn hineingesteigert, und der alte Abt beschwichtigte ihn: »Aber es stimmt doch, dass Friedrich fleischlichen Verkehr mit zahllosen Sarazeninnen pflegt und die eheliche Treue immer wieder bricht – oder?«

»Möglich«, sagte Humbert, »aber das liegt nicht an seinem mangelnden Glauben, sondern an seinem schwachen Charakter.«

»Aber so kann er kein Vorbild für Christenmenschen sein!«

»Was, Onkel«, schaltete sich Mathilde mit Unschuldsmiene ein, »hältst du denn von einem Papst, der einen Abt aus Anerkennung dafür zum Bischof beförderte, dass er aufsässigen Mönchen Zungen und Augen ausreißen ließ? Ist so ein Papst vielleicht ein Vorbild für Christenmenschen?«

»Wer soll denn das getan haben, und woher willst du das überhaupt wissen?«, fragte Burkhard empört.

»Das hat Papst Gregor VII. getan, und gelesen habe ich das in einem Buch aus deiner Klosterbibliothek. Da werden doch wohl keine Unwahrheiten drinstehen.«

Der Abt schwieg verärgert, aber sein Prior sprang in die Bresche. »Ebenso wie der Kaiser kann natürlich auch ein Papst irren, aber das ändert nichts an der Zwei-Schwerter-Tatsache, die schon Bernhard von Clairvaux beschrieben hat. Dass es sowohl ein geistliches als auch ein weltliches Schwert gibt, aber das weltliche ist in jedem Fall der Kirche unterstellt. Sie lässt es lediglich durch den weltlichen Herrscher führen.«

»Das ist keine Tatsache, sondern nur eine These«, erwiderte Humbert, »eine Auffassung, die der Kirche zwar sehr entgegenkommt, aber dennoch lediglich eine Behauptung bleibt. Und außerdem: Wieso brauchte die Kirche mehr als 1000 Jahre, um zu dieser Erkenntnis zu kommen? Vielleicht darf ich in diesem Zusammenhang daran erinnern, dass die Kurie noch nach dem Tod des Papstes Leo IX. den damaligen Kaiser Heinrich III. flehentlich gebeten hat, einen neuen Papst zu ernennen. Ich wiederhole: zu ernennen! Und das ist noch keine 200 Jahre her. In früheren Jahrhunderten also hat die Kirche sich bereitwillig und geradezu freudig unter den weltlichen Schutz gestellt, und urplötzlich glaubt sie, über dem Kaiser zu stehen?«

»Natürlich«, erhitzte sich der Prior. »Schließlich ist der Papst der Stellvertreter Gottes auf Erden, und da Gott – daran wird ja wohl niemand hier zweifeln – über dem Kaiser steht, ist dieser auch dem Stellvertreter Gottes untergeordnet.«

»Das ist keineswegs natürlich«, antwortete Humbert. »Blicken wir einmal ins Oströmische Reich, nach Konstantinopel. Der dortige Patriarch, der den gleichen Anspruch erhebt wie der Papst im Westen, steht keineswegs über dem oströmischen Kaiser. Der würde das niemals zulassen! Er betrachtet seinen obersten Priester ebenso wie – sagen wir – Karl der Große seinerzeit den Papst: als Herrscher in kirchlichen Dingen, aber nicht in weltlichen.«

»Ihr meint also«, fragte der Prior, »dass der Heilige Vater zusehen soll, wie sich der Kaiser als Messias gebärdet?«

»Wenn er denn tatsächlich den Messias spielt, darf der Papst sicherlich Einspruch erheben, weil das eine theologische Frage ist, aber was hat er sich einzumischen, wenn es um die Lombardei geht? Wie kommt er dazu, fremde Länder wie beispielsweise England als Lehen zu vergeben? Oder mit dem Kirchenstaat einen Keil zwischen den Norden und den Süden des Reiches zu treiben?«

»Weil er nicht zulassen darf, dass der Kirchenstaat eingekesselt wird!«

»Aber sowohl das Königreich Sizilien als auch die Lombardei gehören einwandfrei zum Reich.«

»Das bestreitet der Papst. Und zwar mit Recht.«

Jetzt schaltete sich Mathilde ein. »Meines Wissens hat Jesus zu den Pharisäern gesagt, man solle dem Kaiser geben, was des Kaisers ist, und Gott, was Gottes ist. Muss sich nicht auch sein Stellvertreter auf Erden an die Worte Christi halten?«

»Aber nur, wenn sich der Kaiser voll und ganz an Gottes Wort hält.«

»Hat er etwa nicht mit allen Mitteln die Ketzerei bekämpft?«, fragte Ludger.

»O ja«, antwortete der Prior, »aber nicht aus Frömmigkeit. Lediglich aus seinem angeborenen Ordnungssinn heraus. Ketzer schaffen Unruhe im Reich, und allein deshalb werden sie von Friedrich verfolgt. Wenn sie sich ihm bereitwillig unterordnen würden wie die Sarazenen, würde er an ihrem Irrglauben keinen Anstoß nehmen.«

»Weil es nicht seine Aufgabe ist, andere Menschen zu bekehren. Ein Kaiser ist kein Missionar. Er muss für die Einhaltung der Gesetze im Land und Frieden an den Grenzen sorgen.«

»Und deshalb«, fragte der Prior ironisch, »nimmt er sich das Recht heraus, am Papst vorbei Bischöfe einzusetzen und Erzbischöfe zu ernennen?«

»Zum einen«, erwiderte Humbert, »wisst Ihr genau, dass er dieses Recht Jahrhunderte hindurch besessen hat, ehe es ihm die Päpste bestritten. Zum anderen macht es ja durchaus einen Sinn, wenn der Kaiser oder der König eines Landes Bischöfe einsetzt, die er auf seiner Seite weiß. Schließlich besitzen diese Kirchenfürsten große Macht und stellen beträchtliche Teile des Heerbanns. Zudem fällt dieses Lehen – da es ja keine Erben gibt – immer wieder an den Herrscher zurück. Uns jedenfalls sind zumindest von den deutschen Würdenträgern keine derartigen Schandtaten bekannt geworden, wie man sie jetzt aus Rom erfahren hat!«

»Was meint Ihr damit?«, fragte der Prior scharf.

»Damit meine ich«, sagte Humbert, indem er eine Pergamentrolle aus seinem Gewand hervorzog, »diese vom Hof erstellte Auflistung der verbrecherischen päpstlichen Aktivitäten der letzten Jahre, die nicht auf Hörensagen beruhen, sondern allesamt bewiesen sind. Wenn ich die Geduld der Anwesenden nicht über Gebühr beanspruche, werde ich sie vorlesen, und ich habe den Auftrag, sie auch dem Kölner Erzbischof vorzulegen. In der schwachen Hoffnung, er werde seine Meinung ändern, wenn er die Tatsachen erfährt.«

»Nur zu«, ermunterte Graf Ludger seinen Bruder. »Da du diese Liste sicherlich beurteilen und richtig werten kannst, zweifle ich nicht an ihrem Wahrheitsgehalt.«

»Wir wollen die Ohren keinesfalls vor den Tatsachen verschließen«, sagte der alte Abt, »obwohl ich doch einige Bedenken habe, wenn der Heilige Vater hier verunglimpft werden soll.«

»Hör zu, Onkel«, sagte Humbert. »Hör gut zu, und dann urteile selbst, ob die Päpste der letzten Jahre den Titel *Heiliger Vater* wirklich zu Recht tragen und getragen haben.«

Christian ging mit einem dickbauchigen Krug von einem zum anderen und schenkte mit Honig gesüßten schweren Wein nach, während Humbert die Liste entrollte und vorzulesen begann:

Wir, Friedrich und so weiter und so weiter, klagen die angeblichen Stellvertreter Christi folgender Hauptverbrechen an, wobei wir weniger schwere Verfehlungen mit dem Mantel des Stillschweigens bedecken.

Zum Ersten:

Als wir uns bereits zum Aufbruch nach Jerusalem eingeschifft hatten, überfiel die Kreuzfahrer, auch den Kaiser selbst, eine schreckliche Seuche, die die Flotte zur Umkehr zwang. Obwohl der Grund der Umkehr dem Papst, der sich Gregor IX. nannte, sehr wohl bekannt war, belegte er die Majestät mit dem Kirchenbann. Obwohl es dem Kaiser später gelang, die Sarazenen durch geschickte Verhandlungen dazu zu bewegen, den christlichen Pilgern auf zehn Jahre hinaus freien Zugang zu den heiligen Stätten zu gewähren, wurde der Bann nicht aufgehoben. Im Gegenteil: Der Papst ließ das Gerücht verbreiten, Seine Majestät sei im Heiligen Land ums Leben gekommen, und zettelte mithilfe von Söldnern einen Aufstand im Königreich Sizilien an, der nur mit Gottes Hilfe niedergeschlagen werden konnte. Diese Schandtat des Papstes wiegt umso schwerer, als er die Söldner mit dem Geld bezahlt hatte, das in den Kirchen eigentlich für den Kreuzzug gesammelt worden war.

Zum Zweiten:

Um die Auflösung des Kirchenbanns zu erreichen, wurde Seine Majestät auf schamlose Weise erpresst. Er musste alle Ansprüche auf Gebiete des Kirchenstaates aufgeben, auf die Ernennung von Bischöfen verzichten, Steuerfreiheit und gerichtliche Immunität im Königreich Sizilien garantieren und alle während des Aufstands gefangen genommenen Aufwiegler freilassen. Wie groß der Hass des Papstes war, geht daraus hervor, dass er Seine Majestät einen Skorpion nannte, der – so wörtlich – »Gift aus dem Stachel seines Schwanzes verspritzt, eine Bestie, die ihren Rachen nur zur Lästerung des göttlichen Namens aufreißt, einen rasenden Jäger der Unzucht, der nur Worte der Lüge liebt und ausschließlich Ruchlose zu Dienern hat.

Zum Dritten:

Der Papst schickt Mönche quer durchs Reich, die von den Kanzeln herab gegen den Kaiser hetzen. Und nicht nur das. Diese angeblichen Gottesmänner versprechen den Gläubigen, dass jedem, der auch nur einer einzigen ihrer Predigten lauscht, 40 bis 50 Tage Fegefeuer erspart bleiben. Wer sich aber als Söldner in den Dienst des Papstes stellen würde, dem wird ein voller Ablass versprochen!

Zum Vierten:

Jener Papst, der sich heute Innozenz nennt, war zumindest Mitwisser, wenn nicht gar Anstifter zweier Mordanschläge auf Seine Majestät und Seinen geliebten Sohn Enzio. Wenige Monate nach dem Konzil von Lyon wurden in einem Kloster bei Parma Schriften entdeckt, in denen von einem Attentat die Rede war. Seine Majestät zog sofort nach Parma, aber merkwürdigerweise war Sein Freund und Pate Orlando di Rossi mit mehreren Rittern aus der Stadt verschwunden, anstatt auf Seine Majestät zu warten, und ins Lager der Feinde übergewechselt. Er tat sich zusammen mit Pandulf, dem früheren Generalkapitän der Toskana, den Seine Majestät wegen Bestechlichkeit abgesetzt hatte, und plante – wiederum mit Wissen des Papstes – erneut die Ermordung des Kaisers, der zusammen mit Seinem Sohn Enzio und Seinem Schwiegersohn Ezzelino beim Ostermahl dieses Jahres umgebracht werden sollte. In letzter Minute ka-

men aus Sizilien von einem anderen Schwiegersohn Seiner Majestät Nachrichten über das geplante Attentat, und der Aufstand brach zusammen, bevor er noch richtig begonnen hatte.

Lange Zeit herrschte Schweigen im dämmrigen Saal des Palas. Von unten aus dem Hof klang das Singen und Lachen des feiernden Gesindes. Oben stand niemandem der Sinn nach ausgelassener Fröhlichkeit.

Schließlich fragte der alte Abt leise. »Und das ist wirklich wahr – das mit dem Mordanschlag?«

»Ja«, sagte Humbert. »Ohne jeden Zweifel.«

»Und warum dürfen, wenn ein Herrscher – zu Recht oder zu Unrecht – gebannt wird, auch alle seine Untertanen nicht mehr die Sakramente empfangen, ja nicht einmal mehr christlich beerdigt werden?«, fragte Mathilde.

Sie sah den Prior an. Der zuckte hilflos mit den Schultern.

»Weil man die Untertanen damit erpressen kann«, sagte Humbert. »So versucht man, sie dazu zu bringen, sich gegen ihren Herrn aufzulehnen, wie das ja auch nach dem Kreuzzug im Königreich Sizilien geschehen ist.«

»Aber das ist doch schrecklich, Menschen ohne Sterbesakramente sterben zu lassen«, sagte Mathilde fassungslos. »Lehrt die Kirche denn nicht, dass sie – falls sie eine Todsünde begangen und nicht die Absolution erhalten haben – direkt in die Hölle fahren?«

»Das ist richtig so«, bestätigte der Prior.

Erneut trat eine lange Pause ein. Schließlich sagte der alte Abt: »Lasset uns für den Kaiser beten.«

»Und für den Papst«, fügte Mathilde hinzu.

39. KAPITEL
BURGEN UND BASTIONEN

Was fällt uns als Erstes ein, wenn wir an das Mittelalter denken? Ritter natürlich oder auch Rüstungen, möglicherweise Schlachten und Turniere; mit Sicherheit aber Burgen. Der stolze Ritter und das anmutige Burgfräulein, der finstere Bösewicht oder der getreue Knappe. Lieb gewordene Fantasien, die in jedem Spielfilm über Robin Hood oder Ivanhoe aufgewärmt werden.

In solchen Geschichten liegt die Burg immer hoch oben auf dem Berg oder tief im finsteren Tann. Stets hat sie einen Graben, über den eine Zugbrücke führt. Sie ist groß, vieltürmig und nahezu ebenso prächtig wie die edle Frouwe, die vom hohen Altan ins weite Land schaut und Tag und Nacht an den geliebten Mann denkt, der – wer weiß, wie lange noch – in der Ferne weilt und ihr vorsichtshalber einen Keuschheitsgürtel umgeschnallt hat.

Kitsch und Klischees.

Alles war ganz anders, aber wenn wir uns mit der Geschichte der Burgen befassen wollen, müssen wir zwar nicht bei Adam und Eva, so doch in der Steinzeit beginnen, als die Menschen noch keinerlei Möglichkeiten besaßen, die sie umgebende Natur so nachhaltig zu verändern, dass sie ihnen verstärkten Schutz vor Feinden zu bieten vermochte. Sie konnten lediglich vor der Gefahr davonlaufen, sich im Wald verstecken oder auf einen Baum klettern.

Damit hatte es sich auch schon.

Für umherziehende Jäger und Sammler reichte das. Nomaden brauchen keine Befestigungsanlagen. Denken wir nur an die Indianer in den Savannen Nordamerikas. Sie brachen ihre Zelte ab, wenn es mulmig wurde oder die Büffel weiterzogen. Winnetou hinter zinnenbewehrten Mauern? Lächerlich. Die Einzigen, die eine Befestigungsanlage mit sich herumgeschleppt haben, waren die Römer. Doch davon später.

Erst beim Übergang von der mittleren zur jüngeren Steinzeit, als es den Menschen in Nordafrika und im Vorderen Orient gelang, Tiere zu domestizieren, wurde zunächst die Züchtung und Haltung dieser Tiere, dann auch Ackerbau möglich, was schließlich zur Sesshaftigkeit führte. Sesshaftigkeit indes bedeutet Mehrung des Besitzes, und der wiederum erweckt den Neid des Nachbarn, der über kurz oder lang versuchen wird, sich den Reichtum des Wohlhabenderen gewaltsam anzueignen. Kurz: Es galt sich zu schützen!

Während in Ägypten bereits Pyramiden erbaut wurden, während auf Kreta und in Griechenland prächtige Paläste in die Höhe wuchsen, während die ersten Olympischen Spiele abgehalten wurden und Rom entstand, ließ man es in Mittel- und Nordeuropa langsamer angehen. Immerhin hatte man inzwischen gelernt, die Gegebenheiten der Natur besser zu nutzen und sie nach Möglichkeit auszubauen. Wo es Berge gab, zog man sich nicht nur auf deren Anhöhen zurück, sondern trug Steine zu einem primitiven Wall zusammen. Wo Wasser vorhanden war, begnügte man sich nicht mehr damit, sich hinter den Fluss zurückzuziehen, sondern begann damit, Wasserläufe umzuleiten, um künstliche Inseln zu bilden oder einen unpassierbaren Sumpf zu schaffen.

Von Burgen jedoch noch keine Spur.

Und von Adelsburgen schon gar nicht. Einfach deshalb, weil es noch keinen Adel gab. Allenfalls vornehme Familien, was ein dehnbarer Begriff ist. Und so dienten die ersten nen-

nenswerten Befestigungsanlagen, die von Kelten errichtet wurden, durchaus nicht dem Schutz einer einzelnen Sippe, sondern stets dem einer ganzen Volksgruppe, und entsprechend groß waren sie auch.

Diese so genannten Fliehburgen, nach Möglichkeit auf Bergen oder zumindest auf Hügeln angelegt, waren – wie ihr Name schon sagt – keineswegs ganzjährig besetzt, sondern dienten lediglich in Notzeiten dem Schutz der ringsum wohnenden Menschen. Immerhin hatte man erkannt, wie wichtig es war, dass man einen anrückenden Feind möglichst früh wahrnahm, und zum anderen, dass allein die Schwerkraft es nahe legt, den Feind von oben herab zu bekämpfen. Vor der Erfindung von Gewehr und Kanone war es naturgemäß ungleich schwerer, einen Speer nach oben zu werfen als umgekehrt, und kochendes Wasser oder siedendes Pech konnte auch nicht von unten nach oben gegossen werden.

Bevor Hermann der Cherusker die römischen Legionen besiegte, gab es im Gebiet des heutigen Deutschland allenfalls größere Flächen, die entweder mit klobigen Steinwällen umgeben oder mit Holz-Erde-Wällen nebst Graben gesichert waren. Zumeist waren es Fliehburgen, seltener Sitze reicher Sippen, hin und wieder aber auch Dörfer, die derartig geschützt waren.

Dann kamen die Römer, und jeder ihrer Legionäre schleppte neben Waffen und Verpflegung einen Spaten mit sich und zusätzlich einen zugespitzten Holzpfahl. Abends, nach einem Marsch von vielleicht 40 Kilometern, durfte er sich keineswegs müde und zerschlagen ins Gras sinken lassen; zuerst wurde das Lager aufgeschlagen. Die erschöpften Krieger hatten einen viereckigen tiefen Graben auszuheben, die Holzstämme einzurammen und miteinander zu einer Palisade zu verbinden. Dann hieß es, sich selbst das Essen zu kochen, kurz zu schlafen, um am nächsten Morgen die Stämme wieder auszugraben und zum nächsten Etappenziel mitzunehmen. Eine ziemliche Plackerei, die den Soldaten da zugemutet wurde.

Aber nur so lassen sich Weltreiche aufbauen.

Und die Germanen sahen zu. Staunend, wenn auch nicht von Neid erfüllt. So eine Schinderei war eines freien Mannes unwürdig. Sie hätten sich ja auch nie in eine Rüstung zwingen lassen. Lieber kämpften (und starben) sie mit nackter Brust. Aber toll war das schon, was sie zu sehen bekamen, wenn sie versuchten, den Limes zu überwinden oder gar eines der großen Römerkastelle zu erobern, wo sie erstmals in ihrem Leben Steinmauern zu sehen bekamen! Oder gar Städte: Mainz oder Köln, Boppard oder Xanten.

Sie plünderten sie aus und steckten sie in Brand. Aber nichts auf der Welt hätte sie dazu gebracht, sich dort niederzulassen. Städte aus Stein waren ihnen unheimlich, und daran änderte sich Jahrhunderte hindurch nicht das Geringste. Das Gleiche galt für Burgen. Sie hatten ja die römischen Kastelle wie beispielsweise die Saalburg gesehen, aber es entsprach wohl nicht ihrem Naturell, sich in die Enge einer befestigten Anlage zurückzuziehen. Großräumige Fliehburgen für den Notfall ja, aber kein dauerhaftes Hausen in einem Steinhaufen!

Schließlich gab es ja neben palisadenbewehrten Ringwällen auch ganz einfache und außerordentlich praktische Möglichkeiten, sich wenigstens für einen begrenzten Zeitraum zu verschanzen. Beispielsweise die Wehrhecke oder das so genannte Gebück. Man pflanzte Bäume – zumeist Hainbuchen – in kurzen Abständen nebeneinander und stutzte die jungen Bäume regelmäßig, sodass Stamm und Äste nicht in die Höhe wuchsen, sondern sich in die Breite verzweigten. Dann wurden die Äste, solange sie noch biegsam waren, miteinander verflochten. Brombeer- oder Weißdornsträucher, zwischen die jungen Stämme gepflanzt, machten aus der Hecke einen stattlichen und undurchdringlichen Verhau.

Der gesamte Rheingau war im Mittelalter im Norden und Osten, wo er nicht durch den Rhein geschützt war, von einem riesigen und bis zu 50 Meter tiefen Gebück umgeben. Für Pflege und Erhalt waren die entlang des Verhaus gelegenen Gemeinden zuständig, und erst im Dreißigjährigen Krieg wurde diese Schutzhecke zum ersten Mal überwunden. Die Kontrolle war außerordentlich streng, Nachlässigkeiten bei der Pflege des Gebücks wurden hart bestraft, und wer auch nur einen einzigen Zweig abriss, musste eine extrem hohe Buße zahlen oder verlor gar die rechte Hand!

Hecken dieser Art legten Bauern vor der Erfindung des Stacheldrahts bis ins letzte Jahrhundert hinein an. Sie brauchten zwar keinen Schutzwall mehr, aber sie pflegten auf diese Weise ihre Weiden einzuzäunen. Letzte Beispiele finden sich heute noch in manchen Gegenden Deutschlands, beispielsweise rund um die Eifelstädtchen Monschau und Simmerath.

Protzen konnte man natürlich nicht, wenn man sich hinter solchen Wehrhecken versteckte, aber Präsentation war damals noch nicht gefragt. Jahrhunderte vergingen in Deutschland, ehe sich schließlich Karl der Große entschloss, Gebäude errichten zu lassen, die nach seinem Verständnis einem Kaiser zustanden: die Pfalzen.

Hier sei kurz daran erinnert, dass es damals keine Hauptstadt im heutigen Sinne gab. Könige und Kaiser waren mit ihrem gesamten Hof ständig unterwegs, und da es naturgemäß auch keine Fünf-Sterne-Hotels gab, wo sie sich hätten einquartieren können, mussten andere Unterkünfte geschaffen werden, in denen sich eine derart große Menschenmenge wie der Hof wenigstens für einige Zeit aufhalten konnte. Allein aus diesem Grund wurden die Pfalzen gebaut: in Goslar und in Wimpfen, in Kaiserswerth und in Aachen, in Hagenau und in Worms, um nur einige Beispiele zu nennen. Dort wurde nicht nur gewohnt, sondern auch Recht gesprochen und regiert.

Schutz suchte man dort nicht, aber im 9. Jahrhundert wurde plötzlich Schutz dringlicher denn je: Die Wikinger fuhren mit ihren Drachenbooten die Flüsse hoch, belagerten sogar Paris und plünderten Köln. Wenn aber schon die Menschen gefährdet waren, die hinter römischen Stadtmauern wohnten – um wie viel mehr war es die unglückselige Landbevölkerung, die schutzlos jedem Angriff ausgesetzt war.

Und diese Gefahr drohte nach den endlich überstandenen Eroberungszügen der Wikinger plötzlich aus Südost. Die Ungarn kamen, zogen Jahr für Jahr sengend und mordend durch Sachsen, Thüringen und Bayern und wagten sich sogar bis zum Rhein vor. Niemand war in der Lage, ernsthaft Widerstand zu leisten. Auch die Stammesherzöge versagten kläglich, bis sie sich dann nach dem Tod des schwachen Frankenkönigs Konrad I. dazu bereit fanden, die Krone dem Sachsenherzog Heinrich anzutragen.

Es war jener Mann, dem es als Heinrich I. (919–936) gelang, die untereinander heillos zerstrittenen »Deutschen« auf einem Hoftag in Worms zu versammeln, und dieser Tagungsort war nicht ohne Hintersinn gewählt worden: Worms war eine Römerstadt und wie alle anderen entlang des Rheins mit einer steinernen Stadtmauer umgeben. Eine Mauer aus behauenen Steinen hatten die meisten der Eingeladenen noch nie in ihrem Leben gesehen, denn daheim gab es allenfalls eine Motte.

Eine Motte war zunächst einmal nichts anderes als ein von Wall und Graben geschütztes höheres Haus, das aus Holz gebaut worden war und von der Familie eines angesehenen Mannes aus altem Geschlecht bewohnt wurde. Archäologen können die dürftigen Überreste solcher Motten zwar orten und sichern; ihr genaues Aussehen dagegen lässt sich nur äußerst schwer rekonstruieren, und deshalb ist die Wissenschaft froh über frühe Abbildungen, die jedoch spärlich sind.

Auf dem berühmten Teppich von Bayeux aus dem Ende des 11. Jahrhunderts ist eine Motte abgebildet, und da die Darstellungen auf besagtem Teppich sehr detailgetreu sind, dürfen wir davon ausgehen, dass eine Motte tatsächlich so oder so ähnlich ausgesehen hat.

Motten entstanden hauptsächlich im Flachland, denn dort gab es entweder Wasser, das man in den die Motte umgebenden Graben leiten konnte, oder Moore, die ohnehin schwer zu passieren waren. Vielfach wurde die Erde, die beim Ausheben des Grabens anfiel, zu einem künstlichen Hügel aufgetürmt, der dann von dem einem Blockhaus ähnelnden befestigten Gebäude gekrönt wurde. Es bot weiten Blick ins Land und die notwendige strategische Überlegenheit gegenüber einem von unten angreifenden Feind.

Wer in einer derartigen Motte daheim war, stand natürlich vor Ehrfurcht erstarrt vor den Mauern einer Stadt, und was wird er erst gefühlt haben, wenn er einen der frühen Dome betrat! Erinnern wir uns, wie unbeweglich die damaligen Menschen waren. Als die Deutschen Anfang der Fünfzigerjahre – also in einer noch fernsehlosen Zeit – erstmals in Massen nach Italien oder Spanien reisten, betraten sie ebenfalls eine neue und ziemlich unbekannte Welt.

Zurück zu Heinrich I.: Es gelang ihm tatsächlich, die in Worms versammelten Fürsten davon zu überzeugen, dass angesichts der ständigen Bedrohung durch die Ungarn eine für das gesamte Reich verbindliche Burgenordnung erlassen werden musste. Was bedeutete, dass bereits bestehende Orte und Klöster mit einer festen Steinmauer zu umgeben waren und dass darüber hinaus die alten Versammlungs- und Kultstätten der heidnischen Ahnen ebenfalls entsprechend befestigt werden sollten, weil sie – wie jedermann sah – zumeist an strategisch günstigen Orten lagen, die relativ einfach verteidigt werden konnten.

Wie die Geschichte weiterging, ist bekannt: Es war den

Sachsen gelungen, einen ungarischen Fürsten gefangen zu nehmen. Die Ungarn kauften ihn 925 frei mit dem Versprechen eines neunjährigen Waffenstillstands. Heinrich dagegen musste sich bereit erklären, den Ungarn während dieser Zeit Tribut zu zahlen. Die nächsten Jahre wurden genutzt, die Burgenordnung durchzusetzen, und als der König fand, dass es an der Zeit war, sich zur Wehr zu setzen, zahlte er den ungarischen Gesandten keinen Tribut mehr, sondern ließ ihnen einen toten Köter vor die Füße werfen.

Die Reaktion blieb nicht aus. 933 rückten die Ungarn erneut an und verheerten Thüringen, aber diesmal waren die Deutschen vorbereitet: Heinrich I. schlug sie in der Nähe von Merseburg vernichtend, und bis zu seinem Tode kamen sie auch nicht wieder.

Wenn nun König Heinrich allgemein als Burgenbauer bezeichnet wird, könnte das leicht zu der Annahme führen, er habe wirklich solche Burgen gebaut, wie wir sie heute kennen. Und das eben ist falsch. Er ließ Fliehburgen errichten, in die sich – wie der Name schon sagt – Menschen bei Gefahr flüchten konnten; und zwar möglichst viele. Genau das aber war nicht der Sinn späterer Bauten, wie wir noch sehen werden.

Burgen im heutigen Sinn gab es im 10. Jahrhundert nur sehr wenige, und die standen nicht an den Ostgrenzen des Reiches, sondern im Westen: die Nürburg beispielsweise (943), Luxemburg (963), Saarburg (964), Manderscheid (973) oder Weilburg (997). Bis ins 13. Jahrhundert hinein wurde jede ummauerte Stadt als »Burg« bezeichnet, folgerichtig hießen die darin wohnenden Menschen Bürger. In Köln gibt es noch heute eine Straße, die »Burgmauer« heißt, obwohl in Köln niemals eine Burg gestanden hat. Mit der Burgmauer war halt die (römische) Stadtmauer gemeint, die in Resten noch erhalten ist.

Nach der Sicherung der äußeren Grenzen wurden große

Fliehburgen im Inneren des Reiches überflüssig. Die Burg von morgen sollte nun zum einen als befestigter Adelssitz dienen, zum anderen als militärischer Stützpunkt und nicht zuletzt als repräsentatives Aushängeschild. Konkret bedeutete das: Die vornehmen Familien verschafften sich eine Zuflucht, in der es sich zwar nicht bequem, aber relativ sicher leben ließ. Von streitsüchtigen oder habgierigen Nachbarn war eine solche Burg kaum zu erstürmen.

Darüber hinaus wurden eroberte oder geerbte Ländereien durch den Bau von Burgen gesichert, weil von ihnen aus Aufstände leichter kontrolliert und niedergeschlagen werden konnten. Hier sei darauf hingewiesen, dass Fehden damals nicht etwa in Schlachten ausgetragen wurden. Normalerweise begnügte man sich damit, die Ländereien des Feindes zu verwüsten, um ihm so die Existenzgrundlage zu entziehen. Derlei ließ sich leicht von solchen Burgen aus bewerkstelligen – aber auch verhindern. Burgen an strategisch günstigen Plätzen konnten die Zolleinnahmen sichern, wichtige Straßen kontrollieren, als Gefängnis dienen, und verpfänden konnte man sie notfalls auch.

Natürlich gab es auch Burgen, die in Städten lagen oder besser: Um Burgen herum entstanden Städte. Aber mit der Zeit wurde den Adligen die unmittelbare Nähe zu den immer aufmüpfiger werdenden Bürgern zu riskant, und sie bauten sich neue Burgen oberhalb der Städte und außerhalb ihrer Mauern. In der Stadt verblieb dann ein Burgvogt, der ihre Interessen vertrat.

Schließlich und endlich wurden die Burgen nicht ausschließlich deshalb auf hoch gelegenen Felsen errichtet, weil sie von dort oben leichter zu verteidigen waren. Gewiss spielte das eine bedeutende Rolle, aber nahezu ebenso wichtig war dem Burgherrn die Demonstration seines Anspruchs auf Herrschaft. Wenn wir uns daran erinnern, dass die Bergkuppen rund um die Burgen aus taktischen Gründen entwaldet wurden, ist leicht vorstellbar, wie bedrohlich eine Burg auf nackter Kuppe wirken musste.

Zur Zeit der Staufer schossen die Burgen nur so aus der Erde. Die großen Adelsfamilien suchten ihr Herrschafts- oder doch zumindest ihr Einflussgebiet zu vergrößern, indem sie eine Burg nach der anderen bauten. Bischof Otto von Freising berichtete über einen seiner Verwandten, den Herzog Friedrich II. von Schwaben: »Immer den Rhein abwärts ziehend, schleppt Friedrich am Schweif seines Pferdes stets eine Burg hinter sich her.«

Aber die Bauwut tobte nicht nur in Deutschland, sondern in ganz Europa. Selbst dort, wo die damals neuen Burgen inzwischen verschwunden sind, tragen viele Städte noch einen Namen, der auf sie hinweist: Ob sie nun Neuerburg heißen oder Neuchâtel, Newcastle oder Châteauneuf. Und in Spanien existierte ein Königreich, in dem so viele Kastelle gebaut worden waren, dass es sogar nach ihnen benannt wurde: Kastilien.

Doch zurück nach Deutschland. Im Gegensatz zu den riesigen Kreuzritterburgen im Heiligen Land – beispielsweise Krak de Chevalier im heutigen Syrien –, den wuchtigen Burgen in England oder in Frankreich, wo ein meist riesiger Wohnturm, der so genannte Donjon, die Festungen überragte, waren die staufischen Burgen in Deutschland eher klein, was natürlich daran lag, dass sie häufig auf Berggipfeln lagen, wo einfach nicht genug Platz war für größere Anlagen.

Außerdem mussten die hiesigen Burgen sehr häufig in großer Eile errichtet werden, und beim niederen Adel waren zumeist keine ausreichenden Mittel für eine größere Burg vorhanden. Im Gegensatz dazu ließ sich beispielsweise König Edward I. in Wales ein paar Jahrzehnte Zeit, um seine riesigen Festungen zu bauen. Könige haben halt gemeinhin Geld, was nicht zuletzt Heinrich IV. im 11. Jahrhundert beim Bau der für damalige Zeiten ziemlich pompösen Harzburg bewiesen hatte.

Die Bauart der neuen Burgen hing naturgemäß zunächst einmal vom auserwählten Gelände ab, und das galt auch für das Baumaterial. Im flachen Land ließen sich logischerweise keine Gipfelburgen errichten, sodass Wasser, sei es als Fluss, Wassergraben oder natürlicher Sumpf, die Schutzfunktion übernehmen musste. Nachteil: Wasser gefriert bei starkem Frost, und Eisflächen halten keinen Belagerer auf. Andererseits wurde in den Wintermonaten selten Krieg geführt, weil allein die Versorgung der Pferde kaum überwindbare Schwierigkeiten mit sich gebracht hätte.

Aber wo das Land flach ist, gibt es normalerweise auch keine Steinbrüche, und es war schon für reiche Städte und Domkapitel schwer und kostspielig genug, die Steine für die großen Kathedralen herbeischaffen zu lassen. Eine Adelsfamilie hätte das nie und nimmer bezahlen können, und so wurden beispielsweise im norddeutschen Tiefland selbst Burgen noch immer aus Holz und auf Erdwällen errichtet.

Das Brennen von Ziegeln, bei den Römern zu großer Kunst entwickelt, war nach deren Rückzug fast in Vergessenheit geraten, von einer kurzen Nachblüte in karolingischer Zeit einmal abgesehen. Erst als in Jerichow an der Elbe (im heutigen Sachsen-Anhalt) mit dem Bau einer prachtvollen Kirche begonnen wurde, erinnerte man sich wieder daran. Später wurden überall im Norden Ziegelsteine verwendet, wobei die Kunst, sie zu glasieren, erst von den Deutschordensrittern aus dem Orient mitgebracht worden war.

Gehen wir also davon aus, dass unser Ritter seine feste Burg fertig gestellt hat. Welche Überlegungen und Planungen vorausgegangen sind, konnten wir im Kapitel über die Felsenfestung des Grafen von Wolfach nachlesen. Es ist natürlich kein Palast geworden und auch keine prächtige Pfalz, wie sie einem Kaiser anstünde. Auch nicht eine so große Anlage wie die Wartburg. Es ist eine kleine, kompakte Befestigungsanlage, zu deren Bau allerdings zuvor eine Erlaubnis eingeholt werden musste. In den alten Zeiten hatten sich die Könige dieses Recht vorbehalten. Seitdem die Herrscher sich jedoch mehr für Italien als für Deutschland interessierten, waren die Landesherren dafür zuständig, und die mussten noch immer gefragt werden.

Das galt im Übrigen nicht nur für Burgen, sondern auch für befestigte Häuser in den Städten. Die maximale Höhe der so genannten Geschlechtertürme, wie wir sie in Deutschland nur noch ganz selten (beispielsweise in Regensburg) finden, war genau festgelegt, und wenn es einem Stadtadligen auf Antrag schließlich gestattet wurde, sein Haus mit Mauern zu schützen, so durften diese keinesfalls mit Zinnen gekrönt sein.

Kehren wir zu unserer kleinen Burg zurück, durch deren Ruinen wir 800 Jahre später als Touristen schlendern. Vieles wird uns bekannt vorkommen: der unausweichliche mächtige Bergfried beispielsweise mit der hoch liegenden Eingangstür, die nur über eine Leiter zu erreichen war; die Reste der Burgkapelle und der kleine Palas; ein Brunnen, der halb verschüttet ist; mächtige Mauern mit engen Schießscharten; und die kleinen Erker an den Außenwänden, die früher als Abort dienten.

Auf anderes wird uns, so vorhanden, der Burgführer aufmerksam machen müssen: Warum eigentlich führt der Weg, der außen an der Mauer vorbei zum Tor führt, in den meisten Fällen im Uhrzeigersinn um die Burg? Damit die Angreifer – in den meisten Fällen ja Rechtshänder, die den Schild folgerichtig am linken Arm trugen – gezwungen waren, den Verteidigern beim Aufstieg stets die rechte und damit ungeschützte Seite darzubieten.

Und warum sind die äußeren Mauerringe nur sehr selten rund, sondern normalerweise rechteckig und mit vorspringenden Türmen versehen? Bei einer kreisrunden Mauer können die oben stehenden Verteidiger lediglich auf die Feinde direkt unter ihnen schießen. Ragen jedoch in regelmäßigen Abständen Türme aus der Mauer heraus, können Angreifer, die per Leiter die Mauer zu ersteigen versuchen, auch von rechts und links beschossen werden.

Und warum sind die Treppenhäuser, wenn man überhaupt von solchen sprechen kann, in den Türmen derart eng? Hier empfiehlt sich die Lektüre des Nibelungenliedes. Darin wird beschrieben, wie die Burgunder am Hof König Etzels in eine Falle gelockt werden und wie es einem einzigen ihrer Helden über Stunden gelingt, den Aufgang zum Saal gegen eine Horde von Angreifern zu verteidigen. Die Treppe nämlich, die zu jenem Saal führt, ist derartig eng, dass sie ein Mann mit seinem Schild völlig ausfüllen kann. Außerdem sind die einzelnen Tritte, die nach oben führen, extrem hoch. Niemand kann nach oben laufen. Jede Stufe muss Schritt für Schritt erklommen werden. Einleuchtend, dass ein einzelner Mann jeden abwehren kann, denn auch mit einer langen Lanze ist auf so winzigem Raum nichts anzufangen. Derartig enge und steile Treppen werden deshalb »Nibelungenstiege« genannt, und man sollte in einer solchen Burgruine seiner Fantasie ruhig einmal freien Lauf lassen.

Wir haben gehört, dass die ersten richtigen Burgen im heutigen Sinn mehrheitlich erst in der Stauferzeit entstanden sind. Dennoch sind sie – von Ausnahmen abgesehen – noch immer eng, feucht und finster. Es ist kalt, weil die Fenster nicht verglast sind und meist nur ein einziges Gebäude beheizbar ist. Es stinkt nach Schafen und anderen Dingen, das Leben ist eintönig, die Nerven liegen häufig blank, und die Lebensweise ist zuweilen erschreckend.

Selbst an Herrscherhöfen.

Der Chronist Pierre de Blois beschrieb die Zustände am Hof des englischen Königs Heinrich II. Plantagenet (1133 bis

1189), dem Vater von Richard Löwenherz. In seinem höchst merkwürdigen Gefolge befanden sich Komödianten und Gaukler, Possenreißer und Würfelspieler, Huren und Landstreicher, Schankwirtinnen und Spitzbuben.

Pierre de Blois wörtlich: *Er hält bei seinen nächtlichen Gelagen weder Regel noch Maß. Höflinge und Kleriker müssen steinhartes und schlecht gebackenes Haferbrot essen, das wie Blei im Magen liegt. Zu trinken gibt es ranzigen und gepanschten Wein. Ich habe selbst gesehen, wie hoch gestellten Persönlichkeiten Wein angeboten wurde, der so sauer war, dass man ihn nur mit zusammengebissenen Zähnen und geschlossenen Augen mehr kauen als trinken konnte und dabei entsetzlich das Gesicht verziehen musste.*

Nicht gerade jene Art von Esskultur, die man sich an Adelstischen vorstellt. Und das Niveau blieb – wenn auch nicht in den Pfalzen der staufischen Kaiser, so doch auf den kleinen Burgen – noch lange so. Der Ritter und Dichter Oswald von Wolkenstein, der von 1377 bis 1445 lebte, schilderte sein Dasein auf der eigenen Burg unter anderem so:

Wohin ich schau: Es stößt der Blick
auf Schlacke teuren Schmucks.
Kein feiner Umgang mehr, stattdes
nur Kälber, Geißen, Böcke, Rinder
und Bauerndeppen, hässlich, schwarz,
im Winter ganz verrotzt.
Macht froh wie Pansch-Wein, Wanzenbiss…
In der Beklemmung hau' ich oft
die Kinder in die Ecken.
Da kommt die Mutter angewetzt,
beginnt zugleich zu zetern…

(Zitiert nach: Dieter Kühn, *Ich Wolkenstein. Biographie*, Frankfurt/Main 1988)

Der 1488 geborene Humanist Ulrich von Hutten, Sohn eines fränkischen Reichsritters, lebte auf der Burg Steckelburg oberhalb des Kinzigtals unweit von Fulda. Inzwischen war das Schießpulver erfunden worden, und wo das Gelände es erlaubte, wurden die alten Burgen mit weit ausladenden Bastionen geschützt, um die feindlichen Kanonen auf Abstand zu halten.

Auf der Steckelburg, die auf einer Bergnase lag, war dies leider nicht möglich. Deshalb baute Ulrichs gleichnamiger Vater einen Geschützturm auf die ohnehin zu enge Burg, um möglichen Kanonenbeschuss zumindest mit Gegenfeuer erwidern zu können. Die Bautätigkeit verschlimmerte die qualvolle Enge naturgemäß noch weiter, und der inzwischen 30-jährige Ulrich beneidete den wohlhabenden Nürnberger Patrizier Willibald Pirckheimer um dessen komfortables Leben in seinem Stadthaus und schilderte zugleich sein armseliges Ritterleben:

Die Burg… ist nicht als angenehmer Aufenthaltsraum, sondern als Festung gebaut. Sie ist von Mauern und Gräben umgeben. Innen ist sie eng und durch Stallungen für Vieh und Pferde zusammengedrängt. Daneben liegen dunkle Kammern, voll gepfropft mit Geschützen, Pech, Schwefel und sonstigem Zubehör für Waffen und Kriegsgerät. Überall stinkt es nach Schießpulver! Und dann die Hunde und ihr Dreck – ein lieblicher Duft! Reiter kommen und gehen, darunter Räuber, Diebe, Wegelagerer. Denn für fast alle stehen unsere Häuser offen, weil wir nicht wissen, was das für Leute sind, oder uns nicht groß danach erkundigen. Man hört das Blöken der Schafe, das Brüllen der Rinder, das Bellen der Hunde, das Rufen der auf dem Feld Arbeitenden, das Knarren und Rattern der Fuhrwerke und Karren. Ja, sogar das Heulen der Wölfe hört man in der Burg, weil sie nahe am Wald liegt…

Das Durchwandern einer Ruine ist heute sicherlich romantisch – das Leben in der alten Burg war es mit Sicherheit nicht.

40. KAPITEL
VOM RITTER ZUM RAUBRITTER
(1253)

Christian, genannt Einohr, Graf von Wolfach, starrte trübsinnig in den Zinnbecher, in dem unverdünnter schwerer Wein schwappte, der mit teurem Pfeffer halbwegs trinkbar gemacht worden war. Eigentlich betrank er sich selten, aber jetzt tat er es bereits zum fünften Mal innerhalb einer Woche. Er sah von den Zinnen des Bergfrieds hinunter auf den Strom, sah zwei Fischer in ihrem Kahn, sah eine Gruppe von Männern, die vornübergebeugt auf dem Treidelpfad flussaufwärts stapften und einen schweren Kahn an einem Tau hinter sich herzogen, und er sah die Menschen unten in der Stadt, die wie immer geschäftig umeinander liefen, als sei überhaupt nichts geschehen.

Wenn er nur jemanden hätte, mit dem er sprechen könnte. Aber da war niemand mehr, seitdem sein Vater im Herbst des vergangenen Jahres plötzlich gestorben war. Nun ja, er zählte immerhin 52 Jahre, aber er war doch sehr rüstig gewesen für sein Alter. Das lag wohl in der Familie. Vaters Großonkel, der Abt, war angeblich sogar 75 oder 76 Jahre alt geworden. Eine besondere Gnade; vorausgesetzt, dass man tatsächlich so lange leben möchte, zahnlos, von der Gicht geplagt, mit krummem Rücken und höllischen Schmerzen in jedem Gelenk.

Sie alle sind tot, die einst um ihn waren, auch Tante Mathilde, die ebenso klug wie stolz gewesen war und immer geglaubt hatte, sie würde niemals im Leben einen Mann brauchen. Aber dann war doch noch einer gekommen: witzig, gebildet und geistreich, ein Galan, dem die zwar intelligente, in Liebesdingen allerdings völlig unerfahrene Frau von heute auf morgen verfiel. Er nahm sie mit auf seine Burg im Harz, und nach ein paar – wie es hieß – stürmisch verlaufenen Wochen sperrte er sie in einen Turm und vergnügte sich nur noch mit seinen Mägden. Mathilde lebte kein halbes Jahr mehr. Christian wusste nicht, ob sie an Verzweiflung gestorben war oder sich zu Tode gehungert hatte.

Blieb Clementia, seine Zwillingsschwester, 30 Jahre alt, verheiratet irgendwo an der Mosel. Er hatte sie seit ihrer Hochzeit nicht mehr gesehen, und helfen konnte sie ihm im Augenblick auch nicht. Vielleicht war es sogar gut, dass er für niemanden mehr verantwortlich war.

Er trank den Becher aus und wollte sich nachschenken, doch der Krug war schon wieder leer. Zornig schrie er nach unten, man solle ihm einen neuen hochbringen, und warf den leeren nach unten, wo er auf dem steinigen Boden des Hofes zerbarst. Eine junge Magd hastete keuchend mit einem kleinen Fässchen die Treppe hoch und stellte es mit einem scheuen Blick in seiner Nähe ab. Dann huschte sie davon.

Jeder in der Burg wusste, weshalb sich der Graf betrank.

Jeden Abend, seit jenem Tag vor einer Woche, als der Wächter vom Turm herab die Ankunft eines Mönches angekündigt hatte, der auf einem Maultier eintraf und von zwei Bewaffneten begleitet wurde. Christian war auf einen der Rundtürme gestiegen, die den Eingang flankierten: »Was wollt Ihr?«

Der Mönch verneigte sich leicht. »Ich habe ein Pergament für Euch«, sagte er, »vom Erzbischof zu Köln.«

»Vom Kölner Erzbischof?«, fragte Christian verwundert.

Und als der Mönch nickte, wies er ihm den schmalen Weg, der durch die beiden Türme hindurch links an der Burg entlang und immer am steilen Abhang vorbei zur Pforte führte, die jetzt für die drei Ankömmlinge geöffnet wurde. Christian empfing den Mönch im Arbeitszimmer der Kemenate, wohin er auch seinen Hauskaplan Hartmut bestellt hatte, der – im Gegensatz zu Christian – lesen und schreiben konnte und nicht allein für das Seelenheil der Burginsassen zuständig war, sondern auch für die Verwaltung der gräflichen Güter.

Der Mönch überreichte Christian mit feierlicher Geste eine Pergamentrolle, deren Siegel der junge Graf ungeduldig zerbrach, um sie dann dem Kaplan weiterzureichen. »Lies!«

»Von Seiner Eminenz ...«, begann Hartmut, und Christian unterbrach ihn. »Und so weiter und so weiter, schon gut, komm zur Sache!«

»... Sehen wir uns gezwungen, da Ihr anscheinend auf Eurem Unrecht besteht, Euch eine Frist zu setzen, bis zu deren Ablauf Ihr die nachfolgend aufgeführten Rechte und Besitztümer an den Erzbischöflichen Stuhl zu Köln zurückzugeben habt ...«

»Was?«, schrie Christian und riss dem Kaplan die Pergamentrolle aus der Hand. »Was will er, der Wahnsinnige?«

Ein paar Minuten später wusste er es: Der Erzbischof machte geltend, dass Bertha, die Frau von Christians Urgroßvater, Bodo von Wolfach, das väterliche Erbe mitsamt dem Grafentitel niemals hätte erben und natürlich auch nicht an ihren Ehemann hätte weitergeben dürfen. Titel und Besitz seien Lehen des Erzbistums gewesen und hätten beim Tod von Berthas Vater an dieses zurückfallen müssen. Dies einzufordern sei jedoch wegen der damaligen Verhältnisse nicht möglich gewesen, sodass man nun das Versäumte nachhole und den Grafen auffordere, die Rechte des Erzstifts zu respektieren.

»Widrigenfalls«, schloss der Kaplan, »die Sache mit Waffen ausgetragen werden müsse.«

Eine halbe Stunde lang erging sich Christian in lästerlichen Flüchen, bis der Mönch schließlich einsah, dass er wohl keine halbwegs vernünftige Antwort erwarten konnte, und sich zurückzog, um mit seinen Begleitern davonzureiten.

An diesem Abend betrank sich Christian zum ersten Mal.

Am nächsten Morgen ritt er mit Schädelbrummen zum Eifelkloster, wo Vaters Onkel Burkhard so lange Abt gewesen war. Zu seinem Nachfolger war der einstige Prior Benedikt gewählt worden, den Christian bei Clementias Hochzeit kennen gelernt hatte. Wer sonst hätte ihm jetzt raten können!

Der Abt empfing ihn im Klostergarten und bat den jungen Grafen, auf einer der steinernen Bänke Platz zu nehmen. Aber Hoffnung machen konnte er ihm nicht. »Wisst Ihr«, sagte er bedächtig, »ich glaube nicht, dass das Erzstift im Recht ist. Der Anschein spricht dagegen, denn warum hätte man in Köln derart lange mit dieser Forderung warten sollen? Allenfalls deshalb, weil es heute keine Zeugen mehr gibt.«

»Aber man kann doch auch nicht beweisen, dass meine Familie zu Unrecht geerbt hat.«

»Wahrscheinlich doch«, sagte Benedikt. »Man wird ein paar Urkunden vorweisen können, die dies angeblich aussagen.«

»Aber …«, setzte Christian an.

»Kein Aber«, fuhr der Abt fort. »Die Mutter Kirche versteht es sehr gut, Urkunden herzustellen, die scheinbar über jeden Zweifel erhaben und dennoch gefälscht sind. Und man wird so viele vermeintliche Experten wie notwendig herbeizaubern, die jeden Richter vom Alter und von der Echtheit der vorgelegten Pergamente überzeugen werden.«

»Also habe ich keine Chance?«, fragte Christian zaghaft.

»Nicht die geringste.«

An diesem Abend betrank sich Christian zum zweiten Mal.

Den folgenden Tag verbrachte er damit, seinen Kater zu bekämpfen und – soweit es ihm sein Zustand erlaubte – darüber nachzudenken, wie er den Forderungen des Kölner Erzbischofs begegnen könnte. Mit Gewalt etwa? Dafür hätte es starker Verbündeter bedurft, aber die sah er derzeit nicht. Außerdem war er nahezu mittellos. Sein Vater hatte es nie wahrhaben wollen, dass ihn der Bau der Wolfsburg ruiniert hatte. Aber so war es nun einmal. Beim Erzbischof von Trier stand die Familie in der Kreide, und wenn sie nun auch noch den Restbesitz verlieren sollte ... Nicht auszudenken.

Christian starrte trunken in seinen Becher. Zinn! Es gab einmal eine Zeit, da wurde auf der Burg aus Silber getrunken. Er goss sich noch einmal nach und verschüttete dabei die Hälfte.

Am nächsten Tag ließ er sich von einem Fährmann über den Rhein setzen. Die Grafen von Sayn waren seit langem Freunde der Familie. Von dort erhoffte er sich Hilfe.

Vergebens.

Der junge Graf – etwa so alt wie Christian – hörte ihm aufmerksam zu, und zuweilen schüttelte er den Kopf. »Das erinnert mich an unseren Fall, als mein Onkel der Hexerei bezichtigt wurde. Gegen den Klerus bekommst du vermutlich niemals Recht.«

»Und wenn ich mich an den König wende?«

»An welchen König? Den unsrigen? Der ist vermutlich wieder in Italien. Oder meinst du etwa diesen Holländer? Den kannst du doch vergessen.«

»Dann muss ich mir mein Recht eben selber holen!«

»Und wie? Mit deinen paar Männern?«

»Ich hatte auf deine Hilfe gehofft.«

»Tut mir Leid. Das wäre Selbstmord. Ich fürchte, du hast keine Vorstellung, wie viele Männer ein Erzbischof aufbringen kann. Wir beide würden nicht nur unseren Besitz verlieren, sondern auch unser Leben. Vergiss es ganz einfach, und lass uns einen trinken.«

Im Lauf einer durchzechten Nacht und keineswegs mehr nüchtern versprach der junge Graf von Sayn seinem Freund zumindest, ihm zwei Dutzend Reisige zur Verfügung zu stellen, da Christian nicht einmal so viele Männer aufbringen konnte.

Am übernächsten Tag ritt er mit seiner kleinen Schar zurück zur Wolfsburg. Auf den Rat seines Freundes hin hatte er einen verzweifelten Entschluss gefasst: Es war Oktober, und die Scheunen seiner Abhängigen mussten brechend voll sein, ihr Vieh schlachtreif, das Obst geerntet und das Wachs eingesammelt. Da festzustehen schien, dass ihm der Erzbischof alles, was ihm noch gehörte, über kurz oder lang abnehmen würde, musste er ihm zuvorkommen und eintreiben, was ihm zwar nicht zustand, aber dringend gebraucht wurde, damit er sich eine eigene Truppe aufstellen konnte.

Drei Tage lang zog er mit seinen Bewaffneten und Dutzenden von Karren durch sein Land und plünderte ohne jede Rücksicht Dörfer und Fronhöfe aus. Er kassierte von seinen Hörigen und Leibeigenen nicht nur die ihm ohnehin zustehenden Abgaben ein – er nahm ihnen alles und ließ ihnen nichts. Überhaupt nichts. Reich beladen rückte er ab, begleitet von den Flüchen und Verwünschungen der verzweifelten Menschen, die keine Hoffnung hatten, den kommenden Winter zu überleben.

Abends über seinem Becher schämte er sich vor sich selbst – andererseits quollen die unteren Geschosse des Bergfrieds jetzt über von Mehl und Honig, getrocknetem Fleisch und Pelzwerk, Waffen und Dörrobst, Hausrat und Möbeln. Was auch immer zu genießen oder zu verkaufen war – er hatte es mitgehen lassen.

»Wie soll ich denn zu meinem Recht kommen?«, hatte er seinen Freund in jener durchzechten Nacht gefragt, und der junge Graf von Sayn hatte geantwortet: »Wie alle anderen auch – mit Gewalt.«

Mit Gewalt! Dem jungen Grafen liefen Tränen über die Wangen. Er war einmal ein Ritter gewesen, und was war aus ihm geworden?

Ein Räuber.

Als ihn am nächsten Morgen die Kälte weckte, die über Nacht in seine Glieder gekrochen war, und er den umgefallenen leeren Krug und das Erbrochene sah, mit dem er seine Kleider besudelt hatte, übergab er sich aufs Neue. Dann stieg er vom Turm, ging über den Hof in die Küche und erschreckte nicht allein durch sein Aussehen die Mägde. Man hatte Christian noch nie in der Küche gesehen. Er verschlang ein paar rohe Eier und verlangte nach einem Bad, das nur in dem nahe der Küche aus dem Stein gehauenen Bassin bereitet werden konnte. Dazu waren Dutzende Kessel heißen Wassers notwendig, und es konnte Stunden dauern, bis es so weit war.

Aber das war jetzt gleichgültig. Es galt nachzudenken.

Zum Ersten: Die Geduld des Erzbischofs von Trier war wahrscheinlich erschöpft. Bald würde er die verpfändeten Fronhöfe und die drei Dörfer einfordern, weil Christian das Darlehen, das seinem Vater gewährt worden war, niemals würde zurückzahlen können. Also galt es auch, diesen letzten Besitz auszuplündern, solange noch Zeit war.

Zum Zweiten: Die Burg musste verteidigungsbereit gemacht werden, denn möglicherweise würde der Erzbischof von Köln versuchen, seine Forderungen gewaltsam geltend zu machen, und wenn er dann den von ihm beanspruchten Besitz ausgeplündert vorfand …

Und schließlich: Christian musste ernsthaft überlegen, wie er in Zukunft sich und seine Leute durchbringen wollte.

Ein paar Stunden später – in seinem Bassin liegend – in

das von Zeit zu Zeit neue Kessel kochenden Wassers geschüttet wurden, nahmen seine bislang vagen Vorstellungen Gestalt an: Sich selbst berauben – das ging nun nicht mehr, da ihm nichts mehr gehörte.

Also?

Also musste man es so machen, wie es inzwischen allgemein Brauch zu sein schien. Wenn einem irgendwer etwas nimmt, muss man es sich von anderen zurückholen. Der Starke raubt den Schwächeren aus, der Schwache den ganz Schwachen. Man hatte ihm, als er noch Knappe war, zwar beigebracht, dass es die Pflicht eines jeden Ritters sei, die Schwachen zu schützen, vor allem die Witwen und die Waisen.

Aber wer schützte den Ritter?

Der Erzbischof mit Sicherheit nicht! Und der König? Wo war der König, den man jetzt so dringend gebraucht hätte? Der König hatte seine Rechte an die Landesherren abgetreten, und die holten sich erbarmungslos, was immer zu holen war. Christian beschloss, dass er kein Räuber war, sondern ein Ritter, dem man die Ehre genommen hatte.

Aber was war mit den Räubern draußen im Wald? Vielleicht waren ja auch sie nur Bürger aus seiner Stadt da unten, denen man die Ehre und den Besitz geraubt hatte, sodass sie nun fremden Leuten auflauern mussten, um irgendwie am Leben zu bleiben. Trotzdem: Wenn man sie fasste, würden sie gevierteilt oder aufs Rad geflochten werden. Und was würde man mit ihm tun? Dem Grafen, der zum Räuber geworden war? Man würde es nicht wagen.

Oder vielleicht doch?

Christian widerstand der Versuchung, sich einen Krug Wein an sein wohlig warmes Bassin bringen zu lassen. Was brauchte man, um ein wirklich guter Räuber zu sein? Männer und Mut, Kühnheit und vor allem Kundschafter! Die Wolfsburg lag günstig und beherrschte die Straße entlang des Rheins. Aber natürlich waren Überfälle im direkten Umkreis der Burg völlig ausgeschlossen. Niemals durfte ein Verdacht auf ihn und die Seinen fallen. Allerdings würde es leichter sein, Kaufleute zu überfallen, als die Beute – ohne Verdacht zu erwecken – Gewinn bringend zu veräußern.

Dennoch führte kein Weg daran vorbei: Seine Bewaffneten würden reisende Kaufleute überfallen, möglichst weit von der Burg entfernt. Menschenleben mussten nach Möglichkeit geschont werden, um keine Überreaktionen der Gegenseite zu provozieren. Die gefangenen Kaufleute würde man je nach Lage des Tatortes zwingen, rheinauf- oder rheinabwärts zu fliehen, nachdem man sie bis aufs Hemd ausgeplündert hatte. Wichtig war, dass sie wenigstens zwei oder drei Tage brauchten, bis sie wieder daheim waren und mit der Suche nach den gestohlenen Waren und den Räubern beginnen konnten.

In Begleitung der Bewaffneten, die den Überfall durchführen sollten, würden sich jeweils zwei oder drei als Kaufleute verkleidete Spießgesellen befinden, die es noch anzuheuern galt. Christian war sicher, dass es keinerlei Mühe bereiten würde, auf den Märkten von Bonn, Koblenz oder Mainz geeignete Kaufmannsgehilfen aufzutreiben, die sich von ihren Dienstherren schlecht behandelt oder zumindest unterbezahlt fühlten. Gegen entsprechende Entlohnung wären sie sicherlich zu gewissen Dienstleistungen bereit. Wichtig war nur, dass sie in der Lage waren, die Rolle ehrbarer Kaufleute glaubhaft zu spielen.

Sie würden nach dem Überfall die Wagen mit der Beute übernehmen und sich, während die Bewaffneten auf immer neuen Umwegen zurück in die Wolfsburg reiten würden, auf den Weg machen; sei es Richtung Südwesten über Maria Laach nach Echternach und weiter nach Luxemburg oder nach Nordwesten Richtung Aachen und weiter nach Flandern. Ins Rechtsrheinische zu ziehen wäre wahrscheinlich zu gewagt. Zwar würden seine Leute, einmal dort angekommen, kaum erkannt werden, aber die Überquerung des Flusses wäre wohl zu riskant, weil die meisten Fährleute sich sehr genau an ihre Fahrgäste erinnern.

Christian rief nun doch nach einem Krug Wein, wollte aber nur einen kleinen. Er musste einen klaren Kopf behalten.

Zunächst einmal galt es für seine als Kaufleute verkleideten Gehilfen herauszufinden, an welchen Tagen in welchen westlich gelegenen Orten Markt abgehalten wurde. Es würde Verdacht erregen, wenn die angeblichen Kaufleute darüber nicht Bescheid wüssten. Gleich auf dem ersten Markt würden sie ihre Ware verkaufen, aber nicht zu billig! Auch das würde Aufsehen erregen. Feilschen war oberstes Gebot. Notfalls würden sie einfach zum nächsten Markt fahren.

War die Ware verkauft, würden sie irgendwo den leeren Karren und die Zugpferde gegen zwei Reitpferde tauschen und auf Umwegen zur Burg zurückreiten.

Perfekt!

Beinahe wenigstens. Man musste nur noch die wenigen Wege nach Westen – Hauptstraßen waren natürlich zu meiden –, die infrage kamen, sorgfältig auskundschaften. Reisende auf Nebenstraßen werden zwar von weniger Menschen gesehen, aber dafür meist misstrauisch beobachtet. Es konnte sich indes nicht um sehr viele Gehöfte oder Fronhöfe handeln, die man unterwegs passieren musste. Die würde Christian selbst aufsuchen. Mit ein paar Münzen müsste sich die Verschwiegenheit dieser wenigen Anwohner eigentlich kaufen lassen.

Von dem Erlös dessen, was in den Orten und Höfen bislang geraubt worden war und nun sicher im Bergfried lagerte, würden sich wohl genug Bewaffnete und auch die als Kaufleute getarnten Gehilfen anheuern lassen. Es gab inzwischen so viele arbeitslose Söldner, da mussten doch vier kleine Gauner aufzutreiben sein.

Christian gönnte sich noch einen tiefen Schluck und stieg aus dem Bassin. »Hör auf zu saufen«, sagte er zu sich selbst. »Morgen geht's los!«

Er hatte damit gerechnet. Er hatte nur nicht geglaubt, dass es erst nach drei Jahren passieren würde. Christian hob grüßend die Hand, als sich die beiden Königsboten in den Sattel schwangen und davontrabten.

Königsboten! Dass es die überhaupt noch gab!

Im Grunde wusste man ja nie, wer gerade König war, und es gab auch Zeiten, da gab es deren zwei. Ungewöhnlich war es in jedem Fall, dass man etwas von ihnen hörte. In diesem Fall von jenem Wilhelm von Holland, der sich in geradezu gefährlicher Weise um die Überfälle sorgte, die besonders in den Städten große Unruhe auslösten. Kein Wunder: Des Königs eigene Frau war kürzlich im Pfälzer Wald überfallen und entführt worden. Die näheren Einzelheiten kannte Christian nicht, aber man erzählte sich, Wilhelm habe ein hohes Lösegeld zahlen müssen.

Wenn schon die Königin überfallen wird, dachte Christian, dann sollten sich die Kaufleute nicht so anstellen, wenn seine Leute sie etwas erleichterten. Andererseits war er stolz darauf, dass er seine Raubzüge derart fehlerfrei geplant und nichts dem Zufall überlassen hatte.

Das ging damit los, dass er nicht irgendwelche großmäuligen und prahlerischen Söldner angeworben hatte, sondern sechs eher stille und verschlossene junge Männer, die sich genau an seine Anweisungen hielten und kein Wort zu viel sprachen. Er hatte sie mit unauffälligen Pferden versehen, und auch ihre Kettenhemden und Waffen wiesen keinerlei Besonderheiten auf, anhand derer man sie hätte identifizieren können. Alle sechs waren geübte Armbrustschützen und hatten Christian beim Probeschießen von ihren Fertigkeiten überzeugt.

Auch mit der Wahl derjenigen, die als Kaufleute auftreten sollten, hatte Christian Glück gehabt. Es war ihm gelungen, zwei ältere und zwei jüngere Männer anzuheuern, die jeweils zu zweit als Vater und Sohn auftraten, was immer einen Vertrauen erweckenden Eindruck machte. Ein Familienunternehmen halt.

Die Überfälle und der Verkauf der Ware weit im Westen hatte bislang hervorragend geklappt, und Christian konnte vom Erlös nicht nur seine Männer bezahlen, sondern es blieb auch genug zum Leben, zumal seine Ansprüche nicht allzu hoch waren. Und das war auch gut so, denn der Erzbischof von Trier hatte den ihm verpfändeten Besitz inzwischen kassiert, und auch der Erzbischof von Köln hatte sich längst bedient. Auf die Ausplünderung der Orte und Höfe dagegen hatte er merkwürdigerweise nicht reagiert.

Dennoch war es nur eine Frage der Zeit, wann sich einer von beiden oder auch die Kaufleute in den großen Städten im Norden und Süden die Frage stellten, wovon der inzwischen mittellose Graf von Wolfach eigentlich seinen Lebensunterhalt bestritt. Wahrscheinlich hatten sie König Wilhelm einen Tipp gegeben, denn der heutige Besuch erfolgte sicherlich nicht von ungefähr.

Die Boten des Königs hatten ihm unverblümt ins Gesicht gesagt, dass er im Verdacht stehe, reisende Kaufleute auszuplündern, und ob er diesen Verdacht entkräften könne.

Welch ein Segen, dachte Christian, dass es einer seiner wichtigsten Grundsätze war, kein Stück der Beute, aber auch wirklich kein einziges, mit in die Burg zu bringen. Sei es nun ein Dolch oder ein Krug Wein, ein Pelz oder ein Fass Heringe. Was auch immer man in der Wolfsburg benötigte – es wurde ordnungsgemäß in der Stadt gekauft, und deshalb fiel es Christian leicht, den Boten ein großzügiges Angebot zu machen.

»Ich glaube zwar nicht, dass ich dazu verpflichtet bin«, sagte er ihnen, »aber ich denke, das hilft, viele Dinge auf der Stelle zu klären. Ihr wisst selber, dass auf einer Burg nicht viel Lagerraum ist, aber ich stelle Euch frei, jeden einzelnen Raum zu durchsuchen, sogar die Kemenate.«

»Das würde in der Tat hilfreich sein«, sagte einer der Boten, und so führte sie Christian durch die Burg, ließ sie den Bergfried kontrollieren, vom tief unten liegenden Verlies bis hoch zu den Zinnen, den Palas und die Kemenate, die Stallungen und die Unterkünfte des Personals, ja sogar die Küche, die verrauchte Schmiede und die kleine Kapelle. Es gab nichts zu verbergen und daher auch nichts zu finden.

Die Boten ritten fort mit der Zusicherung, dem König die Situation wahrheitsgetreu zu schildern. Es war noch einmal gut gegangen, aber irgendwann würde jemand kommen, der keine Fragen zu stellen brauchte, weil er die Antwort bereits kannte. Irgendwann – darüber war sich Christian im Klaren – musste er sich ernsthafte Gedanken um seine Zukunft machen.

Irgendwann.

41. KAPITEL
DAS LAMM AUF DER SCHLACHTBANK
(1249 – 1268)

Und das Böse nahm zu in der Welt, und es vermehrten sich die Tiere des Waldes über die Maßen. Die Wölfe fanden in den Dörfern nicht wie einst das Vieh, das sie fressen konnten, Lämmer oder Schafe, weil diese Dörfer alle niedergebrannt waren. Darum taten sich die Wölfe in Rudeln zusammen und heulten nachts vor Hunger in den Gräben vor den Städten. Dann drangen sie in die Orte ein und verschlangen die Menschen, die unter den Torwegen oder auf den Straßen schliefen, auch Weiber und Kinder. Manchmal brachen sie auch durch die Wände in die Häuser ein und töteten die Kinder in den Wiegen. Niemand kann die Gräuel glauben, die damals geschahen, der es nicht – wie ich – mit eigenen Augen gesehen hat.

Der Kaiser war tot, und Italien versank im Chaos.

Der Chronist Salimbene von Parma, dem wir diesen Bericht verdanken, gehörte wahrlich nicht zum staufischen Anhang, aber auch er gibt zu, dass es sich zu Lebzeiten Friedrichs II. im ganzen Reich relativ sicher leben ließ. Das Joch war schwer, letztlich aber doch zu ertragen, wenn da nicht dieser unselige Kampf mit der Kurie gewesen wäre. Welcher Papst auch immer gerade auf dem Stuhl Petri saß – er verfolgte Friedrich und sein gesamtes Geschlecht mit einem Hass, der mit Christentum, wie wir es heute verstehen, nichts gemein hatte.

Die letzten Lebensjahre des Kaisers wurden von mehreren Anschlägen überschattet. Verschwörungen wurden aufgedeckt, Mordversuche im letzten Augenblick verhindert, und das Schlimme war: Die Täter entstammten seiner unmittelbaren Umgebung. Petrus de Vinea beispielsweise, Großhofrichter, Kanzler und Friedrichs engster Vertrauter, wurde 1249 verdächtigt, den Kaiser zu hintergehen. Nachdem Friedrich ihn hatte blenden lassen, setzte Petrus im Kerker seinem Leben ein Ende, indem er mit dem Kopf gegen eine Wand rannte. Im selben Jahr wurde Enzio, sein Lieblingssohn, von den Bolognesern gefangen genommen und verbrachte die restlichen 23 Jahre seines Lebens in Haft, wenn auch in einer ziemlich luxuriösen.

Im November des Jahres 1250 erkrankte der Kaiser an einer vermeintlichen Darmentzündung. Wochenlang kämpften die Ärzte um sein Leben. Vergeblich. Am 13. Dezember starb er im Kastell Fiorentino, vermutlich an Krebs. In seinem Testament setzte Friedrich seinen 23-jährigen Sohn Konrad IV. als Erben ein und ernannte Manfred, den erst spät legitimierten Sohn von seiner Geliebten Bianca, zum Statthalter des Königreiches Sizilien. Schließlich versuchte er auch, Frieden mit der Kurie zu schließen, indem er die Rückgabe aller Besitzungen verfügte und außerdem eine große Geldsumme für einen weiteren Kreuzzug zur Verfügung stellte. Dann zog er eine Zisterzienserkutte über, ließ sich von seinem alten Freund und Gönner, dem Erzbischof Berard von Palermo, die Absolution erteilen und starb.

Während Friedrich neben seinen Eltern und seiner ersten Frau, Konstanze von Aragon, im Dom von Palermo beigesetzt wurde, zeigte sich, dass sein Versuch, sich mit dem Papst auszusöhnen, brüsk zurückgewiesen wurde. Denn der Kampf der Kurie galt weniger der Person des Kaisers als dem Geschlecht der Staufer und dem, was sie verkörperten: den Anspruch auf die Macht, und zwar sowohl im Reich als auch im Königreich Sizilien.

Um diese Umklammerung des Kirchenstaates zu verhindern, war der Kurie jedes Mittel recht. Noch lebten die Söhne des Kaisers, und deshalb galt nach wie vor für jeden Staufer, was der Kardinal Rainer von Viterbo so formuliert hatte: »Vernichtet Namen und Leib, Spross und Samen!«

Nach dem Tod Friedrichs kam es im gesamten Königreich Sizilien zu Aufständen, die aber von dem erst 18-jährigen Manfred überraschend schnell niedergeschlagen wurden. Dann aber bot er dem Papst seine völlige Unterwerfung an, wenn dieser ihn ganz offiziell mit dem Königreich Sizilien belehnen würde.

Das war Hochverrat.

Schließlich war nicht er der König, sondern sein Bruder Konrad IV., der noch in Deutschland weilte. Nur er war – aus staufischer Sicht – berechtigt, Verhandlungen über Sizilien zu führen, und Konrad war zu sehr Sohn seines Vaters, um Manfred diesen Verrat durchgehen zu lassen.

Schwer vorstellbar, was sich Friedrich II. dabei gedacht hatte, als er diesen Manfred zum Statthalter von Sizilien ernannte. Wusste er nicht, wie machthungrig der 18-Jährige war? Oder hatte sich der Kaiser bereits damit abgefunden, dass Sizilien auf Dauer nicht zu halten war, und wollte dem Sohn seiner so sehr geliebten Bianca auf diese Weise sein Erbteil sichern? Eine These, für die nicht sehr viel spricht. Vermutlich war es ganz einfach so, dass der sterbende Kaiser geahnt hatte, dass nach seinem Tod Unruhen ausbrechen würden, und Manfred war halt einfach vor Ort, während Konrad im fernen Deutschland weilte und nicht in der Lage gewesen wäre, die Zügel in die Hand zu nehmen.

Wie dem auch sei: Manfreds Angebot an die Kurie stieß auf taube Ohren. Zu oft hatte sein Vater gegenüber den diversen Päpsten sein Wort gebrochen. Ein Staufer genoss grundsätzlich kein Vertrauen mehr.

Manfreds Annäherungsversuch war seinem Bruder Konrad zugetragen worden und auch die Tatsache, dass er im Königreich Sizilien Lehen an Freunde und Verwandte vergab, wozu er ebenfalls nicht berechtigt war. Es wurde Zeit für Konrad, nach Italien zu ziehen. Im Oktober 1251 brach er auf.

Zurück ließ er seine schwangere Frau Elisabeth, die Tochter des Wittelsbacher Herzogs Otto des Erlauchten, und ein Deutschland, in dem es einen Gegenkönig gab: Wilhelm von Holland, der auf Betreiben des Papstes von einigen rheinischen und westfälischen Bischöfen schon 1247 in Worringen bei Köln zum König gewählt und ein Jahr später in Aachen gekrönt worden war. Eine große Rolle spielte er allerdings nicht, und 1256 kam er bei einem Feldzug gegen die Friesen ums Leben.

Konrad eroberte derweil die abgefallenen Städte in der Lombardei zurück, zog dann weiter nach Süden und widerrief auf einer Versammlung in Foggia alle Verleihungen und Schenkungen, entmachtete den Halbbruder und ließ ihm lediglich das Fürstentum Tarent. Manfred beugte sich zähneknirschend dem jungen König. Dieser versuchte nun ebenfalls, sich mit dem Papst auszusöhnen, doch Innozenz IV. erneuerte den Kirchenbann, der bereits bei Konrads Regierungsantritt ausgesprochen worden war. Allein die Tatsache, Staufer zu sein, reichte zu diesem Zeitpunkt aus, um exkommuniziert zu werden.

Verzweifelt schrieb Konrad einem Vertrauten: »Gott ist mein Zeuge, dass ich nicht weiß, worin ich gesündigt habe. Von jedwedem Vergehen gegen die Diener Gottes und der Kirche spricht mich mein Gewissen frei. Da ich aber in Rom keinen Hörer finde, der Recht und Urteil weder nach rechts noch nach links beugt, und meine Appelle und Klagen gegen das widerrechtliche Verfahren ungehört verhallen, so bin ich genötigt, mich mit lauter Stimme an den zu wenden, der das letzte Wort spricht …«

Aber Gott schwieg.

In Deutschland hatte derweil Konrads Gemahlin Elisabeth einen Jungen geboren, der ebenfalls auf den Namen Konrad getauft worden war. Sein Vater sollte ihn nie zu Gesicht bekommen. König Konrad IV. starb im Mai des Jahres 1254 vermutlich an Malaria.

Zuvor hatte er testamentarisch verfügt, dass sein kleiner Sohn Konrad, den die Italiener später »Corradino« riefen und die Deutschen »Konradin«, von den Söhnen des verstorbenen Herzogs Otto aufgezogen werden sollte, insbesondere von Herzog Ludwig dem Strengen. Er verdankte seinen Beinamen der Tatsache, dass er in einem Anfall von rasender Wut seine Ehefrau hatte enthaupten lassen, weil er – wohl zu Unrecht – glaubte, sie habe ihn betrogen.

Währenddessen begann in Deutschland die sprichwörtlich kaiserlose und schreckliche Zeit. Als nach Konrad auch sein einstiger Gegenkönig Wilhelm von Holland umgekommen war, boten die Wahlfürsten ein schäbiges Schauspiel. Die einen wählten – nach entsprechender Handsalbung, versteht sich – König Alfons X. von Kastilien zum neuen König, die anderen entschieden sich für Richard von Cornwall.

Ganz so abwegig, wie es auf den ersten Blick erscheint, waren diese Kandidaten nicht, da sie, wenn auch sehr entfernt, mit den Staufern verwandt waren. Schlimm war nur, dass die Fürsten keineswegs das Reich im Auge hatten, sondern ausschließlich den eigenen Geldbeutel. Ottokar von Böhmen nahm sogar von beiden Bewerbern Geld an. Einfluss im Reich gewannen die beiden Kandidaten allerdings nicht. Während Richard immerhin hierzulande gekrönt wurde, hatte sich Alfons nicht ein einziges Mal in Deutschland blicken lassen.

Natürlich stellt sich die Frage, warum sich niemand für König Konrads kleinen Sohn einsetzte. Schließlich hätte Herzog Ludwig als Onkel und Vormund Konradins bis zu dessen

Volljährigkeit mit 14 Jahren die Regentschaft übernehmen können. Aber dies schien nicht erwünscht, und natürlich hatte der Papst bereits schärfste Warnungen ausgestoßen, denn »in diesem Geschlecht hat sich die überkommene Bosheit vom Vater auf den Sohn vererbt«.

Inzwischen hatte Manfred die Macht im Königreich Sizilien wieder an sich gerissen. Sogar mit dem Papst hatte er sich geeinigt, der allerdings betonte, nur er habe das Recht, Manfred regieren zu lassen, »da das ganze sizilische Reich schlechthin dem Apostolischen Stuhl gehört und dessen Herrschaft zugefallen ist«. Manfred ließ das kalt. Er besaß jetzt Sizilien, und er fand auch nichts dabei, dem Papst den Steigbügeldienst zu leisten.

Dann verbreitete er das Gerücht, Konradin sei tot, womit sich dessen Rechtsansprüche auf das Königreich Sizilien erledigt hätten. Also ließ sich Manfred 1258 in Palermo feierlich krönen, was nicht nur den endgültigen Bruch mit Konradin bedeutete, sondern auch einen erneuten mit der Kurie. Aber die Herrschaft über Süditalien schien Manfred nicht zu genügen. Schon schielte er nach Rom, wo man ihn zum Senator wählte, und setzte trotz päpstlichen Einspruchs die Vermählung seiner Tochter Konstanze mit Peter, dem Thronfolger Aragons, durch.

Boten Konradins, die bezeugten, dass der kleine Neffe noch lebte, und die ihn daran erinnern sollten, dass seine Herrschaft über das Königreich nur bis zur Volljährigkeit Konradins bestehen könne, beschied er kühl, er habe dieses Land erobert und er gedenke, es auch weiterhin zu regieren: »Nach meinem Tod mag der Neffe dem Oheim folgen.«

Seit August 1261 hieß der Papst Urban IV., mit bürgerlichem Namen Pantaleon, der Sohn eines Schusters aus Troyes, der eine diplomatische Bilderbuchkarriere hinter sich hatte und Hinweise auf seine niedere Herkunft mit dem Satz zu kontern pflegte: »Edle Geburt ist eine Gabe der Natur – edel zu werden ist ein Werk der Tugend und der Einsicht.«

Seine Vorgänger hatten das Königreich Sizilien wie saures Bier in ganz Europa angeboten, aber ohne Erfolg. Urban endlich gelang es, den französischen König davon zu überzeugen, dass die Staufer keinerlei Rechte mehr dort unten hätten; der König willigte ein, dass sein Bruder Karl von Anjou Manfred vertreiben und selbst die Herrschaft in Palermo antreten solle.

Natürlich als Lehnsmann der Kirche.

Karl von Anjou, damals 38 Jahre alt, galt zwar als kühn und unerschrocken, aber auch als grausam und habgierig. Ein ritterliches Idealbild war er sicherlich nicht. Als Feldherr jedoch war er begabt, und Urban hatte ihn für seine Ziele schließlich nicht als Vorbild eingespannt, sondern als Eroberer.

Manfred dagegen war ein Lebemann, der sich mit Troubadouren umgab und eine ähnliche Leidenschaft für das Studium der Falken hegte wie sein Vater. Er jagte gerne, las viel und träumte von einem Großreich am Mittelmeer, während schon wieder eine Papstwahl notwendig wurde, weil Urban gestorben war. Der neue Papst nannte sich Klemens IV. und war Franzose wie fast alle Päpste dieser Zeit. Er war es, der 1265 den endgültigen Vertrag mit Karl von Anjou schloss.

Unterdessen verwüsteten Karls Truppen das Land, sodass der Papst ihm schreiben musste: »Wir wollen solches Vorgehen keineswegs länger dulden oder die Klagen überhören, die von Kirchen, Baronen, Rittern und dem Volk über das in der Tat nicht geringe Unrecht laut werden, das du, seitdem du aus deiner Heimat aufbrachest, bis jetzt gegen alle verübt hast.«

Viel geholfen hat es nicht.

Bei Benevent schließlich trafen 1266 Karls und Manfreds

Truppen aufeinander, und Manfred unterlag, möglicherweise deshalb, weil ein Teil seiner Truppen noch während des Gefechtes zu Karl überlief. Als Manfred sah, dass die Schlacht verloren war, suchte er den Tod. Seine nackte Leiche wurde erst Tage später gefunden.

Manfreds Frau und seine drei Kinder ließ Karl von Anjou einkerkern. Die Ehefrau starb nach fünfjähriger Haft; ihre Tochter Beatrice wurde nach 18-jähriger Gefangenschaft freigelassen. Zwei Söhne Manfreds indes sahen das Tageslicht nie wieder. Sie starben – blind und wahnsinnig geworden – nach über 30 Jahren Haft im Castel del Monte. Einem dritten gelang die Flucht. Aber auch er soll durch die lange Haft umnachtet gewesen und irgendwo in Ägypten gestorben sein.

Währenddessen wurde in Deutschland der Knabe Konradin volljährig. Er hatte unter seinem Onkel Ludwig, dem Pfalzgrafen bei Rhein und Herzog von Oberbayern, eine ausgezeichnete Erziehung genossen, die auch nicht darunter gelitten hatte, dass seine Mutter, die Witwe König Konrads, in zweiter Ehe den Grafen Meinhard von Görz und Tirol geheiratet hatte.

Nachdem einer der beiden Gegenkönige, Richard von Cornwall, zu dessen Anhängern der Herzog bislang gehört hatte, in seiner Heimat vorübergehend gefangen gesetzt worden war, sah Ludwig die Chance, seinen heranwachsenden Neffen ins Spiel zu bringen, und der junge Staufer, nunmehr der einzige legitime Erbe Kaiser Friedrichs II., hatte in Deutschland auch sofort zahlreiche Anhänger.

Zu einem Hoftag in Augsburg fanden sich etliche Herzöge und Grafen, zahllose Edelherren und Ministeriale ein, und obwohl über alle, die Konrad unterstützten, der Kirchenbann ausgesprochen worden war, zählte man unter den Anwesenden sogar die Bischöfe von Augsburg und Konstanz sowie den Abt von St. Gallen.

Und das kaum Erwartete geschah: Die Versammlung beschloss, der junge Konradin müsse nach Italien ziehen, die alten staufischen Rechte einklagen und sie notfalls gewaltsam durchsetzen. Natürlich fehlten viele der Großen des Reiches, und auch nicht alle Anwesenden waren bereit, den jungen Staufer zu begleiten, aber es kam doch ein kleiner Heerbann zustande, der im September 1267 über den Brenner nach Süden zog.

Allerdings handelte es sich nicht gerade um die Elite der deutschen Ritterschaft, die da aufgebrochen war. Es waren viele Abenteurer darunter und Männer, die sich von der Teilnahme an diesem Unternehmen vor allem einen anständigen Sold und fette Beute versprachen. Der Sold war ihnen gewiss. Konradin hatte – um seine Söldner bezahlen zu können – den größten Teil der ererbten Ländereien an seine Onkel verpfänden müssen, die dieses Geschäft auch ohne jede Scham tätigten.

Bis Verona ging alles gut, aber dann zeigten sich bereits erste Auflösungserscheinungen. Zunächst schlug ein Angriff auf Brescia fehl, dann ging Konradin das Geld aus. Viele Söldner verkauften ihre Pferde und Waffen und kehrten um. Auch die beiden Onkel und Konradins Stiefvater verließen unter teils fadenscheinigen Gründen das Heer. Vermutlich hatten sie dem jungen Mann geraten, ebenfalls umzukehren.

Aber mit leeren Händen? Konradin hätte ja nicht einmal seinen verpfändeten Besitz zurückkaufen können! Für ihn gab es kein Zurück mehr. Außerdem hätten es die von Karl unterdrückten Untertanen im Königreich Sizilien ihm nie verziehen, ihm, auf dem jetzt alle ihre Hoffnungen ruhten.

Wie schlimm es unter Karl von Anjou zuging, entnehmen wir einem Brief des Saba Malaspina, eines Beamten der Kurie: »Oh, König Manfred, für einen reißenden Wolf unter den Schafen dieses Königreiches hielten wir dich, aber der Vergleich mit dem jetzigen Herrscher, den wir, unbeständigen Sinnes und verführt durch die Vorspiegelung künftigen Glücks, ängstlich erwarteten, zeigt es deutlicher: Du warst ein zartes Lamm!« Und Papst Klemens IV. schrieb an Karl von Anjou: »Da du so oft getadelt wurdest und keine Abhilfe schufst, bleibst du zumindest mit fremden Lastern besudelt!«

Natürlich kannte Konradin die Stimmung im Land, zumal von überall drängende Hilferufe, aber auch Zusagen von finanzieller und militärischer Unterstützung eintrafen. So zog der junge Mann weiter nach Süden. Sicher würden ihm die Sarazenen helfen, die immer treu zu den Staufern gehalten hatten, und natürlich war auf Sizilien mit einem sofortigen Aufstand gegen das verhasste französische Regime zu rechnen.

Was konnte da noch schief gehen!

Der Papst wusste es offenbar. Während Konradin mit seinem inzwischen wieder verstärkten Heer über Pavia und Pisa nach Rom zog und dort begeistert empfangen wurde, predigte Klemens IV. vor dem Generalkapitel der Dominikaner in Viterbo: »Fürchtet Euch nicht! Wir wissen, dass dieser Jüngling von nichtswürdigen Menschen wie ein Lamm zur Schlachtbank geführt wird, und die Gewissheit ist so groß, wie es nächst den Glaubensartikeln keine andere mehr gibt.«

Von Rom aus zog Konradin in Richtung des von Karl von Anjou belagerten Lucera, um sich dort mit den Sarazenen zu verbünden, was Karl natürlich ahnte. Er brach sofort die Belagerung ab und zog Konradin entgegen, um ihm den Weg abzuschneiden. In der Palentinischen Ebene bei Tagliacozzo, östlich von Rom und Tivoli, kam es zur Schlacht.

Ihr Verlauf ist schnell erzählt. Beide Heere – fast nur aus Berittenen bestehend – standen sich in tief gestaffelten Reihen gegenüber. Das staufische Heer bestand aus deren drei, während das französische nur zwei aufgestellt hatte.

Weder Konradin noch seinen Beratern und Heerführern fiel auf, dass das gegnerische Heer arg klein war, und niemandem kam der Verdacht, dass irgendwo eine Reserve im Hintergrund lauern könnte. Derartiges nämlich war unritterlich, entsprach nicht der bisher üblichen ehrenhaften Kriegführung und konnte darum ganz einfach nicht sein. Zumindest seit der Berührung mit den Mongolen oder den Sarazenen hätte man zwar gewarnt sein müssen, aber so kam, was kommen musste.

Die ersten beiden Reihen der Franzosen wurden geworfen, und während sich ein Teil der staufischen Reiter an die Verfolgung der Flüchtigen machte, saß der weitaus größere Teil ab, um die erschlagenen oder zumindest schwer verletzten französischen Feinde auszuplündern. In diesem Augenblick brach die bis dahin hinter einem bewaldeten Hang verborgene dritte Reihe mit etwa 1000 französischen Rittern aus dem Wald hervor und schlachtete die abgesessenen und ohne ihre Pferde fast bewegungsunfähigen Panzerreiter Konradins gnadenlos ab. Auch als diejenigen von seinen Männern, die sich auf die Verfolgung der Fliehenden gemacht hatten, umkehrten, konnten sie das Blatt nicht mehr wenden. Karl von Anjou hatte einen glänzenden Sieg errungen.

Und Konradin war mit ein paar Getreuen und etwa 500 Rittern geflohen.

Aber weit kamen sie nicht. Während Karl von Anjou noch auf dem Schlachtfeld zahllose gefangene Gegner verstümmeln und ermorden ließ, zog sich Konradin nach Rom zurück. Aber die Begeisterung dort war angesichts seiner Niederlage längst verschwunden, und er durfte sich in der Stadt keineswegs sicher fühlen. Ein paar Tage verbrachte er auf einer nahe gelegenen Burg, deren Besatzung ihm treu ergeben war, und beschloss viel zu spät, sich nach Sizilien durchzuschlagen, wo er vermutlich neue Anhänger gefunden hätte.

Südlich von Antium erreichte er schließlich die Küste und versuchte von dort aus, per Schiff zu entkommen, aber die französische Besatzung erkannte die vornehmen Deutschen, nahm sie fest und brachte sie zu ihrem Herrn, der sie wiederum an Karl von Anjou auslieferte und dafür entsprechend großzügig entlohnt wurde.

Einige der Gefangenen wurden auf der Stelle geblendet und gehenkt. Gegen die Überlebenden wurde ein Scheinprozess wegen Landfriedensbruch angestrengt. Das Todesurteil stand von vornherein fest; ob der Papst davon gewusst oder es gar veranlasst hat, ist bis heute nicht geklärt. Aber hätte Karl von Anjou den jungen Konradin gegen die Zahlung eines hohen Lösegelds nach Deutschland entlassen – wer hätte ihm garantiert, dass er übers Jahr nicht wiedergekommen wäre?

Und zu lebenslanger Haft begnadigen? Denken wir an die Söhne Manfreds, die in finsterer Einzelhaft den Verstand und das Augenlicht verloren haben. Da war die Todesstrafe, die in Neapel auf dem Campo Morocino, der heutigen Piazza del Mercato, vollstreckt wurde, vermutlich menschlicher. Unzählige Schaulustige, darunter viele Adlige aus allen Teilen des Königreiches, die extra zu diesem Spektakel eingeladen worden waren, drängten sich um das Schafott.

Konradin wirkte gefasst und vergab seinem Henker. Dann sagte er: »Mutter, welch schmerzliche Nachricht wirst du von mir empfangen.« Kurz darauf fiel sein Kopf unter dem Richtschwert. Auch nach dem Tode verweigerte Karl von Anjou seinem Feind die letzte Ehre. Konradins Leiche und die toten Körper seiner Gefährten wurden am Strand verscharrt. Erst später wurde über ihrem Grab eine Kapelle errichtet.

Der Traum vom staufischen Weltreich jedoch war endgültig ausgeträumt.

Des großen Barbarossas Gebeine sind nach seinem tragischen Tod im Saleph niemals in Jerusalem eingetroffen. Während die sterblichen Überreste der salischen Kaiser in Speyer ruhen und die seiner direkten Vorgänger Lothar und

Konrad in Bamberg bzw. in Königslutter, verliert sich die Spur Friedrichs I. im Nichts.

Sein zweitältester Sohn, der ebenfalls den Namen Friedrich trug, überführte die Gebeine zwar noch von Antiochia nach Tyros (dem heutigen Ort Sur südlich von Beirut), um sie von da aus per Schiff nach Jerusalem zu bringen, aber auf diesem Weg sind sie verschwunden. Kein Chronist hat überliefert, wo sie letztendlich geblieben sind.

Geblieben für die Nachwelt ist lediglich ein Gedenkstein, den der deutsche Botschafter in Ankara 1971 an der Stelle errichten ließ, wo der Kaiser der Überlieferung nach im Saleph ertrunken ist. Im Mittelalter hieß der Fluss übrigens Kalykadnos, während ihn die Türken heute als Göksu kennen.

Anmerkung für Türkei-Touristen: Wer den Gedenkstein besichtigen möchte, findet ihn mühelos linker Hand, wenn er auf der N 35 von Konya nach Silifke fährt. Es gibt dort sogar einen Parkplatz.

Wichtiger als ein solches Denkmal ist jedoch, in wie starkem Maße ein Verstorbener in der Erinnerung der Nachfahren weiterlebt. Und hier können mit dem großen Staufer allenfalls noch der große Karl aus Aachen und der nicht minder große Preuße Friedrich, der Alte Fritz, mithalten.

Wer von der älteren Generation, der noch Balladen auswendig lernen musste, würde nicht die Mär kennen vom »Kaiser Rotbart lobesam«, der »zum heil'gen Land gezogen kam«. Politisch höchst unkorrekt schildert Ludwig Uhland in »Schwäbische Kunde«, wie ein Ritter im Gefolge Barbarossas einen Muselmanen mit einem »Streich« vom »Kopf« bis auf den »Sattelknopf« spaltet. »Zur Rechten sah man wie zur Linken einen halben Türken heruntersinken.«

Derartiges empfinden wir heute als arg geschmacklos, aber Geschichten dieser Art – Uhland schrieb die Ballade 1814 – entsprangen dem übersteigerten patriotischen Hochgefühl, das den Menschen des 19. Jahrhunderts übrigens nicht nur in Deutschland zu Eigen war. Weniger hässlich ist da Friedrich Rückerts Lied vom Kaiser, der im Kyffhäuser sitzt. Sein roter Bart ist ihm längst durch den Tisch gewachsen, und um den Berg herum fliegen die Raben, bis der Kaiser auferstehen wird, um sein Volk zu einigen und zu retten.

Dabei war das alles ein Irrtum, denn eigentlich glaubte das Volk Jahrhunderte hindurch, dass nicht der Barbarossa, sondern sein zu Lebzeiten höchst umstrittener Enkel Friedrich II. unsterblich sei, und zwar aus folgendem Grund: Besagter Friedrich war seinen Mitmenschen, wie wir gesehen haben, außerordentlich unheimlich. Für viele – besonders für die Geistlichkeit – war er ein Ketzer, für andere der Leibhaftige in Person, wiederum andere hielten ihn für einen Zauberer. Doch die meisten bewunderten ihn – auch wenn es kaum jemand zugegeben hätte – wegen seiner ziemlich exotischen Lebensweise, die den strengen Geboten der Kirche Hohn sprach.

Da er sich zudem nur selten in deutschen Landen blicken ließ, gelang es seinen Beamten, seinen Tod wochenlang geheim zu halten. Nur langsam drang die Kunde von seinem Hinscheiden bis in die letzten Winkel des Reiches, und selbst ein so erfahrener Chronist wie der Franziskaner Salimbene, mit dem dieses Kapitel begonnen hat, berichtet, dass er erst sage und schreibe zehn Monate später von Friedrichs Tod erfahren habe, und Salimbene wohnte nicht etwa hinten im Böhmerwald, sondern in Parma!

Schon bald kursierte das Gerücht, dass es eine Weissagung über Friedrich II. gegeben habe, demzufolge er lebe und doch nicht lebe, was immer das heißen mochte. Das wundersüchtige Volk jedenfalls erzählte sich, dass er mitten hinein in den Ätna geritten sei, woraus die einen schlossen, er brate jetzt in der Hölle, während die anderen hofften, er werde eines Tages zurückkommen und das Reich erneuern.

Diese Hoffnung wurde besonders während des so genannten Interregnums genährt, der Zeit zwischen dem Tod Konrads IV. 1254 und der Wahl des Habsburgers Rudolf I. zum König 1273, übrigens ein treuer Stauferanhänger. Prompt tauchten etliche Betrüger auf, die dreist behaupteten, ebenjener Kaiser Friedrich zu sein. Der Erfolgreichste unter ihnen versuchte es zunächst in Köln, aber die Bürger jagten ihn aus der Stadt. Doch er ließ sich nicht entmutigen. Ein paar Kilometer flussabwärts nahmen ihn die Bürger von Neuss auf und verehrten ihn tatsächlich als den wiedergekehrten Kaiser.

Doch damit nicht genug: Auch andere große oder bedeutende Städte wie Frankfurt oder Gelnhausen erkannten ihn an. Seine Glückssträhne endete erst, als er den Bogen überspannte und von Wetzlar aus den damaligen König Rudolf I. von Habsburg zu sich zitierte, auf dass dieser sein Königtum aus seiner Hand als Lehen empfange. Da endlich riss dem König, der sich über die Posse bis dahin eher amüsiert hatte, der Geduldsfaden. Er zog vom Elsass aus, wo er sich gerade aufhielt, nach Wetzlar und machte dem Spuk ein Ende, indem er den alten Narren auf einen Karren binden und verbrennen ließ.

Das war damals die Strafe, die Ketzer zu gewärtigen hatten.

Immerhin beweist diese Episode, dass die Leute ganz einfach glauben wollten, dass der Kaiser noch lebte, und sei es jemand wie Friedrich II., der so gut wie kaum deutsch sprach. Als aber aus den Menschen, die im damaligen Reich wohnten – und dazu gehörten schließlich auch Böhmen und Burgunder, Lausitzer und Lothringer –, ganz langsam eine deutsche Nation wurde, wollte man auch einen richtigen deutschen Kaiser haben, eine Art Siegfried, der diesem gegenüber den Vorteil hatte, tatsächlich gelebt zu haben.

So ging denn die Sage vom Kaiser im rabenumflatterten

Berg allmählich vom Enkel auf den Großvater über, von Friedrich II. auf Barbarossa, und spannend blieb lediglich die Frage, in welchem Berg er denn nun sitzt. Der Ätna schied natürlich aus, weil er auf Sizilien liegt und weil außerdem niemand glauben mochte, der im Gegensatz zu seinem Enkel fromme Barbarossa sei schnurstracks in die ewige Verdammnis getrabt.

Prompt meldeten sich zahllose Zeugen, die den verehrten Toten in irgendeiner Höhle gesichtet hatten, und jede Landschaft bestand darauf, den einzig wahren Berg zu beheimaten, wo des Kaisers Bart durch den Tisch wuchs. Das Rennen machte – warum auch immer – der inzwischen berühmte Kyffhäuser, ein Berg im Bezirk Halle, den seit Ende des 19. Jahrhunderts ein scheußliches Kaiser-Wilhelm-Denkmal ziert.

Das hat Friedrich nicht verdient. Weder der eine noch der andere.

ZEITRAFFER

1247	In Deutschland wird auf Betreiben der Kurie mit dem 19-jährigen Grafen Wilhelm von Holland ein Gegenkönig gewählt.
1249	Petrus de Vinea wird als Verräter verhaftet und geblendet. Ein Giftanschlag auf Friedrich II. scheitert. Sein Sohn Enzio gerät in die Gefangenschaft der Bolognesen.
1250	Friedrich II. stirbt mit 55 Jahren. Sein bereits zum König gekrönter Sohn übernimmt als Konrad IV. die Herrschaft.
1251	Konrad IV. zieht nach Sizilien. In seiner Abwesenheit wird 1252 sein Sohn Konrad (Konradin) geboren.

1254 Konrad IV. stirbt an Malaria.

1257 In Deutschland wählt ein Teil der Fürsten Richard von Cornwall zum König, der andere Teil Alfons X., den Weisen, König von Kastilien.

1258 Manfred lässt sich zum König von Sizilien krönen.

1265 Karl von Anjou wird von Papst Klemens IV. mit Sizilien belehnt.

1266 Manfred fällt in der Schlacht von Benevent.

1267 Der 15-jährige Konradin zieht über die Alpen, wird nach einer verlorenen Schlacht gegen Karl von Anjou gefangen genommen und 1268 in Neapel hingerichtet.

42. KAPITEL
DER TUNNEL
(1258)

Christian hob die Hand und zügelte sein Pferd. Die ihn begleitenden Männer, vier Armbrustschützen, rückten zu ihm auf und brachten ihre Tiere neben ihm zum Stehen. Auf dem holprigen Weg, der von zahllosen Radspuren durchzogen war, kam ihnen ein Wagenzug entgegen, an der Spitze mehrere Kriegsknechte, die angesichts des Grafen und seiner Bewaffneten drohend die Lanzen senkten. Auch die Männer, die auf den hoch beladenen Karren saßen, sprangen herab und liefen mit gezogenen Schwertern nach vorn. Graf Christian machte seinen Männern ein Zeichen, zurückzubleiben, und ritt langsam auf die unsicher wirkenden Kaufleute zu.

»Ihr habt nichts zu befürchten«, rief er schon von weitem. »Ich bin Graf Christian von Wolfach, komme von einer Versammlung des Städtebundes in Mainz und befinde mich auf dem Rückweg zu meiner Burg.«

Die Kaufleute steckten erleichtert ihre Schwerter zurück in die Scheiden, und auch die Bewaffneten, die den Zug anführten, nahmen ihre Lanzen wieder hoch. Wer dem Städtebund angehörte, stellte keine Gefahr dar.

Dachten sie.

Vor ein paar Jahren hatten sich Vertreter der Städte Mainz, Worms und Oppenheim zusammengetan, um sich gemeinsam gegen die zahllosen, zum Teil willkürlich erhobenen

Zölle am Rhein und das um sich greifende Raubrittertum zu wehren. Als Erstes zerstörten sie die Burg Reichenstein, die eigentlich der Abtei Kornelimünster gehörte, die aber von dem Vogt Gerhard von Bingen als Stützpunkt für seine Überfälle auf Pilger und Kaufleute genutzt wurde.

An der Spitze des kriegerischen Städtebundes stand ein reicher Kaufmann aus Mainz, nach seinem Amt Arnold Walpode genannt. Ein Walpode, die Bezeichnung bedeutet »Gewaltbote«, war zuständig für alle Delikte und Straftaten und für die Vollstreckung der Strafen. Ihn hielt man in den Städten am Rhein für den geeigneten Mann, und das schien er auch zu sein, wie sich Christian eingestehen musste. Immer mehr Städte hatten sich dem Bund angeschlossen, aber auch viele Ritter, Grafen, ja sogar Herzöge und Erzbischöfe traten ihm bei, was der Sache jedoch eher schadete, denn gerade vor deren Gewaltakten sollte das Bündnis ja Schutz bieten.

Auch Christian war aus sehr eigennützigen Gründen dem Städtebund beigetreten. Schließlich war er schon einmal in Verdacht geraten, Kaufleute überfallen zu haben, und die Zugehörigkeit zum Bündnis schien ihm schon aus Tarnungsgründen zweckdienlich. Aber nicht nur deshalb. Bei den Versammlungen der Mitglieder wurde natürlich auch über kommende Maßnahmen beraten, und darüber konnte man gar nicht früh genug informiert sein.

Leider jedoch schien diese Quelle schon bald zu versiegen. Christian konnte sich nicht vorstellen, dass der Städtebund über das Jahresende hinaus weiterexistieren würde. Zu unterschiedlich waren die Interessen der einzelnen Mitglieder, zu zerstritten die Versammlung, von der er soeben zurückkehrte. Der Bund wird auseinander brechen, dachte Christian bei sich, und er war sich nicht sicher, ob das für ihn persönlich gut war oder eher nicht.

Er grüßte die Kaufleute, die mit ihren Wagen für ihn und

seine Männer Platz machten, und setzte seinen Weg rheinabwärts fort.

Wenn es noch eines weiteren Beweises bedurft hätte – diese Begegnung hätte ihn geliefert: Er hatte Recht daran getan, als er im letzten Jahr weitere »Jäger« angeheuert hatte, wie er seine Männer nannte, die für ihn die Kaufleute überfielen. Es waren jetzt deren 16, und sie waren mindestens zu sechst, wenn sie loszogen.

Am Anfang hatte Christian ihnen eingeschärft, das Leben der Überfallenen nach Möglichkeit zu schonen, sie lediglich auszuplündern und dann davonzuscheuchen. Seitdem sich die Kaufleute jedoch zu Karawanen zusammenschlossen und zusätzlich bewaffneten Schutz genossen, war die Arbeit für seine »Jäger« sehr viel schwieriger geworden.

Vor allem blutiger.

Nun warteten sie in Wäldchen oder im Gestrüpp auf ihre Opfer, und sie töteten schnell und ohne Erbarmen. Keine Warnung, kein Anruf. Nichts. In Sekundenbruchteilen bohrten sich die todbringenden Bolzen der Armbrüste in die Körper der Opfer und durchschlugen mühelos Lederwesten und Kettenhemden. Unmittelbar danach folgten eine zweite und eine dritte Salve, und die Stille danach wurde allenfalls unterbrochen durch das Röcheln eines Sterbenden.

Dann musste es schnell gehen. Die Toten wurden ausgeplündert und in den Rhein gezerrt, nackt, um ihre Identifizierung zu erschweren. Ihre Kleider wurden an anderer Stelle versteckt. Dann kamen Christians als Händler verkleidete Leute und fuhren die Karren mit der Beute auf den vertrauten Pfaden zu den Märkten im Westen, während sich die »Jäger« zerstreuten und auf unterschiedlichsten Wegen in die Wolfsburg zurückkehrten; nach Möglichkeit in den Nachtstunden, um weder Spuren zu hinterlassen noch Aufsehen in der näheren Umgebung zu erregen.

Vor einem Jahr etwa hatten sie die Taktik umstellen müssen, und nicht nur sein Gewissen beunruhigte Christian ob der vielen Menschen, die seitdem ihr Leben hatten lassen müssen. Er war sich ganz sicher, dass irgendwann etwas schief gehen würde, und dann waren die Folgen unabsehbar.

Er war sich bewusst, dass er auf Dauer nicht von Überfällen würde leben können, und darum legte er so viel Geld aus dem Verkauf der geraubten Güter zurück wie irgend möglich und hatte sich fest vorgenommen, es darauf zu verwenden, verlorene Dörfer, Weinberge oder Fronhöfe zurückzukaufen. Aber er wusste nicht einmal, ob sich jemand finden würde, der zum Verkauf bereit wäre.

Vielleicht würde er sogar die Burg verkaufen und in den Osten des Reiches gehen müssen, wo – wie man hörte – nicht nur Siedler, sondern auch Kämpfer gebraucht wurden.

Arnold Walpode starrte den Mönch an: »Und Ihr seid ganz sicher?«, fragte er erregt.

»Ganz sicher«, sagte der Dominikaner.

Der Kaufmann lief im großen Zimmer seines ansehnlichen Stadthauses auf und ab und deutete mit fahrigen Bewegungen auf den Krug Wein und den Trinkbecher auf dem Holztisch. »Bedient Euch, bedient Euch«, murmelte er, und während sich der Mönch einschenkte, dachte Arnold fieberhaft nach.

Es war seine Idee gewesen, und er war stolz darauf: Lange Zeit hatte er gegrübelt, wie es gelingen könnte, den geheimnisvollen Raubritter zur Strecke zu bringen, dem im letzten Jahr derart viele Kaufleute zum Opfer gefallen waren. Überfälle hatte es schon immer gegeben, auch in den Jahren davor, aber seit kurzem waren sie brutaler geworden, und es war stets die gleiche Handschrift: Keine Überlebenden, die nackten Leichen der Opfer wurden irgendwo am Rheinufer angeschwemmt, und alle wiesen sie Einschüsse auf, die nur von Armbrüsten stammen konnten.

Aber wer waren die Täter?

Vielleicht musste man zuerst erforschen, wo die geraubten Waren verkauft worden waren. Kaum im Rechtsrheinischen – da war sich Arnold sicher. Das wäre viel zu riskant gewesen. Und sie auf so große Märkte wie beispielsweise in Köln zu bringen, wäre wohl ebenfalls zu gefährlich. Wie leicht hätten beispielsweise die ja ebenfalls geraubten Wagen und Zugtiere erkannt werden können!

Also musste die Beute ziemlich weit weggeschafft werden, um sie anonym zu verkaufen. Da man jedoch die große Straße am Rhein ausschließen konnte, blieb nur der Westen. Auf welchem Weg auch immer.

Nun führten ja nicht allzu viele Straßen durch die Eifel und den Hunsrück, dachte Arnold. Jedenfalls nicht viele, auf denen man schwere Karren ziehen konnte. Auf diese wenigen hatten sie sich zu konzentrieren. Die Leute, die in den Wäldern lebten, mussten doch die Wagen beobachtet haben, die Köhler und Teermacher, die Kleinbauern und Glasbläser, die Bienenzüchter und Bogenmacher! Man musste sie allesamt befragen lassen.

Aber von wem?

Soldaten konnte man nicht in den Wald schicken. Da liefen die Leute gleich weg. Man konnte im Grunde überhaupt keine Fremden einsetzen. Die erweckten sofort Misstrauen. Aber wen sonst?

Und dann war es ihm wie Schuppen von den Augen gefallen: Mönche! Einem Mann Gottes misstraute niemand. Na ja, einem Bischof vielleicht, aber keinem armen Mönch, und davon gab es in Mainz genug. Mit einer großzügigen Spende an das Dominikanerkloster, verbunden mit dem deutlichen Hinweis, dass es ja wohl ein äußerst gottesfürchtiges Werk sei, einem Mörder das Handwerk zu legen, erreichte er, dass ihm ein Dutzend Mönche zur Verfügung gestellt wurde. Und die machten sich schon ein paar Tage später auf den Weg, wobei jedem von ihnen eine ganz bestimmte Route zugewiesen worden war.

Das armselige Fachwerkhaus mit den schiefen Wänden, von denen der Lehm bröckelte, lag oberhalb eines kleinen Baches, der sich durch eine bunte Blumenwiese schlängelte. Christoph seufzte. Der junge Dominikaner war es so unendlich leid. Nicht den Hunger am Tage und nicht die Kälte bei Nacht, nicht das mühsame Wandern über die schlammigen Wege und nicht das Elend der Menschen, die im Wald hausten.

Schlimmer als all das war, was er den wenigen armseligen Kreaturen, die er bislang getroffen und ausgefragt hatte, immer aufs Neue erzählen musste, um ihre Zunge zu lockern. Es würde diesmal nicht anders sein, weil es einfach die einzige Methode war, einem von ihnen vielleicht doch noch etwas Brauchbares zu entlocken.

Die beiden saßen vor dem Haus. Die Frau versuchte mit einer Hornnadel, einen weiteren Flicken auf einem Kittel zu befestigen, der ohnehin nur mehr aus Flicken bestand. Der Mann rührte in einem Tontopf, in dem sich etwas Undefinierbares befand, das mehr als streng roch. Ein vielleicht zehnjähriges Mädchen spielte mit einer wenig kunstvoll aus Stroh geflochtenen Puppe, die es hinter seinem Rücken versteckte, als sie den fremden Mann kommen sah.

Christoph grüßte freundlich, erhielt aber keine Antwort.

»Ihr wisst, was ein Mönch ist?«, fragte er und wies auf seine Kutte. Die Frau sah ihn aus leeren Augen an, sagte aber nichts. Der Mann nickte mürrisch.

Christoph seufzte, aber er musste es einfach tun. Immer wieder diese scheußliche Prozedur.

»Ich muss euch etwas fragen, und ihr dürft mich nicht belügen, weil das eine Sünde wäre.«

Keine Reaktion.

»Ihr lebt in diesem Haus hier, und ihr könnt genau sehen, wer diesen Weg entlangkommt. Habt ihr in den letzten Monaten irgendetwas Verdächtiges gesehen? Sind Fremde vorbeigekommen?«

»Hier kommen viele Fremde vorbei«, sagte der Mann und rührte weiter in seinem Topf.

»Was für Fremde? Kaufleute? Pilger? Bewaffnete vielleicht?«

Der Mann zuckte die Achseln.

Also gut, dachte Christoph, dann muss es eben sein. Er sah die Frau direkt an: »Wenn man lügt«, sagte er, »ist das eine Sünde. Aber keine besonders schwere. Wenn man aber einen Mönch anlügt, ist das eine schwere Sünde, und man muss dafür lange im Fegefeuer büßen.«

Die Frau hatte noch nie etwas vom Fegefeuer gehört und blieb unbeeindruckt. Der Mann rührte weiter in seinem stinkenden Topf, und das kleine Mädchen sah den Mönch unverwandt an.

»Es sind viele Morde geschehen in letzter Zeit. Dutzende Männer sind getötet worden, und es ist durchaus möglich, dass ihr die Mörder gesehen habt, weil sie hier vorbeigekommen sind. Wenn ihr nun lügt, dann seid ihr genauso schlimm wie die Mörder, weil ihr dadurch verhindert, dass sie gefasst werden. Wer aber Mörder schützt, der kommt unweigerlich in die Hölle.«

Christoph sah der Frau in die Augen und glaubte, ein leichtes Flackern bemerkt zu haben. Von der Hölle schien sie schon gehört zu haben, und der Mönch stieß nach.

»Vielleicht weißt du nicht so genau, was die Hölle ist, in die dich der Teufel persönlich holen wird, sobald du gestorben bist. Ich werde es dir erzählen: Die Hölle ist ein riesiger Ofen, und du weißt, wie schmerzhaft es ist, wenn du dich an deinem heißen Kessel verbrennst. Dort in der Hölle aber wirst du jeden Tag gebrannt. Im Gesicht und an den Brüsten, an den Beinen und auf dem Rücken. Man wird dich mit glühenden Zangen zwicken und mit einem Hammer deine Zehen zertrümmern …«

Die Augen der Frau hatten sich vor Entsetzen geweitet, und auch der Mann hatte zu rühren aufgehört und starrte den Mönch an.

»… und dann werden euch lange Dornen unter die Fingernägel getrieben, man schlägt euch die Zähne aus und schneidet euch die Nase ab, man wird euch auf einen Spieß stecken und wie ein Lamm über der Glut grillen, euch die Augen ausstechen und die Haut langsam abziehen …«

Die Frau starrte mit irrem Blick ihren Mann an und flüsterte kaum hörbar: »Sag's ihm. Um des Himmels willen sag's ihm!«

»Nun ja«, begann der Mann zögernd. »Hier kommen nicht wirklich viele Fremde vorbei. Aber seit ein paar Jahren hin und wieder Kaufleute mit ihren Wagen. Man kennt sie vom Sehen, aber Bewaffnete waren nie dabei. Nur …«

»Nur was?«

»Vor vielen Jahren war mal ein Mann da, gekleidet wie ein Kaufmann, aber er war wahrscheinlich ein Ritter oder so.«

»Und?«

»Er sagte mir voraus, dass hier Kaufleute vorbeikommen würden, aber das ginge uns nichts an, und wir sollten niemandem davon erzählen, weil es sonst für die Kaufleute gefährlich werden könnte. Wegen der Räuber im Wald, sagte er.«

»Weiter«, drängte Christoph.

»Weiter nichts. Er hat uns Geld gegeben, damit wir schweigen.«

»Viel Geld?«

»Für uns war es viel Geld«, sagte der Mann.

»Und er hatte nur ein Ohr«, sagte das Mädchen.

Christoph starrte sie an. »Was war das?«

»Er hatte nur ein Ohr«, sagte das Mädchen.

Einem Dominikaner darf man nichts schenken. Seinem Kloster schon, und Arnold Walpode hatte sich erneut als sehr freigebig erwiesen.

Der Mann mit den verträumten blauen Augen, der ihm nun gegenübersaß, nannte sich Emicho. Arnold wusste nicht, ob das sein richtiger Name war. Es war auch gleichgültig. Wichtig war nur, dass man ihm diesen Mann, der eher wie ein Troubadour wirkte, als den im Augenblick wohl besten Sappeur im Reich empfohlen hatte. Das heißt, er verstand sich darauf, Stollen unter feindliche Burg- oder Stadtmauern vorzutreiben, um sie so zum Einsturz zu bringen.

Als ihm der junge Dominikaner von seinem Erlebnis berichtet hatte, war Arnold sofort klar gewesen, um wen es sich bei dem geheimnisvollen Einohrigen gehandelt haben musste. Schließlich stand Christian von Wolfach schon länger im Verdacht, ein Raubritter zu sein, aber jetzt schien es einwandfrei erwiesen.

Mehrfach hatte Arnold den Grafen bei den Versammlungen des Städtebundes gesehen, und es gab zwar alle möglichen Halunken, denen man die Nase oder ein Ohr abgeschnitten hatte, aber bei Grafen war das eher selten, und deshalb war sich Arnold auch ganz sicher.

Die Wolfsburg musste erobert und geschleift werden. Das war klar. Wenn schon kein König oder Kaiser sich darum kümmerte, mussten die Kaufleute es eben selbst tun. Rasch hatte er sich mit ein paar großen Städten am Rhein geeinigt, und man hatte ihm die Aufgabe übertragen. An Geld sollte es nicht scheitern, und genau das hatte Arnold auch besagtem Emicho gesagt, bevor er ihn losgeschickt hatte, sich die Wolfsburg näher anzusehen, um dann das Notwendige zu besprechen.

»Sie ist nicht zu erobern«, sagte Emicho sanft. »Wenigstens nicht auf dem herkömmlichen Wege.«

Arnold runzelte die Augenbrauen. »Und warum nicht?«

Emicho erklärte es ihm und schloss: »Da das Terrain also nach drei Seiten steil abfällt und nur ein schmaler Weg zum hinten gelegenen Eingang führt, ist die Burg mit einem Dutzend Leuten gegen jeden Gegner zu halten.«

»Mehr Leute hat er auch nicht«, bellte Arnold.

»Mehr braucht er auch nicht«, sagte Emicho.

»Und jetzt?«

»Jetzt müssen wir uns etwas einfallen lassen«, sagte Emicho trocken. »Ich habe unten im Ort einen etwa 40-Jährigen aufgetrieben, der seinerzeit als junger Mann beim Bau der Burg ausgeholfen hat. Er war nicht sehr tapfer, aber wenn mir jemand ein Messer ins Nasenloch gesteckt hätte, würde ich wohl auch geplaudert haben. Jedenfalls besitze ich nun hier« – Emicho tippte sich an die Stirn – »einen einigermaßen genauen Plan von der Burg, und nun fehlt uns nur noch eine einzige Information, leider eine sehr wichtige.«

»Nämlich?«

»Wie dick die Schildmauer ist – mein Freund meinte vier bis fünf Meter – und wichtiger noch: Steht sie auf Fels oder auf Erde? Ich habe versucht, den alten Baumeister aufzutreiben, und bestimmt hätte ich auch ihn zum Reden gebracht, aber er ist schon lange tot.«

»Und nun?«

»Nun müsst Ihr entscheiden. Schließlich seid Ihr es, der das Unternehmen finanziert. Lange dauern wird es auf jeden Fall.«

»Wie lange?«

»Wenn eine fünf Meter dicke Schildmauer auf Basalt steht, haben wir keine Chance. Dann kann nur der Hunger helfen. Leider wissen wir nicht, wie viele Vorräte dort gehortet sind. Bei der Intelligenz, die der Graf bei seinen Raubzügen walten lässt …«

»Walten ließ …«, knurrte Arnold. »Damit ist es vorbei!«

»Walten ließ«, wiederholte Emicho lächelnd, »… wird er

gescheit genug gewesen sein, sich auf einen derartigen Belagerungsfall einzurichten.«

»Und die zweite Möglichkeit?«

»Falls die Schildmauer jedoch auf gewachsenem Boden steht, können wir sie unterminieren. Ich würde dann allerdings raten, sie nicht durch Untergraben zum Einsturz zu bringen, denn eine derart dicke und hohe Mauer würde sogar eingestürzt ein großes und nur sehr schwer zu erstürmendes Hindernis darstellen.«

»Also?«

»Wir sollten einen Tunnel unter ihr hindurchgraben – und mitten in der Nacht im Burghof aus dem Stollen klettern.«

»Und das funktioniert?«

»Wir haben keine andere Wahl. Aber es wird ein paar Monate dauern – reichen die finanziellen Mittel so lange?«

»Sie müssen«, sagte Arnold entschlossen.

Christian schreckte aus tiefem Schlaf hoch. Ihm war, als habe jemand gerufen, aber wer schreit schon durch die Gegend, wenn an einem heißen Augusttag die meisten Menschen ihr Mittagsschläfchen halten!

»Alarm!«, schrie die Stimme, »Alarm, sie kommen!«

Christian sprang hoch und taumelte zur Tür, stürzte die Treppe zum Hof hinunter und kletterte auf der steilen Holzleiter hoch zur Eingangspforte des Bergfrieds. Unter sich sah er Männer über den Hof laufen, die Treppen zu den Türmen der Schildmauer hochhasten und die Türme besetzen, die den Eingang flankierten.

»Was lärmst du hier herum«, fragte er keuchend den Wächter, als er die Zinnen des Turms erreicht hatte.

»Da unten, seht nur!«

Christian zählte an die 40 Bewaffnete, die sich der Burg näherten, einige wenige schienen Ritter zu sein, die anderen eher Kriegsknechte. Schwere Pferde zogen ein Dutzend Karren, sie wurden in sicherer Entfernung am Rande des Bergplateaus angehalten. Auch die Bewaffneten verharrten dort. Nur einer von ihnen ritt langsam näher und suchte mit seinen Blicken unauffällig den Boden ab.

Christian verließ den Bergfried und stieg zu einem der beiden Türme hoch, die rechts und links auf der Schildmauer saßen.

»Ich habe eine Botschaft für Christian, den Grafen von Wolfach!«, rief der Ritter.

»Ich höre«, antwortete Christian.

»Mein Name ist Emicho. Ich beschuldige Euch des mehrfachen Mordes und fordere Euch auf, mir die Burg zu öffnen und Euch auf Gnade und Ungnade zu ergeben!«

Christian betrachtete den Mann aufmerksam. Seine hellen Augen fielen ihm auf und die vermutlich trügerische Sanftheit seines Gesichtes. Emicho? Nie gehört. Vielleicht ein Söldner? Aber in wessen Auftrag?

»Hör zu, Emicho. Ich weiß nicht, was unverschämter ist: deine beleidigende Beschuldigung oder die Tatsache, dass ein einfacher Mann als Bote zu einem Grafen geschickt wird. Und wer auch immer dein Auftraggeber ist – ich gebe dir den guten Rat, mit deinen Leuten zu verschwinden, ehe ich euch alle aufknüpfen lasse.«

Seine Männer auf den Türmen lachten hämisch.

»Ich denke«, sagte Emicho, »dass Ihr eher baumeln werdet als ich«, wendete sein Pferd und ritt gesenkten Blickes zurück zu seinen Männern.

Einer von Christians Männern legte mit der Armbrust auf ihn an, aber der Graf drückte sie nach unten. »Auch wenn er ein Narr ist – noch ist er ein Bote, und auf Boten schießt man nicht.«

Bis Sonnenuntergang hatten die Belagerer am Rande des Plateaus einen Erdwall aufgeschüttet. Sie krönten ihn mit angespitzten Stämmen, die sie auf den Karren mitgebracht hatten, und die Palisade war schließlich so hoch, dass man nicht einmal vom Bergfried aus sehen konnte, was dahinter vor sich ging.

Beim Schein blakender Talglichter saß Christian auf dem Rand einer großen Truhe und ließ gedankenverloren die darin angesammelten Münzen durch seine Finger gleiten. Ein kleiner Schatz war im Lauf der Zeit zusammengekommen, von dem er sich eine richtig große Burgbesatzung hätte leisten können. Mit drei Dutzend Bogenschützen würde er den kleinen Haufen da draußen leicht vertreiben können.

Aber was wäre damit gewonnen?

Anscheinend hatte man inzwischen genügend Beweise gegen ihn zusammengetragen, und wenn er auch seine Belagerer heute hätte verjagen können, wären morgen andere gekommen. Noch drohte ja keine direkte Gefahr, denn die Burg war uneinnehmbar, schon gar nicht von einem schlecht bewaffneten Haufen, der ohne Katapulte angerückt und sicherlich nicht in der Lage war, Belagerungstürme zu bauen.

Aushungern konnte man die Besatzung auch nicht. Wenigstens nicht innerhalb weniger Wochen. Christian hatte wohlweislich große Mengen an Nahrungsmitteln gehortet, und für die wenigen Leute, die sich in der Burg befanden, würde es bis in den Winter hinein reichen. Bis dahin würden die Belagerer längst aufgegeben haben. Wer will schon frostige Nächte in einem Zelt verbringen!

Andererseits hätte er sich schon wohler gefühlt, wenn der Großteil seiner »Jäger« nicht unterwegs gewesen wäre. Nur vier von ihnen befanden sich in der Burg; dann gab es noch vier Kriegsknechte, ein paar Männer, die in den Stallungen arbeiteten, den Schmied und ihn selbst.

Und natürlich die unüberwindbare Schildmauer.

Aber vielleicht würden die »Jäger« ja zurückkommen, und wenn sie merkten, dass es auf dem normalen Weg nicht möglich war, würden sie ohne Pferde über die steilen Hänge zur

Burg hochklettern. Christian verwarf den Gedanken jedoch sofort wieder. Warum sollten sie? Sie würden sich einfach einen neuen Herrn suchen. Wenn sie nicht sogar zum Feind überliefen.

Nibelungentreue kannten sie sicher nicht.

Emicho hob seinen Becher und trank Arnold Walpode zu. »Auf gutes Gelingen! Ich freue mich, dass Ihr meiner Einladung vor die Wolfsburg gefolgt seid.«

»Vertrauen wir auf Gottes Hilfe«, antwortete Arnold.

»Und auf das Wetter«, lachte Emicho und deutete mit dem Kinn auf die Zeltleinwand, an der ein ständig zunehmender Wind zerrte. »Vielleicht noch in dieser Nacht.«

»Erzählt von Anfang an«, bat Arnold.

»Zunächst war zu klären, Ihr erinnert Euch, ob die Schildmauer auf felsigem Boden errichtet ist. Ich ritt deshalb gleich nach unserer Ankunft nahe an sie heran unter dem Vorwand, dem Grafen eine Botschaft zu bringen und ihn zur Aufgabe aufzufordern. Was ziemlich lächerlich war. Natürlich hat er mich ausgelacht, aber es war die einzige Möglichkeit, mir ein Bild vom Boden zu machen. Ich glaubte erkennen zu können, dass der ganze Vorsprung aus Fels besteht, aber da war ein dunkler Streifen, als sei dort einmal ein Graben zugeschüttet worden. Wenn überhaupt, dann konnte der Tunnel nur dort Erfolg haben. Ich merkte mir den Verlauf dieses Grabens und ritt zurück.«

»Und Ihr seid tatsächlich darauf gestoßen?«

»Richtig. Noch in der ersten Nacht – es war sehr neblig – ist einer meiner Männer mit einer Leine bis zur Schildmauer gerobbt, hat sie dort an einen Stein gebunden und ist zurückgekrochen. Anschließend haben wir die Leine gemessen, noch gute fünf Meter Mauerstärke hinzugerechnet und wussten von da an genau, wie weit wir den Tunnel vortreiben mussten, um im Burghof zu landen.«

Emicho hatte viele Hilfskräfte benötigt, und er erzählte, wie er die Bewohner des Ortes dazu gebracht hatte, sich freiwillig an den Arbeiten zu beteiligen. Ob sie sich vorstellen könnten, wie viele Häuser allein aus den Steinen der riesigen Schildmauer gebaut werden könnten, dazu Palas und Kemenate, Küche und Kapelle, Außenmauern und Bergfried! Richtige Steinhäuser könnten sie sich dann leisten. Das Baumaterial brauche nur den Berg hinuntergeschafft zu werden, und das alles umsonst!

»Woher wisst Ihr denn, dass Ihr die Burg einfach verschenken könnt?«, fragte Arnold.

»Ihr werdet kaum so leichtfertig sein, das Risiko einzugehen, dass ein derartiges Felsennest von einem anderen Räuber besetzt wird – oder?«

»Kaum«, lächelte Arnold. »Aber wozu brauchtet Ihr denn so viele Leute? In einem Tunnel können doch allenfalls zwei oder drei arbeiten.«

»Wegen des Aushubs«, sagte Emicho. »Den Schachteingang, der ja möglichst nahe an der Mauer liegen sollte, konnten wir ja hinter unserer Palisade verbergen. Aber je länger der Tunnel wurde, umso weiter wurden die Wege unter der Erde, und dazu brauchten wir viele Leute. Außerdem konnte der Aushub nicht auch noch hinter der Palisade aufgetürmt werden, er musste außer Sichtweite der Burgbesatzung gebracht werden.«

»Und was war nun mit der Mauer?«

Der spannendste Augenblick war der gewesen, als nach Emichos Berechnungen das Plateau überwunden und man unmittelbar an der Mauer angekommen war. Kam jetzt Fels? Gottlob nicht. Sie gruben sich weiter durch die zugeschüttete Felsspalte und mussten an diesem Abend, da Emicho mit Arnold zusammensaß, bereits unter dem Burghof angelangt sein.

»Aber hat die Besatzung wirklich nichts bemerkt? Das Graben und vor allem das Abstützen der Tunneldecke mit Hölzern verursacht doch Geräusche.«

»Das war ein Problem«, gab Emicho zu, »und das ist auch der gefährlichste Augenblick beim endgültigen Durchbruch. Je näher wir der Mauer kamen, umso vorsichtiger wurde gearbeitet. Alle Stützhölzer sind unten im Ort zugeschnitten worden. Im Schacht wird weder gehämmert noch gesägt. Trotzdem: Im Frühjahr und im Sommer hätte ich es nicht riskiert. Gut, dass es inzwischen November geworden ist. Wir haben zum Schluss nur noch bei wirklich schlechtem Wetter gearbeitet, wenn oben Sturm und Regen alle anderen Geräusche übertönten.«

»Und wenn der Sturm da draußen noch zunimmt?«

»Dann wagen wir es noch in dieser Nacht.«

Emicho hatte nichts dem Zufall überlassen. Ihm war aufgefallen, dass die Belagerten nach einigen Wochen nicht mehr im Kettenhemd zur Wache erschienen waren, sondern in Lederwesten und Hauben aus dem gleichen Material. Also ließ er diejenigen seiner Männer, die für den entscheidenden Einsatz vorgesehen waren, ebenfalls so ausrüsten. Sie sollten sich in dieser Nacht durch nichts von ihren Feinden unterscheiden und gegebenenfalls für einen der ihren gehalten werden.

Zunächst war vorgesehen, dass alle seine Bewaffneten im Schutz von Nacht und Sturm aus dem Tunnel in den Hof klettern sollten, aber später hatte er diesen Plan als zu riskant aufgegeben. Wenn der Zufall es wollte, könnte bereits der Durchbruch beobachtet werden, und dann würde keiner seiner Leute mehr aus dem Loch kommen. Nun sollten nur drei Armbrustschützen aus der schmalen Öffnung kriechen, zum hinten liegenden Burgeingang schleichen, die dortige Wache töten und das Tor öffnen. Die anderen seiner Männer sollten am oberen Rand der steilen Abhänge warten und dann von dort aus in die Burg stürmen.

So Gott will.

Aber warum sollte er seine Hand über Mörder halten!

Christian wälzte sich unruhig auf seinem Bett. Draußen tobte der Sturm. Er zog die dicke Pelzdecke enger um sich und drehte sich auf die andere Seite. Wenn es doch nur endlich Winter würde und diese langweilige Belagerung ein Ende fände.

Der Stallknecht Kilian gähnte und rieb sich die Augen. Seit dem Abend stand er jetzt schon Posten und stierte trübsinnig in die Ferne. Was tat er eigentlich hier? Sein Platz war bei den Pferden im warmem Stall, und nur weil dahinten so ein paar Hanseln hinter ihrer Palisade hockten, musste er auf Befehl des Grafen Wachdienst übernehmen. Ausgerechnet am Tor, wo ohnehin nichts passieren konnte.

Gregor lag wie 30 andere Männer mit dem Gesicht im nassen Gras, das zwischen den abgeernteten Weinstöcken wuchs. Es war schwer gewesen, mit Kettenhemd, eisernen Handschuhen und Beinschienen den steilen Berg hochzukriechen. Und jetzt hieß es warten; mit angespannten Sinnen darauf warten, dass da oben am Tor irgendwas passierte. Wenn denn in dieser Nacht überhaupt etwas passierte!

Ludolph und Michael waren Emichos beste Leute und hatten seit über zwei Monaten jeden Tag zwölf Stunden im Tunnel verbracht. Immer an der Spitze, Entfernung und Neigung berechnet, Richtung vorgegeben, abgestützt, aufgepasst, dass niemand etwas bemerkte. Zum Lohn dafür hatte es das meiste Essen im ganzen Lager, den besten Wein und den höchsten Sold gegeben.

Jetzt lief ihnen der Schweiß in die Augen. Sie befanden sich allenfalls einen Meter unter dem Burghof und hatten die Decke des Tunnels sorgsam abgestützt, damit sie nicht einbrach, wenn da oben jemand darüber ging. Hinter ihnen standen Emichos beste Armbrustschützen: Hugo, Karl und

Georg; eine hölzerne Leiter lag bereit, denn gleich musste alles sehr schnell gehen.

Michael schob am Stützbrett vorbei vorsichtig einen Pfeil nach oben, zunächst war es mühsam, dann ging es plötzlich ganz leicht, und Michael zog den Pfeil rasch zurück. Nur noch einen guten halben Meter. Ludolph drehte sich zu den Armbrustschützen um. Fertig? Die Männer hoben die Leiter auf und nickten. Ihre Waffen hingen gespannt auf ihrem Rücken.

Nun riss Michael mit einem Ruck das Stützbrett weg und stieß ein paarmal mit seiner Schaufel in die Erde über sich. Nichts passierte. Er winkte nach der Leiter, stellte sie auf und stieg so hoch, dass er mit den Schultern die Decke über sich berührte. Dann stemmte er sich mit aller Kraft dagegen. Die Erde hob sich – und brach dann nach unten durch. Ludolph und Michael sprangen zurück und ließen die Armbrustschützen an sich vorbei die Leiter hochklettern.

Keine Schreie waren von oben zu hören – nur das Toben des Sturms.

Kilian rieb sich verdutzt die Augen, als er sich auf seinem Turm umdrehte und zur Abwechslung einmal in den Burghof hinunterblickte. Da liefen drei Männer in Lederkappen auf ihn zu. Die sollten doch auf der Schildmauer Wache schieben und einer oben auf dem Bergfried? Was rannten die denn da durch den Regen?

Kilian blieb keine Zeit, weiter darüber nachzudenken. Ein Pfeil durchbohrte seinen Hals und ein zweiter sein Herz.

Minuten später stand das Tor weit offen, und die Festung wimmelte von Bewaffneten.

Arnold und Emicho ritten schweigend außen an der Burgmauer entlang zum Tor. Im Burghof hatten ihre Männer die überlebenden Verteidiger gefesselt. Es waren nicht sehr viele.

»Aufhängen!«, befahl Arnold.

»Und die Frauen?«, fragte jemand.

»Laufen lassen.«

Neben dem Palas stand eine Gruppe von Bewaffneten mit Fackeln zusammen. Für Arnold und Emicho öffneten sie eine Gasse. Auf dem Boden lag – das Schwert noch in der Faust – ein Toter, dessen Hemd blutdurchtränkt war. Arnold stieg vom Pferd und beugte sich zu der Leiche hinunter. Dann schaute er zu Emicho hoch.

»Er ist's. Freund Einohr.«

Emicho zuckte die Achseln. »Das war's dann wohl.«

Arnold sah ihn an und schüttelte den Kopf. »Ich fürchte, es fängt gerade erst an.«

WELFEN

Gf. Gebhard v. Supplinburg, † 1075
⚭ Hedwig v. Formbach

Welf IV., † 1101
Hz. v. Bayern
⚭ 2. Judith v. Flandern

Ks. Lothar III., † 1137
⚭ Richenza v. Nordheim

Welf V., † 1120
Hz. v. Bayern
⚭ Mathilde v. Tuszien

2. Heinrich Jasomirgott, † 1177 ⚭ Gertrud, † 1143 ⚭ 1. Heinrich d. Stolze, † 1139
Hz. v. Bayern
Mgf. (Hz.) v. Österreich
Babenberger

Hz. v. Bayern u. Sachsen

Heinrich d. Löwe, † 1195
Hz. v. Sachsen u. Bayern
⚭ 1. Clementia v. Zähringen
⚭ 2. Mathilde v. England

(1) Gertrud
⚭ Hz. Friedrich (IV.)
v. Schwaben
Staufer

(2) Heinrich v. Braunschweig
† 1227
⚭ Agnes, T. d. Pfgf. Konrad
Stauferin

(2) **Ks. Otto IV.**, † 1218
⚭ 1. Beatrix, T. Philipps v. Schwaben
Stauferin
⚭ 2. Maria v. Brabant
(Schwester d. Mutter **Wilhelms v. Holland,** röm. Kg., † 1256)

(2) Wilhelm, † 1213
⚭ Helene v. Dänemark

Otto II., † 1253 ⚭ Agnes, † 1267
Hz. v. Bayern
Wittelsbacher

Otto d. Kind, † 1252
Hz. v. Braunschweig u. Lüneburg
⚭ Mathilde v. Brandenburg

spätere Welfen

(1) **Kg. Heinrich (VII.)**
† 1242
⚭ Margarethe v. Österreich
Babenbergerin

(0) Enzio, † 1272
⚭ 1. Adelasia v. Sardinien
⚭ 2. *Nichte* Ezzelinos da Romano

(2) **Kg. Konrad IV.**
† 1254
⚭ Elisabeth, T. Hz. Ottos II. v. Bayern

(0) Friedrich v. Antiochien
† 1256
Generalvikar v. Ancona u. Toscana
⚭ Margarethe v. Poli

Heinrich
† 1243/45

Friedrich
† 1251

(1) Helena
† 1272

(2) Adelheid
† n. 1301

Konradin, † 1268
Hz. v. Schwaben
Kg. v. Jerusalem
⚭ Sophia v. Landsberg

Konrad, † n. 1301

mehrere Kinder

Heinrich d. Schwarze, † 1126
Hz. v. Bayern
⚭ Wulfhild v. Sachsen

Welf VI., † 1191
Hz. v. Spoleto
Mgf. v. Tuszien
Pfgf. bei Rhein

Welf VII., † 1167

1. Judith, † 1130/31 ⚭ Friedrich (II.), † 1147 ⚭ 2. Agnes v. Saarbrücken
Hz. v. Schwaben

(1) **Ks. Friedrich I. Barbarossa** † 1190
⚭ 1. Adelheid v. Vohburg
⚭ 2. Beatrix v. Burgund

(2) Jutta, † 1191
⚭ Lgf. Ludwig II. v. Thüringen

(2) Konrad, † 1195
Pfgf. bei Rhein
⚭ 2. Irmgard v. Henneberg

(2) **Ks. Heinrich VI.** † 1197
⚭ Konstanze, T. Kg. Rogers II. v. Sizilien

(2) Friedrich (V.) † 1191
Hz. v. Schwaben

(2) Otto, † 1200
Pfgf. v. Burgund
⚭ Margarethe v. Blois

(2) Konrad, † 1196
Hz. v. Schwaben

(2) **Kg. Philipp** † 1208
⚭ Irene v. Byzanz

Ks. Friedrich II., † 1250
⚭ 1. Konstanze v. Aragon
⚭ 2. Isabella v. Brienne
⚭ 3. Bianca Lancia d. J.
⚭ 4. Isabella v. England
(*Schwester* **Richards v. Cornwall,** röm. Kg., † 1272)

Beatrix, † 1212
⚭ Ks. Otto IV.
Welfe

Kunigunde, † 1248
⚭ Kg. Wenzel I. v. Böhmen

(0) Konstanze/Anna † 1307
⚭ Ks. Johannes III. v. Nicäa

(3) Manfred, † 1266
Kg. v. Sizilien
⚭ 1. Beatrix v. Savoyen
⚭ 2. Helena v. Epiros

(4) Margarethe † 1270
⚭ Mgf. Albrecht v. Meißen
Wettiner

(4) Carl-Otto † 1253/54

(1) Konstanze, † 1301
⚭ Kg. Peter III. v. Aragon

(2) Friedrich † 1312

(2) Heinrich † 1318

Friedrich d. Freidige, † 1323
Mgf. v. Meißen
Lgf. v. Thüringen

S T A U F E R

Friedrich »v. Büren«, † n. 1053
∞ Hildegard v. Egisheim

1. Friedrich (I.), † 1105 ∞ Agnes, † 1143
Hz. v. Schwaben

Kg. Konrad III., † 1152
∞ 2. Gertrud v. Sulzbach

Kg. Heinrich (VI.)
† 1150

Friedrich (IV.) v. Rothenburg
† 1167
Hz. v. Schwaben
∞ Gertrud v. Sachsen
Welfin

Agnes, † 1204
∞ Heinrich v.
Braunschweig
Welfe

Isabella, † 1235
∞ Kg. Ferdinand III.
v. Kastilien

Kg. Alfons X. v. Kastilien
röm. Kg., † 1284

S A L I E R

Ks. Heinrich IV., † 1106
∞ 1. Bertha v. Savoyen

Agnes, † 1143 ∞ …
(*Schwester* **Ks. Heinrichs V.**,
† 1125)

Heinrich Jasomirgott, † 1177
Hz. v. Bayern
Mgf. (Hz.) v. Österreich
∞ 1. Gertrud v. Supplinburg
∞ 2. Theodora Komnena v. Byzanz

(2) Agnes, † 1182
∞ 1. Kg. Stephan III.
v. Ungarn
∞ 2. Hz. Hermann
v. Kärnten

Friedrich I., † 1198
Hz. v. Österreich

Margarethe, † 1266
∞ 1. Kg. Heinrich (VII.)
Staufer
∞ 2. Kg. Ottokar II.
v. Böhmen

Heinrich, † 1227
∞ Agnes v.
Thüringen

(1) Heinrich
† 1243/1245

(1) Friedrich
† 1251

Gertrud, † 1288
∞ 1. Mgf. Wladislaw v. Mähren
∞ 2. Mgf. Hermann IV. v. Baden
∞ 3. Roman v. Halicz

(2) Friedrich v. »Österreich«
† 1268
Mgf. v. Verona

BABENBERGER

2. Leopold III., d. Heilige, † 1136
Mgf. v. Österreich

2. Leopold IV., † 1141
Hz. v. Bayern
Mgf. v. Österreich
∞ Maria v. Böhmen

Otto, † 1158
B. v. Freising

Konrad, † 1168
B. v. Passau
Eb. v. Salzburg

Gertrud, † 1151
∞ Kg. Wladislaw
v. Böhmen

(2) Leopold V., † 1194
Hz. v. Österreich u.
Steiermark
∞ Helene v. Ungarn

(2) Heinrich, † 1223
∞ Richza v. Böhmen

Ludwig II., † 1172
Lgf. v. Thüringen
∞ Jutta, T. Friedrichs (II.)
v. Schwaben
Stauferin

Leopold VI., † 1230
Hz. v. Österreich u.
Steiermark
∞ Theodora v. Byzanz

Hermann I., † 1217
Lgf. v. Thüringen
∞ Sophie v. Bayern

Friedrich II., † 1246
Hz. v. Österreich u.
Steiermark
∞ 1. (Sophie) Laskaris
v. Byzanz
∞ 2. Agnes v. Meranien

Konstanze, † 1243
∞ Mgf. Heinrich
v. Meißen

Gertrud
† 1240
∞ **Heinrich Raspe**
Lgf. v. Thüringen
röm. Kg., † 1247

(2) Agnes, † 1295
∞ 1. Hz. Ulrich III. v. Kärnten
∞ 2. Gf. Ulrich v. Heunburg

Abkürzungen und Zeichen

Ks.	Kaiser	Gf.	Graf	*	geboren
Kg.	König	Lgf.	Landgraf	†	gestorben
Hz.	Herzog	Mgf.	Markgraf	∞	verheiratet
B.	Bischof	Pfgf.	Pfalzgraf	○	außereheliche Beziehung
Eb.	Erzbischof	T.	Tochter		

KGR Dänemark
GFT Holstein
GFT Holland
HZM Pommern
KGR Polen
M Brandenburg
HZM Niedersachsen
M Lausitz
LGFT Thüringen
M Meißen
HZM Schlesien
HZM Niederlothringen
KGR Böhmen
M Mähren
HZM Franken
HZM Oberlothringen
HZM Bayern
HZM Österreich
HZM Burgund
HZM Schwaben
HZM Kärnten
KGR Ungarn
GFT Tirol
KGR Arelat
M Verona
M Krain
Lombardei
Kirchenstaat
GFT Provence
Korsika
KGR Sizilien
Sardinien
KGR Sizilien
KGR = Königreich
HZM = Herzogtum
LGFT = Landgrafschaft
GFT = Grafschaft
M = Mark
Das Reich zur Zeit der Staufer

PERSONEN- UND ORTSREGISTER

(Abkürzungen: B. = Bischof; Br. = Bruder; Eb. = Erzbischof; Ev. = Evangelist; F. = Familie; Fr. = Frau; Ft. = Fürst; Gegenpp. = Gegenpapst; Gf(n). = Graf/Gräfin; Hl. = Heilige(r); HM = Hausmeier; Hz(n). = Herzog(in); Kard. = Kardinal; Kg(n). = König(in); Ks(n). = Kaiser(in); Lgf. = Landgraf; M. = Mutter; Mgf. = Markgraf; Mgfn. = Markgräfin; P. = Priester; Pfgf. = Pfalzgraf; Pp. = Papst; Pr(n). = Prinz(essin); Rt. = Ritter; S. = Sohn; Schw. = Schwester; T. = Tochter; V. = Vater)

»Nie war das Mittelalter lebendiger als in diesem Buch.«

(ekz, Reutlingen)

Dieter Breuers
RITTER, MÖNCH UND BAUERSLEUT
Eine unterhaltsame Geschichte des Mittelalters
592 Seiten mit 32 Seiten Bildteil
Schuberausgabe
ISBN 3-404-12624-6

Wer im Mittelalter ein Brett vor dem Kopf hatte, war nicht begriffsstutzig, sondern übte einen hoch angesehenen Beruf aus: Er war Schmied, und das Brett schützte die Augen vor Funken und Splittern.

»Nie war das Mittelalter lebendiger als in diesem Buch.« Dieter Breuers schrieb es »für alle, die Geschichte eigentlich langweilig finden« – um sie vom Gegenteil zu überzeugen. Denn Geschichte besteht für ihn vor allem aus Geschichten.

Hier kommen Menschen zu Wort, die zwischen 800 und 1300 gelebt haben. Das Mittelalter als bunter Bilderbogen – mal düster, mal farbenprächtig, prall und derb, grausam und fröhlich. Und immer unterhaltsam.

Das reine Lesevergnügen für Jung und Alt!

Bastei Lübbe Taschenbuch